生命科学核心课程系列教材

基因工程

主　编　常重杰
副主编　杜启艳　彭仁海　郑振宇

科学出版社
北京

内 容 简 介

基因工程技术是现代生物技术的集中体现，该技术自诞生以来取得的杰出成就深刻影响和促进了生命科学的发展和人类社会的进步。基因工程不仅是生物技术专业和生物工程专业的主要专业课，也是生物科学专业必须学习和掌握的基本理论知识和基本研究技能之一，因此该课程在所有相关学科中占有重要地位。本书本着"重视基础、拓展眼界、联系实际"的原则，对基因工程的基本概念和重要研究技术原理进行了系统、翔实的介绍。同时，部分内容结合教学实践需要，介绍了该学科最新进展，并提供了重要文献和进一步阅读指南。

本书以基因工程的研究步骤及实际操作中的需要为主线，共分12章，包括基因工程的基本概念、基因工程基本技术原理、基因克隆的酶学基础、载体、目的基因的克隆、外源基因的原核细胞表达系统、外源基因的真核细胞表达系统、转基因动物、转基因植物、人类疾病的基因治疗和合成生物学等。每章都有内容提要、思考题和参考文献，书后配有考研模拟复习题以利于巩固知识、进一步延伸阅读之用。

本书可作为师范院校、综合性大学、农林院校相关专业本科生教材，同时也可作为相关专业研究生和科技工作者的参考用书。

图书在版编目（CIP）数据

基因工程/常重杰主编．—北京：科学出版社，2012

生命科学核心课程系列教材

ISBN 978-7-03-035293-4

Ⅰ.①基… Ⅱ.①常 Ⅲ.①基因工程-高等学校-教材 Ⅳ.①Q78

中国版本图书馆CIP数据核字（2012）第187549号

责任编辑：王玉时／责任校对：钟 洋
责任印制：赵 博／封面设计：迷底书装

科学出版社 出版
北京东黄城根北街16号
邮政编码：100717
http://www.sciencep.com

北京科印技术咨询服务有限公司数码印刷分部印刷
科学出版社发行 各地新华书店经销

*

2012年8月第 一 版　开本：787×1092　1/16
2025年8月第十六次印刷　印张：22 3/4
字数：577 000

定价：79.80元

（如有印装质量问题，我社负责调换）

《基因工程》编委会名单

主　　编　常重杰
副 主 编　杜启艳　彭仁海　郑振宇
编写人员（按姓氏汉语拼音排序）
　　　　　　　常重杰　陈建军　杜启艳
　　　　　　　姬俊华　孟超敏　南　平
　　　　　　　彭仁海　王凤羽　王　兰
　　　　　　　夏晓华　燕帅国　郑振宇

前 言

20世纪70年代以来,生物技术以前所未有的速度迅猛发展,一批新兴的生物技术产业已经形成,并对生命科学的发展和人类社会产生了极其深远的影响。生物技术将会成为21世纪最具有发展前景的高新技术领域和国民经济的支柱产业之一。生物技术犹如一顶王冠,而基因工程技术则是这顶王冠上的一颗明珠。它的进一步发展必将为人类认识生命的本质,揭示生命现象的奥秘开辟一个全新的领域,对21世纪的生物制药、现代农业、疾病治疗、环境保护以及国民经济的可持续发展产生重大的影响。因此,基因工程始终是高校生物技术专业或生物工程专业本科生的专业基础课程。

教育、科技、人才是全面建设社会主义现代化国家的基础性、战略性支撑,教育是基础,科技是动力,人才是主体。高质量教材为高等教育强国建设提供坚实支撑。高等师范院校是我国生物技术专业或生物工程专业本科生培养的主力军之一,在基因工程教学中普遍存在课时偏少、合适的教材难于寻找、课程内容与其他课程重叠而难于取舍等难题和困惑。在科学出版社的号召下,我们多个学校多年从事基因工程教学的主讲教师组织编写了这本教材。

本书编者遵从"重视基础、拓展眼界、联系实际"的原则,结合高等师范院校对学生知识的要求和培养性质与特点,充分把握中学生物学教学的实际,结合生物工程企业用人单位的需求,对教学体系和内容进行了有机的整合编写了本教材。本书从基因的基本概念出发,以基因工程技术体系为主线,对实际操作过程中所涉及的基本技术和基本概念进行了重点阐述;同时把基因工程的技术成就和学科发展动态结合到每一章节中,使学生在掌握基本技术原理和技能的基础上,了解基因工程技术的光明前景。

本书共分12章,各章具体分工如下:第1章由河南师范大学常重杰老师编写;第2章由河南师范大学南平老师编写;第3章由洛阳理工学院姬俊华老师编写;第4章由安阳工学院彭仁海老师编写;第5章由河南科技大学孟超敏老师编写;第6章由河南师范大学王兰老师编写;第7章由河南师范大学杜启艳老师编写;第8章由河南农业大学郑振宇老师编写;第9章由河南师范大学夏晓华老师编写;第10章由河南师范大学陈建军老师编写;第11章由河南计划生育研究院王凤羽老师编写;第12章由河南师范大学燕帅国老师编写;附录由河南师范大学夏晓华老师编写。在写作过程中得到了河南师范大学生命科学学院许多领导和老师的支持和帮助,各位编委也对本书的结构体系、内容取舍等提出了十分宝贵的建议;科学出版社的编辑也对本书的编写和顺利出版花费了大量的心血。在此一并表示最诚挚的感谢!

限于编者水平有限,书中的错漏和缺点在所难免,竭诚希望广大读者批评指正!

常重杰
河南师范大学生命科学学院
2012年6月

目 录

前言
第1章 绪论 ··· 1
  1.1 基因工程的基本概念 ··· 1
  1.2 基因工程的研究内容 ··· 2
  1.3 基因工程诞生的基础 ··· 2
    1.3.1 基因工程诞生的理论基础 ·· 2
    1.3.2 技术上的三大突破 ··· 3
  1.4 基因工程技术的诞生 ··· 3
  1.5 基因工程的应用 ·· 5
    1.5.1 原核细胞基因工程 ··· 5
    1.5.2 植物基因工程 ··· 7
    1.5.3 动物基因工程 ··· 8
    1.5.4 基因治疗 ·· 8
    1.5.5 理论研究 ·· 9
  1.6 基因工程的安全性 ·· 9
  1.7 我国的《基因工程安全管理办法》 ··· 11
  思考题 ·· 12
  参考文献 ··· 13

第2章 基因工程的基本技术 ·· 14
  2.1 凝胶电泳技术 ·· 14
    2.1.1 基本原理 ··· 15
    2.1.2 琼脂糖凝胶电泳 ·· 15
    2.1.3 聚丙烯酰胺凝胶电泳 ··· 17
    2.1.4 脉冲场凝胶电泳 ·· 18
    2.1.5 双向电泳技术 ·· 20
    2.1.6 凝胶电泳片段的回收与纯化 ·· 21
  2.2 分子杂交技术 ·· 22
    2.2.1 分子杂交的原理 ·· 22
    2.2.2 分子杂交的类型 ·· 24
  2.3 PCR技术 ··· 26
    2.3.1 PCR基本原理和反应过程 ··· 26
    2.3.2 PCR反应的体系及其设计和优化 ··· 28
    2.3.3 PCR产物的克隆 ··· 31

2.3.4 PCR 技术的发展及其应用 ·· 36
2.4 DNA 序列分析 ··· 47
2.4.1 Maxam-Gibert 化学降解法 ··· 47
2.4.2 Sanger 双脱氧链终止法 ··· 49
2.4.3 DNA 序列分析的自动化 ··· 50
2.4.4 DNA 序列的生物信息学分析 ··· 52
2.5 基因芯片及数据分析 ··· 53
2.5.1 基因芯片概念 ··· 54
2.5.2 技术原理 ··· 54
2.5.3 基因芯片的制备 ··· 54
2.5.4 基因芯片的应用 ··· 55
2.6 研究蛋白质与 DNA 相互作用的主要方法 ·· 57
2.6.1 酵母单杂交系统（可延伸双杂交） ··· 57
2.6.2 凝胶阻滞试验（Gel-shift） ·· 57
2.6.3 DNase I 足迹法 ··· 58
2.6.4 噬菌体展示技术 ··· 58
思考题 ·· 59
参考文献 ·· 59

第 3 章 基因工程的工具酶 ·· 61
3.1 限制性内切核酸酶 ·· 62
3.1.1 限制性内切核酸酶的发现与种类 ··· 62
3.1.2 限制性内切核酸酶的命名 ··· 63
3.1.3 II 型限制性内切核酸酶的基本特性 ··· 63
3.1.4 影响限制性内切核酸酶活性的因素 ··· 66
3.1.5 限制性内切核酸酶酶切 DNA 的方法 ··· 68
3.2 DNA 连接酶 ·· 68
3.2.1 DNA 连接酶的发现 ··· 68
3.2.2 DNA 连接酶的种类 ··· 69
3.2.3 黏性末端 DNA 片段的连接 ··· 69
3.2.4 平末端 DNA 片段的连接 ··· 71
3.2.5 影响连接反应的因素 ··· 73
3.3 DNA 聚合酶和反转录酶 ·· 74
3.3.1 大肠杆菌 DNA 聚合酶 I 及其应用 ··· 75
3.3.2 E.coli DNA 聚合酶 I 的 Klenow 大片段酶及其应用 ······························· 76
3.3.3 T_4 噬菌体 DNA 聚合酶 ·· 77
3.3.4 T_7 噬菌体 DNA 聚合酶与测序酶 ·· 77
3.3.5 反转录酶 ··· 78
3.4 修饰酶类 ··· 79
3.4.1 末端脱氧核苷酸转移酶 ··· 79
3.4.2 T_4 多核苷酸激酶 ··· 79

	3.4.3 碱性磷酸酶	79
3.5	其他工具酶	80
	3.5.1 S1 核酸酶	80
	3.5.2 Bal 31 核酸酶	81
	3.5.3 核酸外切酶	82
	3.5.4 RNA 酶	83
思考题		84
参考文献		84

第4章 基因工程的克隆载体 85

4.1 质粒载体 86
    4.1.1 质粒的一般生物学特性 86
    4.1.2 质粒 DNA 的复制与拷贝数的控制 89
    4.1.3 质粒 DNA 的分离与纯化 91
    4.1.4 质粒载体的构建及类型 92
    4.1.5 重要的大肠杆菌质粒载体 95
    4.1.6 质粒载体的稳定性问题 99

4.2 噬菌体载体 100
    4.2.1 噬菌体的一般生物学特性 100
    4.2.2 λ 噬菌体载体 103
    4.2.3 单链 DNA 噬菌体载体 107

4.3 柯斯质粒载体 112
    4.3.1 柯斯质粒载体的构建及其特点 112
    4.3.2 柯斯克隆 113
    4.3.3 柯斯克隆的改良 114

4.4 噬菌粒载体 116
    4.4.1 噬菌粒载体的概念 116
    4.4.2 pUC118 和 pUC119 噬菌粒载体 117
    4.4.3 pBluescript 噬菌粒载体 118

4.5 人工染色体克隆载体 119
    4.5.1 构建大容量载体的必要性 119
    4.5.2 人工染色体的必需成分 120
    4.5.3 酵母人工染色体载体 120
    4.5.4 细菌人工染色体载体 122
    4.5.5 P1 人工染色体 123
    4.5.6 人类人工染色体 123
    4.5.7 植物人工染色体 124

思考题 124
参考文献 125

第5章 目的基因的获取与改造 126

5.1 DNA 的人工合成 126

5.1.1 人工合成DNA的原理 ……………………………………………… 126
5.1.2 人工合成DNA的应用 ……………………………………………… 128
5.2 从基因文库获取目的基因 ……………………………………………… 130
5.2.1 基因组文库的构建与筛选 …………………………………………… 130
5.2.2 cDNA文库的构建与筛选 ………………………………………… 136
5.2.3 基因组文库与cDNA文库的区别 ………………………………… 140
5.3 PCR技术与目的基因的分离 …………………………………………… 141
5.3.1 目的基因的直接扩增和克隆 ………………………………………… 141
5.3.2 目的基因的cDNA的克隆 ………………………………………… 141
5.4 电子克隆获取目的基因 ………………………………………………… 141
5.4.1 电子克隆的基本原理 ……………………………………………… 142
5.4.2 利用EST数据库进行电子克隆 …………………………………… 142
5.4.3 利用基因组数据库进行电子克隆 …………………………………… 143
5.4.4 全长cDNA的判断 ……………………………………………… 143
5.5 根据基因差异表达获得目的基因 ……………………………………… 143
5.5.1 mRNA差异显示技术 ……………………………………………… 143
5.5.2 cDNA代表性差异分析 …………………………………………… 145
5.5.3 抑制差减杂交技术 ………………………………………………… 145
5.6 目的基因的改造 …………………………………………………………… 147
5.6.1 基因突变与人工诱变技术 …………………………………………… 147
5.6.2 基因定点诱变 ……………………………………………………… 149
5.6.3 基因随机突变 ……………………………………………………… 151
思考题 …………………………………………………………………………… 153
参考文献 ………………………………………………………………………… 153

第6章 目的基因的导入与重组体的鉴定 …………………………………… 155
6.1 重组DNA向原核细胞的导入 ………………………………………… 155
6.1.1 原核受体细胞的种类及特点 ………………………………………… 155
6.1.2 转化 ……………………………………………………………… 156
6.1.3 重组质粒DNA分子转化大肠杆菌 ……………………………… 157
6.1.4 重组λ噬菌体DNA分子转导大肠杆菌 ………………………… 160
6.2 重组DNA导入真核细胞 ……………………………………………… 161
6.2.1 真核受体细胞 ……………………………………………………… 161
6.2.2 重组DNA分子导入酵母细胞 …………………………………… 162
6.2.3 重组DNA分子导入植物细胞 …………………………………… 162
6.2.4 重组DNA分子导入哺乳动物细胞 ……………………………… 164
6.3 重组体克隆的筛选与鉴定 ……………………………………………… 167
6.3.1 载体遗传标记筛选法 ……………………………………………… 167
6.3.2 依赖于重组子结构特征分析的筛选法 ……………………………… 171
6.3.3 核酸分子杂交检测法 ……………………………………………… 172
6.3.4 免疫化学检测法 …………………………………………………… 174

6.3.5　翻译筛选法 ··· 175
　　6.3.6　亚克隆法 ·· 176
　　6.3.7　插入失活法 ··· 176
　　6.3.8　电子显微镜作图检测法 ·· 177
　　6.3.9　转录产物作图 ·· 177
　　6.3.10　基因表达产物分析法 ··· 177
　　6.3.11　DNA 序列测定法 ·· 178
思考题 ··· 179
参考文献 ·· 179

第 7 章　外源基因的原核表达系统 ··· 180
7.1　原核表达系统的特点 ·· 180
　　7.1.1　原核生物的转录 ·· 180
　　7.1.2　原核生物的翻译 ·· 181
7.2　原核细胞表达体系 ··· 182
　　7.2.1　大肠杆菌表达体系 ··· 182
　　7.2.2　芽孢杆菌表达体系 ··· 185
　　7.2.3　链霉菌表达体系 ·· 186
　　7.2.4　蓝藻表达体系 ··· 188
7.3　提高外源基因表达水平的措施 ·· 190
　　7.3.1　优化表达载体的设计 ·· 190
　　7.3.2　避免使用稀有密码子 ·· 190
　　7.3.3　提高外源基因 mRNA 的稳定性 ··· 190
　　7.3.4　提高表达蛋白的稳定性，防止其降解 ··· 191
　　7.3.5　减轻细胞的代谢负荷，提高外源基因的表达水平 ······························· 191
　　7.3.6　优化发酵条件 ··· 191
7.4　利用原核细胞生产真核蛋白质的实例 ··· 191
　　7.4.1　干扰素基因工程 ·· 191
　　7.4.2　生长激素基因工程 ··· 192
　　7.4.3　生长激素释放抑制因子基因工程 ·· 193
　　7.4.4　胰岛素基因工程 ·· 194
　　7.4.5　α-淀粉酶基因工程 ··· 195
7.5　目的蛋白的纯化 ·· 197
　　7.5.1　组氨酸标签 ··· 197
　　7.5.2　GST-标签 ··· 198
　　7.5.3　MBP 标签 ·· 199
　　7.5.4　IMPACT ·· 199
　　7.5.5　TAP-标签 ·· 200
思考题 ··· 201
参考文献 ·· 201

第 8 章　外源基因的真核表达系统 ··· 202

8.1 真核细胞表达体系的特点 ·················· 202
　8.1.1 利用真核细胞作宿主系统的优点 ·················· 202
8.2 酵母表达系统 ·················· 203
　8.2.1 酵母基因表达载体的构成 ·················· 203
　8.2.2 酵母基因表达载体的种类 ·················· 204
　8.2.3 酵母基因表达系统宿主菌 ·················· 207
　8.2.4 在酵母中高效表达外源基因的策略 ·················· 207
8.3 昆虫或昆虫细胞表达体系 ·················· 208
　8.3.1 以重组杆状病毒为载体的昆虫表达体系 ·················· 209
　8.3.2 杆状病毒表达系统的效率与加工能力 ·················· 209
　8.3.3 一类稳定转化的昆虫表达系统 ·················· 211
8.4 哺乳动物细胞基因表达系统 ·················· 212
　8.4.1 哺乳动物基因表达载体的组成特征 ·················· 213
　8.4.2 哺乳动物基因表达载体 ·················· 214
　8.4.3 哺乳动物基因表达宿主细胞 ·················· 220
　8.4.4 提高哺乳动物基因表达系统表达效率的因素 ·················· 221
思考题 ·················· 221
参考文献 ·················· 222

第9章 转基因动物 ·················· 223
9.1 转基因动物发展简史 ·················· 223
9.2 转基因动物技术 ·················· 225
　9.2.1 外源基因导入动物细胞的方法 ·················· 225
　9.2.2 转基因动物技术的新发展 ·················· 234
9.3 转基因动物的制备和检测 ·················· 240
　9.3.1 以显微注射小鼠为例介绍转基因动物的制备 ·················· 240
　9.3.2 转基因的鉴定和表达水平检测 ·················· 241
9.4 转基因动物研究中出现的问题及其对策 ·················· 243
　9.4.1 转基因动物效率极低 ·················· 243
　9.4.2 难以控制转基因在寄主基因组的行为 ·················· 244
　9.4.3 大部分转基因表达水平极低 ·················· 244
　9.4.4 转基因表达特征及提高转基因表达的策略 ·················· 245
9.5 转基因动物的应用 ·················· 246
　9.5.1 在生产和生活中的应用 ·················· 246
　9.5.2 在生物制药方面的应用——动物生物反应器 ·················· 247
　9.5.3 在疾病研究中的应用 ·················· 249
　9.5.4 在基础研究中的应用 ·················· 250
9.6 转基因动物的安全性及其未来 ·················· 250
　9.6.1 食品安全性 ·················· 251
　9.6.2 环境安全性 ·················· 251
思考题 ·················· 252

参考文献 252

第10章 转基因植物 254
10.1 转基因植物概述 254
10.2 转基因植物的基因转化方法 255
10.2.1 转基因植物受体系统 255
10.2.2 农杆菌介导的植物基因转化技术 256
10.2.3 DNA直接导入的基因转化技术 262
10.2.4 花粉管通道法介导的基因转化技术 264
10.3 转基因植物的检测方法 265
10.3.1 基于报告基因/选择标记基因的转基因植物检测方法 265
10.3.2 基于报告基因的转基因植物的外源基因表达检测 266
10.3.3 外源目的基因整合的鉴定 267
10.4 抗虫转基因植物 268
10.4.1 来源于微生物的抗虫基因 268
10.4.2 来源于植物的抗虫基因的应用 270
10.5 抗细菌转基因作物 272
10.5.1 裂解细菌细胞壁 272
10.5.2 破坏细菌细胞膜 273
10.5.3 解除细菌毒素的毒性作用 274
10.5.4 引入对细菌毒素不敏感的靶酶 274
10.5.5 增强植物本身的防卫蛋白合成 274
10.6 抗病毒转基因作物 275
10.6.1 利用非病毒来源的抗病毒基因策略 275
10.6.2 利用病毒来源基因的抗病毒策略 276
10.7 抗除草剂转基因作物 279
10.7.1 增加靶标酶或靶标蛋白的拷贝数 279
10.7.2 作用靶标酶的修饰 279
10.7.3 分离能解除除草剂毒性的酶基因 280
10.7.4 新型除草剂的发展方向 280
10.8 抗逆境转基因作物 280
10.8.1 抗干旱胁迫策略 280
10.8.2 抗寒冻胁迫策略 281
10.8.3 抗盐碱胁迫策略 282
10.9 植物生物反应器 282
10.9.1 植物生物反应器的优点 282
10.9.2 植物生物反应器的研究现状 283
10.9.3 植物生物反应器存在的问题 283
10.10 转基因沉默的原因及对策 284
10.10.1 转基因沉默的原因 284
10.10.2 控制转基因沉默的策略 285

10.11 转基因植物的安全性评价 285
10.11.1 转基因植物食品的安全性评价 286
10.11.2 转基因植物生态环境的安全性评价 288
思考题 290
参考文献 290

第11章 基因治疗 291
11.1 基因治疗的基本概念 291
11.2 基因治疗的发展简史与现状 291
11.3 基因治疗的策略 294
11.3.1 根据基因导入体内的方式 294
11.3.2 根据导入基因发生作用的方式 295
11.4 基因治疗的流程 295
11.4.1 目的基因的准备 295
11.4.2 靶细胞 295
11.4.3 载体的选择 295
11.4.4 转移技术 296
11.5 基因治疗的应用 304
11.5.1 肿瘤的基因治疗 305
11.5.2 单基因病的基因治疗 312
11.5.3 艾滋病等感染性疾病的基因治疗 315
11.6 基因治疗的前景 316
11.6.1 基因治疗面临的问题和挑战 316
11.6.2 基因治疗的发展方向 317
思考题 317
参考文献 317

第12章 合成生物学与基因工程 319
12.1 合成生物学 319
12.1.1 合成生物学的定义 319
12.1.2 合成生物学的研究内容 320
12.1.3 合成生物学的工程本质 325
12.1.4 合成生物学的意义 327
12.1.5 合成生物学的应用 328
12.2 合成生物学与基因工程 331
12.2.1 合成生物学与基因工程的差异 332
12.2.2 合成生物学与基因工程相似之处 333
思考题 334
参考文献 334

附录 总复习题 335

第 1 章 绪 论

基因工程是在体外将目的基因与载体分子重组后转化受体细胞，并在受体细胞中表达，从而获得基因产品或培育生物新品种的一种技术。基因工程诞生于20世纪70年代，遗传物质的发现、DNA双螺旋结构模型的确立以及遗传信息流动的中心法则是其诞生的理论基础；各种工具酶的分离纯化、载体的开发以及基因转化技术是其诞生的技术基础。自从基因工程诞生之后，已经在现代生物学的理论研究中发挥了巨大的作用，同时也在生产实践中获得了广泛的应用，在生物制药、动植物新品种培育、环境污染治理等方面取得了巨大的成就，对人类社会和人类健康产生了巨大影响。关于基因工程和转基因生物的安全性，目前仍没有科学性共识。尽管如此，作为基因工程技术的参与者必须对其安全性保持高度的警惕。

1.1 基因工程的基本概念

人类已经有数千年的种、养殖历史。在生产实践中人们认识到生物具有遗传和变异的特性。遗传性赋予生命物种的稳定性，保证物种的延绵不断；变异性赋予生物种的进化，保证生物对环境的适应。因而遗传和变异在一个生物体内有机地统一起来。在生物演变的历史长河中，自然发生的变异是相当缓慢的。随着生物科学的发展，人们开始干预生物变异，经典遗传学使自然界中需几百、几千、几万年才能积累出现的有利变异，在几年、几十年的时期内便可实现。20世纪70年代初期，基因工程诞生，重组DNA技术兴起，开辟了在短时间内改造生物遗传性的新天地。生物科学的发展将以千万年为进化单位的自然变异缩短到以几十年为进化单位的常规育种，再缩短到以几年为进化单位的基因工程。生物种属间不可逾越的鸿沟被彻底填平，在生物进化的阶梯上，一步跨过了几千年。自然变异不以人的意志为转移，常规育种也带有一定程度的盲目性，人类尚难以驾驭，只有基因工程才是主动地按人的意志定向培育生物新品种、新类型乃至创造自然界从未有过的新生物的最佳途径。基因工程把生物学推到了分子生物学的一个新阶段。

在现代分子生物学领域里，除了基因工程以外，各种其他工程也相继问世。有些人将遗传工程、基因工程和重组DNA技术等往往不加区别地使用，造成混乱。事实上它们有不同的内涵，我们有必要加以澄清。

重组DNA技术是用酶学方法将不同来源的DNA在体外切割、连接、组成一个杂合DNA分子的技术。

基因工程是指在体外将目的基因插入病毒、质粒或其他载体分子中，构成遗传物质的新组合，并使之掺入到原先没有这些基因的寄主细胞内，且能稳定地遗传。因此，供体、受体和载体是基因工程的三大要素。

遗传工程比基因工程有更广泛的内容。遗传工程包括基因工程，基因工程并不等于遗传工程。凡是人工改造生物遗传特性的技术都可称为遗传工程，它包括基因工程、物理化学诱变、细胞融合、花粉培育、常规育种、有性杂交等。其中有个体水平的、细胞水平的，也有分子水平的。

1.2 基因工程的研究内容

通过基因工程技术，把来自不同生物的外源 DNA 插入到载体分子上，所形成的杂种 DNA 分子与神话传说中的那种具有狮首、羊身、蛇尾的怪物颇为相似，故在早期发表的有关文章中常常称这种重组 DNA 分子为嵌合体（chimaera）。构建这类嵌合体 DNA 分子的中心环节是，在体外将不同来源的 DNA 片段，通过限制性内切核酸酶和 DNA 连接酶等的作用，重新组合成杂种的 DNA 分子。在体外重新组合 DNA 分子的实验过程中，是通过能够独立自主复制的载体分子如质粒或噬菌体为媒介的，将外源 DNA 引入到寄主细胞进行繁殖，从而为遗传上同一生物品系成批地繁殖和生长提供了有效的途径。概括起来，基因工程应包括以下几个主要的内容或步骤。

(1) 目的基因的克隆：从复杂的生物有机体基因组中，经过酶切或 PCR 扩增等步骤，分离出带有目的基因的 DNA 片段。

(2) 与载体分子的连接重组：在体外，将带有目的基因的外源 DNA 片段连接到能够自我复制的，并具有选择标记的载体分子上，形成重组 DNA 分子。

(3) 重组子的筛选：将重组 DNA 分子转移到适当的受体细胞并与之一起增殖，从大量的细胞繁殖群体中筛选出获得了重组 DNA 分子的受体细胞克隆。

(4) 检测：从这些筛选出来的受体细胞克隆，鉴定出那些获得了目的基因的克隆。目的基因在新的遗传背景下实现功能表达，产生人类所需要的物质。

1.3 基因工程诞生的基础

基因工程诞生于 1973 年，它是数十年无数科学家智慧的结晶，成果的融汇。总结起来，从 20 世纪 40 年代开始，科学家们在理论和技术方面为基因工程的诞生奠定了雄厚的基础。

1.3.1 基因工程诞生的理论基础

首先，在 20 世纪 40 年代，人类发现了生物的遗传物质是 DNA。Avery，在 1934 年美国的一次学术会议上，首次报道了肺炎双球菌（*Diprococcus pneumonas*）的转化。超越时代的科学成就往往不容易很快被人们接受，Avery 成就的命运也是一样，当时并没有引起阵阵掌声，事隔 10 年，他的论文才公开发表。Avery 的工作意义深远，他不仅证明 DNA 是遗传物质，还证明 DNA 可以把一个细菌的特性转给另一个细菌，理论意义十分重大。正如诺贝尔奖获得者 Lederberg 指出的，Avery 的工作是现代生物学革命性的开端。

其次，20 世纪 50 年代搞清了 DNA 的双螺旋结构。1953 年，Watson 和 Crick 提出了 DNA 结构的双螺旋模型。这一成就是生命科学史上划时代的里程碑，是与达尔文进化论和孟德尔定律齐名的贡献。

第三，20 世纪 60 年代确定了遗传信息的传递方式——中心法则。从 1961 年开始，以 Nirenberg 等为代表的一批科学家，经过不倦的努力，确定遗传信息是以密码方式传递的，每 3 个核苷酸组成一个密码子，代表一种氨基酸。到 1966 年全部破译了 64 个密码，编排了一个震惊世界的密码表。中心法则阐述了遗传信息传递的方向是 DNA→RNA→蛋白质。从此，千百年来使人迷惑不解的种瓜得瓜，种豆得豆的遗传现象，在分子水平上到了合理解释。

1.3.2 技术上的三大突破

经过了从20世纪40年代到60年代漫长的萌芽时期，科学家们虽然为基因工程设计了一幅幅美丽的蓝图，但是面对庞大的双链DNA（dsDNA），科学家们束手无策，不能对它进行有效的控制性操作。尽管酶学知识得到了相当的发展，还是没有任何一种已发现的酶能执行这样的使命。突破是在1968年出现的。Smith和Wilcox在流感嗜血杆菌（*Haemophilus influenzae*）中分离纯化了限制性内切核酸酶 $Hind\ II$，为基因工程专家提供了切割工具，迎来了改造生物的新纪元，为基因工程的诞生奠定了最为重要的技术基础。除限制性内切核酸酶之外，其他众多工具酶的分离和纯化（如连接酶、聚合酶等）都是基因工程操作中必不可少的工具。

第二个突破是关于基因工程载体方面。所谓载体就是运送重组DNA分子到寄主细胞中的工具。基因工程的载体是质粒和病毒。早在1940年，Lederberg等在研究细菌的致育因子——F因子时就已经发现了质粒的存在。经过20世纪50年代和60年代，相继又现了其他质粒，如抗药性因子、大肠杆菌因子（ColE1）等。到1973年，Cohen才将质粒作为基因工程的载体使用。这是基因工程诞生的第二个技术准备。

基因转化技术的确立是基因工程诞生又一重要的技术基础。外源DNA片段同上述这些载体分子重组而成的杂种DNA分子，需要重新导入大肠杆菌寄主细胞后才能进行正常的增殖。这种将外源DNA分子导入细菌细胞的转化现象虽然早在20世纪40年代就已经在肺炎双球菌中发现，但对于大肠杆菌来说，却直到1970年才获得成功。当时Mandel和Higa发现，大肠杆菌的细胞经过氯化钙的适当处理之后，便能够吸收λ噬菌体的DNA。两年之后，即1972年，斯坦福大学的Cohen等报道，经氯化钙处理的大肠杆菌细胞同样能够摄取质粒的DNA。从此，大肠杆菌便成了分子克隆的良好的转化受体。大肠杆菌转化体系的建立，对基因工程的创立具有特别重要的意义。因为早期使用的克隆载体都携带有在大肠杆菌中增殖的复制子。

除了上述这些有关DNA分子的切割与连接以及外源DNA对感受态的大肠杆菌细胞的转化技术之外，在20世纪60年代还发展出了琼脂糖凝胶电泳和Southern转移杂交技术，它们对于DNA片段的分离和检测同样也是十分有用的。这些技术差不多同时得到发展，并很快地被运用到基因操作实验。于是在20世纪70年代初开展DNA重组工作，无论在理论上还是技术上都已具备了条件。

1.4 基因工程技术的诞生

1972年，美国斯坦福大学的Berg博士领导的研究小组，率先完成了世界上第一例成功的DNA体外重组实验，并因此与Gilbert、Sanger分享了1980年的诺贝尔化学奖。Berg等使用限制性内切核酸酶 $EcoR\ I$，在体外对猿猴病毒40（Simian vacuolating virus 40 或 Simian virus 40，SV40）的DNA和λ噬菌体的DNA分别进行消化，然后再用T_4 DNA连接酶将两种消化片段连接起来，结果获得了包括SV40和λDNA的重组杂种DNA分子。1973年，斯坦福大学的Cohen等成功地进行了另一个体外DNA重组实验。他们将编码有卡那霉素抗性基因的大肠杆菌 R6-5 质粒 DNA 和编码有四环素抗性基因的另一种大肠杆菌质粒 pSC101 DNA 混合后，加入限制性内切核酸酶 EcoR I，对 DNA 进行切割后，再用 T₄DNA 连接酶将它们连接起来，形成重组 DNA 分子，转化大肠杆菌。在含有四环素和卡那霉素的平板上获得了对两种抗生素都有抗性的杂合重组菌落（图 1-1）。这是基因工程发展史上第一个克隆转化并取得成功的例子，基因工程从此诞生了。Cohen 是其创始人。

pSC101 和 R6-5 都是大肠杆菌的质粒，由它们形成的重组质粒可以在原寄主细胞中增殖，

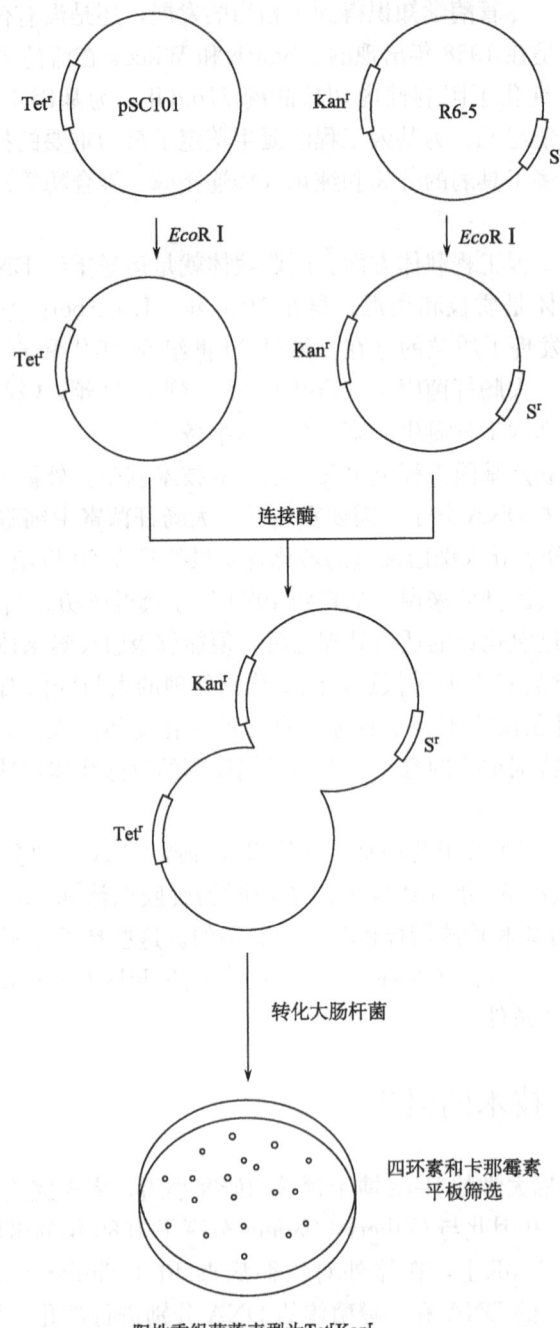

图 1-1　Cohen 的 DNA 重组、转化与阳性重组体筛选示意图（引自齐义鹏，1998）

这似乎比较容易理解。那么，不同物种的外源 DNA 片段是否也可以在大肠杆菌细胞中增殖呢？为了回答这个问题，Cohen 立即又与 Boyer 等合作，应用与上述相似的方法，把非洲爪蟾（*Xenopus laevis*）的编码核糖体基因的 DNA 片段，同 pSC101 质粒重组，并导入大肠杆菌细胞。转化子细胞分析结果表明，动物的基因的确进入到大肠杆菌细胞，并转录出相应的 mRNA。从此一项新的造福于人类的技术诞生了。

> **与基因工程诞生与发展有关的诺贝尔奖获得者**
>
> 1958 年，英国科学家 F. Sanger 发现了胰岛素的分子结构获得诺贝尔化学奖。
>
> 1959 年，美国科学家 S. Ochoa、A. Kornberg 因人工合成核酸并发现其生理作用而共同获得诺贝尔生理学或医学奖。
>
> 1962 年，英国科学家 J. C. Kendrew、M. F. Perutz 因研究蛋白质的分子结构获诺贝尔化学奖。英国科学家 F. Crick、M. Wilkins，美国科学家 J. Watson 因发现脱氧核糖核酸的分子结构而共同获得诺贝尔生理学或医学奖。
>
> 1968 年，美国科学家 R. W. Hoolley、H. G. Khorana、M. W. Nirenberg 因解释遗传密码而共同获得诺贝尔生理学或医学奖。
>
> 1978 年，瑞士科学家 W. Arber，美国科学家 H. O. Smith、D. Nathans 因发现并应用脱氧核糖核酸的限制酶而共同获得诺贝尔生理学或医学奖。
>
> 1980 年，美国科学家 P. Berg 因世界上首次进行 DNA 分子重组试验、美国科学家 W. Gilbert 和英国科学家 F. Sanger 因发明测定 DNA 碱基序列的方法而共同获得诺贝尔化学奖。
>
> 1993 年，美国科学家 K. B. Mullis 因发明 PCR 技术、M. Smith 因发明寡聚核苷酸定点诱变法而共同获得诺贝尔化学奖。

1.5 基因工程的应用

1.5.1 原核细胞基因工程

迄今为止，基因工程主要是采用革兰氏阴性细菌和大肠杆菌作为宿主细胞表达体系。采用细菌作为表达系统的特点在于：①可以用于细菌（尤其是大肠杆菌）的质粒和噬菌体载体的范围广；②细菌表达体系可以采用发酵工程的技术，为过去不能用微生物技术生产的化学物质提供了能用微生物技术生产的可能性。1977 年，Itakura 和 Boyer 用人工合成的生长激素释放抑制因子（somatostatin，SMT）基因，第一次实现了真核基因在原核细胞中的表达。SMT 是 14 肽，由 42 个核苷酸编码，在人工合成的基因的两端分别装有 *Eco*R I 和 *Bam*H I 酶切位点，在基因后方加了两个终止密码 TGA 和 TAG；在基因前方加上了一个甲硫氨酸起始密码 ATG，再装上乳糖启动子片段。经过这样精心的设计，再将它们与质粒连接并转化大肠杆菌。由于乳糖启动子的启动，SMT 基因便能在大肠杆菌中表达，生产出人的生长激素释放抑制因子。Itakura 和 Boyer 从价值数美元的 9L 培养液中生产出 50mg 生物活性物质，相当于 50 万头羊脑的提取量，意义之大，令人折服。这是基因工程的第一个威震寰宇的显赫战果（图 1-2）。

胰岛素是治疗糖尿病的有效药物，长期以来只能用猪、羊胰腺提取。据计算，每生产 10g 胰岛素需消耗 1t 胰腺，因而造成市场需求紧张，价格昂贵。1978 年，美国哈佛大学的

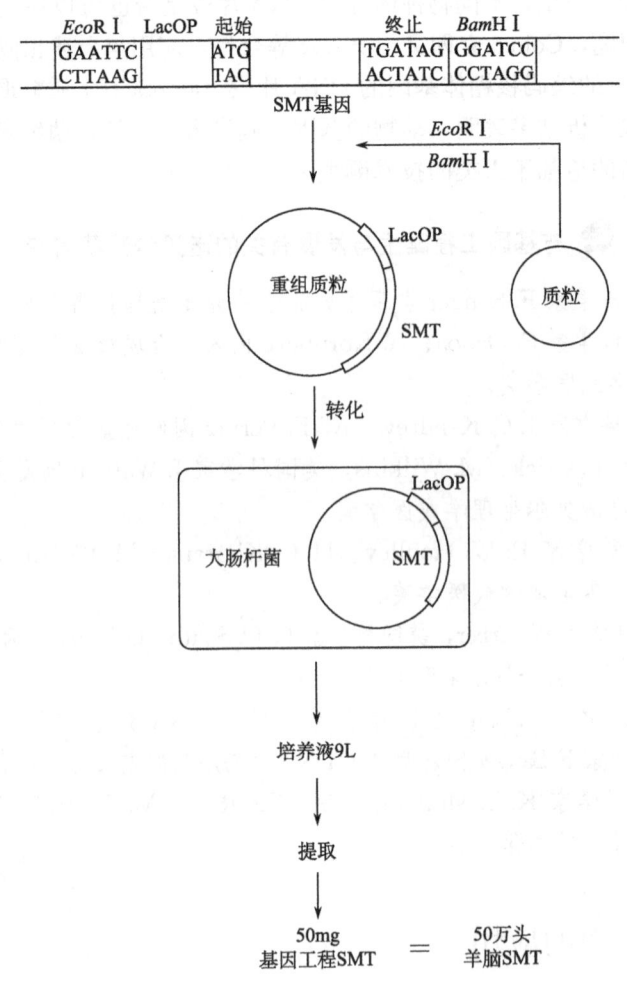

图 1-2 人生长激素释放抑制基因在大肠杆菌中表达示意图（引自常重杰等，2003）

Gilbert 等把老鼠胰岛素基因与大肠杆菌的青霉素酶基因连接，转化大肠杆菌，生产出了胰岛素。这是基因工程的又一重大突破。美国基因工程胰岛素已在 1981 年投放市场。1985年，日本也获得成功并投入市场。据报道，加拿大用大肠杆菌生产胰岛素，产量达到 100mg/L，也就是说，100L 培养液中获得的胰岛素就相当于 1t 猪、羊胰腺的提取量。

干扰素是治疗病毒性肝炎和肿瘤的药物，以前主要从人血中提取或用病毒感染诱导人血白细胞生产。估计约需 1200L 人血才能提取 2.5×10^8 单位的干扰素，治疗一个肝炎患者需 2 万～3 万美元，价格之高，犹如奇珍异宝。1980 年，瑞士 Biogen 公司第一次用细菌生产人干扰素。次年，美国基因工程公司宣布，用酵母表达成功。1983 年，美国 Summers 等用杆状病毒作载体、昆虫细胞作受体表达人的 β-干扰素基因，每 10^6 个细胞能生产干扰素 5×10^6 单位，并且 95% 分泌至细胞外。1985 年，美国加州大学 Meada 用杆状病毒作载体，家蚕作表达系统，合成 α-干扰素，产量为 50μg/条蚕。20 世纪 80 年代，我国预防医学科学院病毒所用大肠杆菌表达出 β-干扰素，并已投放市场。

但是，基因工程以原核生物细胞（如大肠杆菌）作表达体系时也存在某些缺点，致命的缺点是不能完成真核蛋白的翻译后的正确加工，而这类翻译后的加工对许多真核蛋白的生物活性是至关重要的。这些加工方式包括糖基化、磷酸化、酰胺化、羟基化、磺酸化、硒化、信号肽的删除、链内和链间二硫键的正确连接等。另外，许多蛋白质产品在原核表达体系中是以包含体的形式出现的，需要经溶解、变性、复性等过程，才能从包含体中提取出有生物学活性的产品，而这一过程非常繁杂，回收率也较低。所以人们开发了在大肠杆菌中表达活性物质的分泌型表达载体，使产品分泌到大肠杆菌细胞外。

1.5.2 植物基因工程

以植物细胞作为基因表达系统的基因工程就是植物基因工程。植物基因工程是利用植物的某些有用目的基因导入农作物，与传统的农作物育种技术相结合，获得具有抗病、抗虫害、抗旱、抗盐、抗寒、提高光合作用及固氮效率等性能的优良品种。这方面的研究已经取得了重大进展，如抗虫棉、抗虫玉米等，都显示了良好的经济性状。

粮食短缺是未来世界面临的最大困难。据报道，到 2015 年，世界人口将增加到 80 亿，吃饭成了问题。今后 20 年，美国用于生产粮食的氮肥投资为 200 亿美元。然而，用基因工程使作物自身固氮，只需 100 万美元。但是固氮基因工程太复杂，直到现在仍无重大进展，只有另辟蹊径。我们知道，光合作用的 1，5-二磷酸核酮糖羧化酶既能固定 CO_2，也可在黑暗消耗氧气进行呼吸，几乎使 50% 新固定的 CO_2 损失。有人尝试用蛋白质工程消除此酶的呼吸作用，即可条件下提高光合效率 50%，估计粮食可成 10 倍增长。

农业的最大危害是病虫害，病虫害造成农作物的巨大减产。我国每年因病虫害造成的经济损失估计达数百亿元。用化学农药防治病虫害给地球造成了严重的环境污染，破坏了生态平衡，害虫抗药性迅速增加。各种剧毒农药投放市场，用药量不断增加，害虫暂时杀死了，又会出现一轮新的恶性循环。统计资料表明，化学农药造成的中毒和污染十分严重，直接威胁到人类当代和子孙后代的健康。专家们呼吁应立即制止这种向地球投毒的愚蠢行动。解决的办法是进行生物防治。可是一般天然的生物防治试剂（细菌、病毒、真菌）的杀虫时间长，效果差，难以达到防治害虫的目的，人们不得不求助于基因工程。

科学家取得的第一个成果是抗病虫转基因植物的研究。1983 年，美国孟山都公司已将苏云金杆菌（*Bacillus thuringiensis*）的 δ-内毒素基因转到了番茄染色体 DNA 中，长成的番茄植株具有抗虫能力。我国微生物研究所和北京大学等单位的学者将烟草花叶病毒（TMV）外壳蛋白基因转到烟草植株中，获得了抗病烟草，且已大面积栽培推广。与抗虫转基因植物相辅相成的是杀虫转基因病毒。20 世纪 80 年代末又有学者提出用基因工程技术将昆虫外源特异性毒素基因整合到杆状病毒基因组中成为重组病毒，以提高病毒杀虫毒力和加快杀虫速度。随后，重组杆状病毒杀虫剂作为病毒基因工程研究的一个新领域蓬勃发展起来。苏云金杆菌的内毒素基因（*cry*）、青春酯酶基因、利尿激素基因、蝎和螨神经毒素基因先后被用来构建了多种类型的重组杆状病毒，并且显示了良好的杀虫效果。

植物基因工程中有些是把外源基因导入植物，使植物能够生产某些生物碱或某些蛋白质产品，如动物疫苗。英国剑桥的 Agricultural Genetics Company（AGC）利用植物基因工程技术，已成功地在植物中生产了动物疫苗。方法是：对侵染豇豆的豇豆花叶病毒（CPMV）进行遗传改造，使其携带动物病毒的一些特殊基因，如动物口蹄疫病毒（FMDV）和艾滋病病毒的表面抗原蛋白基因等。这些经过改造的病毒在豇豆植株中生长，从而表达这些外源蛋白，利用这种植物基因工程就可以生产动物和人的疫苗。

能够生产重组动物疫苗的其他系统有动物病毒、细菌、酵母以及动物细胞。这些系统都存在着弊端，限制了这些系统的商业化应用。例如，动物细胞培养系统昂贵，需要保持无菌条件，不仅生产成本很高，还存在生物安全性问题。相比之下，利用植物基因工程来生产这些疫苗成本就低得多。初步研究表明，一片豇豆叶可以生产出 200 剂疫苗所需的病毒。这项技术提供了一个广阔的高利润的疫苗市场，并已在全世界范围内申请了专利权。

植物基因工程为生物技术开辟了新领域，它将导致分子农业（molecular farming）的出现。美国奥本大学（Auburn University）的科学家成功地对商品化蘑菇糙皮侧耳进行遗传学改造，使之表达外源基因。科学家们正在把编码营养价值很高的蛋白质基因导入其中，以便改良蘑菇的食用价值。例如，把植物和动物资源的某些资源基因（如大豆的贮藏蛋白基因、鸡的卵清蛋白基因等）作为外源基因导入侧耳真菌里，从而提高其食用价值。因此，利用植物基因工程提高食品价值具有美好的发展前景。

1.5.3 动物基因工程

利用动物活体或动物细胞作为外源基因表达系统就是动物基因工程。动物基因工程大体上可分为两个分支——动物器官生物反应器技术和转基因动物育种技术。

所谓动物器官生物反应器，就是在基因工程中将有医学价值的活性蛋白基因导入家畜或家禽的受精卵，然后从成长的转基因动物的机体器官中，主要是从体液（乳汁、血液）中收获基因产物。1981 年，Palmiter 和 Brinster 把大白鼠的生长激素基因导入小鼠受精卵中获得了比普通小白鼠大得多的转基因小鼠，从而开创了动物基因工程研究的新局面。

转基因动物的一种潜在利用是，有可能将它作为专门生产一些特殊药物的"生物工厂"（bio-factory）。在转基因鼠的基础上，通过将目的基因重组在乳汁蛋白基因启动子的下游，已经成功地培育出了可在乳腺中高效表达出外源蛋白质的转基因小鼠。应用此种方法目前已能合成人类组织纤溶酶原活化因子（tissue plasminogen activator，tPA）和尿激酶（urokinase）。这些蛋白质在小鼠乳汁中的表达量相当高，如 tPA 的浓度可高达 50ng/ml，而且还具有良好的生物活性。但由于显而易见的原因，小鼠并不能作为有效的"生物工厂"。近年来在绵羊等大型哺乳动物的乳汁中生产药用蛋白的研究工作已取得了显著的进展。20 世纪 90 年代初，Wright 等已成功地培育出一种其乳腺能分泌 α-1-抗胰蛋白酶（α-1-antitrypsin，ATT）的转基因绵羊。Ebert 等也获得了可在乳腺中分泌人 tPA 的转基因山羊，这些转基因动物的培育成功，为我们提供了已经做了翻译后加工的易于纯化的蛋白质来源。因此运用转基因技术制造转基因的牛、羊并从其乳汁中制备药用蛋白质具有十分重要的经济意义，得到了人们的广泛重视。

转基因动物的另一个重要用途是转基因动物育种——从抗病、优质、高产的动物中取得目的基因，将克隆的目的基因导入动物受精卵中，获得能稳定遗传的抗病、优质、高产的动物个体，经常规杂交育种选育而成为新的优良品种。目前这方面的研究仍处于探索阶段。

1.5.4 基因治疗

所谓基因治疗就是在基因水平上治疗人类疾病的方法。基因治疗有多种途径，将正常基因取代突变基因，使突变基因恢复正常以补偿突变基因丧失的正常功能。也可以通过各种影响基因表达水平的手段进行基因治疗。因为许多疾病往往是由于某个或某些基因表达异常而造成的，与基因突变关系不大。按接受治疗的细胞类型可分为体细胞基因治疗和性细胞基因治疗两大类。前者只改变接受者的表型，其突变基因仍能遗传下去；后者可改变接受治疗者的基因型，后代不再会获得该突变基因以达到根治的目的。基因治疗的病种包括遗传病、恶性肿瘤、艾滋病等。基因治疗的关键是转入基因的方法和途径，携带正常基因的载体的安全性以及外源基因的正确整合和表达等。另外，基因治疗还涉及伦理和社会问题。

目前基因治疗的内涵已经被拓宽，包括通过基因转移来杀死不正常细胞。例如，将编码干扰素、白细胞介素、肿瘤坏死因子等细胞因子的基因，通过各种途径导入癌症患者体内，并集中在肿瘤附近，使肿瘤四周的细胞因子局部浓度升高，达到杀伤肿瘤细胞的目的。还有的研究者将自杀基因，如疱疹病毒胸苷激酶（HSV-TK）基因转入肿瘤细胞，同时给予某种化合物，HSV-TK将这些物质代谢为核苷酸的类似物，当肿瘤细胞分裂合成DNA时，将类似物摄入DNA分子从而导致细胞"自杀"死亡，同时由于旁观者效应，这些细胞附近的细胞也会死亡，从而达到治愈或缓解病情的目的。目前已有许多疾病的基因治疗方案处于临床试验阶段，相信在不久的将来将会造福于人类。

1.5.5 理论研究

应用重组体DNA技术可以克隆和扩增某些原核生物和真核生物的基因，从而可以进一步研究它们的结构和功能。重组体DNA技术的成就和提出的问题促进了遗传学、生物化学、微生物学、生物物理学和细胞学等学科的发展，并且有助于这些不同学科的结合。目前正在形成一门新兴的学科——生物工艺或生物工程学，就是这种趋势的反映。基因工程是创造奇迹的科学，有着惊人的发展潜力和极其广阔的应用前景。基因工程诞生之初，Lederberg和Cohen等就预言："把基因连接到工业微生物的DNA中促使它们生产大量的生命所必需的蛋白质……这是生物和医学的真正大革命。到2000年，人类的疾病都将由杂种微生物生产的对疾病特异的人工蛋白质处理而得到治疗"。因此基因工程为人们展现了美好前景。

事实上，基因工程最大的意义还在于生物科学基础理论研究方面。如前所述，重组DNA技术彻底打破了常规育种中种属间不可逾越的鸿沟；动物、植物、细菌及人类的基因都可缝合在一起，形成杂种生物，这是以往任何科学家都难以想象的奇迹。基因工程为研究基因的结构、功能、调节开辟了新途径，重组DNA技术为实现人们彻底认识生命的本质，揭示生命现象的奥秘开辟了一个全新的领域。

总之，基因工程好像创造新生物的天使，其意义不亚于原子裂变和半导体的出现，它将为解决世界面临的能源、粮食、人口、资源及污染等严重问题开辟新途径，直接关系到医药、轻工、食品、农牧业、能源等传统产品的改造和新产品的形成。

1.6 基因工程的安全性

基因工程研究在20世纪70年代曾引起了广泛的讨论，主要担心基因工程某些实验可能会引起危险。有人认为重组体分子的建立及将其导入微生物或高等生物中可能创造出新的生物，这些新生物可能会由于疏忽而致使它们从实验室中逃逸出来，成为对人类和环境的生物危害。另一些人认为，这种带有外加遗传物质的新生物绝对竞争不过自然界中存在的正常生物品系，因此并不存在危险。这种争论首先是从事基因工程研究的学者们开始的。例如，重组DNA的创始人之一Berg就出于安全方面的考虑，主动放弃了将SV40基因引入大肠杆菌细胞的想法。最初的担心是有关病毒DNA的重组实验，而随后又对扩展到了其他DNA的重组实验。有人甚至认为，将小鼠的某些基因导入大肠杆菌进行表达同样是十分危险的。随着时间的推移，参加争论的范围便逐渐从科学界波及群众团体。1973年美国的公众第一次公开表示他们担心应用重组DNA技术可能会培养出具有潜在危险性的新型的微生物，从而给人类带来难以预料的后果。争论的结果是，在没有任何关于重组DNA危险性的直接证据的情况下，担忧和反对的意见占了上风。

1975年，美国国家卫生研究院在加利福尼亚州的Asilomar会议中心举办了一次国际研讨会，探讨重组DNA的潜在危险性。在会议上，支持和反对的双方进行了激烈的辩论。一部分代表的主要担忧是：他们担心携带着一种具有潜在危险的克隆基因，会由于偶然的原因而从实验室逸出，或成功地寄生在实验工作者的肠道内，从而导致灾难性的后果。另一部分代表则认为，自然界中的原核生物经常同动物腐烂尸体所释放出来的DNA密切接触，因而它们必定会有机会捕获这些真核生物的DNA，所以，很有可能通过地球上原核生物群体的作用，都曾经在自然界中出现过，但它们并没有在自然选择中取得优势。可见对重组DNA过分担心是没有必要的，而且即便有某些危险，也可以通过必要的防范措施予以避免。

尽管在Asilomar会议上代表们意见分歧很大，但他们仍在如下三个重要问题上取得了一致：第一，新发展的基因工程技术为解决一些重要生物学和医学问题，以及令人普遍关注的社会问题（如环境污染、食品及能源问题等）展现了乐观的前景。第二，新组成的重组DNA生物体的意外扩散，可能会出现不同程度的潜在危险。因此，开展这方面的研究工作，必须采取严格的防护措施，并建议在严格控制的条件下，进行必要的DNA重组实验，来探讨这种潜在危险性的实际程度。第三，目前进行的某些实验，即便是采取最严格的控制条件，其潜在的危险性仍然很大。因此，会议主张正式制定一份统一管理重组DNA研究的实验准则，并要求尽快地发展出不会逃逸出实验室的安全寄主菌株和质粒载体。

目前，人们对基因工程研究的看法逐渐趋向一致了，因为实验表明，基因工程研究可以在极严格的安全规定内进行，这些规定主要包括对生物体的物理防护和生物防护。物理防护主要是：实验室必须有技术熟练的工作人员，具有合适的防护设备，如负压装置、高压灭菌及安全操作箱等。生物防护主要包括选择非病原的生物体作外源DNA的克隆工具，或者对微生物进行精细的遗传操作，降低其在环境中存活和繁殖的可能性。大肠杆菌是动物及人类肠道中普遍存在的一种细菌，被广泛地用作克隆工具。为了防止它可能变成环境中的危险生物，人们通过遗传改造建立一些特别的株系，这些株系只能在特定的实验室条件下才能存活，因而，即使它们逃逸出实验室也不可能造成危险。

针对上述问题，美国国家卫生研究院于1976年制定并正式公布了《重组DNA分子研究准则》（以下简称《安全准则》）。为了避免可能造成的危险性，该准则除了规定禁止若干类型的重组DNA实验之外，还制定了许多具体的规定条文。例如，在实验安全防护方面，明确规定了物理防护和生物防护的统一标准。物理防护分为P_1~P_4四个不同等级，生物防护则分为EK1~EK3三个不同的等级。

P_1~P_4是关于基因工程实验室物理安全防护上的装备规定。P_1级实验室为一般的装备良好的普通微生物实验室；P_2级实验室是在P_1的基础上添加负压的安全操作柜；P_3级实验室则是全负压实验室并同时安装安全操作柜；P_4级实验室是具有最高安全防护措施的实验室，要求实验室的隔离及研究者与细菌的接触隔离等。

生物防护方面，EK1~EK3则是专门针对大肠杆菌菌株而规定的安全防护标准。它是依据大肠杆菌在自然环境中的存活率为前提而制定的。EK1级的大肠杆菌菌株在自然环境中一般都是要死亡的；而EK2~EK3标准的大肠杆菌菌株在自然环境中则无法生存。

《安全准则》公布以后，基因工程的研究进入到了一个蓬勃发展的新阶段。在长期的实验检验以后，人们发现早期有关重组DNA研究的许多担心是多余的。事实表明，早期的许多恐惧是没有依据的。例如，用小鼠的致癌基因同载体连接构成重组DNA之后，其致癌性丧失了。迄今为止尚未发生重组DNA危险事件。因此，《安全准则》在实际使用中便逐渐地趋于缓和。事实上，《安全准则》也做了多次修改，放宽了许多限制。就目前情况看，只要重组DNA的实验规模不大，不向自然界传播，实际上已不再受任何法则的限制了。当然，这在任何意义上讲，都不是说重组DNA研究已不具有潜在的危险性了。相反，一个负责任的科学工作者，对此必须保持清醒的认识。

随着基因工程研究的不断深入，转基因植物和转基因动物相继出现。人们对基因工程技术安全性的担心随即扩展到这些方面。植物基因工程方面，已能按人类意愿培育农作物新品种，并显示出独特的技术优势和开发前景。但是这些新品种也有可能对生物品种多样性、病虫害抗性、环境生态平衡和产品安全性方面带来潜在的或尚不可预见的后果。对此必须有充分的认识，才能扬长避短，防患于未然。有人担心释放基因工程农作物的主要危险在于通过自然异花授粉向野生相应品系的转移。传统的育种导入的多数性状，如矮化、无休眠、不散落、抗旱、抗盐等性状，都不适于野生品系，因而对环境的影响很小。很多实验表明，对于异型交配品种，只靠距离隔离还不足以防止种群间的交配，需要采取其他隔离措施，以防止工程化基因的传播。植物基因工程部门应与常规部门及栽培、植保、生防、生态环境、食品检验、加工部门相互配合，针对目的基因的选择与转化、基因植物的大田育种与栽培、被转基因的扩散与逃逸、转基因植物品种的推广应用、植物基因工程及其商品开发利用等安全性方面，进行咨询和监督。对基因工程实验室、温室与野外试验、推广应用、产品商品化等方面制定相应的政策、法规。动物基因工程方面，由于能利用高等动物细胞表达系统来生产人用药品，某些药品已在临床试验，因此做了更多的安全性研究工作。这些高等动物细胞能在体外长期生长，细胞内都含有活化的癌基因，其残留物对于人体健康是极大的威胁。很多研究表明，人和动物体内存在着强大的生物学屏障，它能有效地防止由DNA序列引起的肿瘤发生。另外，可以利用缺口翻译标记和斑点杂交等现代技术来测定基因产品中残留DNA的实际水平，并可检测纯化过程中DNA的清除率。有人曾估算从一个肿瘤细胞中得到的蛋白质产物中混有的DNA的量如果有10pg的话，它还不到人体内形成肿瘤所需最少剂量的1/10亿。而现在基因工程产品中残留胞内DNA的量都少于10pg。许多可行的方法都能保证防止培养的细胞株中出现致癌物质。

1.7 我国的《基因工程安全管理办法》

在利用基因工程造福人类的同时，也要高度重视基因工程的安全管理。在这方面，早在1976年美国国立卫生研究院（NIH）公布了《重组DNA分子研究准则》。随后，德国、法国、英国、日本、澳大利亚等二十多个国家都制定了有关基因工程实验室的安全操作指南或准则。联合国经济发展组织还颁布了《生物技术管理条例》，欧洲联盟也颁布了《关于控制使用修饰微生物的指令》、《关于基因修饰生物向环境释放的指令》等文件。

为了促进我国生物技术的研究与开发，加强基因工程的安全管理，保障公众和基因工程工作人员的健康，防止环境污染，维护生态平衡，中华人民共和国国家科学技术委员会于1993年12月发布《基因工程安全管理办法》。我国的管理办法的制定和颁布有利于促进我国的生物技术发展，通过建立相应的申报程序和必要的评审系统，可以防范基因工程对人类和环境的潜在危害。它的实施将使我国基因工程管理纳入法制轨道并与国际惯例接轨，做到有法可依，有章可循，以利于我国基因工程工作的健康发展和加强这一领域的国际科技合作与交流。

管理办法适应范围包括3个方面：①技术范围，包括基因工程、细胞工程、酶工程、发酵工程和生化工程等。管理方法所称的基因工程只限于利用载体系统、物理和化学方法人工导入异源DNA的技术，而把细胞融合、诱变和传统杂交技术等其他遗传操作都排除在外。②工作范围，包括基因工程实验研究、生产和使用的全过程。但把管理重点放在安全生产和安全使用阶段，特别是对开放系统内的基因工程工作要从严管理。③管理办法的地域范围涵盖我国境内进行的基因工程工作，凡在我国境内进行的基因工程工作，包括利用境外、国外的遗传工程机构进行的研究和开发，如在"三资企业"、国际合作研究室进行的，都应当适合于本办法。

管理办法按照潜在危险程度，将基因工程工作分为4个安全等级，安全等级Ⅰ：尚不存在危险；安全等级Ⅱ：具有低度危险；安全等级Ⅲ：具有中度危险；安全等级Ⅳ：具有高度危险。根据基因工程实验研究、中试开发、工业性生产及遗传工程生物体释放和遗传工程产品使用的不同情况，规定了分级审批权限。

2002年元月，农业部发布了《农业转基因生物安全评价管理办法》。管理办法规定我国基因工程工作的管理体系分4个层次：第一层是中华人民共和国国家科学技术委员会主管全国基因工程安全工作，成立全国基因工程安全委员会，负责基因工程安全监督和协调；第二层是国务院有关行政主管部门，主要指医药、卫生、农业、化工、环保、轻工等行政主管部门，在各自的职责范围内管理有关基因工程安全工作；第三层是各级主管部门，管理本部门隶属单位的基因工程安全工作；第四层是基因工程工作单位，进行就地监督。

管理办法中有关"安全等级和安全性评价"的规定，主要借鉴了国际通用的技术准则，明确基因工程实验研究、中试、生产、释放和使用等阶段工作的安全性评价系统的框架。有关"安全控制措施"主要对从事基因工程工作人员、研究单位及其上级主管部门提出安全控制规范化管理规定，包括安全操作规程、工作场所、设备控制、运输贮存、环境保护和事故处理等。

2002年元月，农业部还颁布了《农业转基因生物标识管理办法》，规定在我国境内销售农业转基因生物、农业转基因生物直接加工品等应当加注明显的标识，要求注明"转基因××"或"转基因××加工品"或"加工原料为转基因××，"以便公众选择购买、使用转基因产品或传统农产品。第一批实施标识管理的农业转基因生物包括大豆及其制成品，玉米及其制成品，油菜及其制成品，棉花种子、番茄及其制成品。

思考题

1. 基因工程的发展主要得益于哪些重大的发现和发明？
2. 进行一次完整的基因工程操作涉及哪些主要的因素？进行哪些主要的操作步骤？
3. 借助于基因工程技术可以改造生物的某些性状。在生产实践中，获取高产、抗逆以及优良品质集于一身的超级转基因农作物却非常困难。谈谈你对这一问题的看法。
4. 基因重组技术有哪几个方面的应用？
5. 什么是遗传信息传递的中心法则？

6. 收集目前已经报道的基因工程安全性的事例，结合其中的部分事例谈谈你对基因工程安全性的认识。

参 考 文 献

常重杰，杜启艳. 2003. 基因工程原理与应用. 北京：中国环境科学出版社
瞿礼嘉，顾红雅，胡苹等. 1998. 现代生物技术导论. 北京：高等教育出版社
齐义鹏. 1998. 基因及其操作原理. 武汉：武汉大学出版社
孙明. 2006. 基因工程. 北京：高等教育出版社
吴乃虎. 2006. 基因工程原理. 2版. 北京：科学出版社
Richard J R. 2003. Analysis of Genes and Genomes. Chichester：John Wiley & Sons, Ltd
Sambrook J, Russell D W. 2002. 分子克隆实验指南. 3版. 黄培堂，王恒樑，周晓巍等译. 北京：科学出版社

第 2 章 基因工程的基本技术

目前，较常见的基因工程基本技术主要有以下几类：核酸的凝胶电泳技术、分子杂交技术、PCR 技术、生物芯片技术、DNA 的人工合成和 DNA 序列测定等技术。琼脂糖凝胶电泳和聚丙烯酰胺凝胶电泳是最常见的核酸凝胶电泳技术。在二者的基础上，目前已发展出脉冲场凝胶电泳、等电点凝胶电泳、双向凝胶电泳等诸多电泳技术。目前，低熔点琼脂糖凝胶回收法和 DEAE-纤维素膜的电泳回收法是最常用的方法。

分子杂交技术是分子克隆中的一类核酸和蛋白质分析方法，用于检测待测混合样品中特定的核酸或蛋白质等生物分子是否存在、存在的具体部位、含量的高低，以及其相对分子质量的大小等生物信息。常用的分子杂交技术可分为 Southern 杂交、Northern 杂交和 Western 杂交，以及由此而简化的斑点杂交、狭线杂交和菌落杂交等。

聚合酶链反应，简称 PCR 技术，是 20 世纪 80 年代美国科学家凯利·穆利斯发明的一种在体外快速扩增特定基因或 DNA 序列的方法，又称为基因的体外扩增法。PCR 技术一诞生就显现出无尽的应用价值，已发展出 RT-PCR、反向 PCR、不对称 PCR、多重 PCR 和差异显示 PCR 等众多 PCR 技术。其中，实时定量 PCR 在核酸的定性定量分析方面发挥了重要的作用。

DNA 测序主要有两大类，即 Maxam-Gilbert 化学降解法和 Sanger 双脱氧链终止法。在此基础上，实现了 DNA 序列分析自动化——DNA 序列分析仪。在开始测序之前，必须根据待测序列的长度、测序精确度以及现有的设施来制定测序总策略，如确证性测序总策略和从头测序总策略等。生物信息学技术在 DNA、RNA 和蛋白质序列分析上起着越来越大的作用。

随着功能基因组学研究的不断深入，基因芯片技术应运而生，其核心原理与分子杂交技术相同。目前，基因芯片的概念现已泛化到生物芯片、微阵列、DNA 芯片，甚至蛋白芯片。生物芯片技术已在各项科学研究及应用领域发挥出其非凡作用，可能成为本世纪最大的产业。DNA-蛋白质相互作用的研究是 21 世纪生命科学研究的主要课题之一，常用的实验方法主要包括凝胶阻滞实验、酵母单杂交体系、DNase I 足迹实验和噬菌体展示技术等。

通过基因工程技术使得那些人力不可直接观察到的生物分子（DNA、RNA 和蛋白质），变得可人工操作与控制，它为生物学、医药学、遗传学、农业科学、环境科学和某些工业研究开拓了广阔的、革命性的美好前景。目前，较常见的基因工程基本技术主要有以下几类：核酸的凝胶电泳技术、分子杂交技术、PCR 技术、生物芯片技术、DNA 的人工合成和 DNA 序列测定技术等。由于篇幅有限，本章将重点从原理方面阐述其操作技术。

2.1 凝胶电泳技术

20 世纪 70 年代是一个奠定现代分子生物学的时代。其中，在 1973 年冷泉港实验室的

Sambrook 和 Sharp 发明了利用琼脂糖凝胶分离 DNA 和 EB 染料观测 DNA 相结合的技术。至今,琼脂糖和聚丙烯酰胺凝胶电泳依然是分离、鉴定和纯化核酸和蛋白质片段的标准方法,并且,在二者的基础上已发展出脉冲场凝胶电泳、等电点凝胶电泳、双向凝胶电泳等诸多电泳技术。

2.1.1 基本原理

当一种带电分子被置于电场当中时,它们就会以一定的速度移向适当的电极。这种带电分子在电场作用下迁移的快慢称为电泳的迁移率。而在生理条件下,核酸等生物大分子中的糖-磷酸骨架上的磷酸基团呈离子化状态,因而在其多核苷酸链上聚集着负电荷,当被放置在电场当中时,它们就会向正极移动。另外,由于糖-磷酸骨架在结构上的重复性,长度相同的 dsDNA 几乎具有等量的静电荷,因此它们能以同样的迁移率向正极方向移动。这样,在一定的电场强度下,DNA 分子的这种迁移速度,即电泳的迁移率取决于核酸分子本身的大小和构型。分子质量较小的 DNA 分子,比分子质量较大的分子电泳迁移率大。具有较紧密构型的分子,如超螺旋环状 DNA 分子,在电泳介质中所受阻力较小,所以其电泳迁移率比同等分子质量的松散型的开环 DNA 分子或线性 DNA 分子要快些。这就是应用凝胶电泳技术分离 DNA 片段的基本原理,即生理条件下,生物分子(DNA、RNA 或蛋白质)呈离子化状态,带负电荷,在电场中以一定的迁移率向正极移动。其迁移率与电场强度和生物大分子所带净电荷数成正比,与摩擦系数成反比。已知摩擦系数是分子的大小、极性及介质黏度的函数,因此根据分子大小的不同、构型或形状的差异,以及所带的净电荷的多寡,便可以通过电泳将蛋白质或核酸分子混合物中的各种成分彼此分开。

根据其凝胶的不同,常见的核酸凝胶电泳技术主要分为两大类:琼脂糖凝胶电泳和聚丙烯酰胺凝胶电泳,它们都是分离、鉴定和纯化核酸的有效方法。二者有相似之处,如都可以灌制成各种形状、大小和孔隙度的凝胶,并且可以在不同的装置中进行电泳。但是,二者又各有优缺点,使用的范围也不一样。

2.1.2 琼脂糖凝胶电泳

琼脂糖凝胶电泳是目前最成熟的检测 DNA 的技术之一。琼脂糖是从红色海藻中提取出的一种线状多糖高聚物,其基本结构如图 2-1 所示。在高温水溶液(煮沸)下琼脂糖会溶解,冷却至 70℃以下凝固并形成一定大小孔径的惰性介质(凝胶),其孔径大小是由琼脂糖的浓度决定的。

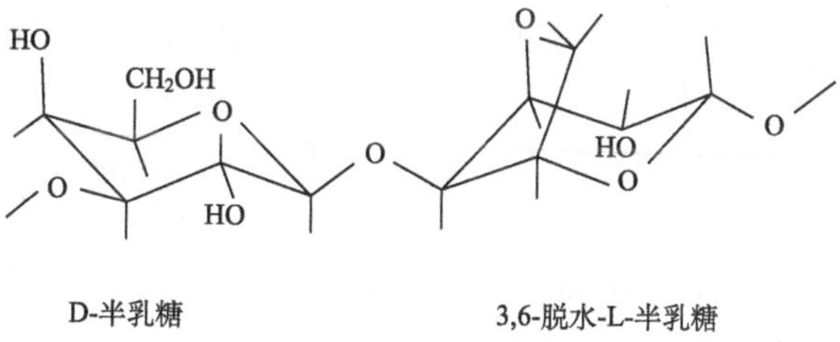

D-半乳糖 3,6-脱水-L-半乳糖

图 2-1 琼脂糖的分子结构(引自常重杰等,2003)

在电场的作用下，DNA 可在孔洞中迁移，影响琼脂糖凝胶电泳迁移速率的因素主要有以下几个方面。

(1) DNA 分子的大小：线性双链 DNA 分子在电场下以其一端指向电场一极，在凝胶基质中其迁移速率与其碱基对数目以 10 为底的对数值成反比，即分子质量越大，摩擦阻力就越大，在凝胶空隙中蠕行就越艰难，因此其迁移率就越慢。

(2) 琼脂糖的浓度：琼脂糖浓度越高，其凝胶孔径就越小，因而 DNA 片段的迁移率就越小。表 2-1 是不同琼脂糖凝胶浓度的分离范围。

表 2-1　不同琼脂糖凝胶浓度的分离范围

琼脂糖凝胶的浓度/ [%（m/V）]	线性 DNA 分子的有效分离范围/kb
0.3	5～60
0.6	1～20
0.7	0.8～10
0.9	0.5～7
1.2	0.4～6
1.5	0.2～3
2.0	0.1～2

(3) DNA 分子的构象：在同一电泳条件下，相同分子质量的 3 种构象的 DNA 具有不同的迁移率：超螺旋环状（Ⅰ型）迁移得最快，其次是线性（Ⅲ型）和带切口环状（Ⅱ型）。

(4) 电压的影响：低电压时，线性 DNA 分子的迁移率与所加电压成正比；随着电场强度的不断增加，高分子质量 DNA 的迁移率将以不同的幅度增长。这样，随着电压的不断升高，琼脂糖凝胶的有效分离范围将逐渐缩小。在 5V/cm 电场中，大于 2kb 的 DNA 片段的分辨率达到最大，因此，一般情况下琼脂糖凝胶电泳的电压应为 5V/cm。

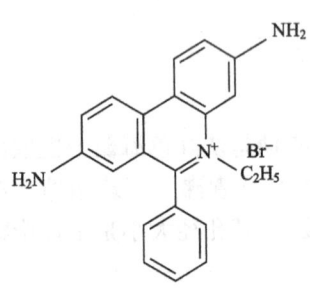

图 2-2　溴化乙锭的结构
（引自常重杰等，2003）

电泳过程中，加样时需先将 DNA 样品与上样缓冲液（loading buffer）混匀。其中，上样缓冲液含有 40% 的甘油或蔗糖，可使 DNA 样品沉积在点样孔内而不易扩散；还含溴酚蓝等用做电泳指示染料。另外，电泳时常用一个已知含量和相对分子质量的 DNA 样品做对照，以比对待测样品的相对分子质量和含量。另外，溴化乙锭（ethidium bromide，EB）是一种扁平的分子（图 2-2），可以嵌合入 DNA 双链分子并在紫外光下使之显示红色或橘红色荧光，从而能够显示 DNA 片段在凝胶中的位置及相对含量。因此，EB 是核酸凝胶电泳中最常用的染料。EB 用作琼脂糖凝胶电泳中的染料，十分方便易行，将 EB 按一定的比例直接加到凝胶中，EB 便会在一切可能的部位同 DNA 分子结合，使其在紫外光下通过 EB 的放射荧光而变成可见的电泳谱带。并且，该方法十分灵敏，可检测出凝胶中微量的 DNA，分辨率可达到 0.05μg。另外，EB 嵌入量的多少，也就是荧光的强度与 DNA 分子的长度有关，二者成正比。利用此特性可以估计样品 DNA 的含量。但是，EB 是强烈致癌剂，使用时一定要注意安全。另外，用于观察的紫外光共有 3 种波长。一般使用中波长（302nm），而短波紫外光（254nm）观察效果最好，但对 DNA 的破坏很大。因此，若待测 DNA 要回收时，最好在长波紫外光（366nm）下观察，以防 DNA 被破坏。

一般而言，在 0.7% 的琼脂糖凝胶中，对 0.8~10kb 的 DNA 有最佳的分离效果（表 2-1）。而在实际操作中，琼脂糖凝胶对 DNA 分子有效的分离范围也在 0.8~10kb，但对小分子质量的核酸分子（100bp~1kb）的分辨率较低。而聚丙烯酰胺凝胶电泳则可以很好地分辨 100bp~1kb 大小的核酸分子；对单链核酸，其分辨率可达 1bp，这种分辨能力在 DNA 序列测定中发挥了重要的作用。

2.1.3 聚丙烯酰胺凝胶电泳

聚丙烯酰胺凝胶是由丙烯酰胺（$CH_2=CH-CO-NH_2$）和 N,N'-亚甲基双丙烯酰胺（$CH_2=CH-CO-NH-CH_2-NH-CO-CH=CH_2$）在一定条件下聚合而成的高分子聚合物，其聚合度由浓度和二者的比例决定。如图 2-3 所示，丙烯酰胺是一单体，在过硫酸铵提供的自由基 [凝胶溶液中另一物质 TEMED（N,N,N',N'-四甲基乙二胺）起稳定自由基的作用] 的引发作用下，可聚合成长链。其中，每 29 个丙烯酰胺单体可形成 1 分子的交联体（交联度），当双功能基团的 N,N'-亚甲基双丙烯酰胺参与聚合反应时，链与链之间交联就形成凝胶。由此可知，丙烯酰胺和 N,N'-亚甲基双丙烯酰胺的浓度及比例决定着聚丙烯酰胺凝胶的孔径大小，从而决定着该凝胶的分辨率。表 2-2 是不同浓度的聚丙烯酰胺凝胶对 DNA 的有效分离范围及相应的指示剂所对应的DNA大小。

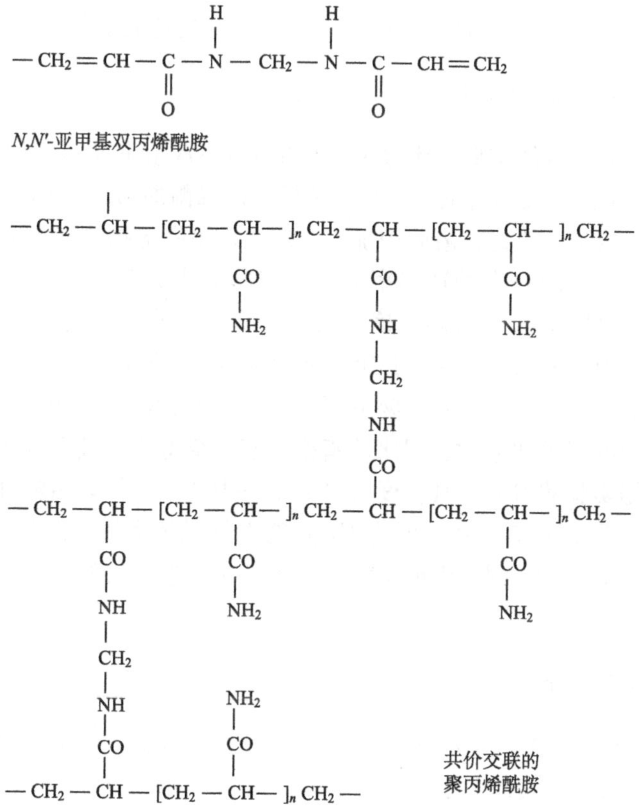

图 2-3 丙烯酰胺的结构（引自常重杰，2003）

表 2-2 DNA 在聚丙烯酰胺凝胶中的有效分离范围

丙烯酰胺/[%(m/V)][a]	有效分离范围/bp	二甲苯青 FF[b]	溴酚蓝[b]
3.5	1000～2000	460	100
5.0	80～500	260	65
8.0	60～400	160	45
12.0	40～200	70	20
15.0	25～150	60	15
20.0	6～100	45	12

a. N，N'-亚甲基双丙烯酰胺占丙烯酰胺浓度的 1/30；
b. 给出的数字是迁移率与染料相同的双链 DNA 片段的粗略大小。

2.1.3.1 非变性聚丙烯酰胺凝胶

非变性聚丙烯酰胺凝胶电泳主要用于分离和纯化双链 DNA 片段及粗略确定 DNA 片段的大小。大多数双链 DNA 在非变性凝胶中的迁移率大略与其大小的对数值成反比。但是迁移率易受碱基组成和序列空间结构的影响，其有效迁移率会有一定的偏差，以致大小完全相同的 DNA，其迁移率可相差达 10%。因此，非变性聚丙烯酰胺凝胶电泳不能精确地测定 dsDNA 的大小，只能粗略地确定 DNA 片段的大小。此外，这类凝胶宜用 1×TBE 灌制并以低电压（1～8V/cm）电泳。电压过高时，会产生大量的热而引起 DNA 变性。

2.1.3.2 变性聚丙烯酰胺凝胶

变性聚丙烯酰胺凝胶电泳主要用于分离纯化单链 DNA 或 RNA，以及用于 DNA 序列测定和需精确确定 DNA 分子大小的试验。与非变性聚丙烯酰胺凝胶电泳相比，变性聚丙烯酰胺凝胶电泳所进行的改进主要是在凝胶中加入了尿素、甲醛等抑制核酸分子中碱基配对的试剂。这样，变性的核酸在凝胶中的迁移率就主要与其大小有关，而与其空间结构无关。因此，变性聚丙烯酰胺凝胶电泳可精确地确定目的片段的大小，因而常被用来分离纯化单链 DNA 或 RNA，以及用于 DNA 序列测定和需精确确定 DNA 分子大小的试验。例如，放射性 DNA 探针的分离、S1 核酸酶消化产物分析及 DNA 测序反应产物的分析等常采用之。

聚丙烯酰胺凝胶的制备和电泳过程比琼脂糖凝胶复杂得多，且聚丙烯酰胺凝胶一律是进行垂直板电泳。根据实验的需要，其长度可以为 10～100cm。与琼脂糖凝胶相比，聚丙烯酰胺凝胶有 3 个优点：①分辨率很高，可达 1bp；②上样量远大于琼脂糖凝胶，多达 10μg 的 DNA 可以加样于其单个标准样品槽而不影响其分辨率；③回收的 DNA 纯度很高，可适用于任何级别的实验。

2.1.4 脉冲场凝胶电泳

如前所述，聚丙烯酰胺凝胶电泳普遍用于分离蛋白质及较小分子的核酸。而琼脂糖凝胶则是适用于一般的核酸分子，其最大分辨率为 50kb。这是因为，在电场方向恒定的电场中，50～100kb 的 DNA 分子在琼脂糖凝胶上的迁移率相同。然而，像大肠杆菌这些较简单的原核生物，其染色体基因组 DNA 长度就超过了 4000kb，而那些较高等的生物，其基因组 DNA 更大。由此可见，运用普通的凝胶电泳技术显然无法分离如此超大分子质量的 DNA 分子。那么，大分子质量（50~100kb）的 DNA 是怎么分离的呢？随着分子技术的发展，人们发现，通过周期性改变电场方向的方法可提高琼脂糖凝胶的分辨率。于是，1984 年，Schwartz 和 Cantor 发明了脉冲场凝胶电泳（pulsed-field gel electro phoresis，PFGE）技术，可以成功地用来分离整条染色体这样的超大分子质量的 DNA 分子，广泛地用于染色体分析与作图。

在常规的琼脂糖凝胶电泳中，超过一定大小范围的所有的双链 DNA 分子，都是按相同的速度移动的。这是因为它们在单向恒定电场的作用下，仅以"一端向前"的方式游动穿过整个胶板。而脉冲场凝胶电泳实际上是一种交替变化电场方向的电泳，以一定的角度并以一定的时间变化电场方向，使 DNA 大分子在微观上以"Z"字形向前移动，从而达到分离相对大分子质量的 DNA 片段的目的。已有报道称，应用脉冲场凝脉电泳技术可成功地分离到分子质量高达 10^7 bp 的 DNA 大分子。

脉冲场凝脉电泳的基本原理如图 2-4 所示，在标准的 PFGE 中，前一次脉冲的电场方向与核酸移动方向成 45°夹角。箭头 a 和 b 表示每次脉冲所用的电场的方向，箭头 c 表示 DNA 分子的最终游动方向。前一次脉冲电场方向 a 和 DNA 最终流动方向 c，在左侧形成 45°夹角；下一次脉冲电场方向 b 和最终游动方向 c，在右侧形成 45°夹角。由于加压在琼脂糖凝胶上的电场方向、电流大小及作用时间都在交替地变换着，这就使得 DNA 分子能够随时地调整其流动方向，以适应凝胶孔隙的无规则变化。与分子质量较小的 DNA 分子相比，分子质量较大的 DNA 分子需要更多的次数和时间来变更其构型和方位，以使其可以按新的方向游动，因此，其迁移率也就更慢一些，从而达到分离超大分子质量 DNA 分子的目的。

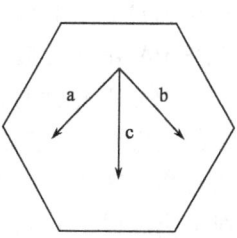

图 2-4 脉冲电场凝胶电泳的基本原理

目前，脉冲场凝脉电泳有横向交变电泳（transverse alternating field eletrophoresis，TAFE）、场翻转凝胶电泳（field inversion gel eletrophoresis，FIGE）、旋转凝胶电泳（rotating gel eletrophoresis）和钳位匀场电泳（contour-clamped homogeneous electric field，CHEF），其中，使用最广泛的是 CHEF。总之，在脉冲场凝胶电泳中，脉冲时间、电场强度、温度、缓冲液组成、琼脂糖类型和浓度等都会影响其电泳分辨率，其中，脉冲时间是最关键的因素（表 2-3）。对于分离较小的 DNA 片段，对其重新定向所需要的时间短，因此相应的脉冲时间就短；而对于相对分子质量较大的 DNA 片段，对其重新定向所需要的时间较长，从而决定其脉冲时间也长。

表 2-3 不同大小的 DNA 在 CHEF 脉冲场凝胶电泳中所需要的条件

DNA	DNA 大小 /kb	琼脂糖 浓度/%	切换时间 /s	电泳时间 /h	电压 /(V/cm)	角度 /(°)	缓冲液
酶切片段	0.2~23	1.2	0.01	4	6	120	0.5×TBE
5kb Ladder	5~75	1.0	1~6	11	6	120	0.5×TBE
λ DNA Ladder	50~1000	1.0	50~90	22	6	120	0.5×TBE
酿酒酵母染色体 DNA	200~2200	1.0	60~120	24	6	120	0.5×TBE
白色念珠菌	1000~4000	0.8	120	24	3.5	106	1.0×TAE
			140	36			
粟酒裂殖酵母	3500~5700	0.8	1800	72	2	106	1.0×TAE
一种阿米巴	3600~9000	0.8	2000~7000	158	1.8	120	0.25×TAE
			7000~9600	82	1.5		

2.1.5 双向电泳技术

1975年Farrall等就根据不同蛋白质混合物之间的等电点差异和分子质量差异建立了等电点聚焦及SDS-聚丙烯酰胺凝胶(IEF/SDS-PAGE)双向电泳技术。到目前为止，虽然科学家已经发明了多种蛋白质分离技术，但双向电泳技术仍然是分离大量混合蛋白质组分的最有效方法。该技术是基于蛋白质的两大重要特性——等电点(pI)和相对分子质量而对蛋白质进行分离的一种电泳技术(图2-5)。其中IEF电泳(管柱状)为第一向，SDS-PAGE为第二向(平板)。在进行第一向IEF电泳时，因蛋白质是两性分子，在不同pH的缓冲液中表现出不同的带电性，因而，在电流作用下，在以两性电解质为介质的电泳体系中，不同等电点的蛋白质会聚集在介质上不同的区域(等电点)而被分离。IEF电泳结束后，将圆柱形凝胶在SDS-PAGE所应用的样品处理液(内含SDS、β-巯基乙醇)中振荡平衡，然后包埋在SDS-PAGE的凝胶板上端，即可进行第二向电泳——SDS-聚丙烯酰胺凝胶。在进行第二向SDS-PAGE电泳时，由于PAGE中的去垢剂SDS带有大量的负电荷，与之相比，蛋白质所带的电荷量可以忽略不计。因此，蛋白质相对分子质量就决定了SDS-蛋白质复合物的电泳迁移率，这样，不同相对分子质量的蛋白质将居于凝胶的不同区段而得到分离。通过以上二维分离过程，不同属性的复杂蛋白质混合物得以分离，经染色得到的电泳图是个二维分布的蛋白质图。因此，IEF/SDS-PAGE双向电泳对蛋白质(包括核糖体蛋白、组蛋白等)的分离是极为精细的，特别适合于分离细菌或细胞中复杂的蛋白质组分。

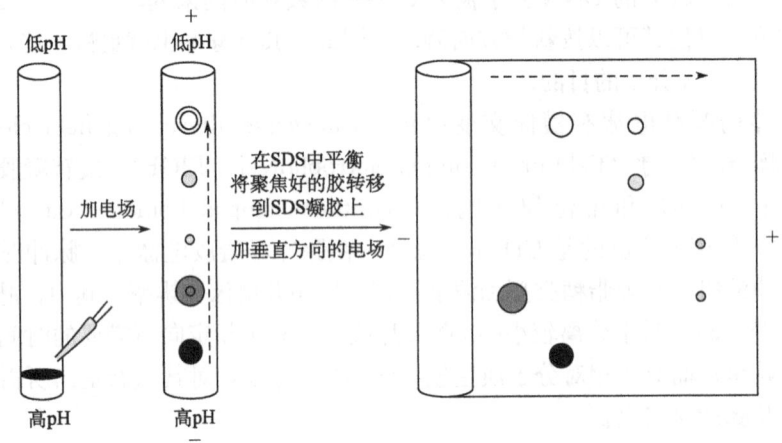

图2-5 双向电泳示意图

使用管状胶进行IEF，而平板胶进行SDS-PAGE。在第一向电泳中蛋白质依据其电荷数进行分离，在第二向电泳中则依据其分子质量进行分离。图中圆圈表示蛋白质，阴影表示蛋白质pI，直径表示蛋白质的分子质量，虚线箭头表示分离方向

目前，随着稳定的可精确设定的pH梯度的建立，以及各种试剂质量的不断提高和新试剂的开发与应用，IEF/SDS-PAGE双向电泳结果的可重复性和分辨率均得到空前提高。因此，双向电泳被称作蛋白质分离的黄金标准，由此可以分析生物样品的显著差别，其结果可用于研究蛋白质的理化性质(如等电点和分子质量)、蛋白质的分离纯化，尤其是用于蛋白质表达差异的查找，结合质谱可以对特定蛋白质进行鉴定。因此，在疾病诊断、新的药物靶标分子的发现，以及分析潜在的环境毒性等方面具有巨大的应用前景。但是，至今该技术一

直使用昂贵的专门仪器，技术含量要求也特别高，实验技术人员须经过专门的技术培训和大量的经验积累才能操作，这都大大限制了该技术的推广与应用。

2.1.6 凝胶电泳片段的回收与纯化

琼脂糖凝胶电泳不但是一种分析手段，能把各种不同的 DNA 片段区分开，而且可以制备和纯化特定的 DNA 片段。目前，从琼脂糖凝胶中回收 DNA 片段已是基因操作中的日常工作，以下是几种常见的方法。其中，低熔点琼脂糖凝胶法和 DEAE-纤维素膜的电泳回收法两种方法最为常用。

2.1.6.1 低熔点琼脂糖凝胶法

琼脂糖总体上可分为两类——普通琼脂糖和低熔点（low melting point，LMP）琼脂糖。其中，普通琼脂糖是常熔点的，但经糖基化等化学修饰后，其凝固点和熔点较低，一般在 65℃ 以下熔化，在低于 30℃ 才会凝固，因而被称为低熔点琼脂糖。这种低熔点琼脂糖在 37℃ 下仍可以保持液体状态，因而可以直接加入各种酶进行下一步实验，十分适用于 DNA 片段电泳后回收和纯化或直接用于各种酶反应。例如，在分离特定的 DNA 片段时，可采用低熔点琼脂糖凝胶进行电泳，然后切割带有目的 DNA 的凝胶块，加入适量缓冲液，加热到 60℃，此时凝胶溶化，DNA 进入水溶液中，然后通过苯酚/氯仿抽提和乙醇沉淀即可获得纯化的 DNA 片段。这是经典的 DNA 片段回收方法，在基因工程早期经常使用，但现在一般很少用。这是因为：一是 LMP 琼脂糖价格非常昂贵，是普通琼脂糖的数十倍；二是随着各种凝胶回收试剂盒的研发，从普通琼脂糖凝胶中回收一般 DNA 片段已成为非常容易的事情。目前，LMP 琼脂糖凝胶主要用于回收大片段 DNA 和 DNA 的限制酶原位消化等一些特殊实验。

2.1.6.2 透析带电洗脱法

将含有目的 DNA 片段的琼脂糖凝胶块切下后，放在充满 Tris-乙酸的透析带中再电泳一段时间，让 DNA "走"出凝胶，贴在透析袋内壁上，然后取出凝胶块，更换新鲜电解缓冲液，再反向电泳一会，使附在透析袋上的 DNA 重新游离于缓冲液中。取出含有 DNA 的缓冲液，再用传统方法苯酚/氯仿抽提和乙醇沉淀而获得纯化的 DNA 片段。透析带电洗脱法也是传统回收 DNA 片段的经典方法，尽管效果很好，但操作过程较为繁琐，只有在回收非常大的片段时才会考虑，也是丙烯酰胺电泳凝胶产物回收的方法之一。

2.1.6.3 DEAE-纤维素膜的电泳回收法

DEAE-纤维素膜的电泳回收法也是早期实验室最常用方法之一。该技术的原理是：双链 DNA 能够与 DEAE-纤维素膜结合，且在一定条件下可重新被洗脱下来。将 DEAE-纤维素膜裁成比凝胶条带略宽的小条，活化处理，当琼脂糖凝胶电泳分开各个 DNA 片段后，在紧靠每个目的 DNA 片段的前方切一裂隙，插入条状 DEAE-纤维素膜并继续电泳，直至条带中的 DNA 均收集到膜上。从裂隙中取出膜，使用低离子强度的缓冲液洗涤，然后用高离子强度的缓冲液将 DNA 洗脱下来。这一方法简便易行，可以同时分离纯化多个 DNA 片段，且所得 DNA 纯度非常高，可以满足最精密实验（如转基因生物培育等）的要求。但是，该方法也存在一些缺陷：DNA 片段越大，回收效率越低，当 DNA 片段大于 15kb 时，它们就很难结合到 DEAE-纤维素膜上，因而该方法不适合用于大于 15kb 的大片段 DNA 的回收，其有效分离范围是小于 5kb 的 DNA 片段。同时，该方法也不能用于单链 DNA 片段的回收，因为单链 DNA 难以从膜上洗脱下来。

2.1.6.4 玻璃奶结合法

玻璃奶（glass milk/bead）结合法是超越了先前的简单物理学方法的一种具有重大变革的 DNA 纯化技术。其核心技术是：琼脂糖凝胶在 3 倍体积的高盐溶液作用下于 55℃附近溶化，使 DNA 得以释放到水溶液中；并且，在高盐溶液中有一种细微的硅粒颗粒，其水溶液呈牛奶状，故又称玻璃奶，可特异地吸附 DNA。这样，当凝胶块完全溶化后，其溶液被转移至填充有硅粒的纯化柱中离心，DNA 分子被特异地吸附到硅粒上。然后简单地离心洗涤 DNA，最后用水或低盐缓冲液再从硅粒上将 DNA 洗脱出来，就获得了纯化的 DNA 样品。该方法操作较前几种技术简便，回收效率高，易于推广。但是，其对小于 10kb 的 DNA 片段回收有效，对大片段回收效率很低。

2.1.6.5 柱回收试剂盒

柱回收试剂盒法是目前最简单快速的凝胶回收技术，也是目前最常用的纯化 DNA 的方法。该方法是玻璃奶结合法的一种改进，即将玻璃奶结合法中的硅粒制成滤膜。因此，其核心技术就是采用了一种带硅胶膜的纯化柱。这样，DNA 的吸附更充分，洗涤更彻底，洗脱更简洁，操作更简便，回收效率更高，也更易于推广使用。其操作过程与玻璃奶结合法很相似。切下凝胶目的 DNA 条带后，首先用 3 倍体积的溶胶液（一种高盐溶液）于 55℃附近彻底溶解凝胶，将 DNA 释放到水溶液中。然后将溶后的溶胶液移入纯化柱中离心，DNA 片段被吸附于柱中央。在离心洗涤两次以去除吸附在 DNA 及硅胶膜上的杂质。最后用洗脱缓冲液或去离子灭菌双蒸水离心后洗脱，直接得到纯化的目的 DNA 溶液。依照试剂盒说明书进行，全程不到 10min，得到的产物溶液可以直接用于后继实验。该方法几乎不需要什么技巧就能得到稳定的结果，且简便高效，其适用范围也日趋广泛。但是，其不足之处也是在于不适合用于大片段的回收，只对小于 10kb 的 DNA 片段回收有很好的效果。

目前，根据纯化柱中滤膜吸附和洗脱 DNA 的原理，以 Qiagen 公司为代表的众多生物公司已开发出了一系列分离纯化 DNA 和 RNA 的试剂盒，都显示出了非常好的操作效果。

2.2 分子杂交技术

分子杂交技术是分子克隆中的一类核酸和蛋白质分析方法，用于检测待测混合样品中特定的核酸或蛋白质等生物分子是否存在、存在的具体部位、含量的高低，以及其相对分子质量的大小等生物信息。因此，该类技术是基因工程和分子生物学的重要技术，其在 DNA 同源性的鉴定、基因定位、组建 DNA 的物理图谱，以及基因筛选和重组体 DNA 鉴别中均具有广泛的应用。

2.2.1 分子杂交的原理

分子杂交的实质是核酸分子的变性和复性过程，或抗原抗体的特异免疫反应过程。在生物化学中，分子杂交是指 DNA 在变性以后，在复性的过程中两个不同来源的但同源的核酸分子形成杂合双链的过程。在以上过程中，当采用一个标记的核酸分子与待测核酸样品杂交，便可检测待测样品中是否存在与该标记核酸分子具有同源性的核酸分子。这就是分子杂交的原理。其中，被标记的核酸分子称为探针，可以是 DNA 或 RNA，也可以是合成的寡核苷酸，其标记类型有放射性标记和生物素、荧光标记等非放射性标记两大类。另外，在杂交过程中，以下几个方面需要引起注意。

2.2.1.1　DNA 的变性与 T_m 值

维系 DNA 双螺旋的力主要是碱基间的氢键和疏水相互作用。因此，凡是破坏氢键和疏水作用的因素，如加热、极端 pH、有机溶剂、尿素等都能导致 DNA 双螺旋结构的解旋，从而引发 DNA 变性。另外，DNA 自身的组成也影响变性。一般 AT 含量高的 DNA 比 GC 含量高的 DNA 易变性，线性 DNA 比环形 DNA 易变性。

随着 DNA 的变性，其物理化学性质也发生变化，如黏度降低、密度增加、A_{260} 紫外吸收值增加。其中，变性 DNA 紫外吸收增加的现象称为增色效应。据此，可用紫外吸收值的变化跟踪 DNA 的变性过程。以 A_{260} 吸收值相对温度作图得到 DNA 的变性曲线。双链 DNA 变性一半所需要的温度称为 DNA 的熔点温度（T_m 值）。由 T_m 值可通过下式计算 DNA 的 GC 含量：GC% = (T_m − 69.3) × 2.44。

但实际上，DNA 变性的发生不是一步进行的。从微观角度看，双链 DNA 的双螺旋是一个区域接一个区域相继发生熔化的。其中，AT 区先熔化，GC 区后熔化。这样，得到的变性曲线是阶梯式的而不是平滑的。

2.2.1.2　复性与杂交及其影响因素

变性的 DNA 在一定条件下可以恢复到双链状况。其复性是指在一定条件下变性的两条互补单链重新配对恢复原有双链的过程。而杂交则是指在一定条件下，两条具有序列同源性的单链互相配对产生杂合双链的过程。总体上而言，复性或杂交是一个非常复杂的过程，其难易程度与分子自身的复杂性成正比，还与样品的浓度、温度等反应条件有关。

（1）DNA 分子的大小和顺序复杂性。简单顺序的 DNA 分子，彼此发现互补链比较容易，因此很快就复性了。复杂顺序的 DNA 分子，在分子相互碰撞过程中必然会碰到很多非互补链，影响复性速度，即使有互补配对机会，有时也会出现错配，错配的区域不稳时还需解开，直到找到正确的互补配对，才能完成复性。而过于复杂的 DNA 是永远不可能恢复到原有配对状态的。例如，基因组 DNA 变性后再复性就不可能回到原有状态。因此在同样条件下，顺序复杂的 DNA 比顺序简单的 DNA 所需的复性时间要长。

（2）样品的浓度。同一种 DNA，当浓度高时，互补顺序相碰的机会增加，复性就比较快。因此在进行核酸分子杂交实验时，应尽可能减小反应体积，以便提高 DNA 的相对浓度。

（3）溶液的离子强度。如果两条单链 DNA 带有很多同性电荷，它们会互相排斥，互补区域碰撞机会少不易结合，因此 DNA 复性时必须在具有一定离子强度的溶液中进行，以中和 DNA 链上的负电荷。

（4）温度。温度低时，分子运动的速度减慢，减少了互补链的碰撞机会，同时增加了错配链解链的困难。因此，复性时温度控制非常重要，一般要求比 T_m 值低 25℃的条件下进行最好。

2.2.2 分子杂交的类型

根据检测对象的不同，分子杂交技术可分为 Southern 杂交、Northern 杂交和 Western 杂交，以及由此而简化的斑点杂交、狭线杂交和菌落杂交等。在所有的分子杂交技术中，Southern 杂交是设计最早的分子杂交方法。在分子杂交过程中，一般都采用印迹转移（blotting）这一核心技术，即先将待测样品（核酸或蛋白质）在凝胶上进行分离，然后将凝胶中的样品通过影印的方式转移到一固相支持物（如尼龙膜等滤膜）上。印迹转移成功后，就可通过标记的探针与滤膜上的待测分子进行杂交。最后，经过放射自显影或荧光检测即可获知待测样品中是否具有与探针同源的生物分子，并推测其相对分子质量的大小及含量等生物信息。

2.2.2.1 Southern 杂交

Southern 杂交（Southern blot）又称 Southern 印迹，是 1977 年牛津大学的 Southern 发明的一种检测 DNA 分子的杂交方法。先将待测目的 DNA 用限制性内切核酸酶切成片段，然后通过琼脂糖凝胶电泳把大小不同的酶切片段分开，再利用毛细管渗吸或电转移技术把凝胶中的 DNA 片段印迹转移到硝酸纤维素膜或尼龙膜等滤膜上。在变性液中使吸附在滤膜上的 DNA 变性，然后和预先制备的 DNA 或 RNA 探针进行分子杂交，最后通过放射自显影或荧光检测就可以鉴别出待测样品中和探针具有同源性的 DNA

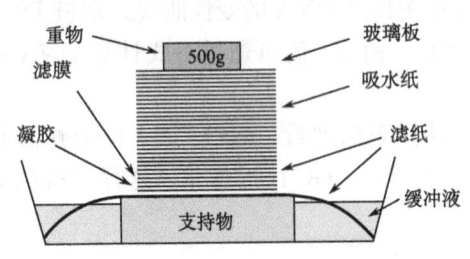

图 2-6　Southern blot 装置示意图（引自 Richard，2003）

片段。图 2-6 是毛细管渗吸法进行 Southern 印迹转移的经典装置图。

Southern 杂交待测样品是 DNA，因而该技术主要用来判断某生物样品中是否存在某一基因，以及该基因所在的限制酶酶切片段的大小。而应用该技术的前提是必须要有待测目的基因的探针，其探针可以是 DNA 或 RNA。

2.2.2.2 Northern 杂交

Northern 杂交（Northern blot）类似于 Southern 杂交技术，其总体杂交过程也很相似，只不过它是用来分析 RNA 样品，而不是 DNA 样品。这种将 RNA 样品从凝胶转移到滤膜的方法，其设计者为之起了一个与 Southern 杂交对应的名字，即 Northern 杂交。生物体的每一个细胞都含有相同的基因，但在不同的细胞、组织中，大约只有 15% 的不同基因进行表达，并且，在不同类型细胞中表达的基因是不同的。Northern 印迹法就是用来鉴定不同的样品中哪些基因在表达。首先从待测细胞组织中分离出总 RNA，通过凝胶电泳使各种 RNA 按其自身大小而分离开，然后就是印迹转移、杂交等后续过程，与上述 Southern 杂交过程一样。通过 Northern 杂交就可以识别出与探针具有同源序列的 mRNA 的位置，而杂交点的位置及其曝光程度的大小则反映了 mRNA 的长短及其在细胞中的含量表达水平。因此，Northern 杂交主要是用以检测细胞或组织样品中是否有与探针同源的 mRNA 分子，从而判断在转录水平上某基因是否表达，及其表达水平的高低和 mRNA 的大小等。

Northern 杂交与 Southern 杂交的区别只在于它们的检测对象不同，前者是 RNA 样品，后者是 DNA 样品。而二者的探针则无区别，均可以是 DNA 或 RNA。

2.2.2.3 Western 杂交

Western 杂交（Western blot）的总体过程与 Southern 杂交也很类似，只是其在印迹转移中转移的是蛋白质，而不是核酶。这种将蛋白质样品从 SDS-PAGE 凝胶印迹转移到滤膜的方法被称作 Western 杂交。其实，其后的杂交过程不是真实意义上的分子杂交，而是通过抗体以免疫反应形势检测滤膜上是否存在被抗体识别的蛋白质，并判断其相对分子质量。并且，Western 杂交所用的探针是针对某一目的蛋白而制备的特异抗体，而不是 DNA 或 RNA。

Western 杂交主要是用来检测细胞或组织样品中是否存在能被抗体探针识别的蛋白质，从而判断在翻译水平上某基因是否表达。该技术与其他免疫学检测方法不同的是，可以避免非特异性的免疫反应，并且更重要的是，目的蛋白的相对分子质量可以很直观地显示在滤膜上而被检测出。

2.2.2.4 其他分子杂交技术

上述 3 种分子杂交技术可获得较精确的结果，但在操作程序上相对繁琐，而且当样品较大时，难以满足实验的要求。为此，又发展出原位杂交（菌落杂交、噬菌斑杂交、染色体原位杂交）、斑点杂交和狭线杂交等技术。这样，当检测大量样品时可以采用简化的杂交方式做初步的检测，然后再对阳性样品做精确的测试。

（1）原位杂交（*in situ* hybridization, ISH）是用标记的核酸探针（DNA 或 RNA），经放射自显影或非放射检测体系，在组织、细胞、间期核及染色体上对核酸进行定位和相对定量研究的一种技术。根据其检测对象不同，原位杂交可分为菌落杂交、噬菌斑杂交和染色体原位杂交。①菌落杂交：将细菌菌落影印到滤膜上，对滤膜上的菌体进行原位裂解释放出其 DNA 并使之吸附在滤膜上。然后通过分子杂交检测出含有探针同源序列的菌落。该技术主要用于从通过质粒或黏粒载体构建的基因文库中大批量的筛选阳性克隆。例如，一张直径为 9cm 的滤膜上，可一次检测几百到几千个菌落，从而达到了高通量筛选的目的。菌落杂交得到阳性克隆后，可再通过 Southern 杂交进一步验证。②噬菌斑杂交：与菌落杂交过程相似，只不过所检测的对象是噬菌斑，而不是细菌菌落。该技术主要用来初筛 λ 噬菌体载体构建的基因文库中的阳性克隆。③染色体原位杂交：在基因定位工作中，对固定的细胞学制片上的染色体 DNA 进行原位杂交，从而将与探针互补的目的 DNA 精确地定位到染色体上的一定位置上的原位杂交技术。在此基础上，20 世纪 90 年代又出现了荧光原位杂交技术（fluorescent *in situ* hybridization, FISH）：它主要是应用荧光染料对探针进行标记，并把标记的探针和靶染色体或 DNA 上特定序列进行杂交，从而可以在显微镜下确定探针互补序列在染色体上的位置。FISH 技术不需要放射性同位素，实验周期短，检测灵敏度高，并且，若同时使用经过不同修饰的核苷酸分子标记不同的 DNA 探针，则可在同一张切片上观察几种 DNA 探针的定位，得到其相应位置和顺序的综合信息。因此，FISH 技术在人类基因组计划及比较基因组学研究中得到了广泛的应用。

（2）斑点杂交是 Southern 杂交的一种简化形式，是分子杂交中最简单的一种。与 Southern 杂交相比，斑点杂交省略了印迹转移的技术，而是将样品 DNA 或 RNA 分子直接点样于硝酸纤维素膜上使之成为斑点，其余杂交等过程同 Southern 杂交是一样的。因此，斑点杂交在分析 DNA 样品之间的同源性，或确定两个克隆 DNA 片段是否来源于同一个 DNA 样品等方面有特殊用途。与菌落杂交、噬菌斑杂交相比，斑点杂交信号受蛋白质等细胞成分的干扰较小，其结果的可靠性更强。另外，在 DNA 芯片制作技术中有一种方法称为点点法，就是斑点杂交的大规模应用。

（3）狭线杂交（slot blot hybridization）是在斑点杂交的基础上改进而来的，只是点种核酸样品的方式不同。在斑点杂交中，核酸样品是操作人员通过微量移液枪直接点种到滤膜上，其斑点大小不易控制，因此，在定量分析时不宜比较。而狭线杂交是将已知含量的 RNA 样品通过带有固定尺寸狭缝的装置固定在滤膜上，因而其斑点大小是均一的，便于通过杂交信号的强弱判断样品中目的 RNA 含量的高低。因此，狭线杂交技术可用于对 mRNA 进行定量比较分析，以大批量地获得目的基因的表达强度。

2.3 PCR 技术

在分子生物学发展的简短历史中，分子杂交、分子克隆、双向电泳、生物芯片等新技术的相继涌现不断改变着我们解决基础生物学和应用生物学问题的方针。其中，聚合酶链反应（polymerase chain reaction，PCR），简称 PCR 技术，是 20 世纪 80 年代美国科学家凯利·穆利斯（Kary Mullis）发明的一种在体外快速扩增特定基因或 DNA 序列的方法，又称为基因的体外扩增法。PCR 技术的出现，使得在短时间内获得大量特定 DNA 片段成为现实。具体而言，PCR 技术是一种通过模拟体内 DNA 复制的方式，在体外利用两种分别与基因两端不同 DNA 链互补的特异引物，经聚合酶酶促作用下选择性地将 DNA 某个特殊区域快速扩增出来的技术。其过程与体内 DNA 复制一样，有 3 个步骤，包括模板变性（dsDNA→ssDNA）、复性（引物与模板结合）和延伸（DNA 聚合酶作用下，以 dNTP 为原材料，合成与模板互补的 DNA）。与体内 DNA 复制不同的是，PCR 反应中 dsDNA 模板的两条链均可作为合成新链的模板，模板的两条链分别与 PCR 的两个特异引物结合，这样新合成的两条链也互为互补链，从而得到两个特异引物之间的 DNA 片段。并且，新合成的 DNA 分子又均可以作为模板参与 PCR 反应过程，这样周而复始地扩增，使得每次循环中靶 DNA 的拷贝数几乎呈几何级数增长。因此经过大约 20 个循环将产生约一百万倍（2^{20}）的扩增产物。由上可知，PCR 技术是非常有效的一种体外扩增目标靶基因的方法。但是，PCR 反应过程在自然界中是不存在的，它是人们对 DNA 复制的深刻理解的产物。与其他许多好的想法（idea）的出现一样，PCR 技术的诞生是许多成熟技术累积的结果，是科学技术发展的必然产物。

PCR 技术一诞生就显现出无比的基因合成威力与无尽的应用价值，在 Mullis 创建的 PCR 基本技术的基础上，又发展出 RT-PCR、反向 PCR、不对称 PCR、多重 PCR、差异显示 PCR 以及实时定量 PCR 等众多 PCR 技术。目前，PCR 技术已成为当今生物学及其相关学科使用最广泛的技术，如用于目的基因的克隆、疾病检测、临床应用、商品检疫、法医鉴定、新药的研发等众多领域。

2.3.1 PCR 基本原理和反应过程

DNA 的复制是生命活动中最基本的过程之一，PCR 技术就是灵活并发展使用 DNA 复制而创造出来的一种在体外快速扩增特定 DNA 片段的技术，即利用两种分别与基因两端不同链互补的引物，经聚合酶合成特异DNA片段，并在短时间内使其扩增数百万倍的方法。PCR扩增基因的过程类似于体内细胞分裂中的半保留复制过程，其原理很简单，就是在高温（94℃）下使双链DNA模板变性成为单链。然后降温，在较低的温度（40~60℃）下引物与单链DNA在互补位置按碱基互补的原则结合，形成引物模板复合物，这一过程被称为复性。其次是把温度调节到DNA聚合酶的最适温度（72℃），以dNTP为原料，在聚合酶作用下，以单链DNA为模板，从引物的3′端开始合成两条新的、互为互补链的DNA分子，而该新的DNA分子正是模板DNA上PCR两个特异引物之间的DNA区域，即PCR扩增的靶DNA片段。另外，该新合成的靶DNA分子又可以作为PCR反应的模板，参与到下一次的PCR反应中，所以，PCR产物是以指数方式增加。以此类推，重复这一过程，经过25~40个循环之后，DNA的扩增倍数为$(1+x)^n$，这里x是扩增效率，n为PCR循环次数。每完成一次循环周期需要2~3min，1~2h就能将所需基因放大几百万倍。

以上就是PCR反应的原理和基本过程（图2-7），概括而言就是：在高温（92~96℃，一般94℃）的条件下变性，使dsDNA成为单链；然后，在较低的温度（40~60℃）下退火，使引物与单链DNA在互补位置结合形成复合物；最后，在DNA聚合酶的最适温度

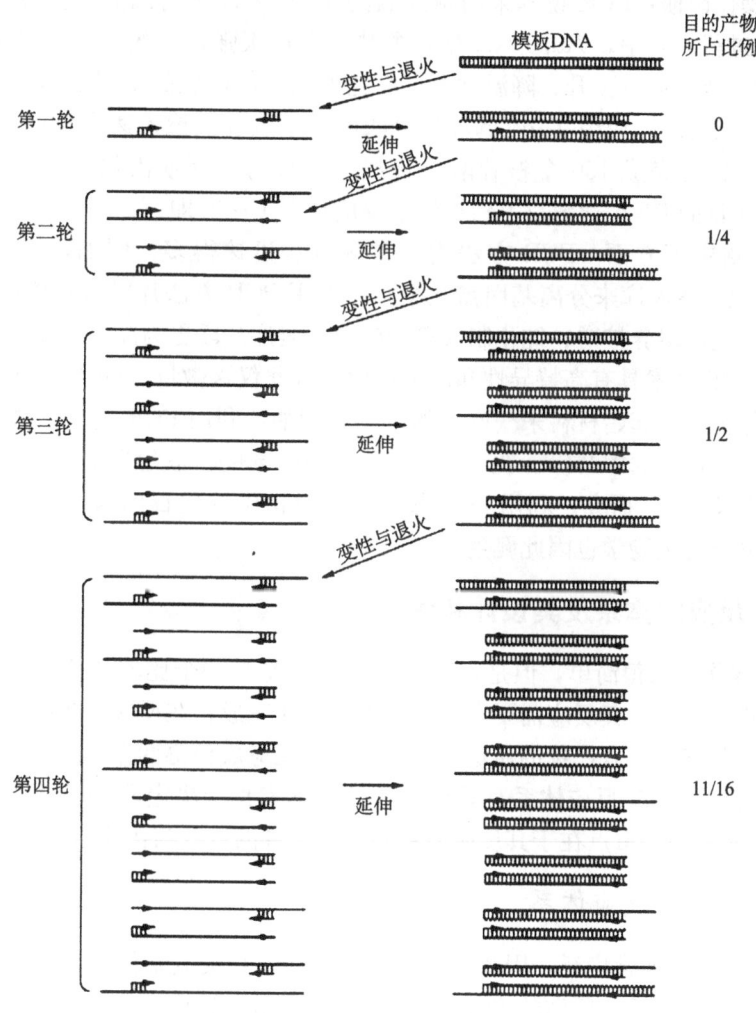

图2-7 PCR基本原理（引自孙明，2006）

(72℃)条件下进行延伸,合成新的DNA双链;重复变性-退火-延伸这一过程,就可以实现靶序列上百万倍特异扩增。

由上可知,PCR反应具有以下的特点:①特异性强:作为引物的寡核苷酸与模板结合的正确性是决定反应产物是否特异的关键。Taq DNA聚合酶耐高温的性质使得反应中引物与模板退火的步骤可以在较高的温度下进行,引物与模板结合的特异性大大增加,被扩增的目的片段也能保持很高的正确程度,从而导致PCR反应的特异性非常强。以我们人类的基因克隆为例,我们知道人类的基因组DNA非常庞大,大约由3亿个碱基构成,而大多数基因由数千碱基组成。我们只需设计一对特异引物,采用PCR技术就可以从3亿个碱基的人类基因组DNA克隆出某一特定基因。由此可见,PCR技术的特异性非常强。②灵敏度高:由于PCR产物的生成是以指数方式增加的,所以PCR方法可扩增皮克(pg)量级的起始物到微克(μg)水平,甚至可以放大真核细胞单拷贝基因数百万倍。另外,PCR方法还可用一根头发,甚至单一精子细胞进行DNA定型。在此,最出名的案例就是美国前总统克林顿的"桃色丑闻"。一滴残留在裙子上的精液使得美国总统克林顿不得不承认他与白宫实习生有不正当的关系。这种将极微量的生物标本化为可供鉴定的现代技术正是PCR技术具有的特点之一。③操作简便:PCR技术采用耐高温的Taq DNA聚合酶并且是在由电脑调控的DNA扩增仪中进行。其中,Taq DNA聚合酶热稳定性很强,一次加酶即可满足反应全过程。DNA扩增仪能自动迅速升、降温度等。由此可知,与传统的基因扩增方法相比,PCR操作极为简便。④省时:应用Taq DNA聚合酶时,单核苷酸掺入速度较高,75~80℃时,每个酶分子每秒钟可完成150个核苷酸的合成。PCR每一周期需数分钟,所以,通常用20~35个周期使目的DNA达数百万倍扩增的反应只需1~2h即可完成。在基因分离、突变体构建、DNA测序等方面,PCR方法均较常规方法迅速得多。例如,用常规方法建立cDNA库或染色体DNA库来分离基因需几个月,而用PCR方法片段可直接用作序列分析,比常用的通过克隆、培养扩增、纯化制备等步骤获得测序片段更为简便。⑤对原始材料质量要求低:由于PCR技术具有高特异性和高灵敏度,因此仅含微量(pg或ng)目的DNA的粗制品就可以作为反应起始材料来获取目的产物。例如,利用PCR技术,科学家们已从林肯的头发和血液、埃及的木乃伊、琥珀中八千万年前的昆虫、恐龙的骨头等不寻常的样品中提取了足够的DNA进行研究。利用PCR技术,博物馆中的化石标本都有可能成为遗传学的研究对象,分子古生物学也因此诞生。

2.3.2 PCR反应的体系及其设计和优化

PCR技术操作起来很简单,但是,PCR反应过程却是一个比较复杂的,迄今尚未明了的生化反应过程。并且,其反应需要在一定条件下才能完成,在反应中各种反应成分之间的动态的相互作用最终决定着产物的质量,只有当这些反应成分协调作用时才能达到很好的反应效果。由此可见,PCR反应体系及其反应条件的优劣直接决定着PCR反应的成功与否。因此,在PCR实验中,重点在于其反应体系和反应条件的设计与优化。

2.3.2.1 PCR标准反应体系

由于PCR的应用非常广泛,因此,不可能有这样一套反应条件,它在任何情况下都能保证反应成功进行。因此,所谓的PCR标准反应体系是指适应于大多数的DNA扩增反应的反应体系,它至少也确定了一个共同的起点,即使有时不能适应某些PCR实验的成功扩增,在此基础上可做出多种变化以满足其要求。

标准的 PCR 反应体系是指:$50\mu l$ 或 $100\mu l$ 的总反应体积,$10^4 \sim 10^7$ 拷贝模板 DNA,10mmol/L Tris·HCl(pH8.3~9.0,室温)的缓冲液,1.5mmol/L $MgCl_2$,$0.25\mu mol/L$ 的各种引物,$200\mu mol/L$ 的 dNTP(dATP、dCTP、dGTP、dTTP),以及 2.5 个单位的 *Taq* 聚合酶。通常还要加几滴矿物油,以密封反应,防止水分蒸发而减小反应体积。

以上反应体系中,$MgCl_2$ 的浓度是最为重要的,*Taq* 酶的活性很大程度上都依赖于它。在标准反应体系中,$MgCl_2$ 的浓度为 1.5mmol/L $MgCl_2$,但由于 dNTP(0.8mmol/L)可定量地与 Mg^{2+} 结合,因此,Mg^{2+} 最终有效浓度为 0.7mmol/L。所以如果 dNTP 的浓度有很大改变,$MgCl_2$ 的浓度也必须相应改变。除了 Mg^{2+} 对扩增专一性和扩增量具有重大影响之外,复性温度、引物的特异性等都会影响扩增产物的特异性和产量。因此,在做 PCR 反应之前,必须对其反应体系和条件进行设计及优化。

2.3.2.2 PCR 反应体系的设计及优化

1)PCR 反应体系的优化

由上可知,PCR 反应体系由缓冲液、模板、引物、DNA 聚合酶以及反应原材料 dNTP 五大成分组成,它们在 PCR 反应中具有千丝万缕的联系与相互作用,对 PCR 扩增的成功进行具有或轻或重的作用。因此,在 PCR 正式实验之前,对它们要进行一一设计和优化。

缓冲液($MgCl_2$ 的浓度):PCR 缓冲液的变化通常会影响扩增结果,这是因为,缓冲液除了提供 pH 缓冲能力外,还含有一种重要的成分——二价阳离子(一般为 Mg^{2+}),Mg^{2+} 可用以激活 DNA 聚合酶的活性中心。因此,$MgCl_2$ 浓度的高低对扩增专一性和扩增量具有重大影响(Mg^{2+} 浓度过高,通常导致非特异性扩增产物的累积,而浓度过低时则会降低扩增量),从而直接影响 PCR 扩增的成败,因此,要求做预备实验以寻求其最佳浓度。通常最适浓度为 1.5mmol/L 左右,但有时需采用不同的 Mg^{2+} 浓度。

dNTP:4 种脱氧核苷三磷酸(dNTP)是 DNA 合成的底物,其浓度通常是每种脱氧核苷三磷酸各 $50\mu mol/L$,终浓度为 $200\mu mol/L$(即饱和浓度)。若 dNTP 浓度过高,会导致聚合酶将其错误掺入;过低时又影响 DNA 聚合酶的正常反应过程。因此,dNTP 的浓度对 PCR 结果影响也很大,dNTP 总浓度低而平衡,不仅会提高 PCR 产物的产量和专一性,还会提高 *Taq* DNA 聚合酶的忠实性。

DNA 聚合酶:PCR 反应中使用的 DNA 聚合酶是耐高温的,90℃ 以上仍有活性。也正因耐高温 DNA 聚合酶的存在,才使得 PCR 技术得以推广。在其被发现之前,采用的是 Klenow DNA 大片段进行 PCR 扩增,在每一轮 PCR 反应结束之后都要更新添加新鲜的酶,非常不便。发现耐高温 DNA 聚合酶之后,Klenow DNA 大片段就被淘汰了。目前,PCR 中使用的耐高温酶已有很多种(详见基因工程工具酶章节),其中 *Taq* DNA 聚合酶是发现最早、也最常用的一种 DNA 聚合酶。*Taq* DNA 聚合酶是从古细菌嗜热水生菌(*Thermus aquaticus*)YT 菌株中分离到的,该菌于 1967 年从黄石国家公园温泉中分离出来,能在 70~75℃ 下生长。*Taq* DNA 聚合酶具有很高的加工合成特性,在 75℃ 时活性最强,具有 $5'\rightarrow 3'$ 合成酶活性和 $5'\rightarrow 3'$ 核酸外切酶活性,但是缺失 $3'\rightarrow 5'$ 核酸外切酶活性。虽然在 90℃ 以上合成 DNA 的能力有限,但是在高温时仍较稳定,而且不会发生不可逆变性,在 92.5℃、95℃ 和 97.5℃ 时,PCR 混合物中 *Taq* DNA 聚合酶的半衰期分别为 130min、40min 和 5~6min。这样,在一个 PCR 反应中,若每次循环时的上限温度为 95℃(处理 20s),则循环 50 次后 Taq 聚合酶的活性仍可保持 65% 左右。Taq DNA 聚合酶启动 PCR 反应的能力很强，聚合速度很快（72℃，30~100bp/s）。但是，由于 Taq DNA 聚合酶没有 $3'→5'$ 核酸外切酶活性，所以在扩增过程中错配率较高，具有 $8.9×10^{-5}$~$1.1×10^{-4}$ 的错配概率。因此，在得到天然的 Taq DNA 聚合酶后，人们对其进行了遗传修饰，其扩增效率和保真性均有所提高。目前在使用的 Taq DNA 聚合酶均为基因工程产品。

模板：模板的数量会直接影响扩增的效果。对于一般的 PCR 扩增，10^4~10^7 个模板分子均可得到满意的扩增效果，所以 PCR 反应对模板数量的要求并不是很高。但是，PCR 反应对模板质量（纯度）的要求却很高。这是因为，微量，甚至痕量的 DNA 杂质都可能导致 PCR 反应出现非特异性扩增（即杂扩增带），从而给后续分析研究带来误导与麻烦。因此，PCR 实验最好在 PCR 专用实验区操作。

引物：引物的浓度一般是两个引物各 1μmol/L，其浓度影响不是很大，引物的设计才是关键所在。合理的设计可使引物在特异性（引物和模板之间错配的概率）和有效性（扩增产物的有效累积率）之间找到平衡点。在设计引物时，一般有如下几点要注意：①长度：一般为 18~30bp，至少 16bp。这是因为：过短的引物一般会降低扩增的特异性（易出现杂扩增带），但扩增有效性会提高；相反，引物越长，扩增退火时被引发的模板越少。在扩增指数期，甚至每一退火步骤的小失误都将扩大，从而引起产物的明显减少。②解链温度 T_m 值：T_m 值是指在一定条件下，50% 寡核苷酸双链解链的温度。引物的 T_m 值是一个非常重要的参数，其高低决定着 PCR 反应的退火温度。一对引物间的退火温度差异最好控制在 2~5℃，以保证两个引物在同一个温度下能正确有效的退火。庆幸的是，对于长度在 20 个碱基左右的引物可以按照下述公式计算其 T_m 值：$T_m=4(G+C)+2(A+T)$。根据以上公式，在设计引物时要注意其 GC 含量的合理性（一般在 40%~60%），并通过对引物的 GC 含量和 T_m 值间的相互协调，提高和保证所设计引物的扩增效率和特异性。③碱基的随机分布：设计引物时，在考虑 GC 含量的同时，也要考虑 4 种碱基的随机分布性，即四者最好随机分布，尽量避免多聚嘌呤或嘧啶的出现，尤其在 3' 端不应超过 3 个连续的 G 或 C，因为如果这样的话会使引物在 G+C 富集区错误引发。④避免引物自身或引物间存在互补序列：其中，引物自身连续互补碱基≤3bp，引物间互补性≤4bp，以防止引物二聚体（PCR 产物中一种非特异性扩增条带，特别是在含初始模板拷贝较少时，更容易出现）的形成以及引物内部二级结构（如发夹结构，可因空间位阻而影响引物与模板的复性结合）的形成。⑤引物的 3' 端：引物的延伸是从 3' 端开始的，因而其 3' 端的位置对于 PCR 的成功非常关键。3' 端不能进行任何的修饰，也不能有任何形成二级结构的可能，其 3' 端最好是 G 或 C，但不要 GC 连排。⑥引物的 5' 端：对扩增特异性影响不大，因此，可以被修饰。其修饰主要有加酶切位点、标记生物素、荧光、地高辛等；引入蛋白质结合 DNA 序列；引入突变位点、插入与缺失突变序列和引入启动子序列等。

2) PCR 反应程序的优化

与 PCR 标准反应体系类似，PCR 反应有一个常规程序（标准反应），即 94~96℃ 预变性几十秒至几分钟，使模板充分变性；然后进入扩增循环——变性：94℃，30s（dsDNA→ssDNA）→退火：50~60℃，30s →延伸：72℃，60s（1kb/min）。重复以上循环 25~40 次。最后，72℃，10min，使产物充分延伸。相对于其反应体系的优化而言，PCR 反应程序的优化较为简单，一般只涉及反应温度和反应时间的优化等。

反应温度：在 PCR 的 3 个反应温度中，变性温度（94℃）和延伸温度（72℃）一般都不用变化，只有复性温度（50~60℃）需要优化。复性温度是 PCR 扩增是否成功的关键因素之一，随着温度的升高，引物与模板结合的特异性增强，非特异性扩增的概率下降，但扩增效率也随之下降；相反，随着温度的降低，引物与模板非特异性结合的概率增强，扩增产物种类及其产率均增加。复性温度通常为 50~60℃，其最适温度又取决于引物的 T_m 值，即复性温度围绕 T_m 值上下浮动（1~2℃/次），从而找到其最适退火温度。

反应时间：PCR 反应的时间相对较好把握，在变性中一般是 30s，若模板 GC 含量偏高，或直接用细胞作模板，变性时间可适当延长（一般不超过 1min）。而复性时间 30s 一般就足够了。延伸时间则取决于待扩增产物的大小，一般采用 1kb/min 来设定 PCR 延伸的时间。

循环参数：循环参数主要与模板的起始量有关。在模板拷贝数为 10^4~10^7 时，循环数一般为 25~35 次，而循环次数的进一步增加并不能够使产物的数量有进一步的提高。这是由于经过一定次数的循环后，所需的扩增片段逐渐停止呈指数增长，而进入线性增长或静止阶段，这一时期称为平台期，这一现象被称为平台效应（plateau effect）。其出现的原因主要有两方面：一是引物或 dNTP 耗尽或 DNA 聚合酶失活等因素；二是底物过量、非专一性产物的竞争和产物的重新结合等。因此，在多数情况下，平台期是不可避免的，是 PCR 反应内在的限制因素。但是，在平台期到来时已经积累了足够的产物，几乎可用于任何目的的研究。若实在需要更多的产物，进行多次反应即可。

2.3.3 PCR 产物的克隆

PCR 之后通常需要把扩增出来的 DNA 片段克隆到质粒等载体上，这样就可以在需要的时候随时获得大量产物而无需重复进行 PCR 反应。当模板来源受到限制或由于片段长度等原因使 PCR 产物难以获得时，则更显产物克隆的重要。目前，基因的克隆已经不再依赖传统的分子克隆了，在设计克隆方法时，主要考虑的是产物如何与克隆载体高效连接，以下几种方法就是这一考虑因素的具体体现。

2.3.3.1 限制酶切割位点添加法

为了使 PCR 产物能高效地连接到克隆载体上，可在扩增过程中在其片段末端添加限制酶切割位点。这只需要在设计 PCR 引物时，在引物的 5′端添加一个酶切位点即可。这样，PCR 产物经限制酶切割，从而产生黏性末端，与经同一种限制酶切割的载体进行连接反应，从而使 PCR 产物得以克隆，这是对 PCR 产物进行克隆的最基本方法，不需要特殊的试剂或载体。但是，在设计含有限制酶位点的 PCR 引物时，要保证所选的酶切位点在扩增 DNA 片段的内部不存在。另外，在设计引物时还要考虑限制酶的切割效率、扩增产物的定向克隆等。鉴于此，在设计该 PCR 引物时必须考虑以下几个因素。

(1) 酶切位点的选择。若 PCR 产物的序列是已知的，选择扩增 DNA 内部没有的酶切位点即可；若 PCR 产物的序列是未知的，可选用切割频率相对较少的识别序列为 8 个碱基的限制酶位点，如 Asc I、Not I、Pac I、Pme I、Sfi I、$SgrA$ I、Srf I、$Sse8387$ I、Swa I 等。这样，可极大减少与 DNA 内部产生同一酶切位点的机会。

(2) 限制酶的切割效率。若酶切位点过于靠近 DNA 的末端，则限制酶的切割效率大大降低甚至不能切割。例如，在 DNA 链长度为 8bp、10bp、12bp（识别序列距末端的碱基数分别为 1、2、3）时，最适条件下 BamH I 2h 切割效率分别为 10%、90%、90%；链长度为 8bp 时，即便切割 20h，切割效率也只有 25%。同样条件下，*Hind*Ⅲ 对 8bp、10bp 不切割，对 12bp 的切割效率也只有 10%。而 *Eco*RⅠ在同样的条件下切割率可达 90% 以上。因此，不同的限制酶对小片段 DNA 的切割能力是有很大差异的。由此可知，为了提高限制酶对 PCR 产物的酶切效率，关键是在引物的 5′端再增加几个核苷酸，以保证有较高的切割效率。

（3）限制酶对盐离子的要求。在进行酶切之前需要对 PCR 扩增产物进行抽提和沉淀，以保证 PCR 缓冲液的成分不会干扰限制酶的消化能力。在消化后，需要对样品进行凝胶电泳纯化或抽提处理，除去限制酶被切割下来的短 DNA 片段，以提高插入片段与载体 DNA 的连接效率。

（4）扩增产物的定向克隆。欲使扩增产物以一定的方向插入克隆载体，可以根据载体中多克隆位点的特性，选择两个适宜的限制酶把其识别序列分别添加到上、下游引物中，即可实现其定向克隆。但是，这两个酶切位点在载体上必须有一定的距离，以提高载体在双酶切时的切割效率。

以上就是限制酶切割位点添加法克隆 PCR 产物的方法，其连接效率确实得到了大大提高，有时还能实现定向克隆。但是，该方法所需步骤较多，多数都涉及酶反应和反应之后的纯化，不仅费时，而且会在 DNA 回收过程中造成产物的损失，从而可能导致其克隆效率降低。

2.3.3.2 T 载体克隆法

T 载体克隆法是一种对 PCR 产物直接克隆的方法。该方法是基于 *Taq* DNA 聚合酶等大部分耐热的 DNA 聚合酶都具有在扩增产物的 3′端添加一个腺苷酸（A）的特性，因而在线性化载体 DNA 的末端人为添加一个胸腺嘧啶（T）3′突出端，这样，扩增片段和载体借助 3′突出端的 A/T 互补配对从而实现 PCR 产物的克隆。因此，该克隆方法又称为 A/T 克隆法，因具有无需在产物末端添加酶切位点、操作简便、对任何引物扩增的产物可克隆、连接效率和克隆效率较高等得天独厚的优点，是目前使用最广泛的 PCR 产物克隆法。其中，pGEM-T 和 pMd-T 等是最常用 T 载体（图 2-8）。

那么，哪些 DNA 聚合酶的 PCR 扩增产物可用于 A/T 克隆法呢？凡是不具有 3′→5′外切酶活性的耐热 DNA 聚合酶都具有一种延伸酶活性，而所谓的延伸酶活性则是指以不依赖模板的方式将一个核苷酸添加到已完全延伸的 PCR 产物的 3′端。对于 *Thermus aquaticus*、*Thermus flavus* 和 *Thermococcus litoralis* 等 DNA 聚合酶来说，添加的这个核苷酸通常是脱氧腺苷酸残基（A）。因此，以上那些缺失 3′→5′外切酶活性而却具有延伸酶活性的耐热 DNA 聚合酶的 PCR 扩增产物，均可以采用 A/T 克隆法进行克隆。

现在有多种形式的 T 载体已商品化，一般以线性 DNA 的形式提供，每条链的 3′端都有一个 T 核苷酸的突出端。PCR 产物不需要做进一步的酶处理即可直接克隆在载体上。但是，为了保证连接的效率，一般需要在连接反应之前对 PCR 产物进行凝胶回收纯化。另外，A/T 克隆法也有了新的发展，如将拓扑异构酶与 T 载体相结合的 pCR-TOPO 系统连接时无需 DNA 连接酶。拓扑异构酶Ⅰ可以结合在双链 DNA 的特异位点上，并可以在一条链上于 5′-CCCTT 序列之后打开磷酸二酯键，释放出的能量可催化 DNA 切口处的 3′磷酸基团与拓扑异构酶Ⅰ的第 274 位的酪氨酸（Tyr）残基共价结合。同样，该共价键又会受到切口处 5′羟基的攻击，进行可逆反应，恢复切口处的磷酸二酯键，重新将 DNA 连接起来。pCR-TOPO

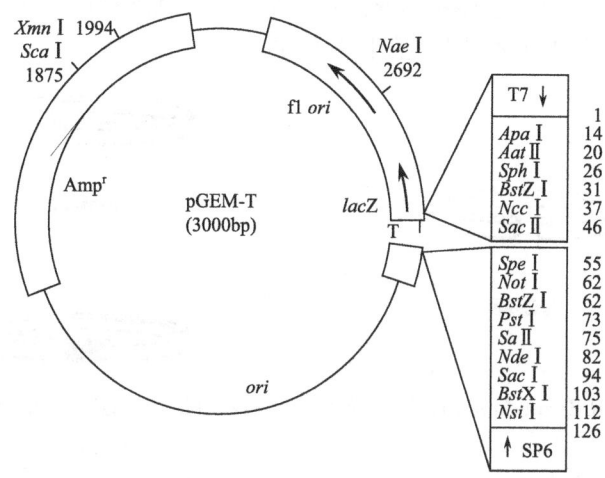

图 2-8　pGEM-T 载体结构示意图

载体就是根据拓扑异构酶Ⅰ的上述特性而研发的，其本质还是一种 T 载体，只是在其 3′端的突出 T 上共价结合了一个拓扑异构酶Ⅰ，当扩增产物 3′端突出的 A 和该载体 3′端突出的 T 互补配对时，拓扑异构酶Ⅰ就将该缺口连接起来（图 2-9），而无需 DNA 连接酶的参与。

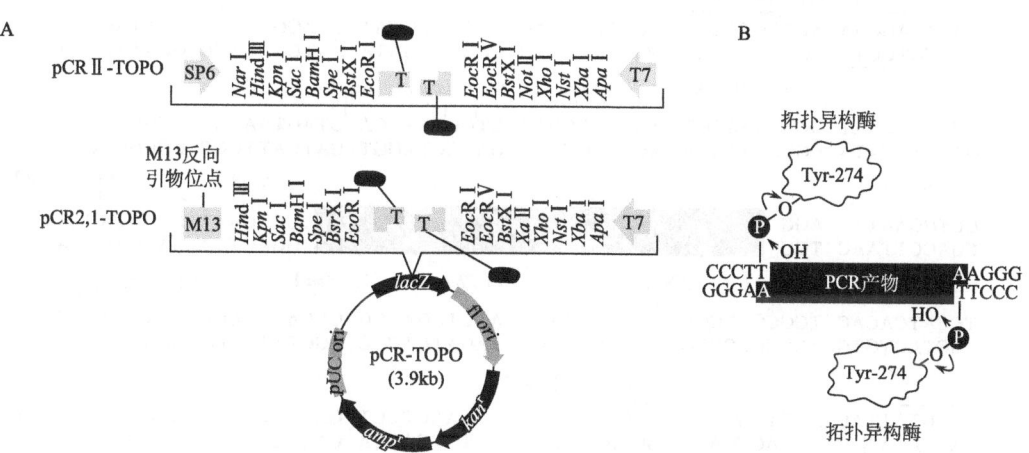

图 2-9　pCR-TOPO 载体及其工作模式图（引自孙明，2006）
A. 载体图谱；B. 载体中拓扑异构酶的工作模式

2.3.3.3　平端克隆法

用具有 3′→5′外切酶活性的 DNA 聚合酶扩增的产物，其末端是平末端。为了高效克隆平末端的 PCR 产物，商业公司开发了一些专用的试剂盒，其核心是载体。

1) pPCR-Script Amp SK（＋）克隆载体

该载体是用 *Srf*Ⅰ位点代替 pBluescriptⅡSK（＋）噬菌粒载体多克隆位点中的 *Xba*Ⅰ和 *Spe*Ⅰ位点改造而来的。在连接反应时，先用 *Srf*Ⅰ将载体切成线状，再与目的 DNA 片段混合进行连接反应。由于连接反应体系中同时存在 T_4 DNA 连接酶和 *Srf*Ⅰ，这样，若载体分子自连，*Srf*Ⅰ就又将其重新切开，线化的载体分子只有和目的 DNA 分子连接才是有效的(图 2-10)。因此,该反应体系的连接效率非常高,其连接产物转化后在蓝白斑筛选时 80% 以上都是白斑,其中 90% 以上是阳性克隆子。

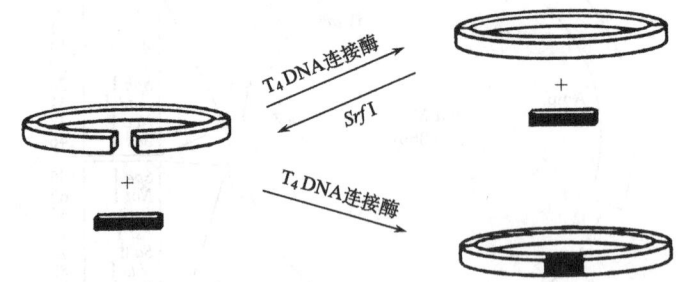

图 2-10 pPCR-Script Amp SK(+)载体克隆平末端 DNA 示意图(引自孙明,2006)

2)pCR-Blunt 克隆载体

该载体最大的特点是在 $LacZ'$ 基因的下游融合了一个对大肠杆菌具有致死效应的基因——ccdB 基因(图 2-11)。另外,含有卡那霉素抗性基因和 zerocin 抗性基因。在连接反应时,也是先将载体切成线状,再与目的 DNA 片段混合进行连接反应,但其产物有重组体 DNA

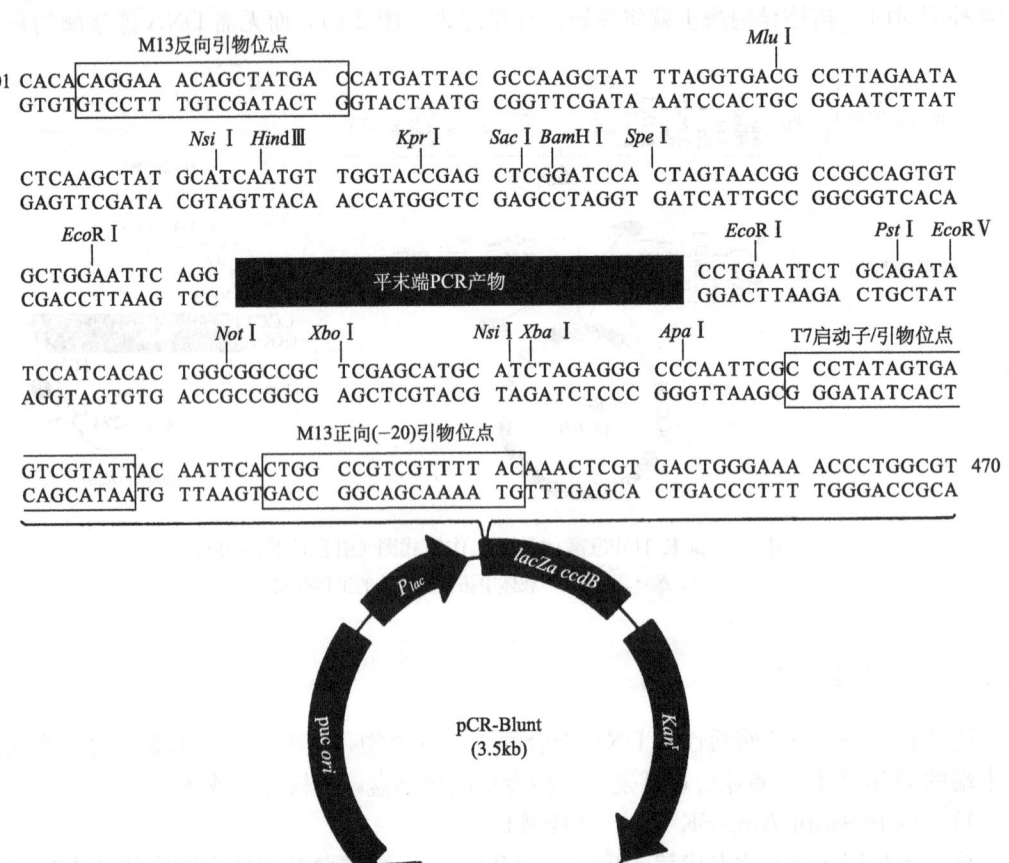

图 2-11 克隆平末端 DNA 的 pCR-Blunt 载体图谱(引自 Desmond et al.,2008)

分子（目的 DNA-载体）和载体自连（空载体，含 ccdB 基因）两种形式。这样，连接产物转化大肠杆菌后，获得具有 ccdB 基因的空载体分子的大肠杆菌宿主细胞就会死亡，而能在抗生素选择性培养基上存活下来的只有含有重组质粒的大肠杆菌细胞，其阳性重组率大于 80%。

这两种载体试剂盒均能高效地克隆平末端的 DNA 片段，但在一般研究中不必要使用该类试剂盒。因为，平末端直接克隆法虽不如这些载体试剂盒的连接效率高，但是目的 DNA 是单一的，而且有时仅仅通过提高其连接反应温度（平末端温度一般 20~22℃，比黏性末端产物连接温度稍高）或目的 DNA 片段的浓度就可以或多或少地提高其连接效率。并且，多数实验只要有转化子就足够了，而转化子的高低并不是关键问题。

2.3.3.4 尿嘧啶 DNA 糖基化酶克隆法

尿嘧啶 DNA 糖基化酶（uracil DNA glycosylase，UDG）参与 TTP 的生物合成，可以水解脱氧核糖与尿嘧啶之间的 N-糖苷键，从而产生脱碱基的 dU 残基，破坏 DNA 的碱基配对。利用该酶的这种特性可以直接克隆 PCR 产物而无需连接反应。其基本原理如下：在 PCR 引物的 5′ 端添加一段特殊的碱基序列，在这一序列中含有较多的 dUMP 残基。经过 PCR 扩增后产物中都含有这样一段序列。利用 UDG 酶处理 PCR 产物，从而产生一个单链的 3′ 突出端。同时设计一对能扩增载体序列的引物，在其 5′ 端设计有与插入片段产生的突出端互补的序列，用这些引物进行 PCR 扩增，产生出带有互补突出端的线性化载体。把载体和插入片段一起共同用 UDG 酶处理，退火后转化细菌（图 2-12）。

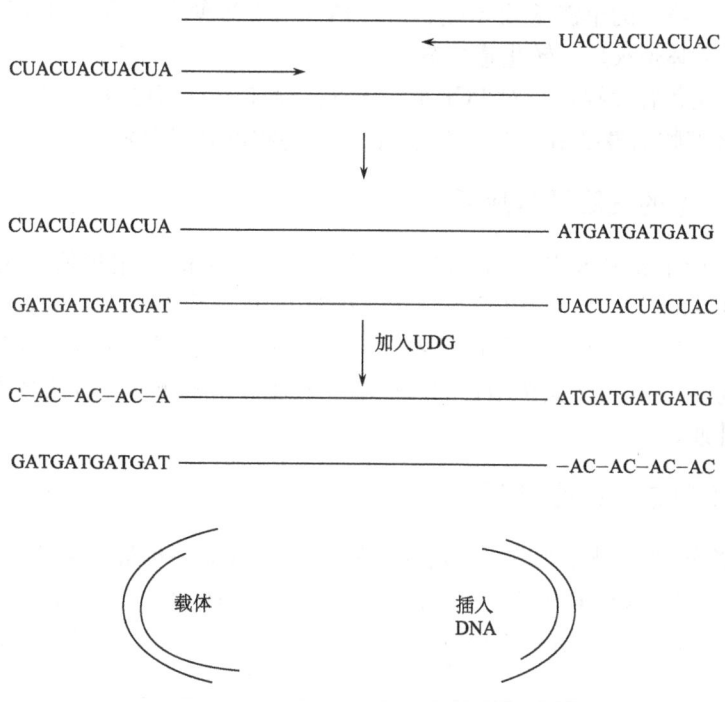

图 2-12　UDG 克隆法所用载体及克隆原理（引自常重杰等，2003）

在 UDG 中，最重要的是要使产生出的 3′ 突出端含有足够数目的核苷酸残基，从而使载体与插入的 PCR 产物片段能有效和稳定地退火。另外，在设计引物时，将 dUMP 安插在 PCR 模板与载体互补序列的连接处，以及在寡核苷酸引物的 5′ 端添加几个 dUMP 残基也很重要，经 UDG 酶切后，其他碱基配对的寡核苷酸失去与互补链的相互作用，从而产生出单链的突出端。一些实例证明，该法重组效率比需连接反应的方法约高 10 倍。用 1μg 重组质粒可获得 $10^5 \sim 10^7$ 个转化子，0.1ng 重组质粒可获得大于 98% 的阳性转化子，并且对不同长度的片段同样有效。

UDG 的缺点是需要用引物对载体进行 PCR 扩增，而在 PCR 扩增过程中发生的错误掺入会导致载体上的一些重要序列，如 *lacZ* 基因、耐药性基因、复制起点以及启动子等调控序列发生改变。这些突变不仅导致克隆效率的降低，而且也会给后续实验带来麻烦。但是，由于 UDG 克隆法效率较高，又不存在载体背景，可使 PCR 反应循环数降至 8～10，从而尽可能减少由 *Taq* DNA 聚合酶的低保真率所引起的突变。

2.3.3.5 基于 T_4 DNA 聚合酶的克隆法

基于 T_4 DNA 聚合酶的克隆法也是一种不需要连接作用的克隆法。其基本原理是在设计 PCR 引物时，在前 12 个或更多的碱基序列中（具体数目根据所要产生的突出端的长度而定）只出现 3 种核苷酸的引物。对所获得的 PCR 产物用 T_4 DNA 聚合酶处理，反应体系中另加入一种 dNTP，这种 dNTP 便是引物 5′端序列所没有的。T_4 DNA 聚合酶除了具有聚合酶活性外，还具有外切酶活性。当反应体系中不存在所需的 dNTP 时，这种外切酶活性能以 3′→5′的方向从 PCR 产物的两端去除核苷酸，直到在扩增产物 DNA 分子遇到第一个与反应体系中相同的那种残基为止。这种 dNTP 的存在抑制了 T_4 DNA 聚合酶进一步发挥外切酶的活性，并得到稳定的单链 5′突出端。通过热灭活处理使酶灭活，插入片段与用相同方法处理过的线性载体退火后，转化感受态。

以上数种方法各有优缺点。对 PCR 产物进行克隆时，要根据扩增出的 PCR 产物的类型、产量、PCR 产物的最终用途以及样品来源的难易程度等因素来选择相应的具体方法。

2.3.4 PCR 技术的发展及其应用

PCR 技术一诞生就显现出无比的基因合成威力与无尽的应用价值，在 Mullis 创建的 PCR 基本技术的基础上，又发展出 RT-PCR、反向 PCR、不对称 PCR、多重 PCR、差异显示 PCR 以及实时定量 PCR 等众多 PCR 技术。其应用是遍及当今生物学及其相关学科的众多领域，但不同的 PCR 技术其扩增目的、扩增手段及应用领域却是各式各样的，可谓是八仙过海，各显神通。

2.3.4.1 用于制备目的的 PCR

以 Mullis 首创 PCR 技术为基础发展起来的常规 PCR 是一种最常见的制备目的 DNA 片段的 PCR 方法，但是常规 PCR 扩增产物有两大特点：双链 DNA 分子和片段较小（<2kb）。因而，为了得到单链扩增产物和长片段 DNA 分子，在常规 PCR 的基础上又发展出如下几种技术。

1) 不对称 PCR

在 DNA 序列分析或制备探针的实验中，只需模板 dsDNA 中的一条链即可。因此，有人设计了不对称 PCR（asymmetric PCR），用于产生单链 DNA 的扩增产物。不对称 PCR 是用不等量的一对引物（非限制性引物与限制性引物），PCR 扩增后产生大量的单链 DNA。其原理是：PCR 反应中非限制性引物与限制性引物的含量不同，其摩尔比相差很大，一般为

50∶1~100∶1。这样，在 PCR 反应的最初的 10~15 个扩增循环中，其扩增产物主要是双链 DNA（模板 dsDNA 被放大了很多倍），但当限制性引物（低浓度引物）消耗完后，非限制性引物（高浓度引物）引导的 PCR 就会产生大量的单链 DNA。虽然在随后的扩增循环中单链 DNA 只以线性速率积累，但其浓度已足以满足 DNA 测序或单链探针制备的要求。主要用于 DNA 序列分析、单链探针的制备等一些需要单链 DNA 分子的特殊研究。

2) 长片段 PCR

在常规 PCR 反应中，随着扩增片段的延长，其扩增效率急剧下降，困难也倍增，因此，其产物一般在 2kb 以下。1992 年，美国植物分子生物学家 Barnes 建立了能一次性扩增 35kb λDNA 的长而精确 PCR（long and accurate PCR，LA-PCR），又称长 PCR（long PCR）或长距离 PCR（long-distance PCR）。

影响大片段核酸扩增的可能机制和因素主要有以下几个方面：①DNA 链 3′端错配（mismatched 3′end）：在常规 PCR 反应中所用的 DNA 聚合酶没有 5′→3′外切核酸酶作用，无法消除扩增过程中出现的突变和由此产生的新合成的核酸链与模板链 3′端的错配，从而导致 DNA 聚合酶的作用不能正常发挥，这是限制大片段核酸扩增的机制之一。②模板 DNA 链的损伤：在高温下模板 DNA 链本身也可能受损，其中之一就是碱基的脱嘌呤（depurination）和脱嘧啶（deamination），而 Taq 酶不能通过已发生脱嘌呤的碱基部位。DNA 在酸性条件下嘌呤碱基极不稳定。常规 PCR 缓冲液系统中所用的 Tris（三羟甲基氨基甲烷）在 95℃时 pH 将降至 6.45，如此低的 pH 加速了 DNA 链的脱嘌呤，从而损害模板 DNA 和扩增产物 DNA 而导致反应终止，这是限制大片段核酸扩增的另一机制。③其他：除以上两大机制外，常规 PCR 不能够合成长片段 DNA 的原因还有：在高温下二价离子的存在会促进 DNA 的裂解；长片段 DNA 分子变性较困难；随着反应时间的延长，Taq 酶与模板 DNA 的趋近和结合变得越来越困难，且 DNA 聚合酶本身有效的工作时间是有限的，一定的反应时间后，它会自动从模板 DNA 链上掉下来。

根据常规 PCR 扩增大片段反应中出现的上述诸多问题，科学家们在 LA-PCR 中做了如下改进：①模板：模板的完整性在长 PCR 中起着决定性作用。因此，在该实验中要使用适当的分离方法以获得高质量的模板 DNA，如采用琼脂糖包埋细胞抽提法提取的模板，可满足长 PCR 的要求。②引物：引物设计的一般规则与标准 PCR 相同。但在长片段 PCR，引物应较长（21~34 个核苷酸），以便使用高的退火温度，从而提高反应的特异性。③DNA 聚合酶：研究发现，具有 3′→5′外切酶活性（校正阅读功能）的 DNA 聚合酶，可纠正复制时的错配，有利于长片段的延伸。但 3′→5′外切酶活性可破坏引物和单链模板。PCR 采用将无 3′→5′外切酶活性的高浓度 DNA 聚合酶（如 rTth）和低浓度有 3′→5′外切酶活性的 DNA 聚合酶（如 Pfu）组合使用的策略。近来，已采用酶的不同组合方式，实现了多种目的 DNA 的长片段扩增。其中以 rTth 与 Vent 或 Pfu 组合效果最好，能可靠扩增出大于 5kb 的 DNA 片段。④缓冲液：在长 PCR 缓冲液中，常用的缓冲剂是 Tricine。与 Tris 相比，Tricine 的温度系数更低，能更好地稳定反应系统的 pH。⑤温度循环参数：PCR 中模板的变化非常重要，但变性温度应尽可能低，变性时间不能太长，一般应小于 60s。

长片段 PCR 是在标准 PCR 基础上发展起来的新技术。从建立方法时对 λDNA 的扩增入手，现已迅速过渡到复杂的人基因组 DNA 的扩增。扩增片段从开始的几个千碱基对迅速增加到几十个千碱基对。目前，此项技术已在限制性片段长度多态性及单体型分析、染色体基因步移（gene walking）、DNA 序列分析及基因突变的鉴定等方面得到了广泛应用。

2.3.4.2 用于检测目的的 PCR

常规 PCR 主要是进行体外快速扩增目的 DNA 片段用的，得到扩增产物后，再进行克隆等后续研究。而很多情况下，我们只需要分析待测 DNA 的基因型及其基因效应，如突变体的检测、病原菌的检测、致病基因的检测，以及目的基因的组织差异表达等。因此，在常规 PCR 的基础上，人们又研发了一类用于检测目的的 PCR 技术。

1) 多重 PCR

在一个反应管中使用多套引物，针对多个 DNA 模板或同一模板的不同区域进行扩增的过程即为多重 PCR。该技术可满足同时分析不同 DNA 序列的需要，在临床检测和科学研究时，在一个反应管中能够同时检测多种目的 DNA，这不仅能节省珍贵的实验样品，而且能使以往繁琐的操作变得省时省力。但是，与常规 PCR 相比，多重 PCR 由于同时涉及多个模板和多对引物，因而影响因素更多。因此，该技术的关键在于对反应条件进行优化，从中找寻一个合理的反应体系与反应程序。在此，Henegariu 等做出了伟大的工作。他们通过对多重 PCR 中各种因素的大量组合、调整和优化，以基因组 DNA 为模板，从人类的 X 染色体的肌营养不良基因（Duchenne muscular dystrophy）共扩增出了 9 种不同的产物，并由此提出了一项较完整的多重 PCR 的操作方案和通用策略。

目前，多重 PCR 已被成功地应用到了生物学的多个方面，如各类病原的检测与鉴别，遗传疾病诊断，基因缺失、突变和多态性分析等。

2) 差异显示 PCR

差异显示 PCR（differential display PCR，DD-PCR）又称差异显示 RT-PCR（differential display reverse transcription polymerase chain reaction，DD-RT-PCR），是 1992 年由美国哈佛大学的 Peng 建立起来的一种检测相似生物材料的基因差异表达的一种方法。该技术是常规 PCR 和反转录有机结合并深化应用的产物。DD-PCR 的实质是通过基因表达产物 mRNA 的差异来了解基因的表达情况，从而获得不同类型细胞及处于不同发育阶段或不同功能状态或不同环境下的同类细胞基因表达的差异。

DD-PCR 的基本原理（图 2-13）是：根据真核细胞中 mRNA 均含有 poly（A）末端的特点，设计两组引物，其中，3′端锚定引物设计成 T12 VN [V 为 A、G 和 C 3 种碱基中的一种；N 代表 4 种碱基中的一种，12 代表共有 12 种引物（13bp）]；其引物序列对应于 mRNA 3′端的多聚尾 poly（A）及其 5′端两个碱基，而该引物中的任何一个均可几乎引导总 mRNA 中 1/12 的种类进行反转录反应。这样，可以通过分别用一种引物引导反转录将 cDNA 第一链分成 12 个组分。而 5′端引物为 ≥20 条随机引物（10bp）。研究表明，采用至少 20 种的随机引物可以覆盖所有 cDNA。这样，即使获得很少的总 RNA，也可以扩增到足够的带有完整信息的 cDNA。引物合成后，将基因背景相同的两个或多个细胞系或组织总 RNA 在反转录酶的作用下反转录成 cDNA，接着用 3′端引物和 5′端随机引物进行 PCR 扩增，然后对扩增产物进行凝胶电泳和放射自显影，通过对 X 光片上的自显影条带进行比较，就可检测到靶细胞中差异表达的基因片段。

2.3.4.3 用于引入突变 PCR

在分子遗传学研究工作中要求引入的点突变、插入或缺失往往并不处于研究对象 DNA 链的末端，所以在引物上引入点突变的 PCR 有它的局限性。因此，人们创建了一类用于在

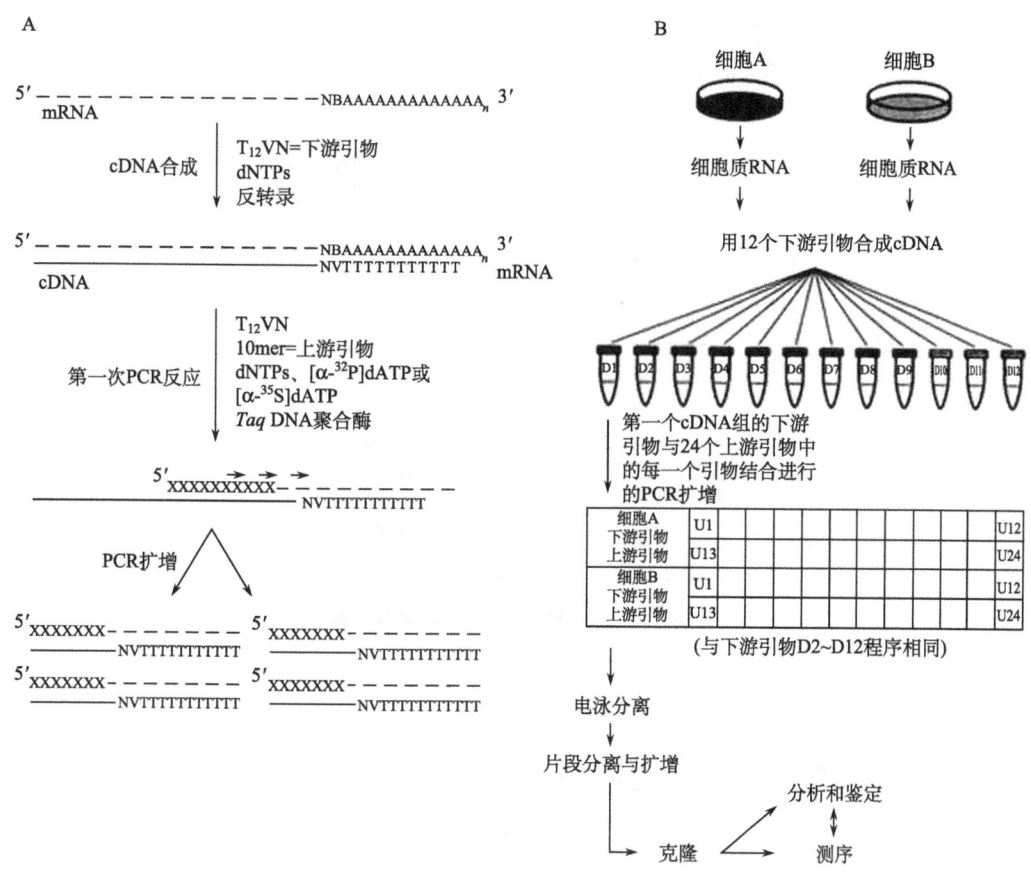

图 2-13 DD-PCR 原理示意图（引自孙明，2006）

A. DD-PCR 分析的原理，N 代表 4 种核苷酸中的任何一种，V 代表除 T 之外的其他核苷酸；B. 证实差异调节及鉴定差异表达基因的 DD-PCR 分析的实验流程图

目的 DNA 片段中引入突变的技术，其具有代表性的是重组 PCR 和 DNA "洗牌"（DNA shuffling）。

1）重组 PCR

重组 PCR（recombination，PCR）是指使两个不相邻的 DNA 片段重组在一起的 PCR。重组 PCR 可以造成特定碱基的置换、DNA 片段的插入和缺失等结果，因此，它主要用于在 DNA 片段的任何部位引入点突变、插入或缺失以及两个不相邻片段的连接。其原理及过程简述如下。

(1) 重组 PCR 造成特定碱基置换：在这一操作中需要两对引物，"左方" PCR 的一对引物为 a 和 b，其中，引物 b 中含有一个 "突变碱基"；"右方" PCR 一对引物 b′ 和 c，引物 b′ 中含有一个和引物 b 中的 "突变碱基" 互补的碱基。首先用两对引物分别对模板进行扩增。除去引物后将两种扩增产物混合，变性并复性后进行延伸，然后再加入外侧引物 a 和 c。经常规的 PCR 循环后，便能得到中间部位发生特定突变的 DNA 片段（图 2-14）。

(2) 重组 PCR 造成 DNA 片段的插入或缺失：这一操作与特定碱基置换类似，只是将 b 和 b′ 引物设计成中间含有插入片段或缺失（图 2-15）。退火时插入片段或缺失区域因不能与模板配对而形成突出环，两次 PCR 即可获得内部含有插入片段或缺失区域的扩增产物。

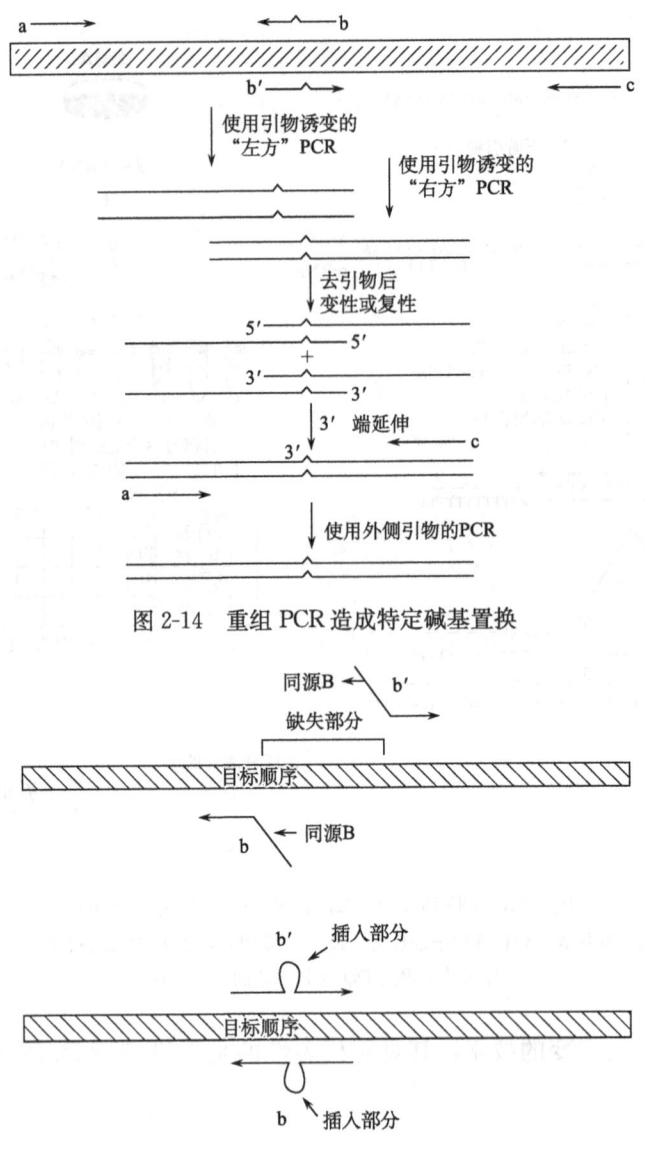

图 2-14 重组 PCR 造成特定碱基置换

图 2-15 重组 PCR 造成 DNA 片段的插入或缺失

(3) 重组 PCR 造成不相邻片段的连接：重组 PCR 技术可将原来不相邻的两个 DNA 片段连接成为一个新的分子。例如，将某一结构基因与另一基因的启动子连接在一起（图 2-16）。这一方法的出现为没有合适酶切位点情况下克隆基因提供了极大的方便。

2) DNA shuffling

可译为 DNA 搅乱重排或 DNA"洗牌"，是一种蛋白质分子体外快速突变的新技术。在常规 PCR 反应中，常以很低的概率产生随机碱基错配，这归咎于许多 DNA 聚合酶（如 Taq 酶）不具有 3′→5′校读功能及其精确性（表 2-4）。DNA 聚合酶的这种缺陷被 Stemmer 聪明地用来建立了该项技术。其原理是（图 2-17）：首先利用 DNA 聚合酶的错配进行错误导向 PCR 产生随机突变子库，然后打断、搅乱和重组以获得带有多点突变的全长基因（这一步可以反复进行多次），其次是扩增和克隆带有多点突变的基因，最后是筛选期望的重组子。

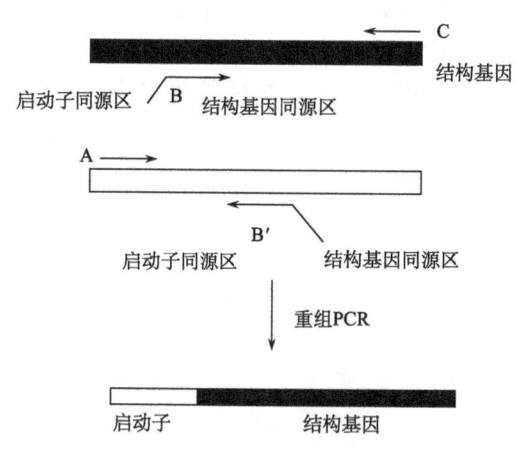

图 2-16 重组 PCR 造成不相邻片段的
连接（引自常重杰等，2003）

表 2-4　DNA 聚合酶的精确性*

DNA 聚合酶	精确性（×10⁵）
Tma	0.17
9Ntm	0.35
Tbr	1.05
Tfl	1.21
Taq	1.25
Hot Tub	1.40
T. lit	3.62
P. GB-D	3.76
Pfu	7.67

*精确性：聚合酶发生一个错配前合成的平均正确核苷酸数。

DNA shuffling 是体外操作，在目的基因内部制造突变，针对性强，通过一次实验制造出靶基因的大量突变子，大大提高了蛋白质分子进化速率。例如，Zhao 等采用 DNA shuffling 将枯草杆菌蛋白酶的抗热性提高了 17℃，65℃ 的耐热时间提高了 200 多倍。与蛋白质工程中的点突变技术相比，DNA shuffling 在操作时不需要了解目的蛋白的空间结构及重要位点，适用范围更加广泛。因此，一些农业科学家已致力于用 DNA shuffling 技术来加速玉米、大豆以及其他农作物的改良育种研究。

2.3.4.4　用于扩增未知区域的 PCR

PCR 技术扩增已知基因序列是比较容易的，只需 3′、5′ 两端序列合成一对引物即可实现。那么，用 PCR 扩增未知序列是如何做到呢？以下几种 PCR 将帮助我们解开该谜团。

1) 反向 PCR

反向 PCR（inverse PCR）是 1988 年出现的

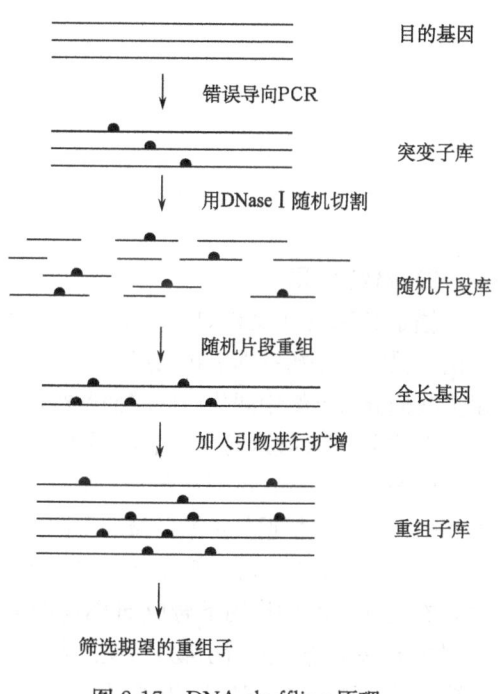

图 2-17　DNA shuffling 原理
（引自齐义鹏，1998）

一种用于指数式扩增位于一个已知 DNA 区段两侧的 DNA 序列的 PCR 方法。在常规 PCR 扩增后，位于一对引物之间的序列的拷贝数可以指数式增加，而位于这对引物以外的序列的拷贝数只能呈线性增加。但是，反向 PCR 却打破一般 PCR 扩增的常规，而是指数式扩增位于一个已知 DNA 区段两侧的 DNA 序列。它是如何做到的呢？其奥妙就在于：在进行 PCR 之前，首先选择一种在已知 DNA 区段没有切点的限制酶将靶 DNA 消化，然后使酶切产物环化；随后又选用另一种只在已知区段内具有切点的限制酶使 DNA 再线性化。经过以上处理，原本在已知 DNA 区段两侧的未知区域被转移到了已知 DNA 区段的内部！其转移过程如图 2-18 所示。最后，根据已知 DNA 区段的序列设计 PCR 引物，只需进行一个常规 PCR 即可。这样，由于其所用寡核苷酸引物的碱基顺序与正常 PCR 所用的正好相反，故称反向 PCR，有时又称倒转 PCR，又由于这一方法一次反应可以扩增出已知区段两侧的数百个碱基，速度较慢，故又称为染色体爬行（chromosome crawling）。

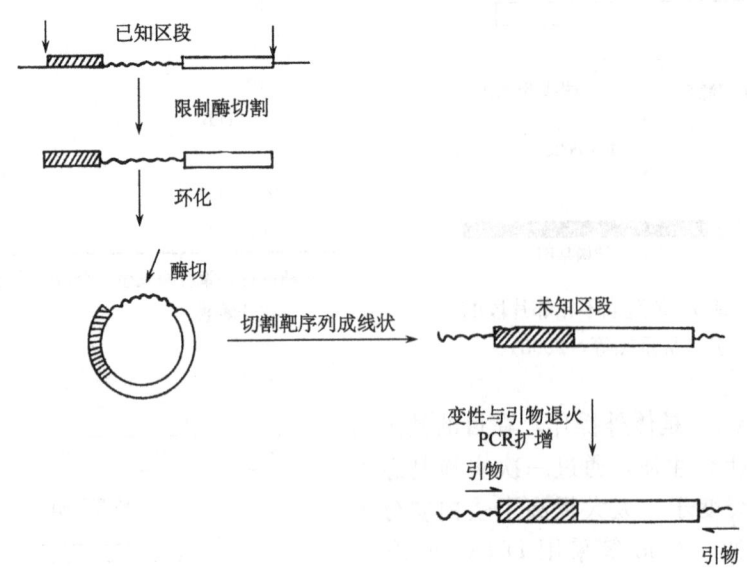

图 2-18　反向 PCR 的原理（引自常重杰，2003）

2）锚定 PCR 技术

锚定 PCR 技术又称 cDNA 末端的快速扩增法（rapid amplification of cDNA end，RACE）。所谓"锚定"是指一端引物已经确定，另一端引物待定（即人工合成的特异引物），该 PCR 技术为我们分析已知中间片段区域而两端区域未知的基因的 cDNA 全长克隆提供了一条良好的途径。在锚定 PCR 技术诞生之前，要想获得目的基因的 cDNA 全长，一般是通过筛选 cDNA 基因文库的方式进行，可谓是费时又费力。因此，RACE 技术的创建为基因的 cDNA 全长克隆打开了一条捷径。根据其扩增区域的不同，RACE 技术又分为 3′RACE 和 5′RACE。

(1) 3′RACE：对已知序列 3′端区域扩增时，先以 mRNA 为模板，以 Oligo（dT）为引物，在反转录酶的作用下合成 cDNA 的第一条链，然后将 RNA-cDNA 杂合体变性后，加入特异的 5′端引物（上游引物），使之与 Oligo（dT）一起在 Taq DNA 聚合酶作用下扩增特异 3′端下游区域（图 2-19）。为了提高扩增的特异性，人们往往在这一轮 PCR 反应结束以后用 5′端嵌套特异引物 2（内侧引物）来进行第二轮 PCR 扩增，这样扩增出来的目的基因是经过 Oligo（dT）锚定，由两个特异引物识别而产生的，特异性较强。

(2) 5′RACE：与 3′RACE 类似，5′RACE 也需要两个特异引物，但这两个引物都是 3′端的引物（下游引物）。其扩增原理（图 2-20）与 3′RACE 大同小异：先将 poly(A)$^+$RNA 变性后，加入特异引物 1（嵌套引物外侧）与之退火，然后在反转录酶的作用下，延伸特异引物 1 合成 cDNA 第一条链；将 RNA-cDNA 杂合体变性分离后，要先通过末端转移酶作用在 cDNA 第一条链的 3′端加上一条 poly（A）尾巴，这时再向体系中加入 Oligo（dT）通用引物，与特异引物 1 一起经 Taq DNA 聚合酶作用进行 PCR 扩增，扩增产物再经特异引物 2（嵌套引物内侧）与 Oligo（dT）进行第二次 PCR 扩增，从而获得 5′端未知区域的序列。

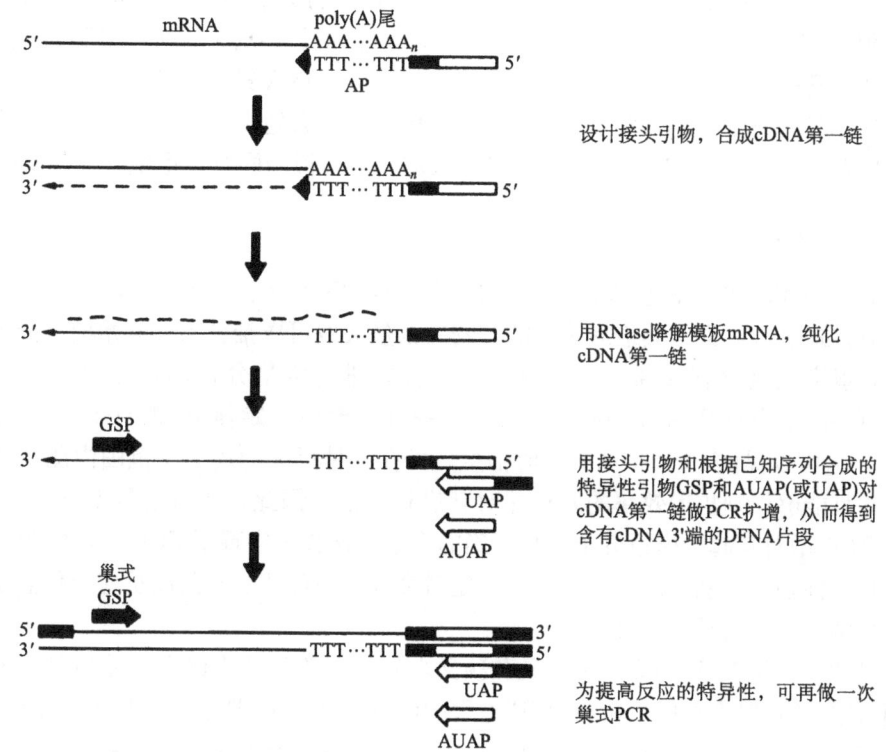

图 2-19 3'RACE 原理示意图（引自 Desmond et al.，2008）

由上可知，5'RACE 与 3'RACE 相比，反应过程很相似（图 2-19 和图 2-20）。例如，引

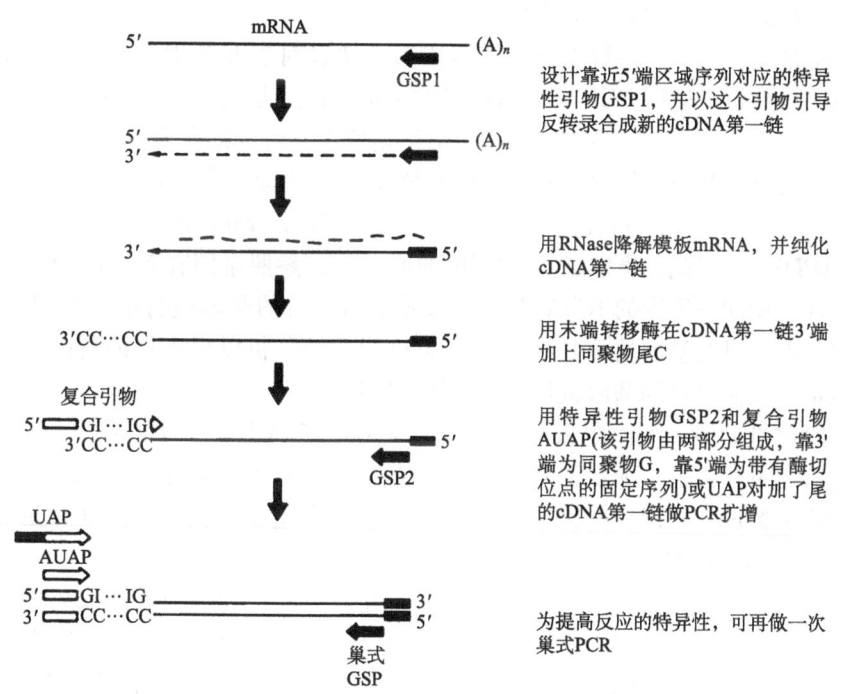

图 2-20 5'RACE 原理示意图（引自 Desmond et al.，2008）

物上都是一端锚定（通用引物），另一端引物待定（嵌套特异引物）；反应时都是进行两次嵌套 PCR。但反应策略则刚好相反，即二者的反应方向和反应次序是刚好相反的，并且，5′RACE 在进行第一次双引物 PCR 反应之前，多了一步 cDNA 第一条链的 3′端加 poly（A）尾巴的反应。多此一步，5′RACE 的成功率较 3′RACE 大大地降低了。因此，在做此类实验时，一般是先做 3′RACE，这样，可给自己带来成功的喜悦的同时，也积累一些实验经验。

2.3.4.5　定量 PCR

通过 PCR 扩增可以检测模板样品中目的 DNA 或 RNA 分子的含量，其依据是：PCR 扩增是以指数方式进行，根据其最后累积的产物的数量大致可以推算出其起始模板分子的拷贝数。但是，事实上这种直接通过末端测量产物方式进行定量分析的误差是很大的。直到 1996 年，美国 Applied Biosystems 公司发明了一种**实时荧光定量 PCR（real-time quantitative PCR）**，它可以提供 PCR 扩增的瞬时信息，可在一种巨大的动力学范围内测量核酸分子的浓度，并且能够识别扩增效率的差异并对其进行补偿。因此，实时定量 PCR 才真正做到了通过 PCR 扩增对其起始模板分子进行精确的定量。该技术实现了 PCR 从定性到定量的飞跃，以其特异性强、灵敏度高、重复性好、定量准确、速度快、全封闭反应等优点迅速成为了分子生物学研究中的重要工具。

由此可知，定量 PCR 的概念有广义和狭义之分。广义上定量 PCR 是指以外参或内参为标准，通过对 PCR 终产物的分析或 PCR 过程的监测，进行 PCR 起始模板量的定量。其中，以内参为标准，通过对 PCR 终产物的分析进行 PCR 起始模板量的定量实验，实际上只是一种粗略的定量分析，误差很大，并且检测对象多为 RNA，因此被称为半定量 RT-PCR。而狭义定量 PCR 则是严格意义的实时定量 PCR 技术，特指用外标法（荧光杂交探针保证特异性）通过监测 PCR 过程（监测扩增效率）达到精确定量起始模板数的目的，同时以内对照有效排除假阴性结果（扩增效率为零）。

（1）半定量 RT-PCR。一般以持家基因内参，通过对参照基因与目的基因的 RT-PCR 终产物进行比较分析，进行 PCR 起始模板量的定量。持家基因（house-keeping gene）是指所有细胞中均要表达的、为维持细胞基本生命活动所需而时刻都在表达的一类基因，又称管家基因，如微管蛋白基因、糖酵解酶系基因与核糖体蛋白基因等。其中，最常用的是 β-肌动蛋白（beta-actin，ACTB）和甘油醛-3-磷酸脱氢酶（glyceraldehyde-3-phosphate dehydrogenase，GAPDH）。因此，半定量 RT-PCR 的原理是：参照基因在各个组织中的表达丰度都一样，这样，用同一浓度的 RNA 样品对参照基因与目的基因进行不同组织的 RT-PCR，通过对参照基因与目的基因的 RT-PCR 终产物进行比较分析以得出目的基因在各个组织中的相对表达量，从而对目的基因进行粗略的初步定量。

（2）实时定量 PCR。实时定量 PCR 是通过实时监控 PCR 体系中的荧光信号，对样本中初始模板进行定量分析的一项新技术。其原理是：在 PCR 反应体系中加入荧光基团，荧光信号与产物模板数成一一对应的关系，利用荧光信号累积实时监测整个 PCR 进程，最后通过标准曲线对未知模板进行定量分析。

那么，荧光信号是如何被引入到反应体系，并且又和产物模板数形成一一对应的关系呢？目前，实时荧光定量 PCR 的荧光基团的引入主要有 3 种方法：① SYBR 荧光染料（SYBR Green Ⅰ）法：SYBR 荧光染料可结合到双链 DNA 分子的小沟中（图 2-21），并且是与双链 DNA 结合后才发荧光，不掺入 DNA 链中的 SYBR 荧光染料分子不会发射任何荧光信号。因此，可通过荧光强度的变化，来探测扩增产物增长的数量，进而推算其起始模板分子的数量。②发夹形杂交探针直接标记法：如图2-22所示，标记荧光的探针本质上是一种发夹形杂交探针，当探针分子呈发夹结构时，结合在其两端的荧光基团距离上接近，使得产生能量转移效应，而不发生荧光。当其互补序列（PCR扩增产物）出现时，探针与扩增产物DNA杂交，从而转变成一个开放的结构，呈线性，这样，报告荧光基团与淬灭荧光基团彼此在空间上产生足够的分离，使得荧

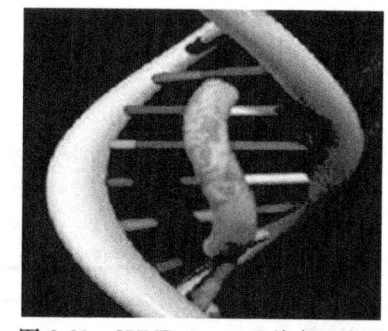

图2-21　SYNR Green Ⅰ染色示意图

光基团脱离了淬灭基团的影响，从而产生可被检测到的荧光。因此，当发夹形杂交探针与扩增产物结合后即直接产生荧光，这种荧光基团引入的方式因而被称为直接标记法，如分子信标（molecular beacon）就属于这一类。③水解探针间接标记法：PCR扩增时在加入一对引物的同时加入一个特异性的寡核苷酸荧光探针（其序列对应于待扩增的目的DNA内部的序列），该探针的两端分别标记一个报告荧光基团($5'$端)和一个淬灭荧光基团（$3'$端）。当完整的探针处于游离或与目的DNA配对时，$5'$端荧光基团与$3'$端荧光淬灭基团临近，发射的荧光被淬灭剂吸收，因而检测不到荧光信号。但在PCR延伸反应进行至探针与模板结合处时，Taq DNA聚合酶的$5'\rightarrow 3'$外切酶活性（此活性是双链特异性的，游离的单链探针不受影响）将探针进行酶切，使得荧光基团与荧光淬灭基团分离，荧光基团便可以激发出荧光。这样，每扩增一条DNA链，就有一个荧光分子形成，实现了荧光信号的累积与PCR产物形成完全同步。随着扩增循环数的增加，释放出来的荧光基团在不断地积累，而且所发出的荧光强度直接与PCR产物的数量成正比关系。间接标记法的实质就是利用水解探针的策略，目前在实时荧光定量PCR中最广泛使用的TaqMan系统就是运用了这个原理（图2-23）。

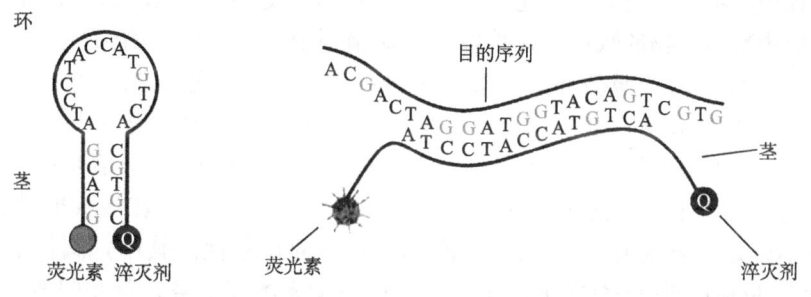

图2-22　发夹形杂交探针的结构和工作原理图（引自孙明，2006）

以上3种荧光标记法各有优劣之处。其中，SYBR荧光染料标记法通用性好、灵敏度很高、价格相对较低，但是，由于对双链DNA模板没有选择性，因此其特异性不强。而发夹形杂交探针直接标记法和水解探针间接标记法都是特异性很强，二者均可分析起始模板浓度、基因型分析、鉴定产物以及单核苷酸多态性分析，都特别适合于SNP检测，其中，水解探针法相对较为简单。但是，二者均成本较高，一种标记只适用于一种特定的目标。

荧光信号引入PCR反应过程之后，实时荧光定量PCR又是如何实现其精确定量的呢？这又依赖于荧光检测PCR仪，该仪器可同时进行PCR扩增和荧光产物浓度的检测，能记录

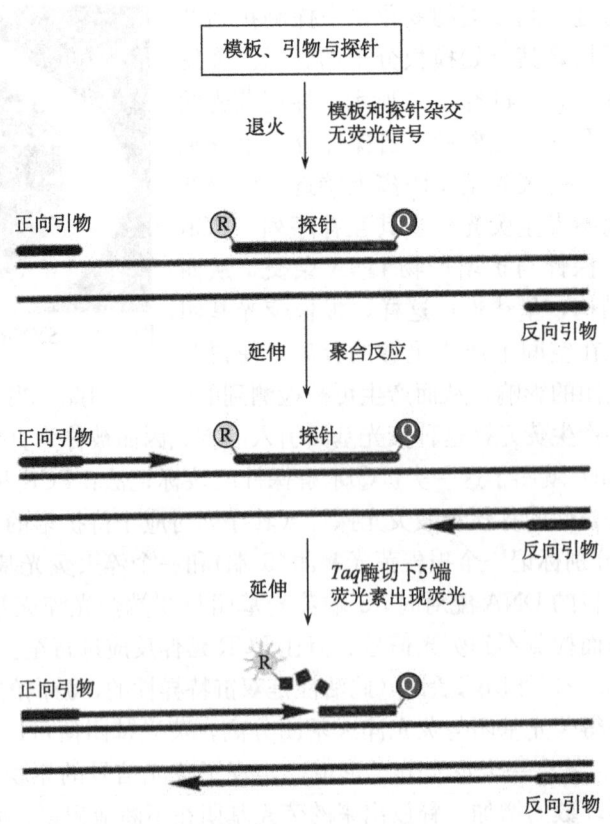

图 2-23 荧光定量 PCR 的 TaqMan 探针工作原理示意图（引自朱玉贤等，2006）

整个扩增过程中产物累积的动态变化。在荧光定量 PCR 过程中通过荧光信号的强度来显示在每一轮反应中新增产物的数量。在扩增的前期循环中，荧光信号的强度呈现平缓的波动状态，经过一定数量的扩增循环后，荧光信号的强度由本底进入指数增长阶段。将荧光信号由本底进入指数增长阶段的拐点所对应的荧光强度设定为阈值（threshold），荧光信号达到阈值所对应的循环次数称为 C_t 值。在具体的实验操作中，C_t 值是指在基线上方产生可检测到的统计学上显著的荧光强度所对应的 PCR 循环次数。在指数扩增的开始阶段，样品间的细小误差尚未放大，因此该 C_t 值具有极好的重复性。其中，阈值的设定非常重要，一般 PCR 反应的前 15 个循环的荧光信号作为荧光本底信号，荧光阈值定义为基线范围内荧光信号强度标准偏差的 10 倍。而基线范围则是指从第 3 个循环起到 C_t 值前 3 个循环止，其终点则要根据实验的具体数据调整，一般取第 3 到第 15 个循环之间。这是因为，在第 3 个循环之前，荧光信号很弱，扣除背景之后的校正信号一般波动比较大，不是真正的基线高度；而在 C_t 值前 3 个循环之内，多数情况下荧光信号已经开始增强，超过了基线高度，也不宜当做基线来处理。也就是说，C_t 值取决于阈值，阈值则取决于基线，而基线又取决于实验的质量。由此可见，C_t 值是一个完全客观的参数，正常的 C_t 值范围为 18~30，过大或过小均将影响实验数据的精度。另外，C_t 值与起始模板拷贝数的对数呈线性关系，起始模板拷贝数越多，C_t 值越小。这样，利用已知起始拷贝数的标准品可作出标准曲线，因此只要获得未知样品的 C_t 值即可从标准曲线上计算出该样品的起始拷贝数。

实时荧光定量PCR的发展使得研究人员又多了一种比较简单且自动化的手段去研究许多重要的基础课题。它在mRNA表达的研究、模板DNA起始拷贝数的检测、点突变分析和等位基因分析、单核苷酸多态性分析（SNP）、疾病有关基因的检测、传染性疾病定性定量分析等方面发挥了重要的作用。

以上就是PCR技术的相关知识简述。在基础性PCR技术的平台上，又衍生出多种多样的相关技术，它们在属于自己的舞台上显示出在生物学及其相关学科领域的独特魅力和极大的威力。在实践中，人们可以根据操作方式、模板的形式、应用的对象、研究的目的等方面，设计出适合自己的特定PCR技术。

2.4 DNA 序列分析

DNA双螺旋结构明晰之后，对DNA序列的分析就成为科学家的研究热点。也只有全面地测定生物的DNA序列，才能进一步揭示生命的奥秘。目前，DNA测序主要有两大类，即Maxam-Gilbert化学降解法和Sanger双脱氧链终止法。在此基础上，又发展了一些改进的方法。尤其是在后者基础上，实现了DNA序列分析自动化——诞生了DNA序列分析仪。

2.4.1 Maxam-Gibert 化学降解法

1977年美国哈佛大学的Maxam和Gilbert首创了DNA片段序列测定方法，由于他们是用特异性化学试剂修饰不同类型的碱基，并在相应碱基处断裂DNA片段后进行序列的相关分析的，因此就命名为Maxam-Gibert化学降解法，有时简称化学法或Maxam-Gibert法。

基本原理（图2-24）：将待测DNA片段的$5'$端磷酸基团作放射性标记，然后用特异的化学试剂分别对4种碱基进行化学修饰并在修饰位置打断核酸链，从而产生一系列$5'$端被标记的长度不一且以特定碱基为$3'$端的4组片段。这些片段群通过并列点样（line-by-line）的方式用PAGE凝胶电泳进行分离，再经过放射自显影，即可直接读出目的DNA序列。其核心机理在于特定化学试剂可对不同碱基进行特异性修饰并在被修饰的碱基处（$5'$或$3'$）打断磷酸二酯键，从而达到识别不同碱基种类的目的。

那么，DNA是如何被特异切割的呢？硫酸二甲酯、肼等化学修饰试剂在其中起关键作用。用于降解DNA链的化学试剂和条件有多种，其化学反应和裂解的部位各不相同（表2-5）。其中，硫酸二甲酯是一种碱性化学试剂，可以使DNA链上腺嘌呤（A）的N_2和鸟嘌呤（G）的N_7甲级化，但是G被甲基化的速度比A快4~10倍，并且，在中性环境（pH8.0）中，硫酸二甲酯主要作用于鸟嘌呤（G）。哌啶甲酸可以使DNA链的嘌呤在酸作用下发生糖苷水解，导致DNA脱嘌呤而断裂（A+G）。肼在碱性环境中作用于胞嘧啶（C）N_4和胸腺嘧啶（T）N_6而打开其嘧啶环（C+T）。但在高浓度的盐（1.5mol/L NaCl）中，肼则主要作用于胞嘧啶（C）。高温强碱条件下（90℃，1.2mol/L NaOH）可使腺嘌呤（A）位点发生剧烈的断裂反应，而（C）位点的断裂反应较微弱。另外，热哌啶水溶液（90℃，1mol/L）可以在经过化学修饰的位点使DNA的糖-磷酸链发生裂解。

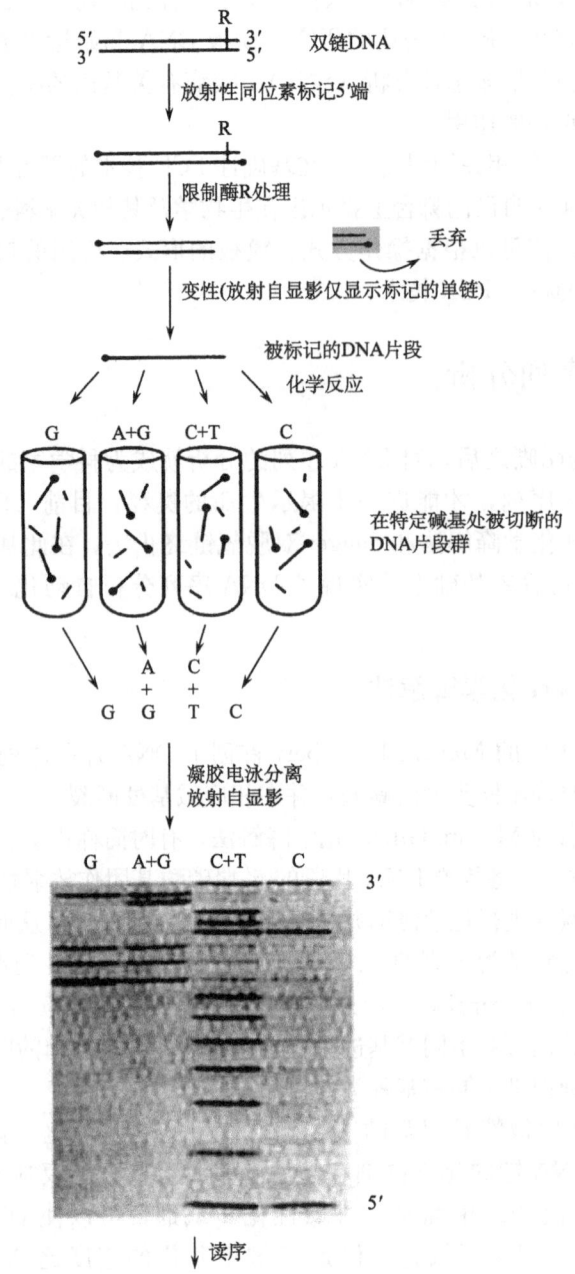

图 2-24　Maxam-Gibert 法测序基本原理（引自齐义鹏，1998）

　　将以上 4 组 DNA 断裂片段群进行 PAGE 凝胶电泳，并对凝胶放射自显影，将 A+G 道和平行的 G 道加以比较就可以区分断裂位点是 A 处还是 G 处，同样方法可以区分 C 和 T 断裂位点。这样，依次比较 G、A+G、C+T 和 C 道的放射性区带，就可读出待测 DNA 序列。由此可知，化学降解法测序的基本步骤主要有：①DNA 样品的制备；②待测 DNA 样品的末端标记；③单链末端标记 DNA 片段的分离纯化；④碱基特异性化学降解反应；⑤序列胶（PAGE）高压电泳分离；⑥序列的读取。

表 2-5 Maxam-Gilbert 化学降解反应的修饰试剂及其反应

碱基	化学修饰试剂	化学反应	反应条件	裂解部位
G	硫酸二甲酯	甲基化	pH8.0	G
A+G	哌啶甲酸	脱嘌呤	pH2.0	A 和 G
C+T	肼	开环反应	碱性环境	C 和 T
C	肼 + NaCl (1.5mol/L)	开环反应	高盐环境	C
A>C	NaOH (90℃, 1.2mol/L)	断裂反应	高温环境	A 和 C

哌啶溶液（90℃，1mol/L）在修饰位点两端使 DNA 的糖-磷酸链断裂

Maxam-Gibert 化学降解测序法不需要进行酶催化反应，可直接读取待测 DNA 序列。尤其适用于含有 5-甲基腺嘌呤、G+C 含量偏高、二级结构较多的 DNA 序列。但是，该技术不易实现测序的自动化，因而自建立以来无太大改进，操作繁琐，化学修饰试剂和放射性标记对操作人员有极大的毒害作用，放射性同位素标记效率较差，人工读取数据费时费力，测序的长度也较短（约 250bp）。因此，目前仅用于分析上述特殊 DNA 链的序列以及分析 DNA 和蛋白质相互作用中的 DNA 一级结构等特殊实验。

2.4.2 Sanger 双脱氧链终止法

1977 年英国剑桥大学的 Sanger 发明了一种基于 DNA 复制以识别 DNA 序列的方法，这就是著名的 Sanger 双脱氧链终止法测序法（dideoxy chain termination），又称 Sanger 酶学法。在该技术中 Sanger 独创性地使用了 4 种双脱氧核苷酸（dideoxynucleoside triphosphate，2′，3′-ddNTP，N 代表 A、T、G 或 C），ddNTP 与正常情况下合成 DNA 的脱氧核苷酸（deoxynucleoside triphosphate，2′-dNTP）的主要区别在于其脱氧核糖的 3′位置的羟基（-OH）缺失。

其测序原理是：以待测 DNA（dsDNA 或 ssDNA）为模板在体外合成时，其合成体系中按一定比例添加可终止链合成反应的 4 种 ddNTP。ddNTP 可与正常的 dNTP 竞争性地参与 DNA 合成反应，而一旦 ddNTP 掺入正在合成的新链 DNA 后，由于其脱氧核糖 3′位置上没有羟基，因而不能与后续 dNTP 的 5′磷酸基团之间形成磷酸二酯键，合成中的新 DNA 链在这个位置上就终止了合成（图 2-25）。通常，加入到反应体系中的 ddNTP 的比例较低，因此，新合成 DNA 链的终止位点是随机的。

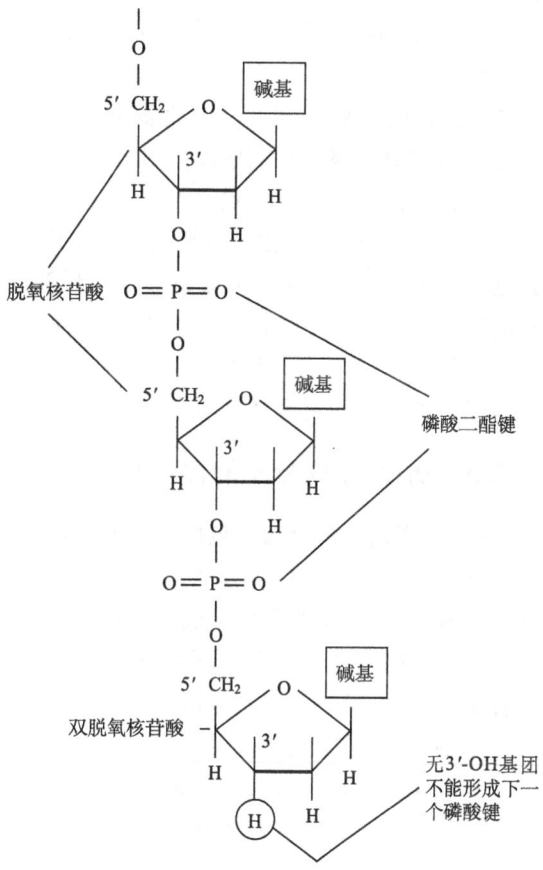

图 2-25 双脱氧核苷酸引起的链合成终止（引自齐义鹏，1998）

另外，由于反应时新合成 DNA 片段的长度取决于模板 DNA 中与掺入反应的 ddNTP 相对应的互补碱基的位置，即 ddNTP 掺入模板的位置，而 ddNTP 的掺入又是随机的，因而各个新生 DNA 片段的长度也是多样的。这样，反应体系最终就产生长短不一、具有 4 种特定碱基末端（ddATP、ddTTP、ddGTP 或 ddCTP）的一系列 DNA 片段群。这些片段的 5′端是固定的，而终止点随模板链碱基序列而改变。

那么，在双脱氧链终止法测序中，新生成 DNA 片段的放射性或荧光标记是如何被引入的呢？目前，有两大类方法可将标记引入到其新生 DNA 片段中。其一是标记特异引物，即在测序合成 DNA 的反应引物中引入 4 种不同的标记物，其中 4 种标记物分别代表一种碱基类型。这样，在一次测序反应中需设置一套 4 组反应，每一组反应体系分别加入 4 种 ddNTP 中的一种，其余成分相同。测序反应终止后，将 4 组反应产物分别加样于变性聚丙烯酰胺凝胶中，进行高压电泳，然后可以经放射自影后从 X 光片读取 DNA 序列，或通过荧光信号读取 DNA 序列。其二是用 4 种不同的标记物分别标记 4 种 ddNTP 中的一种，这样，在一次测序反应中只需设置一组反应即可。

由上可知，Sanger 双脱氧链终止法测序主要过程（图 2-26）有：①模板 DNA 的制备和引物设计：早期测序模板都是由 M13 噬菌体或噬菌粒载体制备的单链 DNA 分子，目前单、双链 DNA 分子均可以作模板。但是，无论使用何种模板，必须保证足够的纯度和浓度，尤其是双链 DNA 模板。早期的测序引物必须是根据待测 DNA 模板而设计的特异引物，也就是说，早期 Sanger 双脱氧链终止法测序的前提是待测 DNA 有小段已知序列以设计特异引物（18～22bp）。目前，因为待测 DNA 模板一般被克隆进克隆载体中，且其克隆位置一般都位于载体的多克隆位点，因此多采用克隆载体中的通用引物来测序。②主要测序反应：Sanger 双脱氧链终止法测序反应过程实际上就是 DNA 的合成过程，其中伴随着双脱氧链合成的终止及新生 DNA 链的标记。

与 Maxam-Gibert 化学降解测序法相比，Sanger 双脱氧链终止法测序更有发展空间。从其创建至今，已经历了众多改进。如从最初的单链模板到后来的双链模板，最初的特异引物到后来的通用引物，最初的放射性标记到荧光等非放射性标记，最初的标记引物（一次测序，4 组反应）到标记双脱氧核苷酸（一次测序只需一组反应），测序过程和序列读取过程也是经历了从手动到机器自动化进行的质的变化，直至出现全自动测序。

2.4.3 DNA 序列分析的自动化

DNA 序列分析自动化包括两个方面：一是指"分析反应"的自动化，二是指读片过程的自动化。其中，读片过程的自动化是实现 DNA 序列分析自动化的关键问题所在。随着 DNA 快速测序技术的不断发展和应用方面的日益广泛深入，DNA 序列放射自显影图片的判读便越来越明显地成为必须克服的瓶颈环节。而随着多种非放射性标记系统，尤其是各种荧光标记的研发，DNA 序列分析中读片过程的自动化变为事实，从而实现了生物科学家们梦寐以求的 DNA 序列分析的自动化。

自动化测序技术所采用的原理是 Sanger 的双脱氧链终止法，DNA 片段也是通过序列凝胶电泳加以分离，但序列数据的检测、收集和分析则是依赖于自动化的测序仪和电脑。生产自动测序仪的厂商较多，其中以 ABI 公司和 Pharmacia 公司的产品最具代表性，应用也最广泛。例如，ABI 公司以 4 种荧光发色基因作为 DNA 片段的标记物，当它们受到激光束激发时，会发出 4 种不同颜色的荧光，每种荧光对应一种碱基，于是赋予每种碱基一种"颜

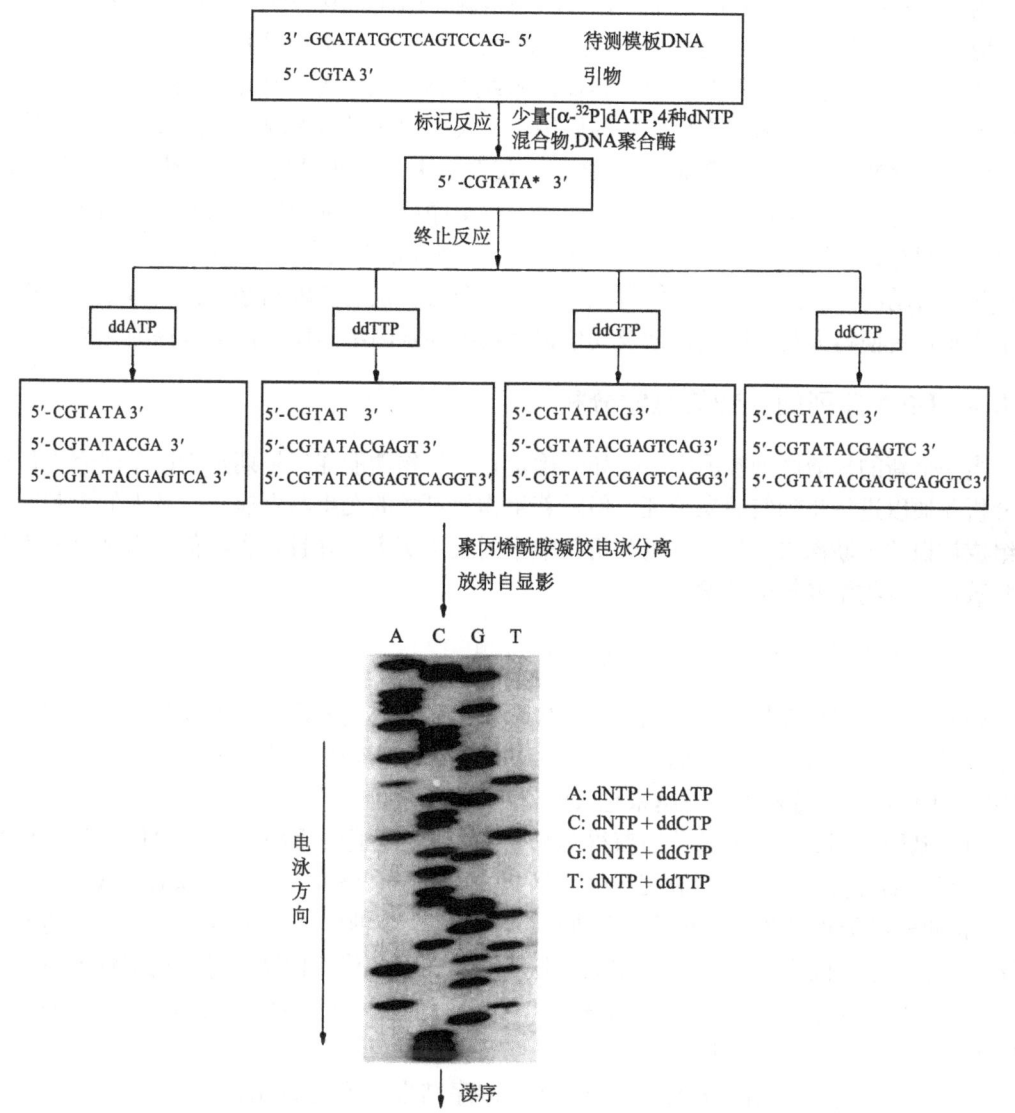

图 2-26 双脱氧链终止法测定 DNA 序列的原理（引自齐义鹏，1998）

色"，十分生动形象。

在自动化测序仪中，如前所述，其荧光发色基团引入 DNA 片段中的方法有两种——荧光标记引物法和荧光标记终止底物法。这两种方法均可用 ABI 公司设计的 PCR 程序来完成，测序结果可靠、重复性好。不管哪种方法，反应产物均可混合点样于一个电泳样品孔中，它们在电场中不断移动，依据 DNA 片段的大小分开，并分别到达检测位点。在检测位点，由激光器发出极细的激光束激发 DNA 片段上的荧光基团而发出特定波长的荧光。荧光由接收装置转化为电信号，输入到电脑贮存、分析。任何一个 DNA 片段通过检测位点时，都会受到激光束十多次的扫描，保证了测序结果的准确性。整个测序完成后，通过专用软件对测序结果进行处理，可方便获得 DNA 序列。但是，二者相比，荧光标记引物法建立较早，其测序反应需在 4 组反应中进行，较为麻烦且易产生误差；而荧光标记终止底物法测序反应则只需一组反应即可,既便于操作又较为精确,因此,其一诞生就呈现出无与伦比的生机及应用价值。目前荧光标记终止底物法基本上已代替了荧光标记引物法。

此外,激光激发技术的发展和光学探测系统的改进使 DNA 测序仪的精确性大大提高,而毛细管凝胶电泳仪分离链终止产物的使用,又大大增加了测序的通量。根据其毛细管数量的不同,一台测序仪可同时完成 96 个样品,甚至更多。由此可见,全自动测序不仅准确性高、操作相对简单、可供大规模测序,而且一次测序反应提供的数据也增大。例如,先前的一般同位素标记的测序只能读取 200~300bp,而现在的荧光标记测序可读出 500~800bp。也正是全自动测序的诸多优点,使得原本繁琐而费时费钱的基因测序工作成为今天常规的生物学实验,更使得人类基因组计划及其他很多物种的基因组测序工作得以提前完成。

2.4.4 DNA 序列的生物信息学分析

当一个新的核酸序列被测定后,如何确定它的生物功能呢?早期是借助于研究人员的人工分析并加以进一步的实验来验证。但随着生物信息学的诞生与发展,以及人们对基因结构和组成认识的不断深入,使计算机分析核酸序列成了实事,并且,生物信息学现已成为联系实验数据和生物学发现的桥梁。

2.4.4.1 生物信息学在序列分析中的应用

随着测序技术的发展,基因测序工作也取得突飞猛进的发展,因此积累了大量的基因和其蛋白质等相关的数据库。而面对日益庞大的数据库,生物信息学技术应运而生,在 DNA、RNA 和蛋白质序列分析上起着越来越大的作用。

(1) 基因序列的信息分析。当获得 DNA 序列后,可通过生物信息学软件对其进行各种初步分析,如分析或寻找其开放阅读框[如起始密码子、终止密码子、poly(A)信号位点等],预测外显子和内含子,分析其启动子、增强子、核糖体结合位点(RBS)及其他调控序列,在公共基因数据库中搜寻其相似序列并对其相似的代表性序列进行相似性比对等。

(2) RNA 结构分析。根据 DNA 序列,可通过相关生物信息学软件预测 RNA 的二级结构、计算其折叠数、5′端序列和 3′端序列长度及搜索其 tRNA 基因等。

(3) 蛋白质序列的信息分析。根据 DNA 测序结果,可用 DMAN 等软件推测其可能的蛋白质序列及其二、三级结构,从而预测其可能的功能。

在进行以上分析时,所需软件可以向专门软件商购买,也可以在一些特定网址免费下载。当然所有这些分析和预测仅仅是向研究者提供一种可能的预测,并非完全正确,它们都要通过进一步的实验来加以验证。

2.4.4.2 基因数据库和分析工具

目前在互联网上有很多公开的分析 DNA、RNA 和蛋白质序列的软件和数据库,它们能满足日常的一般分析要求。其中,最著名且应用最广泛的是美国国家生物技术信息中心(NCBI)的网站,它提供了大量的数据库和基于互联网形式的检索。

(1) 基因数据库。目前世界上有三大数据库——美国的 GenBank、欧洲的 EMBL 和日本的 DDBJ,并且以上三大数据库已实现数据共享。当你获得一个具有功能和作用的新 DNA 序列后,可在以上数据库之一登记注册,并获得一个登记号。若要在发表论文中出现的 DNA 序列,一般要求在以上数据库中登记公开。

(2) 基因分析工具。在 NCBI 网站上提供有很多基因分析软件及其他分析网站的链接。例如，BLAST 用于在基因库中寻找与待分析的 DNA 序列相似的基因或序列；Bankit 或 Sequin 可用于将新的 DNA 序列提交到 GenBank。

除了 NCBI 网站外，其他比较重要的生物信息数据库和分析网站还有欧洲生物信息学研究所（EBI）EMBL 分所、基因组测序 Sanger 中心、瑞士生物信息学研究所蛋白质分析系统（ExPASy）。以上网站的网址如下：

NCBI：http://www.ncbi.nlm.nih.gov
EMBL：http://www.ebi.ac.uk/embl/
Sanger 中心：http://www.sanger.ac.uk/
ExPASy：http://expasy.org/

2.5 基因芯片及数据分析

随着人类基因组（测序）计划（human genome project）的逐步实施以及分子生物学相关学科的迅猛发展，越来越多的动植物、微生物基因组序列得以测定，基因序列数据正在以前所未有的速度迅速增长；生命科学研究的重点也由基因序列研究上升为基因功能研究，旨在弄清从基因组到蛋白质组，再到复杂生命系统运行的奥秘。若用传统的实验方法如 RT-PCR 或 Northern 印迹杂交法研究基因的表达调控规律，将受到电泳泳道数量的限制，每次一般只能研究少量的靶基因，需要全世界的科学家一同工作花费数百年的时间才能完成如此庞大的系统。随着功能基因组学研究的不断深入，迫切需要能同时检测大量靶基因表达的实验手段，迅速准确地在基因水平上阐述不同生物组织或细胞中各种转录本的变化规律。基因芯片（gene chip），又称 DNA 微阵列（DNA microarray）技术就是在这种情况下应运而生的。

基因芯片的历史

1989 年，俄罗斯科学院恩格尔哈得分子生物学研究所和美国阿贡国家实验室（ANL）的科学家们最早在文献中提出了用杂交法测定核酸序列（SBH）新技术的想法。几乎与此同时英国牛津大学生化系的 Southern 等也取得了在刚性载体表面固定寡核苷酸及杂交法测序的国际专利。在这些技术储备的基础上，1994 年在美国能源部防御研究计划署、俄罗斯科学院和俄罗斯人类基因组计划的资助下（1000 多万美元），科学家研制出了一种生物芯片，并用于检测 β-地中海贫血病的基因突变，筛选了 100 多个 β-地中海贫血病已知的突变基因。这种生物芯片用于测序时的基因译码速度比传统的方法快 1000 倍，是一种有希望的快速测序方法。在这些结果的鼓舞下，商业资本开始投入，一些大公司与研究结构合作共同开发具有商业价值的生物芯片及相关的分析技术。

Packard 仪器公司发展的是诊断用的以凝胶为基础的中等密度的芯片。而 Affymetrix 公司则已成功地应用了光导向平版印刷技术直接在硅片上合成寡核苷酸点阵的高密度芯片而领先于芯片分析领域，并于 1992 年完成了世界上第一块原位合成芯片的制作。该公司与惠普公司合作开发出一套较完整的芯片制造、杂交、检测扫描和数据处理系统。不久，

Genral Scanning Inc、Telechem 公司和 Cartesian 公司研制出一套用户可任意点样并制作芯片的工作系统。欧洲各公司也不甘落后，纷纷投入竞争。例如，Genetic Co. UK 研制出 QBot 点样器、Q-Pix 克隆挑拣仪及 Q-Fill 制芯片设备。Sequenom 则推出 250 位点的 SpectroCHIP 并采用质谱法测结果，而德国肿瘤研究所则推出就位合成的肽核酸低密度（8cm×12cm 片上 1000 个点）的作表达谱分析及诊断用的探针芯片。

1997 年世界上第一张全基因组基因芯片——含有 6116 个基因的酵母全基因组芯片在斯坦福大学 Brown 实验室完成，从而使基因芯片技术在全世界上迅速得到应用。如今，DNA 芯片已经在基因序列分析、基因诊断、基因表达研究、基因组研究、发现新基因及各种病原体的诊断等生物、医学领域表现出巨大的应用前景。

2.5.1 基因芯片概念

基因芯片是一种小型分析装置，能够快速和准确地研究生物基因组信息，其原理是利用现代探针固相原位合成技术、照相平版印刷技术、高分子合成技术等微电子技术把大量分子生物学技术（包括 Southern 印迹、Northern 印迹、探针杂交技术和 PCR 等）具体而微观的固定在一定狭小的空间内，以实现高速度、高通量、集约化和低成本的分析技术。基因芯片的概念现已泛化到生物芯片（biochip）、微阵列（microarray）、DNA 芯片（DNA chip），甚至蛋白质芯片。

2.5.2 技术原理

基因芯片技术的核心原理与 Southern 印迹、Northern 印迹相同，其检测的最一般原理仍然是基于碱基互补的核酸分子杂交。但 Southern 印迹和 Northern 印迹是将待测样品固定于尼龙膜上，与一个特定的经标记的 DNA 探针杂交，每次只能对一个靶序列进行检测；而基因芯片技术则是将大量的 DNA 探针固定于固相基质上，与待测的经标记的 DNA 或 RNA 样品杂交，只需一次实验，便能够将成千上万的基因表现的形式记录下来。基因芯片技术是一种高新生物技术，运用了大规模集成电路制造技术，结合计算机、半导体、激光共聚焦扫描、寡核苷酸合成、荧光标记探针杂交及分子生物学技术等。

基因芯片的杂交与检测分析的一般步骤为：将待测样品（如 DNA 或 RNA）用荧光或其他方法标记后作为靶分子，与基因芯片上的探针列阵杂交。由于在基因芯片列阵中某一特定位置上的核苷酸序列是已知的，所以对微列阵每一位点的荧光强度进行检测，即可对样品的遗传信息进行定性定量分析。杂交信号常用激光共聚焦扫描显微镜检测，并用专用软件记录分析后直接给出检测结果（图 2-27）。与 Southern 印迹和 Northern 印迹技术相比，基因芯片技术解决了传统核酸印迹杂交技术复杂，自动化控制程度低，检测分子数量少，效率低等缺点，具有高通量、并行性、微型化与自动化等特点。

2.5.3 基因芯片的制备

普通基因芯片的制备方法基本可以分为几大步骤：载体的准备、探针的准备、点样和点样后处理。在某些情况下，可以将后三个步骤合而为一，如原位合成寡核苷酸芯片等。

载体是指供基因在上面进行杂交反应的固相支持物。一般的载体材料包括膜、玻片、塑料、陶瓷及硅等。另外，在点样前还要对基因芯片载体进行表面化学修饰，使玻片或塑料等

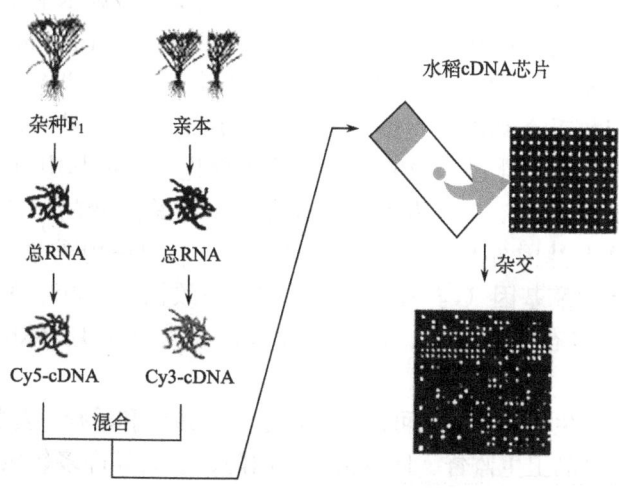

图 2-27　利用 cDNA 芯片分析水稻杂交优势表达谱的流程图（引自朱玉贤等，2006）

表面附有一层均匀的活性基团，修饰有化学活性基团的基片就如同在表面涂上了一层强力黏合剂，大大增加了探针在基片上的固定率。

制备芯片之前同样需要准备好基因探针。目前，比较常用的探针有 cDNA 探针和寡核苷酸探针。选择 cDNA 探针首先要考虑的是特异性，研究者可以根据不同的研究目的进行 cDNA 探针的设计。cDNA 探针适用对于一般的检测芯片和表达谱芯片的制备，但不适用于基因突变尤其是点突变的检测；而寡核苷酸探针能够满足部分 cDNA 探针无法完成的工作。

基因芯片的点样由点样机器人（点样仪）来完成，利用点样机器人的直接点样法是最常用的芯片制造方法之一。点样机器人的工作就是将探针序列通过接触式针点或非接触式喷点的方法点到预先进行过化学修饰的基片上；点制的芯片经过后处理去除游离的探针，就得到了所谓的基因芯片。点样机器人主要是由三维工作平台、点样针（或非接触式点样的喷嘴）和计算机控制系统三部分组成的。另外，为了保证点样系统所处环境具有适宜的湿度和洁净度，可能还会附加有一些湿度计、空气过滤系统及超声清洗系统等配件。

在基因芯片制备过程中，对点完样的芯片进行后处理是其最后一道工序，也是其中非常关键的一道工序。后处理的目的主要是为了使探针能与载体表面牢固结合，同时，还对载体上未与探针结合的游离活性基团进行封闭，以避免在杂交过程中非特异性的吸附对实验结果（特别是背景）造成影响。因此，芯片点样后处理的结果直接影响了实验结果的好坏：更高的探针固定率可提高杂交时的灵敏度；而封闭效果好的芯片在杂交后的背景特别干净，所得结果相对更为可靠。

2.5.4　基因芯片的应用

基因芯片是 20 世纪 90 年代初发展起来的一种全新的微量分析技术，其最大特点是高通量并行分析，它综合了分子生物技术、微加工技术、化学、物理、计算机等多项学科技术，使生命科学研究中不连续的、离散的分析过程集成在芯片上完成。它以其可同时、快速、准确地分析数以千计基因组信息的本领而显示出了巨大的威力。

在科研方面，基因芯片的功能主要包括基因表达谱分析、基因突变检测、基因功能研究、基因组多态性分析、DNA测序、寻找新的致病基因或疾病相关基因等。在基因表达检测的研究上人们已比较成功地对多种生物包括拟南芥（*Arabidopsis thaliana*）、酵母（*Saccharomyces cerevisiae*）及人的基因组表达情况进行了研究，并且用该技术一次性检测了酵母几种不同株间数千个基因表达谱的差异；利用高密度寡核苷酸芯片研究了酵母由无氧酵解到有氧呼吸代谢变化过程中的基因表达的变化，发现其中有1740个基因的表达水平发生了改变。实践证明，基因芯片技术也可用于核酸突变的检测及基因组多态性的分析，如对人BRCAⅠ基因外显子11、CFTR基因、β-地中海贫血、酵母突变菌株间、HIV-1反转录酶及蛋白酶基因（与Sanger测序结果一致性达到98%）等的突变检测，对人类基因组单核苷酸多态性的鉴定、作图和分型，人线粒体16.6kb基因组多态性的研究等。

在实际应用方面，生物芯片技术可广泛应用于疾病诊断和治疗、药物筛选、农作物的优育优选、司法鉴定、食品卫生监督、环境检测、国防、航天等许多领域。在疾病诊断方面，由博奥生物有限公司研发的多重等位基因特异性PCR通用芯片（allele-specific PCR-based universal array，ASPUA），可在5h之内完成导致遗传性耳聋的4种常见基因（GJB2、GJB3、SLC26A4和线粒体基因）的检测；我国军事医学科学院已先后研制出快速检测甲型H1N1流感病毒检测基因芯片以及专门针对甲型H1N1流感病毒抗药性的基因确诊和耐药性分析的基因芯片等。在司法方面，便携式DNA芯片检测装置可以直接在犯罪现场对可能是疑犯留下来的头发、唾液、精液等进行分析，并立刻与DNA罪犯指纹库系统存储的DNA"指纹"进行比较，进行快速准确地破案。在药物筛选方面，博奥生物芯片有限公司研发的"超高通量药物筛选芯片"每小时能做380个细胞分析，而一个科研人员一天最多只能分析五六个细胞，这意味着药物研发效率的飞跃，同时新药物研发费用也大大降低。在农林方面，目前已利用基因表达谱芯片进行了植物激素的中心作用、植物基因与环境的相互影响、多种因素（肥力、种子、环境耐受力和抗虫害等）与植物基因表达的关系的研究，最终有可能用生物芯片技术取代现在沿用的费时费钱的大田试验模式。在食品安全方面，世界上第一个能够检测肉类中兽药残留的生物芯片系统在北京国家工程研究中心研制成功，该芯片能够分析大量的生物分子，快速准确地完成肉类中兽药残留的检测工作。目前，美国国立环境卫生研究院已开发出检测环境有毒物的毒理芯片去评估未知化合物或混合物的潜在危害。在国防方面，生物战剂与化学战剂的侦检是一项很复杂且又十分重要的工作，可以采用基因芯片技术检测细菌、病毒、支原体、衣原体、立克次氏体等微生物；随着许多威胁人类健康的疾病基因、各种与体能有关基因及机体对特殊环境的适应基因的陆续发现，使得分子选兵成为可能，生物芯片将广泛用于分子选兵，尤其是对特种士兵的筛选以及军人体能评价等领域。

总之，随着大规模基因组测序的完成，生物学家开始从相对静态的基因组研究转向更为动态的基因表达过程研究。通过对不同细胞类型之间表达模式差异的研究，可以从动态的角度刻画出一幅生命活动的"动画"，来进一步探索生命的奥秘。在这一过程中，芯片技术展现出巨大的应用前景。基因芯片将为人类认识生命的起源、遗传、发育与进化，为人类疾病的诊断、治疗和防治开辟全新的途径，为生物大分子的全新设计和药物开发中先导化合物的快速筛选和药物基因组学研究提供技术支撑平台。

2.6 研究蛋白质与DNA相互作用的主要方法

DNA-蛋白质相互作用的研究是21世纪生命科学研究的主要课题之一，涉及了多学科前沿交叉领域里的相关知识和技术方法。弄清DNA-蛋白质相互作用的机制，对我们了解DNA转录调控和基因表达机制，揭示各种生命活动现象具有极其重要的指导作用。研究DNA-蛋白质相互作用的实验方法主要包括凝胶阻滞实验、酵母单杂交体系、DNase I 足迹实验、噬菌体展示技术和荧光技术等。

2.6.1 酵母单杂交系统（可延伸双杂交）

该技术是由 J. J. Li 和 I. Herskowitz 从酵母双杂交技术发展来的。它通过对酵母细胞内报告基因表达状况的分析，来鉴定DNA顺式作用元件和转录因子的结合情况；通过筛选DNA文库来获得与靶序列特异结合的蛋白质基因序列。它的原理（图2-28）是：根据大多数转录因子含有DNA结合结构域（DNA-binding domain, BD）和转录激活结构域（activation domain, AD），且两结构域可完全独立地发挥作用的特点，来设计携带有编码"靶蛋白"的文库质粒，从而使文库蛋白编码基因置换酵母原有转录因子 *CAL4* 的DNA结合结构域，并通过表达的"靶蛋白"与目的基因相互作用来激活RNA聚合酶，启动下游报告基因的转录。由此可见，该系统需包含：①将文库蛋白的编码基因与转录激活域融合表达的cDNA文库质粒；②含目的基因与下游报告基因的报告质粒。其中，文库的设计和筛选实验是整个酵母单杂交系统的核心技术。

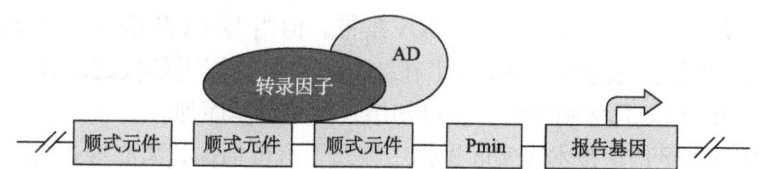

图2-28 酵母单杂交的基本原理示意图（引自朱玉贤等，2006）
转录因子与顺式作用元件结合，激活最基本启动子Pmin，使报告基因表达。若接入3个以上顺式作用元件，可增强转录因子的识别和结合效率

酵母单杂交系统已被用于克隆多种重要的DNA结合蛋白，该系统相对直接、快捷、灵敏，筛选到的蛋白质是在体内相对天然条件下有结合功能的蛋白质，比其他体外技术获得的结果更能体现真核内基因表达调控的真实情况，且无需复杂的蛋白质分离纯化操作。但因细胞技术的先天局限性和所用报告基因 *His3* 或 *lacZ* 的自泄漏表达等缺陷，在实际操作中常出现漏检和假阳性现象。

2.6.2 凝胶阻滞试验（Gel-shift）

凝胶阻滞实验（gel retardation assay），又称电泳迁移率变动分析（electrophoresis mobility shift assay, EMSA）或条带阻滞实验（band retardation assay），是在20世纪80年代初期出现的用于在体外研究DNA与蛋白质相互作用的一种特殊的凝胶电泳技术，它可实现对目的蛋白的定性和定量分析。在EMSA实验中，纯化的DNA特异结合蛋白或细胞粗提液和经标记的DNA或RNA探针一同温育，在非变性的聚丙烯酰胺凝胶电泳上分离蛋白质-DNA复合物和游离的探针。这是因为蛋白质-DNA复合物的迁移率主要取决于蛋白质的大小、形状、电荷和对称状态，它的迁移速度要比游离的DNA慢得多，从而在凝胶上形成滞后带。根据所显示滞后带的有无和量的多少，来反映DNA结合蛋白与DNA探针的结合活性、DNA结合蛋白的表达水平，并可以计算出两者的结合常数或解离常数。

传统的EMSA分析通常采用放射性同位素（如^{32}P、^{3}H）标记的寡核苷酸探针，该方法虽灵敏性高、特异性强，但因同位素的半衰期短，且易于污染环境、危害身体等因素，在一般的实验室无法进行，其应用的广泛性受到了极大的限制。目前，人们已采用了地高辛和生物素标记的寡核苷酸来代替传统的放射性同位素标记的寡核苷酸，同时基于ENSA的基础上发展了超迁移率变动分析（super-shift assay）和毛细管凝胶阻滞电泳，前者特异性要比EMSA好，常用于鉴定其他方法筛选出来的结果；后者样品用量少、分辨率高，可用于一些受限制比较大的DNA-蛋白质互作分析，如胚胎发育的研究过程。

2.6.3 DNase Ⅰ足迹法

常与EMSA法结合共同用于体外DNA-蛋白质相互作用的鉴定，但二者的侧重点不同。EMSA主要用于与特异性DNA结合的目的蛋白的检测，而DNase Ⅰ足迹法（DNase Ⅰ footprinting）在此基础上进一步证明了DNA元件和目的蛋白的特异结合，并能告知与该蛋白质结合的相应DNA元件序列。该方法于1978年引入科研领域，其原理与DNA的化学测序法相似，即用DNase Ⅰ部分消化已进行单链末端标记的待测双链DNA，形成在变性聚丙烯酰胺凝胶上以相差一个核苷酸为梯度的DNA条带。但当DNA片段与其特异性结合的蛋白质结合后，DNA结合蛋白就阻碍DNase Ⅰ在结合位点及其周围部位的结合，形成切割梯中的空白区域，结合DNA化学测序法，就可知结合区的碱基序列。

早期的DNase Ⅰ足迹法技术在实际操作中涉及了有机抽提、离心等蛋白质纯化步骤，较为繁杂，因此在该足迹法的基础上又发展了固相DNase Ⅰ足迹法，它具有如下优点：①采用生物素进行末端标记，避免放射性同位素的掺入，减少危害；②省略了有机抽提、沉淀等蛋白质纯化步骤，操作简便，效率高；③使用范围广，可适用于未经纯化的核蛋白粗提物内特异性DNA结合蛋白的研究。

2.6.4 噬菌体展示技术

噬菌体展示技术是一种基因表达产物与亲和选择相结合的技术。基本原理及操作过程为：以改构的噬菌体为载体把待选基因片段定向插入噬菌体外壳蛋白基因区，如在噬菌体pⅢ和pⅧ衣壳蛋白基因区的N端插入外源基因形成的融合蛋白，表达在噬菌体的表面不影响噬菌体的生活周期及天然构型，且易被相应的抗体或受体分子识别。外源蛋白或多肽表达于噬菌体的表面，与固定或固相支持物结合，通过适当的淘洗，洗去非特异性结合的噬菌体（即亲和富集法），选出目的噬菌体。而编码基因作为病毒基因组的一部分，可通过分泌型噬菌体的单链DNA测序得知。在这一过程中，外源基因是编码启动子DNA结合蛋白的文库基因，而固定或固相支持物分子则为启动子DNA片段。噬菌体展示技术是一种经济高效的研究生物大分子相互作用的技术，如构建噬菌体随机多肽文库可用来筛选包括抗体小分子细

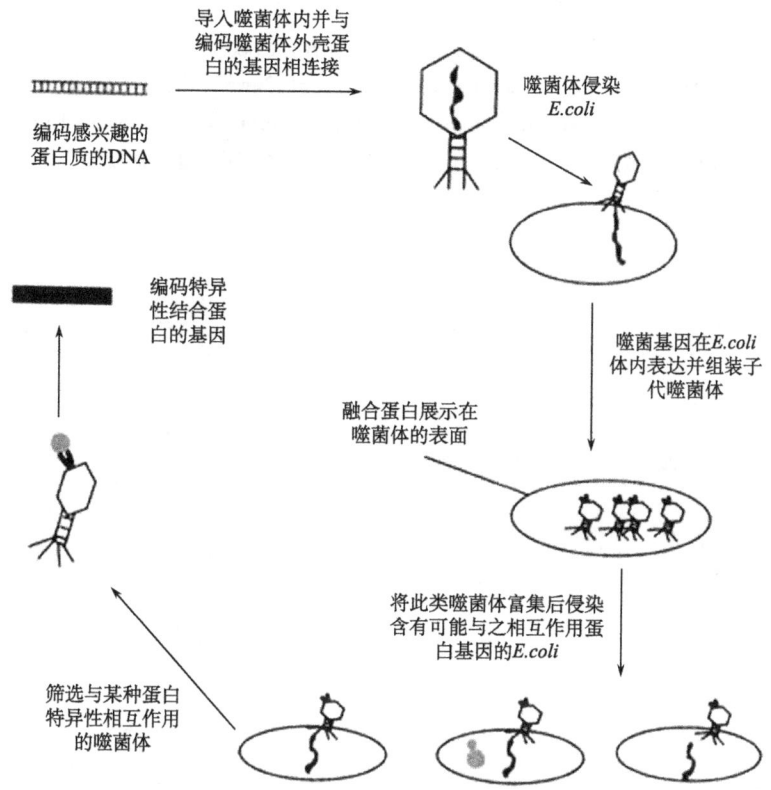

图 2-29 噬菌体展示技术研究蛋白质相互作用（引自朱玉贤等，2006）

胞表面受体等多种分子（图 2-29）。

思考题

1. 在基因操作实践中有哪些检测核酸和蛋白质相对分子质量的常规方法？
2. 分子杂交有哪些类型？简述其区别及各自的用途。
3. 简述 PCR 技术的工作原理和应用。
4. 通过 PCR 技术扩增已知序列侧翼的未知序列的关键问题是什么？
5. 简述定量 PCR 的原理和过程。
6. 简述人工合成 DNA 的方法并说明其应用。
7. 简述双脱氧链终止法测定 DNA 碱基序列的原理。
8. 对于一段 20kb 未知序列的 DNA 片段，可采取什么策略测定其核苷酸序列？
9. 简述基因芯片技术的实验步骤并说明其用途及前景。
10. 列举几种研究 DNA 和蛋白质相互作用的方法，并比较其优缺点。

参考文献

常重杰，杜启艳. 2003. 基因工程原理与应用. 北京：中国环境科学出版社
瞿礼嘉，顾红雅，胡苹等. 1998. 现代生物技术导论. 北京：高等教育出版社
齐义鹏. 1998. 基因及其操作原理. 武汉：武汉大学出版社

孙明. 2006. 基因工程. 北京：高等教育出版社
吴乃虎. 2006. 基因工程原理. 2 版. 北京：科学出版社
朱玉贤，李毅，郑晓峰. 2006. 现代分子生物学. 北京：高等教育出版社
Desrnond S T N. 2008. An Introduction to Genetic Engineering. 3rd. New York：Cambridge University Press
Richard J R. 2003. Analysis of Genes and Genomes. Chichester：John Wiley & Sons，Ltd
Sambrook J，Russell D W. 2002. 分子克隆实验指南. 3 版. 黄培堂，王恒樑，周晓巍等译. 北京：科学出版社

第3章　基因工程的工具酶

常用的基因工程工具酶有限制性核酸内切酶、DNA连接酶、大肠杆菌DNA聚合酶Ⅰ及Klenow大片段酶、T_4DNA聚合酶、T_7DNA聚合酶、修饰的T_7DNA聚合酶及反转录酶、末端脱氧核苷酸转移酶、T_4多核苷酸激酶、碱性磷酸酶、Taq DNA聚合酶等。

基因工程使用的工具酶具有一个重要特征：每一种酶都具有自身特定的功能。有的像"手术刀"，可以进行DNA分子的特定切割，如限制性核酸内切酶；有的像"黏合剂"，可以促进DNA分子之间的黏合和连接，如DNA连接酶；有的像"砌砖机"，可以合成完整的双链DNA分子，如DNA聚合酶。还有一些工具酶起到修饰的作用，如碱性磷酸酶和末端脱氧核苷酸转移酶等。

基因工程的关键技术是DNA的连接重组。而DNA的连接重组涉及一系列作用于DNA或RNA的酶催化反应，包括核酸的切割、连接、聚合、转录及反转录等。酶催化反应所需的酶均是基因工程不可或缺的工具。涉及核酸切割的酶，统称为核酸酶。核酸酶作用于两个核苷酸残基之间的磷酸二酯键从而导致核酸分子多核苷酸链发生水解断裂。其中专门水解RNA分子的叫做核糖核酸酶，而特异水解DNA分子的叫做脱氧核糖核酸酶。按核酸酶水解断裂核酸的不同方式，可分为两种类型：一类是从核酸分子的末端开始，一个核苷酸一个核苷酸地消化降解多核苷酸链，叫做核酸外切酶；另一类是从核酸分子内部特定位点切割磷酸二酯键使之断裂成小片段，叫做核酸内切酶。基因工程使用的工具酶都具有自身特定的功能。有的像"手术刀"，可以进行DNA分子的特定切割；有的像"黏合剂"，可以促进DNA分子之间的黏合和连接；有的像"砌砖机"，可以合成完整的双链DNA分子。以限制性内切核酸酶（restriction endonuclease）和DNA连接酶（ligase）为主的多种工具酶的发现和应用，为基因操作提供了十分重要的技术基础。基因工程常用的工具酶可分为核酸酶、DNA连接酶、DNA片段末端修饰酶以及用信使RNA模板合成互补链DNA的反转录酶（reverse transcriptase）等，在基因克隆的实验中都有着广泛的用途（表3-1）。

表3-1　基因工程操作中常用的若干种工具酶

核酸酶名称	主要的功能
Ⅱ型限制性内切核酸酶	在特异性的碱基序列部位切割DNA分子
DNA连接酶	将两条DNA分子或片段连接成一个整体
大肠杆菌DNA聚合酶Ⅰ	通过向3′端逐一增加核苷酸的方式填补双链DNA分子上的单链裂口
反转录酶	以RNA分子为模板合成互补的cDNA链
多核苷酸激酶	把一个磷酸分子加到多核苷酸链的5′-OH末端
末端转移酶	将同聚物尾巴加到线性双链DNA分子或单链DNA分子的3′端
核酸外切酶Ⅲ	从一条DNA链3′端移动核苷酸残基
λ核酸外切酶	催化自双链DNA分子的5′端移走单核苷酸，从而暴露出延伸的单链3′端

续表

核酸酶名称	主要的功能
碱性磷酸酶	催化从DNA分子的5′端或3′端或同时从5′端和3′端移去末端磷酸
S1核酸酶	催化RNA和单链DNA分子降解成5′-单核苷酸，同时也可切割双链核酸分子的单链区
Bal31核酸酶	具有单链特异的核酸内切酶活性，也具有双链特异的核酸外切酶活性
Taq DNA聚合酶	能在高温（72℃）下以单链DNA为模板按5′→3′方向合成新生互补链

3.1 限制性内切核酸酶

3.1.1 限制性内切核酸酶的发现与种类

限制性内切核酸酶（简称限制酶）主要是从原核生物中分离纯化出来的，是一类能够识别双链DNA分子中的某种特定核苷酸序列，并由此切割DNA双链结构的核酸内切酶。它的发现和应用为从细胞基因组中分离目的基因提供了重要工具。在发现限制酶之前，分子生物学只能对序列未知、长度各异的DNA混合物进行操作，发现了限制酶之后，才有可能对特定序列的单一片段进行准确精密的操作。目前已经鉴定出的限制酶根据其功能、大小和反应条件及切割DNA的特点，分为3类——Ⅰ型、Ⅱ型、Ⅲ型。其中，Ⅱ型由于其核酸内切酶活性和甲基化作用活性是分开的，而且核酸内切作用又具有序列特异性，故在基因克隆中有着特别广泛的用途。3种不同类型的限制酶具有不同的特性（表3-2）。

表3-2 限制酶的类型和主要特性

特　性	Ⅰ型	Ⅱ型	Ⅲ型
(1) 限制和修饰活性	多功能酶	单功能酶	双功能酶
(2) 酶的蛋白质结构	异源三聚体	同源二聚体	异源二聚体
(3) 限制作用所需的辅助因子	ATP、Mg^{2+}、S-腺苷甲硫氨酸	Mg^{2+}	ATP、Mg^{2+}、S-腺苷甲硫氨酸
(4) 特异性位点序列	非对称序列	回文对称	非对称序列
(5) 切割位点	距识别位点至少1kb的地方随机切割	识别位点内或附近特异性切割	距识别位点3′端24~26bp处
(6) 甲基化作用的位点	寄主特异性的位点	寄主特异性的位点	寄主特异性的位点
(7) 识别未甲基化的序列并切割	能	能	能
(8) 序列特异的切割	不能	能	能
(9) 基因克隆中的应用	无用	广泛应用	用处不大

Ⅰ型限制酶最早是由Meselson和Yuan于1968年在*E. coli* B和*E. coli* K中分离出来的。Ⅰ型限制酶的两个代表*Eco*B和*Eco*K分别是从大肠杆菌B株和K株中分离到的，它们的分子质量较大，反应需Mg^{2+}、S-腺苷酰-L-甲硫氨酸（SAM）、ATP等。但遗憾的是，Ⅰ型限制酶能识别专一的核苷酸顺序，并在识别点附近的一些核苷酸上切割DNA分子中的双链，但是切割的核苷酸顺序没有专一性，是随机的。所以，Ⅰ型限制酶在DNA重组技术中用处不大，无法用于分析DNA结构或克隆基因。

Ⅱ型酶是 Smith 和 Wilcox 以及 Kelly 于 1970 年从流感嗜血杆菌 Rd 株中分离出来的，Ⅱ型酶没有Ⅰ型酶那些异常特性，分子质量较小（10^5Da），只有一种多肽，通常以同源二聚体的形式存在，反应只需 Mg^{2+} 的存在，并且识别专一的具有回文对称结构的核苷酸序列，恰好切割位点也在这一回文对称结构上。许多Ⅱ型酶切割 DNA 后，可在 DNA 上形成黏性末端，有利于 DNA 片段的重组。这种酶识别的专一核苷酸顺序最常见的是 4 个或 6 个核苷酸，少数可以识别 4 个或 5 个或者多于 6 个的核苷酸序列。因此，这种限制酶是 DNA 重组技术中最常用的工具酶之一。

除了Ⅰ型和Ⅱ型之外，还有一类特性介于两者之间的Ⅲ型酶。反应需要 ATP、Mg^{2+} 和 S-腺苷甲硫氨酸的激活。Ⅲ型酶可识别特定碱基顺序，但不是对称的回文顺序，在识别顺序旁边几个核苷酸对的固定位置上切割双链。但这几个核苷酸对不是特异性的，所以它的切割位点也是没有特异性的。因此，这种限制酶切割后产生一定长度 DNA 片段，具有各种单链末端，因此不能应用于基因克隆，在基因工程中很少使用Ⅲ型酶。

3.1.2　限制性内切核酸酶的命名

随着大量限制酶的发现，为避免造成混乱，Smith 和 Nathans（1973）提议了命名系统，并已被广大学者所接受。

（1）用属名的第一个大写字母和种名的前两个小写字母，组成 3 个斜体字母的略语表示寄主菌的物种名称。例如，大肠杆菌（*Escherichia coli*）用 *Eco* 表示，流感嗜血菌（*Haemophilus influenzae*）用 *Hin* 表示。

（2）用一个正体字母代表菌株或型，如流感嗜血菌 Rd 菌株用 d，即 *Hin*d。

（3）如果一种特殊的寄主菌株具有几个不同的限制与修饰体系，则以罗马数字表示。因此，流感嗜血菌 Rd 菌株的几个限制与修饰体系分别表示为 *Hin*dⅠ、*Hin*dⅡ、*Hin*dⅢ等。

（4）所有的限制酶，除了总的名称限制性内切核酸酶 R 外，还带有系统的名称，如核酸内切酶 R.*Hin*dⅢ。同样的，修饰酶则在它的系统名称之前加上甲基化酶 M 的名称。相应于核酸内切酶 R.*Hin*dⅢ 的流感嗜血菌 Rd 菌株的修饰酶，命名为甲基化酶 M.*Hin*dⅢ。在上下文十分清楚且只涉及限制酶的情况下，R. 可省去。

3.1.3　Ⅱ型限制性内切核酸酶的基本特性

3.1.3.1　Ⅱ型限制性内切核酸酶识别序列的特异性

每种酶都有其特定的识别位点，都能够识别由 4~8 个核苷酸组成的特定的核苷酸序列。这样的序列称为限制酶的识别序列。而限制酶就是从其识别序列内部切割 DNA 分子的，因此识别序列又称为限制酶的切割位点或靶序列。

有些识别序列是连续的（如 GATC），有些识别序列则是间断的（如 GANTC），N 代表任意一种核苷酸碱基，但都有一个共同的结构特点：具有双重旋转对称的结构形式，换言之，这些核苷酸对的顺序呈回文对称结构。例如

（1）*Pst*Ⅰ切割位点。

5′-C TGCA G-3′　　　　　　　　5′-CTGCA　　　　　　　　　G-3′
3′-G ACGT C-5′　——→　　　3′-G　　　　　　　　＋　　ACGTC-5′

（2）*Eco*RⅠ切割位点。

```
5'-G AATT C-3'              5'-G            +    AATTC-3'
3'-C TTAA G-5'              3'-CTTAA             G-5'
```

(3) EcoRⅤ切割位点。

```
5'-GAT ATC-3'               5'-GAT          +    ATC-3'
3'-CTA TAG-5'               3'-CTA               TAG-5'
```

不同的限制酶切割 DNA 分子产生的两种不同的黏性末端：
(1) PstⅠ的识别序列，切割后形成 3'-OH 的单链黏性末端；
(2) EcoRⅠ的识别序列，切割后形成 5'-P 的单链黏性末端；
(3) EcoRⅤ的识别序列，切割后形成平末端。

在切割位点处，限制酶的作用下磷酸二酯键便会发生水解效应，从而导致链的断裂。这就是所谓的限制酶对 DNA 链的切割作用。

3.1.3.2　Ⅱ型限制性内切核酸酶切割方式的特异性

Ⅱ型限制酶的特异切割位点一般在识别位点的内部，如（↓表示切割位点）

$$Hind Ⅲ：5'\cdots A↓AGCTT\cdots 3'$$
$$Sma Ⅰ：5'\cdots CCC↓GGG\cdots 3'$$
$$Pst Ⅰ：5'\cdots CTGCA↓G\cdots 3'$$

少数Ⅱ型限制酶的特异切割位点在识别位点的两侧，如

$$Sau3A Ⅰ：5'\cdots ↓GATC\cdots 3'$$
$$Nla Ⅲ：5'\cdots CATG↓\cdots 3'$$
$$EcoR Ⅱ：5'\cdots ↓CCAGG\cdots 3'$$

由于切割位点不同，酶切片段可能会产生两种末端，即交错切形成的黏性末端和对称切形成的平头末端。

(1) 黏性末端：是交错切割，结果形成两条单链末端，这种末端的核苷酸顺序是互补的，可形成氢键，所以称为黏性末端。

如 EcoRⅠ的识别顺序为：

```
5'······ G↓AA | TT_C ······3'
3'······ C_TT | AA↑G ······5'
```

垂直线表示中心对称轴，从两侧"读"核苷酸顺序都是 GAATTC 或 CTTAAG，这就是回文顺序（palindrome）。↓表示在双链上交错切割的位置，切割后生成两个 DNA 片段，各有一个单链末端，两条单链是互补的，其断裂的磷酸二酯键以及氢键可通过 DNA 连接酶进行连接。

根据单链突出端的不同黏性末端，分为具有 3'-OH 单链延伸的黏性末端，如 PstⅠ酶，和具有 5'-P 单链延伸的黏性末端，如 EcoRⅠ酶。

```
PstⅠ：5'···C TGCA↓G···3'    PstⅠ      5'···CTGCA         G···3'
       3'···G↑ACGT C···5'    ────→     3'···G             ACGTC···5'
EcoRⅠ：5'···G↓AATT C···3'    EcoRⅠ     5'···G             AATTC···3'
       3'···C TTAA↑G···5'    ────→     3'···CTTAA         G···5'
```

(2) 平末端：在同一位置上切割双链，产生平末端。例如，EcoRⅤ的识别位置是：

$$5'\cdots\cdots \text{GAT}\downarrow\text{ATC}\cdots\cdots 3'$$
$$3'\cdots\cdots \text{CTA}\downarrow\text{TAG}\cdots\cdots 5'$$

这种末端同样可以通过 DNA 连接酶连接起来。平末端的 DNA 片段则不易于重新环化。部分常见的 II 型限制酶的识别序列和切割位点如表 3-3 所示。

表 3-3 部分常见的 II 型限制酶的识别序列和切割位点

限制酶	识别位点	产生的末端类型
Bam H I	G↓GATC C C CTAG↑G	5′-突出
Bbu I	G CATG↓C C↑GTAC G	3′-突出
Eco R I	G↓AATT C C TTAA↑G	5′-突出
Hind II	GTPy↓PuAC CAPu↑PyTG	平末端
Hind III	A↓AGCT T T TCGA↑A	5′-突出
Hpa I	GTT↓AAC CAA↑TTG	平末端
Not I	GC↓GGCC GC CG CCGG↑CG	5′-突出
Pst I	C TGCA↓G G↑ACGT C	3′-突出
Sal I	G↓TCGA C C AGCT↑G	5′-突出

3.1.3.3 同裂酶

来源不同、其识别位点与切割位点均相同的限制酶称为**同裂酶**（**isoschizomer**）。部分同裂酶对切割位点上的甲基化碱基敏感性不同，故可用来研究 DNA 甲基化作用。例如，*Hpa* II 和 *Msp* I 的识别序列和切割位点都相同（C↓CGG），它们是一对同裂酶，共同的靶子序列是 CCGG。当其靶子序列中含有一个 5-甲基胞嘧啶 [CC*GG，C*代表甲基化的碱基] 时，*Hpa* II 就不能切割它，而 *Msp* I 对于这个核苷酸的甲基化作用的反应是中性的，它不管 C 残基是否甲基化都能对其进行切割。

3.1.3.4 同尾酶

来源不同，识别的靶序列也不相同，但都能产生相同的黏性末端的酶称为同尾酶（iso-caudamer）。常用的限制酶 *Bam*H I、*Bcl* I、*Bgl* II、*Sau*3A I 和 *Xho* I 就是一组同尾酶。它们切割 DNA 之后都形成由 -GATC- 4 个核苷酸组成的黏性末端，很显然，由同尾酶所产生的 DNA 片段，是能够通过其黏性末端之间的互补作用彼此连接起来的，因此在基因克隆实验中很有用处。由一对同尾酶分别产生的黏性末端共价结合形成的位点特称为"杂种位点"（hybrid site）（表3-4）。但必须指出，这类杂种位点的结构一般是不再被原来的任何一种同尾酶所识别的。例如，Xba I、Nhe I、Spe I 及 Sty I 切割的DNA序列不同，但均给出相同的"CTAG"黏性末端。这些黏性末端连接后，以上的酶将不能再切割，但却产生了一个新的4核苷酸的酶切位点，即 Bfa I 的酶切位点。但也有例外。例如，由 Sau3A I 和 BamH I 同尾酶形成的杂种位点对 Sau3A I 则仍然是敏感的，但不再对 BamH I 敏感。值得注意的是，由同尾酶产生的黏性末端序列很容易重新连接，但是两种同尾酶消化产生的黏性末端重新连接形成的新片段将不能被该两种酶的任一种所识别。

表3-4 产生GATC单链末端的一组同尾酶及其限制片段组合形成的杂种位点

限制酶	识别位点[a]	同尾酶的组合	杂种识别位点[b]	杂种位点的敏感性[c]
BamH I	G↓GATCC	(1) BamH I, Bcl I	GGATCA, TGATCC	Sau3A I
Bcl I	T↓GATCA	(2) BamH I, Bgl II	GGATCT, AGATCC	Sau3A I, Xho I
Bgl II	A↓GATCT	(3) BamH I, Sau3A I	GGATCN, NGATCC	Sau3A I, Xho I（5%）, BamH I（25%）
Sau3A I	↓GATC	(4) BamH I, Xho I	GGATCY, UGATCC	Sau3A I, Xho I, BamH I（50%）
Xho I	U↓GATCY	(5) Bcl I, Bgl II	TGATCT, AGATCA	Sau3A I,
		(6) Bcl I, Sau3A I	TGATCN, NGATCA	Sau3A I, Bcl I（25%）
		(7) Bcl I, Xho I	TGATCY, UGATCA	Sau3A I
		(8) Bgl II, Sau3A I	AGATCN, NGATCT	Sau3A I, Xho I（50%）, Bgl II（25%）
		(9) Bgl II, Xho I	AGATCY, UGATCT	Sau3A I, Xho I, Bgl II（50%）
		(10) Sau3A I, Xho I	NGATCY, UGATCN	Sau3A I, Xho I（50%）, BamH I（12.5%）, Bgl II（12.5%）

a. U 和 Y 分别代表嘌呤和嘧啶，由这样的限制酶切割形成的片段具有 5′-P 和 3′-OH 基团；
b. N 代表任何一种核苷酸；
c. 百分率代表杂种位点被切割的概率。

3.1.4 影响限制性内切核酸酶活性的因素

1) 酶的纯度

高质量的限制酶，要求不存在其他限制酶或外切酶的污染，长时间酶解不出现识别顺序特异性的下降，酶解的DNA片段连接后能重新被识别和切割。例如，如果存在碱性磷酸酶污染，就会除去DNA片段末端的磷酸残基，阻止DNA分子的连接。

2) DNA的纯度

限制酶消化DNA底物的反应效率，在很大程度上取决于所使用的DNA本身的纯度。在制备DNA过程当中，残留在DNA制剂中的某些物质，如蛋白质、酚、氯仿、乙醇、乙二胺四乙酸（EDTA）、SDS（十二烷基硫酸钠）以及高浓度的盐离子等，都有可能抑制限制酶的活性。所以高纯度的DNA样品对于酶解反应是必需的。为了提高限制酶对低纯度DNA的反应效率，一般采用如下4种方法：

(1) 增加限制酶的用量，平均每微克底物 DNA 可高达 10 单位甚至更多些；
(2) 扩大酶催化反应的体积，以使潜在的抑制因素被相应地稀释；
(3) 延长酶催化反应的保温时间；
(4) 添加阳离子亚精胺（polycation spermidine）等措施。

在有些 DNA 制剂中，尤其是用微量碱法制备的，会含有少量的 DNase 污染。由于 DNase 的活性需要有 Mg^{2+} 的存在，而在 DNA 的贮存缓冲液中含有二价金属离子螯合剂 EDTA，因此在这种制剂中的 DNA 仍然是稳定的。然而在加入了限制酶缓冲液之后，DNA 则会被 DNase 迅速地降解掉。要避免发生这种情况，唯一的办法就是使用高纯度的 DNA。

3) DNA 的甲基化

限制酶是原核生物限制-修饰体系的组成部分，因此识别序列中特定核苷酸的甲基化作用便会强烈地影响酶的活性。为了避免被限制酶局部消化，甚至完全不被消化，在基因克隆中使用的是失去甲基化酶的大肠杆菌菌株制备质粒 DNA。

限制酶不能够切割甲基化的核苷酸序列，这种特性在有些情况下是很有用的。例如，当甲基化酶的识别序列同某些限制酶的识别序列相邻时，就会抑制在这些位点发生切割作用，这样便改变了限制酶识别序列的特异性。另外，通过甲基化作用将内部的限制酶识别位点保护起来。

4) 酶切消化反应的温度

DNA 消化反应的温度是影响限制酶活性的另一个重要因素。不同的限制酶，具有不同的最适反应温度，而且彼此之间有相当大的变动范围。大多数限制酶的标准反应温度都是 37℃，但也有许多例外的情况，它们要求 37℃ 以外的其他反应温度。其中有些限制酶的最适反应温度低于标准的 37℃，如 *Sma* I 是 25℃，*Apa* I 是 30℃；有些限制酶的最适反应温度则高于标准的 37℃，如 *Mae* I 是 45℃，*Bcl* I 是 50℃，*Mae* II 是 55℃；还有些限制酶的最适反应温度可高达 60℃ 以上，消化反应的温度低于或高于最适温度都会影响限制酶的活性，甚至最终导致完全失活。

5) DNA 的分子结构

DNA 分子的不同构型对限制酶的活性也有很大的影响。某些限制酶切割超螺旋的质粒 DNA 或病毒 DNA 所需要的酶量，要比消化线性 DNA 高出许多倍，最高可达 20 倍。

另外，还有一些限制酶切割它们自己的处于不同部位的限制位点，其效率也有明显的差别。据推测，这很可能是由于侧翼序列的核苷酸成分的差异造成的。

6) 限制酶的缓冲液

限制酶的标准缓冲液的组分包括氯化镁、氯化钠或氯化钾、Tris-HCl，β-巯基乙醇或二硫苏糖醇（DTT）和牛血清白蛋白（BSA）等。酶活性的正常发挥，必需二价的阳离子，通常是 Mg^{2+}。不正确的 NaCl 或 Mg^{2+} 浓度，不仅会降低限制酶的活性，而且还可能导致识别序列特异性的改变。

缓冲液 Tris-HCl 的作用在于使反应混合物的 pH 恒定在酶活性所要求的最佳数值的范围之内。对绝大多数限制酶来说，在 pH7.4 的条件下其功能最佳。

巯基试剂对于保持某些限制酶的稳定性是有用的，而且还可保护其免于失活。但它同样也可能有利于潜在污染杂质的稳定性。

有一部分限制酶对于钠离子或钾离子浓度变化反应十分敏感，而另一部分限制酶则可适应较广的离子强度的变化幅度。

在"非最适的"反应条件下（包括高浓度的限制酶、高浓度的甘油、低离子强度、用 Mn^{2+} 取代 Mg^{2+} 以及高 pH 等），有些限制酶识别序列的特异性便会发生"松动"，从其"正确"识别序列以外的其他位点切割 DNA 分子。

有些限制酶的切割特异性受所用的缓冲液成分的影响比较明显。例如，最常用的 EcoR I 限制酶，在正常的情况下是在 GAATTC 识别序列处发生切割作用的，但如果缓冲液中的甘油浓度超过 5% (V/V)，那么其识别序列的特异性就会发生松动，可在 AATT 或 PuPuATPyPy 序列处发生切割作用。EcoR I 限制酶的这种特殊的识别能力通常叫做星号活性，以 EcoR I* 表示。

3.1.5　限制性内切核酸酶酶切 DNA 的方法

常用的酶切方法有单酶切、双酶切和部分酶切等几种。

(1) 单酶切法。用一种限制酶酶切 DNA 样品，若样品是线性 DNA 分子，完全酶切后，产生 $n+1$ 个 DNA 片段数，其中有两个片段的一段仍然保留原来的末端。如果 DNA 样品是环状 DNA 分子，完全酶切后，产生与识别序列（n）相同的 DNA 片段数，并且 DNA 片段的两末端相同。

(2) 双酶切法。即用两种不同的限制性酶切割同一种 DNA 分子，DNA 分子无论是环状 DNA 分子还是线性 DNA 片段，酶切后产生的 DNA 分子片段都带有两个不同的末端（同尾酶酶切除外）。如果载体分子也是用同样的两种酶酶切，那么就可以把外源 DNA 酶切片段定向地插入到载体分子中。

(3) 部分酶切法。部分酶切是指所用的限制酶对其在 DNA 分子上的全部识别序列进行不完全的切割。部分酶切的原因主要是碰到 DNA 纯度低、识别序列甲基化、酶用量不足、反应时间不足以及反应缓冲液和反应温度不适宜等。部分酶切虽然会影响获得需要 DNA 片段的得率，但是，根据 DNA 重组设计的需要，还需要专门创造部分酶切的条件，以获得需要的 DNA 片段。

3.2　DNA 连接酶

同限制酶一样，DNA 连接酶的发现与应用对 DNA 重组技术的创立与发展具有十分重要的意义。限制酶的作用是将 DNA 切割成大小不同的片段，然而要将不同的片段连接起来组成新的杂种 DNA 片段，则需要连接酶的作用。该酶也是在细菌中发现的。如果说限制酶是对基因操作的"剪刀"，那么连接酶就是"糨糊"。目前有 3 种方法可将体外 DNA 连接起来：其一是用 DNA 连接酶连接具有互补黏性末端的 DNA 片段；其二是用 T_4 DNA 连接酶直接将平末端的 DNA 连接起来，或用末端转移酶给平末端的 DNA 片段加上 poly(dA)-poly(dT) 尾巴之后，再用 DNA 连接酶将它们连接起来；其三是先在 DNA 片段末端加上化学合成的衔接物或接头，使之形成黏性末端之后，再用 DNA 连接酶将它们连接起来。这 3 种方法虽然互有差异，但共同的一点都是利用 DNA 连接酶所具有的连接和封闭单链 DNA 的功能。

3.2.1　DNA 连接酶的发现

DNA 聚合酶 I 能将脱氧核糖核苷酸加到引物链上，但不能催化两条 DNA 链的接合或单链 DNA 的封闭。DNA 环化现象的发现，使人们认识到必定还存在一种特殊功能的核酸酶，能将 DNA 接合或封闭。1967 年，世界上几个实验室几乎同时发现了一种能够催化 DNA 链之间形成磷酸二酯键的酶，即 DNA 连接酶（ligase）。这种酶需要在一条 DNA 链的 3′端具有游离的—OH，另一条 DNA 链的 5′端具有一个磷酸基团（—P），只有在这种情况下，才能发挥其连接 DNA 分子的功能作用。同时，由于在羟基和磷酸基团之间形成磷酸二酯键是一种吸能的反应，因此还需要有一种能源分子的存在才能实现这种连接。在大肠杆菌及其他细菌中，DNA 连接酶催化的连接反应是利用 NAD^+［烟酰胺腺嘌呤二核苷酸（氧化型）］作能源；而在动物细胞及噬菌体中，则是利用 ATP（腺苷三磷酸）作能源。

值得注意的是，DNA 连接酶并不能够连接两条单链的 DNA 分子或环化的单链 DNA 分子，被连接的 DNA 链必须是双螺旋的一部分。实际上，DNA 连接酶是封闭双螺旋 DNA 骨架上的缺口（nick），即在双链 DNA 的某一条链上两个相邻核苷酸之间失去一个磷酸二酯键所出现的单链断裂；而不能封闭裂口（gap），即在双链 DNA 的某一条链上失去一个或数个核苷酸所形成的单链断裂（图 3-1）。

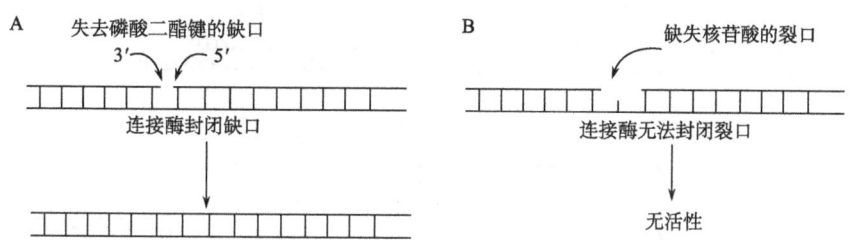

图 3-1　DNA 连接酶的活性（引自张惠展，2005）
A. 具有 3′-OH 和 5′-P 基团的一个缺口被 DNA 连接酶封闭起来；B. 如果是缺失一个或数个核苷酸的裂口，DNA 连接酶则不能将它封闭

3.2.2　DNA 连接酶的种类

用于共价连接 DNA 限制片段的连接酶有两种不同的来源：一种是由大肠杆菌染色体编码的，叫做大肠杆菌 DNA 连接酶；另一种是由大肠杆菌 T_4 噬菌体 DNA 编码的，叫做 T_4 DNA 连接酶。

这两种 DNA 连接酶，除了前者用 NAD^+ 作能源辅助因子，后者用 ATP 作能源辅助因子外，其他的作用机理并没有什么差别。T_4 DNA 连接酶是从 T_4 噬菌体感染的大肠杆菌中纯化的，比较容易制备，而且还能够将由限制酶切割产生的完全碱基配对的平末端 DNA 片段连接起来，因此在分子生物学研究及基因克隆中都有广泛的用途。

连接酶连接缺口 DNA 的最佳反应温度是 37℃。但是在这个温度下，黏性末端之间的氢键结合是不稳定的。因此，连接黏性末端的最佳温度应该界于酶作用速率和末端结合速率之间，一般认为 4～15℃比较合适。

3.2.3　黏性末端 DNA 片段的连接

DNA 连接酶最突出的特点是，它能够催化外源 DNA 和载体分子之间发生连接作用，形成重组的 DNA 分子。应用 DNA 连接酶这种特性，可在体外将具有黏性末端的 DNA 限制片段插入到适当的载体分子上，从而可以按照人们的意图构建出新的 DNA 杂种分子。具黏性末端的 DNA 片段的连接比较容易，也比较常用。

当然，按上述这种方法构建重组体 DNA 分子，也有一些不便之处需要克服。其中最主要的缺点是，由限制酶产生的具有黏性末端的载体 DNA 分子，在连接反应混合物中会发生自我环化作用，并在连接酶的作用下重新变成稳定的共价闭合的环形结构。这样就会使只含有载体分子的转化子克隆的"本底"比例大幅度地上升，最终给重组体 DNA 分子的筛选工作带来了麻烦。为了克服这一缺点，现在的载体一般能提供多克隆位点，可采用双酶切进行酶切。

黏性末端 DNA 的连接以质粒 pSC101 与外源片段连接为例进行说明。过程见图 3-2。

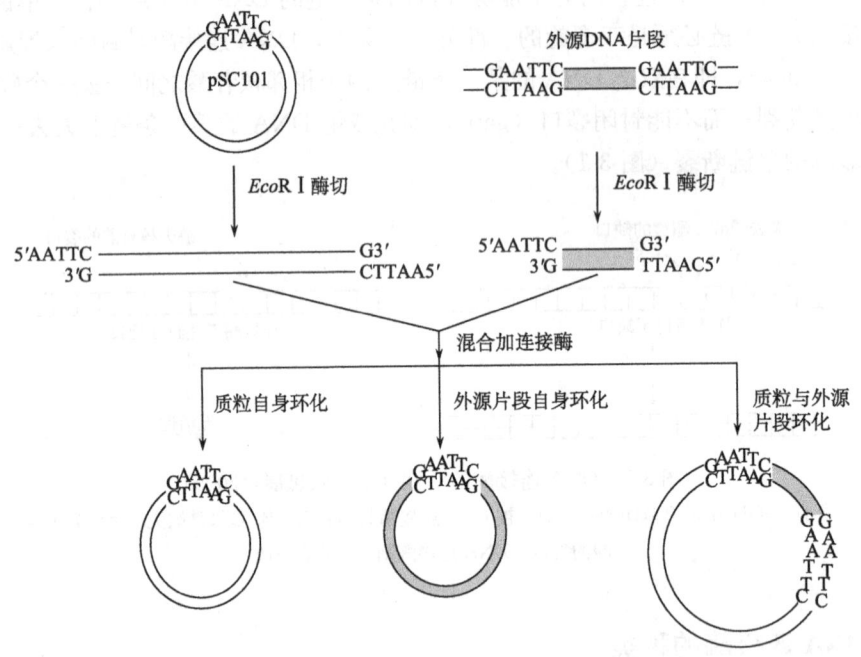

图 3-2　质粒 pSC101 与外源 DNA 片段的连接形成杂合质粒

第一步：用 *Eco*R I 切割质粒 pSC101 和外源 DNA，形成相同的黏性末端。pSC101 上只含有一个 *Eco*R I 切割位点，因此酶切后就会形成全长具黏性末端的线性 DNA 分子。质粒与外源 DNA 用同样的酶切割，因此会形成互补的黏性末端。

第二步：将 *Eco*R I 切割的质粒与外源 DNA 片段混合并加连接酶。由于质粒片段之间、外源片段之间、质粒片段与外源片段之间具有同样的 *Eco*R I 黏性末端，因此便能够退火环化。单链缺口经 DNA 连接酶封闭。其中，只有质粒片段与外源片段之间环化形成的杂合质粒是我们所需要的目的产物。

第三步：筛选与扩增。将上述形成的环化 DNA 转化大肠杆菌，利用 pSC101 携带的四环素抗性标记，筛选出含有 pSC101 片段的转化子。根据外源 DNA 的特性，进一步鉴定出含有外源 DNA 的杂合质粒重组体。最后对带有杂合质粒的重组体进行培养，使外源 DNA 扩增。

从上述方法的过程中不难看出，该法的主要缺点是由限制酶产生的具有黏性末端的载体 DNA 分子，在连接反应混合物中会自我环化，并在连接酶的作用下形成稳定的共价闭合环形结构,最终给杂合质粒重组体的筛选带来麻烦。为了克服该缺陷,一般是用细菌或小牛肠的碱性磷酸酶(BAP 或 CIP)预先处理线性的载体 DNA 分子,以移去其末端的 $5'$-磷酸基团。于是在连接反应中,载体自身的两个末端就再也不能被连接酶共价连接起来了。外源 DNA 限制片段不用碱性磷酸酶处理,以保证它的 $5'$-P 基因同质粒的 $3'$-OH 进行共价连接。由此形成的杂合质粒 DNA 的每一个连接位点中,将只有一条链上的缺口被连接,另外一个缺口由于失去了 $5'$-P 不能被连接,留下一个 $3'$-OH 和 $5'$-OH 的缺口。所幸的是,这个缺口并不会影响杂合质粒的稳定性,导入宿主细胞后,该缺口将被宿主细胞的酶系统修复。

3.2.4 平末端 DNA 片段的连接

平末端 DNA 片段的连接方法有 4 种:①直接用 T_4DNA 连接酶连接;②先用末端转移酶给平末端 DNA 分子加上同聚物尾巴之后再用 DNA 连接酶进行连接;③用衔接物连接平末端 DNA 分子;④DNA 接头连接法。

1) 直接用 T_4DNA 连接酶连接

T_4DNA 连接酶的分子质量为 68kDa,能催化 $5'$-磷酸基与 $3'$-羟基之间形成磷酸二酯键。连接最适反应温度为 37℃,实际操作时为 4~16℃。连接反应条件需要 ATP,若在 16℃反应,大约需 4h;若在 4℃反应,则反应需过夜。DNA 连接酶既可以连接黏性末端,也可以连接平末端(图 3-3),从分子动力学的角度讲,由限制酶创造的黏性末端的连接属于分子内部的连接,而平末端的连接则属于分子间的连接,因此平末端连接效率不高,基因操作不经常采用。加大连接酶用量和平末端底物的浓度、低浓度的聚乙二醇 PEG(一般为 10%)和加入单价阳离子(150~200mmol/L NaCl)可以提高平末端连接速率。

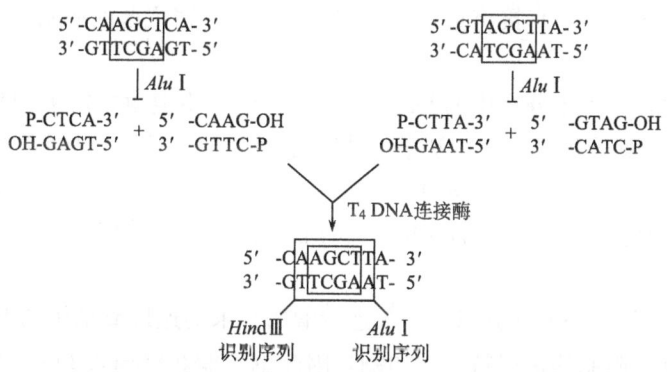

图 3-3 直接用 T_4DNA 连接酶连接法(引自黄培堂等,2002)

2) 同聚物加尾连接平末端 DNA 片段

同聚物加尾法要用到末端脱氧核苷酸转移酶转移核苷酸的特殊功能。它能以脱氧核苷三磷酸为前体,将核苷酸加入到 DNA 分子单链延伸末端 $3'$-OH 基团上,并不需要模板链。它一个一个加上核苷酸,构成由 100 个核苷酸组成的尾巴。

用同聚物加尾法连接平末端 DNA 片段时,首先要在平末端的 DNA 分子上产生出带 $3'$-OH 的单链延伸末端。为了在平末端的 DNA 分子上产生带有 $3'$-OH 的单链延伸,我们需要用 $5'$-特异的核酸外切酶处理 DNA 分子,以便移去少数几个末端核苷酸。在由核酸外切酶处理过的 DNA、dATP 和末端核苷酸转移酶组成的反应混合物中,DNA 分子的 $3'$-OH

末端将会出现单纯由腺嘌呤脱氧核苷酸组成的 DNA 单链延伸。这样的延伸片段称为 poly（dA）尾巴。反过来，如果在反应混合物中加入的是 dTTP 而不是 dATP，那么这种 DNA 分子的 3'-OH 末端将会形成 poly（dT）尾巴。因此任何两条 DNA 分子，只要分别获得 poly（dA）和 poly（dT）尾巴，就会彼此连接起来。这种连接 DNA 分子的方法叫做同聚物加尾法。

第一步：用 5'-特异的核酸外切酶分别处理需要连接的 A 与 B 片段，形成带 3'-OH 的延伸单链。

第二步：对片段 A 和片段 B 分别加入 dATP 和 dTTP，并同时添加末端脱氧核苷酸转移酶，分别在 A 片段的 3'-OH 处形成 poly（dA）尾巴，在 B 片段的 3'-OH 处形成 poly（dT）尾巴。

第三步：混合退火，通过 poly（dA）与 poly（dT）之间的互补配对，形成重组体分子。

第四步：将重组体分子转化大肠杆菌，挑选重组体克隆。

上述利用末端脱氧核苷酸转移酶加尾时，可在 A 片段上加 poly（dT），在 B 片段上加 poly（dA）；也可在 A 片段上加 poly（dC），在 B 片段上加 poly（dG）；还可在 A 片段上加 poly（dG），在 B 片段上加 poly（dC）。只要它们互补，都可以。

加尾形成的 poly（dA）与 poly（dT）长度并不一定相等，因此，在互补配对时，经常会形成裂口。此时，在用连接酶连接之前，先要用 DNA 聚合酶 I 或 Klenow 大片段酶把裂口补齐。如果 poly（dA）与 poly（dT）的长度均在 20bp 以上，由此形成的杂交链非常稳固，不易被热破坏，能耐受后续基因工程的操作过程。在这种情况下，也可不经 DNA 聚合酶的补齐与连接酶的连接，直接将重组分子导入宿主菌，宿主菌的酶系统会自动将其补齐并连接起来。

同聚物加尾法是一种十分有用的 DNA 分子连接法。不但由特定限制酶消化会形成具平末端的 DNA 片段，就连用机械切割法破裂大分子质量的 DNA，也经常会产生出平末端的 DNA 片段。此外，在重组 DNA 技术中占重要位置的、由 RNA 模板制备的 cDNA 同样也具有平末端的结构。这些 DNA 分子的连接，都往往要采用同聚物尾巴连接法。

3）衔接物连接法

如果获得的重组体 DNA 是用 T_4 DNA 连接酶的平末端连接或是用同聚物加尾法构建的，那么就无法被原来的限制酶进行特异性切割，因此也不能获得插入 DNA 片段。而衔接物连接法就可以解决这个问题。

所谓衔接物（linker），是指用化学法合成的一段由 10～12 个核苷酸组成、具有一个或数个限制酶识别位点的平末端的双链寡核苷酸短片段。衔接物的 5' 端和待克隆的 DNA 片段的 5' 端，分别用多核苷酸激酶处理使之磷酸化，然后再通过 T_4 DNA 连接酶的作用使两者连接起来。接着用适当的限制酶消化具衔接物的 DNA 分子和载体分子，这样的结果使二者都产生出彼此互补的黏性末端。于是我们便可以按照常规的黏性末端连接法，将待克隆的 DNA 片段与载体分子连接起来。衔接物连接法的基本过程如图 3-4 所示。

将含有 EcoR I 限制位点的一段化学合成的六聚体衔接物，用 T_4 DNA 连接酶连接到平末端的外源 DNA 片段的两端。经 EcoR I 限制酶消化之后就会产生出黏性末端。这样的 DNA 片段随后便可以插入到由同样限制酶消化过的载体上。

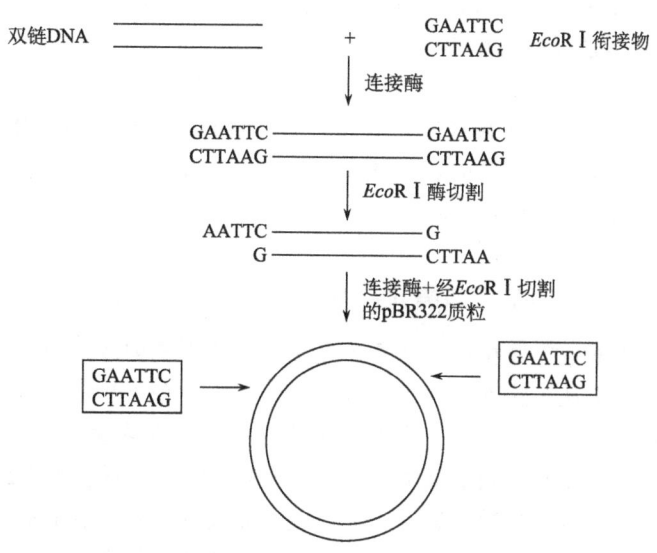

图 3-4　用衔接物连接平末端 DNA 分子（引自袁婺洲，2010）

4）DNA 接头连接法

DNA 衔接物连接法也有一个明显的缺点，那就是如果待克隆的 DNA 片段或基因的内部也含有与所加的衔接物相同的限制位点，在酶切消化衔接物产生黏性末端的同时，克隆基因会被切成不同的片段，从而为后继的亚克隆及其他操作造成麻烦。当然，在遇到这种情况时，可以通过选择合适的衔接物以避免。但当目的 DNA 的长度比较大时，往往难以找到这样的衔接物。克服这一缺陷的最合适的方法就是 DNA 接头连接法。

DNA 接头（adapter）连接法是 1978 年由康乃尔大学吴瑞教授发明的。它是一类由人工合成的一头具有某种限制酶黏性末端，另一头为平末端的特殊的双链寡核苷酸片段。当它的平末端与平末端的外源 DNA 片段连接之后，便会使后者成为具黏性末端的新的 DNA 分子，而易于连接重组（图 3-5）。

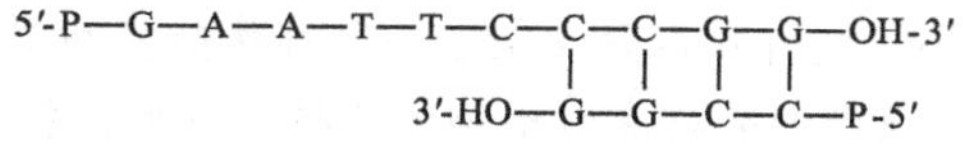

图 3-5　一种典型的 EcoRⅠ接头分子的结构

这种连接法还存在一个问题，那就是处在同一反应体系中的各个 DNA 接头分子的黏性末端之间，会通过互补碱基间的配对作用，形成如同 DNA 衔接物一样的二聚体分子，尤其是在高浓度 DNA 接头的环境中情况更盛。目前克服该缺点的方法就是对 DNA 接头末端的化学结构进行必要的修饰与改造，可避免处在同一反应体系中的各个 DNA 接头分子的黏性末端之间发生彼此间的配对连接。天然的双链 DNA 分子的两端都具有正常的 $5'$-P 和 $3'$-OH 末端结构。修饰后的 DNA 接头分子的平末端，仍与天然双链 DNA 分子一样，具有正常的末端结构，而其黏性末端的 $5'$-P 则被修饰移走，结果被暴露出的 $5'$-OH 所取代。这样，虽然两个接头分子黏性末端之间仍具互补碱基配对的能力，但终因 DNA 连接酶无法在 $5'$-OH 和 $3'$-OH 之间形成磷酸二酯键，而不会产生出稳定的二聚体分子。

3.2.5　影响连接反应的因素

影响连接酶活性的参数主要有 5 个，即能源分子浓度、酶浓度、反应时间、反应温度及作为底物的 DNA 片段的摩尔比等。其中，温度的影响是最显著的。对 DNA 连接酶而言，在连接黏性末端时其最适反应温度是 37℃，但在此温度下，黏性末端处的氢键易遭热破坏，降低黏性末端结合的速率。因此，连接黏性末端的最佳温度应介于酶作用速率和末端结合速率之间，一般认为是 4~15℃ 比较合适。此外，连接酶的浓度也会对连接效果产生影响。例如，T_4DNA 连接酶在连接平末端时，酶用量为 1~2 单位连接效率最高；而在连接黏性末端时，酶用量为 0.1 单位时便能得到最佳的连接效率。

连接酶介导的生物分子检测技术

连接酶可以催化寡核苷酸模板上两条单链在缺口处形成磷酸二酯键。这种在缺口处需要单核苷酸互补的化学反应特性催生了连接酶介导的生物分子检测技术。在过去 20 年中，该技术已成功应用于对已知或未知点突变、小片段核酸插入或缺失、DNA 甲基化、大规模单核苷酸多态性（SNP）分析、蛋白质-蛋白质相互作用、蛋白质-DNA 相互作用的检测以及分析。同时，连接反应通过整合进入其他生物技术，在生物分子检测中取得了更大的进展。这些新的方法经过多重杂交和酶学反应后，仍能保持很高的检测准确性，并为整个检测反应提供了内在的质量控制。连接酶的发现使核酸片段的体外拼接变得十分容易，因此成为基因工程中基本工具酶之一，并获得广泛应用。

近年来，基于连接酶的检测技术获得长足发展，其应用范围也不断拓展。该技术的发展对应着基因组学、表观遗传学以及蛋白质组学的发展。对于物种基因组不断积累的认识可以划分为两个范畴：一是单个个体的全长基因组信息；二是不同个体基因组之间的差异信息。在基因组学发展的早期，对于这些差异的认识多数来源于限制性片段长度多态性（restriction fragment length polymorphism，RFLP）分析。然而，越来越多的数据和现象表明，这种分辨率（resolution）对于认识基因组以及之间的差异是远远不够的。因此 SNP 被引入作为表型差异以及疾病发生的遗传分子标记，而这种在单个核苷酸层面上进行识别的分辨率对生物检测技术的发展提出了更高的要求。近来，邻近连接技术的发展将连接酶技术扩展到了蛋白质相互作用检测甚至整个生物分子检测领域。

3.3 DNA 聚合酶和反转录酶

常用的 DNA 聚合酶有大肠杆菌 DNA 聚合酶Ⅰ、大肠杆菌 DNA 聚合酶Ⅱ、Klenow 大片段酶、T_4DNA 聚合酶、T_7DNA 聚合酶、修饰的 T_7DNA 聚合酶及反转录酶等。这些 DNA 聚合酶的共同特性是它们都能够把脱氧核糖核苷酸连续地加到双链 DNA 分子引物链的 3'-OH 末端，催化核苷酸的聚合作用，而不发生从引物模板上解离的情况，但其聚合能力差异较大。大肠杆菌 DNA 聚合酶Ⅰ、Klenow 大片段酶、T_4DNA 聚合酶的聚合能力较低，只能聚合不到 10 个核苷酸，就会从引物链上脱落下来。T_7DNA 聚合酶的聚合能力则较强，能聚合数百个核苷酸。其中的部分 DNA 聚合酶还具有 5'→3' 或 3'→5' 外切核酸酶活性。这些外切核酸酶活性主要用于对 DNA 聚合进行校对，对保持物种遗传的稳定性非常重要。各种常用的 DNA 聚合酶的特性见表 3-5。

表 3-5 常用 DNA 聚合酶的特性比较

DNA 聚合酶	$3'→5'$外切核酸酶活性	$5'→3'$外切核酸酶活性	聚合速率	持续能力
大肠杆菌 DNA 聚合酶 I	低	有	中	低
Klenow 大片段	低	无	中	低
T_4 DNA 聚合酶	高	无	中	低
T_7 DNA 聚合酶	高	无	快	高
化学修饰 T_7 DNA 聚合酶	低	无	快	高
遗传修饰 T_7 DNA 聚合酶	无	无	快	高
反转录酶	无	无	低	中
Taq DNA 聚合酶	无	有	快	高

3.3.1 大肠杆菌 DNA 聚合酶 I 及其应用

大肠杆菌中共含有 3 种 DNA 聚合酶，即 DNA 聚合酶 I、II、III，分别简称为 Pol I、Pol II 和 Pol III。Pol I 与 Pol III 主要参与 DNA 的修复，Pol II 主要参与 DNA 的复制。其中，Pol I 是基因工程操作中常用的工具酶。

3.3.1.1 大肠杆菌 DNA 聚合酶 I 的活性

大肠杆菌 DNA 聚合酶 I 是 109kDa 的单链多肽，具有 3 种酶活性。

(1) $5'→3'$聚合酶活性，能以 DNA 为模板，依照碱基配对原则把核苷酸残基添加到 $3'$-OH 上。

$$5'pGpCpGOH3' \atop 3'CpGpCpApGpTpCpAp5' \xrightarrow[\text{dNTP Mg}^{2+}]{E.\,coli\,\text{Pol I}} {5'GCGTCAGTOH3' \atop 3'CGCAGTCAp5'}$$

(2) $5'$核酸外切活性，从双链 DNA $5'$端切除核苷酸。

$$5'CTCGACT3' \atop 3'GAGCTGA5' \xrightarrow[\text{Mg}^{2+}]{E.\,coli\,\text{Pol I}} {5'GACT3' \atop 3'GAGCTGA5'+pC+pT+pC}$$

(3) $3'$核酸外切酶活性，从 DNA 的 $3'$-OH 端切除末端核苷酸。

$$5'pGpCpGpApTpGpCOH3' \atop 3'CpGpCpTpApCpGp5' \xrightarrow[\text{Mg}^{2+}]{E.\,coli\,\text{Pol I}} {5'pGpCpGpAOH3' \atop 3'CpGpCpTpApCpGp5' \atop +5'pC+5'pG+5'pT}$$

3.3.1.2 大肠杆菌 DNA 聚合酶 I 的应用

1) 切口平移法标记 DNA

首先用 DNase I 作用于 DNA 产生链内缺口，再用 *E. coli* Pol I 酶的 $5'→3'$聚合酶活性和 $5'→3'$核酸外切酶活性联合作用，使切口沿 DNA 链从 $5'$端向 $3'$端移动。如果 dNTP 中有某一种如 dCTP 带有放射性 ^{32}P，就能使生成的双链带有放射性标记（图 3-6）。$5'$-α-^{32}P dNTP 能使线性的、超螺旋的切口或缺口的环状双链 DNA 标记成放射比活性 $\geqslant 10^8$ cpm/mg，由于切口是在双链中随机产生的，标记产物为一组放射性的部分重叠的 DNA 片段。

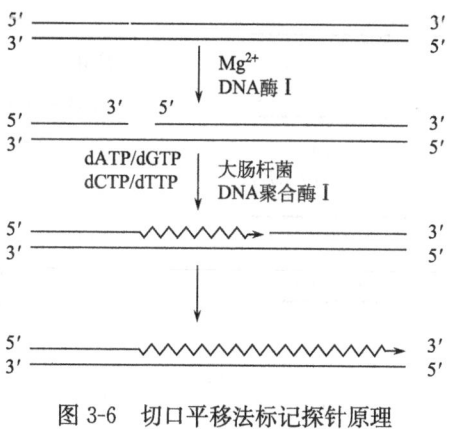

图 3-6 切口平移法标记探针原理
(引自 Sambrook et al., 2002)

在 dNTP 饱和浓度下，标记片段的长度取决于 DNase 的浓度。固相 DNA 或 RNA 杂交时，500~1500bp 的片段能产生最适的信噪比，杂交图谱背景较深与较长的探针有关。

当用已知的对照 DNA 进行切口移位标记，在排除了酶活性和放射性问题的时候，切口平移的失败几乎总是 DNA 质量的问题。对样品 DNA 进行纯化处理就可以解决这一问题。

2）合成 cDNA 第二链

由于未知的原因，cDNA 第一链 3′端能形成发夹结构，于是大肠杆菌 DNA 聚合酶Ⅰ发挥其 5′→3′聚合酶活性，以 cDNA 第一链为模板合成 cDNA 第二链。但现在已让位于反转录酶和 Klenow 片段，因为后二者不含 5′→3′外切核酸酶活性。大肠杆菌 DNA 聚合酶Ⅰ的 5′→3′外切核酸活性可以降解寡核苷酸，而后者常作为合成 cDNA 第二链的引物（图 3-7）。

3）用于对 DNA 分子 3′突出尾进行末端标记

此反应包括两步，首先利用 3′→5′核酸外切酶活性去除 DNA 的 3′突出尾而产生 3′凹端，然后在高浓度的放射性标记的核苷酸前体存在下，外切降解反应与 dNTP 掺入 3′端的反应达到平衡。上述反应包括从凹端或平端 DNA 上周而复始地去除并置换 3′端核苷酸。因此有时此反应又称为交换反应或置换反应（图 3-8）。

如果计划用这类反应进行末端标记，T₄ 噬菌体 DNA 聚合酶是首选的酶，因为尽管大肠杆菌 DNA 聚合酶Ⅰ也可以进行这一反应，但前者具有更强的 3′→5′核酸外切酶活性。

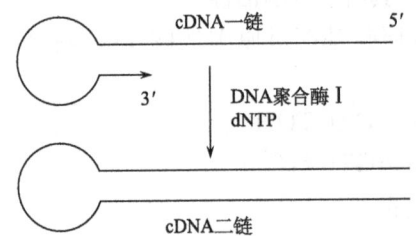

图 3-7 利用 DNA 聚合酶Ⅰ合成 cDNA 第二条链（引自 Sambrook and Russell, 2002）

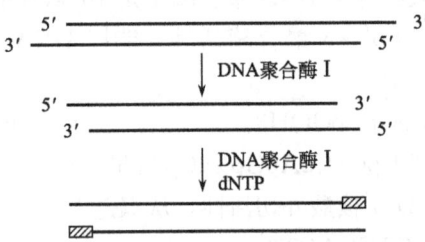

图 3-8 利用 DNA 聚合酶Ⅰ标记 DNA 分子 3′突出端（引自 Sambrook and Russell, 2002）

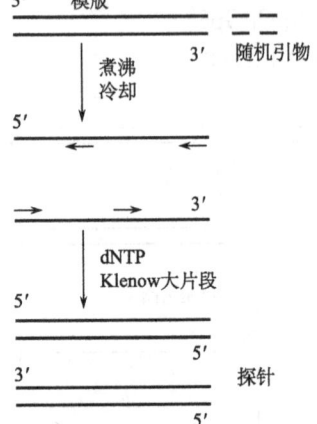

图 3-9 随机引物标记核苷酸探针（引自常重杰, 2003）

3.3.2 E. coli DNA 聚合酶Ⅰ的 Klenow 大片段酶及其应用

大肠杆菌 DNA 聚合酶Ⅰ的 Klenow 片段（E. coli DNA PolⅠ Klenow fragment），又叫做 Klenow 聚合酶或 Klenow 大片段酶。它是由 DNA 聚合酶Ⅰ经枯草杆菌蛋白酶切割后产生的分子质量为 $76×10^3$Da 的大片段酶。该酶保留了聚合酶活性与 3′→5′核酸外切酶活性，而失去了 5′→3′核酸外切酶活性。

Klenow 大片段酶的主要用途有：①修补经限制酶消化 DNA 后所产生的 3′凹陷末端；②标记 DNA 分子 3′端；③在 cDNA 克隆中，用于 cDNA 第二链合成；④用于 Sanger 双脱氧末端终止法进行 DNA 序列测定；⑤在单链末端上延伸寡核苷酸引物，合成杂交探针和进行体外突变；⑥随机引物标记核苷酸探针，随机引物是随机组合的 6 核苷酸混合物，一般来自于随机剪切的小牛胸腺或鲑精 DNA。其中总有一些可以与欲标记的 DNA 互补的片段。经变性退火，有些部位即形成 6 核苷酸-模板 DNA 双链，Klenow 发挥其 $5'\rightarrow 3'$ 聚合酶活性进行引物延伸，当然所用 dNTP 至少有一种应为已标记，反应产物即为带标记的核酸探针（图 3-9）。

用 Klenow 大片段酶进行 DNA 片段末端标记只能标记 $3'$ 凹陷末端，对 $3'$ 突出末端则无效。对 $3'$ 突出末端的标记要用 T_4 DNA 聚合酶。

3.3.3 T_4 噬菌体 DNA 聚合酶

T_4 噬菌体 DNA 聚合酶是从 T4 噬菌体感染的大肠杆菌培养物中纯化出来的一种 DNA 聚合酶。它具有两种催化活性，即 $5'\rightarrow 3'$ 的聚合酶活性和 $3'\rightarrow 5'$ 核酸外切酶活性，缺少 $5'\rightarrow 3'$ 外切酶活性。但其 $3'\rightarrow 5'$ 核酸外切酶活性比 Klenow 片段要高 200 倍。T_4 DNA 聚合酶的 $3'\rightarrow 5'$ 外切酶活性，既可以降解双链 DNA，也可以降解单链 DNA，而且降解单链的速率比降解双链快很多。利用 $3'\rightarrow 5'$ 核酸外切酶活性，T_4 DNA 聚合酶不仅可以对凹陷的 $3'$ 端进行标记，还可对平末端进行标记。在没有脱氧核苷三磷酸存在的条件下，T_4 DNA 聚合酶只能发挥外切酶活性。此时它作用于平末端 DNA，按 $3'\rightarrow 5'$ 方向从 $3'$-OH 末端开始降解 DNA。如果反应混合物中存在某种 dNTP，那么降解作用进行到暴露出与该 dNTP 互补的核苷酸时就停止。根据该特性，可以对 T_4 DNA 聚合酶的降解长度进行控制，从而产生出具有一定长度的 $3'$ 凹陷末端。再在反应体系中加入脱氧核苷三磷酸（α-^{32}P-dNTP），则可进行如 Klenow 大片段酶一样的标记反应。T_4 DNA 聚合酶对平末端 DNA 进行标记时，先删除原有的核苷酸，再在原来的位置重新合成，因此特称为取代合成。T_4 DNA 聚合酶催化的取代合成法制备的高比活性的 DNA 杂交探针，比用缺口转移法制备的探针具有两个明显的优点：第一，不会出现人为的发夹结构（用缺口转移法制备的 DNA 探针则会出现这种结构）；第二，应用适宜的限制酶切割，它们便可很容易地转变成特定序列的探针（图 3-10）。

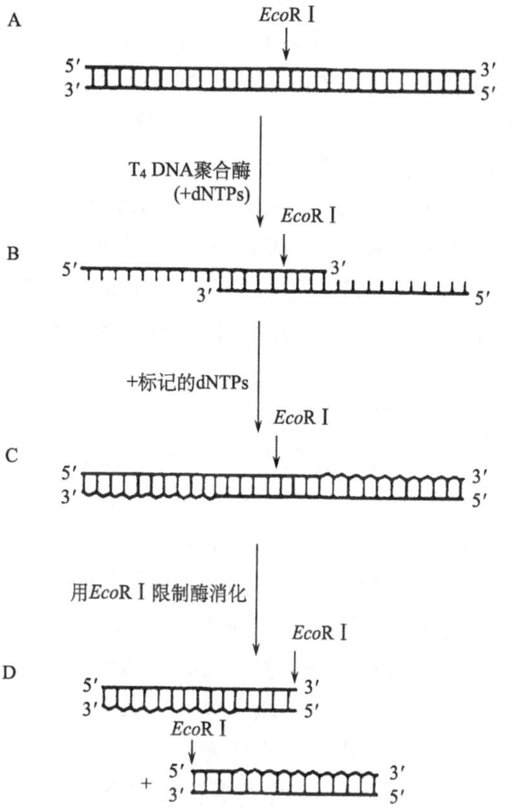

图 3-10 用 T_4 DNA 聚合酶的取代合成法标记 DNA 片段末端及制备链特异的探针（引自吴乃虎，2002）
A. 具有 EcoR I 限制位点的双链线性 DNA 分子；B. 在 T_4 DNA 聚合酶 $3'\rightarrow 5'$ 核酸外切酶活性作用下 DNA 分子的 $3'$ 端出现有控制的降解作用；C. 加入 ^{32}P 标记的核苷酸后，在 T_4 DNA 聚合酶的 $5'\rightarrow 3'$ 方向的聚合活性作用下进行取代合成，结果在双链 DNA 的被降解的一条链上产生了选择性的标记；D. 用 EcoR I 消化使两个标记末端分开

3.3.4 T_7 噬菌体 DNA 聚合酶与测序酶

T_7 噬菌体 DNA 聚合酶是从感染了 T_7 噬菌体的大肠杆菌寄主细胞中纯化出来的 DNA

聚合酶，是两种紧密结合的蛋白质的复合体。这两种蛋白质一种是 T_7 噬菌体基因 5 蛋白，另一种是宿主蛋白的硫氧还原蛋白。该酶是所有已知 DNA 聚合酶中持续合成能力最强的一个。它具有很强的 DNA 聚合酶活性和 $3'\rightarrow 5'$ 外切核酸酶活性，但它没有 $5'\rightarrow 3'$ 外切酶核酸酶活性。

T_7 噬菌体 DNA 的主要用途：①用于拷贝大分子质量的 DNA 模板的引物延伸反应；②通过补平或交换（置换）反应进行快速末端标记；③将 $3'$ 或 $5'$ 的突出末端变成平端。

T_7 噬菌体聚合酶中基因 5 蛋白中一个结构区，与大肠杆菌 DNA 聚合酶 I 的 DNA 结合处及聚合结构区高度同源。这一结合及聚合结构区包含了该蛋白质近羟基端的序列，而其氨基端则具有强有力的 $3'\rightarrow 5'$ 外切核酸酶活性。用氧作还原剂把该酶分子与氧及二价铁离子处理使之完全丧失 $3'\rightarrow 5'$ 外切核酸酶活性而保留其聚合酶活性。改造后的酶持续合成能力很强，是双脱氧链终止法对长段 DNA 进行测序的理想用酶。后来由 United States Biochemical 公司以测序酶（sequenase）作为商品名投放市场，现在已通过基因工程手段生产出一种改进的测序酶（2.0版），它完全丧失了外切核酸酶活性，其主要用途：①作为一种 DNA 序列分析的工具酶。②制备探针：可催化较低水平的 dNTP（$<0.1\mu mol/L$）掺入。有效地填补和标记具有 $5'$-突出末端的 DNA 片段的 $3'$ 端。

3.3.5 反转录酶

反转录酶是依赖于 RNA 的 DNA 聚合酶。迄今为止，已从多种 RNA 肿瘤病毒中分离得到这种酶。目前有两种反转录酶已经商品化——一种来自禽类成髓细胞瘤病毒（AMV）；另一种来自 Moloney 鼠白血病病毒（Mo-MLV）。普遍应用的是 AMV 反转录酶，它由 α 和 β 两条多肽链组成，α 链具有反转录酶及较强的 RNaseH 活性，其中 RNaseH 活性是一种核酸内切酶，它能特异地降解 RNA-DNA 杂交分子中的 RNA 链；β 链具有以 RNA-DNA 杂交分子为底物的 $5'\rightarrow 3'$ 脱氧核酸外切酶活性，而无 $3'\rightarrow 5'$ 核酸外切酶活性功能。它的 $5'\rightarrow 3'$ 聚合酶活性取决于有一段引物和一条模板分子的存在。

反转录酶在分子克隆操作中主要用于以下方面。

(1) 以 mRNA 为模板合成 cDNA，这是反转录酶的最主要的用途，还可以用于以单链 DNA 或 RNA 为模板合成核酸探针。

(2) 利用其 $5'\rightarrow 3'$ 外切酶活性，标记带 $5'$ 突出末端的 DNA 片段。

(3) 当其他酶用于双脱氧链终止法测序效果不理想时，则可试用反转录酶。在使用反转录酶时应考虑以下几点。

a. 由于没有 $3'\rightarrow 5'$ 核酸外切酶活性，故其没有校正功能，与 Taq DNA 聚合酶一样具有错误掺入率。在高浓度 dNTP 和锰盐存在时，合成的 500 个碱基中就有一个碱基错配。

b. 必要时应在反应体系中加入高浓度 dNTP。因为该酶对 dNTP 的 K_m 值较高，加入高浓度 dNTP 可以防止 DNA 的合成提前终止。

c. 为了提高合成单链 DNA 模板的效率，最好用外加的寡核苷酸为引物，避免因自身产物为引物而造成的合成效率低下。必要时可在反应体系中加入终浓度为 $50\mu g/ml$ 的放线菌素 D，以抑制自身引物及外加引物合成第二条链的反应。

3.4 修饰酶类

为了便于 DNA 片段的连接,往往采用不同的酶对 DNA 片段末端进行修饰,这种酶就是 DNA 片段末端修饰酶。

3.4.1 末端脱氧核苷酸转移酶

末端脱氧核苷酸转移酶是从小牛胸腺中纯化的一种碱性酶。该酶最大的特性是在不需要模板的前提下,催化 5′脱氧核苷三磷酸进行 5′→3′方向的聚合作用,逐个地将脱氧核苷酸分子加到线性 DNA 分子的 3′-OH 末端。该酶的主要用途是同聚物加尾。该酶的催化活性是非特异性的,即对 4 种 dNTP 中的任何一种都有效,因此,当反应体系中只有一种 dNTP 存在时,就可以形成仅由一种核苷酸组成的 3′尾巴,也称同聚物尾巴。如果加入的 dNTP 是经过标记的,则可在 3′端形成标记的同聚物尾巴。

用途:①给载体或 cDNA 加上互补的同聚尾;②用于 DNA 片段 3′端的放射性同位素标记。

3.4.2 T$_4$ 多核苷酸激酶

T$_4$ 多核苷酸激酶来源于 T$_4$ 噬菌体感染的大肠杆菌培养物,是由 T$_4$ 噬菌体的 *pseT* 基因编码的一种蛋白质。其基本功能是催化 ATP 分子中的磷酸转移给 DNA 或 RNA 分子的 5′-OH 端。鉴于这种功能,当使用 ^{32}P 标记的 ATP 作前体物时,多核苷酸激酶便可以使底物核酸分子的 5′端标记上 ^{32}P(图 3-11)。这种标记又叫做正向反应(forward reaction),是一种十分有效的过程,它常用来标记核酸分子的 5′端,或是使寡核苷酸磷酸化。

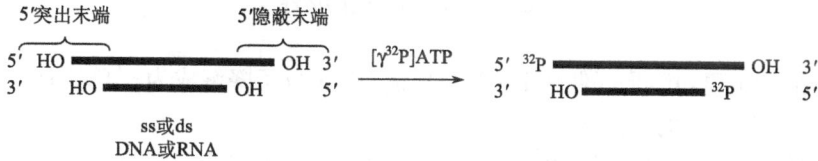

图 3-11 T$_4$ 多核苷酸激酶的活性与 DNA 分子 5′端的标记(引自何水林,2008)

用途:①DNA 或 RNA 的末端标记,用作寡核苷酸探针和进行 DNA 测序。②寡核苷酸 5′端的磷酸化,以便进行连接反应。③除去 3′磷酸基团。

3.4.3 碱性磷酸酶

碱性磷酸酶有两种来源,其一是来源于大肠杆菌,叫做细胞碱性磷酸酶(BMP);其二是来源于小牛肠,叫做小牛肠碱性磷酸酶(CIP)。该酶的主要功能是催化核酸分子脱掉 5′磷酸基团,从而使 DNA 或 RNA 片段的 5′-P 末端转换成 5′-OH 末端,这叫做核酸分子脱磷酸作用(图 3-12)。脱磷酸形成的 5′-OH 又可用 T$_4$ 多核苷酸激酶进行标记。

用途:①DNA 分子片段 5′端的去磷酸化,防止自身连接。②在 5′端标记之前,去除 DNA 或 RNA 分子的 5′端磷酸基团。

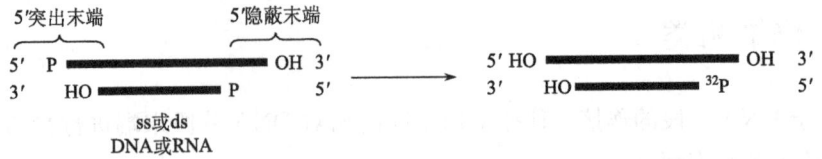

图 3-12 碱性磷酸酶的活性（引自何水林，2008）

3.5 其他工具酶

3.5.1 S1 核酸酶

S1 核酸酶是从稻谷曲霉（*Aspergillus oryzae*）中纯化来的，是一种高度单链特异的核酸内切酶，在最适的酶催反应条件下，降解单链 DNA 的速率要比双链 DNA 快 75 000 倍（图 3-13）。这种酶的活性表现需要低水平的 Zn^{2+} 的存在，最适 pH 范围为 4.0~4.3。

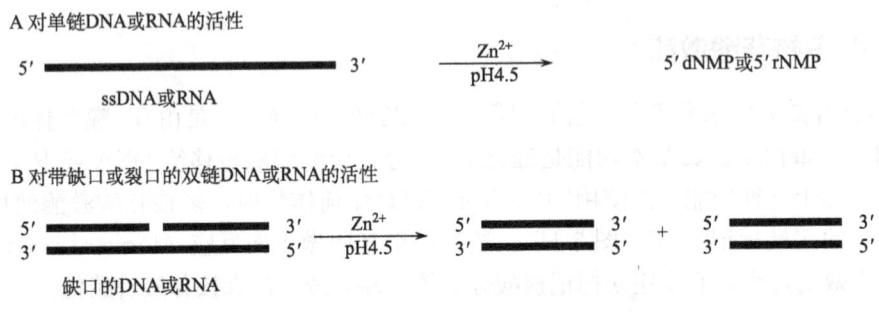

图 3-13 S1 核酸酶的活性

S1 核酸酶的主要功能是，催化 RNA 和单链 DNA 分子降解成为 $5'$ 单核苷酸。同时它也能作用于双链核酸分子的单链区，并从此处切断核酸分子。

S1 核酸酶在分子生物学研究中的一个最主要的功能是给 RNA 分子定位。例如，一个 RNA 分子（或剪辑的 RNA 的一个表达子区段）是由其 DNA 模板中的 400~1400 的核苷酸序列编码的。如果这条 RNA 分子同包括核苷酸 400~1400 的 DNA 编码链（图 3-14 的片段 A）杂交，然后再用 S1 核酸酶处理，那么 RNA-DNA 杂种分子中的单链尾巴便会被降解掉，形成一条长度为 1000bp 的平末端的 RNA-DNA 杂种双链分子。可以通过不同方法测定抗 S1 核酸酶的 DNA 片段的长度。真核 mRNA 分子具有 $5'$ 帽子结构和 $3'$ poly（A）末端，当这些结构同 DNA 分子碱基配对时，S1 核酸酶是无法将它们移走的。

如果 RNA 分子是同限制片段 B 的编码链杂交，那么用 S1 核酸酶处理，移去杂种分子中的单链 RNA 和 DNA 尾巴后，所形成的抗 S1 核酸酶的 RNA-DNA 杂种分子的长度为 200bp。RNA 分子同限制片段 C 的编码链杂交，经 S1 核酸酶消化之后产生的抗 S1 核酸酶的 RNA-DNA 平末端双链杂种分子的长度是 800bp。这些结果无疑表明，这个 RNA 分子是定位在距限制位点 *Endo* R Ⅹ 左边 200bp 和右边 800bp 之间的 DNA 序列区内（图 3-14）。

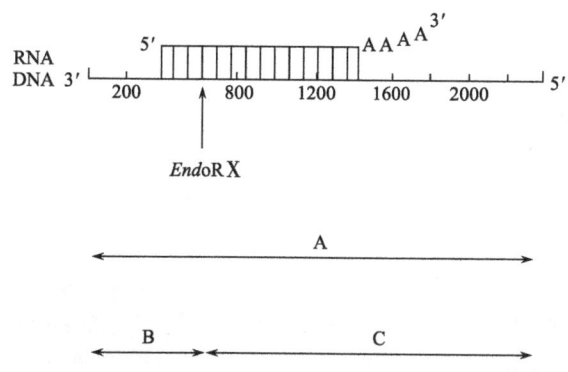

图 3-14 同模板 DNA 有共同线形关系的 RNA 分子的定位

3.5.2 Bal31 核酸酶

Bal31 核酸酶来源于埃氏互生单胞菌（*Alteromonas espejiana*）Bal31 培养物，BAL31 的主要活性为 3′外切核酸酶活性。它可以从线性 DNA 两条链的 3′端去除单核苷酸。BAL31 还是一个内切核酸酶，因此利用其 3′外切酶活性连续去除 3′端单核苷酸后形成的单链 DNA，可被 BAL31 的内切酶活性所降解。

当底物是双链环形的 DNA 时，Bal31 的单链特异的核酸内切酶活性，通过对单链缺口或瞬时单链区（transient single stranded region）的降解作用，将超盘旋的 DNA 切割成开环结构，进而成为线性双链 DNA 分子。而当底物是线性双链 DNA 分子时，Bal31 的双链特异的核酸外切酶活性，又会成功地从 3′和 5′两末端移去核苷酸，并且能够有效地控制此种 DNA 片段逐渐缩短的速度（图 3-15）。

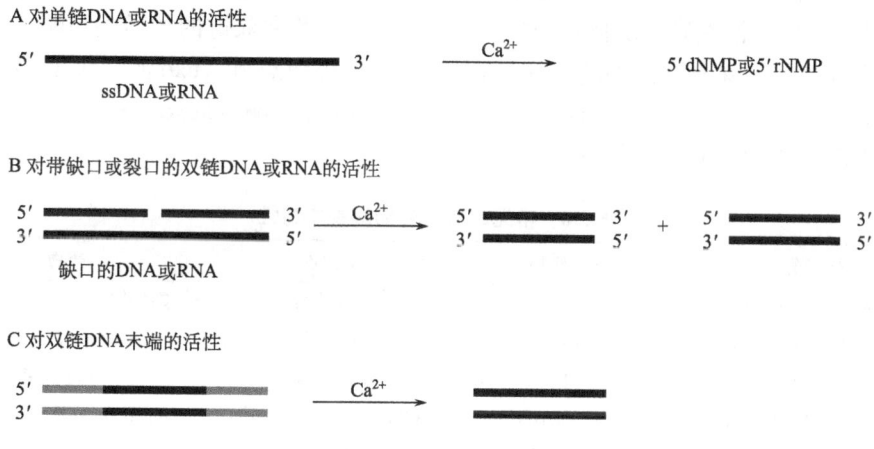

图 3-15 Bal31 核酸酶的活性

其主要用途包括：①诱发 DNA 发生缺失突变（图 3-16）；②定位测定 DNA 片段中限制位点的分布；③研究超盘旋 DNA 分子的二级结构，并改变因诱变剂处理所出现的双链 DNA 的螺旋结构，如 B-DNA 和 Z-DNA 间的结合部位或双链 DNA 中共价与非共价修饰的位点。④在制备重组 RNA 时，从双链 RNA 上去除核苷酸。⑤通过可控方式去除双链 DNA

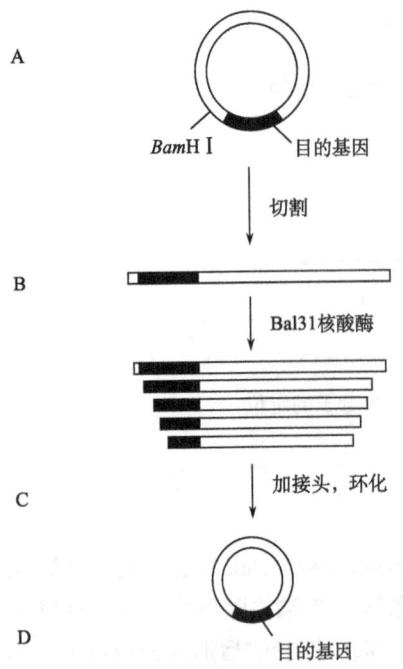

图 3-16 应用 Bal31 核酸酶诱发 DNA 分子发生缺失突变
A. 质粒 DNA 分子，目的基因区段是准备诱发缺失突变的序列，经过限制酶 *Bam*H I 切割形成线性的 DNA 分子；B. 用 Bal31 核酸酶按不同的时间长度消化线性质粒 DNA 分子，得到一组具有不同缺失程度的分子群体；C. 将带有另一种限制酶识别序列的接头，加到这些缺失分子上使之重新环化起来；D. 新形成的具有目的基因缺失的质粒分子

的末端核苷酸。缩短后的分子具有多种用途，如产生缺失、对启动子或其他调控序列附近进行定位，或将合成接头插入 DNA 上的某一目标位点。⑥DNA 的限制酶切作图。

3.5.3 核酸外切酶

核酸外切酶（exonuclease）是一类能从多核苷酸链的一端开始按顺序催化水解 3，5-磷酸二酯键，降解核苷酸的酶。其水解的最终产物是单个的核苷酸（DNA 为 dNTP，RNA 为 NTP）。按作用的特性差异可以将其分为单链的核酸外切酶和双链的核酸外切酶。单链的核酸外切酶包括大肠杆菌核酸外切酶Ⅰ（exoⅠ）和核酸外切酶Ⅶ（exoⅦ）。双链的核酸外切酶包括大肠杆菌核酸外切酶Ⅲ（exoⅢ）、λ 噬菌体核酸外切酶（λexo）和 T_7 噬菌体基因 6 核酸外切酶等。常见的核酸外切酶见表 3-6。

表 3-6 常见的核酸外切酶基本特性

核酸酶	底物	切割位点	产物
大肠杆菌核酸外切酶Ⅰ（exoⅠ）	ssDNA	5′-OH 末端	5′-单核苷酸，加末端二核苷酸
大肠杆菌核酸外切酶Ⅲ（exoⅢ）	dsDNA	3′-OH 末端	5′-单核苷酸
大肠杆菌核酸外切酶Ⅴ（exoⅤ）	DNA	3′-OH 末端	5′-单核苷酸
大肠杆菌核酸外切酶Ⅶ（exoⅦ）	ssDNA	3′-OH 末端，5′-P 末端	2～12bp 的寡核苷酸短片段
λ 噬菌体核酸外切酶（λexo）	dsDNA	5′-P 末端	5′-单核苷酸
T_7 噬菌体基因 6 核酸外切酶	dsDNA	5′-P 末端	5′-单核苷酸

1）核酸外切酶Ⅶ（exoⅦ）

大肠杆菌核酸外切酶Ⅶ包括两个亚基组成单位，它们分别为 *xseA* 和 *xseB* 基因的编码产物。它能从 5′端或 3′端降解 DNA 分子，产生出寡核苷酸短片段。而且是唯一不需要 Mg^{2+} 的活性酶，是一种耐受性很强的核酸酶。

核酸外切酶Ⅶ（exoⅦ）可以用来测定基因组 DNA 中一些特殊的间隔序列和编码序列的位置，以及回收按 dA-dT 加尾法插入到质粒载体上的 cDNA 片段。它只切割末端有单链突出的 DNA 分子。

2）核酸外切酶Ⅲ（exoⅢ）

核酸外切酶Ⅲ，系由大肠杆菌 xthA 基因编码的单体蛋白质，大肠杆菌核酸外切酶Ⅲ（exoⅢ）具有多种催化功能，可以降解双链 DNA 分子中的许多类型的磷酸二酯键。其中主要的催化活性是催化双链 DNA 按 $3'\rightarrow 5'$ 的方向从 $3'$-OH 末端释放 $5'$-单核苷酸，使双链 DNA 分子产生出单链区。经过这种修饰的 DNA 再配合使用 Klenow 酶，同时加入带放射性同位素的核苷酸，便可以制备特异性的放射性探针。

3）λ噬菌体核酸外切酶（λexo）

λ噬菌体核酸外切酶最初是从感染了 λ噬菌体的大肠杆菌细胞中纯化出来的。这种酶催化双链 DNA 分子自 $5'$-P 末端进行逐步的加工和水解，释放出 $5'$ 单核苷酸，但它不能降解 $3'$-OH 末端。

用途：①将双链 DNA 转变成单链的 DNA，供按双脱氧法进行 DNA 序列分析使用；②从双链 DNA 中移去 $5'$ 突出末端，以便用末端转移酶进行加尾。

3.5.4 RNA 酶

核糖核酸酶（RNase）也称 RNA 酶，是一种可将 RNA 水解成小分子的核酸酶（nuclease）。可粗分为内切核糖核酸酶（endoribonuclease）与外切核糖核酸酶（exoribonuclease），这些酶分别归属于 EC 2.7（磷酸化酶）与 EC 3.1（水解酶）中的多个次分类。

1）核糖核酸酶 A

核糖核酸酶 A（RNase A）是一种被详细研究和具有广泛应用的核酸内切酶。RNase A 对核糖核酸有水解作用，但对脱氧核糖核酸则不起作用。它可以特异地攻击 RNA 上嘧啶残基的 $3'$ 端，切割嘧啶与相邻核苷酸形成的磷酸二酯键。反应终产物是嘧啶 $3'$ 磷酸及末端带嘧啶 $3'$ 磷酸的寡核苷酸。无辅助因子及二价阳离子存在时，核糖核酸酶 A 的作用可被胎盘 RNA 酶抑制剂或氧钒-核糖核苷复合物所抑制。

在基因克隆中，RNase A 主要用于：①从 DNA-RNA 或 RNA-RNA 杂合体中去除未杂合的 RNA 区。②可以用来去除 DNA 制品中的污染 RNA。③确定 DNA 或 RNA 中单碱基突变的位置。在此方法中，RNA-DNA 或 RNA-RNA 杂合体上的单碱基错配可被 RNase A 识别并切割。通过凝胶电泳分析切割产物的大小即可确定错配的位置。在所有各种可能的单碱基错配中，大约 50% 可用此法确定。④在核糖核酸酶保护分析中，与 RNaseT1 联合使用，对 RNA 进行定量分析和作图。

2）核糖核酸酶 T1

核糖核酸酶 T1（RNase T1）一种核糖核酸内切酶，它特异地攻击鸟苷酸 $3'$ 侧的磷酸基团并切割与其相邻的核苷酸的 $5'$-磷脂键，终产物为含 $3'$-磷酸鸟苷末端的寡核苷酸或 $3'$-磷酸鸟苷。在分子克隆中主要用于去除 DNA-RNA 杂交体中未杂交的 RNA 区。

3）核糖核酸酶 H

核糖核酸酶 H（RNase H）是从小牛胸腺中发现而被分离的一种酶，该酶现已知广泛存在于哺乳动物细胞、酵母、原核生物及病毒颗粒中。它是一种核糖核酸内切酶，它能够特异性地水解杂交到 DNA 链上的 RNA 磷酸二酯键，故能催化 DNA-RNA 杂合体的 RNA 部分的核内降解,产生不同链长的带 3′羟基和 5′磷酸末端的寡核糖核酸。但不能水解单链或双链 DNA 和 RNA 分子中的磷酸二酯键。

思考题

1. 名词解释:限制性内切核酸酶、黏性末端、平末端、同裂酶、同尾酶、DNA 连接酶、DNA 聚合酶、反转录酶、碱性磷酸酶。
2. Ⅱ型核酸限制性内切核酸酶的基本特性是什么?
3. 使用核酸内切酶应注意哪些问题?
4. 如何把不同的 DNA 分子末端进行连接?
5. 为什么说反转录酶是一种特殊的 DNA 聚合酶,其主要用途是什么?
6. 末端脱氧核苷酸转移酶的功能?
7. 举例说明大肠杆菌 DNA 聚合酶Ⅰ在基因工程中的应用。
8. 碱性磷酸酶和末端脱氧核苷酸转移酶有什么作用?
9. 举例说明在基因工程中修饰性工具酶有什么作用?

参考文献

常重杰,杜启艳. 2003. 基因工程原理与应用. 北京:中国环境科学出版社
陈宏. 2004. 基因工程原理与应用. 北京:中国农业出版社
何水林. 2008. 基因工程. 北京:科学出版社
楼士林,杨昌盛,龙敏南等. 2002. 基因工程. 北京:科学出版社
吴乃虎. 2006. 基因工程原理. 2 版. 北京:科学出版社
徐晋麟,陈淳,徐沁. 2007. 基因工程原理. 北京:科学出版社
袁婺洲. 2010. 基因工程. 北京:化学工业出版社
张惠展. 1999. 基因工程概论. 上海:华东理工大学出版社
Richard J R. 2003. Analysis of Genes and Genomes. Chichester:John Wiley & Sons, Ltd
Sambrook J, Russell D W. 2002. 分子克隆实验指南. 3 版. 中译版. 黄培堂,王恒樑,周晓巍等译. 北京:科学出版社

第4章 基因工程的克隆载体

克隆载体是一种能够携带外源 DNA 片段或基因进入受体细胞，并使其在受体细胞得以维持或表达的 DNA 分子。作为克隆载体必须具备以下基本条件：容易进入宿主细胞，而且进入效率越高越好；能在宿主细胞中自主复制；具有多个限制性内切核酸酶的单切位点；自身分子质量较小，拷贝数高；必须带有选择标记基因。常用的克隆载体包括质粒载体、噬菌体载体、柯斯质粒载体、噬菌粒载体、动植物病毒载体及人工染色体载体等。

质粒载体是以细菌质粒 DNA 分子为基础构建的克隆载体。克隆能力一般不超过 10 kb。利用噬菌体自身的特性，构建了不同类型的噬菌体载体。最常用的噬菌体载体是 λ 噬菌体载体和 M13 噬菌体载体。λ 噬菌体头部外壳蛋白容纳 DNA 的能力是有一定限度的，其克隆外源 DNA 的理论极限值是 23kb。M13 噬菌体为单链 DNA 噬菌体，但其复制是以双链环形 DNA（RF DNA）为中间媒介的，可以如同质粒 DNA 一样，在体外进行纯化和操作，有效转染受体细胞，无包装限制，这也是 M13 克隆载体具有较大克隆能力的原因所在。M13 克隆载体主要用于单链外源 DNA 的克隆和分离。

柯斯质粒载体是人工构建的一类含有 λDNA 的 cos 序列和质粒复制子的特殊类型的质粒载体。克隆能力为 31~45kb，被广泛应用于基因组文库构建。噬菌粒载体是针对 M13 噬菌体载体的局限性发展的一类由质粒载体和单链噬菌体载体结合而成的新型的载体系列，在基因工程及分子生物学研究中用途广泛。

人工染色体载体具有超大的接受外源 DNA 片段的能力，可达数百 kb。人工染色体经历了从最初的酵母人工染色体（YAC）发展到细菌人工染色体（BAC）、P1 人工染色体。目前人们正在努力开发人类人工染色体（HAC）和植物人工染色体（PAC）。

基因工程的本质是使目的基因在特定的条件下得到扩增和表达，而目的基因本身无法进行复制和表达，不易进入受体细胞，不能稳定维持，所以就必须借助于"载体"来实现。克隆载体（cloning vector）实际上是一种能携带外源 DNA 片段或基因进入受体细胞，并使之在受体细胞中得以维持和表达的特定功能的 DNA 分子。作为基因克隆的载体必须具备以下特性。

（1）容易进入宿主细胞，而且进入效率越高越好。
（2）能在宿主细胞中复制繁殖，而且最好要有较高的自主复制能力。
（3）容易插入外来核酸片段，插入后不影响其进入宿主细胞和在细胞中的复制。这就要求载体 DNA 上要有合适的限制性内切核酸酶酶切位点，每种酶的酶切位点最好只有一个，并且这些限制酶的酶切位点所处的位置必须是在质粒本身需要的基因片段之外，这样才不至于因目的基因的插入而失活。
（4）自身分子质量较小，拷贝数高。
（5）必须带有标记基因，以便重组后进行重组子的筛选。

实际上已发现的自然存在的质粒等 DNA 分子并不完全具备以上条件，基本上都要根据需要进行人工改造后才能用于基因工程操作。因此，克隆载体通常是质粒、噬菌体或动植物病毒 DNA 分子改造之后的产物。

根据构建过程中 DNA 来源不同，克隆载体可以分为质粒载体、噬菌体载体、柯斯质粒载体、病毒载体及人工染色体载体等。

4.1 质粒载体

4.1.1 质粒的一般生物学特性

质粒（plasmid）是一类存在于细菌或真核细胞中，独立于染色体之外能自主复制的裸露的双链环状（少数为线形和 RNA）DNA 分子，是与细菌或真核细胞共生的遗传成分。

绝大多数质粒 DNA 是环形双链，其分子具有 3 种不同的构型：当其两条多核苷酸链均保持着完整的环形结构时，称为共价闭合环形 DNA（cccDNA），这样的 DNA 通常呈现超螺旋的 SC 构型；如果两条多核苷酸链中只有一条保持着完整的环形结构，另一条链出现一至数个缺口时，称为开环 DNA（ocDNA），此即 OC 构型；若质粒 DNA 经过适当的限制酶切割后，发生双链断裂而形成线性分子（L-DNA），通称 L 构型。

在正常的电泳条件下，不同构型的质粒 DNA，尽管分子质量相同，但仍具有不同的电泳迁移率，其大小顺序为：cccDNA（SC-DNA）＞L-DNA（线性 DNA）＞OC-DNA＞D-DNA（二聚体 DNA）＞T-DNA（三聚体 DNA）。但经过合适的限制酶处理后，所有结构的质粒 DNA 都转化为线性分子（图 4-1）。

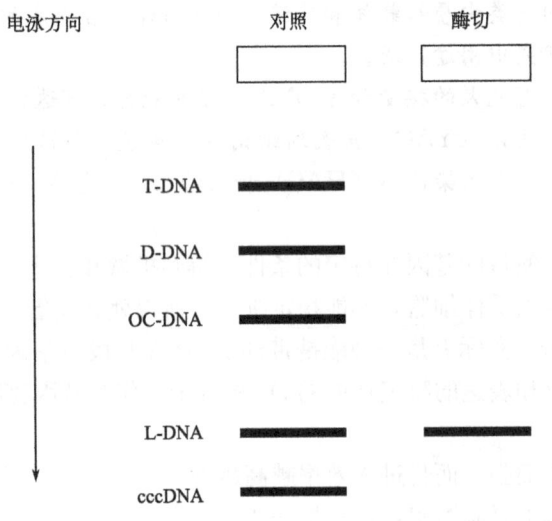

图 4-1　质粒 DNA 的电泳图谱（引自张惠展等，2010）

质粒的大小差异很大，最小的不到 1kb，只能编码中等大小的 2 或 3 种蛋白质分子，而最大的甚至超过 500kb。作为基因工程的载体，理想的质粒不超过 10kb，因为分子质量太大，在纯化时易被折断，同时也给操作带来困难。

宿主细菌在标准培养条件下，一种质粒在宿主细胞中存在的数目称为该质粒的拷贝数。不同的宿主细胞中所含的质粒数目是不同的，有些质粒在宿主细胞中可达 10～100 个拷贝，称为高拷贝质粒；有些质粒在宿主细胞中只有 1～4 个拷贝，称为低拷贝质粒。不过即使是同一种质粒，其拷贝数在不同的寄主细胞间和不同的生长环境也可能有很大的变化。一个宿主细胞中所含的质粒可以是同一类型的质粒，也可以是不同类型的质粒。有的微生物，一个细胞中可有 8～10 种不同的质粒，每种质粒都有特定的功能，也都有独立的拷贝数。但是两种亲缘关系密切的不同质粒不能在同一宿主细胞中稳定共存，所以载体质粒与受体细胞中存在的质粒应是不同的不亲和群。

从理论上讲，所有的细菌都含有质粒，且在蓝藻、酵母和一些动植物细胞中也发现了质粒。目前主要对细菌的质粒研究得比较深入，特别是大肠杆菌的质粒（图 4-2）。大肠杆菌的质粒主要有 3 种：F 质粒（F 因子）、R 质粒（抗药性因子）和 Col 质粒（大肠杆菌素因子）。

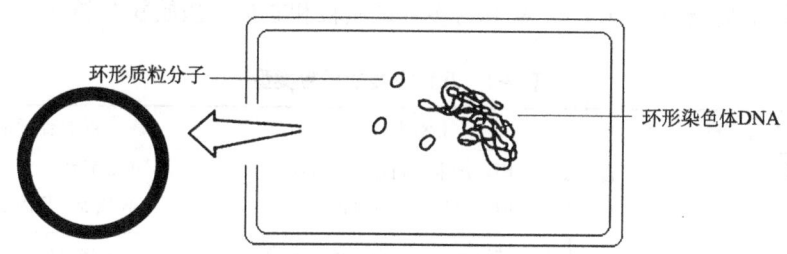

图 4-2　大肠杆菌染色体 DNA 与质粒 DNA 分子的关系

几乎所有的质粒都会带有一个至多个基因，而这些基因的表达常常赋予宿主细胞有用的特性。例如，质粒上的抗生素抗性基因，可以使宿主细胞获得对抗生素的抵抗能力，使我们便于对宿主细胞筛选。

质粒 DNA 都含有 DNA 复制的起始位点，这使得质粒可在宿主细胞中独立复制，分子质量小一点的 DNA 可利用宿主细胞中的 DNA 复制酶来进行自身的 DNA 复制；分子质量大一点的质粒 DNA，本身含有 DNA 复制时所用酶的基因，质粒 DNA 复制时所用的 DNA 复制酶是自身 DNA 基因表达的产物；还有一些质粒 DNA 能将自身的 DNA 插入到寄主细胞染色体上，随寄主染色体复制而复制。

4.1.1.1　质粒 DNA 编码的表型及相关的质粒类型

质粒 DNA 编码着一些重要的非染色体控制的遗传性状，编码的表型特征主要有抗性特征、代谢特征、修饰寄主生活方式的因子，以及其他方面的特征等，这些质粒的导入将赋予寄主细胞不同的性状特征。

在大肠杆菌中现已找到许多类型的质粒，其中根据质粒上所携带的特殊基因及其表型效应界定的 F 质粒、R 质粒和 Col 质粒相对研究得较为清楚。这些质粒的存在，同样使寄主细胞获得了各自不同的性状特征。

F 质粒：又叫做 F 因子或性质粒（sex plasmid），含有 *tra* 基因，可以介导细胞间接合生殖。F 因子是雄性决定因子，所以 F^+ 细胞又叫做雄性细胞，与此相应的 F^- 细胞则叫做雌性细胞。F^+ 细胞的表面可以形成一种叫做性须（pilus）的结构，它促进雄性细胞同雌性细胞进行配对。在合适的条件下，将雄性细胞和雌性细胞混合培养，由于性须的作用，就会形成雌-雄细胞配对，我们称这种过程为细菌的接合作用（conjugation）。F 因子通过接合作用实现自我转移，并且还能带动寄主染色体转移。

R 质粒：也称抗药性因子。R 质粒编码一种或数种抗生素抗性基因，此种抗性通常能转移到缺乏该质粒的适宜的受体细胞，使后者也获得同样的抗生素抗性能力。

Col 质粒：此类质粒编码有控制大肠杆菌素合成的基因，即所谓产生大肠杆菌素因子。大肠杆菌素是一种毒性蛋白，它可以使不带 Col 质粒的亲缘关系密切的细菌菌株致死。

近年来的研究发现，还有一些质粒，它们究竟赋予寄主细胞何种表型，迄今仍不清楚，因此称之为隐蔽质粒（cryptic plasmid）。

4.1.1.2 质粒 DNA 的转移

质粒转移性是指在自然条件下，很多质粒可以通过称为细菌的接合作用转移到新宿主内。根据质粒的转移性质，可将质粒分为接合型质粒和非接合型质粒两类（表 4-1）。

表 4-1 几种主要的质粒类型

按接合转移功能分类	主要基因	按抗性标记分类
非接合型质粒	自主复制基因，产生大肠杆菌素基因	Col 质粒
	自主复制基因，抗生素抗性基因	R 质粒（R 因子）
接合型质粒	自主复制，转移基因，细菌染色体区段	F 质粒（F 因子）
	自主复制，转移基因，大肠杆菌素基因	Col 质粒
	自主复制，转移基因，抗生素抗性基因	R 质粒（R 因子）
	自主复制，转移基因，大肠杆菌素基因	Ent（质粒）

接合型质粒能促进培养环境中细菌细胞之间的连接，并且接合型质粒能从一个细菌细胞向另一个细菌细胞扩散，这种转移功能是受一系列基因控制的，这些转移基因存在于接合型质粒中，非接合型质粒中没有。非接合型质粒可以在某种环境下与接合型质粒共同存在于一个细胞中，发生协同转移。

质粒 DNA 的接合转移以 F 质粒研究得最为详细。这种接合作用实现的细胞间 DNA 转移需要一套多种转移基因编码产物参与，是一个复杂的生理生化过程。

（1）细胞交配对的形成。位于雄性细胞表面的性须靠其顶端与受体细胞表面接触后收缩，拉近供体与受体细胞，使之紧密接触。性须中间直径 2nm 的孔道可能为 DNA 转移的通道。

（2）质粒 DNA 的转移。细胞交配对建立之后，从转移起点 oriT 开始 F 质粒 DNA 的转移。TraY 和 TraI 蛋白首先在 oriT 位点作单链切割，缺口链在 $5'$ 端引导下进入受体细胞，并作为模板合成互补链，形成新的质粒分子。受体细胞即转变为具有 F 因子的雄性细胞。

在同一个细胞中可含有多种质粒，其中任何时刻都必须含有一种接合型质粒，才能在基因工程中体现其作用。

4.1.1.3 质粒 DNA 的迁移作用

质粒如果含有 tra 基因，就能通过接合作用从一个细胞转移到另一个细胞，这种质粒被称为接合型质粒；不含 tra 基因的质粒被称为非接合型质粒，这种质粒可以被接合型质粒所带动而发生转移。这种由共存的接合型质粒引发的非接合型质粒的转移过程，称为质粒的迁移作用（mobilization），不同于接合型质粒的自我转移过程。ColE1 即属于这样一种可以迁移的非接合型质粒，迁移过程需要自身编码的两种基因参与：一个是 ColE1 DNA 上的特异位点 *bom*；另一个是 ColE1 特有的弥散的基因产物，即 *mob* 基因编码的核酸酶。

4.1.1.4　质粒 DNA 的复制类型

根据宿主细胞所含质粒拷贝数的多少，可以把质粒分成两种不同的复制型：一种是低拷贝数的质粒，称"严紧型"复制控制的质粒（stringent plasmid），此类质粒每个宿主细胞仅含 1~3 份拷贝；另一种是高拷贝数的"松弛型"复制控制的质粒（relaxed plasmid），这类质粒每个宿主细胞可达到 10~60 份拷贝。

一种质粒究竟是属于严紧型还是松弛型并不是绝对的，这往往同宿主的状况有关。同一质粒在不同的宿主细胞中可能具有不同的复制型，这说明质粒的复制不仅受自身的制约，同时还受宿主的控制。

在一般情况下，质粒的接合转移能力与复制型及分子大小有一定的相关性。分子质量大的一般为接合型质粒，拷贝数少，属于严紧型复制；分子质量小的一般为非接合型质粒，拷贝数多，属于松弛型复制。

4.1.1.5　质粒的不亲和性

在没有选择压力的情况下，两种亲缘关系密切的不同质粒是不能在同一宿主细胞中稳定共存的，这一现象称为质粒的不亲和性（plasmid incompatibility），也称为不相容性，如 ColE1 派生质粒，它们之间是互不相容的。也就是说，这些亲缘关系较近的不同质粒，当两种进入同一细胞后，必定有一种在细胞的增殖过程中被逐渐排斥（稀释）掉。

彼此不相容的质粒属于同一个不亲和群（impatiblity group）。而彼此能够共存的亲和质粒则属于不同的不亲和群。不亲和的质粒一般都利用同一复制系统，两种含有相似复制子结构的不同质粒，在复制时其拷贝数控制系统相互干扰，致使两种质粒的最终拷贝数不同，其中拷贝数多的质粒在以后的细胞分裂周期中更具优势。因此，质粒不亲和性的分子基础主要是它们在复制功能之间的相互干扰造成的：两个不亲和性质粒在同一个细胞复制时，在分配到子细胞的过程中发生竞争，随机挑选，微小的差异最终被放大，从而导致不能共存，在子细胞中只含有其中一种质粒。

大肠杆菌质粒现已鉴别出 30 个以上的不亲和群。例如，ColE1、pSC101 和 p15A 是不同的不亲和群的质粒，所以这些质粒或其派生的质粒载体彼此能够在同一细胞中稳定共存。

4.1.2　质粒 DNA 的复制与拷贝数的控制

4.1.2.1　质粒 DNA 复制的多样性

质粒之所以能稳定存在于寄主细胞内，不随细胞分裂而消失，是因为质粒本身具有自我复制和正确分配到子细胞的功能。质粒 DNA 复制的多样性表现在以下几个方面：①不同质粒对寄生酶的依赖程度不同；②复制的链延伸过程对 DNA 聚合酶Ⅰ和 DNA 聚合酶Ⅲ的利用有区别；③复制的方向单向、双向、单双向兼有；④复制的终止位置因复制的方向而异；⑤复制型的差异。

质粒 DNA 在宿主细胞内的复制过程受自身和宿主细胞双重遗传系统控制。质粒提供复制起始位点和决定拷贝数的一些基因。

4.1.2.2 ColE1 质粒 DNA 复制的启动

现在所应用的质粒载体多数都是从 ColE1 质粒派生来的，对它的复制机制进行探讨，可以了解多拷贝质粒复制控制的一般情况。其复制启动的大致过程如下（图 4-3）。

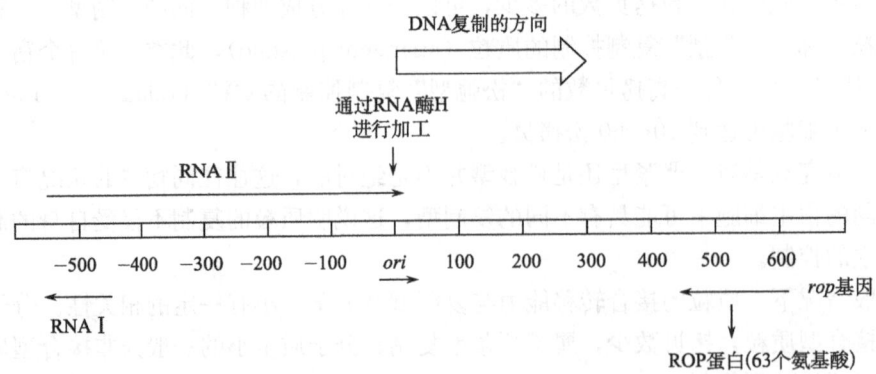

图 4-3 ColE1 质粒 DNA 复制的启动（引自 Sambrook and Russell，2002）

(1) 从 Ori 上游 555bp 处 ColE1 质粒 DNA 复制启动，起始合成一个 RNAⅡ分子。该分子与 DNA 紧密结合，RNAⅡ可以折叠成三叶草状结构，此时可与 DNA 结合。

(2) RNA 酶 H 在 Ori 处切断 RNAⅡ分子，DNA 聚合酶Ⅰ以此为引物开始复制 ColE1 质粒。

(3) 在 RNAⅡ基因的反义链上，还编码转录一个小的 RNA 分子，称为 RNAⅠ，可以和 RNAⅡ结合。二者结合后 RNAⅡ不能形成三叶草结构，也就不能和 DNA 结合；DNA 复制的起始被抑制。

(4) Ori 下游 400bp 处有一个基因编码一个长 63 个氨基酸的小蛋白称为 ROP 蛋白，它的作用是促进 RNAⅠ和 RNAⅡ的结合。因而 ROP 的作用是负调控质粒的复制。

从以上过程可以看出，RNAⅠ和 RNAⅡ之间相互作用减弱，将会增加 ColE1 的拷贝数；rop 基因突变，RNAⅠ、RNAⅡ配对区突变等都会产生这种效果。因而，RNAⅠ和 RNAⅡ配对能力的高低决定了质粒的拷贝数。

pUC 系列质粒是 ColE1 的衍生质粒，在宿主细胞中以高拷贝数存在，其原因就是在 RNAⅠ复制起点上游一个核苷酸位置处有一个 G→A 突变，结果使得 RNAⅠ转录物起始点向左移了 3bp，即 RNA 5′端缺失了 3bp，结果与 RNAⅡ结合效率下降。

4.1.2.3 质粒 DNA 拷贝数的控制

实验证明，质粒在细胞中拷贝数的多寡是通过控制 DNA 复制启动速率来调节的。高拷贝质粒 DNA 复制的启动是由质粒编码的基因产物来调节的，与宿主细胞周期无关，因而当用氯霉素、壮观霉素等抑制 E. coli DNA 复制起始的物质处理宿主细胞时，质粒的复制不受影响；低拷贝质粒 DNA 复制的起始则由 E. coli 中相关蛋白质完成，因而其复制受宿主细胞周期控制，并与宿主染色体同步复制。

4.1.3 质粒 DNA 的分离与纯化

大量提取的质粒 DNA 一般需进一步纯化，常使用的所有纯化方法都利用了质粒 DNA 相对较小及共价闭合环状这样两个性质。

4.1.3.1 氯化铯密度梯度离心

实验证实，在细胞裂解及 DNA 分离的过程中，大分子质量的细菌染色体 DNA 易发生断裂形成相应的线性片段，而质粒 DNA 则由于其分子质量较小、结构紧密，仍能保持完整的状态。基于这种差别可以纯化质粒 DNA。

氯化铯-EtBr 密度梯度离心法就是根据这一差别建立的纯化质粒 DNA 的经典技术。当将含有溴化乙锭（ethidium bromide，EtBr）的氯化铯溶液加到清亮的大肠杆菌裂解液中时，溴化乙锭通过嵌入碱基之间而与 DNA 结合，并因此导致双螺旋结构发生解旋反应。线性的或开环的 DNA 分子，如大肠杆菌染色体 DNA 片段，可结合大量的 EtBr 分子，直至达到饱和（每两个碱基对大约结合一个溴化乙锭分子）。而像质粒这样的共价闭合环状的 DNA（cccDNA）分子，由于在闭环质粒 DNA 中引入超螺旋单位，超螺旋度大为增加，从而阻止了溴化乙锭分子的继续嵌入，EtBr 分子的结合数量相对较少。由于染料的结合量有所差别，线状和闭环 DNA 分子在含有饱和量溴化乙锭的氯化铯中的浮力密度也有所不同。在

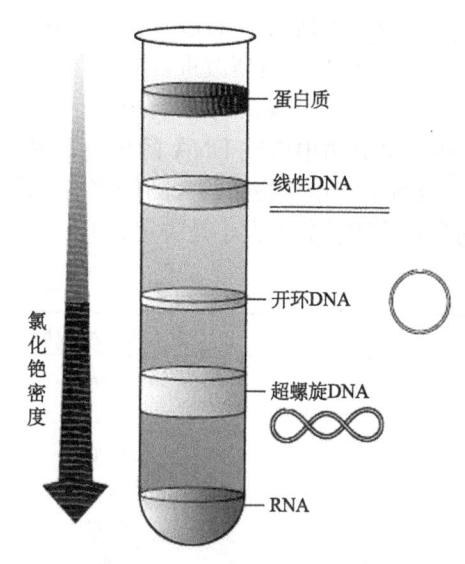

图 4-4 应用氯化铯-EtBr 密度梯度离心技术纯化 pBR322 质粒 DNA 分子（引自 Richard，2003）

DNA-EtBr 复合物中，结合的 EtBr 分子数量越多，其密度也就越低。通过氯化铯密度梯度离心之后，根据它们的不同密度，就会平衡在不同的位置（图 4-4）。取出 DNA，用异丙醇抽提溴化乙锭，再用缓冲液透析除去残余氯化铯，最后用 2 倍体积冷乙醇沉淀，就得到了纯化的质粒 DNA。

4.1.3.2 碱变性法

氯化铯-EtBr 密度梯度离心法虽然可以得到高纯度、高质量的质粒 DNA，但是它的操作复杂，需要价格昂贵的氯化铯和超速离心机设备，而且溴化乙锭又是一种致癌物质，如果操作不慎，不仅会造成环境污染，还会危及实验工作人员的身心健康，所以人们一直在寻找替代的方法。目前主要使用碱变性法来制备质粒 DNA。这个方法包括培养和收集细菌菌体、裂解细胞、将质粒 DNA 与染色体 DNA 分开及除去蛋白质和 RNA 等步骤。

碱变性法提取质粒的方法是根据共价闭合环状质粒 DNA 与线性染色体 DNA 片段之间在拓扑学上的差异而发展出来的。在 pH 为 12.0~12.5 时，线性的 DNA 会完全变性分开，甚至出现断裂；而共价闭合环状质粒 DNA 虽然两条链分离，但仍然缠绕在一起不分开。通过冷却或恢复中性 pH 使之复性，线性染色体形成网状结构，而 cccDNA 可以准确迅速复

性，在离心时，大部分主染色体与细胞碎片、杂质等缠绕在一起被沉淀，通过离心即可去除线性染色体，而可溶性的cccDNA留在上清液中，将含有cccDNA的上清液用乙醇沉淀，获得质粒DNA。

4.1.3.3 影响质粒DNA产量的因素

1) 寄主菌株的遗传背景

选择正确的大肠杆菌寄主菌株是获得高产量质粒DNA的重要条件。因此，一般使用 $endA$ 基因发生突变的（$endA1$）大肠杆菌寄主菌株，如 DH5α、JM109 及 XL1-Blue 等。因为 $endA$ 基因突变的结果，大肠杆菌寄主细胞失去了合成具有功能活性的核酸内切酶 I 的能力，从而增进了所含有的质粒DNA分子的稳定性。所以从这类寄主细胞中制备的质粒DNA不仅在质量上有所改进，同时在产量上也有所提高。

2) 质粒的拷贝数及分子大小

细菌培养物中质粒DNA的理论产量，可以根据公布的质粒的拷贝数和分子质量大小（bp）及每毫升培养物中的大肠杆菌细胞总数三者相乘得出（表4-2）。因此，质粒分子拷贝数的多寡及质粒分子大小是决定其DNA产量的重要因素之一。

表4-2 若干常用质粒DNA的理论产量

质粒名称	分子质量大小/bp	拷贝数	DNA产量/(μg/ml)
pGEMR	2700	300～700	1.8～4.1
pUC	2700	500～700	2.9～4.1
pBR322	4400	>25	>0.23
ColE1	4500	>15	>0.15
pACYC	4000	～10	～0.09
pSC101	9000	～6	～0.12

4.1.4 质粒载体的构建及类型

4.1.4.1 质粒载体必须具备的基本条件

理想的、可以用作克隆载体的质粒必须满足以下几个条件：
(1) 具有最少一个复制起点；
(2) 具有抗生素抗性基因或者其他标记基因；
(3) 具若干限制酶单一识别位点；
(4) 具有相对较小的分子质量和较高的拷贝数。

大肠杆菌中常见的、用于基因克隆的天然质粒有 ColE1、RSF2124 和 pSC101 等。因为天然质粒有不同程度的局限性，现在分子生物学使用的质粒载体大多已不是原来细菌或细胞中天然存在的质粒，而是在其基础上经过了许多的人工改造，发展出了一批低分子质量、高拷贝、多选择标记的质粒载体。并且从不同的实验目的出发，人们设计了各种不同类型的质粒载体，近年来发展很快，新的有特定用途的质粒载体不断被创建。

4.1.4.2 质粒载体的选择标记

在基因克隆中采用的质粒载体的选择标记，包括有新陈代谢特性、对大肠杆菌素 E1 的免疫性，以及抗生素抗性等多种。但绝大多数灵敏的质粒载体都是使用抗生素抗性标记。基因克隆实验中常用的几种抗生素的作用方式及其抗性机理列于表 4-3。

表 4-3 若干抗生素的作用方式及其抗性机理

抗生素名称	作用方式	抗性机理
氨苄青霉素（Amp）	这是一种青霉素的衍生物，它通过干扰细胞壁合成而杀死生长的细胞	氨苄青霉素抗性基因（bla 或 amp^r）编码的一种周质酶，即 β-内酰胺酶，可特异地切割氨苄青霉素的 β-内酰胺环，从而使之失去杀菌的效力
氯霉素（Cml）	这是一种抑菌剂，它通过核糖体 50S 亚基的结合作用，干扰细胞蛋白质的合成，并阻止肽键的形成	氯霉素抗性基因（cat 或 cml^r）编码的乙酰基转移酶特异地使氯霉素乙酰化而失活
卡那霉素（Kan）	这是一种杀菌剂，它通过同 70S 核糖体的结合作用，导致 mRNA 发生错读（misreading）	卡那霉素的抗性基因（kan 或 kan^r）编码的氨基糖苷磷酸转移酶，可对卡那霉素进行修饰，从而阻止其同核糖体之间发生相互作用
链霉素（Sm）	这是一种杀菌剂，它通过核糖体 30S 亚基的结合作用，导致 mRNA 发生错读	链霉素抗性基因（str 或 str^r）编码的一种特异性酶，可对链霉素进行修饰，从而抑制其同核糖体 30S 亚基的结合
四环素（Tet）	这是一种抑菌剂，它通过同核糖体 30S 亚基之间的结合作用，阻止细菌蛋白质的合成	四环素抗性基因（tet 或 tet^r）编码的一种特异性的蛋白质，可对细菌的膜结构进行修饰，从而阻止四环素通过细胞膜从培养基中转运到细胞内

可以通过插入失活进行重组质粒的筛选。如质粒 pBR322，该质粒具有四环素抗性基因（tet^r）和氨苄青霉素抗性基因（amp^r）两种抗性标记。当外源 DNA 片段插入 tet^r 基因后，导致 tet^r 基因失活，变成只对氨苄青霉素有抗性。这样就可通过对抗生素是双抗还是单抗来筛选是否有外源片段插入到载体中。

4.1.4.3 构建质粒载体的一般原则

（1）选用合适的出发质粒。出发质粒是天然的或已构建的质粒载体，应含有载体的必备元件，即复制原点、选择标记、克隆位点、启动子和终止子等。

（2）准确获得载体元件。从出发质粒得到某种或某些元件的 DNA 片段。一般采用限制酶切割出发载体 DNA 分子；还可以采用 PCR 技术从靶 DNA 分子扩增目标元件的特异性 DNA 片段。

（3）组装合适的选择标记基因。根据受体细胞的特性选择适当的标记基因。例如，转化大肠杆菌质粒载体的构建，可组装蓝白斑选择的 $lacZ'$ 基因；根据受体细胞抗生素敏感性，可选抗生素抗性标记基因。

（4）选用合适的启动子。强启动子能被寄主的 RNA 聚合酶识别；受控的启动子（诱导型启动子）可以有较高的转录效率，有效地调控目的基因的表达；在原核生物中表达真核基因时常选用原核生物或病毒基因的启动子，而在真核生物中表达原核基因时仍可选用原核生物基因启动子。

4.1.4.4 不同类型质粒载体

（1）高拷贝数的质粒载体。适于分离大量的、高纯度的、克隆基因的 DNA 片段，如

ColE1、pMB1 或它们的派生质粒。它们不仅具有低分子质量、高拷贝数的优点，而且还能在没有蛋白质合成的条件下仍继续复制。因此，如果在处于对数生长晚期的、含有 ColE1 一类质粒的大肠杆菌培养物中，加入适量的蛋白质合成抑制剂（如氯霉素）处理之后，每个细胞中的质粒拷贝数可扩增到 1000～3000 个；如果加入高浓度的尿核苷，质粒 DNA 又可再次扩增 2～3 倍。

(2) 低拷贝数的质粒载体。适合于克隆含量过高就会对寄主代谢有害的 DNA，如 pLG338、pLG339 及 pHSG415。但由于这类质粒载体体积小、拷贝数低，与此相应的基因剂量也就较少，所以要制备大量的克隆 DNA 就很困难。

(3) 失控的质粒载体（runaway plasmid vector）。是一些低拷贝数的质粒，它们的复制控制是温度敏感型的，因此在不同的温度下，拷贝数会有显著的变化。Uhlin 等（1979）首先发展了失控的质粒载体 pBEU1 和 pBEU2。这种质粒载体在 30℃ 以下，每个寄主细胞中只含有适量的拷贝数，而当培养温度超过 35℃ 时，质粒的复制便失去了控制，致使每个细胞中的拷贝数持续上升。在这种高温环境下，细胞生长蛋白质的合成可按正常的速率持续 2～3h。这期间编码在质粒载体上的基因产物便超过了常量。最后，细胞的生长受到了抑制，并失去了存活的能力，但在这个阶段质粒 DNA 可累积到占细胞总 DNA 的 50%。

(4) 插入失活型质粒载体。如果将外源 DNA 片段插入会导致选择标记基因（如 tet^r、amp^r、cml^r 等）失活的位点，就有可能通过抗生素抗性的筛选，来大幅度地提高获得阳性克隆的概率。

(5) 正选择质粒载体（direct selection vector）。是具有直接选择标记并赋予寄主细胞相应的表型的一类载体。通过选择具有这种表型特征的转化子，就可以大大地降低需要筛选的转化子的数量，从而减轻实验的工作量，提高选择的敏感性。图 4-5 是正选择质粒载体 RHP-Amps 的结构图。

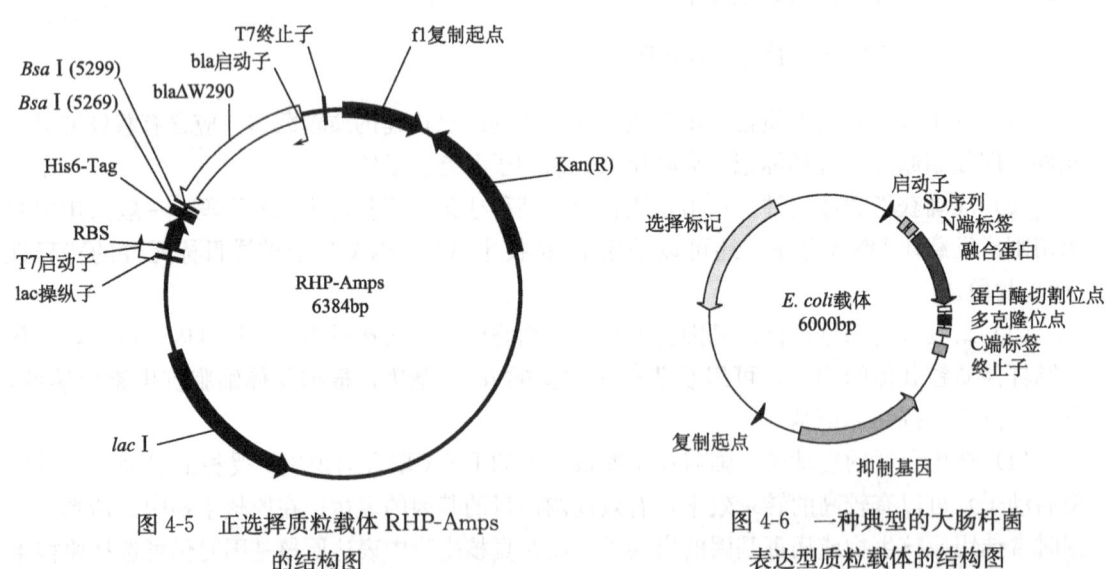

图 4-5　正选择质粒载体 RHP-Amps 的结构图　　　图 4-6　一种典型的大肠杆菌表达型质粒载体的结构图

(6) 表达型的质粒载体。表达型载体（expression vector）是一类能在大肠杆菌的转录-翻译信号控制之下，使克隆在大肠杆菌中特定位点的外源真核基因在大肠杆菌细胞中正常转录并翻译成相应蛋白质的克隆载体。该类载体是在常规克隆载体的基础上衍生而来的，主要增添了强启动子，以及有利于表达产物分泌、分离或纯化的元件，它分为表达型质粒载体和表达型噬菌体载体两种不同的类型。一种典型的大肠杆菌表达型质粒载体的主要组成部分包括：大肠杆菌的启动子及操纵位点序列、多克隆位点、转录及翻译信号、质粒载体的复制起点及抗生素抗性基因（图 4-6）。

> ### 质粒的发现
>
> 质粒的发现是 20 世纪生命科学发展史上的一项重要突破。这项突破为后来生物技术的发展，尤其是基因工程奠定了重要的理论基础。
>
> 20 世纪 30 年代，生物学家就开始进行细菌杂交方面的实验，但因重组率较低，无法区别于突变而进展缓慢。1946 年，莱德伯格（J. Lederberg）找到了一种鉴别细菌杂交中产生的野生型是突变还是重组的方法。他用多营养缺陷型（multiple auxotrophs）的品系作为亲本进行杂交，结合耶鲁大学的泰特姆（E. Tatum）教授分离的多种大肠杆菌突变型，选用不能在基本培养基上生长的两种含多种营养缺陷型的大肠杆菌进行杂交，结果出现了能在基本培养基上生长的野生型大肠杆菌，而对照组中没有经过混合型培养的两种缺陷型细菌则仍然不能在基本培养基上生存。依据实验结果，Lederberg 和 Tatum 提出了自己的假说：产生能在基本培养基上生存大肠杆菌的原因是两种缺陷型的细菌通过接触转移了遗传物质，发生了基因的转移和重组。但是这种假说不能排除两种缺陷型细菌的代谢产物进行互补的可能，因此当时受到极大地挑战。直到 1950 年，美国生物学家戴维斯（B. D. Davis）用两种菌株做了一个 U 形管实验，才进一步证实了 Lederberg 假说的正确性。1952 年，英国生物学家 W. Hayes 用链霉素处理进行重组的 A 和 B 两种菌株中的 A 菌株，使 A 菌株失去分裂能力，但不影响与 B 菌株之间遗传物质的转移和重组；同样用链霉素处理 B 菌株，B 菌株也失去了分裂能力，但与 A 菌株混合培养后，两者之间却不能发生遗传物质的转移和重组。结论是：A 菌株中的遗传物质能够进入 B 菌株的细菌细胞中去，而 B 菌株中的遗传物质却不能进入 A 菌株的细菌细胞中去，即细菌杂交是一个单向过程，A 菌株是遗传物质的供体，B 为受体。Hayes 揭示了细菌中存在 F 因子并进行单向传递的现象。
>
> 依据这一系列惊人的发现，Lederberg 引入了一个新的术语——Plasmid，中文译作质粒。现在习惯上已经把质粒用来专指细菌、酵母菌和放线菌等生物中染色体以外的单纯的 DNA 分子。

4.1.5 重要的大肠杆菌质粒载体

4.1.5.1 pSC101 质粒载体

pSC101 质粒是第一个成功用于克隆真核基因的大肠杆菌质粒载体，它含有 *Eco*R I 等多种酶的单酶切位点，一个四环素抗性选择标记（Tet^r），且在 *Eco*R I 位点插入外源片段后不影响其复制功能。但是该质粒分子质量较大，拷贝数低，为严紧型复制控制质粒，DNA 产量低；只具有抗生素抗性基因，有些酶切位点无法使用插入失活技术选择重组分子。

4.1.5.2 ColE1 质粒载体

ColE1 质粒具有 *Eco*R I 的单切割位点，有编码大肠杆菌素 *E1* 基因和使寄主细胞具有对

E1 免疫性的基因。$EcoR$ I 位点插入外源 DNA 片段后，编码大肠杆菌素 $E1$ 基因失活，但不影响其 DNA 的复制活性及对大肠杆菌素 E1 的免疫性能。因此，可根据对大肠杆菌素 E1 的免疫性选择转化子，不能合成对大肠杆菌的正常生命活动有抑制作用的大肠杆菌素 E1 的菌落是具有重组质粒的转化子。

ColE1 质粒属松弛型复制控制质粒，在克隆载体应用中克服了 pSC101 质粒拷贝数低、产量低的缺点。但是，以大肠杆菌素 E1 免疫作为选择标记，在实验操作上不方便。

4.1.5.3 pBR322 质粒载体

pBR322 质粒是在 1977 年由 Boliver 和 Rodriguez 等构建的，根据他们的姓氏的首写字母及实验室编号而命名，是一种经人工构建的、较为理想的大肠杆菌质粒载体，是目前广泛应用的一种克隆载体。

1) pBR322 质粒载体的构建

pBR322 质粒载体构建的一个重要目标是缩小基因组的体积，移去一些对基因克隆载体无关紧要的 DNA 片段和限制酶识别位点。构建 pBR322 质粒还必须通过体内易位或体外重组加入可选择的抗药性标记。所以，从 pBR322 质粒的构建过程可知它是由 3 个不同来源的部分组成的：来源于 ColE1 的派生质粒 pMB1 的松弛型质粒 ColE1 复制起点（ori）；来源于 pSC101 质粒的四环素抗性基因（tet^r）；来源于 pSF2124 质粒易位子 Tn3 的氨苄青霉素抗性基因（amp^r）。

2) pBR322 质粒载体的优点

pBR322 的结构图见图 4-7。含有松弛型质粒 ColE1 复制起点，可以在受体细胞中进行高拷贝复制；具有两种抗生素抗性基因，且在标记基因上有多个限制酶的唯一识别位点，抗性基因的插入失活特性可作为转化子的选择标记；具有较小的分子质量，利于纯化；具较高的拷贝数，且经过氯霉素扩增后，每个细胞当中可累积 1000～3000 个拷贝，为重组体 DNA 的制备提供了极大的便利。

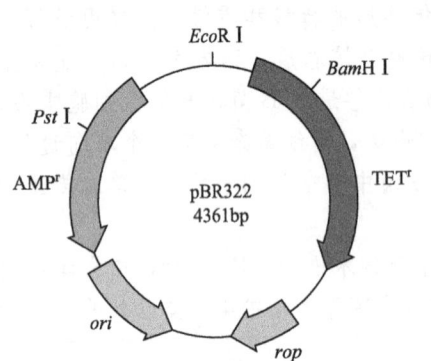

图 4-7 pBR322 质粒载体的结构图（引自 Richard，2003）

4.1.5.4 pUC 质粒载体

pBR322 质粒载体中，选择标记基因的插入失活可以用于筛选重组子，属于负筛选法，筛选工作较为繁琐。pUC 载体是在 pBR322 质粒载体的基础上加入了 $lacZ'$ 基因，在其 5' 端带有一段多克隆位点发展而成的，具有双功能检测特性的新型质粒载体系列。它是由美国加州大学学者于 1987 年首先构建的，故命名为 pUC 系列，含有多克隆位点，可以满足多种限制酶切割的 DNA 片段的克隆（图 4-8）。

1) pUC 质粒载体的结构

典型的 pUC 系列的质粒载体通常包括以下 4 个组成部分。

第一部分是来自 pBR322 质粒的复制起点（ori）；

第二部分是氨苄青霉素抗性基因（amp^r），但是它的 DNA 核苷酸序列已经发生了变化，不再含有原来的限制酶的单识别位点；

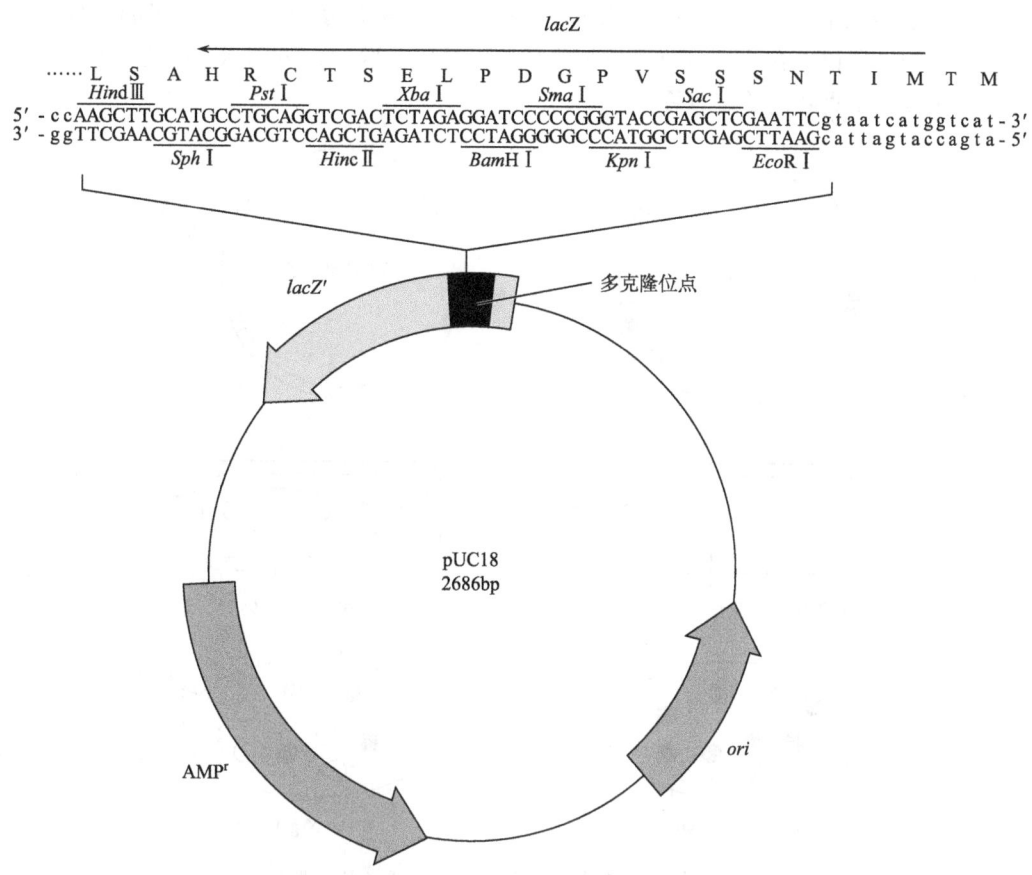

图 4-8 pUC18 及 pUC19 质粒载体的结构图（引自 Richard，2003）

第三部分是大肠杆菌 β-半乳糖酶基因（lacZ）的启动子及编码肽链的 5′ 端 DNA 序列，此结构特称为 lacZ′ 基因；

第四部分是位于 lacZ′ 基因中的靠近 5′ 端的一段多克隆位点（multiple cloning site，MCS）区，但它并不会破坏该基因的功能。

2）pUC 质粒载体的优点

与它的前身 pBR322 质粒载体相比，pUC 质粒载体系列具有许多的优越性，是目前基因工程研究中最通用的大肠杆菌克隆载体之一。其优点概括起来有以下 3 个方面。

第一，具有更小的分子质量以及更高的拷贝数。

在 pBR322 基础上构建的 pUC 质粒载体，仅仅保留其中的氨苄青霉素抗性基因及复制起点，使它的分子大小缩小了许多，如 pUC8 为 2750bp，pUC18 为 2686bp。同时，基于偶然的原因，在操作过程中 pBR322 质粒的复制起点的内部发生了自发的突变，导致 rop 基因缺失。由于该基因编码的共 63 个氨基酸组成的 ROP 蛋白质，是控制质粒复制的特殊因子，因此它的缺失使得 pUC 质粒的拷贝数比带有 pMB1 或 ColE1 复制起点的质粒载体都要高得多，平均每个细胞即可达 500～700 个拷贝。所以由 pUC 质粒重组体转化的大肠杆菌细胞，可获得高产量的克隆 DNA 分子。

第二，适于组织化学方法检测重组体。

pUC8 质粒结构中含有来自大肠杆菌 Lac 操纵子的 $lacZ'$ 基因，其所编码的 α-肽链可参与 α-互补作用。所以，在应用 pUC8 质粒为载体的重组实验中，可用 X-gal 显色方法一步实现对重组体转化子克隆的鉴定（图 4-9）。

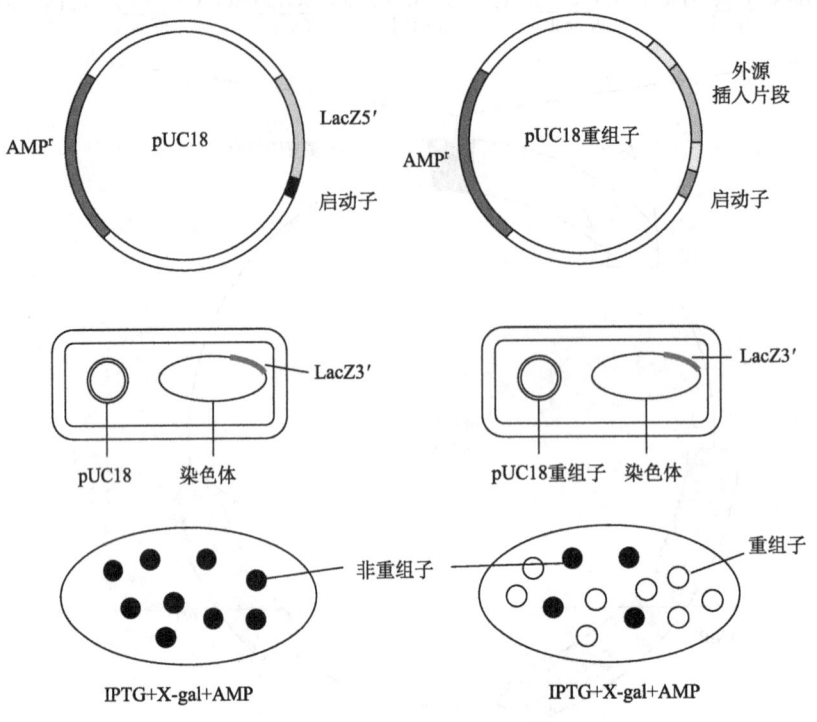

图 4-9　利用 α 互补进行克隆蓝白斑筛选的原理（引自贺淹才，2008）

第三，具有多克隆位点（MCS 区），方便简洁，节省时间。

pUC 质粒载体具有与 M13mp8 噬菌体载体相同的多克隆位点，它可以在这两类载体系列间来回"穿梭"。所以，克隆在 MCS 当中的外源 DNA 片段可以很方便地从 pUC 质粒载体转移到 M13mp8 载体上，进行克隆序列的核苷酸测序工作。同时，也正是因为具有 MCS 序列，具两种不同黏性末端（如 $EcoR$ Ⅰ 和 Bam H Ⅰ）的外源 DNA 片段无需借助其他操作即可直接克隆到 pUC 质粒载体上。

4.1.5.5　穿梭质粒载体

除常用的大肠杆菌质粒载体外，近年来发展了许多人工构建的其他能用于微生物、酵母、植物等的质粒载体，即穿梭质粒载体（shuttle plasmid vector），它是一类人工构建的具有不止一个复制原点和选择标记，可在两种不同寄主细胞中存活和复制的质粒载体。例如，大肠杆菌-酿酒酵母穿梭质粒载体（图 4-10）含有两种分别来自大肠杆菌和酿酒酵母的复制起点和选择标记，以及一个多克隆位点区，在两寄主细胞中都可复制。研究工作者可以自如地在真核细胞和原核细胞间转移基因，以研究基因的表达及调节功能。

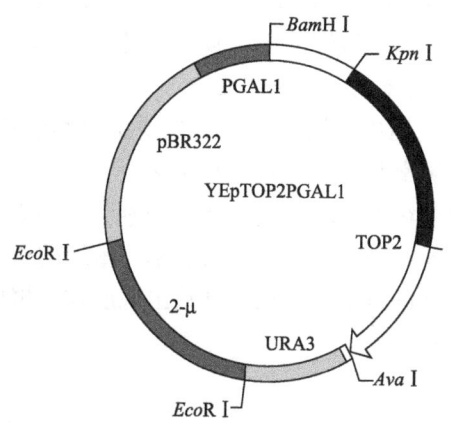

图 4-10 大肠杆菌-酿酒酵母穿梭质粒载体的结构图

4.1.6 质粒载体的稳定性问题

4.1.6.1 质粒载体不稳定性的类型

重组质粒载体转化到受体细胞之后，会产生一系列生理效应，影响自身的稳定性，表现出质粒的不稳定性（plasmid instability）。

1) 结构的不稳定性（structural instability）

由转位作用和重组作用所引起的质粒 DNA 的重排与缺失。质粒载体位点之间的同源重组，寄主染色体及质粒载体上的 IS 序列或转位因子都会引起结构的不稳定性。

2) 分离的不稳定性（segregational instability）

在细胞分裂过程中发生的质粒不平均的分配，是导致质粒不稳定性的重要原因。我们将这种起因于质粒的缺陷性分配（defective partitioning）所造成的质粒丢失现象叫做质粒分离的不稳定性。天然质粒中控制质粒拷贝分配功能区（par）的存在使之能在寄主细胞中稳定存在。人工构建的质粒，如 pBR322，par 已经缺失，在培养基营养耗尽或寄主细胞快速生长分裂等条件下，会出现无质粒载体细胞。

质粒的不稳定性是基因克隆实验中，尤其是基因表达调控研究中十分不利的因素。而对于利用质粒载体高效表达特殊蛋白质的生物技术来说，质粒载体的丢失导致产量的下降甚至丧失，后果更为严重。因此，质粒的不稳定性问题亟待解决。

4.1.6.2 影响质粒载体稳定性的因素

1) 新陈代谢负荷对质粒载体稳定性的影响

含有质粒载体的寄主细胞增加了代谢的负荷，降低了生长的速度。因此，尽管在细胞分裂过程中，因随机分配而产生无质粒载体细胞的概率十分低，但由于这些细胞生长速度快，经过初始的缓慢累积之后，最终便会取代具有质粒载体的细胞，成为培养物中的优势群体。

2) 拷贝数差度对质粒载体稳定性的影响

不同细胞个体之间的质粒载体拷贝数的差异程度简称差度（variance），可影响质粒载体丢失的速率，这也是造成质粒载体不稳定性的原因之一。

具有低差度分布（low variance distribution）特性的质粒载体相当稳定，而具有高差度分布（high variance distribution）特性的质粒载体，稳定性则较差。

3）寄主重组体系对质粒载体稳定性的效应

在野生型的大肠杆菌细胞当中，质粒重组的重要结果是形成质粒寡聚体（plasmid oligomer），它同样也是造成质粒载体不稳定性的原因之一。

决定大肠杆菌培养物中质粒寡聚体细胞比例的因素主要有两个：其一是质粒 DNA 分子间的重组频率，其二是含质粒寡聚体细胞的生长速率。重组的质粒二聚体一旦形成，便会以高出质粒单体分子 2 倍的速度进行复制，从而导致出现质粒寡聚体的克隆增殖，即所谓的二聚体灾难（dimer catastrophe）。

4.2 噬菌体载体

4.2.1 噬菌体的一般生物学特性

噬菌体（bacteriophage，简称 phage）是感染细菌的一类病毒，由遗传物质核酸和其外壳组成，部分噬菌体的性质见表 4-4。作为细菌寄生物的噬菌体，可以在脱离寄主细胞的状况下保持自己的生命，但是一旦脱离寄主细胞，就既不能生长也不能复制。在寄主细胞内，噬菌体利用寄主的合成系统进行 DNA 或 RNA 的复制和壳蛋白的合成，实现增殖。利用该特性构建了不同类型的噬菌体载体。

表 4-4 部分噬菌体的性质

名称	核酸	分子质量/Da	构型	宿主
T_4	dsDNA	130×10^6	线性	$E.\ coli$，烈性
λ	dsDNA	32×10^6	线性	$E.\ coli$，温和
P1	dsDNA	58×10^6	线性	$E.\ coli$，温和
P22	dsDNA	27×10^6	线性	志贺氏菌，沙门氏菌，温和
$M\mu$-1	dsDNA	28×10^6	线性	$E.\ coli$
ΦX-174	ssDNA	1.7×10^6	环状	$E.\ coli$，烈性
M13	ssDNA	2.1×10^6	环状	$E.\ coli$
R17	ssDNA	1.1×10^6	线性	$E.\ coli$（F$^+$），烈性

4.2.1.1 噬菌体的结构及其核酸类型

根据噬菌体颗粒的结构，可把它们归纳为 3 种不同的基本类型：无尾部结构的二十面体型、具尾部结构的二十面体型和线状体型。大多数噬菌体都属于第二种结构类型（图 4-11）。

噬菌体的核酸，最常见的是双链线性 DNA。除此之外，还发现有双链环形 DNA、单链环形 DNA、单链线性 DNA 及单链 RNA 等多种形式的噬菌体。

4.2.1.2 噬菌体的感染性

噬菌体的感染效率极高，通过快速增殖裂解寄主细胞。在琼脂平板上受感染的细菌细胞被噬菌体裂解之后留下大量的空斑，即噬菌斑。

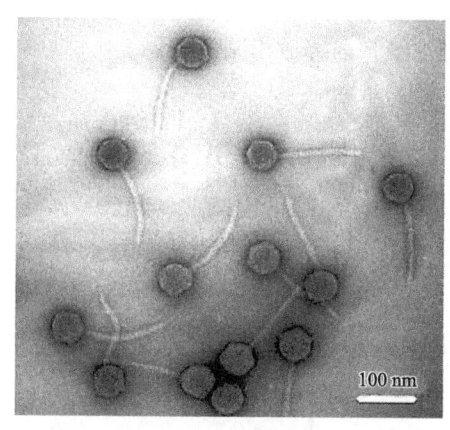 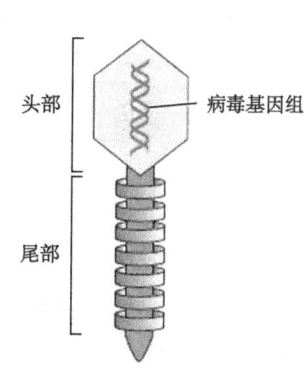

图 4-11 T2 噬菌体颗粒的结构示意图（引自 Richard，2003）

噬菌体对寄主细胞的感染作用是一种十分复杂的生理生化过程。通常，噬菌体 DNA 盘旋成团，被紧密地包裹在由蛋白质外壳组成的头部结构内。而当噬菌体同敏感的细菌细胞接触时，首先是它的尾部便会黏着到细胞壁上。与此同时，尾部蛋白质发生收缩作用，迫使头部内的 DNA 注入被感染的细菌细胞中去。噬菌体的 DNA 注入细胞内之后，在细菌 RNA 聚合酶的作用下，它们所编码的噬菌体特有的基因便被转录形成相应的 RNA 分子，后者又利用细菌核糖体翻译成噬菌体蛋白质。在噬菌体感染的早期阶段，某些由噬菌体编码合成的蛋白质会使细菌的 DNA 降解成单核苷酸。这样，细菌赖以进行增殖所必需的全部遗传信息便将丧失殆尽，最终导致死亡。有些噬菌体带有编码 RNA 聚合酶的基因，因此，这样的噬菌体不必依赖于寄主细菌的聚合酶就能使自身编码的基因合成出信使 RNA。

还有许多噬菌体能编码控制自身 DNA 复制的基因，而且还能利用由细菌 DNA 降解释放出来的游离的单核苷酸作原料，合成自己的 DNA。当噬菌体的拷贝数高达上百个之后，在几分钟内，噬菌体的其他基因也就开动起来，合成出新的头部及尾部蛋白质。头部蛋白质组装成头部，并把噬菌体的 DNA 包裹在其内，继而再同尾部蛋白质连接起来，形成子代噬菌体颗粒。最后，噬菌体产生出一种特异性的酶，裂解寄主细胞，使子代噬菌体颗粒释放出来。

4.2.1.3 噬菌体的生命周期

噬菌体的生命周期分为溶菌周期和溶源周期两种不同的类型。

在溶菌周期中，噬菌体将其感染的寄主细胞转变成为噬菌体的"制造厂"，能产生出大量的子代噬菌体颗粒，通过裂解寄主细胞而释放（图 4-12）。我们将只具有溶菌生长周期的噬菌体叫做烈性噬菌体。噬菌体感染的基本过程是：

(1) 吸附：噬菌体颗粒吸附到位于感染细胞表面的特殊接收器上。
(2) 注入：噬菌体 DNA 穿过细胞壁注入寄主细胞。
(3) 转变：被感染的细菌细胞的功能发生变化，成为制造噬菌体颗粒的场所。
(4) 合成：功能发生了转变的寄主细胞大量合成噬菌体特有的核酸和蛋白质。
(5) 组装：包装了 DNA 的头部和尾部组装成噬菌体的颗粒，这个过程也叫做噬菌体的形态建成。

（6）释放：新合成的子代噬菌体颗粒从寄主细胞内释放出来。

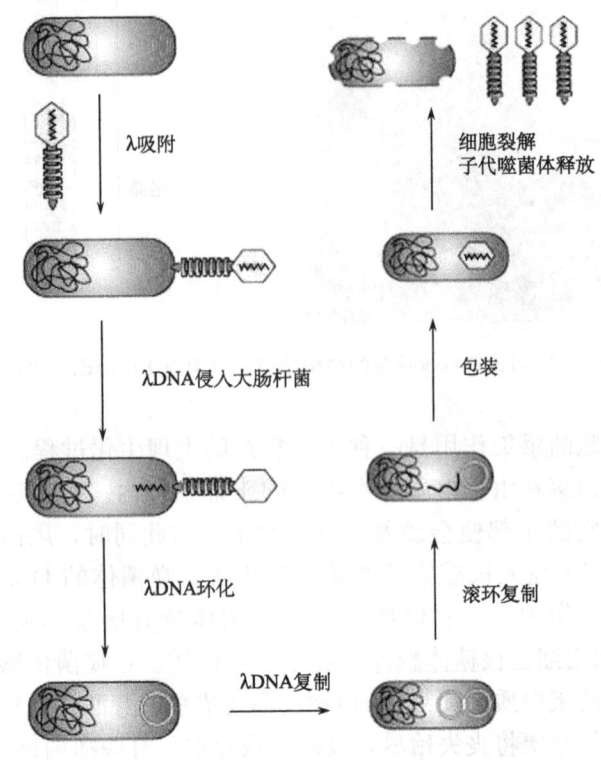

图 4-12　一种典型的烈性噬菌体的生命周期

溶源周期中，注入寄主细胞的噬菌体 DNA 整合到寄主细胞染色体上并可以随着寄主细胞的分裂而进行复制（图 4-13）。整合了一套完整的噬菌体基因组的细菌被称为溶源性细菌。在溶源性细菌内存在的整合或非整合的噬菌体 DNA 被称为原噬菌体。既能进入溶菌周期又能进入溶源周期的噬菌体叫做温和噬菌体。

溶源性细菌有两个重要特点。

第一，溶源性细菌不能被第一次感染并使之溶源化的同种噬菌体再感染。溶源性细菌所具有的这种抗御同种噬菌体再感染的特性叫做超感染免疫性。

第二，经过许多世代之后，溶源性的细菌便能够开始进入溶菌周期，这个过程叫做溶源性细菌的诱发。在诱发过程中，噬菌体基因组以单一 DNA 片段的形式从寄主染色体 DNA 上删除下来。

4.2.1.4　重组噬菌体的分离

分离重组噬菌体的基本过程为：首先使用无菌消毒的金属接种针，粘着少量的噬菌体颗粒，然后转移到新鲜的细菌培养基中，使其在感染的细胞内大量增殖，最后采用密度梯度离心法就可以非常容易地纯化出噬菌体的颗粒。

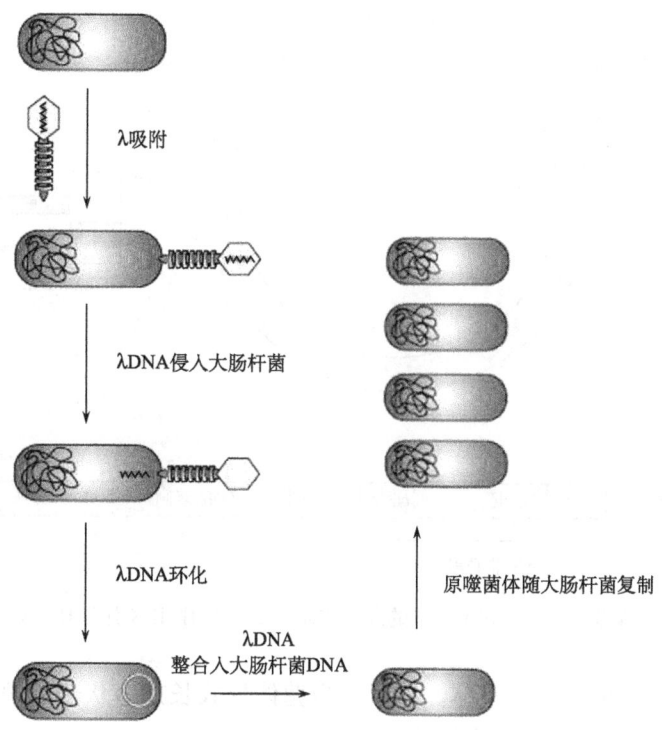

图 4-13 溶源性噬菌体的生命周期

4.2.2 λ噬菌体载体

4.2.2.1 λ噬菌体的分子生物学概述

λ噬菌体是一种中等大小的大肠杆菌双链 DNA 温和噬菌体，分子质量为 31×10^6Da。迄今为止已经定位的 λ 噬菌体的基因至少有 61 个，其中有 2/3 左右参与了噬菌体生命周期的活动，我们称这类基因为 λ 噬菌体的必要基因；另一部分约 1/3 的基因，当被外源基因取代之后，并不影响噬菌体的生命功能，我们称这类基因为 λ 噬菌体的非必要的基因。λDNA 上有 56 种限制酶的识别位点。

λ噬菌体由蛋白质外壳和线状双链 DNA 分子组成。其 DNA 长度为 48 502bp，在分子两端各有 12 个碱基的单链互补黏性末端。当其被注入寄主细胞中后，可以迅速通过这两个黏性末端的互补作用形成双链的环形 DNA 分子（图 4-14）。上述通过黏性末端互补形成的双链区被称为 cos 位点（cohesive end site）。

λ噬菌体是一种温和噬菌体，一般以溶源生长方式进行增殖，胁迫条件下也会进入溶菌生长周期。其 DNA 溶源周期随溶源细菌染色体一起复制，溶菌周期的早期是"θ"复制，晚期进行滚环复制。

4.2.2.2 λ噬菌体载体的构建及其主要类型

1) 构建 λ 噬菌体载体的依据

鉴于以下几方面原因，λ噬菌体被广泛用于克隆载体的构建。

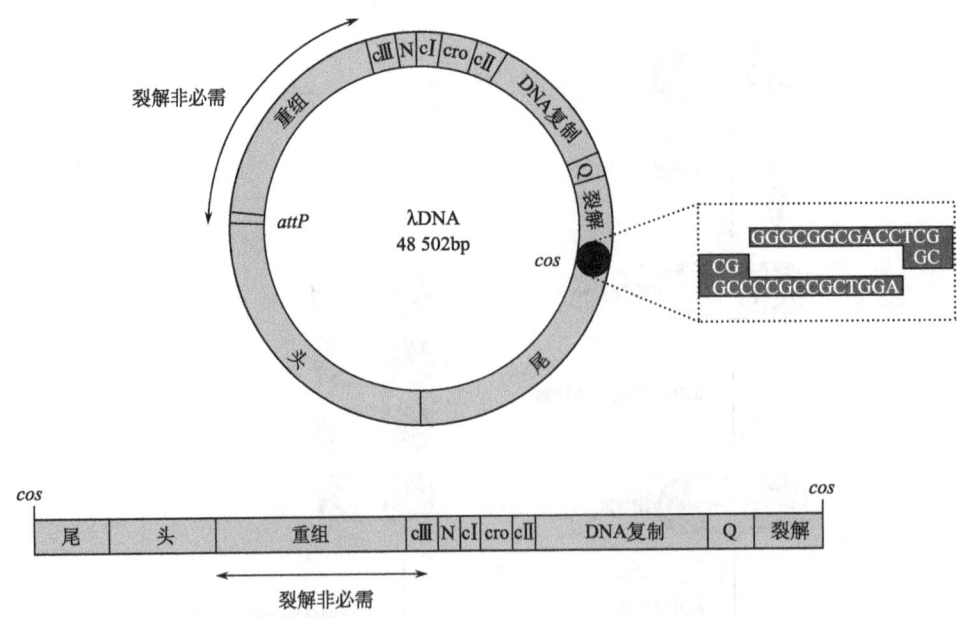

图 4-14 λ噬菌体线性 DNA 分子的黏性末端及其环化作用（引自 Richard，2003）

(1) λ噬菌体是一种温和噬菌体。能以原噬菌体形式长期潜伏于溶源细胞，易于保存；一定条件下又可以溶菌生长，大量繁殖。

(2) 能承载较大的外源 DNA 片段。λ噬菌体头部容许包装 38~54kb 的 DNA 片段，另外，λDNA 上的非必需区可被外源 DNA 取代。

(3) λDNA 分子上有多种限制酶识别位点，便于外源 DNA 酶切片段的克隆。

2) λ噬菌体载体的构建策略及技术路线

λ噬菌体载体的构建策略是切去 λDNA 上部分非必需区，除去多余的酶切位点，插入选择标记基因，建立体外包装系统。其技术路线如下。

(1) 用限制酶切去 λDNA 部分非必需区，确定一种限制酶识别序列作克隆位点，除去其在 λDNA 多余的酶切位点。

(2) 在 λDNA 的非必需区插入选择标记基因。

(3) 建立 λDNA 重组分子体外包装系统。

3) λ噬菌体载体的主要类型

构建 λ噬菌体载体的基本原理是多余限制位点的删除。按照这一基本原理构建的 λ噬菌体的派生载体可以归纳成以下两种不同的类型。

(1) 插入型载体（insertion vector）。只具有一个可供外源 DNA 插入的克隆位点。插入型载体只能承受较小的外源 DNA 片段（一般在 10kb 以内）的插入，广泛应用于 cDNA 及小片段 DNA 的克隆。外源的 DNA 克隆到插入型的 λ 载体分子上，会使噬菌体的某种生物功能丧失效力，即所谓的插入失活效应。插入型的 λ 载体又可以分为免疫功能失活的 (inactivatiort of immunity function) 和大肠杆菌 β-半乳糖苷酶失活的 (inactivation of *E. coli* β-galactosidase) 两种亚型。

a. 免疫功能失活的插入型载体。在这类插入型载体的基因组中有一段免疫区，其中带有一两种限制酶的单切割位点。当外源 DNA 片段插入到这种位点上时，载体所具有的合成活性阻遏物的功能遭受破坏，而不能进入溶源周期。因此，凡带有外源 DNA 插入的 λ 重组体都只能形成清晰的噬菌斑，而没有外源 DNA 插入的亲本噬菌体就会形成混浊的噬菌斑。

b. β-半乳糖苷酶失活的插入型载体。它们的基因组中含有一个大肠杆菌的 lac5 区段，其中编码着 β-半乳糖苷酶基因 *lacZ*。由这种载体感染的大肠杆菌 lac-指示菌，涂布在补加有 IPTG 和 X-gal 的培养基平板上会形成蓝色的噬菌斑。如果外源 DNA 插入到 lac5 区段上，阻断了 β-半乳糖酶苷基因 *lacZ* 的编码序列，不能合成 β-半乳糖苷酶，只能形成无色的噬菌斑。

（2）替换型载体（replacement vector）。具有成对的克隆位点，在这两个位点之间的 λDNA 区段是 λ 噬菌体复制等的非必需序列，可以被外源插入的 DNA 片段所取代。替换型载体则可承受较大分子质量的外源 DNA 片段（20～25kb）的插入，所以适用于克隆高等真核生物的染色体 DNA。λNM781 便是其中的一个代表。在这个替换型载体中，可取代的 *Eco*RⅠ片段编码有一个 *supE* 基因（大肠杆菌突变体 tRNA 基因），由于这种 λNM781 噬菌体的感染，寄主细胞 *lacZ* 基因的琥珀突变被抑制了，可以在乳糖麦康基氏（MacConkey）琼脂培养基上产生出红色的噬菌斑，或是在 X-gal 琼脂培养基上产生出蓝色的噬菌斑。如果这个具有 *supE* 基因的 *Eco*RⅠ片段被外源 DNA 取代了，那么所形成的重组体噬菌体在上述这两种指示培养基上都只能产生出无色的噬菌斑。

4.2.2.3 λ 噬菌体载体的改良

利用 λ 噬菌体作载体，主要是将外来目的 DNA 替代或插入中段序列，使其随左右臂一起包装成噬菌体，去感染大肠杆菌，并随噬菌体的溶菌繁殖而繁殖。野生型 λ 噬菌体 DNA 及其图谱见图 4-15。插入或置换中段外来的 DNA 长度是有一定限制的，当噬菌体 DNA 长度大于野生型 λ 噬菌体基因组 105% 或小于 78% 时，包装而成的噬菌体存活力显著下降。所

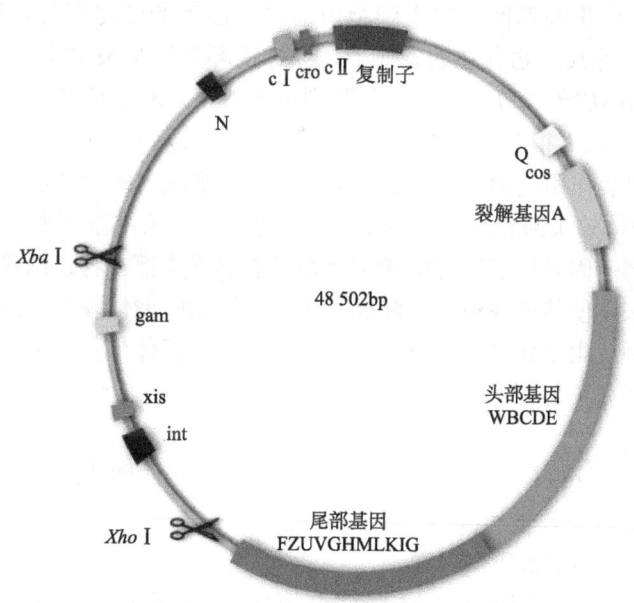

图 4-15 细胞内环化形式的野生型 λ 噬菌体基因图
只显示主要的基因。在包装进蛋白质外壳之前，λDNA 在 cos 位点切开，
这样的基因图便是线性的

以 λ 噬菌体载体可插入长 5～20kb 的外来 DNA。

改良 λ 噬菌体载体的首要目的在于增加容纳外源 DNA 片段的能力。其次，设计可以对重组子作出正选择的克隆载体，构建可以方便地通过转录作用制备外源 DNA 插入序列的 RNA 探针的克隆载体，发展可以使插入的真核 cDNA 与 β-半乳糖苷酶形成融合蛋白的克隆载体。

如果将左右臂和中段都去除，仅留下 λDNA 两端包装噬菌体所必需的 cos 序列，再加上质粒的复制序列、标志基因、多克隆位点等，就可构成 cos 质粒或称为黏粒的载体。黏粒可插入 45kb 长的外源 DNA，然后用 λ 噬菌体外壳蛋白包装成噬菌体，感染大肠杆菌后，黏粒的 DNA 能以质粒的形式在细菌中繁殖而被克隆。所以黏粒主要用于 DNA 文库的构建。

4.2.2.4 λ 重组体 DNA 分子的体外包装

1) λ 重组体 DNA 分子的转染作用

DNA 重组技术的应用要求重组载体导入寄主细胞。最简单的方法是用 λ 重组体 DNA 分子直接感染大肠杆菌，使之侵入到寄主细胞内。这种由寄主细胞捕获裸露的噬菌体 DNA 的过程叫做转染（transfection），它有别于以噬菌体颗粒为媒介的转导（transduction）。

λDNA 的转染作用是一种低效的过程。即便是使用未经任何基因操作处理的新鲜制备的 λDNA，其典型的转染效率（即每微克 λDNA 转染产生的噬菌斑数目）也仅为 10^5～10^6。体外连接，转染效率便下降到了 10^3～10^4。

如此低效性转染，很难满足应用要求（应用 λ 噬菌体构建基因文库的操作中，要求至少 10^6 的转染效率），所以需要有效的方法来提高 λ 重组体 DNA 的转染效率。目前主要应用 λDNA 的体外包装技术。

2) λDNA 的体外包装

在正常的 λ 噬菌体生长期间，寄主细胞内通过一连串的变化事件，进行特殊的包装反应。在头部前体和基因 A 产物存在的条件下，经过滚环复制形成的多连体 λDNA 被基因 A 产物从 cos 位点处切割成单体分子，并被包装到头部外壳，随后基因 D 的产物参与完整头部的形成，通过基因 W 和 FⅡ 产物的作用连接头尾，形成成熟的 λ 噬菌体。

λDNA 的体外包装作用是指在离体条件下完成寄主细胞内的包装过程。根据体外互补作用研究发现，λ 噬菌体的头部和尾部的装配是分开进行的。头部基因发生了突变的噬菌体只能形成尾部，而尾部基因发生了突变的噬菌体则只能形成头部。将这两种不同突变型的噬菌体的提取物混合起来，便能够在体外装配成有生物活性的噬菌体颗粒。这就是噬菌体体外包装所依据的基本原理。由于包装蛋白具有识别功能，而人工体外包装的 λ 噬菌体大多是置换型载体，只有那些插入了外源 DNA 的噬菌体 DNA 才能具有被包装所需的长度。因此，该体外包装具有筛选性。

将重组体 DNA 进行包装，形成成熟的噬菌体颗粒，从而能按照正常的噬菌体感染过程导入寄主细胞，提高转染效率（可达 10^7 左右）。

3) λ 噬菌体 DNA 的包装限制问题

λ 噬菌体头部外壳蛋白质容纳 DNA 的能力是有一定限度的。上限不得超过其正常野生型 DNA 总量的 105%，而下限又不得少于正常野生型 DNA 总量的 75%。按野生型 λDNA 分子长度为 48kb 计算，λ 噬菌体的包装上限是 51kb。编码必要基因的 DNA 区段占 28kb，因此 λ 载体克隆外源 DNA 的理论极限值应是 23kb。实际应用中通常是 10～15kb。这种包装限制特性对研究工作有十分重要的指导作用。

4.2.2.5 λ重组体分子的选择方法

与质粒载体不同，λ噬菌体载体不具有抗生素抗性选择记号。因此，对λ重组体分子的选择，除了采用Spi⁻正选择方法之外，主要是依据噬菌斑的形态学特征和X-gal-IPTG显色反应做出判断的。

1) *cI* 基因功能选择法

cI 基因编码的阻遏蛋白质是促使感染了λ噬菌体的大肠杆菌寄主细胞进入溶源化状态的必要条件。*cI* 基因失活或缺失的λ噬菌体是无法使其寄主细胞发生溶源化效应的，因此在培养基菌苔上形成的是清亮型的噬菌斑，而不是混浊型的噬菌斑。如果在插入型的λ噬菌体载体的克隆位点，或是在替换型的λ噬菌体的可取代区段中，编码有一个 *cI* 基因，那么插入了外源DNA片段的λ重组体分子的表型将是cI⁻，形成清亮型的噬菌斑；而非重组体分子的则是cI⁺表型，形成混浊型的噬菌斑。所以，根据噬菌斑形态学特征的差异，便可以选出λ重组体分子。

2) *lacZ* 基因功能选择法

根据 *lacZ* 基因编码产物β-半乳糖苷酶在X-gal-IPTG培养基平板上显色反应的原理（反应原理将在M13噬菌体中介绍），已经在某些插入型的λ噬菌体载体的 *lacZ* 基因中引入了若干常用的限制酶识别位点。当外源的DNA片段插入到这些克隆位点时，*lacZ* 基因失活，形成的是无功能活性的β-半乳糖苷酶。于是被感染的大肠杆菌寄主细胞就将在含X-gal-IPTG的培养基平板上形成无色的噬菌斑；而相反的，没有外源插入序列的λ噬菌体载体则将会形成蓝色的噬菌斑。同样的方法也可适用于替换型载体的重组体分子的选择，当然其先决条件是在可取代的区段中应带有 *lacZ* 基因的相应序列。由此可见，我们可以利用 *lacZ* 基因编码的β-半乳糖苷酶的功能活性作为选择λ重组体分子的一种简便有效的生化指标。

3) Spi⁻选择法

Spi⁻选择法的基本原理是，λ噬菌体的 *red* 和 *gam* 基因的编码产物（即一种参与重组反应的外切核酸酶和一种可抑制大肠杆菌recBCD核酸酶活性的蛋白质）会抑制噬菌体，使之无法在P2噬菌体溶源性的大肠杆菌细胞中正常生长。而 *red⁻gam⁻* 突变型的λ噬菌体，却可以在P2溶源性的细菌中正常生长。在使用替换型载体进行克隆的过程中，位于可取代区段上的 *red* 和 *gam* 基因随之被移走。因此，具有插入序列的λ重组体分子便可以在P2溶源性的细菌中生长；反之，没有插入序列的则不能够正常生长。所以根据在P2溶源性细菌中的生长状况，便可以选择出λ重组体分子。

4.2.3 单链DNA噬菌体载体

M13、f1和fd，是一类亲缘关系十分密切的丝状大肠杆菌噬菌体，特异性感染含有因子性须结构的大肠杆菌，故称其为雄性专一性丝状噬菌体。它们都含有长度为6.4kb、彼此具有很高同源性的单链环状的DNA分子。这些单链DNA噬菌体对于基因克隆所涉及的许多种实验，如异源双链DNA分析、互补RNA的分离及DNA序列分析等，都具有相当重要的用途。同时，作为单链的DNA载体，这些丝状噬菌体表现出一系列其他载体所不具备的优越性。

第一，单链DNA噬菌体的复制是以双链环形DNA为中间媒介的。这种复制形式的

DNA（replication form DNA，RF-DNA）可以如同质粒 DNA 一样，在体外进行纯化和操作。

第二，不论是 RF-DNA 还是 ssDNA，它们都是能够转染感受态的大肠杆菌寄主细胞，并依据所采用的实验方法而定，或产生出噬菌斑，或形成侵染的菌落。

第三，单链 DNA 噬菌体颗粒的大小是受其 DNA 多寡制约的。因此对它们来说，并不存在包装限制的问题。事实上，已有关于成功地包装了总长度为 M13-DNA 6 倍的 DNA 分子的实验报道。

第四，应用这类单链 DNA 噬菌体，可以容易地测定出外源 DNA 片段的插入取向。

第五，可产生大量纯化的、含外源 DNA 片段插入的单链 DNA 分子。这种重组体单链 DNA 分子可按双脱氧链终止法做核苷酸序列测定，也可用于制备具放射性同位素标记的 DNA 探针，还可进行寡核苷酸定点突变。

总而言之，单链 DNA 噬菌体具有质粒载体的全部优越性，而且这类噬菌体颗粒在实验上也是很容易获得的。因此，单链 DNA 噬菌体在研究工作中的应用也就理所当然地越来越受到人们的重视。下面以 M13 噬菌体为例子对单链 DNA 噬菌体加以说明。

4.2.3.1 M13 噬菌体的生物学特性

M13 噬菌体是一种丝状噬菌体，其 DNA 呈单链闭合环状，即（＋）链的 DNA（图 4-16）。M13 噬菌体只能感染雄性细菌（带有 F 因子性须的大肠杆菌菌株），基因组 DNA 长约 6.4kb，可分为 10 个区和 507 个核苷酸的基因间隔区（IG 区），该区可以接受外源 DNA 的插入而不会影响噬菌体的活力。这是该噬菌体能用于单链 DNA 载体的重要前提。

M13 噬菌体感染雄性大肠杆菌后，进入细胞内部的 M13（＋）链 DNA 便起到模板的作用，在大肠杆菌胞内酶的作用下，合成出互补的（－）链 DNA。由此形成的双链形式的 M13 DNA 称为复制型 DNA。它按照"θ"形式进行几轮复制之后，基因Ⅱ的产物便在 RF-DNA 的正链特定位点上做切割反应，形成一个缺口。这样，M13 基因组的扩增活动便正式开始启动。其基本特点是利用大肠杆菌的 DNA 聚合酶Ⅰ，以环形的 M13（－）DNA 为模板合成 M13（＋）DNA。当 DNA 复制叉沿着模板 DNA 分子转移到复制终点时，在基因Ⅱ编码产物的作用下，新合成的（＋）DNA 便会被切除下去，并进一步环化形成单位长度的 M13 基因组 DNA。

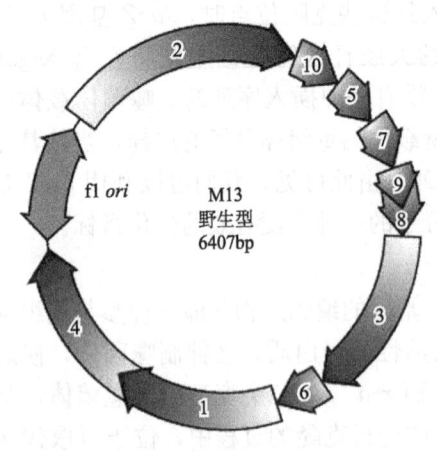

图 4-16 野生型 M13 单链 DNA 噬菌体的基因图（引自 Richard，2003）

RF-DNA 快速地增殖，直到每个细胞含量达 200 个拷贝为止。此时，由于在细胞内累积了足够数量的由噬菌体基因Ⅴ编码的单链特异的 DNA 结合蛋白质，RF-DNA 的复制就变成了不对称的形式。这种蛋白质同（＋）链 DNA 结合，阻断了其互补链，即（－）链 DNA 的合成，同时它还能够抑制基因Ⅱ mRNA 的翻译活性。正是由于这方面的原因，在野生型 M13 噬菌体感染的大肠杆菌寄主细胞中，只能合成（＋）DNA 并保持一定的生成速率。随着新的（＋）DNA 的合成，它们便不断地取代原先的（＋）DNA。这些游离出来的

（＋）DNA按照一种异常的途径被包装成M13噬菌体颗粒（图4-17）。与其他丝状噬菌体一样，M13也不是在细胞内组装成噬菌体颗粒的。它先与基因V的编码产物结合形成特异的DNA-蛋白质复合物，然后转移到寄主的细胞膜，同时基因V的蛋白质从（＋）DNA链上脱落下来，余下的M13（＋）DNA则是在从其感染的寄主细胞的细胞膜上溢出的过程中，被外壳蛋白质包裹成病毒颗粒的。正是由于这种特殊的形态建成方式，M13（＋）DNA并不需要导入一种预先形成的固定结构中，因此被包装的单链DNA的分子质量大小并无严格的限制。这就是为什么M13克隆载体具有较大克隆能力的原因所在。

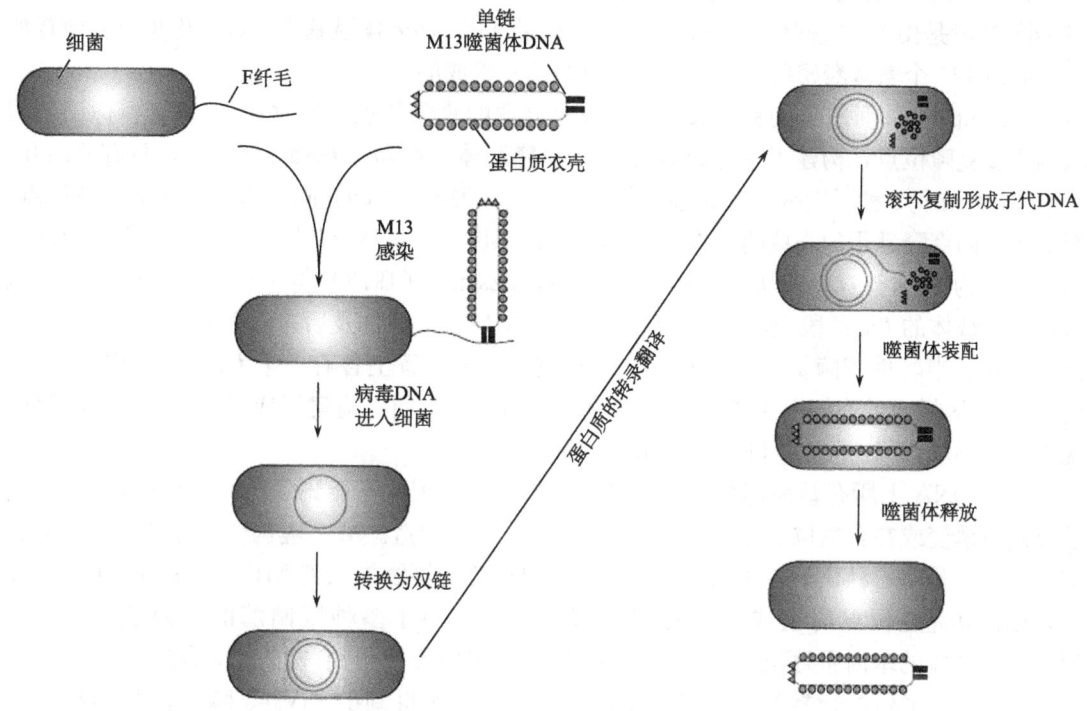

图 4-17　M13-DNA 的复制周期（引自 Richard，2003）

根据上述分析可以看出，M13噬菌体的DNA复制的结果并不会导致寄主细胞发生溶菌效应，因此感染的细胞能够继续生长和分裂，但其速度仅为正常细胞的1/2～3/4。在培养基中，每个细胞每个世代可释放出1000个左右的子代噬菌体颗粒。因此，培养基内可以聚集大量的M13噬菌体颗粒，其效价可高达10^{12} pfu/ml。然而，这里有必要指出，由于M13是一种非溶菌的噬菌体，故在它们生长的细菌菌苔上并不会形成真正的噬菌斑。我们在实验中所观察到的所谓混浊型的"噬菌斑"，其实是感染的细菌在生长速度上比未感染的细菌明显下降的缘故。

M13噬菌体现已被发展为一种通用的克隆载体，在Sanger设计的双脱氧DNA序列分析法中有特殊的用处。它的RF-DNA在寄主细胞中是以高拷贝数的形式存在的，所以很容易纯化出来供作基因克隆载体使用。而且感染的细菌培养物经离心处理除去大肠杆菌细胞及其碎片之后，存留的上清液可以有效地制备M13噬菌体颗粒，从而有利于制备大量的单链模板DNA。

4.2.3.2 M13噬菌体载体的构建

虽然M13-DNA是单链DNA，但在受体细胞内可形成环形双链DNA，并且能有效转染受体细胞，具有构建克隆载体的可能性，所缺少的是选择标记和克隆位点。因此，构建M13噬菌体载体的策略是，在IG区内插入lacZ基因并且在标记基因区内组装MCS区段。

M13噬菌体的RF-DNA有10个 Bsu I 的识别位点，其中一个在IG区，并且在该位点插入外源DNA片段不影响复制功能。因此，可以用 Bsu I 部分切割的线性RF-DNA与乳糖操纵子的 $Hind$ II 切割片段进行平末端连接，获得M13噬菌体载体M13mp1。乳糖操纵子的 $Hind$ II 片段是由 $lacI$ 基因的一部分、lac 启动子（P）、lac 操纵基因（O）及β-半乳糖苷酶基因的前145个氨基酸密码子，即α-肽链（$lacZ$）组成的。

M13mp1是一种有效的克隆载体，但没有合适的克隆位点。通过在 $lacZ'$ 选择标记基因区插入多克隆位点，构建了多种成对的M13克隆载体。在 lac $Hind$ II 区段中，只有 Ava II、Bgl II、Pvu I 3种限制酶存在着唯一的限制位点；另外，Pvu II 限制酶则有3个限制位点；而对于基因克隆常用的一些酶，如 $EcoR$ I 或 $Hind$ III 等，在整个基因组中都不存在相应的限制位点。为了弥补这一不足，Gronenborn 和 Messing（1978）将一个 $EcoR$ I 位点导入M13mp1载体的 lac 区段上，结果得到了新型的M13mp2载体及后来的M13mp3。这两个载体分别在β-半乳糖苷酶氨基酸5和119的相应密码子位置上各有一个 $EcoR$ I 的限制位点。根据 $lacZ$ 区插入的连杆上克隆位点的多少和排列方向不同，构建了成对的M13克隆载体，如M13mp8/9、M13mp10/11、M13mp18/19等。

M13-DNA上所有基因都是噬菌体增殖所必需的，因此不能删除任何DNA片段，只能通过定点诱变或在合适位点插入DNA片段的方法对其改造。M13噬菌体载体的进一步改良的重要工作是将一种化学合成的、具有多克隆位点的衔接物加入到M13mp2的 $EcoR$ I 位点上，以使其克隆位点的组成范围得以扩展，成为适用于多种限制酶的克隆载体。先从M13mp2载体的基因Ⅲ序列中移去 $BamH$ I 单切割位点，再将一段人工合成的含有一个 $BamH$ I 识别序列的衔接物插入 $EcoR$ I 位点上，由此得到的mVJ43噬菌体载体在含有X-gal-IPTG培养基平板上仍可呈现蓝色的噬菌斑。此后，又有人在mWJ43噬菌体载体的 $BamH$ I 位点处引入了另一段含有 Pst I 和 Sal I 位点的多聚衔接物，产生出了M13mp71噬菌体载体。由于这个载体的核苷酸序列的编码结构并没有发生改变，故仍可合成出有功能活性的β-半乳糖苷酶的α-多肽。

这类载体能通过α互补在X-gal-IPTG平板上识别重组体。突出优点在于其既可以提供单链DNA，也可以提供双链的DNA。其最大的不足在于插入大的DNA片段后表现不稳定，在噬菌体增殖过程中容易发生缺失。所以一般克隆的片段在1kb之内，克隆300~400bp的片段十分稳定。

4.2.3.3 M13克隆体系

1) β-半乳糖苷酶显色反应原理

M13克隆体系包括M13噬菌体本身和寄主菌株两个组成部分，常用的这类大肠杆菌菌株有JM101、JM105、JM107、JM109、JM110、TG1、TG2、XL1-Blue、XS127、XS101、KK2186、MV1184等。但无论是M13载体，还是其他大肠杆菌寄主菌株，如JM101细胞，单独都不能产生有功能性的β-半乳糖苷酶。只有将两者结合在一起时，才能形成有功能的

β-半乳糖苷酶，而且这种酶的活性还可以用 X-gal 显色反应法测定出来。

lacZ 基因是乳糖 lac 操纵子中编码 β-半乳糖苷酶的基因，乳糖及其衍生物可诱导其表达。乳糖既是 lac 操纵子的诱导物，也是作用的底物。异丙基-β-D-硫代半乳糖苷（IPTG）是乳糖的衍生物，可作为 lac 操纵子的诱导物，但不能作为反应的底物；5-溴-4-氯-3-吲哚-β-D-半乳糖苷（5-bromo-4-chloro-3-β-galactoside，X-gal）可作为 lac 操纵子的底物，但不能作为诱导物。底物 X-gal 还可充作生色剂，被 β-半乳糖苷酶分解后可产生蓝色产物，可使菌落或噬菌斑呈蓝色。

β-半乳糖苷酶 X-gal 显色反应检测法实质上是一种组织化学测试技术，它可以在琼脂糖平板上完成，具有功能活性的 β-半乳糖苷酶是以四聚体形式存在的。它能将无色的化合物 X-gal 切割成半乳糖和蓝色的底物 5-溴-4-氯靛蓝（5-bromo-4-chloroindigo）。因此，X-gal 可作为检测 β-半乳糖苷酶的一种指示剂。

在 M13 克隆体系中，为了应用 X-gal 显色反应筛叠重组子，最简单的方法是，使 M13 载体上带有一个完整的 lac 操纵子。但这样的载体分子将过于庞大，后来应用 DNA 重组技术构建出只含有 β-半乳糖苷酶基因一小部分序列的 M13 派生载体。这段序列编码 β-半乳糖苷酶的氨基末端，即 α 肽链。

Lac 缺失突变 *lacZ*（△M15），简称 M15 基因（不要同 M13 噬菌体混淆），合成的是一种缺失了 11~41 个氨基酸的缺陷性 β-半乳糖苷酶（又称 M15 多肽）。这段缺失虽然不是位于酶分子的活性部位，但却使它丧失了四聚化作用的功能。在体外加入野生型的 β-半乳糖苷酶的溴化氰片段（cyanogen bromide fragment）（2~92 个氨基酸），就可以使多肽的活性得以恢复，并重新获得形成四聚体的能力。因此，我们说溴化氰片段补偿了 *lacZ* 基因的 M15 突变。这种现象叫做 α 互补作用（alpha complementation）。若用一种特定的 β-半乳糖苷酶的 *Hind*Ⅱ 片段代替溴化氰片段，同样也可发生 α 互补作用。在 M13 克隆体系中 *lacHind*Ⅱ 片段位于 M13 噬菌体载体分子上，而大肠杆菌寄主细胞的 F 质粒则带有 M15 突变基因。

IPTG 是一种含硫的乳糖类似物。在不存在底物乳糖的条件下，它可以诱导细胞合成 β-半乳糖苷酶。所以，我们称 IPTG 为 β-半乳糖苷酶的安慰诱导物（gratuitous inducer），即是一种不发生代谢变化的诱导物（nonmetabolizable inducer）。在用作检测 α 互补作用的 X-gal 显色反应中，lac 操纵子同样也必须被诱导。但由于 X-gal 并不是一种诱导物，因此在琼脂平板上还需要加入 IPTG。

当 M13mp1 载体感染了 JM101 菌株，通过 α 互补作用，这些细胞便会产生出有活性的 β-半乳糖苷酶，于是在补加有指示剂 X-gal 和诱导物 IPTG 的培养基中，就会出现蓝色的噬菌斑。相反地，未感染的寄主细胞就只能形成失活的 β-半乳糖苷酶。一旦外源 DNA 插入到 M13mp1 噬菌体载体的 *lac* 区段上时，所产生的 α-肽就失去了 α 互补作用的能力，结果便只能形成白色的噬菌斑。这就为重组体噬菌体的筛选提供了方便的标记。

2）M13 载体系列的优点

M13 载体系列特别适用于克隆单链的 DNA 分子。与其他载体相比，它具有两个十分有用的优点：第一个优点是，在这类载体的基因组中有一条饰变的 β-半乳糖苷酶基因片段（*Hind*Ⅱ），其中插入了一段具有密集的多克隆位点的序列；第二个优点是，M13 载体序列是应用基因工程技术成对地构建的，得以有效地克隆双链 DNA 分子中的每一条链。

克隆在 M13 RF-DNA 分子上的外源 DNA 片段，到了子代噬菌体便成了单链的形式。

所以应用 M13 克隆载体，研究者就可以十分方便地分离到任何特定 DNA 的单链序列。但要同时分离双链 DNA 分子中的两条单链，则需要进行两种独立的克隆。根据 M13 噬菌体的生物学特性知道，一种由 M13 重组体分子所产生的克隆的 DNA 片段，究竟是属于 H 链还是属于 L 链，是由克隆在 RF-DNA 分子上的外源 DNA 片段的插入取向决定的。其原因在于，任何 M13 噬菌体颗粒中，都只含有一条（＋）链 DNA。然而，在具有外源 DNA 插入片段的 M13 RF-DNA 分子群体中，两种不同取向的插入 DNA 片段并不可能按同等的比例出现。这就为分离单链 DNA 分子带来一定的麻烦。解决这个问题的一个行之有效的办法是定向克隆技术。

用两种不同的限制酶（如 BamHⅠ和 $Hind$Ⅲ）消化外源 DNA，可产生出带有两种不同的黏性末端的 DNA 片段。同样，用这两种限制酶切割的载体分子，只有加入了一种具有与此相同的两种黏性末端的外源 DNA 片段，才能够重新环化起来。由此可知，由这种双酶切割的 M13 RF-DNA 转化而来的任何 M13 子代噬菌体，都必定是由 M13 噬菌体分子本身和插入 DNA 片段组成的重组体。为了产生出这类重组体分子，M13 载体分子的 $Hind$Ⅲ末端必须同插入 DNA 的 $Hind$Ⅲ连接，而两者的 BamHⅠ末端也同样必须连接起来。这样处理的结果便实现了外源 DNA 片段的定向插入。由于在 M13 载体基因组中，BamHⅠ和 $Hind$Ⅲ限制位点的位置是已知的，因此插入的 DNA 片段的取向也就可以被确定出来。

3) M13 载体系列的主要用途

M13 载体系列的主要用于制备测序用单链 DNA 模板进行序列分析；用于制备杂交探针；用于定点突变；在噬菌体表面表达已融合到噬菌体外壳蛋白的重组蛋白或多肽，即蛋白质噬菌体展示（phage display）。

4.3 柯斯质粒载体

由于真核基因结构与功能研究的需要，人们发展出了柯斯质粒载体（cosmid vector），或称黏粒载体，这是一类人工构建的含有 λDNA 的 cos 位点（体外包装所必需）和质粒复制子的特殊类型的质粒载体。

4.3.1 柯斯质粒载体的构建及其特点

4.3.1.1 柯斯质粒载体的构建

λ噬菌体克隆外源 DNA 的能力，虽说其理论上的极限值可达 23kb，但事实上较为有效的克隆范围仅为 15kb 左右。研究发现，如果保留 λDNA 片段两端不少于 28kb，并包含 cos 位点及包装相关位点的核苷酸序列，重组 λDNA 仍可以包装为噬菌体颗粒转染受体细胞。但是这种很小的 λDNA 片段本身不能进行体外包装和增殖，不能直接作为克隆载体使用。质粒载体不仅可以转化合适的受体细胞，而且可以在受体细胞内自行复制和维持，但克隆能力一般不超过 10kb。根据两种载体的这些性质，人工构建了一类含有 λDNA 的 cos 序列和质粒复制子的特殊类型的质粒载体，即柯斯质粒载体。它兼具有 λ噬菌体的高效感染能力和质粒易于克隆选择的优点，既能像质粒一样在寄主细胞内复制，也能像 λDNA 一样被包装到噬菌体颗粒中去。其克隆能力为 31～45kb，而且能够被包装成为具有感染性能的噬菌体颗粒。柯斯质粒载体 pJB8（图 4-18）就是由 λDNA 片段和 pBR322 质粒 DNA 联合组成的。

4.3.1.2 柯斯质粒载体的特点

（1）具有 λ 噬菌体的特性。柯斯质粒载体具有 λ 噬菌体的 cos 位点及包装相关位点，克隆了合适长度的外源 DNA，可以被包装成噬菌体颗粒，高效地转导对 λ 噬菌体敏感的大肠杆菌寄主细胞。进入寄主细胞之后的柯斯质粒 DNA 分子便按照 λ 噬菌体 DNA 同样的方式环化起来。但由于柯斯质粒载体并不含有噬菌体的全部必要基因，因此它不能够通过溶菌周期形成子代噬菌体颗粒。

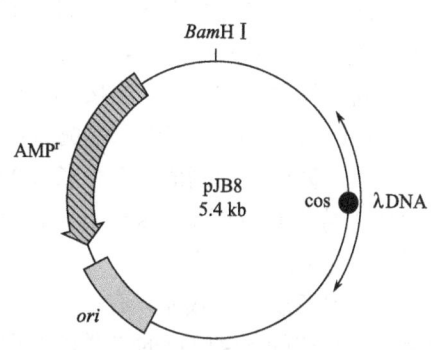

图 4-18 柯斯质粒载体 pJB8 的结构图（引自 Richard, 2003）

（2）具有质粒载体的特性。柯斯质粒载体具有质粒复制子，因此在寄主细胞内能够像质粒 DNA 一样进行复制，并且在氯霉素作用下也会获得进一步的扩增。此外，柯斯质粒载体通常也都具有抗生素抗性基因，可供作重组体分子表型选择标记，其中有一些还带有基因插入失活的克隆位点。例如，在 pHC79 柯斯质粒基因组的 Pst I 限制位点克隆，会导致 amp^r 基因的失活；在 Bam H I 和 Sal I 限制位点克隆，又会造成 tet^r 基因的失活。

（3）具有高容量的克隆能力。正如上面所述，柯斯质粒载体的分子仅具有一个复制起点、一两个选择标记和 cos 位点等组成部分，其分子质量较小，一般只有 5~7kb。因此，可以插入到柯斯质粒载体上并能被包装成 λ 噬菌体颗粒的最大外源 DNA 片段，即柯斯质粒载体的克隆极限可达 45kb 左右，克隆大片段的 DNA 分子特别有效。

（4）具有与同源序列的质粒进行重组的能力。当柯斯质粒与质粒各自具有一个互不相容的抗药性标记及相容性的复制起点时，当它们转化到同一寄主细胞之后，便可容易地筛选出含有两个不同选择标记的共同体分子。

4.3.1.3 几种常用的柯斯质粒载体

表 4-5 列举了几种常用的大肠杆菌柯斯质粒载体。

表 4-5 实验室常用的柯斯质粒载体

柯斯质粒	大小/kb	酶切位点	装载量/kb	选择标记
pHC79	6.1	Eco R I，Sal I，$Hind$ III，Pst I，Bam H I，Pvu II	30.7~45.5	Ap^r+Tc^r
pJB8	5.4	Eco R I，$Hind$ III，Sal I，Bam H I	31.5~46.1	Ap^r
pU206	15.5	Bam H I	21.3~36.0	Ap^r+Tc^s
pLFR-5	6	Bam H I，Sca I	31.0~45.5	Tc^r

4.3.2 柯斯克隆

应用柯斯质粒载体，在大肠杆菌细胞中克隆大片段的真核基因组 DNA 的技术叫做柯斯克隆（cosmid cloning）。该技术的理论依据是，在线性 λ 噬菌体 DNA 分子的每一端都具有一段彼此互补的单链突出序列，即所谓的黏性末端（cos 位点）。在 λ 噬菌体的正常生命周期中会产生出由数百个 λDNA 拷贝组成的多连体分子。在此种分子中，前后两个 λDNA 基因组之间都是通过 cos 位点连接起来的。λ 噬菌体具有一种位点特异的切割体系（site-specific cutting system），叫做末端酶（terminase）或 Ter 体系，能识别两个相距适宜的 cos 位点，将多连体分子切割成 λ 单位长度的片段，并将它们包装到 λ 噬菌体头部。只有在被作用的 λDNA 分子具有两个 cos 位点，而且它们之间的距离保持在 38～54kb 的条件下，Ter 体系才能对它们发生作用。

由于柯斯质粒作载体只有一个 cos 位点，应用前必须对其进行适当处理，构成具有两个相距一定距离的 cos 位点的二联体线性 DNA 分子。应用柯斯质粒作载体进行基因克隆的一般程序是：先用一种限制酶切割柯斯质粒作载体，再用 DNA 连接酶连接，出现具有两个 cos 位点的二联体线性 DNA 分子；用同样的特定限制酶分别切割外源 DNA 和二联体线性 DNA 分子，酶切片段混合，连接成可用于体外包装的样品（图 4-19）。由此形成的连接产物群体中，有一定比例的分子是两端各有一个 cos 位点的、长度为 40kb 左右的真核 DNA 片段，而且这两个 cos 位点在取向上是一样的，可作为 λ 噬菌体 Ter 功能的一种适用底物。当加入 λ 噬菌体的包装连接物时，它能把这些分子包装进 λ 噬菌体的头部，以用来感染大肠杆菌。

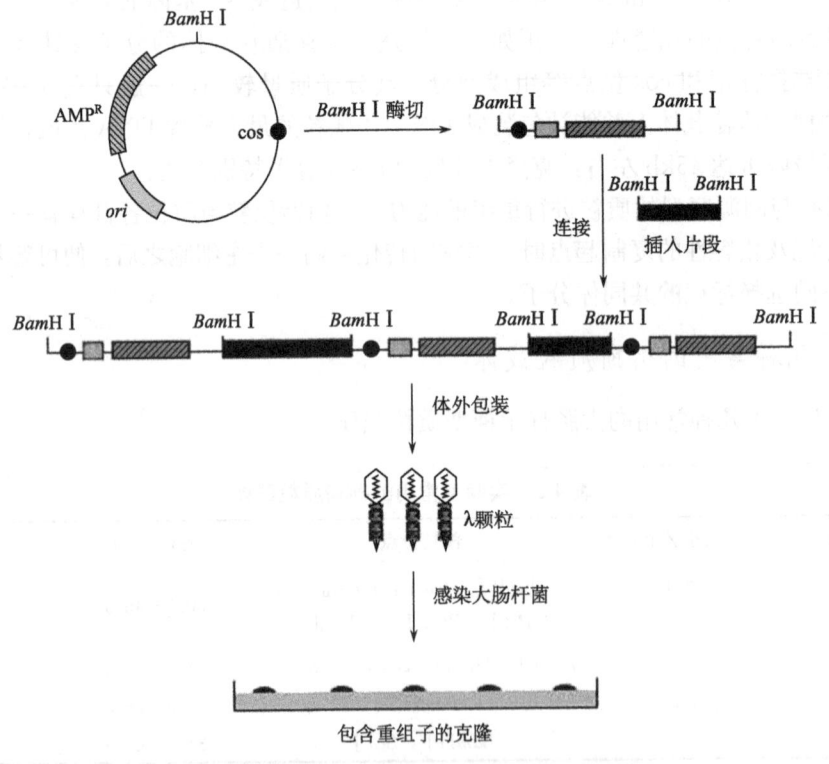

图 4-19　柯斯质粒载体克隆基因的一般程序

4.3.3　柯斯克隆的改良

应用柯斯质粒载体在大肠杆菌细胞中克隆大片段的真核基因组 DNA 有两方面缺点：一

方面,由于经限制酶切割作用产生的线性柯斯质粒载体,彼此间会通过分子内的重组作用形成多聚体分子,即自我重组,也被包装蛋白识别包装形成克隆子,从而降低了含有外源 DNA 重组子的重组频率;另一方面,由于经限制酶局部消化的真核基因组产生出来的 DNA 片段,在随后的连接反应中往往会出现由两个或数个片段随机再连接的情况,而它们的结合顺序并不符合在真核基因中的固有排列顺序,因此使用含有这种插入片段的克隆做 DNA 序列分析,所得出的 DNA 序列是错误的。为防止自我连接,一般都是在连接反应之前,先用碱性磷酸酶对线性柯斯质粒载体 DNA 做预处理,使之脱磷酸。针对以上问题,曾经提出了不同的改良方案。

Ish-Horowicz-Burke 柯斯克隆方案:在 BamH I 识别位点的两侧,各有一个 EcoR I 识别位点包围着的特殊柯斯质粒。由于克隆在 BamH I 位点上的 Sau3A 或 Mbo I DNA 片段,通过 EcoR I 的切割作用便可被重新删除下来,因此只要用 EcoR I 限制酶消化切割,就可以从重组体分子中重新获得插入 DNA 片段。

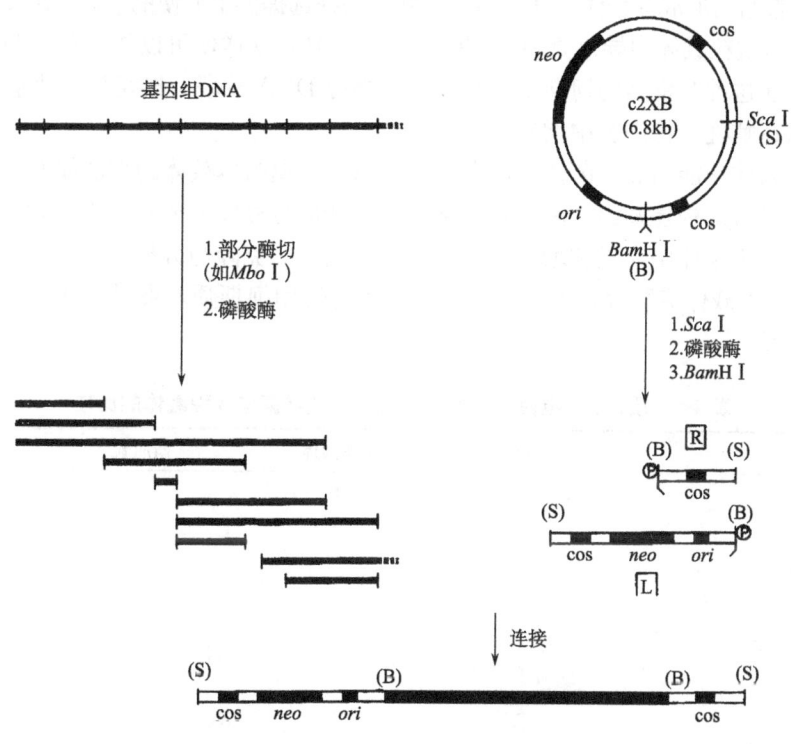

图 4-20 Bates-Swift 柯斯克隆方案

Bates-Swift 柯斯克隆方案(图 4-20):Bates 和 Swift 于 1983 年构建了一种具有两个 cos 位点的柯斯质粒载体,并以此为基础设计出了克服柯斯克隆难点的另一种克隆方案。他们所用的柯斯质粒载体 c2XB,具有限制酶 BamH I 的单克隆位点和两个被平末端的限制酶 Sma I 分隔开来的 cos 位点。因此,使用这两种限制酶对该质粒载体作双酶切割,便可得到中间具有一个 cos 位点、两端分别为平末端(Sma I)和黏性末端(BamH I)的载体双臂 DNA 分子。在含有高浓度 ATP(5mmol/L)的反应体系中,把 c2XB 载体的双臂 DNA 与经过限制酶 Sau3A(与 BamH I 为一对同尾酶)局部消化并经碱性磷酸酶做了脱磷酸处理的真核基因组 DNA 片段混合,由于平末端的两臂 DNA 分子之间重新连接的效率相当低,从而有效地阻止了载体分子间的自我连接反应。所以，在这种体外连接反应条件下，主要的产物便是两端分别为 c2XB 双臂 DNA 之一、中间为真核 DNA 片段的重组体分子。它们可以在体外被包装成具有感染力的噬菌体颗粒，从而提高了克隆的效率，降低了假阳性的比例。

柯斯克隆方案的基础是使用特殊设计的柯斯质粒载体。除了上述两种方案之外，人们还在其他方面对柯斯质粒载体做了诸多方面的改良。

(1) 在柯斯质粒载体的多克隆位点的两侧引入一对 T3 和 T7 噬菌体的 RNA 聚合酶启动子。外源的 DNA 片段是被克隆在这两个启动子之间的多克隆位点上。因此，通过 T3 RNA 聚合酶或 T7 RNA 聚合酶，便能够选择性地合成出克隆 DNA 片段的任何一条链的 RNA 转录本。

(2) 构建与常用的大肠杆菌质粒载体没有同源性序列的柯斯质粒。这样的两种质粒载体在同一寄主细胞中是不会发生重组的；而当它们被插入了具有同源序列的外源 DNA 片段时，便会通过同源重组而形成共合体，从而为目的基因的筛选提供了方便的手段（图 4-20）。

(3) 在柯斯质粒载体中导入真核生物的选择性记号，这样便可以作为穿梭载体使用。换句话说，克隆在这种改良型的柯斯质粒载体上的外源 DNA 片段，既可以在大肠杆菌细胞中增殖，又可以在哺乳动物细胞中增殖。

柯斯质粒载体功能与 λ 噬菌体载体类似，但由于 λ 噬菌体载体的多功能性和较高的克隆效率，它仍然是目前构建基因文库的首选载体。柯斯质粒载体一般只在以下两种特定情况下使用：①在单个重组体中克隆和增殖完整的真核基因；②克隆与分析组成某一基因家族的真核 DNA 区段，即载体克隆容量大且具有明显优势时使用柯斯质粒载体。表 4-6 列举了几种载体的应用比较。

表 4-6　质粒、λ 噬菌体、柯斯质粒和单链噬菌体 4 种载体的比较

项目	质粒	λ 噬菌体	柯斯质粒	单链噬菌体
克隆 DNA 大片段	±*	+	+	−
构建基因组文库	−	+	+	−
构建 cDNA 文库	+	+	−	−
常规的亚克隆化	+	−	−	−
构建新型的 DNA 结构	+	−	−	−
序列分析	+	−	−	+
单链探针	+**	−	−	+
外源基因在大肠杆菌中表达	+	−	−	−

* 外源 DNA 如超过 10kb，则重组质粒的转化率和 DNA 得率都非常低。

** 已有个别质粒可用于此目的。

4.4　噬菌粒载体

4.4.1　噬菌粒载体的概念

针对 M13 噬菌体载体的局限性而发展的一类由质粒载体和单链噬菌体载体结合而成

的新型的载体系列,称为噬菌粒(phagemid 或 phasmid)载体。其最简单的结构组成即为具有 ColE1 复制起点和抗生素标记的质粒加上单拷贝的丝状噬菌体主要基因间隔区(IG)。M13 噬菌体基因Ⅱ和基因Ⅳ之间有一段长 507 个碱基的基因间隔区(IG 区),它不编码蛋白质,却是正负链 DNA 复制的起始终止区域及单链 DNA 包装的顺式信号位点。将 IG 片段克隆到质粒上,所形成的噬菌粒在受体细胞内能随质粒部分的自主复制而稳定遗传。

噬菌粒载体的分子质量一般都比 M13 载体的小,约为 3000bp,易于体外操作,可得到长达 10kb 的外源 DNA 的单链序列;在大肠杆菌寄主细胞内,可以按正常的双链质粒 DNA 分子形式复制,形成的双链 DNA 既稳定又高产;而当存在着辅助噬菌体的情况时,噬菌粒按滚环模型复制产生单链的 DNA,并在包装成噬菌体颗粒之后被挤压出寄主细胞。

4.4.2 pUC118 和 pUC119 噬菌粒载体

pUC118 和 pUC119 是一对分别由 pUC18 和 pUC19 质粒与野生型 M13 噬菌体的基因间隔区(IG)重组而成的噬菌粒载体。除了多克隆位点区的序列取向彼此相反以外,两者的分子结构完全一样(图 4-21)。

A pUC118/pUC119噬菌粒载体

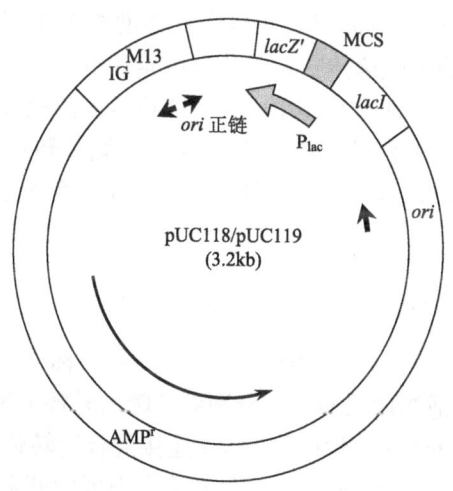

B pUC118多克隆位点

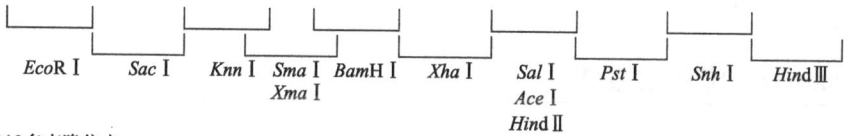

C pUC119多克隆位点

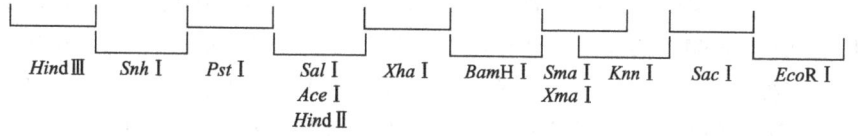

图 4-21 pUC118 和 pUC119 噬菌粒载体的分子结构(引自 Sambrook and Russell,2005)

4.4.2.1　pUC118 和 pUC119 噬菌粒载体的优点

pUC118 和 pUC119 噬菌粒载体的优点主要的有以下几个方面。

（1）具有小分子质量的共价、闭合、环形的基因组 DNA，可克隆高达 10kb 的外源 DNA 片段，并易于进行体外分离与操作。

（2）存在一个 amp^r 基因作为选择性标记，因此只有携带着 pUC118 或 pUC119 噬菌粒载体的大肠杆菌转化子细胞才能够在含有氨苄青霉素的培养基中生长，便于转化子的选择。

（3）拷贝数含量高，每个寄主细胞可高达 500 个，所以只要用少量的大肠杆菌细胞培养物，便可制备出大量的载体 DNA。

（4）存在着一个多克隆位点区，因此许多种不同类型的外源 DNA 限制片段不经修饰便可直接插入到载体分子上。

（5）由于多克隆位点区阻断了大肠杆菌 lacZ 基因的 5′端编码区，故可按照 X-gal-IPTG 组织化学显色反应实验筛选重组体分子。

（6）lacZ 基因是置于 lac 启动子的控制之下，这样插入的外源基因（当其读码结构没有发生改变的情况下）便会以融合蛋白形式表达，即产生出 β-半乳糖苷酶与外源蛋白质的融合产物。

（7）含有一个质粒的复制起点，因此在没有辅助噬菌体的情况下，克隆的外源基因可以像质粒一样按常规方法复制形成大量的双链 DNA 分子。

（8）带有一个 M13 噬菌体的复制起点，所以在有辅助噬菌体感染的寄主细胞中，可以合成出单链 DNA 拷贝，并包装成噬菌体颗粒分泌到培养基中。

（9）在 pUC118 和 pUC119 这两个载体中，多克隆位点区的核苷酸序列取向是彼此相反的，它们当中的一个可转录克隆基因的正链 DNA，另一个则可转录负链 DNA。

（10）可以直接对克隆的 DNA 片段进行核苷酸序列测定，免去了从质粒载体到噬菌体的这一繁琐的亚克隆步骤。

4.4.2.2　pUC118 和 pUC119 噬菌粒载体的克隆程序

应用 pUC118 或 pUC119 噬菌粒作载体克隆外源 DNA 的标准程序包括，连接、转化和筛选 3 个基本步骤。首先选用适当的限制酶，分别对克隆的外源 DNA 及载体分子做酶切消化，并用 DNA 连接酶进行体外连接。然后将 DNA 连接混合物转化给具有 lacZ△15 的大肠杆菌 Amp^s 表型菌株，涂布在含有 X-gal-IPTG 和氨苄青霉素的营养培养基平板上。只有获得了噬菌粒载体的转化子细胞才能生长成菌落，其中多克隆位点上插入了外源 DNA 片段的呈白色，反之则呈蓝色。

4.4.3　pBluescript 噬菌粒载体

4.4.3.1　体外转录载体

有一类噬菌体（如 T3、T7 及沙门氏菌的 SP6 等）具有编码自身 RNA 聚合酶基因，这类噬菌体 RNA 聚合酶的活性效应具有高度的专一性，只能转录具有噬菌体待定启动子的基因，而且每一种此类噬菌体的 RNA 聚合酶所识别的自身启动子也是高度特异的。

将 T3、T7 或 SP6 噬菌体的启动子序列插入噬菌粒载体的多克隆位点区的两侧，便构成了一类新型的噬菌粒载体，特称为体外转录载体（in vitro transcription vector）。

在体外系统中,加入适当的噬菌体 RNA 聚合酶,就可使相应的噬菌体启动子发生功能作用,从而使插入在多克隆位点中的外源 DNA 发生转录作用,即加入 T3 RNA 聚合酶,就会启动 T3 启动子进行转录;加入 T7 RNA 聚合酶,就会启动 T7 启动子进行转录。

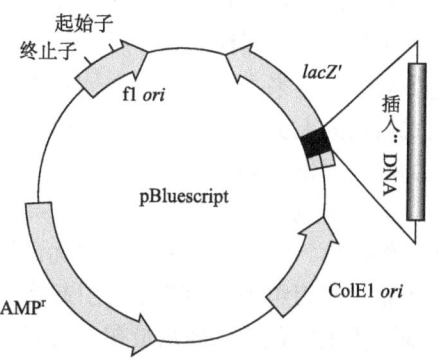

图 4-22 pBluescript SK(+/−)噬菌粒载体的分子结构图(引自 Richard,2003)

4.4.3.2 pBluescript 噬菌粒载体的结构特征

pBluescript 噬菌粒是一类从 pUC19 派生而来的噬菌粒载体,为体外转录载体的代表。它们的基本结构特征如图 4-22 所示,带有以下主要组成部分:

(1) 一个 ColE1 质粒的复制起点——产生双链 DNA;
(2) 一个 M13 或 f1 复制起点——产生单链 DNA;
(3) 一个来自 pUC19 的多克隆位点区——用以克隆外源基因;
(4) 围绕多克隆位点区两侧存在一对 T3 和 T7 噬菌体启动子——指导插入多克隆位点的外源基因的转录活性;
(5) 一个 *lacZ′* 基因——依照 X-gal-IPTG 显色反应选择重组子;
(6) 一个氨苄青霉素抗性基因——供作转化子克隆的选择标记。

4.4.3.3 pBluescript 噬菌粒载体的用途

pBluescript 噬菌粒载体在基因工程及分子生物学研究中用途广泛,主要的有以下几点。

(1) 制备同位素标记的 DNA 杂交分子探针,基因文库或 cDNA 文库筛选,Southern 杂交及 Northern 杂交;
(2) 制备克隆基因的转录体系;
(3) 合成克隆基因编码的蛋白质。

4.4.3.4 pBluescript 噬菌粒载体的体外转录

pBluescript 噬菌粒载体的 MCS 序列区的两侧分别存在着两个启动子,即 T3 和 T7。因此当某一特定的外源 DNA 插入 MCS 的任何位点上时,便有可能发生两种不同的体外转录反应:第一,MCS 中限制酶位点的顺序:T3-*Sph*Ⅰ-*Pst*Ⅰ-*Sal*Ⅰ-*Xba*Ⅰ-*Bam*HⅠ-*Sma*Ⅰ-*Kpr*Ⅰ-*Sac*Ⅰ-*Eco*RⅠ-T7。T3 启动子指导的体外转录,合成出(−)链的 RNA 转录本,其重组体分子被 *Sma*Ⅰ切割线性化;第二,T7 启动子指导的体外转录,合成出(+)链的 RNA 转录本,其重组体分子被 *Xba*Ⅰ切割线性化。

4.5 人工染色体克隆载体

4.5.1 构建大容量载体的必要性

前述的几种载体系统中,容纳外源 DNA 能力最强的柯斯质粒的容量上限仅为 45kb。而真核细胞基因功能研究、定向克隆以及人类、动物和植物等大型基因组的序列分析等工作中，常常需要克隆几百乃至几千 kb 的大片段 DNA；人们发展的染色体步移及染色体跳跃技术在步移过程中同样受容量所限，不适合基因组物理图谱的构建。因此，为了克服载体容量的障碍，近年来多种大容量载体系统应运而生。1985 年由美国科学家率先提出、于 1990 年正式启动的人类基因组计划（human genome project，HGP）的顺利完成，为大容量载体系统的研究提供了必要的前提。

人工染色体（artificial chromosome）指人工构建的含有天然染色体基本功能单位的载体系统总称。人工染色体是非常优良的载体，具有超大的接受外源片段的能力。由于不用整合到宿主基因组中，因此不会引起宿主基因的插入失活，同时也没有抑制转基因表达的位置效应。人工染色体已经从最初的酵母人工染色体（yeast artificial chromosome，YAC）发展到细菌人工染色体（bacterial artificial chromosome，BAC），再扩展到人类人工染色体（human artificial chromosome，HAC）和 P1 派生植物人工染色体（plant artificial chromosome，PAC）。人工染色体为基因组图谱制作、基因分离及基因组序列分析提供了有用的工具。但是，和人工染色体一样，所谓的"人造生命"都是应用最新的基因工程技术，将不同的生命基础元件拼接组装而成，脱离了细胞环境并不能够自由存在。目前，YAC 和 BAC 已经广泛应用于基因组图谱制作、序列测定和基因克隆；HAC 和 PAC 在基因治疗、外源医用蛋白的生产、新型优质高产高抗转基因作物构建中显现出广阔的应用前景。

4.5.2 人工染色体的必需成分

染色体的必需元件包括复制起始点（replication origin）、着丝粒（centromere）和端粒（telomere）。复制起始点保证了染色体复制；着丝粒保证了染色体分离；端粒封闭了染色体末端，防止黏附到其他断裂端，保证了染色体的稳定存在。

(1) 着丝粒（centromere，CEN）：有丝分裂过程中纺锤丝的结合位点，着丝粒和特异性的蛋白质结合成动粒，由微管结合在动粒上牵引染色单体向两极运动，使染色体在分裂过程中能正确分配到子细胞中。着丝粒是真核生物染色体的标志性结构。

(2) 端粒，端粒重复序列（telomeric repeat，TEL）：定位于染色体末端的一段序列，用于保护线状 DNA 不被胞内的核酸酶降解，以形成稳定的结构。端粒位于真核生物染色体的末端，防止染色体融合、降解，维持染色体长度及稳定性，保证染色体的精确复制。

(3) 复制起点：与 DNA 复制起始具有直接关系，能够和特定起始蛋白结合开始 DNA 复制的特定 DNA 序列。真核生物复制起点的研究集中于酵母自主复制序列（ARS）区——染色体上短片段的复制起点，可使质粒与细胞内染色体同步复制。

4.5.3 酵母人工染色体载体

1983 年，Murray 和 Szostak 在大肠杆菌质粒 pBR322 中插入酵母的着丝粒、自主复制序列（autonomously replicating sequence，ARS）及四膜虫核糖体 RNA 基因 rDNA（Tr）末端序列，并转化酵母菌，构建成了第一个酵母人工染色体（YAC），进一步基因工程改造使得 YAC 能够在后代中稳定传递。由于当时人类基因组计划需要每条染色体的高分辨率物理图谱，而且急需一种大片段 DNA 载体能够将染色体变成小片段进行直接测序，因此，YAC 被应用于人类基因组计划中。YAC 载体一般能够保存 500kb，甚至 1Mb 大小的染色体片段。目前，在人类、小鼠、果蝇、拟南芥和水稻等高等生物中均构建了高质量的 YAC 文库。

4.5.3.1 YAC 载体的构建

将酵母染色体 DNA 的端粒（TEL）、复制起点（ARS）和着丝粒（CEN），以及适当的选择标记（HISA$_4$ 和 TRP1）基因序列克隆到大肠杆菌质粒 pBR322 中，获得 YAC 载体。在载体的 *sup*4 基因上组装了外源 DNA 片段的克隆位点。根据 *sup*4 基因上克隆位点的不同，常用的 YAC 载体分为 3 种：pYAC3、pYAC4、pYAC5。

以 pYAC4 为例介绍其构建过程如图 4-23 所示。用 *Eco*RⅠ和 *Bam*HⅠ双酶切，获得均具 *Bam*HⅠ和 *Eco*RⅠ切割末端的两个 DNA 片段（双臂），随后将具有两个 *Eco*RⅠ切割末端的外源 DNA 与双臂连接，即构成酵母人工染色体。转化受体细胞，培养基上挑选红色菌落即为阳性克隆子。

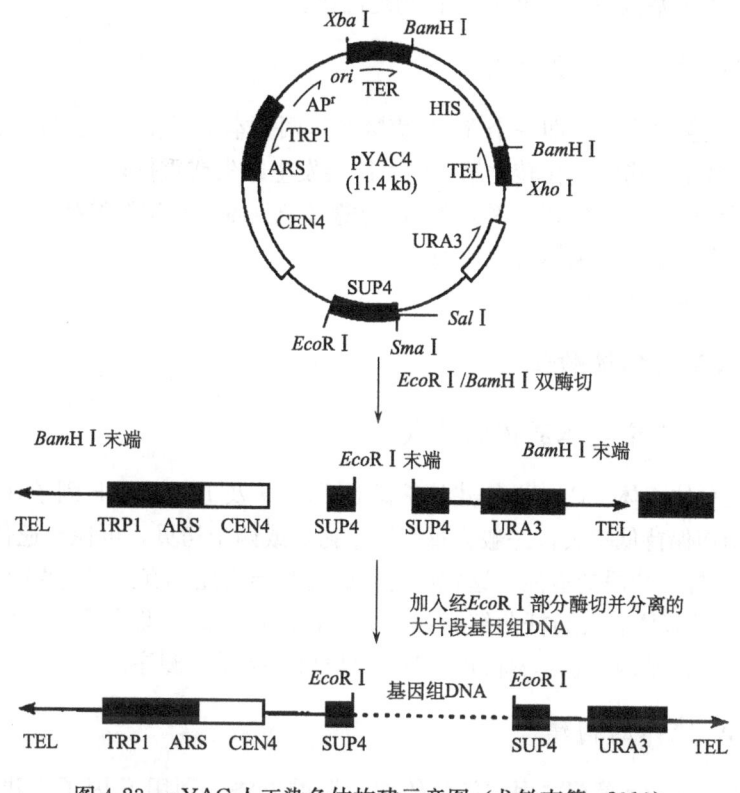

图 4-23 pYAC 人工染色体构建示意图（龙敏南等，2010）

4.5.3.2 YAC 载体的选择标记

YAC 载体的选择标记主要采用营养缺陷型基因，如色氨酸、亮氨酸和组氨酸合成缺陷型基因 *trp1*、*leu2* 和 *his3*，尿嘧啶合成缺陷型基因 *ura3* 等，以及赭石突变抑制基因 *sup4*。与 YAC 载体配套工作的宿主酵母菌（如 AB*1380*）的胸腺嘧啶合成基因带有一个赭石突变 *ade2-1*。带有这个突变的酵母菌在基本培养基上形成红色菌落，当带有赭石突变抑制基因 *sup4* 的载体存在于细胞中时，可抑制 *ade2-1* 基因的突变效应，形成正常的白色菌落。利用这一菌落颜色转变的现象，可用于筛选载体中含有外源 DNA 片段插入的重组子。

4.5.3.3 YAC 技术的发展和应用

自 1983 年由 Murray 等首次成功构建了酵母人工染色体以来，人工染色体的研究受到科学家们的广泛关注，并取得迅速发展，人工染色体在基因组分析、基因功能鉴定、基因治疗及染色体结构与功能关系的研究等方面具有重要意义。

1987 年，Burke 和 Lson 以自主复制序列（ARS）、着丝点序列（CEN）和端粒序列（TEL）为基础，加入可在大肠杆菌中行使功能的复制起点（ORI）及在酵母细胞中的选择标记，成功地构建了酵母人工染色体（YAC），并以此作为克隆运载体与高分子质量外源 DNA 连接，转化酵母细胞。

在 1995 年已利用 STS 构建了 225 个酵母人工染色体（YAC）连续克隆重叠群组成的、覆盖范围达整个人类基因组 75％的第一代物理图谱。

4.5.3.4 YAC 载体的主要缺陷

(1) 存在高比例嵌合体，即一个 YAC 克隆含有两个本来不相连的独立片段；
(2) 部分克隆子不稳定，在转化培养中可能会发生缺失或重排；
(3) 难与酵母染色体区分开，因为 YAC 与酵母染色体具有相似的结构；
(4) 操作时容易发生染色体机械切割；
(5) 重组子的转化效率低。

4.5.4 细菌人工染色体载体

4.5.4.1 细菌人工染色体载体的特点

细菌人工染色体载体（BAC）构建的基础是 *E. coli* 及 F 因子。F 因子在 *E. coli* 中的复制受到严格控制而保持低拷贝，一般为每细胞单拷贝或两个拷贝，可稳定遗传。此外，F 因子具有携带 1Mb 插入片段的潜能，这就使得以此为基础构建具有大容量克隆能力的 BAC 载体成为可能。BAC 载体以大肠杆菌细胞为宿主，转化效率高，蓝白斑、抗生素、菌落原位杂交等均可用于目的基因筛选，克隆的 DNA 片段可直接用于测序。

4.5.4.2 BAC 载体的构建

1989 年，O'Cpnnor 等首次用"染色体建造"的方法，利用 F 因子构建载体 pMB0131 来克隆大片段 DNA。3 年后，以 pMBO131 载体为基础，Shizuya 等将 T7、SP6 启动子序列，含 cosN 及 loxP 位点的 λ 噬菌体和 P1 噬菌体片段分别引入 pMB0131 载体，首次构建 DNA 插入片段达 300kb 以上的 pBAC108L 载体，该载体可稳定遗传（100 代）。第 1 代 BAC 载体的选择标记基因为氯霉素抗性基因，为进一步方便克隆的筛选，许多在常规质粒载体中已成熟使用的选择性标记基因纷纷被引入。1997 年，Mejia 将 β-半乳糖苷酶 *LacZ* 基因及抗新霉素 *neo* 基因插入 pBACl08L 载体，转染人类 fibrosarcoma 细胞系，在含 X-gal 和 IPTG 的平板上生长 48h 后，出现 4.5％～10％的蓝色细胞；同年，Baker 构建了含荧光素酶或绿色荧光蛋白 GFP 的 BAC 载体，以此载体克隆 70～170kb 的人类基因组 DNA 并转染 HeLa 细胞和成纤维细胞后，便于筛选出表达 GFP 的克隆。随后，很多动物病毒基因组也克隆成功。至此，能够快速筛选克隆的第二代 BAC 载体构建完成。

4.5.4.3 BAC 载体的优点

BAC 载体的容纳能力一般为 100~350kb，比 YAC 载体容量小，但也具有 YAC 载体无可比拟的优点，从而便于进行复杂基因组文库的构建和分析。

（1）BAC 的复制子源于 F 因子，可稳定遗传，缺失、嵌合、重组现象少；
（2）以大肠杆菌为宿主，转化率高，对宿主细胞毒副作用小；
（3）从大肠杆菌中提取制备及体外操作方便；
（4）文库构建较为容易；
（5）可以通过菌落原位杂交筛选目的基因，方便快捷；
（6）BAC 载体克隆位点两侧具有 T7 和 SP6 聚合酶启动子，可用于转录获得 RNA 探针或直接用于插入片段的末端测序。

4.5.5 P1 人工染色体

P1 人工染色体（P1 artificial chromosome）是 Sternberg 基于 P1 噬菌体构建的，与黏粒载体工作原理比较相似的一种高通量载体。它含有很多 P1 噬菌体来源的顺式作用元件，能容纳 70~100kb 大小的基因组 DNA 片段。在这种系统中，含有基因组和载体序列的线性重组分子在体外被组装到 P1 噬菌体颗粒中，后者总容量可达 115kb（包括载体和插入片段）。将重组 DNA 注射到表达 Cre 重组酶的大肠杆菌中，线性 DNA 分子通过重组于载体的两个 loxP 位点之间而发生环化。另外，载体还携带一个通用的选择标记 Kan^r，一个区分携带外源 DNA 克隆的阳性标记 sacB 以及一个能够使每个细胞都含有约一个拷贝环状重组质粒的 P1 质粒复制子。另一个 P1 复制子（P1 裂解性复制子）在可诱导的 lac 启动子（IPTG 诱导）控制下用于 DNA 分离前质粒的扩增。

4.5.6 人类人工染色体

人类人工染色体（HAC）是 YAC 理念和技术在高等真核生物中的发展和创新。1997年，Harringotn 等利用来源于人类 17 号染色体的卫星 DNA 体外连接构建成了长约 1Mb 的人工着丝粒，并将其和端粒序列以及部分基因组 DNA 相连，构建了第一个人类人工染色体，将其转化到人类癌细胞中，发现转化出的微小染色体能够在有丝分裂中稳定存在。

目前有 4 种不同的 HAC 构建策略，包括从头合成组装法（bottom up）、端粒介导的截短法（top-down）、天然微小染色体改造法和从头染色体诱导合成法。目前，科学家利用端粒介导截短法和从头染色体诱导合成法成功构建了 HAC，然后通过同源重组等方法向 HAC 中插入各种用途的基因序列，现已经用于基因治疗和医疗蛋白的生产。

很低的转染效率和纯化技术严重阻碍了 HAC 在临床上的应用。目前，研究人员正在尝试用流式细胞分选技术来筛选纯化。2010 年 5 月，美国 Gibson 等将 1.08Mb 人工全新化学合成的 *Mycoplasma mycoides* 基因组转入 *Mycoplasma capricolum* 细胞，宣布成功构建出了由合成基因组控制并能自我复制的"人造生命" *M. capricolum* 细胞，立即引发人们对"人造生命"和"合成生物学"的关注和担忧。合成生物学（synthetic biology）是以基因组技术为核心，结合生物化学、生物物理和生物信息等技术，设计、重构或创造生物分子、元件、反应系统或者代谢途径与网络，使其能够处理信息、加工制造化合物、生产能源或食物、处理污染等，从而改善人类生存的环境和提高人类健康水平。Gibson 等合成的支原体基因组是原核细胞基因组，将原来合成生物学的操作范畴从病毒扩展到原核生物。但是仔细分析该 1.08Mb 基因组合成过程，发现有很多关键步骤仍然是利用已有的生命过程来实现的。例如，利用酵母重组和 DNA 修复系统将最初化学合成的 1kb 大小 DNA 片段组装成 10kb 片段，然后再重组组装成 100kb 片段，最后重组成 1.08Mb 的基因组。同时，整体基因组转移关键技术仍然是利用细菌的限制-修饰系统，通过甲基化酶的 DNA 修饰来克服受体细胞的排斥。所以，目前人造生命遗传物质长度有限，需要利用已有的生命系统来扩增。而且这些人工合成的遗传物质还无法指导生命活动，不可能完全脱离其天然范本和细胞环境。生命系统的复杂多变以及系统中各部件的功能尚不明朗，这些都成为合成生物学研究的技术困扰与发展制约。当然，Gibson 等在合成"人造" *M. mycoides* 细胞过程中所开发出的大片段拼接技术和基因组整体转移技术将对合成生物学和 HAC 技术的发展产生深刻影响。

4.5.7 植物人工染色体

与 HAC 相比，植物人工染色体（PAC）的研究起步较晚，仅在玉米、水稻和拟南芥中有相关的报道。

玉米中的开创性工作为未来 PAC 发展指明一个方向，然而重组效率较低、截短染色体在转基因植株后代的稳定性、多个抗性优质基因同时向截短染色体的定向转移等仍然是目前存在于 PAC 研究中的主要问题。和 HAC 一样，植物人工染色体本身的大小影响着其在有丝分裂和减数分裂过程中的传递率。根据酵母中研究推断，人工染色体至少具有生物体内最小的自然存在染色体的 1/15 才能在有丝分裂中稳定传递。因此 PAC 构建过程中发生端粒截短的位置是很关键的，所产生的 PAC 长度不能太短，否则无法正常传递。此外，如何向已经获得的 PAC 中导入目标基因也是目前应用的一个难点。由于植物内同源重组率非常低，目前以 Cre/lox 等为代表的定向重组系统和以锌指核蛋白为代表的同源重组系统的研究受到广泛关注，不久的将来，向 PAC 中定向转移目标基因将成为现实。当然，PAC 可能作为下一代转基因的主要载体，在改造转基因作物或者生产医药用途的抗体蛋白中具有巨大潜力。

思考题

1. 在基因工程研究和应用中，为什么必须使用载体来克隆外源 DNA 片段？
2. 作为基因克隆的载体必须具备哪些特性？
3. 构建质粒载体的一般原则是什么？
4. 简述质粒的不相容性及其分子机理。
5. 简述溶源性噬菌体的生命周期。
6. 构建 λ 噬菌体载体的依据是什么？
7. 简述 λ 重组体分子的选择方法。
8. 单链 DNA 噬菌体载体有哪些优越性？
9. pBluescript 噬菌粒载体的结构特征有哪些？
10. β-半乳糖苷酶显色反应的原理是什么？
11. 柯斯质粒载体的构建理论依据有哪些？
12. 什么是柯斯克隆（cosmid cloning）？该技术的理论依据是什么？

13. 简述柯斯克隆的改良方案。
14. 简述人工染色体载体的应用前景。
15. YAC 载体具有什么样的功能性 DNA 序列？为什么在克隆大片段时 YAC 具有优越性？
16. 比较酵母人工染色体载体和细菌人工染色体载体的优缺点。

参 考 文 献

常重杰，杜启艳. 2002. 基因工程原理与应用. 北京：中国环境科学出版社
贺淹才. 2008. 基因工程概论. 北京：清华大学出版社
李立家，肖庚富. 2005. 基因工程. 北京：科学出版社
龙敏南，楼士林，杨盛昌等. 2010. 基因工程. 2 版. 北京：科学出版社
孙乃恩，孙东旭，朱德煦. 1990. 分子遗传学. 南京：南京大学出版社
吴乃虎. 2006. 基因工程原理. 2 版. 北京：科学出版社
张惠展，贾林芝. 2011. 基因工程. 2 版. 北京：高等教育出版社
Richard J R. 2003. Analysis of Genes and Genomes. Chichester：John Wiley & Sons, Ltd
Sambrook J, Russell D W. 2002. 分子克隆实验指南. 3 版. 黄培堂，王恒樑，周晓巍等译. 北京：科学出版社

第 5 章 目的基因的获取与改造

目的基因的获取和制备是基因工程操作的首要环节，也是基因工程能否成功的关键制约因素。获取目的基因的主要途径包括：DNA 的人工合成、从基因文库获取目的基因、PCR 扩增获得目的基因或 cDNA、电子克隆获取目的基因、根据基因差异表达获得目的基因以及目的基因改造等。

利用人工合成法获取目的基因的优点是时间短，基因序列可靠，基因分离纯化简单。但它只能合成序列不超过 200 个核苷酸的短的基因，适合小分子多肽类的基因。基因文库技术是克隆全新基因的主要手段，主要分为基因组文库和 cDNA 文库。从 cDNA 获得的基因不像基因组 DNA 有内含子，可以直接导入原核细胞进行表达。PCR 是最常用、最便捷的分子克隆技术，可以用于快速获取和扩增外源目的基因。目前已经在 PCR 的基础上发展出各种各样的克隆基因的新技术，以其简便、快速、低成本的优势渗入生命科学研究的各方面。

基因组学的兴起和快速发展促进了一类新的基因克隆技术——电子 PCR。它是以生物的基因组序列数据为基础，采用生物信息学方法对 EST 或基因组数据进行同源性比较分析、整理拼接出新基因的编码序列，然后进行 PCR 验证获得全长基因的新型克隆技术，是获得目的基因最迅捷的途径。

生物的个体发育、细胞分化、细胞周期变化、生物个体对逆境反应等所有生命过程都与基因的差别表达有关。因此，比较不同细胞或者不同基因型在基因表达上的差异，可以作为鉴定和克隆不同差异表达基因 cDNA 片段的新手段。

通过基因工程技术实施定点基因突变和随机突变是改造和创建新的目的基因的主要方法。常用的基因定点突变技术有寡核苷酸引物和 PCR 介导的定点突变、盒式突变等。PCR 介导的定点突变还是基因功能研究的重要手段。

基因工程的目的是通过合适的载体将目的基因导入一个新的受体细胞中，使之获得目的基因的表达产物或产生一个由目的基因控制的新的遗传性状，因此，目的基因的获取和制备是基因工程操作的首要环节，也是基因工程能否成功的关键制约因素。需要指出的是，这里所指的目的基因是指一段特定序列的 DNA 片段，而不一定是具有基因完整功能区的分子。因此，目的基因的获得实质上是获取某一段特定的 DNA 片段用于后续的克隆和研究。本章着重论述几种目前已经相当成熟的获取目的基因的途径及其定点突变改造法等。

5.1 DNA 的人工合成

5.1.1 人工合成 DNA 的原理

人工化学合成寡核苷酸序列目前已经在 DNA 合成仪上自动化，其基本方法就是利用固相亚磷酸三酯法。亚磷酸三酯法具有反应速度快、合成效率高、副反应极少等优点，因而被广泛用于机器的自动 DNA 合成。其基本原理是：首先将欲合成单核苷酸的 3'-OH 连接在固相载体上，然后把固相载体装入反应柱。依次通过反应柱输入每步的反应试剂，使要合成的 DNA 链的核苷酸单体按照 3'→5' 逐个在柱上延长。另外，为减少副反应的发生，核苷酸上所有的活泼基团（如氨基、羟基等）都用不同的保护基给予保护。其中，5'-OH 用 4,4'-二对甲氧基三苯基（DMT）保护，3'—OH 用硫代亚氨基磷酸保护，腺嘌呤（A）、鸟嘌呤（G）、胸腺嘧啶（T）等碱基的氨基则用苯基或异丁基加以保护（图 5-1），由于胞嘧啶（C）中没有游离的氨基，因而不用保护。这样，每延长一个核苷酸包括如下 5 个步骤（图 5-2）。

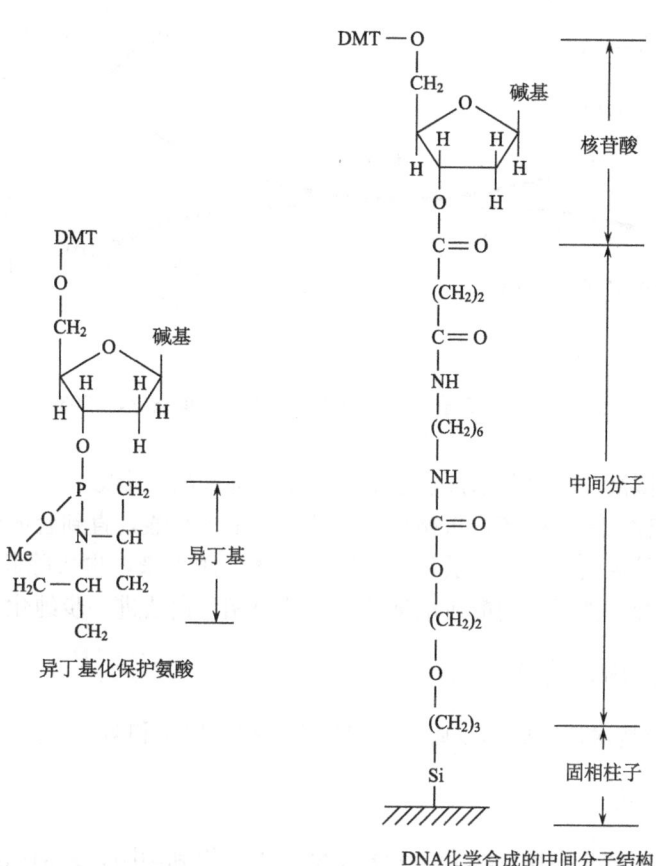

图 5-1 被保护的脱氧核苷酸和 DNA 化学合成的中间分子结构（引自齐义鹏，1998）

（1）5'端保护基团的脱除：在核苷酸单体 1 中加入三氯乙酸使 DMT 脱去，释放出核苷酸单体 1 上的 5'-OH，其 3' 则仍与固相载体相连。

（2）活化反应：用四唑（tetrazole）使游离单体上的 3'-OH 带上正电荷。

（3）缩合反应：又称加成反应或偶联反应（coupling），固相上的第一个单体与活化的第二个游离单体缩合，形成 3',5'-亚磷酸三酯键（其中的磷为三价，不稳定）。

（4）封闭反应：又称盖帽反应。上述反应中，尚有少数单体 1 分子未参与缩合反应。因此，加入乙酸酐，使未缩合单体 1 的 5'-OH 乙酰化被封闭，以终止其以后参与缩合的资格，从而减少了合成错误序列的机会。另外，乙酸酐可使反应中剩余的 5'-保护物酯化成不活泼的乙酸酯，排出，收集后可作监测其反应效率用。

（5）氧化反应：缩合反应中生成的 3',5'-亚磷酸三酯键中的磷为三价，不稳定，易被

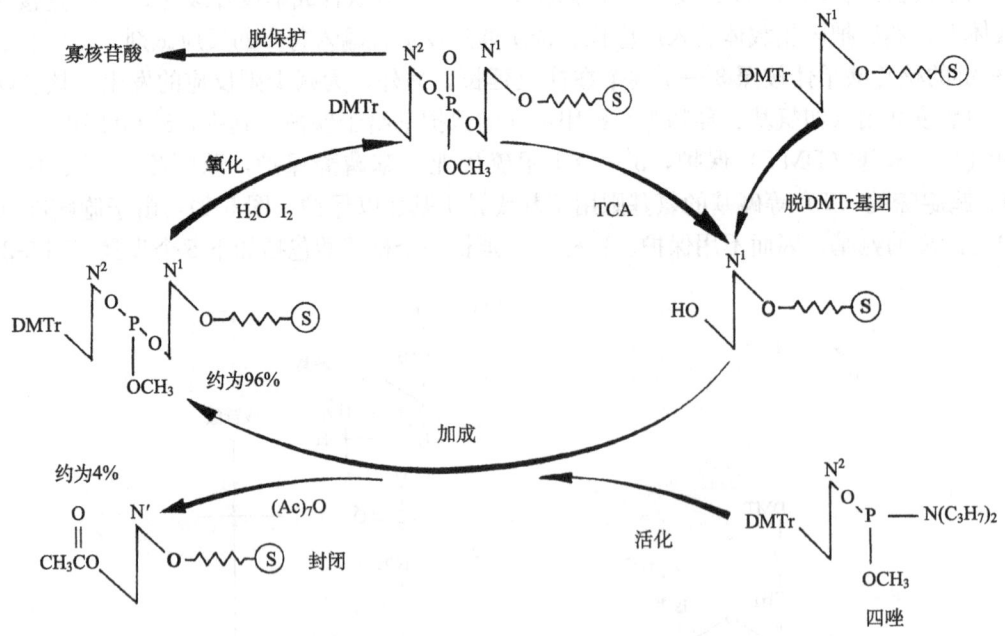

图 5-2 DNA 合成仪的反应流程（引自常重杰等，2003）

酸或碱解离，加入碘液使其氧化形成稳定的五价键，即磷酸三酯键。

上述 5 个反应称为一个循环，每循环一次延长一个核苷酸，直到合成出所需要长度的寡核苷酸片段。合成结束后，寡核苷酸片段从固相载体上脱下来，再去除其所有的保护基团，即得到所需寡核苷酸，然后再用凝胶电泳法或高效液相色谱法进一步纯化。

5.1.2 人工合成 DNA 的应用

DNA 人工合成技术逐步成熟以后，很快就应用在蛋白质和多肽基因的人工合成方面。

5.1.2.1 合成基因

目前有许多基因和蛋白质的核苷酸和氨基酸序列已得到阐明，人们已经可以根据需要合成出具有实际应用和研究价值的多肽和蛋白质基因。已报道的合成基因有人生长激素、干扰素、胰岛素、表皮生长因子、白细胞介素Ⅱ和集落刺激因子等，这些基因均已被克隆，绝大多数已在原核和真核系统中获得表达。我国上海生物化学研究所等单位于 1984 年首次在世界上合成了具有生物学活性的酵母丙氨酸转移核糖核酸，为基因工程的发展做出了应有的贡献。

目前，合成基因的方式有以下两种。

（1）全基因合成。一般对于分子较小而又不易得到的基因采用该方式。可将双链基因分成若干寡核苷酸单链片段（尤其待合成基因在 100 个核苷酸以上时），每个片段长度控制在 40~60bp，并使每对相邻互补的片段之间有 6bp 交叉重叠。在体外将除基因两端末端外的所有片段磷酸化。混合退火后加入 DNA 连接酶，即可得到较大的基因片段。如果合成的基因较大，也可以分为多个较小的片段，进行亚克隆，最后将亚克隆的较大片段重组为完整的基因。采用分步连接、亚克隆的方法时，为便于亚克隆中回收基因片段，应在片段两侧设计合适的酶切位点。由于每个亚克隆可以分别鉴定，这就减少了顺序错误的可能性。

(2) 基因的半合成（酶促合成）。全基因，特别是较大的基因的全部化学合成成本昂贵，使用半合成的方法可以降低成本，从而利于普及使用。首先，合成末端之间有 10~14 个互补碱基的寡核苷酸片段，退火后以重叠区作为引物，在 4 种 dNTP 存在的条件下，通过 DNA 聚合酶 I 大片段（Klenow 酶）或反转录酶的作用，获得两条完整的互补双链。在合成基因的结构中，应包括克隆和表达所需要的全部信号及 DNA 顺序，基因密码的阅读框架也应该同表达体系相适应。此外，由于不同种类的生物体或密码子的使用都具有明显的选择性，在基因合成和克隆时必须考虑这个问题。选择合适的密码子，以获得高效表达。

5.1.2.2 合成探针

基因的克隆和分离已成为现代分子生物学研究必不可少的手段。DNA 合成技术在其中起着越来越重要的作用。它不仅使过去颇费周折的基因筛选与鉴定成为常规技术，而且使得克隆载体的构建及克隆基因和载体的连接变得更加容易和准确。蛋白质的结构可以通过 mRNA 的结构间接地得出。相反，如果已知某个肽段的氨基酸顺序，也可根据密码简并的原则推导出所有可能的 mRNA 序列密码。人工合成的具有特定顺序的寡聚 DNA 片段，已应用于筛选和鉴定重组质粒或 λ 噬菌体。实验证明，用合成的寡核苷酸片段，即使只有一对碱基错配，采用严谨条件杂交也能与完全互补的双链相区别。因此，用作探针的寡核苷酸，应将密码的简并度调至最高限度，以减少假阳性，增加筛选的准确率。

5.1.2.3 合成引物

1) 合成 PCR 引物进行基因扩增

PCR 技术是 20 世纪 80 年代中期发展起来的一种体外扩增特异 DNA 片段的技术。该法操作简便，可在短时间内在试管中获得数百万特异 DNA 序列拷贝。PCR 技术的特异性取决于所用引物和模板 DNA 结合的特异性。合成引物在 PCR 反应中使用。

2) 序列测定用引物

DNA 序列测定是分子生物学中最重要和最精细的研究技术，其中最常使用的是末端终止法，即一种依赖于特异 DNA 引物的序列测定方法。该法对模板的需要量较大，这就要求待测 DNA 片段，尤其是拷贝数少的片段首先克隆到适合的载体中，经过扩增后进行序列测定。常用的克隆载体如 M13、pUC19、PBR322 等均可购到有商品出售的公用测序引物。

3) 合成导入突变用的引物

利用寡核苷酸引导的突变，可在目的 DNA 序列的任何部分产生点突变、插入和缺失，从而使得基因编码的蛋白质在结构和功能上发生改变。

5.1.2.4 合成连接子和接头

在 DNA 重组中常需要将外源 DNA 片段插入某些载体 DNA 中。如果载体或外源 DNA 上没有合适的限制酶位点，为提高插入效率或实现定向克隆，可采用合成连接子（linker）和接头（adaptor）的方法。使用连接子和接头需要插入片段为平末端，否则，需要用 DNA 聚合酶 I 大片段补齐或者用核酸酶 S1 或 Bal31 处理得到平末端后才可同连接子或接头连接。

具有多酶切位点的接头（polylinker）还广泛应用于构建某些载体，使之带有多个新的酶切位点。这在质粒 pUC 系列及用于序列分析的 M13mp 噬菌体系统中都得到了广泛的应用。接头片段还可用来调整表达载体的读码框架，以及用于基因表达及功能的研究。

利用人工合成法获取目的基因的优点是时间短，基因序列可靠，基因分离纯化简单。但它只能合成序列不超过 200 个核苷酸的短的基因，而且基因的序列必须完全已知，因此适合小分子多肽类的基因。或者对于某些来源特异的小分子蛋白质，其氨基酸序列和功能已被研究清楚，而基因定位和基因序列尚不可知时，也可以采用兼并密码子的方法设计一系列可能的基因序列，通过化学合成法合成后，分别作为探针与原蛋白质来源的物种的基因组 DNA 进行杂交，从而确定正确的基因序列。DNA 的人工合成目前基本上采取市场化运作，主要由专职的生化试剂公司完成。

5.2 从基因文库获取目的基因

基因文库（gene library）或 DNA 文库（DNA library）是指在细菌中增殖来自某一生物的染色体 DNA 或 cDNA 所形成的全部 DNA 片段克隆集合体。或者说，是将某个生物的基因组 DNA 或 cDNA 片段在体外与适当的载体通过重组后，转化宿主细胞，并通过一定的选择机制筛选后得到的大量的阳性菌落或噬菌体的集合体。因此，基因文库是人工构建的某一物种的全部 DNA 的集合体，它与基因库（gene pool）的区别在于后者是天然存在于该生物物种体内的全部完整 DNA 序列的基因集合体，而前者是将该物种的 DNA 序列全部提取出来之后分段与载体结合保存在细菌菌落或噬菌体 DNA 中。严格说来，基因文库与基因银行（GenBank）也有区别。完整基因文库中应包含该物种的所有染色体 DNA 及 cDNA 序列，但不一定是全部经过了测序的，或者说不一定每段 DNA 的序列都是已知的。但是在 GenBank 中，所有物种的 DNA 或 cDNA 或 mRNA 的序列都是经过测定的，它包含了所有提交的已知序列的 DNA 及 cDNA 和 mRNA 的信息，因此它其实是一个序列信息数据库，所以 GenBank 被称为基因组数据库更合适一些。基因文库是一个 DNA 集合体的物质存在形式，而 GenBank 其实是 DNA 集合体的数据信息电子版存在形式。

根据外源 DNA 片段的来源不同，可将基因文库分为基因组 DNA 文库（genomic DNA library）和 cDNA 文库（complementary DNA library）。两种文库构建的基本程序相同，筛选的策略和方法也相似。

5.2.1 基因组文库的构建与筛选

基因组文库的概念是指用适当的方法把某一种生物的整个基因组 DNA 切成适当大小的片段，并将这些片段与适当的载体进行体外重组，再导入适宜的宿主细胞，形成克隆。汇集这些克隆，应包含整个基因组中的各种 DNA 序列，每种 DNA 序列至少有一份代表。这样的克隆片段的总汇叫基因组文库（genomic library）。

5.2.1.1 基因组文库的完备性

基因组文库完备性的定义是从基因文库中筛选出含有某一目的基因的重组克隆的概率。从理论上讲，如果生物体的染色体 DNA 片段被全部克隆，并且所有用于构建基因组文库的 DNA 片段均含有完整的基因，那么这个基因组文库的完备性为 1，但在实际操作过程中，上述两个前提条件往往不可能同时满足，因此任何一个基因组文库的完备性只能最大限度地趋近于 1，但不可能达到 1。尽可能高的完备性是基因组文库构建质量的一个重要指标，它与基因组文库中重组克隆的数目、重组子中 DNA 插入片段的长度及生物单倍体基因组的大小等参数的关系可用 Charke-Carbon 公式描述

$$N=\ln (1-P) / \ln (1-f)$$

式中，N 是指构成基因文库的重组克隆数；P 是指基因文库的完备性（即某一基因被克隆的概率）；f 是指克隆片段长度与生物单倍体基因组总长之比。由上述公式可以看出，某一基因组文库所含有的重组克隆越多，其完备性就越高；当完备性一定时，载体的装载量或允许克隆的 DNA 片段越大，所需的重组克隆越少。例如，人的单倍体 DNA 总长为 2.9×10^6 kb，若载体的装载量为 15kb，则构建一个完备性为 0.9 的基因组文库需要大约 45 万个重组克隆；而当完备性提高到 0.9999 时，基因组文库需要 180 万个重组克隆。也就是说，为了保证某一个基因以 99.99% 的把握至少被克隆一次，需要构建含有 180 万个不同重组克隆的组基因文库。

除了尽可能高的完备性外，一个理想的基因文库还应具备下列条件：①重组克隆的总数不宜过大，以减轻筛选工作的压力；②载体的装载量必须大于绝大多数基因的长度，以免基因被分隔在不同的克隆中；③含有相邻 DNA 片段的重组克隆之间必须具有部分序列的重叠，以利于基因文库各克隆的排序；④克隆片段易于从载体分子上完整卸下且最好不带有任何载体序列；⑤重组克隆应能稳定保存、扩增及筛选。上述条件的满足极大程度上依赖于基因文库的构建战略。

5.2.1.2 基因组文库的构建过程

构建基因组文库的主要步骤包括克隆载体的制备、大分子基因组 DNA 的分离、插入片段的制备、插入片段与载体的连接、转化宿主菌和基因组文库的生成。基因组文库有十分广泛的用途，如用于分析、分离特定的基因片段，用以基因表达调控、人类及动植物基因组工程的研究。

1) 用于构建基因组文库的载体

一个完整的基因组 DNA 文库所需要的重组体的数目是由基因组的大小和载体的装载容量共同决定的。能够插入载体中的 DNA 片段越大，完整文库所需重组体的数目就越少。因此，使用装载容量大的克隆载体能显著减少基因文库构建和筛选的工作量。目前，适合基因组文库构建的克隆载体主要有噬菌体载体、黏粒载体和人工酵母染色体载体。

(1) λ 噬菌体载体。目前，构建基因文库最常用的噬菌体载体是 λ 噬菌体载体。对于溶菌性感染而言，λ 噬菌体 DNA 中间的很大部分是非必需的，可以被无关的外源 DNA 序列取代。重组 λ 噬菌体 DNA 包装的效率受其长度的限制，当其长度与野生型 λ 噬菌体 DNA 长度（48.5kb）接近时，包装效率最高，可包装长度为其天然长度的 75%~105%。换句话说，重组 λ 噬菌体 DNA 的可包装长度是 37~52kb。

λ 噬菌体克隆载体一般可分为插入型载体和替代型载体，其中以替代型载体更为常用。当用插入型载体构建基因文库时，通常用限制酶切割位于 λ 噬菌体 DNA 非必需区的单一酶切位点，以供外源基因片段插入。由于产生的重组子并不丢失载体的任何部分，所以较原载体长，插入片段的长度一般为 9kb 左右。替代型载体的中央非必需区具有两个或多个同种限制酶的酶切位点，经相应的限制酶消化后可以分成 3 部分：中央的非必需区、左臂和右臂。当用替代型 λ 噬菌体载体构建基因组文库时，要将左臂和右臂进行分离纯化，才能用于连接反应。替代型 λ 噬菌体载体的插入片段的适宜长度为 9~22kb。用 λ 噬菌体载体构建基

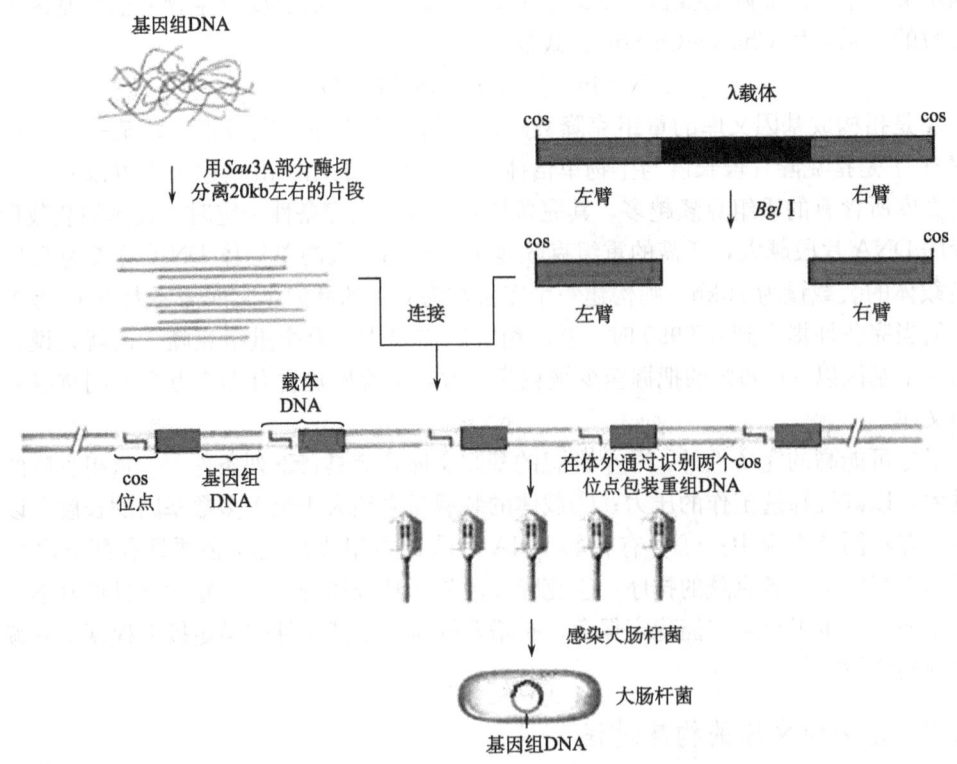

图 5-3 构建噬菌体基因组文库的主要步骤（引自徐晋麟等，2007）

因组文库的典型过程如图 5-3 所示。

（2）黏粒载体。真核生物的许多基因含有内含子序列，使得整个基因长达 40kb 以上，远远大于质粒载体和噬菌体载体的装载容量。黏粒载体不仅能克隆和增殖完整的真核基因，还可克隆和分析组成某一基因家族或基因座的真核 DNA 片段。

黏粒文库的构建过程与噬菌体文库的构建过程相似。在连接反应中，DNA 插入片段的两端分别与一个黏粒分子相连，形成含有完整质粒基因和外源 DNA 片段的多联体分子。在感染大肠杆菌时，噬菌体颗粒将线性的重组 DNA 分子注入宿主细胞中，并通过其 cos 位点末端的互补结合形成完整的环形黏粒。黏粒能以质粒的形式复制，并使宿主菌获得相应的药物抗性。因此可用含相应抗生素的培养基选择重组子（图 5-4）。

（3）酵母人工染色体载体。以酵母为模型进行的研究发现，真核染色体的稳定复制和均衡分离是由相当短的、序列明确的复制原点、端粒和着丝粒控制的，这些序列的成功分离使酵母人工染色体（YAC）载体的构建成为可能。起初，YAC 载体主要用于染色体在细胞内的维持机制的研究，近年来逐步发展成为能克隆大片段 DNA 的载体，制备的基因组片段大于 10Mb（图 5-5）。

（4）载体 DNA 的制备。

a. 载体 DNA 的酶切。在构建基因组文库时，一般用 $Sau3A$ I 或 Mbo I 限制酶对真核 DNA 进行部分消化，因此需用与 $Sau3A$ I 或 Mbo I 作用产生的黏性末端互补的同尾酶 BamH I 对克隆载体进行酶切处理，以便产生相匹配的黏性末端。载体 DNA 的酶切既可以是单酶切也可以是双酶切。在酶切结束后，通常需用碱性磷酸酶对载体进行去磷酸化处理，

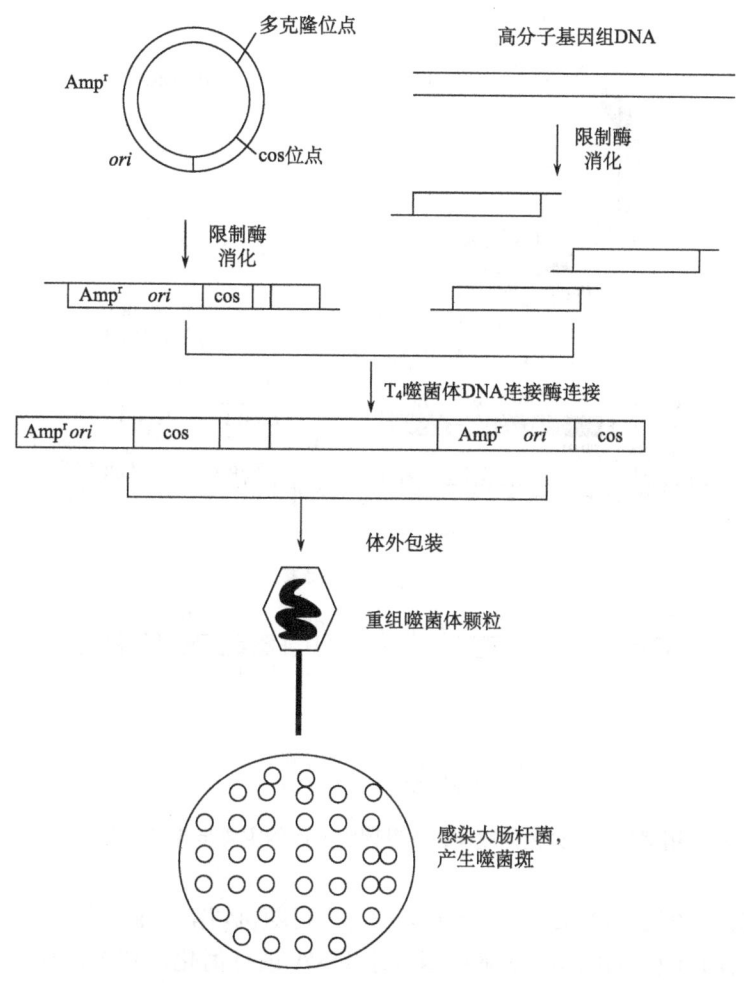

图 5-4 用黏粒载体建立基因组文库的主要步骤（引自陈宏，2004）

目的是减少载体分子间的自身连接，从而降低非重组背景。但在进行载体去磷酸化处理时，要严格掌握碱性磷酸酶的用量，并在反应结束后，用适当的方法灭活和去除残留的碱性磷酸酶。

b. 载体 DNA 的纯化。对黏粒载体，酶切完全后可直接用酚-氯仿抽提和乙醇沉淀法进行纯化。对噬菌体载体，酶切结束后通常需用蔗糖密度梯度离心等方法进行纯化。

2) 基因组 DNA 克隆片段的制备

（1）基因组 DNA 的提取。构建基因组文库的关键一步是制备高分子质量的基因组 DNA。染色体分子越长，酶切产生有效末端的克隆片段越多，连接反应的效率超高。因此，在提取染色体 DNA 时，必须尽可能避免机械切割，以获得分子质量大的基因组 DNA。同时注意防止线粒体或叶绿体等细胞器 DNA 的污染。

（2）DNA 克隆片段的制备。制备 DNA 克隆片段的关键是将基因组 DNA 降解成大小适中的随机片段。常用的方法有机械剪切法和限制酶消化法。机械剪切法主要有移液器抽吸法和超声波裂解法，但操作较为繁琐，目前不常使用。

限制酶消化法能产生与载体相匹配的黏性末端的 DNA 片段，不仅可直接与处理过的载

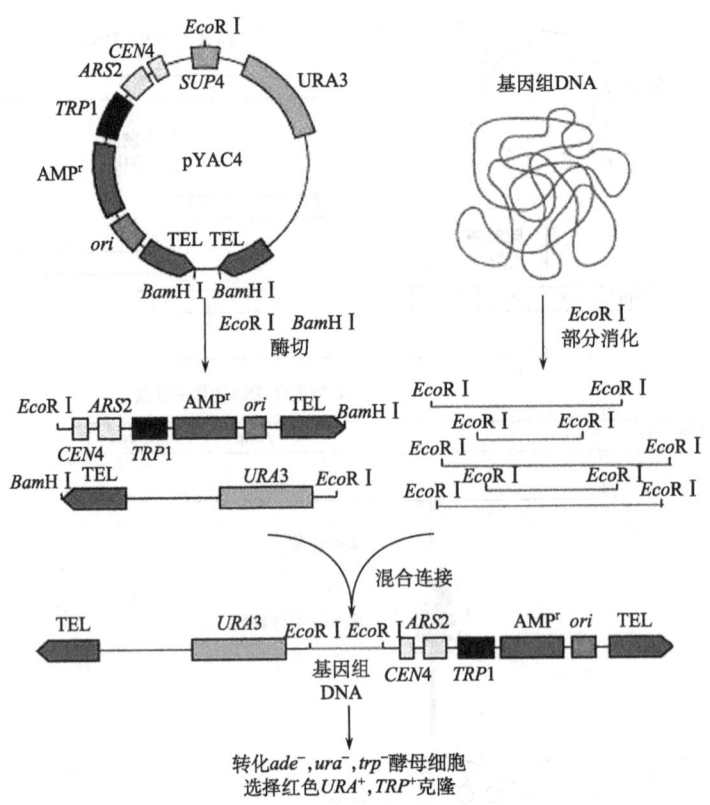

图 5-5 用酵母人工染色体载体建立基因组文库的主要步骤（引自孙明，2006）

体连接，而且连接的效率较高。为了最大限度地进行随机切割，通常使用 $Sau3A$ Ⅰ、Mbo Ⅰ 和 Hae Ⅲ 等识别 4 个核苷酸的限制酶对基因组 DNA 进行消化，其中，$Sau3A$ Ⅰ 最为常用。就限制酶的选择而言，除需考虑消化产生的 DNA 片段末端的种类（平端还是黏端）外，还需考虑基因组 DNA 的 CpG 甲基化等碱基修饰问题。

实践中常用所谓的部分消化法来制备基因组 DNA 插入片段，即通过控制限制酶的用量或消化时间，使基因组 DNA 的部分酶切位点被切割，从而获得长度适宜的克隆片段。虽然限制酶部分消化法能产生随机长度的 DNA 片段，但仅其中的一部分能作为建立基因组文库的插入片段，其原因是重组噬菌体基因组的包装既有上限又有下限，太短和太长的基因片段不仅干扰可插入片段与载体的连接，而且产生的重组子不能进行包装。因此，在限制酶部分消化后，有必要对产生的基因组 DNA 片段进行分离，以便从中获得长度适宜的插入片段。目前已有从琼脂糖凝胶中回收 DNA 克隆片段的试剂盒，具有快速、简便等优点。

3）重组 DNA 分子的构建

制备出的适当大小随机性基因组 DNA 片段要与载体左臂右臂进行连接，实现左臂-插入片段-右臂的分子重组。构建文库时，重组连接常采用相同黏性末端的连接，载体左右臂分子间、插入片段分子间都有可能发生黏性连接。为了提高载体与插入分子片段末端间的连接，载体分子与插入分子的比例及末端的浓度对有效连接有很大影响。在以替代型 λ 噬菌体载体连接时，适当提高载体分子的比例有利于获得重组子，因为增加载体分子比例尽管提高了载体分子间连接的机会,但也使插入片段自连的可能性降低,而那些发生在载体分子间的连接因不能形成有效包装的分子而被滤除,只有发生左臂-插入片段-右臂的连接才能最后形成人工噬菌体。λ载体分子非克隆末端的cos尾为12bp的黏性尾,相互之间也发生连接,使最后连接的分子形成多联体的形式,更有利于后续的噬菌体包装反应的发生。

当然,连接反应体系中的酶浓度与活性、连接反应温度等因素都影响连接效果。应按照连接酶反应的最适条件设置反应体系,同时还应通过预备性实验确立反应体系的具体参数。

4) 重组DNA分子导入受体细胞

重组噬菌体和黏粒DNA都能在体外包装成噬菌体颗粒,以细菌感染的方式将重组的DNA分子导入大肠杆菌中。因为噬菌体感染细菌的效率远较其DNA转化细菌的效率高,所以以噬菌体颗粒的形式将重组DNA分子导入大肠杆菌细胞中,可大大提高建立基因文库的效率。用于噬菌体DNA体外包装的抽提物既可以自己制备,也可以从市场上购置,市场上出售的包装抽提物的质量好且稳定,价格也较合理。

噬菌体颗粒的体外包装过程非常简单,仅需将适当量的包装抽提物与欲包装的重组DNA混合,室温下孵育一定时间(约1h)即可。包装反应完成后,应先取少量包装反应物,适当稀释后感染大肠杆菌相涂布培养平板。另外,还应从平板上随机挑取一定数量的克隆(一般为20个),小规模培养后制备DNA,经限制酶消化和凝胶电泳分析插入片段的大小。同样的抽提物也可以用于黏粒的包装。

5) 基因文库的扩增及保存

基因文库的扩增过程即每一克隆分子增殖的过程。基于λ噬菌体载体的基因组文库通过感染大肠杆菌,重组噬菌体在受体细胞中复制增殖并形成噬菌斑以实现增殖。如果将所有的噬菌斑再洗脱混合收集,每一原初的克隆分子都对应地进行了增殖,就形成了扩增后的文库。扩增后的文库效价更高,但用于再次感染受体菌后进行基因筛选时可能存在一定的风险。因为在进行文库扩增时,很难保证重组分子均等增殖,因此可能有些克隆增殖更多,而有些克隆增殖更少,甚至有丢失可能。

以噬菌体或其衍生载体构建的DNA文库的保存除了噬菌斑形式外,还可以收集噬菌体液分装成小份,加入2%~3%的氯仿可在4℃下保存数月,添加7%的二甲基亚砜(DMSO)可在-80℃保存数年。而对BAC文库(细菌人工染色体)来说,保存时先用手工或机器手将重组克隆挑全含抗冻液和抗生素的液体培养基的384孔板或96孔板过夜培养,待培养液混浊后,用384针或96针复制器制备多个拷贝,按编号保存于-80℃超低温冰箱。由于文库反复冻融会影响细菌的活性,一般文库的原始拷贝留在超低温冰箱内不让其发生冻融,只取一个拷贝用于后续的操作,如文库筛选和完整性检测等。

5.2.1.3 从基因组文库中筛选目的基因

由于基因组文库是以噬菌斑或菌落的形式保存的,在文库中将目的基因筛选出来的方法通常采用菌落(噬菌斑)原位杂交法。菌落(噬菌斑)原位杂交是直接以菌落或噬菌斑为对象来检测目的基因重组子的技术,它能从成千上万个重组子中迅速检测出期望的、与探针序列同源的目的基因的重组子。首先在含有选择性抗生素的琼脂平板上放一张硝酸纤维素滤膜,将菌落点在硝酸纤维素滤膜上倒置平板,于37℃培养至细菌菌落生长到0.5~1.0mm的大小,或者先将在平板上生长的细菌菌落通过影印的方法转移到硝酸纤维素滤膜上。然后用 0.5mol/L NaOH 裂解菌落释放变性的 DNA 并使 DNA 结合于硝酸纤维素滤膜上，用 Tris-HCl（pH 7.4）中和后置于室温放置 20~30min，使滤膜干燥。将滤膜夹在两张干的滤纸之间，在真空烤箱中于 80℃烘烤 2h，固定 DNA。然后用目的基因的一段特异序列设计探针，进行同位素标记，用标记好的探针与滤膜杂交。如果出现阳性杂交信号，说明目的基因在文库中（图 5-6）。根据滤膜上阳性克隆的位置找出对应于平板上菌落的位置，挑取该菌落出来扩增培养，酶切得到目的片段。

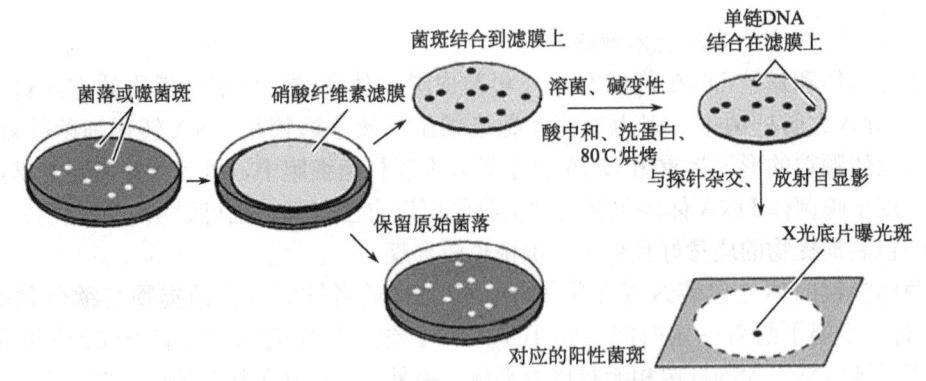

图 5-6 菌落原位杂交筛选基因组文库（引自楼士林等，2002）

5.2.2 cDNA 文库的构建与筛选

cDNA 文库的概念是指将某种生物特定的组织器官或特定发育时期的全部 mRNA 合成 cDNA，再将这些 cDNA 与载体连接，转入细菌细胞中进行保存和扩增。

真核生物基因的结构和表达控制元件与原核生物有很大的不同。真核生物由于外显子与内含子镶嵌排列，转录产生的 RNA 需切除内含子拼接外显子才能最后表达，因此真核生物的基因是断裂的。真核生物的基因不能直接在原核生物细胞中表达，只有将加工成熟的 mRNA 经反转录合成互补的 DNA（cDNA），再接上原核生物的表达控制元件，才能在原核生物中表达。此外，mRNA 很不稳定，容易被 RNA 酶分解，因此真核生物需建立 cDNA 文库来进行克隆和表达研究。建立 cDNA 文库与基因文库的最大区别是 DNA 的来源不同。基因文库是取现成的基因组 DNA，cDNA 文库是取细胞中全部的 mRNA 经反转录酶生成 DNA（cDNA），其余构建步骤二者类似。

5.2.2.1 cDNA 基因文库的完整性

在一个细胞中往往有上万种 mRNA，但是各种 mRNA 的拷贝数是不同的，也就是丰度不同。一般可以将细胞内的 mRNA 分为高丰度、中丰度和低丰度 3 种类型。一个完整的 cDNA 文库不仅应该包含高丰度的 mRNA 基因，也应该包含低丰度的 mRNA 基因。为了能获得不同丰度的 mRNA 的基因，应构建的 cDNA 基因文库的大小不同。cDNA 文库大小可按以下理论公式估算：

文库中 cDNA 的克隆数 = 细胞总 mRNA 分子数 / 细胞中某种 mRNA 的拷贝数

例如，某个细胞的总 mRNA 分子数为 500 500 个，为获得某个丰度为 3500 拷贝/个细胞的 mRNA 基因，应构建的 cDNA 文库的最小值为 500 500/3 500=143，即由 143 个克隆组成的 cDNA 文库就会包含一个此丰度的 mRNA 基因。而要获得丰度为 14 拷贝/个细胞的 mRNA 的基因，应构建的 cDNA 文库的最小值是 500 500/14＝35 750。但是如果构建一个完整的 cDNA 基因文库，就应该保证该文库中不论低丰度的 mRNA 基因还是高丰度的 mRNA 基因，都应该至少各包含一份，于是同基因组文库的完整性计算公式一样，cDNA 文库的完整性也可以通过如下公式来计算：

$$N = \ln(1-p)/\ln(1-1/n)$$

式中：N 是指完整文库所需的克隆数，p 是指得到完整文库的概率，依然是 0.99 或 99%，$1/n$ 是指某一种低含量的 mRNA 分子在 mRNA 总群体中所占的百分比。

例如，人的成纤维细胞大约含有 12 000 种 mRNA 分子，每个细胞内不到 14 份拷贝的低丰度 mRNA 分子约占整个 mRNA 中的 30%，这种 mRNA 大约有 11 000 种。因此，如要包含所有这类低丰度 mRNA 分子在内的克隆数至少应有 11 000/30%＝37 000 个。$1/n$ 即是 1/37 000，代入公式

$$N = \ln(1-0.99)/\ln(1-1/37\,000) = 1.7 \times 10^6$$

即意味着要构建包含人成纤维细胞内所有高丰度和低丰度 mRNA 所对应的 cDNA 分子在内的完整 cDNA 文库，至少必须具有 17 万个克隆数。

5.2.2.2　cDNA 文库的构建

构建 cDNA 文库的基本步骤有 4 步：①制备 mRNA；②合成 cDNA；③双链 cDNA 的克隆（cDNA 与载体的重组）并导入宿主细胞中繁殖；④cDNA 文库的鉴定、扩增与保存。

1）mRNA 的提取及其完整性的确定

（1）mRNA 的来源。mRNA 中目的序列的含量越高，筛选和克隆相应 DNA 的成功率就越高。多数基因的表达具有不同程度的组织特异性和发育阶段性，从而导致特定 mRNA 丰度的差异。当特定 mRNA 在细胞总 mRNA 群体中所占的比例达到 50%～90% 时，该 mRNA 被称为高丰度 mRNA；而当上述比例小于 0.5% 时，该 mRNA 则称为低丰度 mRNA。因此，选择特定发育阶段的特定组织作为分离 mRNA 的材料，将大大增加 cDNA 克隆的成功率。

（2）mRNA 的提取。几乎所有的真核细胞 mRNA 都在其 3′端具有 30～300 个腺苷酸组成的 poly (A) 尾，在适当条件下，poly (A) 尾能够与寡聚胸腺嘧啶核苷酸 oligo (dT) 发生碱基配对，这为真核 mRNA 的提取和 cDNA 合成引物的设计带来了极大的方便。目前，提取 mRNA 最常用的方法是纤维素柱层析法，此层析柱的纤维素上交联有人工合成的、能与真核 mRNA poly (A) 尾互补结合的 poly (dT)。虽然该方法能获得质量较高的 mRNA，但操作较为繁琐，需时较长。根据同样原理设计了磁珠分离法，在进行 mRNA 分离时，将交联有 poly (A) 的磁珠与细胞总 RNA 或细胞裂解液混合，mRNA 通过其 poly (A) 尾与固定在磁珠上的 oligo (dT) 互补结合，然后在巨大的磁场作用下，将 mRNA 从混合液中"拖"出来。该方法具有快速、简便的优点，可以将核酸酶对 RNA 的降解作用降到最低限度。

2）cDNA 克隆片段的获得

cDNA 克隆片段的获得包括 cDNA 第一链的合成、第二链的合成和双链 DNA 末端的处理。

（1）cDNA 第一链的合成。所有 cDNA 第一链的合成都要依赖于 RNA 的 DNA 聚合酶

（反转录酶）的催化反应，其中有两个关键的因素，一是 mRNA 模板，二是反转录酶。

几乎所有的 cDNA 第一链都是以人工合成的、长度为 12～18 个核苷酸的 poly（dT）寡核苷酸为引物来合成的（图 5-7）。反转录酶以在引物 3′端添加互补核苷酸的方式，连续进行模板的拷贝。反转录酶具有与模板解离的倾向，很难一步合成全长的 cDNA。

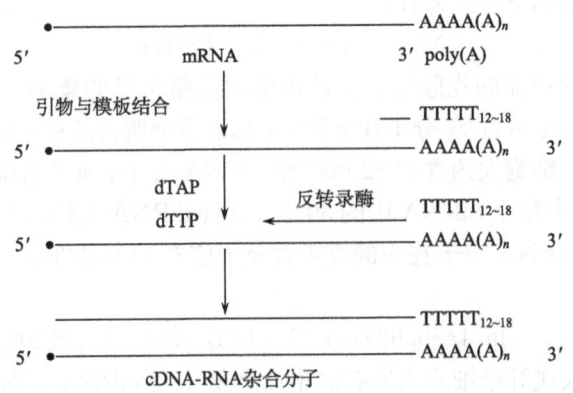

图 5-7 cDNA 第一链合成的技术路线（引自陈宏，2004）

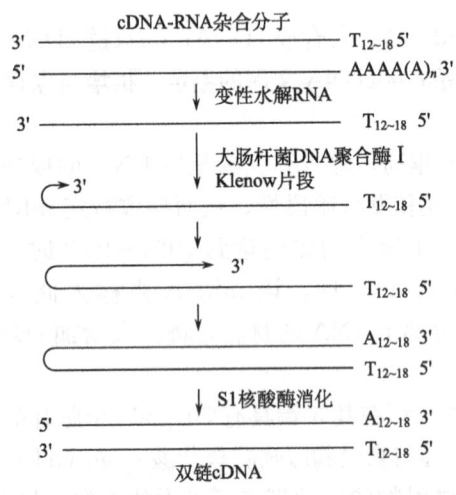

图 5-8 自身引导法合成 cDNA 第二链（引自陈宏，2004）

(2) cDNA 第二链的合成。

a. 自身引导合成法。该方法是合成 cDNA 第二链的经典方法，其基本过程是先用加热或碱处理的方法，将第一链合成过程中形成的 cDNA-RNA 杂合分子变性，降解 RNA，以便单链 cDNA 的 3′端自身环化，形成发夹结构。然后在 DNA 聚合酶的作用下，以 3′端发夹为引物，进行第二链的合成。最后用单链特异的 S1 核酸酶消化双链 cDNA 中对应于 mRNA 5′端的发夹结构，获得可供克隆的双链 DNA 分子（图 5-8）。

自身引导法合成的双链 cDNA 必须用 S1 核酸酶消化，去除其末端的发夹结构后才能成为可供克隆的 DNA 分子，但 S1 核酸酶的消化反应很难控制，几乎不可避免地导致对应于 mRNA 5′端序列的缺失和重排，并造成克隆效率降低。自身引导合成法已被经过改进的其他方法取代。

b. 置换合成法。该方法是在焦磷酸钠存在的条件下合成 cDNA 的第一链，然后用 RNaseH 处理 cDNA-RNA 杂合分子，使 mRNA 产生一系列缺口，并成为一系列引物，再在大肠杆菌 DNA 聚合酶Ⅰ作用下进行 cDNA 第二链的合成（图 5-9）。若在反应体系中加入大肠杆菌 DNA 连接酶，可避免异常结构的产生，并得到相对完整的 cDNA 链。最后在 T4 噬菌体 DNA 聚合酶的作用下，cDNA 的末端成为可与接头分子连接的平头末端。

目前，构建 cDNA 文库大多数采用置换合成法来合成 cDNA 第二链，该方法具有 3 个优点：①非常有效；②直接利用第一链反应产物，无需进一步处理和纯化；③不使用 S1 核酸酶来切割双链 cDNA 中的发夹结构，避免了 cDNA 的损失。该方法产生的 cDNA 非常接近全长，仅缺少对应于 mRNA 5′端的几个核苷酸，通常不足为虑。

c. PCR 合成法。该方法是构建 cDNA 文库的一种新策略，已经得到广泛应用。它是以 cDNA 的第一条链为模板，设计并合成一组引物，通过 PCR 扩增获得多拷贝双链 cDNA。其放大灵敏性高，特别适合低拷贝 mRNA 的克隆。同时，可用总 RNA 作为合成 cDNA 第一链的模板，不用纯化 mRNA，避免了纯化过程中某些信息分子

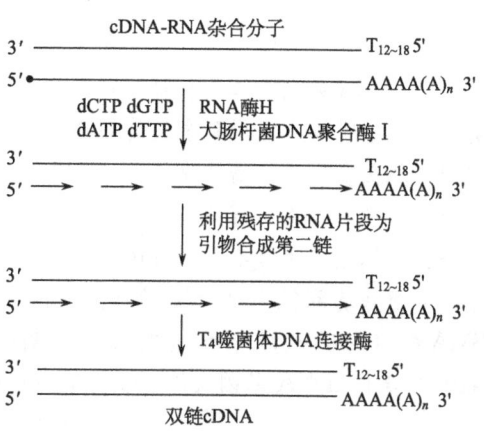

图 5-9　置换合成法合成 cDNA 第二链（引自齐义鹏，1998）

的丢失。PCR 合成 cDNA 第二链是通过在第一链 3′端同聚物加尾的方法实现的，不会丢失其末端的最后几个核苷酸，所以容易得到完整的 cDNA（图 5-10）。

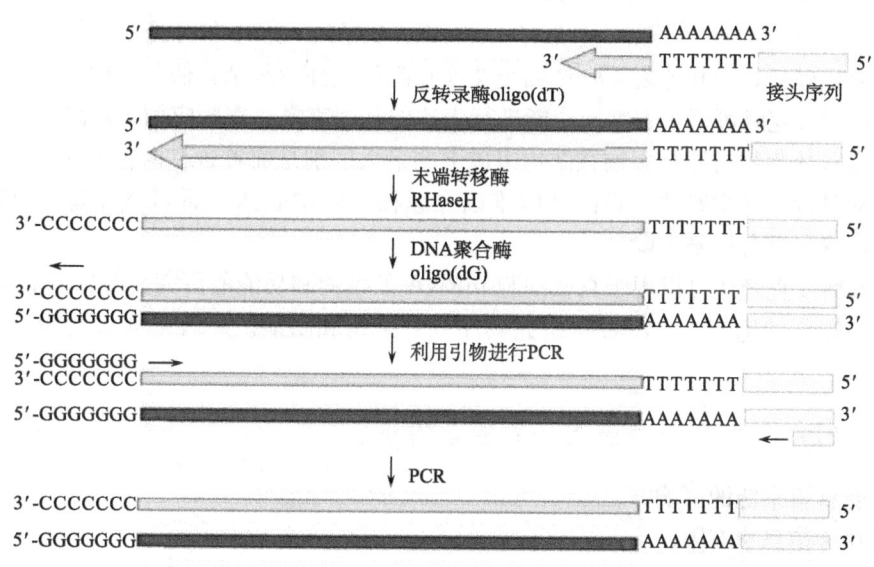

图 5-10　PCR 合成 cDNA 第二链

3）cDNA 与载体的连接

得到双链 cDNA 分子之后，还需要将双链 cDNA 分子与适当的载体连接形成重组载体分子，再导入宿主细胞中扩增形成克隆。由自身引导法和置换合成法得到的双链 cDNA 分子的 5′端被单链核酸酶或 DNA 聚合酶 I 消化形成了平末端，且 cDNA 分子的 3′端往往带有 poly（A/T），两端均没有合适的限制酶的酶切位点，因此在克隆到载体之前还需要采用末端转移酶加尾或用 T4 DNA 连接酶在 3′端和 5′端加上适当的衔接头，才能与具有相应末端的载体分子连接。

> **cDNA 基因文库的改良**
>
> 从 cDNA 基因文库的构建过程不难看出，合成 cDNA 第一链和第二链的方法不同，可能会导致有些时候不能得到全长的 cDNA，因此如何保证文库中所有 cDNA 分子长度完整性是构建 cDNA 基因文库需要克服的一个重要问题。另外，完整的 cDNA 基因文库虽然能保证细胞中每一种 cDNA 分子都至少有一个克隆，但是很显然，高丰度的 mRNA 所对应的 cDNA 克隆数要远远多于低丰度的 mRNA 所对应的 cDNA 克隆数，因此在常规的 cDNA 基因文库中，要想筛选到低丰度 mRNA 的基因，难度是很大的。建立均一化的 cDNA 基因文库和 SMART（RNA 转录本 5′端的转换机制，switching mechanism at 5′ end of the RNA transcript）全长 cDNA 基因文库可以克服常规的 cDNA 基因文库的这两个不足。

5.2.3 基因组文库与 cDNA 文库的区别

5.2.3.1 cDNA 文库与基因组文库相比的优越性

（1）cDNA 文库以 mRNA 为材料，特别适用于某些 RNA 病毒，如流感病毒；因其不通过 DNA 中间体，所以研究的唯一方法就是 cDNA 克隆。

（2）cDNA 基因文库的筛选比较简单易行。

（3）由于每一个 cDNA 克隆都含有一种 mRNA 序列，这样在目的基因的选择中出现假阳性的概率比较低，而相比之下，基因组文库克隆的选择较复杂，假阳性的概率较高。

（4）cDNA 克隆可用于在细菌中能进行表达的基因克隆，直接应用于基因工程操作。原因是：高等真核生物与原核生物在结构组成上的最大区别是前者含有内含子间隔序列，而后者没有。从基因文库中筛选的目的基因难以在原核生物中表达。而 cDNA 是经过转录后得来的，其内含子部分已被删除。

（5）cDNA 克隆还可以用于真核细胞 mRNA 的结构和功能的研究。特异的 mRNA 在细胞中往往占很小的比例，难以直接研究其序列、结构和功能。一般是通过比较基因组进行确定。

5.2.3.2 cDNA 文库与基因组文库相比的缺点

（1）受材料来源的影响。

（2）遗传信息量有限。

a. cDNA 文库构建时的信息供体是某一时空条件下的细胞总 mRNA，它在转录水平上反映该生物在某一特定发育时期/某一特定组织（或器官）在某种环境条件下的基因表达情况，并不能包括该生物有机体的全部基因。在某种意义上讲，它可以表现基因组的功能信息。

b. cDNA 文库只反映 mRNA 的分子结构。cDNA 中不含有真核基因的间隔序列及调控区，确切说 cDNA 并不是真正意义上的基因。

（3）构建的 cDNA 文库中高丰度（含量）的 mRNA 比低丰度的容易得到和分离，其实目前构建的 cDNA 基本上是高丰度多的而低丰度的很少。

5.3 PCR 技术与目的基因的分离

聚合酶链反应（polymerase chain reaction，PCR） 由 Mullis（1983）首创，它是利用单链寡核苷酸引物对特异 DNA 片段进行体外快速扩增的一种方法。该反应是一指数式反应，可在短时间内使目的片段的扩增量达到 10^6 倍，可从极微量的 DNA 乃至单细胞含有的 DNA 起始，扩增出微克级的 PCR 产物。自 20 世纪 80 年代中期问世以来，PCR 技术已迅速渗透到了分子生物学的各个领域，现已在基因克隆、外源基因的整合检测、物种起源、生物进化等方面得到了广泛应用。

5.3.1 目的基因的直接扩增和克隆

由于 PCR 反应灵敏度高，特异性强，操作简便，产物易于纯化分离，该技术已被广泛应用于目的基因的获取、制备与扩增。只要已知目的基因的序列组成，就可以采用 PCR 的方法从基因组中把该目的基因特异性地扩增出来。有时候甚至只知道目的基因的部分 DNA 序列，或者只知道其同源基因的序列，也可以根据同源区域设计引物扩增得到目的基因。可以说，PCR 技术已经成为扩增和制备目的基因的首选方法。

5.3.2 目的基因的 cDNA 的克隆

利用 PCR 技术，只需增加一步反转录反应，便可从少数的 mRNA 构建 cDNA 文库。以 mRNA 为模板，以 oligo（dT）为引物，在依赖于 RNA 的 DNA 聚合酶催化下体外合成 cDNA 第一链之后，可通过 PCR 扩增此链。

在某些情况下，如已知 RNA（或其基因）两端的核苷酸序列——mRNA 5′端核苷酸序列或其编码的蛋白质 N 端的氨基酸序列，便可设计特定的两端引物，用于直接克隆特定的目的基因的 cDNA，从而省略从 cDNA 文库中筛选 cDNA 克隆等系列费时的操作。由于引物的高度选择性，细胞总 RNA 无需进行分离即可直接使用。又由于 PCR 扩增效率极高，可以获得在原始 mRNA 中含量极少的 mRNA 所对应的 cDNA 克隆，这在基因克隆操作中十分有用。反转录 PCR（RT-PCR）、cDNA 末端的快速克隆（RACE-PCR）和反向 PCR 克隆目的基因侧翼序列等都是较常用的克隆分离目的基因的方法。

5.4 电子克隆获取目的基因

近年来，三大国际一级生物信息数据库，即美国国家信息中心（National Center of Biotechnology Information，NCBI）的 GenBank（http:// www. nchi. nlm. nih. gov/web/GenBank/ index. html）、欧洲分子生物学实验室（European Molecular Biology Laboratory-European Bioinformatics Institute，EMBL-EBI）的 EMBL（http:// www. ebi. ac. uk/databases/index. html）和日本 DNA 数据库（DNA Data Bank of Japan，DDBJ）（http:// www. ddbj. nig. ac. jp/）新收录的核酸序列数据中，表达序列标签（expressed sequence tag，EST）占 65% 以上。随着生物信息学（bioinformatics）的发展，检索数据库进行核酸序列同源性检索，在电子基因定位、电子延伸、电子克隆和电子表达以及蛋白质功能分析、基因鉴定等方面起到了重要作用，已成为人们认识生物个体生长发育、繁殖分化、遗传变

异、疾病发生、衰老死亡等生命过程的有力工具。

随着基因定位（连锁图谱、物理图谱、转录图谱）和人类基因组测序及生物信息技术的迅猛发展，特别是人类基因组计划的完成，EST 已成为人类寻找未知功能的新基因，以及克隆不同时空差异表达基因和疾病相关基因的重要标志物。电子克隆（in silico cloning）是近年来基于 EST 和基因组数据库发展起来的基因克隆新型技术。它利用生物信息学知识和计算机技术对 EST 或基因组数据库进行同源性比较分析、整理拼接出新基因的编码序列，确认完整后根据序列设计引物进行 PCR 验证获得全长基因，具有效率高、成本低、对实验条件要求低等特点。

5.4.1 电子克隆的基本原理

电子克隆目的基因的原理主要是借助计算机和 EST 分析从而克隆基因。EST 是从 cDNA 克隆中随机挑选出来进行一次性测序的结果，一般长 200～500bp，通常作为基因的标志。由于 EST 数据库中有大量来源于各种生物、各种不同发育阶段和不同组织来源的 EST，所以同一个基因会有许多相互重叠的 EST 序列，因此可以采用头尾相接的方法不断延伸从而用其来构建重叠克隆群（contig），再以该重叠克隆群产生的新生序列为种子，重复上述过程，直至不能延伸，最后生成的新生序列便是种子序列的延伸产物。在这么多的 EST 中，通过仔细地筛选，有可能找出一个基因的大部分序列，甚至 cDNA 全长。

5.4.2 利用 EST 数据库进行电子克隆

近年来 EST 数据库容量扩增迅速，基于 EST 数据库由一个已知的 DNA 片段利用生物信息学的方法进行功能基因的电子克隆已经成为目前最常用的基因克隆手段，许多新基因就是通过 EST 序列的拼接发现的。

基于 EST 数据库的电子克隆的步骤：第一步，选择其他物种尤其是亲缘关系较近的物种某基因全长 cDNA 序列或 EST 序列为查询探针，或者以该物种某基因 EST 为查询探针，搜索 EST 数据库进行 Blast 比对，得到许多 EST 序列，从中寻找感兴趣的 EST（通常为同源长度≥100bp，同源性 50% 以上，85% 以下）。第二步，把感兴趣的 EST 基于 GenBank 中的非冗余数据库进行 Blast 分析，判断其是否是已知基因的一部分，筛选出新的 EST。第三步，将筛选出的 EST 在该物种的 EST 数据库中进行搜索，找到部分重叠的 EST 进行拼接，经严格分析，尽量避免含有旁系同源基因，拼接后产生的序列重叠群相当于实验中的一部分 cDNA 步移工作。第四步，以新获得的重叠群为新的查询探针，继续搜索 EST 数据库，直到没有新的 EST 可供拼接为止。将拼接得到的序列对非冗余数据库进行搜索，以证明这是一个全新的序列。这种策略也存在一定的局限性，许多拷贝数较低的基因很难涵盖在 EST 数据库中，这些基因只能通过分析基因组序列才能被发现。

EST 序列的拼接是电子克隆中非常重要的环节，用于 EST 序列拼接的软件有很多，使用者可按具体情况选择不同的拼接软件以得到最好的结果。另外，还可以将序列提交到 NCBI 的 UniGene 数据库中。NCBI 的 UniGene 系统是 GenBank 中的序列另外分离出来形成的一个非冗余的基因簇。数据库中除包含已确定的基因以外，还包括数以万计的表达序列标签，每个簇包含唯一的非冗余的基因序列、表达的组织类型和基因图谱位点。现在数据库中已经包括大量模式或重要生物的 EST 序列，其中人类、老鼠和水稻的序列最多。通过 UniGene 系统可以很方便地进行序列的拼接得到新基因。

5.4.3 利用基因组数据库进行电子克隆

人类基因组及其他许多模式生物、重要物种基因组测序工作的完成，基于基因组序列的新基因预测软件的开发为我们利用生物信息学的方法克隆新基因带来了新的策略。近年来，许多新基因就是通过分析基因组序列发现的。

基于基因组数据库的电子克隆的步骤：第一步，选择其他物种尤其是亲缘关系较近的物种某基因全长 cDNA 序列或 EST 序列为查询探针或者以该物种某基因 EST 为查询探针，基于 http://www.ncbi.nlm.nih.gov/的 GenBank 中的非冗余数据库 nr（核酸）进行 Blast 分析，从结果中筛选出同源性较高、含外显子的该物种基因组重叠群或 BAC 克隆，并通过超级链接得到其所在的基因组序列，同时根据比对的结果对基因组序列可能造成的移码测序错误进行修正。第二步，将这些序列根据内含子和外显子的剪接特征"GU...AG"，通过人工拼接，或者通过基因预测软件预测，得到可能的新基因序列。第三步，把可能的新基因序列基于非冗余数据库做 BLAST 分析，检验其新颖性。第四步，把筛选后的新基因序列提交到 dbEST 数据库做 BLAST 分析并延伸，进一步确认其真实度。

5.4.4 全长 cDNA 的判断

运用上述方法得到的 cDNA 序列还不能确定其为全长的 cDNA 序列，需要进行判断。直接从序列上可以从以下几个方面进行判断。

1) 5′端

(1) 有同源全长基因的比较，通过与其他生物已有的对应基因末端进行 Blast 来判断。

(2) 无同源基因的新基因，第一步，判断编码框架是否完整。首先看起始密码子。在开放阅读框架的第一个 ATG 上游有同框架的终止密码，需要注意的是，有时真正的翻译起始密码子并非是出现在 mRNA 中的第一个 AUG，在有的真核细胞中，在起始密码子 ATG 的上游非编码区会有可能出现一到几个 ATG，这称为非编码的 5′ATG。这种 5′ATG 并不是真的起始密码子，以其开始的开放阅读框常常很快遇到终止密码子。其次，看终止密码子。无终止密码的则考虑有保守的 Kozak 序列。第二步，判断是否有转录起始位点。有资料表明，在 5′帽结构后一般都有一段富含嘧啶的区域，另外如果 cDNA 5′序列与基因组序列中经 S1 酶切保护的部分相同，则可以确定得到的 cDNA 是全长的。

2) 3′端

(1) 有同源全长基因的比较，方法同 5′端；

(2) 编码框架的下游有终止密码子；

(3) 有一个以上的 poly（A）加尾信号；

(4) 无明显加尾信号的则也有 poly（A）尾。

通过计算机克隆确定得到的全长的 cDNA 序列还只是在计算机上的"虚拟克隆"，最终还必须通过 RT-RCR、RACE-PCR、序列测定和 Northern 杂交等方法进行实验验证，以保证序列的准确性。

5.5 根据基因差异表达获得目的基因

高等生物有 3 万～5 万个不同的基因，在每一个正常的体细胞中都含有相同的基因组拷贝，但在不同的组织细胞中仅有10%~20%的少部分基因被选择性表达，这种选择性表达是发育过程中细胞分化的结果，它将最终控制生物的形状和生理过程，是调控细胞生命活动过程的核心机制。因此，比较不同组织之间，或相同组织在不同生理条件下，或胚胎在不同的发育阶段的基因表达差异，可分离并克隆出这些特异性表达的基因。

5.5.1 mRNA差异显示技术

mRNA差异显示技术（mRNA differential display reverse transcription PCR，DDRT-PCR）最早由Liang和Pardee在1992年报道，是目前应用较广泛的进行mRNA差异比较的技术，能有效检测真核细胞中特定基因的表达模式，因而可以用于发现和克隆新的基因。mRNA差别显示技术的一般原理是：以一种与mRNA的poly（A）结合的寡核苷酸序列作为锚定引物进行反转录，形成mRNA：cDNA杂交分子。再加入另一短的随机序列（人工合成的、碱基序列随机排列的寡核苷酸序列）作为随机引物，进行PCR反应。随机引物可与反转录成的单链cDNA结合，随机进行PCR扩增，最后用聚丙烯酰胺凝胶显示扩增片段。

真核生物体中绝大多数mRNA（除少数mRNA，如组蛋白mRNA）均带有$3'$-poly（A）尾结构，这一特征为选定锚定引物提供了极大方便。人们可以用含olig（dT）$_n$的寡聚核苷酸作为锚定引物，以mRNA为模板，在反转录酶作用下，反转录出与之互补的cDNA。代表特异性表达基因的杂交分子在全部杂交分子中所占的比例很低，采用PCR扩增放大，在PCR反应中加入放射性同位素^{35}S或^{32}P以标记反应产物，大约40次循环反应后，进行变性聚丙烯酰胺凝胶电泳，经过放射性自显影，在同一胶板上进行不同样品比较，就可显示出差异表达条带。将差异条带从胶上切割下来，回收DNA，然后利用该片段作为探针进行cDNA文库或基因组文库的筛选，以分离该差异片段对应的cDNA全长或基因全长（图5-11）。

mRNA差别显示技术充分利用PCR扩增原理，扩增的最终量取决于引物与mRNA：cDNA杂交分子之间的结合能力，而不取决于样品中的mRNA的丰度，这使丰度非常低的目的mRNA通过调整引物放大到可以进行直观比较的水平。另外，聚丙烯酰胺凝胶分析、放射自显影来对比带型差异，无疑增加了检测的灵敏度。

mRNA差别显示技术的另一大优点是可用回收并经扩增的cDNA直接作为探针，进行Northern印迹分析来验证该cDNA片段

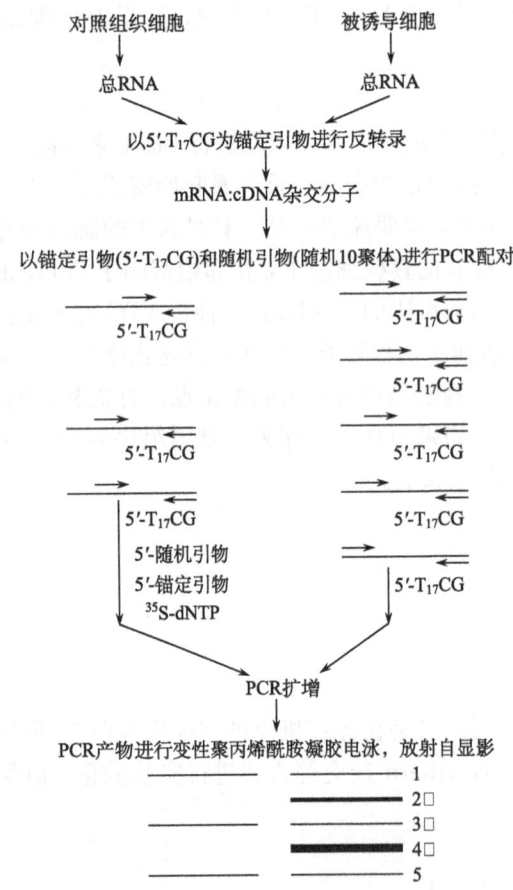

图5-11 以$5'$-T12CG和随机10聚体引物进行的一组差别显示（引自黄薇等，2002）

在不同样品间的差异表达，鉴定该 cDNA 对应的 mRNA 的大致分子质量。另外，这些探针可直接筛选合适的 cDNA 文库。还可以通过联机检索进行序列比较来确定这些基因是已知的还是新发现的。此外，mRNA 差别显示技术最终所得的差别条带往往不仅一条，通常包含某一基因的调控基因，这是其他许多方法所不能比拟的。几种样品或不同的处理还可以在同一个胶板上比较它们之间某些基因的差异表达。所有这些都是 mRNA 差别显示技术一经发明就立即得到广泛应用的前提。由此可见，差别显示技术具有简单、快速、灵敏、重复性好、用途广和所需起始材料量小等优点。

mRNA 差别显示技术也存在缺陷。要完全显示细胞中的所有 mRNA 种类，并想得到可靠的结果，需要大范围的筛选（据估计大约 300 种引物对）。另外，mRNA 差别显示的最明显的两大缺点是高频率的假阳性和短小的差别显示片段。典型的差别显示会产生大量的表面上为差异条带而实际为假阳性的片段。经过长时间的探索，人们积累了许多经验，已尽可能地降低了假阳性。

5.5.2 cDNA 代表性差异分析

cDNA 代表性差异分析（cDNA representational difference analysis，cDNA-RDA）是由 Hubank 等于 1994 年通过 DNA-RDA 改良而来的，它在一定程度上具有消减杂交和 DDRT-PCR 的特点。cDNA-RDA 的基本原理是：通过消减富集和动力学富集而实现对差异表达基因的分离，即将两组材料的 mRNA 反转录为双链 cDNA 后，用识别 4 个碱基的限制酶进行酶切，再与特异的寡核苷酸接头连接，用 PCR 扩增 20 个循环［两组材料的扩增产物分别称为检测扩增子（tester amplicon）和驱动扩增子（driver amplicon）］。再将检测扩增子与新的接头连接并与过量（1∶100）的不加接头的驱动扩增子混合、变性、复性，以进行消减杂交（称为消减富集），随后加入 *Taq* 酶，用接头特异性引物进行 PCR 扩增（称为动力学富集）。只有自身退火形成的 tester/tester 两端才能和引物配对，并以指数形式扩增，tester/driver 杂合体只能是线性扩增，而 driver/driver 杂合体则无法扩增。重复杂交、扩增的步骤，可使共有序列最大限度地被稀释消除，差异表达片段可以被最大限度地富集，而富集的差异表达片段可用于克隆和测序（图 5-12）。该方法的主要优点就是能够使差异表达的基因高度富集，重复性较好，且假阳性少。

cDNA-RDA 是新发展起来的基因筛选和克隆技术，在分析基因差异表达方面有其独到之处，它避免了一些无关基因被筛选和克隆，大大减少了常用的 mRNA 差异显示方法中易于出现的假阳性结果，减少了后续基因片段鉴定的工作量和挑选差异克隆的随意性，同时 cDNA-RDA 还可使 mRNA 差异显示方法中难以显示的稀有 mRNA 的 cDNA 得以富集。目前，该方法已经在动物、人类及植物的基因克隆中发挥作用。

5.5.3 抑制差减杂交技术

抑制差减杂交技术（suppression subtractive hybridization，SSH）是在抑制 PCR 与差减杂交技术结合的基础上，由 Diachenko 等于 1996 年建立的。

在 SSH 过程中，Tester cDNA 被分为两部分，分别接上不同的接头（Adaptor 1 和 Adaptor 2），然后将过量的 Driver 分别加入到两份 Tester 样品中进行杂交，样品热变性、退火，单链 cDNA 均一化。Tester 中与 Driver 共有的非靶 cDNA 与 Driver 杂交，而靶 cDNA 由于差异表达而得到第一次富集。混合第一次杂交的两份样品，再一次加入变性

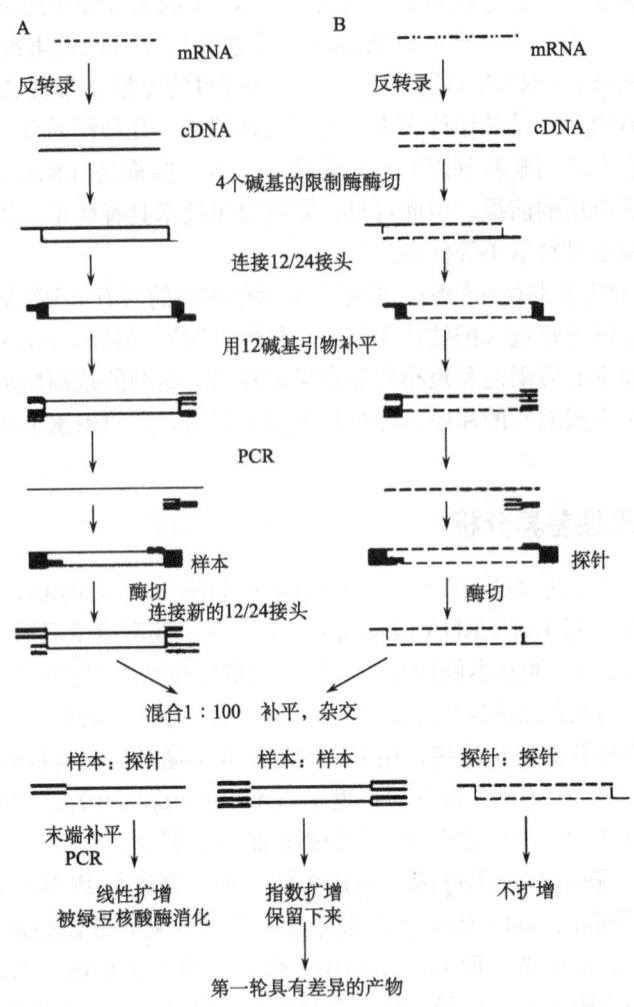

图 5-12 cDNA-RDA 技术流程（引自王景雪，2001）
A. 检测方；B. 驱动方

Driver，只有在第一轮杂交过程中未退火的 Tester cDNA 才能再结合形成 b、e 和新的 e 杂交体（图 5-13）。新形成的杂交体 e 与第一次和第二次形成的杂交体 b、e 有明显不同的特征，即 e 杂交体的 5′端有不同的接头序列，一个来自于样品 1（Adaptor 1），另一个来自于样品 2（Adaptor 2）。随后进行的 PCR 扩增所采用的引物 P1 和 P2 的序列分别与 Adaptor 1 和 Adaptor 2 的外段序列相同，这样只有 e 型分子两端的接头均能和引物配对，进行指数扩增，而其余分子或者无法进行扩增，或者只能进行线性扩增。

SSH 技术的优点在于：①假阳性率大大降低。SSH 采用两次差减杂交和两次 PCR，保证了该方法具有较高的特异性，阳性率可高达 90% 以上。②高敏感性。均衡化作用和目标片段的富集保证了低丰度 mRNA 也可能被检出。③高效性。一次 SSH 反应可同时分离成百个差异表达基因，速度快，效率高。④差减后的组织特异性 cDNA 混合物能被用作杂交筛选的探针，这使得该技术在克隆差异表达基因方面更为通用。此外，SSH 技术程序相对简单，操作简便易行且重复性高。

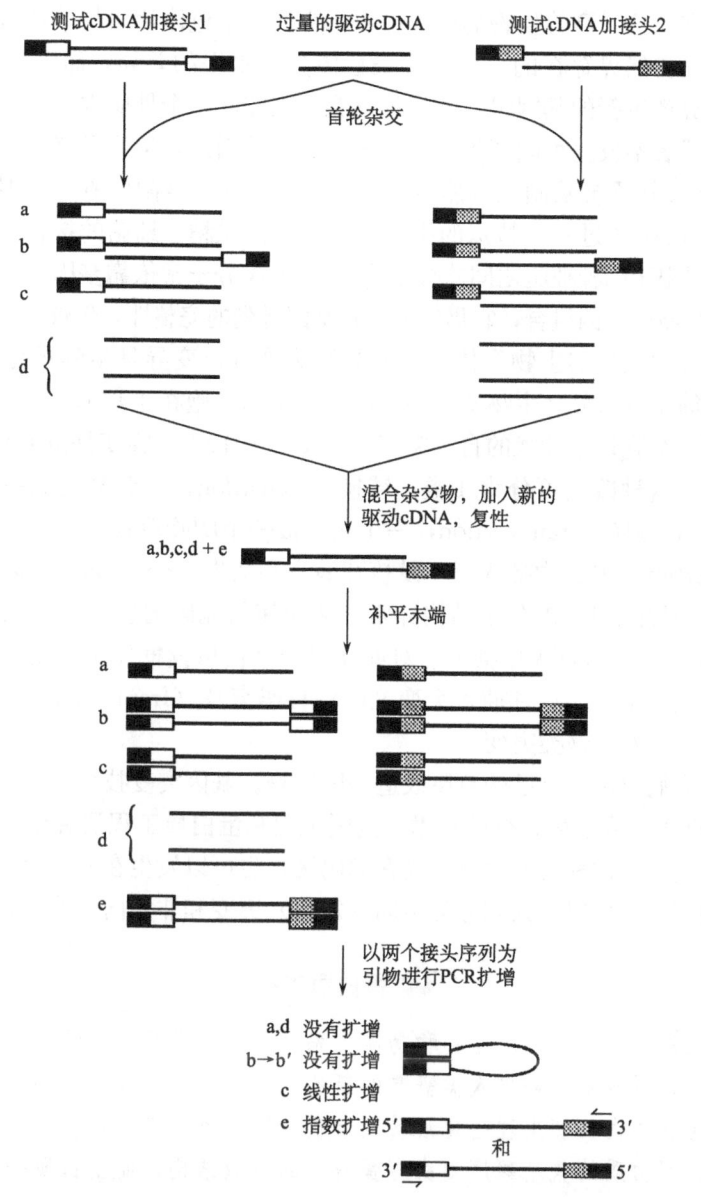

图 5-13　SSH 技术流程（引自王景雪，2001）

SSH 技术也存在一些局限，如要求研究材料的遗传背景接近，差异不能太大；起始材料相对要求较多，需要 0.5~2μg 的 mRNA，否则低丰度的差异表达基因的 cDNA 很可能会漏检；Tester 中带不同接头的低丰度单链 cDNA 与互补链杂交的概率仍很低，不易被扩增克隆；加接头的过程中会有 cDNA 的损失等。

5.6　目的基因的改造

5.6.1　基因突变与人工诱变技术

自然界高等生物中出现新的基因组合往往是由于染色体畸变，它包括染色体片段的缺失、重复、倒位和易位。高等生物的这些过程所交换的染色体片段与单基因的大小相比，往往是较大的，因而自然界存在的一般是在染色体分布水平的差异，而不在基因功能上的差异。此外，自然界产生新的基因组合的过程只能出现在同一个种属内。

自然界极少或者不发生种间产生新的基因组合的原因是，生物具有阻止基因之间发生作用的机制：①DNA分子被限制在细胞内，高等生物DNA被限制在细胞核内，不能相混；DNA分子间结合必须通过一些特殊的机制，如生物的受精、细菌的接合、转导和转化等过程，而这些过程局限于同种细胞之间才会发生。②DNA分子常依靠基因的重组交换物质，但这种机制并不产生新的基因组合，它仍然保护着基因排列的完整性，仅仅是交换等位基因。

生物遗传过程中发生的生物个体间的差异称为变异。变异是生物进化的基础，没有变异，遗传只能是简单的重复。生物变异的本质是正常的细胞在正常DNA复制过程中会发生频率极低的突变。细胞每个性状的自发突变率为$10^{-7}\sim10^{-3}$。突变是由DNA碱基排列顺序发生改变引起的。这种改变可分为4类：转换（transition，一个嘧啶或一个嘌呤被另一个嘧啶或嘌呤取代），颠换（transvertion，一个嘧啶被一个嘌呤取代或一个嘌呤被一个嘧啶取代），插入（insertion，基因中插入了一段核苷酸）和缺失（deletion，基因中丢失了一段核苷酸）。这4种情况都使DNA分子结构异常，从而使其编码的蛋白质多肽发生生物性状的变化。例如，插入突变，DNA中插入一对或几对碱基使可读框发生改变，自突变点以后的一系列密码都发生了错误。这种插入突变又叫做移码突变（frame-shift mutation）。吖啶类染料处理细胞时容易发生这类突变。

基因工程中人们要按照自己的意愿改造基因产物。基因突变技术（人工诱变）是指用人为方法使基因DNA序列发生改变的技术。基因工程和蛋白质工程研究中使用的基因突变技术全部属于体外突变。这种突变可以发生在编码区，也可以发生在非编码的调控区。按照对突变位点确定的程度，可以大致划分为定向（定点）突变和非定向（非定点）突变两大类。

蛋白质工程

蛋白质工程是基于对蛋白质结构和功能关系的认识，进行分子设计，通过基因工程途径定向地改造蛋白质或创造合乎人类需要的新的突变蛋白质的理论及实践。

蛋白质是生物体内一切生理生化活动及性状表现的执行者，蛋白质的功能由蛋白质的空间结构决定。蛋白质的氨基酸序列决定蛋白质的一级结构，而蛋白质一级结构是空间结构的基础，空间结构又决定其功能。蛋白质工程依据中心法则的思想，由DNA指导合成蛋白质，为使改造或新合成出来的蛋白质的结构与功能符合人们的要求，需要对负责编码该种蛋白质的基因进行重新设计。归根结底，改造蛋白质的实践是通过改造基因序列实现的。因此，蛋白质工程是改造基因、创造新的目的基因的一条途径。

定向突变（定点诱变，directed mutagenesis），是对已知序列的基因（或DNA）中任意指定位置进行突变的技术。定向诱变又称为离体诱变，也称反向遗传学（reverse genetics）或DNA分析遗传学，因为它可以有目的地在离体条件下创造基因突变，然后把它置入生物体基因组中，观察分析这些突变的表型效应。它有缺失、插入、碱基置换、移码突变等类型，即包括单个或多个核苷酸的置换、插入或删除。按照突变引入的方式，定向突变又分为寡核苷酸指导的定向诱变和寡核苷酸置换两大类。

非定向突变是指那些不能预先确定突变位点的点突变技术。其重要性在于：①对于那些已知结构的蛋白质，根据现有的结构知识设计的定向突变，尚不可能包括所有重要的突变产物，因而由非定向突变可以得到大量"计划外"的突变产物，研究它们也有很重要的意义。②在现有已知一级结构的蛋白质中，已知空间结构的只占一小部分，随着基因分离的基因测序技术的发展，这个比例还会急剧减少。因此可以预见，势必有越来越多的蛋白质将在结构数据相对不足的情况下，只能依靠非定向突变技术着手进行研究。

5.6.2 基因定点诱变

基因定点诱变是对基因或 DNA 序列中特定碱基实施取代、缺失或插入等操作，不仅是研究蛋白质结构和功能关系的有力工具，也是人们在实验室中改造/优化基因的常用手段。目前发展的定点突变方法通常有盒式诱变、寡核苷酸引物诱变及 PCR 诱变等。

5.6.2.1 盒式诱变

盒式诱变（cassette mutagenesis）是利用一段人工合成的含基因突变序列的寡核苷酸片段，即所谓的寡核苷酸盒（oligonucleotide cassette），取代野生型基因中的相应序列，又称 DNA 片段取代法。

先用定位突变在拟改造的氨基酸密码子两侧添加两个在原基因和载体上都没有的限制酶切点，用该限制酶消化基因，再用体外合成的发生系列突变的双链 DNA 片段替代被消化的部分。这样一次处理就可以得到多种突变型基因。并且这种突变的寡核苷酸是由两条互补的

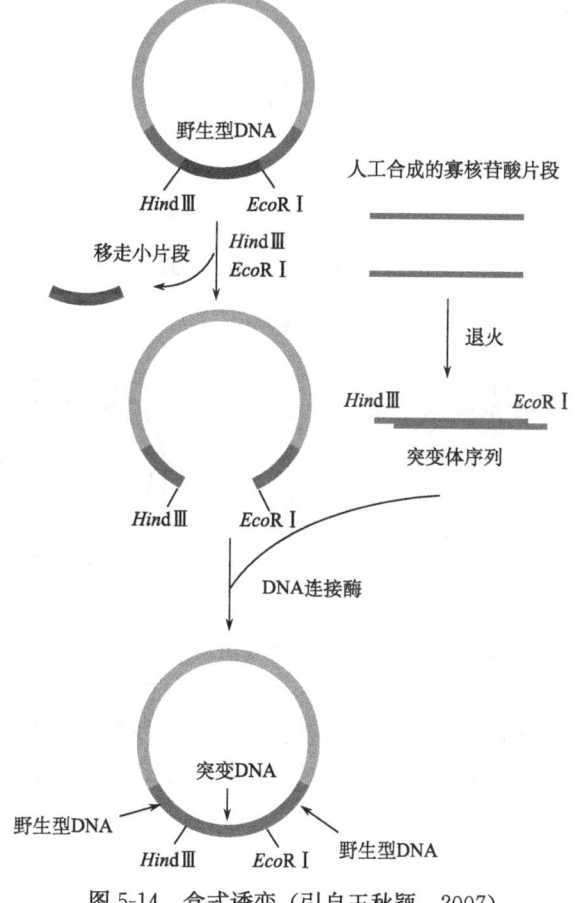

图 5-14　盒式诱变（引自王秋颖，2007）

寡核苷酸链组成的，当它们退火时，按设计要求产生克隆需要的黏性末端。由于不存在异源双链的中间体，重组质粒全部是突变体。如果将简并密码子的突变寡核苷酸插入到质粒载体分子上，在一次的实验中便可以获得数量众多的突变体，大大减少了突变需要的次数（图5-14）。这对于确定蛋白质分子中不同位点氨基酸的作用是非常有用的方法。

5.6.2.2 寡核苷酸引物诱变

蛋白质中的氨基酸是由基因中的三联体密码决定的，因此只要改变密码子中的一个或两个碱基就可以改变蛋白质中某个氨基酸的组成。寡核苷酸介导的诱变是通过人工合成的少量密码子发生变化的寡核苷酸介导得到诱变的目的基因的一种诱变方式。首先将待突变基因克隆到 M13 噬菌体上，以 5′端磷酸化的带突变碱基的寡核苷酸引物与含目的基因的 M13 单链 DNA 混合退火形成一小段碱基错配的异源双链的 DNA，在 DNA 聚合酶的催化下，引物链以 M13 单链 DNA 为模板合成全长的互补链，而后由连接酶封闭缺口，产生闭环的异源双链的 M13 DNA 分子。然后，转化和初步筛选异源双链 DNA 分子转化大肠杆菌后，产生野生型、突变型的同源双链 DNA 分子，可以用限制酶酶切法、斑点杂交法和生物学法来初步筛选突变的基因，如图 5-15 所示。

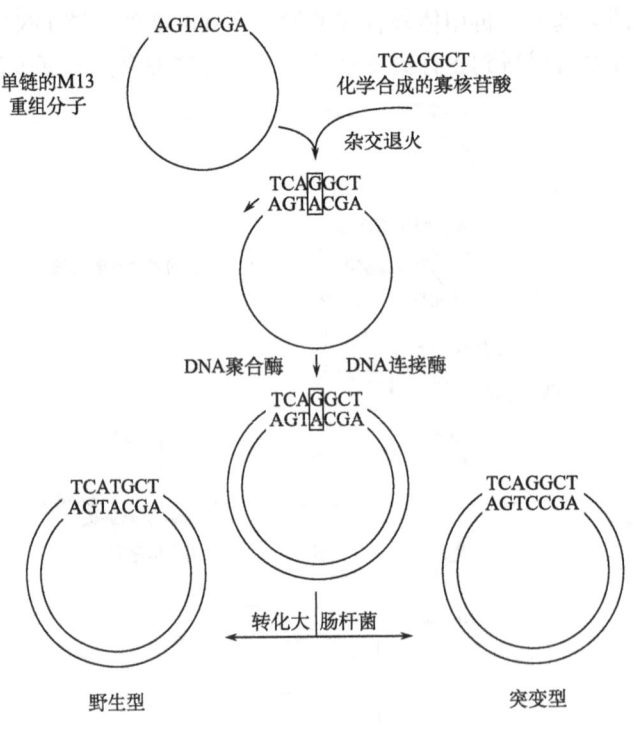

图 5-15 寡核苷酸引物诱变（引自王秋颖，2007）

该方法常产生突变效率低的现象，其主要原因是大肠杆菌中存在甲基介导的碱基错配修复系统。针对这一问题，又发展出硫代磷酸诱变法及 Kunkel 定点诱变法，即用尿嘧啶取代 DNA 的选择作用提高了突变效率。

5.6.2.3 PCR诱变

利用PCR反应在体外合成和体外引入引物的特点,可以利用PCR技术介导定点突变的发生。只要同上述寡核苷酸引物介导的定点突变一样,在引物的某个特定位点引入一到多个待突变的不匹配碱基,就可以在新生链中带来定点的突变,因为体外系统中无DNA修复酶系存在,使得PCR介导的定点突变不仅操作简单方便,而且可以使点突变有效地保留下来(图5-16)。但是,由于PCR引物往往选择目的基因的两个近末端的序列,因此在基因的两端序列中引入点突变是比较方便的,而在目的基因的中间任何一点引入点突变就必须在常规PCR基础上进行适当的改进。改进的思路是设计4个引物组成3对组合相继进行3轮PCR扩增。4个引物包括目的基因两个末端序列的上游引物1和下游引物2′,在目的基因预定突变位点的上游引物1′和下游引物2,这两个引物序列完全互补、配置方向相反、分别含有相同位点的一到几个突变碱基。首先用上游引物1和下游引物2结对、上游引物1′和下游引物2′结对,分别扩增目的基因的5′—侧片段和目的基因3′—侧片段。两个扩增片段在上游引物1′和下游引物2位点序列重叠并互补,因而当用上游引物1和下游引物2′对两个PCR产物做模板进行第三轮PCR扩增时,这两条双链DNA片段经变性和退火可以形成具有3′凹末端的异源双链分子,在 Taq DNA聚合酶的作用下,产生含重叠序列的双链DNA分子,成功将点突变引入到目的基因中。PCR介导的定点突变是目前常用的体外定点诱变的方法,操作简单,流程快捷,突变引入效率高,突变的成功率可达100%。

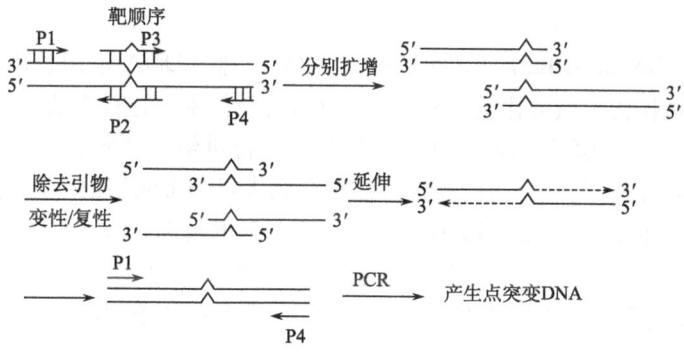

图 5-16　PCR介导的定点诱变(引自苏怡丹,2009)

5.6.3　基因随机突变

实施基因改造或基因改建时,若不确定蛋白质某个特定功能是由哪段氨基酸序列决定的,此时只能将该蛋白质基因实施大量随机突变,在各种突变后代中筛选预期功能改变的特种突变类型。目前体外随机引入突变的方法主要是利用 Taq DNA聚合酶不具有3′→5′校对功能的性质,配合适当条件,以很低的比率向目的基因中随机引入突变,构建突变库,凭借定向的选择方法,选出所需性质的蛋白质,从而排除其他突变体。常用的随机引入突变的PCR方法有以下几种。

1) 易错PCR

易错PCR (error prone PCR) 是一种简单、快速、廉价的随机突变方法。它通过改变PCR的条件,通常降低一种dNTP的量(降至5%~10%),使PCR易于出错,达到随机突变的目的。还可以加入 dITP 来代替被减少的 dNTP。dITP 的导入又会使下一轮 PCR 循环中出现更多的错误。在 PCR 缓冲液中另加 0.5mmol/L Mn^{2+} 也有利于提高突变率。用易错 PCR 法进行定向改造关键在于突变率的控制。一般而言，有意义的突变只占极少数，而有意义的突变如果和不利的突变组合在一起又将使酶失活。因此，突变率太高不利于发现有用的突变株，太低则出现的大多是野生型。一般认为，理想的突变率为每个目的基因的碱基替代为 5~15 个。

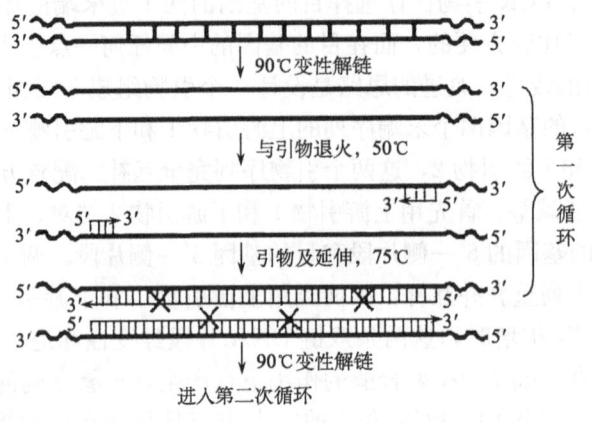

图 5-17　易错 PCR（引自王秋颖，2007）

2）DNA 改组

DNA 改组（DNA shuffling），即将 DNA 拆散后重排。DNA 改组技术是由 Stemmer 于 1994 年建立的一种模仿自然进化的体外 DNA 重组的新技术。这种方法不仅可以对一种基因人为进化，而且可以将具有结构同源性的几种基因进行重组，共同进化出一种新的蛋白质。在实验室中把 DNA 改组与强有力的筛选方法结合起来可为多领域的应用快速进化基因。

DNA 改组的具体过程如图 5-18 所示。首先准备目的基因片段。根据不同的需要选择一个基因或其片段，也可以是几个序列上具有较高同源性的基因。第二步，将目的基因用 DNase Ⅰ 酶切，将基因随机切割成 10~50bp 或 300bp 左右的小片段。第三步，进行不加引

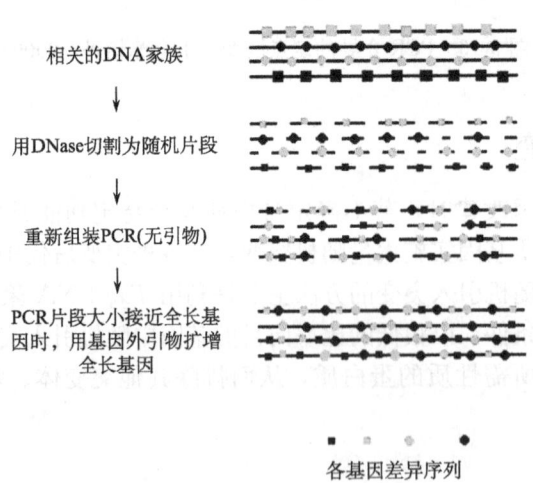

图 5-18　DNA 改组（引自常重杰等，2003）

物的 PCR。在 Taq 酶的作用下将切割后的 DNA 重叠小片段互为模板和引物进行 PCR 扩增，使酶切后的片段重新连接起来，产生多种重组类型，从而引入多种突变。第四步，进行加引物的 PCR。加入目的基因片段两端的特异引物，使各种重组连接的 DNA 作为模板进行扩增，从而得到各种各样目的基因的突变片段的集合体。

3）体外随机引发重组

体外随机引发重组（random priming in vitro recombination，RPR），是指以单链 DNA 为模板，配合一套随机序列引物，先产生大量互补于模板不同位点的短 DNA 片段，由于碱基的错配和错误引发，这些短 DNA 片段中也会有少量的点突变，在随后的 PCR 反应中，它们互为引物进行合成，伴随组合，再组装成完整的基因长度。如果需要，可反复进行上述过程，直到获得满意的随机突变库（图 5-19）。

该法优于 DNA 改组法的特点在于：①RPR 可以利用单链 DNA 为模板，故可 10～20 倍地降低亲本 DNA 量；②在 DNA 改组中，片段重新组装前必须彻底除去 DNase I，故 RPR 方法更简单；③合成的随机引物具有同样长度，无顺序倾向性，在理论上，PCR 扩增时模板上每个碱基都应被复制或以相似的频率发生突变；④随机引发的 DNA 合成不受 DNA 模板长度的限制。

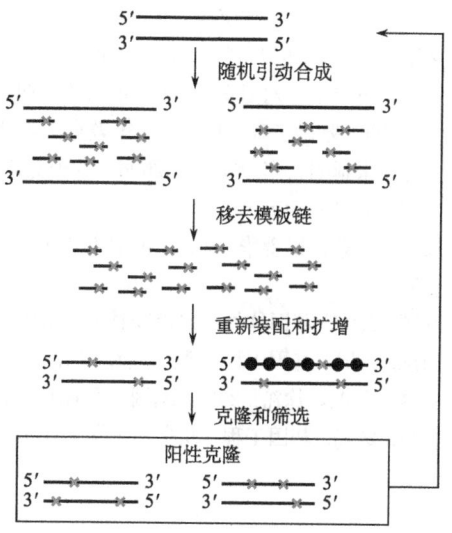

图 5-19 体外随机引发重组
（引自徐晋麟等，2007）

思考题

1. 名词解释：基因的人工合成；基因组文库；cDNA 文库；聚合酶链反应；RT-PCR；RACE-PCR；反向 PCR；电子克隆；mRNA 差异显示技术；cDNA 代表性差异分析；抑制差减杂交技术；定向突变；易错 PCR；DNA 改组；体外随机引发重组。

2. 什么是基因组文库？其构建方法是怎样的？

3. 什么是 cDNA 文库？它的构建流程是什么？

4. 合成 cDNA 第二链有哪些方法？

5. 如何理解 PCR 扩增的原理和过程？

6. 通过 PCR 技术扩增已知序列侧翼的未知序列的关键问题是什么？

7. PCR 产物的克隆与一般的 DNA 产物的克隆有何异同点？

8. 通过查阅资料了解 5'RACE 克隆的几种具体方法和实验流程。

9. 目前利用差异表达基因获得目的基因的技术主要有哪些？其技术原理是什么？它们各有什么优点和缺点？

10. 如果已经获得了某一蛋白质的氨基酸序列，请设计几种方法分离该蛋白质基因的 cDNA。

参考文献

陈宏. 2004. 基因工程原理与应用. 北京：中国农业出版社

常重杰，杜启艳. 2003. 基因工程原理与应用. 北京：中国环境科学出版社
高雪. 2009. 差异表达基因分离技术的研究进展. 生物技术通报，6：71-74
何水林. 2008. 基因工程. 北京：科学出版社
胡虓，萧浪涛. 2007. 生物信息学在新基因全长 cDNA 电子克隆中的应用. 生物技术通报，4：93-96
黄薇，方孝东，赵文明等. 2002. 分离差异表达基因的方法. 生物工程学报，18（4）：521-524
楼士林，杨昌盛，龙敏南等. 2002. 基因工程. 北京：科学出版社
齐义鹏. 1998. 基因及其操作原理. 武汉：武汉大学出版社
苏怡丹，伍宁丰，刘国安. 2009. 蛋白质定向进化技术的研究进展. 生物技术通报，11：43-47
孙明. 2006. 基因工程. 北京：高等教育出版社
王冬冬，朱延明，李勇，等. 2006. 电子克隆技术及其在植物基因工程中的应用. 东北农业大学学报，37（3）：403-408
王景雪，孙毅，梁爱华. 2001. 扩增未知序列 DNA 片段的 PCR 技术研究进展. 生物工程进展，21（1）：51-57
王秋颖. 2007. 基因体外定点诱变技术. 山西农业大学学报，27（6）：124-126
吴乃虎. 2001. 基因工程原理. 2版. 北京：科学出版社
徐晋麟，陈淳，徐沁. 2007. 基因工程原理. 北京：科学出版社
袁婺洲. 2010. 基因工程. 北京：化学工业出版社

第6章 目的基因的导入与重组体的鉴定

目的基因导入受体细胞的过程是指外源 DNA 稳定在受体细胞高效表达。受体细胞有原核受体细胞、真菌受体细胞和动植物受体细胞。常用于基因表达的原核受体细胞有大肠杆菌、枯草芽孢杆菌和蓝细菌等。真核生物细胞如丝状真菌、酵母、植物细胞、动物细胞等用作基因工程的受体细胞。

目的基因导入受体细胞的方法包括物理方法、化学方法和生物学方法等。目的基因导入原核受体细胞的途径有转化、转导、转染、电击穿孔、三亲本杂交等。重组基因导入植物受体细胞的主要方法有土壤农杆菌介导的 Ti 质粒转化，植物病毒介导基因转移、化学诱导 DNA 直接转化、基因枪转化、超声波介导转化、激光微束穿孔转化、显微注射、花粉管通道转化等。重组基因导入动物受体细胞的常用的方法有动物病毒介导转化、转染法、脂质体介导转化、基因枪转化等。

重组克隆子筛选的一般方法有3种：①遗传表型直接筛选；②依赖于重组子结构特征分析筛选；③核酸分子杂交分析。通过 Southern 印迹杂交、Northern 印迹杂交、斑点印迹杂交和菌落印迹原位杂交等方法对克隆子进行分析。

DNA 重组分子在体外构建完成之后，基因工程接下来的工作就是将目的基因导入特定的受体细胞，使之大量繁殖并高效表达外源基因或直接改变其遗传性状。随着基因工程技术获得了飞速发展，基因转移现象更加普遍和快捷，对供体基因和受体细胞进行设计和改造，提高了目的基因在受体中的稳定和高效表达。

6.1 重组 DNA 向原核细胞的导入

6.1.1 原核受体细胞的种类及特点

受体细胞又称宿主细胞或寄主细胞，指能摄取外源 DNA 并使其稳定维持，具有应用价值和理论研究价值的细胞。受体细胞包括原核细胞和真核细胞。其中大肠杆菌、枯草杆菌、蓝细菌等是常用的原核受体菌；真菌细胞、植物细胞和动物细胞是真核受体细胞。所有的受体细胞必须具备以下一些特征：便于重组 DNA 分子的导入并使重组 DNA 分子稳定存在于细胞中；遗传稳定性高，易于扩大培养或发酵生长；便于重组体的筛选；利于外源基因蛋白质表达产物在细胞内积累，或促进外源基因的高效分泌表达；具有较好的翻译后加工机制，便于真核目的基因的高效表达；安全性高，无致病性，不会对外界环境造成生物污染；在理论研究和生产实践上有较高的应用价值。

原核受体细胞通常包括大肠杆菌、枯草杆菌、蓝细菌等，大部分原核受体细胞为单细胞生物，培养简单，繁殖迅速，实验周期短；结构特点为：无坚硬细胞壁，便于外源 DNA 的进入；没有核膜，裸露的染色体 DNA 与外源 DNA 易于重组；基因组小，遗传背景简单，并且不含线粒体和叶绿体基因组，便于对引入的外源基因进行遗传分析。原核受体细胞具有的缺点为：不具备真核生物的蛋白质折叠复性系统，即使真核生物基因能得到表达，得到的多是无特异性空间结构的多肽链；缺乏真核生物的蛋白质加工系统，而许多真核生物蛋白质的生物活性正是依赖于其侧链的糖基化或磷酸化等修饰作用；原核细胞内源性蛋白酶易降解异源蛋白质，造成表达产物不稳定。

6.1.1.1 大肠杆菌

大肠杆菌属革兰氏阴性菌，它是目前为止研究得最为详尽、应用最为广泛的原核生物种类之一，也是基因工程研究和应用中发展最为完善和成熟的载体受体系统。优点：繁殖迅速、培养简便，代谢易于控制。缺点：大肠杆菌细胞间隙中含有大量的内毒素，可导致人体热原反应。

6.1.1.2 枯草杆菌

枯草杆菌又称枯草芽孢杆菌，是一类革兰氏阳性菌，具有芽孢形成的能力，易于保存和培养，同大肠杆菌一样，生长迅速、代谢易于调控、分子遗传学背景清楚；并且枯草杆菌比较于大肠杆菌，是一种安全的基因工程菌，因为其不产生内毒素，无致病性。

枯草杆菌具有胞外酶分泌调节基因，能将具有表达的产物高效分泌到培养基中，大大简化了蛋白质表达产物的提取和加工处理，在大多数情况下，真核生物的异源重组蛋白质经枯草杆菌分泌后便具有天然的构象和生物活性。因此，枯草杆菌成功地用于表达人的β干扰素、白细胞介素、乙型肝炎病毒核心抗原和动物口蹄疫病毒 VPI 抗原等。

6.1.1.3 蓝细菌

蓝藻，又称蓝绿藻或蓝细菌，它含有叶绿素 a（缺乏叶绿素 b）和藻胆素，具有光合系统Ⅰ（PSⅠ）和光合系统Ⅱ（PSⅡ），能进行光合作用，但它又具有细菌的特征，无细胞核及双层膜结构的细胞器，染色体裸露，是一种典型的原核生物。蓝藻作为表达外源基因的受体菌兼具微生物和植物的优点，具体表现在：基因组为原核型，除了裸露的染色体 DNA 外，不含叶绿体 DNA 和线粒体 DNA，遗传背景简单，便于基因操作和外源 DNA 的检测。

细胞壁属革兰氏阴性菌，主要由肽聚糖组成，便于外源 DNA 的转化。营光合自养生长，培养条件简单，只需光、CO_2、无机盐、水和适宜的温度就能满足生长需要。多种蓝藻含内源质粒，为构建蓝藻质粒载体提供了极好的条件。蓝藻富含蛋白质，并且多数蓝藻无毒，早已用作食物或保健品，在此基础上采用转基因技术，把一些重要药物的基因转入无毒蓝藻，就可达到锦上添花的效果。

6.1.2 转化

转化现象最早是由 Griffith 于 1928 年在肺炎双球菌中发现的。重组质粒 DNA 分子通过与膜蛋白结合进入受体细胞，并在受体细胞内稳定维持和表达的过程称为转化。细菌转化的本质是指受体细胞直接摄取供体细胞的遗传物质（DNA 片段），将其同源部分进行碱基配对，组合到自己的基因中，从而获得供体细胞的某些遗传性状。

6.1.2.1 转化过程

以革兰氏阳性细菌为例,细菌转化的机制如下。

(1) 细菌感受态的形成。当转化因子接近细菌细胞时,受体细胞分泌感受因子,溶解细菌细胞壁部分,暴露出细胞膜上的 DNA 结合蛋白和核酸酶等,此时细菌细胞处于感受态,极易接纳周围环境中转化因子以实现转化。

(2) 转化因子的吸收。受体细胞膜上的 DNA 结合蛋白可与转化因子的双链 DNA 结构特异性结合,然后激活邻近的核酸酶,将双链 DNA 分子中的一条链逐步降解,同时将另一条链逐步转移到受体菌内。

(3) 整合复合物前体的形成。进入受体细胞的单链 DNA 与另一种游离的蛋白质因子结合,形成整合复合物前体,它能有效地保护单链 DNA 免受各种胞内核酸酶的降解,并将其引导至受体染色体 DNA 处。

(4) 单链 DNA 转化因子的整合。整合复合物前体中的单链 DNA 片段可以通过同源重组,置换受体细胞染色体 DNA 的同源区域,形成异源杂合双链 DNA 结构。

(5) 转化子的形成。受体染色体组进行复制,杂合区段也随之进行半保留复制,当细胞分裂后,该染色体发生分离,形成一个新的转化子。

6.1.2.2 转化率

转化率是指 DNA 分子转化受体细胞获得转化子的效率,有两种表示方式:一是以转化子数与用于转化处理的 DNA 分子数或质量的比率表示;二是以转化子数与用于转化处理的受体细胞数的比率表示。用每单位质量的 DNA 分子获得的转化子数来表示,难以反映分子大小与转化率之间的关系。以用于转化处理的受体细胞数为基数来计算转化率,首先必须通过菌液 OD 值测定或细菌计数,计算出用于制备感受态细胞的受体菌总数,然后计算转化子与受体菌的比率。

6.1.2.3 影响转化率的因素

(1) 分子质量。分子质量较小的重组质粒 DNA 分子转化率较高,分子质量较大的重组质粒 DNA 分子转化率较低,对于大于 30kb 的重组质粒则很难进行转化。

(2) 组成重组 DNA 分子的载体类型及其构型。与受体细胞亲和性较强的质粒载体转化率要高于亲和性较弱的质粒载体,而处于自然双螺旋闭环结构的质粒载体比开环结构成线性结构的质粒载体有更高的转化率。经体外酶切、酶连操作后的载体 DNA 或重组 DNA 分子由于空间构象难以恢复,转化率一般要比具有超螺旋结构的质粒低两个数量级。

(3) 重组 DNA 分子的浓度和纯度。在 10ng/100μg 以下的 DNA 浓度范围内,转化效率与 DNA 分子数成正比关系。

(4) 受体细胞的选择对于重组 DNA 分子的转化也是极为重要的,同一重组质粒 DNA 分子转化不同的受体细胞,转化率不同。

6.1.3 重组质粒 DNA 分子转化大肠杆菌

大肠杆菌是一种革兰氏阴性菌,转化因子的吸收较为困难,自然条件下难以进行转化。在基因工程研究和应用中,转化受体细胞的是外源重组质粒 DNA 分子,而非来自供体菌的游离 DNA 片段。因此在大肠杆菌的转化实验中，通常的做法是首先采用人工的方法制备感受态细胞，然后进行转化处理，其中代表性的方法是 Ca^{2+} 诱导的大肠杆菌转化法、电穿孔转化法和三亲本杂交接合转化法。

6.1.3.1 Ca^{2+} 诱导的大肠杆菌转化法

1970 年，Mandel 和 Higa 发现用 $CaCl_2$ 处理过的大肠杆菌能够吸收 λ 噬菌体 DNA，此后不久，Cohen 等用此法实现了质粒 DNA 转化大肠杆菌的感受态细胞，其整个操作程序为：①将处于对数生长期的细菌置入 0℃ 的 $CaCl_2$ 低渗溶液中，使细胞膨胀，同时 Ca^{2+} 使细胞膜磷脂层形成液晶结构，使得位于外膜与内膜间隙中的部分核酸酶离开所在区域，这就构成了大肠杆菌人工诱导的感受态；②此时加入 DNA，Ca^{2+} 又与 DNA 结合形成抗脱氧核糖核酸酶（DNase）的羟基-磷酸钙复合物，并黏附在细菌细胞膜的外表面上；③经短暂的 42℃ 热激处理后，细菌细胞膜的液晶结构发生剧烈扰动，随之出现许多间隙，致使通透性增加，DNA 分子便趁机进入细胞内。此外在上述转化过程中，Mg^{2+} 的存在对 DNA 的稳定性起很大的作用，$CaCl_2$ 与 $MgCl_2$ 又对大肠杆菌某些菌株感受态细胞的建立具有独特的协同效应。1983 年，Hanahan 除了用 $CaCl_2$ 和 $MgCl_2$ 处理细胞外，还设计了用二甲基亚砜（DMSO）和二巯基苏糖醇（DTT）进一步诱导细胞产生高频感受态的方法，从而大大提高了大肠杆菌的转化效率。目前，Ca^{2+} 诱导法已成功地用于大肠杆菌、葡萄球菌以及其他一些革兰氏阴性菌的转化。该法重复性好，操作简便快捷，适用于成批制备感受态细胞。对这种感受态细胞进行转化，每微克质粒 DNA 可以获得 $5\times10^6 \sim 2\times10^7$ 个转化菌落，完全可以满足质粒的常规克隆的需要。但用 DMSO 和 DDT 等处理细胞，转化效率可提高 $100\sim1000$ 倍，且对大小质粒分子均可进行有效的转化，但该法要求条件高，对外界污染物极为敏感，通常很少采用。

转化处理过程中，可能感染杂菌，导致假阳性转化子的出现，因此须设以下几种对照处理：①DNA 对照处理：转化处理液中用 0.2ml 无菌水代替 0.2ml 感受态细胞，检验 DNA 溶液是否染菌；②感受态细胞对照处理：转化处理液中用 0.1ml NTE 缓冲液代替 0.1ml DNA 溶液，检验感受态细胞是否染菌；③感受态细胞有效性对照处理：在 0.2ml 感受态细胞中加入 0.1ml 已知容易转化这种感受态细胞的质粒 DNA。

6.1.3.2 电穿孔转化法

电穿孔转化法的基本原理：利用高压电脉冲作用，在大肠杆菌细胞膜上进行电穿孔，形成可逆的瞬间通道，从而促进外源 DNA 的有效吸收。

用于电穿孔转化法的细胞处理要比感受态细胞的制备容易得多。当细菌生长到对数中期后予以冷却、离心，然后用低盐缓冲液充分清洗降低细胞悬浮液的离子强度，并用 10% 甘油重悬细胞，使其细胞浓度为 3×10^{10} 个/ml。分装，在干冰上速冻后置于 -70℃ 贮存。这样，每小份细胞溶解后即可用于转化，有效期达 6 个月以上。电穿孔转化须在低温下（$0\sim4℃$）进行，转化效率要比在室温下操作提高约 100 倍。电穿孔转化法的效率受电场强度、电脉冲时间和外源 DNA 浓度等参数的影响，通过优化这些参数，每微克 DNA 可以得到 $10^9\sim10^{10}$ 转化子。研究表明，当电场强度和脉冲时间的组合方式导致 $50\%\sim70\%$ 细菌死亡时，转化水平达到最高。

6.1.3.3 三亲本杂交接合转化法

三亲本杂交接合转化法又称为三亲本杂交转移法,是基于非接合型质粒的迁移作用而建立的一种 DNA 转化方式。适用于那些难以采用 Ca^{2+} 诱导转化法或电穿孔法转化的受体菌。

非接合型质粒分子较小,缺少编码质粒转移体系所需的全部基因,不能像接合型质粒那样在宿主细胞间自我转移。但如果在宿主细胞中存在另外一种融合性的接合型质粒(即辅助质粒),非接合型质粒通常也会被转移,这种由共存的接合型质粒引发的非接合型质粒的转移过程称为迁移作用。接合型质粒分子较大,自我转移的随意性强,转移过程中经常伴随着宿主细胞染色体的高频转移,因此难以作为基因工程载体使用。目前常用的质粒载体多是在非接合型质粒或缺失了接合转移基因的接合型质粒的基础上构建的,故重组质粒 DNA 分子也不能直接进行接合转化,而只能通过其迁移作用来完成。

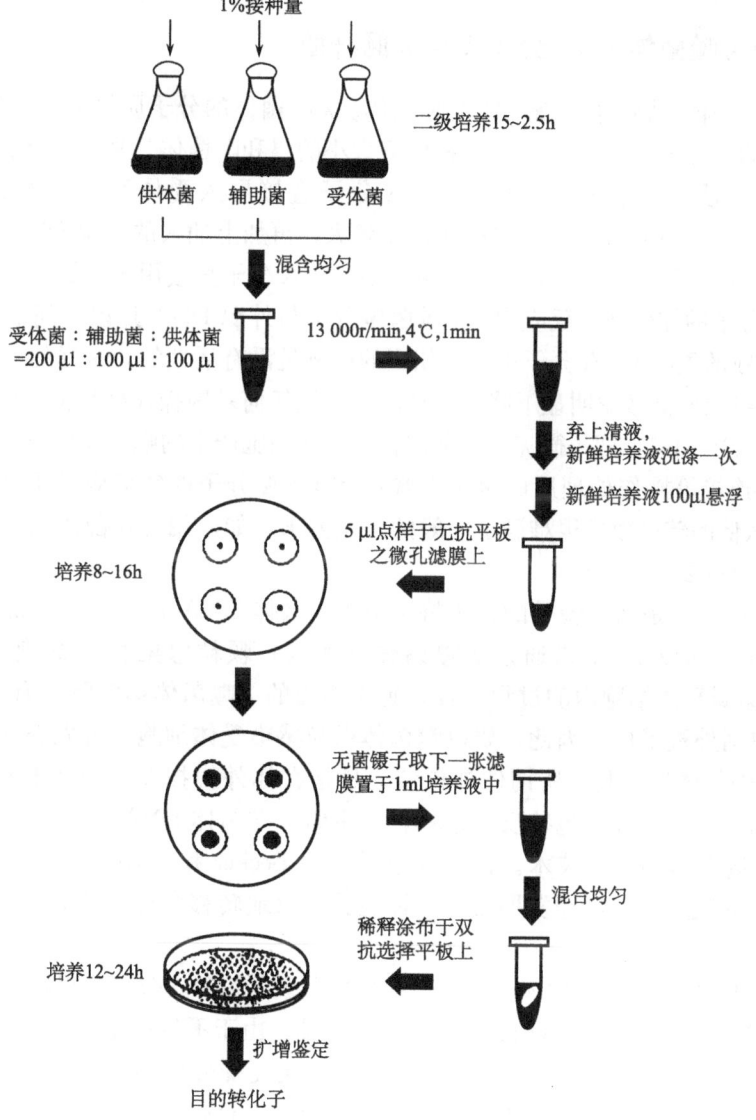

图 6-1 三亲本杂交转移法(引自张惠展等,1999)

首先将具有接合转化功能的辅助质粒转移至含有重组质粒的供体细胞中，然后将这种供体细胞与受体细胞进行混合，促使两者发生接合转化作用，将重组质粒导入受体细胞。整个接合转化过程涉及 3 种有关的细菌菌株，即待转化的受体菌、含有要转化的重组质粒 DNA 的供体菌和含有广泛宿主的辅助质粒的辅助菌，因此称为三亲本杂交接合转化法（图 6-1）。

前述 3 种转化方法中，最佳转化率以电穿孔法最高（$10^8 \sim 10^{10}$），Ca^{2+} 诱导转化法居中（$10^7 \sim 10^8$），而三亲本杂交转移法最低（$10^4 \sim 10^5$），但它适于前两种方法难以转化的受体菌。

在转化操作方面，受体细胞的预处理或感受态细胞的制备对转化率影响最大。例如，Ca^{2+} 诱导大肠杆菌转化法，菌龄、$CaCl_2$ 处理时间、感受态细胞的保存期以及热激时间均是重要的影响因素。电穿孔转化法中，对受体细胞进行冰冻甘油预处理后的转化率，要比不经此预处理的转化率高 10~100 倍。

6.1.4 重组 λ 噬菌体 DNA 分子转导大肠杆菌

λ 噬菌体，一种大肠杆菌双链 RNA 噬菌体。λ 噬菌体的分子质量为 $31 \times 10^6 Da$，基因组 DNA 分子的长度为 48.502kb，是一种中等大小的温和噬菌体。采用与质粒 DNA 转化受体细胞相似的方法，将重组 λ 噬菌体 DNA 分子直接导入受体细胞中的过程称为转染（transfection）。由于 λ 噬菌体载体的分子质量较大，再加上插入的外源 DNA 分子，重组噬菌体 DNA 的长度可达 48~51kb，这么大的重组 DNA 分子直接用于转染时，效率较低；另外，在 DNA 分子的体外连接反应中，λ 噬菌体分子与外源 DNA 片段之间的结合完全是随机进行的，形成的重组 DNA 分子中，有相当的比例是没有活性的，这样的分子不能转染宿主细胞，因而导致转染效率明显下降。完整的、未经任何基因操作处理的 λ 噬菌体 DNA 的转染效率仅为 $10^5 \sim 10^6$，即每微克 λ 噬菌体转染受体细胞产生的噬菌斑数目为 $10^5 \sim 10^6$，而经过酶切、酶连接等操作处理后的重组 λ 噬菌体 DNA 分子的转染效率下降到只有 $10^3 \sim 10^4$，显然这么低的转染效率很难满足一般的实验要求，如应用 λ 噬菌体载体构建基因文库时，转染效率至少要达到 10^6。

在实际应用中，是通过转导的方法将重组 λ 噬菌体 DNA 分子导入大肠杆菌受体细胞的。转导（transduction）是指通过 λ 噬菌体（病毒）颗粒感染宿主细胞的途径把外源 DNA 分子转移到受体细胞内的过程。具有感染能力的 λ 噬菌体颗粒除含有 λ 噬菌体 DNA 分子外，还包括外被蛋白，因此，要以噬菌体颗粒感染受体细胞，首先必须将重组 λ 噬菌体 DNA 分子进行体外包装。所谓体外包装，是指在体外模拟 λ 噬菌体 DNA 分子在受体细胞内发生的一系列特殊的包装反应过程，将重组 λ 噬菌体 DNA 分子包装为成熟的具有感染能力的 λ 噬菌体颗粒的技术。该技术最早是由 Becker 和 Gold（1975 年）建立的，目前经过多方面的改进后，已经发展成为一种能够高效地转移大分子质量重组 DNA 分子的实验手段。

转导的基本过程是：根据 λ 噬菌体 DNA 体内包装的途径，分别获得缺失 D 包装蛋白的 λ 噬菌体突变株和缺失 E 包装蛋白的 λ 噬菌体突变株。由于不具备完整的包装蛋白，这两种突变株均不能单独地包装 λ 噬菌体 DNA，但将两种突变株分别感染大肠杆菌，从中提取缺失 D 蛋白的包装物（含 E 蛋白）和缺失 E 蛋白的包装物（含 D 蛋白），两者混合后就能包装 λ 噬菌体 DNA。经过体外包装的噬菌体颗粒可以感染适当的受体菌细胞，并将重组 λ 噬菌体 DNA 分子高效导入细胞中。在良好的体外包装反应条件下,每微克野生型的 λ 噬菌体 DNA 可形成 $10^8 \sim 10^9$ pfu。而对于重组的 λ 噬菌体 DNA,包装后的成斑率要比野生型的有所下降,但仍可达到 $10^6 \sim 10^7$ pfu,完全可以满足构建真核组基因文库的要求。

外源 DNA 分子通过转化和转导等方法导入大肠杆菌的技术已趋于成熟,用这些方法获得了大量转基因工程菌株。这些方法经适当修改同样可用于蓝细菌、固氮菌等原核生物的基因转移。

6.2 重组 DNA 导入真核细胞

6.2.1 真核受体细胞

6.2.1.1 酵母细胞

真菌是低等的真核生物,其基因结构、表达调控机制以及蛋白质的加工与分泌都具有真核生物的特征,因此利用真菌细胞表达高等动植物基因具有原核生物细胞无法比拟的优点。

酵母是单细胞真核微生物,它是结构最为简单的真核生物之一,作为一个真核生物表达系统,酵母的优势是:①基因表达调控机理比较清楚,并且遗传操作相对简单;②具有原核细菌无法比拟的真核生物蛋白质翻译后修饰加工系统;③不含有特异性的病毒,不产生毒素,有些酵母属(如酿酒酵母等)在食品工业中有着几百年的应用历史,属于安全型基因工程受体系统;④大规模发酵工艺简单,成本低廉;⑤能将外源基因表达产物分泌至培养基中,便于产物的提取和加工;⑥利用酵母表达动植物基因能在相当大的程度上阐明高等真核生物乃至人类基因表达调控的基本原理以及基因编码产物结构与功能之间的关系。因此,酵母是外源真核基因最理想的表达系统,在基因工程上具有极为重要的经济意义和学术价值。

6.2.1.2 植物细胞

植物受体细胞的优点是具有全能性,即一个分离的活细胞在合适的培养条件下,较容易再分化成植株,这意味着一个获得外源基因的体细胞可以培养出能稳定遗传的植株或品系。

缺点是植物细胞有纤维素参与组成的坚硬细胞壁,不利于摄取重组 DNA 分子。现在用作转基因受体的植物有水稻、棉花、玉米、马铃薯、烟草等经济作物和拟南芥等模式植物。

6.2.1.3 动物细胞

目前用作基因转移的受体动物主要有猪、羊、牛、鱼等经济动物和鼠、猴等实验动物,主要用途在于大规模表达生产天然状态的复杂蛋白质或动物疫苗、动物品种的遗传改良及人类疾病的基因治疗等。常用的动物受体细胞有小鼠 L 细胞、HeLa 细胞、猴肾细胞和中国仓鼠卵巢细胞(CHO)等。以动物细胞,尤其是哺乳动物细胞作为受体细胞的优点具有以下方面:①能识别和除去外源真核基因中的内含子,剪切和加工成熟的 mRNA;②真核基因的表达蛋白质在翻译后能被正确加工或修饰,产物具有较好的蛋白质免疫原性,为酵母细胞的 16～20 倍;③易被重组 DNA 质粒转染,具有遗传稳定性和可重复性;④经转化的动物细胞可将表达产物分泌到培养基中，便于提纯和加工，成本低。缺点是组织培养技术要求高，难度较大。

6.2.2 重组DNA分子导入酵母细胞

真菌属于低等真核生物。酵母是一群以芽殖或裂殖进行无性繁殖的单细胞真核微生物，分属于子囊菌纲（子囊菌酵母）、担子菌纲（担子菌酵母）和半知菌类（半知菌酵母）。如果说大肠杆菌是外源基因表达最成熟的原核生物系统，则酵母是外源基因最理想的真核生物表达系统。在基因工程中常用的真菌受体细胞有酵母细胞等。

目前已广泛用于外源基因表达的酵母有酵母属（如酿酒酵母 *Saccharomyces cerevisiae*）、克鲁维酵母属（如乳酸克鲁维酵母 *Kluyveromyces lactis*）、毕赤酵母属（如巴斯德毕赤酵母 *Pichia pastoris*）、裂殖酵母属（如非洲粟酒裂殖酵母 *Schizosaccharomyces pombe*）和汉逊酵母属（如多态汉逊酵母 *Hansenula polymorpha*）等，其中酿酒酵母的遗传学和分子生物学研究得最为详尽。利用经典诱变技术对野生型菌株进行多次改良，酿酒酵母已成为酵母中高效表达外源基因，尤其是高等真核生物基因的优良宿主系统。

在进行受体菌株选择时通常选取转化率高的菌株；与导入的载体基因互补的菌株；不会与其他酵母接合的菌株，如 ura3-52、trp1-289、leu2-3、leu2-112 等。酵母的转化方法通常有以下几种。

1) PEG/乙酸锂法转化酵母

聚乙二醇（PEG）是一种高分子聚合物，只有相对分子质量达到3 000左右的PEG才会发挥最大的转化促进作用。本书使用的PEG相对分子质量为3 350，实验结果表明促转化效果可以达到 $10^3 \sim 10^5$ cfu/μg。PEG在酵母转化中起到在高浓度乙酸锂环境中保护细胞膜，减少乙酸锂对细胞膜结构的过度损伤的作用，同时促进质粒与细胞膜接触更紧密。PEG的浓度务必适宜，这一点很重要。乙酸锂可使酵母细胞产生一种短暂的感受性状态，此时它们能够摄取外源性DNA。鲑鱼精单体DNA为短的线性单链DNA，在转化实验中主要是保护质粒免于被DNA酶降解；另外还可能在酵母细胞摄取外源性环形质粒DNA中发挥协助作用。在每次使用前必须进行热变性，使可能结合的双链DNA打开，保证鲑鱼精单体DNA在转化实验体系中以单链形式存在。

2) 原生质体转化

在高渗培养基中的酵母，用含有适量溶菌酶的等渗缓冲液处理，剥除其细胞壁，形成原生质体，丧失了一部分定位在膜上的DNase，有利于双链环状DNA分子的吸收。此时，再加入含有待转化的DNA样品和聚乙二醇的等渗溶液，均匀混合。通过离心除去聚乙二醇，将菌体涂布在特殊的固体培养基上，再生细胞壁，最终得到转化细胞。这种方法也适用于芽孢杆菌和链霉菌等革兰氏阳性细菌、霉菌，甚至植物等真核细胞。只是不同种属的生物细胞，其原生质体的制备与再生的方法不同。

6.2.3 重组DNA分子导入植物细胞

重组DNA技术在高等植物尤其是农作物的品种改良方面也日益显示出其重大的经济意义。将相关的单一基因或小型基因簇导入植物体内，可培育出具有抗病虫害、抗除草剂和抗环境压力等多种优良遗传品质的农作物。用于植物基因转化操作的受体通常称为外植体。选择适宜的外植体是成功进行遗传转化的首要条件，而外植体的选择主要是依据受体细胞的转化能力来决定的。

目前作为基因转化的外植体材料非常广泛，涉及植物的各个组织、器官和部位。合适的外植体材料选择原则是：应先考虑叶片、子叶、胚轴等；应选择转化能力较强的幼期外植体及其最佳感受态时期；应选择易于组织培养、并有较强的再生能力的外植体。切割外植体时应尽可能地暴露分生组织细胞，增加分生组织的接种面积。

针对不同的外植体以及不同的转化目的而建立多种转化方法，主要包括叶盘转化法、植株接种共转化法、植物愈伤组织共培养转化法、植物悬浮细胞共培养转化法和原生质体共培养转化法等。

植物遗传转化技术可分为两大类：一类是直接基因转移技术，另一类是生物介导的转化方法。

6.2.3.1 直接基因转移技术

DNA 的直接转移是指利用植物细胞的生物学特性、通过物理化学的方法将外源基因转入受体植物细胞的技术。已发展了电击法（电穿孔法）、基因枪法（微弹轰击法）、激光微束穿孔转化法、显微注射法、脂质体介导法、多聚物介导法、花粉管通道法等 DNA 直接转移技术。

(1) 基因枪法：又称微弹轰击法，是利用高速运行的金属颗粒轰击细胞时能进入细胞内的现象，将包裹在金属颗粒（钨或金颗粒）表面的外源 DNA 分子随之带入细胞进行表达的基因转化方法。

(2) 脂质体介导法：脂质体是由人工构建的磷脂双分子层组成的膜状结构，可以将 DNA 包在其内，并通过脂质体与原生质体的融合或由于原生质体的吞噬过程，把外源 DNA 转运到细胞内。优点是包在脂质体内的 DNA 可免受细胞 DNA 酶降解。

(3) 花粉管通道法：将外源 DNA 涂于授粉的枝头上，使 DNA 沿花粉管通道或传递组织通过珠心进入胚囊，转化还不具正常细胞壁的卵、合子及早期的胚胎细胞。这一方法技术简单，一般易于掌握，且能避免体细胞变异等问题，故有一定的应用前景。

(4) 激光微束穿孔转化法：此方法是利用直径很小、能量很高的激光微束能引起细胞膜可逆性穿孔的原理，在荧光显微镜下找出合适的细胞，然后用激光光源替代荧光光源，聚焦后发出激光微束脉冲，造成膜穿孔，处于细胞周围的外源 DNA 分子随之进入细胞。这种利用激光微束照射受体细胞实现外源 DNA 直接导入、整合和表达的技术称为激光微束穿孔转化法。激光微束穿孔转化法的优点：操作简便快捷；基因转移效率高；无宿主限制，可适用于各种动植物细胞、组织、器官的转化操作，并且由于激光微束直径小于细胞器，可对线粒体和叶绿体等细胞器进行基因操作。但该法需要昂贵的仪器设备，技术条件要求高，稳定性和安全性等都不如电穿孔法和基因枪法。

(5) PEG 介导转化方法：PEG、多聚赖氨酸、多聚鸟氨酸等是常用的协助基因转移的多聚物，尤以 PEG 应用最广。PEG、多聚赖氨酸、多聚鸟氨酸等都是细胞融合剂，它们可以使细胞膜之间或使 DNA 与膜形成分子桥，促使相互间的接触和粘连。还可以引起膜表面电荷的紊乱，干扰细胞间的识别，从而有利于细胞膜间的融合和外源 DNA 进入原生质体。这些多聚物和二价阳离子（如 Mg^{2+}、Ca^{2+}、Mn^{2+}）与 DNA 混合，能在原生质体表面形成沉淀颗粒，通过原生质体的内吞噬作用而被吸收进入细胞内。该法中线性 DNA 比环形 DNA 有更高的转化效率，而单链 DNA 又比双链 DNA 更为有效。这与质粒 DNA 分子对大肠杆菌细胞的转化完全相反。

6.2.3.2 农杆菌介导的基因转化方法

农杆菌介导的转化方法操作简便、成本低、转化率高，广泛应用于双子叶植物的遗传转化。农杆菌是一类土壤习居菌，革兰氏染色呈阴性，能感染双子叶植物和裸子植物，对绝大多数单子叶植物无侵染能力。具有趋化性的农杆菌移向这类植物受伤细胞，并将其 Ti 质粒上的 T-DNA 转移至细胞内部。根据这一性质，将待转移的目的基因插入 Ti 质粒载体，通过农杆菌介导进入植物细胞，与染色体 DNA 整合，得以稳定维持或表达。

(1) 叶盘转化法。Monsanto 公司 Horsch 等（1985）最早建立的一种简单易行、应用广泛的转化方法。基本做法是：将实验材料如烟草的叶子取下直径为 2～5mm 的圆形小片，即叶盘。将叶盘放入工程农杆菌培养液中浸泡 4～5min，使根癌农杆菌侵染叶盘。然后用滤纸吸干叶盘上的多余菌液，将这种经接种处理的叶盘放在培养平皿的滤纸上培养 2d 后，再转移到含有适当抗生素的培养基上继续培养及接种。经数周培养后，叶盘周围会长出愈伤组织，经进一步培养而长成幼苗。对这些再生幼苗进行分子检测，就可确定它们是否整合有外源基因及其表达情况。叶盘法对那些能被根癌农杆菌感染，并能从离体叶盘形成的愈伤组织再生成株的各种植物都适用。这种方法有很高的重复性，便于大量常规地培养转化植物。用这种方法所得到的转化体，其外源基因大多单拷贝插入，能稳定地遗传和表达，并按孟德尔方式分离。多种外植体，如茎段、叶柄、胚轴及悬浮培养细胞、萌发种子等均可用类似的方法进行转化。

(2) 整体植株接种转化法。该法是用根癌农杆菌直接感染植物而进行遗传转化的一种简单易行的方法。其做法是：用刀切或针刺等方法在幼嫩植株上造成伤口；然后将含有重组质粒的根癌农杆菌直接涂在植物伤口上进行感染；经过 3～6 周生长，就可在幼株伤口处形成 3～10mm 的冠瘿瘤；切下在植株伤口处的肿瘤或茎组织薄片，在诱发愈伤组织的培养基上培养 2～3 周；将所诱导形成的愈伤组织分散，转移至含抗生素的选择培养基上培养一段时间，获得转化愈伤组织；最后将转化的愈伤组织转移至含适当植物激素的培养基上诱导再生植株。该法一般需 12～16 周时间才能获得分化的再生植株。在烟草上，该法转化率可达 1.5%；在拟南芥上，将根癌农杆菌涂于植株腋芽处，可长出转化的新枝条，无需组织培养等复杂操作。应用该法时，应选用生活力及感染力较强的工程菌株。

(3) 原生质体共培养转化法。该法以原生质体为受体细胞，通过将根癌农杆菌与刚刚再生出新细胞的原生质体作短暂的共培养，使植物细胞发生转化。与叶盘法相比，该法所得到的转化体不含嵌合体，一次可以处理多个细胞，得到相对较多的转化体。应用该法进行基因转化时，先决条件是要建立良好的原生质培养和再生植株技术体系。

(4) 悬浮细胞共培养转化法。此法类似于原生质体共培养转化法，主要差别是首先建立悬浮细胞系。

6.2.4 重组 DNA 分子导入哺乳动物细胞

早期多采用生殖细胞、受精卵细胞或胚胎细胞为基因转移的受体细胞，由此培育出一定数量的转基因动物。近年来通过体细胞培养获得了多种克隆动物。哺乳动物的细胞是很难捕获外源 DNA 的，这明显影响了哺乳动物基因工程的发展。近年来通过探索已建立了几种能有效地将外源 DNA 导入哺乳动物细胞的方法。

6.2.4.1 病毒颗粒转导法

由于病毒的种类多样性，以及病毒 DNA 或 RNA 构建的载体性质各异，所以转导的过程各不相同，主要有以下 3 种类型：①带有目的基因的病毒颗粒直接感染受体细胞，目的基因随同病毒 DNA 分子整合到受体细胞染色体 DNA 上，这样以后不需要再包装成病毒颗粒。②带有目的基因的病毒是缺陷型的，须同另一辅助病毒一起感染受体细胞，在受体细胞内包装成新的病毒颗粒。③虽然带目的基因的 SV40 病毒是早期转录缺陷型的，但被感染的 COS 细胞系的基因组中整合有 SV40 早期转录区段 DNA，所以没有必要用辅助病毒做混合感染。

6.2.4.2 磷酸钙转染法

该方法最初是由 Graham 等于 1973 年建立的，其依据是哺乳动物细胞能捕获黏附在细胞表面的 DNA-磷酸钙沉淀物，使 DNA 转入细胞。基本操作过程是：将待转染的外源 DNA 同 $CaCl_2$ 混合制成 $CaCl_2$-DNA 溶液，逐滴加入不断搅拌的 Hepers-磷酸钙溶液中，形成 DNA-磷酸钙共沉淀复合物。然后用吸管将沉淀复合物吸附在培养的哺乳动物单层细胞表面，保温几小时后，用新鲜培养液洗净细胞，再用新鲜培养基继续培养，直至外源基因高水平表达。有 10% 左右的细胞可被转染。

DNA-磷酸钙沉淀复合物中 DNA 的数量、共沉淀物与细胞接触的保温时间以及 DMSO 和甘油等促进因子作用的持续时间均会影响 DNA 的转染效率。一般使用高浓度的 DNA，即 $10\sim 50\mu g/ml$。保温时间因受体细胞类型而异，如以 HeLa 细胞作为受体，保温 16h 就能被有效地转染。促进因子通常是在 DNA-磷酸钙共沉淀复合物被细胞吸收 48h 后加入。DMSO 可十分明显地提高外源 DNA 在 BHK 细胞中的表达水平。

值得注意的一点是，在 DNA-磷酸钙共沉淀复合物形成过程中，Hepers-磷酸钙溶液应不断搅动，DNA 溶液则应缓慢加入，否则将形成大块状颗粒。理想的颗粒应是肉眼看不到，而在高倍显微镜下呈现均匀分布的细小颗粒。如果肉眼能看到颗粒出现，则说明所形成的颗粒过大，不利于受体细胞的吸纳。当颗粒形成时，一般溶液呈混浊状态，略带白色，如果溶液始终是透明的，则说明无颗粒形成或所形成的颗粒过小。

6.2.4.3 DEAE-葡聚糖转染法

二乙胺乙基葡聚糖（diethylaminoethyl-dextran，DEAE-葡聚糖）是一种高分子质量的多聚阳离子试剂，能促进哺乳动物细胞捕获外源 DNA，实现短时间的有效表达。该法最早是用于分析脊髓灰质炎病毒 RNA 的感染性，经过改良，可用于 SV40 病毒颗粒转染。基本操作过程主要有两种方式：其一，先使病毒的 DNA 直接与 DEAE-葡聚糖混合，形成 DNA/DEAE 葡聚糖复合物，再处理受体细胞。其二，受体细胞先用 DEAE-葡聚糖溶液预处理，然后再接触 DNA。无论哪一种方式，受体细胞在转染处理之前，必须用等渗溶液抹去培养液中的血清成分。目前有关 DEAE-葡聚糖的作用机制尚不十分清楚，一般认为 DEAE-葡聚糖能与外源 DNA 形成复合物，保护 DNA 免受核酸酶的降解；其次是 DEAE-葡聚糖可作用于受体细胞膜，增加其通透性，便于 DNA 进入。

细胞培养基中加入的 DEAE-葡聚糖溶液浓度因采用的受体细胞和操作方式不同而异，低浓度（$200\mu g/ml$）和延长处理时间（$8\sim 16h$）均可使转染效率提高较快。如处理后再加 DMSO 等促进因子，还可进一步提高转染效率。用于转染的 DNA 以每培养皿（直径 10cm）

加入 1~10μg 为宜。

此方法简单，重复性高，并且转染效率高于磷酸钙法，用 SV40 DNA/DEAE-葡聚糖转染猿猴细胞，感染率可高达 25%。而用 SV40 DNA-磷酸钙沉淀转染猿猴细胞，感染率只有 15%。但是用此方法转染哺乳动物细胞，不能获得稳定的转化细胞系，所以适用于基因瞬时表达研究。其原因可能与 DNA 进入细胞后组装成微染色体有关。

6.2.4.4 聚阳离子-DMSO 转染法

此方法采用聚阳离子聚凝胺（polybrene）处理哺乳动物细胞，增加细胞表面对 DNA 的吸附能力，然后再用 25%~30%DMSO 短暂处理细胞，增加膜的通透性，提高对 DNA 的捕获量。按此方法转染反转录病毒 DNA，转染率同 DNA 量成正相关，而且不加携带 DNA 就可达到稳定的转染。已知此方法可适用于鸡胚细胞和小鼠成纤维细胞的转染。

6.2.4.5 显微注射转基因技术

应用显微注射器可以把重组 DNA 直接注入哺乳动物细胞。用此方法转基因的效率很高。获得稳定转化子的数量取决于注射的 DNA 的性质。用 pBR322/HSV-Itk 重组 DNA 注射时，转化效率不到 0.1%，而用连接 SV40 DNA 特定序列的 pBR322/HSV-ItK 重组 DNA 注射，转化频率高达 20%。注入每个细胞的 DNA 分子数，可通过适当稀释 DNA 样品来检测。一个熟练的技术员，每小时可注射 500~1000 个细胞。

此外，为便于操作，也可采用"穿刺"（pricking）法。处于细胞周围的 DNA 随微针穿刺形成的小孔进入细胞内，或随穿刺的针头一起进入细胞。其做法是：取对数生长期的细胞，加入蛋白酶及 EDTA 溶液，于 37℃下消化 15min；移去消化液，用培养基漂洗细胞，然后接种在装有培养基的培养皿中（直径 6.0cm 的培养皿中接种 1×10^3~5×10^3 细胞），37℃继续培养过夜；弃去培养基，用 pH7.23 的磷酸盐缓冲液漂洗两次，然后加入含 DNA（5~1000μg/ml）的磷酸盐缓冲液，覆盖于培养细胞表面；画线标记一部分细胞进行穿刺，另一部分细胞不穿刺作为对照。穿刺处理后，马上移去 DNA-磷酸缓冲液，换用培养基培养，进一步再换用选择培养基继续培养筛选转化子。

6.2.4.6 电穿孔 DNA 转移技术

1982 年，Wang 和 Neumann 首次成功地应用电穿孔法将外源 DNA 导入小鼠成纤维细胞。其原理同植物的电穿孔转移 DNA 法。操作基本过程是将装有细胞和 DNA 混合液的特制小容器置于电脉冲仪的正负电极之间，在 0℃下加高压（2~4kV）电脉冲 10min 后，细胞转移到新鲜培养基中培养 2d，再进行筛选。经过这样处理后细胞有 60%~80% 存活。如在电脉冲处理之前，先用乙酰甲基秋水仙碱预处理细胞 1h，可提高转化效率 3~10 倍。这很可能是由于预处理导致中期停顿（metaphase arrest）的细胞中，细胞核处于无膜状态，或者核膜具有较高的通透性所致。

应用电穿孔技术转染哺乳动物细胞，转染效率主要取决于受体细胞类型，平均每 10^5 个活细胞中，可获得 25~30 个转化子。电穿孔处理中一般每 10^7 个细胞所用的 DNA 量为 10~40μg，可以得到较好的转染结果，并且 DNA 浓度同被捕获的 DNA 量之间呈正相关。

6.2.4.7 脂质体介导法

利用脂质体介导法将外源 DNA 导入哺乳动物细胞具有实用潜力。包装成脂质体的

SV40 DNA 的感染性，比其裸露 DNA 的感染性至少高出 100 倍。如先用 PEG 处理培养的受体细胞，使其易吸收周围培养基中的脂质体，可提高感染性 10～20 倍。在正常情况下，每个细胞平均可吸收 1000 个左右的脂质体，若加甘油或 DMSO 等促进因子，吸收量还要增多。由于脂质体具有无毒、无免疫原性的特点，不仅可用于体外受体细胞的基因转化，而且可以在动物体内将基因转入肝细胞、血管内皮细胞等靶细胞或靶组织、靶器官位点，实现瞬间表达或稳定表达，成为基因治疗的一种有效工具。

转化脂（lipofectin）是美国 BRL 公司推出一种新型脂质体商品，它是由人工合成的阳离子脂质 N-1-(2, 3-dioleyooxy)propy-N,N,N-trimethyammonium chloride（即 DOTMA）和二油酰磷酯酰乙醇脂（DOPE）在超声波处理下制作出来的。DOTMA 具有的强正电荷，可以与带有负电荷的 DNA 分子自发地结合，因此只要把转化脂与 DNA 简单地混合，即可形成转化脂与 DNA 的复合体，把 DNA 包裹在脂质体内，并可有效地转化动物细胞及其他材料。一般 1～10μg DNA 需要 100μg 脂质体，包封率高。使用转化脂不仅明显提高转化率，而且免去耗时的制备工作，操作简便快捷，应用前景广阔。

6.3 重组体克隆的筛选与鉴定

在重组 DNA 分子的转化、转染或转导过程中，由于重组率和转化率不可能达到 100% 的理想极限，因此必须使用各种筛选与鉴定手段区分转化子（接纳载体或重组分子的转化细胞）与非转化子（未接纳载体或重组分子的非转化细胞）、重组子（含有重组 DNA 分子的转化子）与非重组子（仅含有空载载体分子的转化子），以及期望重组子（含有目的基因的重组子）与非期望重组子（不含目的基因的重组子），易于从大量的细胞背景中筛选出期待的克隆子。在一般情况下，经转化与扩增操作后的受体细胞总数（包括转化子与非转化子）已达 10^9～10^{10}，从这些细胞中快速准确地选出期望重组子的战略是将转化扩增物稀释一定的倍数后，均匀涂布在用于筛选的特定固体培养基上，使之长出肉眼可分辨的菌落或噬菌斑（克隆子），然后进行新一轮的筛选与鉴定。

由于受体细胞种类、载体类型、DNA 分子导入受体细胞方法等的不同，重组体的筛选与鉴定一般采用以下方法。

6.3.1 载体遗传标记筛选法

载体遗传标记法的原理是利用载体 DNA 分子上所携带的选择性遗传标记基因对转化子或重组子进行初步筛选。在构建基因工程载体系统时，通常在载体 DNA 分子中组装一种或两种选择标记基因，在受体细胞内进行表达，呈现出特殊的表型或遗传学特性，作为筛选转化子的依据。载体 DNA 分子上所携带的选择性遗传标记基因决定特定选择物的类型，并且与标记基因的遗传表型相对应。常用的选择标记基因主要是抗性基因以及表达产物可以发光或使反应底物显色的基因，相应的选择条件是可以被抗性基因产物分解的抗生素和显色剂，可以使基因产物发光的光线，或者是可以使基因产物显色的试剂。

6.3.1.1 原核生物中筛选方法

1）抗药性筛选

抗药性筛选法利用载体 DNA 分子上抗药性选择标记进行区别转化子与非转化子，重组子与非重组子。常用的部分抗生素抗性基因和对应的选择药物如表 6-1 所示。

表 6-1　筛选大肠杆菌转化子的部分抗生素抗性基因和相应的选择药物

选择标记基因	选择药物及其浓度（终浓度）
β-丙酰胺酶基因（bla 或 ap^r、amp^r）	氨苄青霉素（Ap、Amp），30～50μg/ml
氯霉素酰基转移基因（cat 或 cm^r）	氯霉素（Cm、Cmp），30μg/ml
卡那霉素抗性基因（kn^r 或 kan^r）	卡那霉素（Kn 或 Kan），5μg/ml
四环素抗性基因（tc^r 或 tet^r）	四环素（Tc 或 Tet），12.5～15.0μg/ml
链霉素抗性基因（sm^r 或 str^r）	链霉素（Sm 或 Str），25μg/ml

抗药性筛选法用于筛选转化子通常是以正选择的方式进行，实施的前提条件是载体 DNA 上携带有受体细胞敏感的抗生素的抗性基因，如 pBR322 质粒上的 Amp^r 和 Tet^r。如果外源 DNA 是插在 pBR322 的 *Bam*HⅠ位点上，则只需将转化扩增物涂布在含有 Amp 的固体平板上，理论上能长出的菌落便是转化子；如果外源 DNA 插在 pBR322 的 *Pst*Ⅰ位点上，则利用 Tet 正向选择转化子。

2）插入失活筛选法

正选择获得的转化子中会含有重组子与非重组子。为了进一步筛选出重组子，应再第二轮负选择。用无菌牙签将 Amp^r 的转化子分别逐一挑在只含一种抗生素的 Tc 和 Ap 两块平板上。由于外源 DNA 片段在 *Bam*HⅠ位点的重组，载体 DNA 的 Tc^r 基因插入灭活，选择的重组子具有 Ap^rTc^s 的遗传表型，而非重组子则为 Ap^rTc^r，因此重组子只能在 Ap 板上形成菌落而不能在 Tc 板上生长。只要比较两种平板上各转化子的生长状况，即可在 Ap 板上挑出重组子，但是如果转化子有成千上万个，这种方法非常耗时。其改进方法是利用影印培养技术，将一块无菌丝绒布或滤纸接触含有细菌菌落的平板表面，使之定位沾上菌落印迹，然后小心地用 Tc 板压在其上，菌落又印在 Tc 板的相应位置上，经过培养至菌落显现，Tc 板就被影印复制出来。如果 Ap 板的转化子密度较高，则在影印复制过程中容易造成菌落遗漏，为重组子的筛选造成假象。

3）插入表达筛选法

插入表达筛选法是利用外源 DNA 插入特定载体后能激活筛选标记基因的表达，由此进行转化子的筛选。载体在设计时，在筛选标记基因前面连接上一段负调控序列，当插入失活该负调控序列时，其下游的筛选标记基因才能表达。例如，pTR262 质粒载体，它由 pBR322 衍生而来，其 Tc^r 基因的上游含有一段 λ 噬菌体 DNA 的 CI 阻遏蛋白编码基因及其调控序列，CI 基因表达的阻遏蛋白可以抑制 Tc^r 基因的表达。当外源 DNA 片段插入 CI 基因的 *Hind*Ⅲ或 *Bgl*Ⅰ位点上时，CI 基因失活。Tc^r 基因因阻碍解除而得以表达，故阳性重组子为 Tc^r 表型。而质粒本身为 Tc^s 表型，当转化细菌涂布在 Tc 平板上时，只有含有外源 DNA 插入片段的阳性重组子的转化菌才能生长成菌落。

4）显色互补筛选法

显色筛选法既可以区分转化子与非转化子，也可区分重组子与非重组子。基本原理是载体分子上携带某种显色酶基因，其表达产物能使细胞产生颜色反应，从而易于辨认和挑选，如大肠杆菌质粒 pUC18 携带的 *lacZ'* 基因（蓝色反应）、链霉菌质粒 pIJ702 携带的 *meIC* 基因（黑色反应）等。

lacZ' 是 β-半乳糖苷酶基因部分缺失的 DNA 片段，含 *lacZ'* 的重组载体转化 *lacZ'* 互补

型菌株，可转译β-半乳糖苷酶，在含有X-gal（5-溴-4-氯-3-吲哚-β-D-半乳糖苷）和IPTG（异丙基-β-硫代半乳糖苷）的培养基上使转化子成为蓝色菌落，而lacZ'互补型菌株本身为白色菌落。当lacZ'区插入外源基因后，再转化lacZ'互补型菌株，由于不能翻译β-半乳糖苷酶，转化子即使在含有X-gal和IPTG的培养基上也只能长成白色菌落。由此构成颜色选择模型。这样可以区分含外源基因和不含外源基因的转化子。此方法主要用于原核生物。

lacZ基因上缺失操纵基因区段的突变体与带有完整的近操纵基因区段的β-半乳糖苷酶阴性突变体之间实现互补，这种互补现象称为α互补。具有完整乳糖操纵子的菌体能翻译β-半乳糖苷酶（Z）、IPTG和X-gal时，产生蓝色沉淀物，使菌落成为蓝色。如果在载体DNA上插入β-半乳糖苷酶基因（lacZ）部分缺失的片段（lacZ'），则重组DNA分子转化lacZ'互补型菌落，在含有X-gal和IPTG的培养基中得到的转化子是蓝色菌落。图6-2所示为α互补的检测方法。

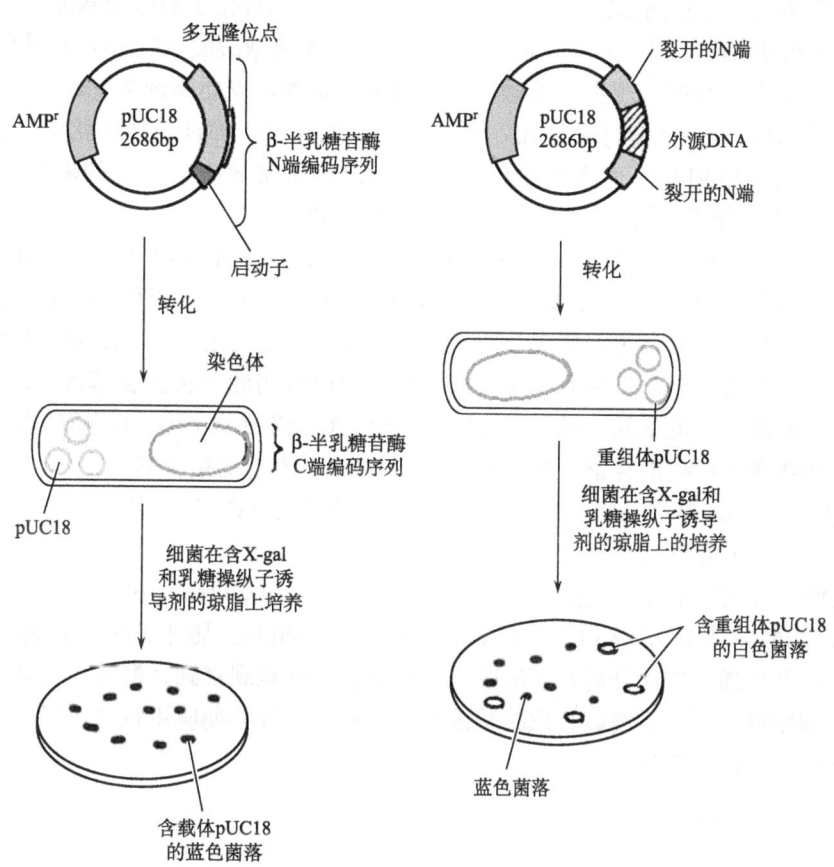

图6-2 α互补的检测方法（引自孙明，2006）

以显色剂X-gal作为选择物时，DNA对照组不应出现任何菌落，感受态细胞对照组长出的菌落应全是蓝色的，感受态细胞有效性对照组长出的菌落中应有白色的，其中一项不符，就有可能挑出假的转化子菌落。

6.3.1.2 利用报告基因筛选植物转化细胞

报告基因是指其编码产物能够被快速地测定，常用来判断外源基因是否已经成功地导入寄主细胞（器官或组织）并检测其表达活性的一类特殊用途的基因。在植物转基因研究中，在有选择压力的情况下，可利用报告基因在受体细胞内的表达，从大量非转化克隆中选择出转化细胞；同时，报告基因可以和某些目的基因构成嵌合基因，从报告基因的表达了解目的基因的表达情况及推测基因调控序列。常用的报告基因有抗生素抗性基因及编码某些酶类或其他特殊产物的基因等。

(1) 新霉素磷酸转移酶基因（*npt*Ⅱ）：抗新霉素、卡那霉素、庆大霉素和 G418 等抗生素，成为筛选动植物转化子的选择标记基因。

(2) 潮霉素磷酸转移酶基因（*hpt*）：赋予转化子抗潮霉素，作为选择标记基因主要用于筛选动植物转化子。潮霉素是致癌物质，操作时应慎重。

(3) 氯霉素乙酰转移酶基因（*cat*）：也被用于筛选动物转化子的标记基因。

(4) β-葡萄糖酸酶基因（*gus*）：*gus* 的基因产物 β-葡萄糖酸酶（GUS）能够催化 4-甲基伞形花酮-β-D-葡萄糖苷酸，产生荧光物质 4-甲基伞形花酮，以此筛选含 *gus* 基因的转化子。由于植物细胞 GUS 成本非常低，因此，该基因广泛地应用于筛选植物转化子。尤其是 *gus* 基因的 3′端与其他结构基因连接产生的嵌合基因仍能正常表达，产生的融合蛋白中仍有 GUS 活性，可用于外源基因在转化生物体中的定位分析。

(5) 萤火虫荧光素酶基因（*luc*）：*luc* 表达产物萤火虫荧光素酶（LUC）在 Mg^{2+} 的作用下，可以与荧光素和 ATP 底物发生反应，形成与酶结合的腺苷酸荧光素酰化复合物，经过氧化脱羧作用后，该复合物转变成为处于激活状态的氧化荧光素，可以用荧光测定仪快速灵敏地检测出产生的荧光，是目前研究动植物转基因很好用的一种报告基因。*luc* 基因检测十分迅速，灵敏度高，成本低，不存在放射性同位素检测对人体健康和环境生态所造成的危害，也没有内源荧光产生的背景干扰，因此，*luc* 是一种理想的报告基因。

(6) 抗除草剂 *bar* 基因：*bar* 基因编码磷化乙酰转移酶（PAT），使转化子对含有磷化麦黄酮（PPT）成分的除草剂具有抗性。

(7) 冠瘿碱合成酶基因：主要包括胭脂碱合成酶基因和章鱼碱合成酶基因两类，存在于土壤农杆菌 Ti 质粒的 T-DNA 区段。冠瘿碱合成酶基因在植物细胞中的表达产物可以催化一些特殊反应，并可通过电泳分离及菲醌荧光染料染色方便地观察到，据此作为报告基因用于转植物基因细胞的筛选。冠瘿碱合成酶基因在植物基因工程早期应用较多，现已逐渐被其他更为理想的报告基因所取代。

6.3.1.3 利用遗传选择标记筛选哺乳动物转基因细胞

在植物转基因研究中采用的氯霉素乙酰转移酶基因、萤火虫荧光素酶基因和新霉素磷酸转移酶基因也可用于哺乳动物转基因细胞的筛选。

在动物中常用的标记基因还有胸腺核苷激酶基因（*tk*）、二氢叶酸还原酶基因（*dhfr*）、次黄嘌呤-鸟嘌呤磷酸核糖转移酶基因（*hgprt*）、细菌的黄嘌呤-鸟嘌呤磷酸核糖基转移酶基因（*ecogpt*）等。*tk*、*dhfr* 和 *hgprt* 等的表达产物直接或间接参与核苷酸合成代谢。这些基因缺失的缺陷型细胞因核苷酸合成代谢失调而死亡，只有在添加某些核苷酸的培养基中才能生长。如果用这样的缺陷型细胞作为受体细胞，导入含有这些基因的外源 DNA，补充原来缺失的基因，使核苷酸合成代谢恢复正常，可以在不添加核苷酸的培养基中正常生长。根据这一性质可以在不添加核苷酸的培养基中筛选出转化子。

(1) 胸腺核苷激酶基因：胸苷激酶（TK）是核苷酸合成代谢途径中的一种酶，能够把胸苷转换为胸苷-磷酸，保证核苷酸的顺利合成。胸苷激酶的编码基因（tk）几乎在所有的真核细胞中都能有效地表达，因此可采用这种基因作为遗传选择记号以确定哺乳动物基因转移。相应的受体细胞为遗传标记遗传表型的缺陷型。转基因动物细胞筛选方式有 HAT 选择法、共转化选择法。

HAT 选择法：由于选择培养基中含有次黄嘌呤（H）、氨基蝶呤（A）和胸苷（T），主要针对含有选择标记的目的基因转化子的筛选。基本原理：利用培养基中的叶酸类似物氨基蝶呤（APT）阻断细胞核苷酸的正常合成途径，启动以次黄嘌呤为底物的补救合成途径（不受氨基蝶呤的抑制，能继续合成出所需核苷酸）。HAT 培养基中有外源的胸苷，通过胸苷激酶的作用，tk^+ 能以其为底物合成出 TTP，则 tk^+ 细胞可继续存活；而 tk^- 细胞无这种合成作用，则死亡。

共转化法：当分离不具有这种选择记号的外源基因转化子时则采用共转化选择法。共转化是指两种无关联的 DNA 混合物能够以磷酸钙沉淀的方式同时转化受体细胞。共转化细胞的筛选仍可采用 HAT 法进行。

(2) 二氢叶酸还原酶基因：二氢叶酸还原酶(DHFR)在真核细胞核苷酸生物合成过程中可催化二氢叶酸（DHF）还原成四氢叶酸（THF）。$dhfr$ 突变体细胞无法合成四氢叶酸，阻断了正常核酸代谢途径，不能在常规培养基上生长。但如果在常规培养基中加入次黄嘌呤和胸苷，则突变体细胞可以借助补救合成途径维持生长。应用 $dhfr$ 基因作为选择记号的一个明显的优点是，由于基因扩增的结果，转化的细胞能够合成大量的野生型的 DHFR，检测比较方便。

(3) 黄嘌呤-鸟嘌呤磷酸核糖基转移酶(XGPRT)基因：XGPRT 是由大肠杆菌 $Ecogpt$ 基因编码的一种核苷酸代谢酶。哺乳动物细胞中缺少这种酶，但存在着它的类似物次黄嘌呤-鸟嘌呤磷酸核糖基转移酶（HGPRT）。XGPRT 酶能够有效地把黄嘌呤转变为黄苷磷酸（XMP），最终形成鸟苷-磷酸（GMP）。HGPRT 酶则只能利用次黄嘌呤-鸟嘌呤，催化次黄嘌呤转变为次黄苷-磷酸（IMP）。根据这些特性，$Ecogpt$ 基因可以作为哺乳动物基因转移的一种显性选择记号。可见哺乳动物的 HGPRT 酶无法合成 GMP。但当哺乳动物细胞获得外源的 $Ecogpt$ 基因，并能有效地表达的话，它们就能够克服霉酚酸和甲氨蝶呤的抑制作用，利用黄嘌呤合成 GMP，使细胞能够在这种补加有黄嘌呤和腺嘌呤的抑制培养基中存活下来。

6.3.2 依赖于重组子结构特征分析的筛选法

6.3.2.1 快速裂解菌落鉴定分子大小

主要是根据有外源 DNA 片段插入载体后的重组 DNA 与载体 DNA 之间的大小差异来鉴定重组子。分别提取不同转化子的 DNA，经琼脂糖凝胶电泳，由于重组 DNA 是载体 DNA 中插入了外源 DNA 片段，其分子质量大于载体 DNA 分子，在琼脂糖凝胶板上出现的 DNA 带中，落后的带是重组 DNA 的带。这是对重组子进行分析鉴定的最基本、最简单的方法，直观快捷，只需获得质粒 DNA 分子的粗制裂解液即可进行琼脂糖凝胶电泳，尤其适用于插入片段较大的重组子的筛选。此方法只用于重组子的初步鉴定。

6.3.2.2 限制性内切酶核酸分析法

通过快速裂解菌落鉴定分子大小的方法难以区分期望重组子和非期望重组子，因为重组质粒 DNA 分子中，质粒载体可能会与一个以上的外源 DNA 片段连接重组。采用限制酶分析法不仅可以进一步筛选鉴定重组子，且能判断外源 DNA 片段的插入方向及分子质量大小等。基本做法是从转化菌落中随机挑选出少数菌落，快速提取质粒 DNA，用限制酶酶解，并通过凝胶电泳分析来确定是否有外源基因插入及其插入方向等。

1) 全酶解法

简单操作过程是，用一种或两种能将外源 DNA 片段从重组质粒上切割下来的限制酶酶解质粒 DNA，凝胶电泳后重组质粒分子较单一载体质粒多出一条泳带，据此将重组子和非重组子分离开来。如果插入片段与载体质粒大小相近，则最好用合适的酶将之线性化，通过比较大小确定其是否为重组分子。进一步利用在外源 DNA 片段上具有识别位点的一种或一种以上的限制酶酶解重组质粒分子，根据酶切图谱分析即可判明插入片段的方向等。

2) 部分酶解法

通过一种或数种限制酶对重组质粒 DNA 分子进行部分酶解分析，根据部分酶解产生的限制性片段大小，确定限制酶识别位点的准确位置及各个片段的准确排列方式，从而将期望重组子筛选出来。

部分酶解法较全酶解法简单易行，两者通常用于当载体和外源 DNA 片段连接后产生的转化菌落比任何一组对照连接反应（如只有酶切后的载体或只有外源 DNA 片段）都明显多时的重组筛选。

6.3.2.3 利用 PCR 方法筛选确定重组子

由于在载体 DNA 分子中，外源 DNA 插入位点的两侧序列多数是已知的，可以设计合成相应的 PCR 引物，以待鉴定的转化子或重组子的 DNA 为模板进行 PCR 反应，反应产物经琼脂糖凝胶电泳，若出现特异性扩增 DNA 带，并且其分子质量同预期的一致，则可确定含此重组 DNA 分子的重组子是期待的重组子。

6.3.3 核酸分子杂交检测法

核酸分子杂交检测法基本原理是具有一定同源性的两条核酸(DNA 或 RNA)单链在适宜的温度及离子强度等条件下，可按碱基互补配对原则高度特异地复性形成双链。该技术也可用于重组子的筛选鉴定。杂交的双方是待测的核酸序列和用于检测的已知核酸片段（称为探针）。探针是指具有同特异性目标分子产生很强的相互作用并可对相互作用产物进行有效检测的 DNA 分子、RNA 分子和蛋白质分子。常用于分子杂交的探针可分为放射性和非放射性两大类，其中放射性标记中常用的为 ^{32}P、^3H、^{35}S、^{14}C、^{125}I 等，非放射性探针常用的有生物素标记探针、地高辛标记探针和荧光素标记探针等。

核酸分子杂交检测法基本做法是将待测核酸变性后，用一定的方法将其固定在硝酸纤维膜（或尼龙膜）上，这个过程也称为核酸印迹转移，然后用经标记示踪的特异核酸探针与之杂交结合，洗去其他的非特异结合核酸分子后，示踪标记将指示待测核酸中能与探针互补的特异 DNA 片段所在的位置。根据待测核酸的来源以及将其分子结合到固相支持物上的方法的不同，核酸分子杂交检测法可分为 Southern 印迹杂交和 Northern 印迹杂交、菌落印迹原位杂交、斑点印迹杂交 4 类。Southern 和 Northern 印迹杂交已有详细介绍，本章将以菌落原位杂交为例介绍核酸分子杂交检测法。

菌落（或噬菌斑）原位杂交是直接把菌落或噬菌斑印迹转移到硝酸纤维素滤膜上，不必进行核酸分离纯化、限制性内切核酸酶酶切及凝胶电泳分离等操作，而是经溶菌和变性处理后使 DNA 暴露出来并与滤膜原位结合，再与特异性 DNA 或 RNA 探针杂交，筛选出含有插入序列的菌落或噬菌斑。生长在培养基平板上的菌落或噬菌斑，按照其原来的位置不变地转移到滤膜上，然后在原位发生溶菌、DNA 变性和杂交作用，所以菌落杂交或噬菌斑杂交隶属原位杂交范畴。

操作步骤：①将菌落或噬菌斑原位转移或影印到硝酸纤维素薄膜上；②裂解菌落或噬菌斑并使释放的 DNA 原位结合于滤膜上；③固定于滤膜上的 DNA 与标记探针进行杂交；④杂交后滤膜的漂洗及放射自显影（图 6-3）。

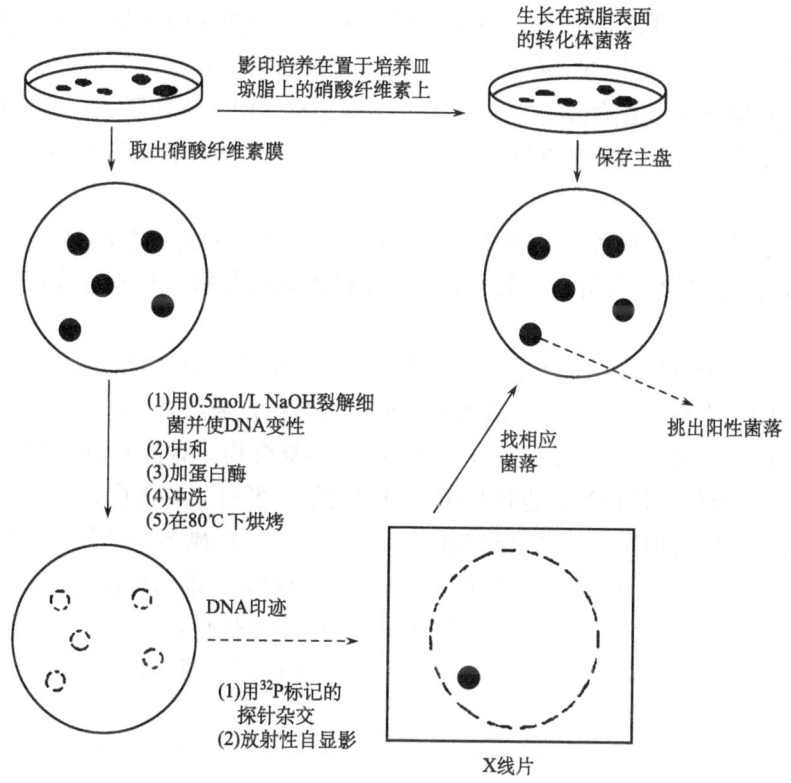

图 6-3　菌落原位杂交技术（引自龙敏南等，2010）

菌落（或噬菌斑）原位杂交的优点是不必进行核酸分离纯化、限制酶酶切及凝胶电泳分离等操作；适合大规模文库筛选，不适于小量的筛选；可以筛选出目的基因所在的克隆。但是需标记探针，操作复杂。

6.3.4 免疫化学检测法

基本过程与菌落分子杂交法相似,但该法使用抗体探针,而非 DNA 探针来鉴定目的基因表达产物。免疫学检测法具有专一性强、灵敏度高的特点,只要有一个拷贝的目的基因在克隆子细胞内表达合成蛋白质,就可以检测出来。前提条件是克隆基因可在宿主细胞内表达,并且有目的蛋白的抗体。根据实验手段的不同,免疫学检测法可以分为抗体测定法和免疫沉淀测定法等类型。

6.3.4.1 放射性抗体测定法

放射性抗体测定法的基本依据:①一种免疫血清中含有多种类型的免疫球蛋白 IgG 分子,这些 IgG 分子分别与同一抗原分子上不同的抗原决定簇特异性结合。②抗体分子或其某部分可牢固地吸附在固体支持物(如聚乙烯塑料制品)的表面上,因此不会被洗脱掉。通过体外碘化作用,IgG 抗体会迅速地被放射性 ^{125}I 标记上。

放射性抗体测定法的操作过程:首先将转化的菌体涂布在琼脂平板培养基上,长出菌落后,再影印到另一块琼脂平板上培养。待影印琼脂平板上的菌落长好后,用氯仿饱和气体裂解菌落,使阳性菌落产生的抗原释放出来。将吸附了未经标记的 IgG 抗体的聚乙烯薄膜覆盖在琼脂平板表面,若释放抗原和抗体具有对应关系,则在薄膜上形成抗原-抗体复合物。小心取下薄膜,再用 ^{125}I 标记的 IgG 处理,^{125}I-IgG 便会与结合在聚乙烯薄膜上的抗原决定基结合。漂洗聚乙烯薄膜,去除过剩的 ^{125}I-IgG,然后于空气中干燥薄膜,经放射性自显影后,即可从母板上就获得所需的重组克隆。这种方法十分灵敏,抗原含量低至 5pg 仍然可被检测出来。

此方法中,首先吸附到固体支持物上的是抗体,相应的抗原与之反应后在固体支持物表面形成抗原-抗体复合物,再用同位素标记的抗体检测该复合物,并通过放射自显影鉴定重组克隆子。

目前所采用的免疫学检测方法中,更多的是先将待检测的菌落或噬菌斑按原位印迹到硝酸纤维素膜等固相支持物上,然后裂解细胞,使目的蛋白抗原结合到硝酸纤维素膜上,进一步与相应的抗体(即第一抗体)反应,形成抗原-抗体复合物。对抗原-抗体复合物,既可采用 ^{125}I 标记的第二抗体直接检测,也可采用 ^{125}I 标记的 A 蛋白(A 蛋白是金黄色葡萄球菌细胞壁的一种组分,它可以牢固地结合到 IgG 分子的 Fc 段,形成多分子复合物)进行间接分析。直接检测法中,针对不同的第一抗体,应分别标记相应的第二抗体进行检测;间接分析法中,只需标记一种 A 蛋白分子便可检测多种不同的第一抗体,因此用一种碘化标记试剂可以检测筛选产生不同抗原的重组克隆子,而不必每次标记不同的第二抗体。

6.3.4.2 非放射性抗体测定法

非放射性抗体分析技术的发展得益于非放射性标记物的广泛成功的应用。可以采用直接与辣根过氧化物酶(HRP)或碱性磷酸酶(AP)耦合的第二抗体检测目的蛋白抗原-抗体复合物,也可采用与 HRP 偶联的抗生物素蛋白来检测与生物素偶联的第二抗体等。这些方法也称为酶联免疫检测分析法(ELISA),具有较高的灵敏度和特异性,也没有使用放射性核素标记物带来的半衰期短和安全防护等问题。

6.3.4.3 免疫沉淀测定法

在生长有转化子菌落的培养基中,加入与目的基因产物相对应的特异性标记抗体,然后涂布转化液,经培养后,目的重组子菌落便会分泌出目的蛋白,后者与特异性抗体发生免疫沉淀反应,则其周围就会出现一种叫沉淀素的抗体-抗原沉淀物形成的白色圆圈。该方法操作简便,但灵敏度不高,抗体消耗量大,实用性较差。

> **酶联免疫吸附试验**
>
> 酶联免疫吸附试验(enzyme-linked immunoadsordent assay, ELISA)是检测蛋白质的最灵敏的方法。其基本原理是抗原与抗体的高度特异结合反应。抗原或抗体被标记上特定的酶分子(辣根过氧化物酶、碱性磷酸化酶或地高辛等蛋白质分子)。酶标记的抗原或抗体既保留其免疫学活性,又保留酶的活性。在测定时,被检标本(测定其中的抗体或抗原)与固相载体表面的抗原或抗体起反应。再加入酶标记的抗原或抗体,也通过反应而结合在固相载体上。此时固相上的酶量与标本中受检物质的量呈一定的比例。加入酶反应的底物后,底物被酶催化成为有色产物,产物的量与标本中受检物质的量直接相关,故可根据呈色的深浅进行定性或定量分析。由于酶的催化效率很高,间接地放大了免疫反应的结果,测定方法达到很高的敏感度。

6.3.5 翻译筛选法

翻译筛选法分为杂交选择翻译(hybrid selected translation)和杂交抑制翻译(hybrid arrested translation)。其突出优点在于将克隆的 DNA 同所编码的蛋白质产物之间的关系对应起来。

6.3.5.1 杂交抑制翻译检测法

杂交抑制翻译检测法的原理:在体外无细胞的翻译体系中,目的基因的转录产物 mRNA 一旦同 DNA 分子杂交之后,就不能再指导蛋白质多肽的合成。从转化子菌落或噬菌体群体中制备质粒 DNA,变性后选择有利于形成 DNA-RNA 杂种分子,但不利于形成 DNA-DNA 杂种分子,同时又能阻止线性质粒 DNA 再环化的反应条件,与原菌落或噬菌体群体的总 mRNA 进行杂交。从杂交混合物中回收核酸,进行体外翻译。由于体系中加有 ^{32}S 标记的甲硫氨酸,翻译合成的多肽蛋白质可以通过聚丙烯酰胺凝胶电泳和放射自显影进行分析。把其结果同未经杂交处理的 mRNA 的翻译产物作比较,若杂交组缺少某种蛋白质(被杂交抑制了的 mRNA 的产物),表明供杂交用的那部分克隆子群体中含有目的基因。然后,将这个群体分成若干较小的群体,并重复上述实验程序,直至最后鉴定出含目的基因的单一克隆子。如果被研究的目的基因能编码丰富的 mRNA,采用杂交抑制翻译检测法筛选阳性克隆子尤为适合。常用的无细胞翻译体系包括麦胚提取物和网织红细胞提取物等,系统中包含了基因表达所需要的所有因子,如 RNA 聚合酶、核糖体、tRNA、核苷酸、氨基酸及合适的缓冲液组成成分。

6.3.5.2 杂交选择翻译检测法

杂交选择翻译法有时也称杂交释放翻译法(hybrid released translation),是比杂交抑制翻译法灵敏度更高的阳性重组子筛选法，适用于低丰度 mRNA 产物的 cDNA 重组分子的检测。与杂交抑制翻译法不同，杂交选择翻译法是通过杂交手段选择目的 mRNA 进行体外翻译，而非抑制目的 mRNA 的体外翻译。基本做法是从克隆文库中挑取转化菌落或噬菌体群体，分离制备其质粒 DNA 分子，经适当处理后牢固结合在硝化纤维素滤膜上。然后用同一菌落或噬菌体群体的 mRNA（甚至是总的细胞 RNA）进行杂交。通过洗脱作用，分离出能与结合的 DNA 分子杂交的 mRNA。回收杂交的 mRNA，加到无细胞体系中进行体外翻译，通过凝胶电泳分析或根据生物活性鉴定翻译合成的带放射性标记的多肽产物。一旦获得某种呈阳性反应的克隆群体，可将它分成许多小库，直到用划线培养法获得一个或数个呈阳性反应的单菌落重组子为止。

6.3.6 亚克隆法

亚克隆或次级克隆（subcloning）是将克隆片段进一步片段化后再次进行的克隆。一般是将重组 DNA 分别用几种限制性内切核酸酶切割后，将所得各片段分别重组到载体上，再转化宿主细胞，通过对转化细胞的表型鉴定或其他方法来确定基因所在的位置。

6.3.7 插入失活法

基本原理是将特定的 DNA 随机插入到重组 DNA 分子中，获得一系列插入重组子，根据其突变的类型鉴定失活的基因，进一步利用此插入 DNA 作为标记物，对失活基因进行定位。插入失活法主要有两种形式：接头插入突变和转座子诱变。

6.3.7.1 接头插入突变

通过在重组 DNA 分子中随机引入序列已知的合成接头，使目的基因失活从而确定克隆基因的位置。一般的方法是，在合适的条件下用 DNase 随机切割重组 DNA 分子，然后，用 $EcoR\ I$ 甲基化酶处理线性 DNA 分子，纯化分子内部原有的 $EcoR\ I$ 识别和切割位点。再用 DNA 聚合酶 I 将线性 DNA 分子的两端补平，在连接酶的作用下在此平末端接上 $EcoR\ I$ 接头，进一步用 $EcoR\ I$ 酶消化，经 T4DNA 连接酶作用使 DNA 分子重新环化，转化受体细胞后进行再次筛选鉴定。由于 $EcoR\ I$ 接头的插入可能导致克隆化目的基因的失活。因此一旦发现目的基因失活后，便可通过接头插入位点，将克隆化目的基因位置确定下来。

6.3.7.2 转座子诱变

采用转座子（transposon）随机插入、失活目的基因的方法也能进行目的基因的定位研究。细菌中也有特定的转座子，且一般存在于某些质粒或噬菌体的基因组中，它们自身不能自主复制，但往往含有抗生素抗性基因，因此，将含有转座子的质粒或噬菌体引入克隆细胞，经过一段时间培养后，质粒或噬菌体 DNA 上的转座子有可能转移到待测重组 DNA 分子上，并且这种转座子的插入是随机发生的。从这些细胞所形成的菌落中分别制备重组质粒，然后转化合适的受体细胞，通过对重组质粒上原有表型特征和转座子抗生素抗性标记的选择，鉴定出含转座子诱变质粒的转化子。再次分离重组质粒，根据转座子和重组质粒的限制酶酶切图谱，确定转座子插入的位点，然后根据每个选择转化子的目的基因遗传表型表达与否，进一步定位目的基因。

6.3.8 电子显微镜作图检测法

6.3.8.1 变性作图

一般用于 DNA 分子中 AT 丰富区段的鉴定。将 DNA 分子暴露在变性条件下，AT 丰富区段因融解温度较低最先发生变性解链，形成部分变性的 DNA 分子，在高浓度的甲酰胺溶液的稳定作用下，利用电镜可以观察到这些变性区段形成的特殊"泡"状精细结构，以此作为标记位点，可用于克隆基因的定位。

6.3.8.2 异源双链定位法

如果两条单链 DNA 分子间有一定的同源序列，在复性条件下，两条单链 DNA 分子在同源序列处可因碱基配对而结合，形成部分双链结构。据此，将经碱变性处理的两种 DNA 分子混合，溶液调至中性后加入甲酰胺，使 DNA 分子复性。当同源序列有 50% 复性杂交后，将混合溶液稀释，在电子显微镜下观察并作图，可以获得异源双链间同源序列及非同源区序列的有关信息。如果使用探针和待测 DNA 分子进行上述操作，很显然，可以在待测 DNA 分子上定位与探针序列有同源性的区段。

6.3.9 转录产物作图

如果克隆 DNA 片段中的目的基因能够转录生成 mRNA 产物，通过对 mRNA 的分析，也可以间接鉴定重组 DNA 分子，并对目的基因进行定位研究。

6.3.9.1 S1 酶作图法

S1 酶作图法主要依据与 R 环检测法相同，即在高浓度的甲酰胺溶液中，DNA-RNA 双链分子比 DNA-DNA 双链稳定。基本做法是，经热变性处理的 DNA 分子在高浓度的甲酰胺溶液中与同一材料的 mRNA 复性杂交，由于 mRNA 是由克隆 DNA 片段中目的基因的外显子区域转录生成的，两者能形成上述 R 环结构。用单链特异的 S1 核酸酶消化 R 环结构中处于单链状态的 DNA 分子，保留了杂合的双链分子。然后分别在自然条件和变性条件下进行琼脂糖或聚丙烯酰胺凝胶电泳，其中，在自然条件下进行的凝胶电泳中，杂合双链区形成一条带，由此可确定不被降解的 DNA 片段的大小。而在变性条件（碱性条件）下进行凝胶电泳时，由于 mRNA 分子被水解，每个 DNA 分子都有其特定条带。用目的基因上不同区段的 DNA 进行杂交，即可确定 mRNA 的末端及位于该基因内部的内含子的位置。

6.3.9.2 引物延伸作图法

引物延伸作图法可用于 RNA 5′端的定位和定量。利用 5′端标记的单链 DNA 引物（合成的寡核苷酸或限制酶酶切片段）与 mRNA 杂交，在 DNA 聚合酶 I 的作用下合成与 mRNA 互补的 cDNA，再通过变性聚丙烯酰胺凝胶电泳测定 cDNA 的长度，即可反映出引物末端标记核苷酸与 RNA 5′端的距离，而 cDNA 的量与 mRNA 样品中靶序列的浓度大约成正比。

6.3.10 基因表达产物分析法

如果重组质粒的目的基因能顺利表达，那么只要能检测到该目的基因的蛋白质产物，就能说明该重组质粒含有目的基因,即基因表达产物分析法。转译筛选法和免疫学检测法等也可以归属于本类方法,这里主要介绍大肠杆菌小细胞系统和大细胞系统两种分析法以及DNA-蛋白质筛选法。

6.3.10.1 大肠杆菌小细胞系统

野生型大肠杆菌在突变条件下会以极低的频率及出芽方式产生一种微小细胞结构,这类小细胞结构通常不含有染色体DNA,无生存能力。但如果从含有重组质粒的大肠杆菌克隆株制备小细胞,就有可能将重组质粒分子分配到新形成的小细胞中,得到仅含重组质粒的小细胞结构。小细胞与正常细胞相比在大小和密度上存在着一定差异,可以利用密度梯度离心法等从正常细胞中分离出小细胞。含有重组质粒的小细胞在纯化后不久便具有合成RNA和蛋白质的功能。尽管表达量非常低,但当在含有放射性前体(如^{32}S-甲硫氨酸)的条件下培养小细胞时,因为没有其他内源基因表达蛋白质的干扰,由质粒DNA编码合成的新蛋白质仍能标记上放射性核素,进而可以通过SDS-聚丙烯酰胺凝胶电泳和放射性自显影技术加以分析。

6.3.10.2 大肠杆菌大细胞系统

大细胞是由对紫外线敏感的大肠杆菌突变株细胞制备而来的,这种菌株受到紫外光照射后,其基因组编码的蛋白质合成终止,并最终导致细胞停止分裂,处于这种状态的细胞体积通常大于正常细胞,因此称为大细胞。如果能控制好紫外光照射剂量,则以上述大肠杆菌突变菌株作为受体细胞的重组克隆菌中就会选择性地产生仅能合成重组质粒DNA编码蛋白质的大细胞。与小细胞系统相似,大细胞的这种选择性基因表达量也很低,因此同样需要对新合成的重组质粒编码蛋白质进行放射性核素标记,以证实重组子中外源基因表达产物的存在。无论是小细胞体系还是大细胞体系,其操作均很繁琐,一般只在无其他适合的筛选鉴定方法的前提下才加以应用。

6.3.10.3 DNA-蛋白质筛选法

DNA-蛋白质筛选法是专门设计用来检测同DNA特异性结合的蛋白质因子的一种方法,现已成功地用于筛选并分离表达融合蛋白质的克隆。操作流程与免疫筛选法较为相似,但所使用的标记检测物是DNA探针,而非标记抗体。检测对象是编码能与DNA特异性结合的蛋白质的外源目的基因,即待检测的外源目的基因编码的蛋白质是一种DNA结合蛋白。基本操作步骤:用硝酸纤维素滤膜进行"噬菌斑转移",使外源目的基因的表达蛋白吸附在滤膜上;再将此滤膜与放射性标记的含有DNA结合蛋白编码序列的双链DNA寡核苷酸探针杂交;最后根据放射自显影的结果筛选出阳性克隆子。由于本方法是利用一种放射性标记的DNA探针检测转移到硝酸纤维素滤膜上的特异性蛋白质多肽分子,因此叫做蛋白质筛选法。

6.3.11 DNA序列测定法

DNA序列测定,即核酸一级结构的测定,简称DNA测序。对克隆DNA片段进行序列测定及分析,不仅可以直观地鉴定出重组DNA分子中是否含有目的基因,也可以获得目的基因的编码序列和基因调控序列,这对目的基因的表达及其功能研究具有重要意义。目前用于测序的技术主要有Sanger等(1975)发明的双脱氧链末端终止法和Maxam和Gilbert

(1977)发明的化学降解法。这两种方法在原理上差异很大,但都是根据核苷酸在某一固定的点开始,随机在某一个特定的碱基处终止,产生 A、T、C、G 4 组不同长度的一系列核苷酸,然后在尿素变性的 PAGE 胶上电泳进行检测,从而获得 DNA 序列。目前 Sanger 测序法得到了广泛的应用。

思考题

1. 比较转导法与转染法导入外源基因的特点。
2. 利用载体选择筛选转化子的常用方法有哪些?
3. 如何利用报告基因筛选植物转化细胞?
4. 如何利用遗传选择标记筛选哺乳动物转基因细胞?
5. 简述利用免疫化学原理筛选转基因克隆子的技术方法。

参考文献

龙敏南,楼世林,杨盛昌等. 2010. 基因工程. 2 版. 北京:科学出版社
楼世林,杨盛昌,龙敏南等. 2002. 基因工程. 北京:科学出版社
孙明. 2006. 基因工程. 北京:高等教育出版社
王关林,方宏筠. 2009. 植物基因工程. 北京:科学出版社
张惠展. 1999. 基因工程概论. 上海:华东理工大学出版社
Sambrook J, Russell D W. 2002. 分子克隆实验指南. 3 版. 黄培堂,王恒樑,周晓巍等译. 北京:科学出版社

第7章 外源基因的原核表达系统

在基因工程操作中，外源基因的表达首先是在原核细胞中进行的。原核表达系统主要包括大肠杆菌表达系统、链霉菌表达系统、芽孢杆菌表达系统和蓝藻表达系统。外源基因在这些表达系统中主要有非融合蛋白和融合蛋白两种表达形式，表达蛋白有的以包含体形式聚集在细胞质中，也可分泌到细胞周质腔、外膜甚至培养基中；外源蛋白可以是一条多肽链，也可以是寡聚体蛋白；表达载体一般独立存在于细胞质中，有的可以整合到细胞染色体中。

基因工程技术的核心是基因表达技术，就是将克隆的目的基因在一个选定的宿主系统中表达，要么研究基因在宿主体内表达的功能，要么得到有活性的蛋白质。但如果仅将目的基因随意地插入某个载体中，并不意味着基因就会表达，更不能保证会获得较高的表达水平。因此，为了获得高水平的基因表达产物，人们通过综合考虑控制转录、翻译、蛋白质稳定性及向胞外分泌等诸多的因素，设计出了许多具有不同特点的表达载体，以满足表达不同性质、不同要求的目的基因的需要。具体地讲，要构建一个较好的表达载体（vector），主要应注意从以下几个方面去考虑：转录启动子和终止子序列的特点；核糖体结合的强弱；基因拷贝数及其是存在于质粒中，还是整合到宿主基因组中；合成的外源蛋白在细胞中的定位；宿主的翻译效率；克隆基因所表达的蛋白质在宿主中的自身稳定性。宿主系统本身的特性也是影响外源目的基因表达水平的因素。

本章主要介绍外源基因的原核表达系统，包括大肠杆菌、芽孢杆菌、链霉菌和蓝藻表达系统。

7.1 原核表达系统的特点

原核细胞基因表达过程包括 RNA 转录和蛋白质翻译两个阶段。原核生物为单细胞有机体，细胞内没有由膜围绕形成的细胞器，转录和翻译具有耦联特征，可以同时在细胞质内进行，在原核细胞中缺乏真核细胞的转录后加工系统。

7.1.1 原核生物的转录

原核基因表达过程的调控主要在转录水平进行，转录的第一步是 RNA 聚合酶结合于染色体 DNA 的一段特定序列，即**启动子**（**promoter**）上。启动子是负责启动转录的遗传元件。人们把 DNA 链上与转录出的 RNA 链的第一个碱基互补的那个核苷酸定为+1，因为它是转录的起始。在+1 的 3′端所有的脱氧核苷酸均被标记为正数，称为**下游**（**downstream**），而在+1 的 5′端的所有核苷酸均为负数，称为**上游**（**upstream**）。在大肠杆菌中，大多数基因的启动子区域都含有两个 DNA 片段，一个位于-10 处，称为 **TATA 盒**（**TATA box 或 Pribnow box**），该序列的保守序列为：$T_{80}A_{95}T_{45}A_{60}A_{50}T_{96}$（序列中的数字表示该碱基出现的频率）。另一个在-35 处，称为-35 序列（-35 sequence）。-35 序列的保守序列是：$T_{85}T_{83}G_{81}A_{61}C_{69}A_{52}$，现在人们倾向于认为它是 RNA 聚合酶与 DNA 链的最初的结合点。

转录起始后，RNA 聚合酶沿着 DNA 链一直向下游移动，同时合成 RNA 链，RNA 链延伸直至到达一特定的终止序列或终止结构时就停止了，这一特定的终止序列或终止结构称为**终止子**（terminator）。

在原核生物中，有部分基因是以单一的单位进行转录的，即一个启动子控制一个基因的转录，基因转录的结果是形成单顺反子 mRNA。同时人们也发现了另一种现象，即代谢途径的酶的基因往往会聚在一起形成**操纵子**（operon），受同一启动子的控制。在这种情况下，转录出来的一条 RNA 链上含有多个基因的 RNA（即多顺反子 mRNA），最终这几种不同的蛋白质的合成也在同一条 RNA 链上进行。

> **转录的流产起始**
>
> 流产起始（abortive initiation）：RNA 聚合酶能够结合在启动子位置上起始转录而不需要引物，由于酶的结合，DNA 在 -10 序列处解链，使这个封闭复合体变成一个"开放复合体"（open complex），此开放复合体被称为紧密结合（tight binding）反应，随后是头两个核苷酸的结合并在两核苷酸之间形成磷酸二酯键，这样就产生了含有 RNA、DNA 和酶的三元复合体（ternary complex）。接着再继续添加碱基，在这一阶段，聚合酶汇合成一些长度小于 10 个核苷的 RNA 分子，这些转录物不会延伸得更长，而是从聚合酶上脱离，聚合酶不从模板上脱离而是回到起始位置，称为流产起始。一个流产起始循环通常合成一个 2~9 碱基的寡核苷酸。一旦一个聚合酶成功地合成了一条超过 10 个碱基的 RNA，一个稳定的 RNA、DNA 和酶的三元复合体就形成了，延伸阶段开始，一直持续到所转录的基因下游的特定序列提示聚合酶终止转录为止。成功的起始开始后，聚合酶从启动子上游被清空，然后 σ 因子从核心酶中解离。

7.1.2 原核生物的翻译

在转录的 RNA 上同样存在着部分序列用来调控蛋白质的正确翻译。一般来说，在紧靠起始密码子的上游有一段长 6~8 个核苷酸的序列——5'-AGGAGGU-3'，它是核糖体与 mRNA 的结合部位，也称 **SD 序列**（Shine-Dalgarno sequence）。该序列可以与 16S 核糖体 RNA 的 3'端核苷酸序列形成互补，从而帮助核糖体结合到 mRNA 的正确位置。一个 mRNA 分子上的核糖体结合位点结合核糖体的能力越强，蛋白质合成的量就越大。在原核细胞中，DNA 转录 mRNA 和由 mRNA 翻译成蛋白质是同时进行的，也就是说，只要有 mRNA 被转录出来，就会有核糖体结合在上面进行蛋白质的翻译。

根据表达方式的不同，原核基因的表达可以分为组成型和调节型两种类型。**组成型表达**（constitutive expression）是指转录时间、转录地点以及转录水平的高低基本不受发育阶段或组织特异性的调控，始终处于转录状态。**调节型表达**（regulating expression）主要依赖于调控蛋白的活性，属于这种类型的基因在原核细胞中占有很大的比例，并以操纵子的形式组成了很多转录单元。而有些基因的转录则是受到调控的。调控的方式有两种，即通过某些低相对分子质量化合物与调控蛋白之间的相互作用，或诱导基因的转录，或抑制基因的转录。

7.2 原核细胞表达体系

基因工程是现代生物技术的核心内容，利用不同的载体和受体细胞组合生产价值很高的重组蛋白是基因工程最为重要的研究方向之一。在通过基因工程技术产生重组蛋白时，首先应考虑使用什么样的受体系统，另外，还应该考虑从实验室转入大规模生产时将可能面临的各种问题。原核表达体系中主要有大肠杆菌表达体系、芽孢杆菌表达体系、链霉菌表达体系和蓝藻表达体系。

7.2.1 大肠杆菌表达体系

大肠杆菌是工业化生产重组蛋白时最常用的原核受体细胞。大肠杆菌表达体系是基因表达技术出现最早、应用最广泛的经典表达体系，是分子生物学研究成果向产业化过渡的重要工具。该体系具有遗传背景清楚、繁殖快、成本低、表达量高、表达产物容易纯化、稳定性好、抗污染能力强和适用范围广等优点。但该体系也有明显的缺陷，对表达的蛋白质产物不能进行翻译后修饰，高表达时易发生折叠错误，容易导致表达产物没有活性。另外，大肠杆菌本身含有的内毒素和毒性蛋白有可能混杂在终产物内，导致重组蛋白在医药方面的应用受到限制。

7.2.1.1 重要的大肠杆菌外源基因表达系统

目前较为广泛应用的表达系统主要包括 lac、trp 和 tac 表达系统，P_L 和 P_R 表达系统，T7 表达系统等。

1）lac 表达系统

lac 表达系统是以 lac 操纵子调控机制为基础设计和构建的表达系统。大肠杆菌 lac 操纵子由启动子、操纵子和结构基因三部分组成。结构基因的转录受正调控因子 CAP 和负调控因子 lacI 所调控。CAP 因子是一种代谢激活蛋白，是由两个相同的亚基组成的二聚体，当 1 分子的 cAMP 与之结合后，CAP 成为活化状态。CAP 结合于启动子上游附近的区域，它可以帮助 RNA 聚合酶定位在启动子上，提高 RNA 聚合酶与启动子形成复合物的启动速率。在 *lacI* 基因调控的过程中，*lacI* 基因编码一种同源四聚体阻遏蛋白，*lacI* 基因拥有独立的启动子和终止子，能独立转录和表达基因产物。当受体菌中不含有阻遏蛋白时，lac 操纵子的转录是开放的。乳糖和类似物如异丙基-β-D-硫代半乳糖苷（IPTG）等通过与阻遏蛋白结合而保持 lac 操纵子转录开放。当含 lac 启动子表达载体转移到大肠杆菌后，细胞中 lacI 阻遏蛋白不足以结合并阻止所有表达载体的操纵基因。因此，为了获得可调控的外源基因表达，常对宿主进行改造，通过对大肠杆菌 *lacI* 基因诱变，获得能过量表达 lacI 阻遏蛋白的基因突变体 lacI^q，使外源基因的表达调控在一定的水平。当然，有时为了能进行有效转录，还设计了一种 lacUV5 启动子，即对 lac 启动子-10 序列进行突变，使该区序列由 TATGTT 突变为 TATAAT，降低融链温度，不受 CAP 正调控，只受阻遏蛋白的负调控，lacUV5 比野生型 lac 启动子活性更强。此外，还构建了阻遏蛋白温度敏感型突变体 *lacI*^{q}（ts）宿主菌和表达载体，使 lac 启动子的转录受温度的控制，在低温（30℃）下基因的转录受到抑制，在较高温度（42℃）下基因的转录保持开放。

trp 启动子来自大肠杆菌色氨酸操纵子，包含衰减子序列和操纵区，受阻遏蛋白和衰减子双重调节。当培养基中存在色氨酸时，前导序列中的衰减子序列会形成终止子结构，trp 启动子只能转录出前导 RNA；同时由 *trpR* 基因编码的阻遏蛋白与色氨酸结合之后被活化，活性阻遏蛋白与操纵区结合能够使转录过程被彻底关闭。当培养基中没有色氨酸时，前导序列中的衰减子序列不会形成终止结构，阻遏蛋白由于没有活性也不能与启动子中的 O 区结合，转录可以进行。3-β-吲哚丙烯酸是色氨酸的类似物，能够与色氨酸竞争结合阻遏蛋白。但阻遏蛋白与 3-β-吲哚丙烯酸结合后，不能与操纵区结合，所以向培养基添加 3-β-吲哚丙烯酸可以解除活性阻遏蛋白对转录的抑制作用。利用载体上的 trp 启动子在大肠杆菌细胞中表达目的基因时，使用不含色氨酸的培养基或在细菌细胞增殖到一定数量后向培养基中添加 3-β-吲哚丙烯酸都可以提高目的基因的转录水平。另外，缺失 trp 启动子中的衰减子序列也可以提高目的基因的转录水平。

tac 启动子是一组人工改造的启动子，来自 lac 和 trp 启动子，tacⅠ由 trp 的 -35 区和 lacUV5 的 -20 区构成，tacⅡ由根据 trp 启动子 -35 区合成的包括 -10 区在内的 46bp DNA 片段和 lac 操纵区构成。两者都可被 lac 阻遏物抑制和被 IPTG 诱导。它的启动效率比单独的 trp 启动子和 lac 启动子强。

P_L 和 P_R 表达系统是以 λ 噬菌体早期转录启动子 P_L 和 P_R 构建的。在野生型 λ 噬菌体中，P_L 和 P_R 启动子的转录与否决定 λ 噬菌体进入裂解循环或溶源循环。λ 噬菌体 PE 启动子控制的 *cI* 基因表达产物是 P_L 和 P_R 启动子转录的阻遏物，而它的表达和在细胞中的浓度取决于一系列宿主与噬菌体因子之间的复杂平衡关系。由于通过细胞因子调节 *cI* 在细胞中含量的途径很难操作，因而在构建表达系统时，选用温度敏感突变体 *cI857*（ts）的基因产物来调控 P_L 和 P_R 启动子的转录，在较低温度（30℃）下阻遏物以活性形式存在，在较高温度下（42℃）阻遏作用失活。由于普通的大肠杆菌中不含 *cI* 基因表达产物，含有 P_L 和 P_R 启动子的表达载体会发生过度表达现象而导致不能稳定存在于宿主菌中。因此必须对大肠杆菌或表达载体进行遗传改造，将 *cI857*（ts）基因融合在宿主染色体上或者组装在表达载体上。

2) T7 表达系统

利用大肠杆菌 T7 噬菌体转录系统元件构建的表达系统具有很强的表达能力。T7 噬菌体 RNA 聚合酶能选择性地激活 T7 噬菌体启动子的转录，它是一种活性很高的 RNA 聚合酶，其合成 mRNA 的速率相当于大肠杆菌 RNA 聚合酶的 5 倍。在大肠杆菌宿主细胞中，受 T7 噬菌体启动子控制的基因在 T7 噬菌体 RNA 聚合酶作用下高效表达。

7.2.1.2 外源基因在大肠杆菌中的表达方式

外源基因在大肠杆菌细胞中的表达方式有非融合蛋白和融合蛋白两种，分别由非融合型表达载体和融合型表达载体表达，其中融合表达方式应用比较广泛。

在非融合表达方式中，外源基因被插入到表达载体上的强启动子和核糖体结合位点下游，以外源基因 mRNA 自身的 AUG 为翻译起始密码，其优点在于表达的非融合蛋白与天然蛋白质在结构、功能及免疫原性等方面基本一致，可以进行活性位点分析，表达的重组药物蛋白可以直接用于临床。非融合表达方式虽然可以直接产生目的蛋白，但目的蛋白很容易被大肠杆菌细胞内的蛋白酶降解，表达水平一般都比较低。选用蛋白酶活性较低的受体细胞能够提高非融合蛋白的表达水平。

融合型表达载体包括分泌表达载体、带纯化标签的表达载体、表面呈现表达载体和带伴侣的表达载体。在融合表达方式中，通常将目的蛋白质或多肽与另一个来自细菌的蛋白质或多肽片段的 DNA 编码序列融合，在菌体内表达产生融合蛋白。常用的融合蛋白或多肽片段的 DNA 包括谷胱甘肽巯基转移酶（GST）、硫氧化还原蛋白（TrxA）、葡萄球菌 A 蛋白和六组氨酸标签（His-tag）等。分泌型表达载体可以将蛋白质运送到周质、外膜甚至培养基中，能够形成有活性的可溶性蛋白，可以避免在蛋白质高效表达过程中形成没有活性的包含体。表达呈现表达载体分两种情况，一种是信号肽表面呈现技术，另一种是细菌表面呈现技术。该技术表达的优点是可以提供活菌疫苗，可用于寻找新的药物；还有助于研究蛋白质及其配体之间的相互作用，以及筛选肽文库。带伴侣的表达载体可以产生伴侣蛋白，能帮助目的蛋白进行正确折叠。

7.2.1.3 外源蛋白在大肠杆菌中的存在形式

外源基因在大肠杆菌中的表达产物可能存在于细胞质、细胞周质和细胞外培养基中。其表达形式有形成不溶性蛋白和可溶性蛋白两种，包括包含体蛋白、融合蛋白、寡聚型外源蛋白和融合型外源蛋白等 4 种类型。

在一定的条件下，外源基因的表达产物在大肠杆菌中积累并致密地聚集在一起形成无膜的裸露结构，这种结构称为**包含体（inclusion body）**。包含体主要存在于细胞质中，在某些条件下也能在细胞周质中形成。包含体主要由蛋白质组成，并且大部分蛋白质为外源基因的表达产物，它们具有正确的氨基酸序列，但空间构象是错误的，因而包含体蛋白一般没有生物学活性。在包含体中还含有受体细胞本身的表达产物，如 RNA 聚合酶、核糖核蛋白、外膜蛋白以及表达载体编码的蛋白质等，此外还包括 DNA、RNA 和脂多糖等非蛋白分子。包含体形成的本质是细胞内蛋白质的不断集聚，这种集聚主要包括三个方面：一是折叠状态的蛋白质的集聚作用。由于外源基因的高表达蛋白为一种折叠结构的蛋白质，一般表现为水难溶性的，并且在细胞内的浓度过高，蛋白质分子之间的相互作用增加，因而易形成疏水性颗粒。二是非折叠状态的蛋白质的集聚作用。热稳定性差的外源蛋白在生长温度较高的细菌中表达时，处于还原状态的蛋白质占主要地位，蛋白质分子内部的二硫键不易形成，蛋白质分子大多处于非折叠状态。而高浓度的非折叠多肽分子之间的巯基易形成二硫键，进而形成高分子质量的蛋白质多聚体。三是由于蛋白质折叠中间体的作用。虽然具有天然构象的蛋白质是可溶的，但其折叠的中间体是难溶的并且半衰期较长，过多的中间体积聚形成包含体。以包含体形式表达的蛋白质最突出的优点是易于分离纯化，因为包含体的水难溶性和密度远大于其他蛋白质，通过高速离心即可将包含体蛋白与其他蛋白质区分开来。此外，包含体对蛋白酶也表现出较好的抗性。

将外源蛋白基因与受体菌自身蛋白基因重组在一起，但不改变两个基因开放阅读框，以这种方式表达的蛋白称为**融合蛋白（fusion protein）**。一般来说，受体菌蛋白位于 N 端，外源蛋白位于 C 端。外源蛋白与菌体自身蛋白以融合蛋白的方式表达后，稳定性大增，其原因是单独的外源蛋白尤其是小分子外源蛋白很容易被大肠杆菌中的蛋白酶所降解，多肽链上的蛋白酶切割位点暴露在分子表面。当以融合蛋白的形式表达后，外源蛋白部分在菌体自身蛋白的引导下正确折叠，形成良好的杂合构象，而这种构象可能不同于外源蛋白的天然构象，但可在很大程度上封闭无规则折叠时暴露在分子表面的蛋白酶切割位点，从而增加其稳定性。在某些情况下，融合蛋白还具有较高的水溶性和一定的生物学活性。外源蛋白以融合蛋白的方式表达时能以较高的效率进行，因为受体菌自身蛋白基因 SD 序列和碱基组成等有利于基因的表达。外源蛋白以融合蛋白的方式表达时易于分离纯化，可根据受体蛋白的结构和功能特点，利用受体菌蛋白的特异性抗体、配体或底物亲和层析等技术分离纯化融合蛋白，然后通过蛋白酶水解或化学法特异性裂解受体菌蛋白与外源蛋白之间的肽键，获得纯化的外源蛋白质产物。在需要用较小的肽段作为抗原时，必须使之表达成为融合蛋白，才能够在动物体内引起免疫反应。

外源基因在细胞中的表达水平与基因的拷贝数相关，当表达载体上外源基因的拷贝数增加时，可将外源蛋白的表达量提高到更高的水平。表达载体上可表达的基因包括外源基因和选择标记基因等，当细胞内质粒表达载体的拷贝数增加时，用于合成目的蛋白之外的其他基因也随之而增，而过多地表达非目的外源蛋白并非我们所愿，因而在构建外源蛋白表达载体时，可将多个外源蛋白基因串联在一起，克隆在低拷贝质粒载体上来表达寡聚型蛋白（oligomeric protein）。以这种策略表达外源蛋白时，虽然宿主细胞内质粒的拷贝数减少，但外源基因在细胞内转录的 mRNA 的拷贝数并不减少。这种方法对分子质量较小的外源蛋白更为有效。外源基因多分子线性重组的方式通常有 3 种。一是多表达单元的重组，即每个表达单元都含有独立的启动子、终止子、SD 序列、起始密码子和终止密码子，形成独立转录与串联翻译的表达单元，表达单元之间的连接方向与表达效率无关。表达的外源蛋白无需经过裂解处理。这种方式对表达中等大小分子质量的外源蛋白比较合适。二是多顺反子重组，多个源基因重组在一起，基因之间以一些特定的序列连接，便于外源蛋白的切割分离。三是多编码序列重组，即将多个外源基因串联在一起，利用同一套转录调控元件和翻译起始与终止密码子，在各编码序列的接口引入蛋白酶酶切位点或可被化学断裂的位点，这种方式特别适合表达外源小分子蛋白质多肽。

将一种重组质粒导入受体细胞后，宿主细胞的代谢会发生较大的改变，同时由于细胞不断地进行分裂，经若干次传代后宿主细胞内的重组质粒会发生丢失。因此，一种理想的选择是将要表达的外源基因整合到染色体的特定位置上，使之成为染色体结构的一部分而稳定地遗传和表达。将外源基因整合到染色体上时，必须整合到染色体的非必需编码区，使之不干扰宿主细胞的正常生理代谢。实现外源基因与宿主染色体整合是根据 DNA 同源交换的原理，在待整合的外源基因两侧分别组合一段与染色体 DNA 完全同源交换的序列。理论上来说，该同源序列越长，DNA 分子进行同源交换成功的概率越大。该同源序列的长度还与被整合的外源基因的长度有关，待整合的外源基因越长，则所需要的同源序列也越长。一般来说，外源基因两侧的同源序列大于 100bp。在整合外源基因的过程中，必须将可控的表达元件和选择标记基因连接在一起。为了获得含有整合基因的重组体，被选择的载体一般是那些不能在受体细胞内进行自主复制的质粒或者温度敏感型质粒。外源基因被交换到染色体上后，由于质料不能进行复制和扩增，当宿主菌不断分裂和增殖后，细胞内的质粒逐渐稀释，最终完全消失。外源基因整合到染色体上后只含有单个拷贝，在合适的条件下仍能高效表达外源蛋白。

7.2.2 芽孢杆菌表达体系

芽孢杆菌属于革兰氏阳性菌，目前人们对芽孢杆菌的研究几乎涉及革兰氏阳性可生孢细菌的各个领域，尤其是在感受态、芽孢形成及调控、遗传操作、菌种改良、生物技术等领域进行了大量的工作。芽孢杆菌是一个泛泛的概念，而科学研究中应用最多的是枯草芽孢杆菌168 菌株及其大量的衍生菌株。枯草杆菌的研究之所以领先于其他芽孢杆菌的种，主要是由于它的转化、转导方法较完善，以及具有大量的衍生菌株。除枯草杆菌外，已报道用作宿主表达克隆基因的还有嗜碱芽孢杆菌、淀粉芽孢杆菌、短芽孢杆菌、地衣芽孢杆菌、巨大芽孢杆菌、短小芽孢杆菌、球形芽孢杆菌、嗜热脂肪芽孢杆菌、苏云金芽孢杆菌、耐碱的芽孢杆菌及病原菌炭疽芽孢杆菌等 11 种。

利用芽孢杆菌作为表达外源基因的受体菌具有如下优点：许多芽孢杆菌是非致病性微生物；培养条件简单，生长迅速；表达产物能分泌到细胞外培养基中，且多数表达产物具有天然构象和生物学活性，目的蛋白的纯化相对比较简单；某些芽孢杆菌的遗传背景比较清楚，便于进行遗传操作；利用芽孢杆菌进行发酵的技术相当成熟。

7.2.2.1 芽孢杆菌表达系统

芽孢杆菌表达系统是在 20 世纪 70 年代从枯草芽孢杆菌，又称枯草杆菌（*Bacillus subtilis*）开始，逐步扩展至其他种的。目前，芽孢杆菌中常用的载体主要有自主复制质粒、整合质粒和噬菌体 3 种。从芽孢杆菌中分离的自主复制质粒，除极少数以外（如 pBC16），均为无抗性标志的隐蔽质粒。带有抗性标志的自主复制质粒主要来自其他 G^+ 细菌，特别是来自金黄色葡萄球菌的质粒。其中广泛使用的有 pUB110、pC194 和 pE194 等。迄今，已在上述质粒的基础上构建了双标记质粒、芽孢杆菌/大肠杆菌穿梭质粒、表达质粒、整合质粒和探针质粒等。绝大多数的载体在阳性菌中的拷贝数都非常低。

采用整合质粒将克隆基因整合到宿主染色体，是克服芽孢杆菌质粒不稳定性的一个有效的途径。整合的目的一般通过同源重组或者转座子插入来实现。这种质粒的基本结构是在大肠杆菌质粒的基础上增加一个芽孢杆菌的抗性标志，以及待整合的目的基因。它在大肠杆菌中进行基因克隆或亚克隆操作。整合质粒导入芽孢杆菌后，由于它没有芽孢杆菌质粒的复制起点而不能自主复制，只有插入到宿主体后，随着细胞复制而复制。在含有芽孢杆菌抗性标志的抗生素的培养基上，就可以很容易挑出这种整合体。整合质粒另一个重要的用途是目的基因的敲除。

不少噬菌体都可用作载体，如 Φ105 噬菌体、SPβ 噬菌体及其他噬菌体。其中 Φ105 噬菌体应用较多，它是一个温和噬菌体，基因组约为 39.2kb，从中发展了不少载体。目的基因一般在体外"包装"之后，经噬菌体介导（转导）而进入宿主菌进行表达。

将携有外源基因的载体导入宿主细菌中是细菌基因工程表达系统的必要条件。大肠杆菌的氯化钙转化法对枯草杆菌无效，所以枯草杆菌基因工程表达系统中，用途最广泛的宿主菌株就是在 DNA 重组技术发明之前就可以进行感受态转化的 168 菌株及其突变体。

7.2.2.2 外源基因的表达形式

芽孢杆菌在对数生长期后即进入芽孢形成期，不同的芽孢形成阶段所表达的基因不尽相同。芽孢杆菌只有一层细胞膜，因而可以大量分泌蛋白质至培养基中，芽孢杆菌基因工程表达系统相对其他基因工程技术而言，具有明显的技术优势，但芽孢杆菌还存在产生大量的胞外蛋白酶造成表达产物的大量降解、能自发形成感受态的菌株极少、感受态持续时间短暂、分子克隆效率低、存在限制和修饰系统、重组质粒不稳定等问题。迄今，解决芽孢杆菌载体稳定性问题，在基因工程产业化过程中仍是一个具有重要意义的世界性难题。

7.2.3 链霉菌表达体系

链霉菌是一类革兰氏阳性菌，具有单层细胞外膜，能像芽孢杆菌一样将表达的蛋白质直接分泌到培养基中。

利用链霉菌进行工业化规模生产抗生素的历史悠久，在工业规模发酵技术方面已积累了相当丰富的经验，因而可利用现有的技术及设备生产链霉菌表达的外源基因产物；在链霉菌中表达出的蛋白质常常是可溶性的，因此就无需为了获得具有生物活性的蛋白质而使表达的蛋白质重新溶解并折叠成正确的构型；最后，链霉菌作为基因表达的受体，其致病性小。牛生长激素基因、人干扰素基因、人乙肝表面抗原基因、人白细胞介质素基因、人肿瘤坏死因子基因、鼠肿瘤坏死因子基因、人体 T 细胞受体 CD4 基因、胰岛素原基因、水蛭素基因等都成功地在链霉菌中得到了表达。链霉菌成为继大肠杆菌、枯草芽孢杆菌之后又一个有价值的基因表达的宿主。

虽然链霉菌的克隆体系已建立得较为完善，然而在链霉菌中直接引入外源基因的操作如转化等要比操作大肠杆菌复杂。大多数链霉菌由于可能存在着限制-修饰系统，一般难以转化或转化频率较低。另外，能与大肠杆菌操作中相比拟的用于基因表达的启动子和载体，特别是诱导型的超量表达载体的发展还只是刚刚起步。

7.2.3.1 链霉菌外源基因表达系统

链霉菌基因的启动子结构具有多样性，链霉菌启动子区域的核苷酸序列分析表明，链霉菌至少有如下几种类型的启动子序列：其中一类叫做 SEP 启动子（即 *Streptomyces-E. coli* promoter），这类启动子的－10 和－35 区域以及这两个保守区的间隔与大肠杆菌的多数基因启动子的序列类似。例如，天蓝色链霉菌中与甘油利用有关的基因的 3 个启动子、红霉素抗性基因的两个启动子等；还有的启动子的－10 区与保守性的大肠杆菌启动子相似，但－35 区则不相似，有的甚至没有－35 区；有的链霉菌启动子序列则与已知的启动子序列没有任何相似性，它们的序列看起来不像启动子；有时甚至随机克隆的片段也可能表现出相当大的启动子活性，可以直接用于目的基因的超量表达。

在链霉菌中用于基因表达、也是经过详细分析的启动子有弗氏链霉菌（*Streptomyces fradiae*）的氨基糖苷磷酸转移酶基因（*aph*）的启动子，从变铅青链霉菌（*S. lividans*）中分离的 β-半乳糖苷酶基因的启动子，受硫链丝菌素诱导的 tipA 启动子，从红霉素糖黏多孢菌（*S. erythraeus*）中分离的 ermE 启动子等，这些启动子都已广泛地应用于链霉菌表达系统的研究。

链霉菌基因转录终止的特性与大肠杆菌类似，大肠杆菌基因的终止子在链霉菌中具有转录终止的活性；反之，链霉菌终止子在大肠杆菌中同样具有终止子的活性（此外链霉菌终止子在大肠杆菌中还具有明显的方向性）。例如，大肠杆菌的 ampC（β-内酰胺酶基因）的终止信号在变铅青链霉菌中具有正常的终止功能。不依赖 ρ 因子的终止信号同样在链霉菌的转录终止中具有活性，因此在构建链霉菌表达载体时，常常用作转录终止子。

在链霉菌中，mRNA 的翻译与其他细菌中的翻译一样，被翻译的基因常常从 AUG 或 GUG 开始，翻译遇到 UAA 或 UAG 则终止（很少出现 UGA）。在变铅青链霉菌起始密码子的上游常能发现一段可与 16S rRNA $3'$ 端 UCCUCC 配对的序列。这段序列与枯草杆菌中的相应序列类似，是比较典型的 SD 序列，但有的链霉菌基因却没有这样的相应的核糖体结合序列，有的基因甚至从作为起始密码子的 AUG 的 A 处开始转录。由于链霉菌 DNA 的高 G+C 含量，密码子的使用可能是影响基因表达的一个重要的因素。一般地，密码子的前两个碱基是 G 或 C 的概率大约为 70，而第 3 位碱基为 G 或 C 的概率则为 90。像 UAA（亮氨酸）这样的密码子在链霉菌中则是非常稀少的，如果外源基因中 A+T 含量高的话，或存在有 UAA 这样的密码子，那么它们可能导致外源蛋白的低水平表达。

7.2.3.2 链霉菌外源基因表达形式

链霉菌同其他大多数微生物一样，分泌性的蛋白质最初通常以前体形式合成，合成的前体 N 端带有一段信号肽。信号肽主要参与细胞质膜和被运输蛋白质间的相互作用，同时它也能延缓未加工的前体蛋白的折叠，以免被分泌的蛋白质在穿过细胞质膜前就折叠成天然构型，因此信号肽不仅影响合成蛋白的输出途径，也影响天然蛋白质的三级结构。这些信号肽都具有一些共同的结构特征，但是它们的氨基酸序列则呈现出多样性。链霉菌的信号肽同其他微生物中已知的信号肽一样，由一个带电荷的 N 端区、一个疏水区及带有信号肽酶识别位点的 C 端区组成。在革兰氏阳性菌中，组成信号肽的氨基酸数目平均为 29~31 个，显著地高于大肠杆菌和人类基因的信号肽氨基酸组成数目。链霉菌信号肽中疏水区也相对长些（在链霉菌中是 15 个氨基酸残基，而在大肠杆菌中则为 12 个氨基酸残基），而且丙氨酸残基较亮氨酸残基多。

另外，待分泌蛋白中还应该没有会影响蛋白质运输的序列。例如，蛋白质中的疏水区后如果紧随着带电荷的氨基酸残基，这些氨基酸残基将会引起蛋白质运输中止。此外，蛋白质如果在运输过程中形成稳定构型，也可能导致蛋白质通过细胞膜受阻。

同枯草芽孢杆菌一样，链霉菌也产生非常丰富的胞外酶，这些胞外酶中常含有水解蛋白质的酶类。当表达出来的外源基因产物因蛋白酶的降解而限制了高水平的表达时，就常常需要使用蛋白酶缺陷型宿主。

变铅青链霉菌是国际上通用的基因工程受体菌，它被广泛地用来作为外源基因表达的受体。变铅青链霉菌产生的胞外酶主要是亮氨酸氨肽酶。当培养物一旦进入稳定期，这个酶的活性就开始显著地增加。获得该蛋白酶基因缺陷的突变菌株对于外源基因的表达是至关重要的。

在发酵过程中，影响细胞生长的一些物理参数对外源蛋白的表达量也具有重要的影响。相关的因素包括培养基的组分、氧的供应、温度和搅拌。此外，氧的供应历来是好氧微生物工业发酵中的一个关键问题。研究表明，氧的供应不足会导致细胞生长欠佳，抗生素减少。传统的改进氧的供应的方法主要是集中于改善细胞生长环境中的氧扩散的条件，随着生物工程技术的发展，现在有可能通过在发酵微生物中引入透明颤菌的血红蛋白基因来改变好氧生物的微环境，以保证发酵中的好氧生物有一定的氧供应。

除了优化这些发酵中的物理参数可以增加分泌蛋白的表达外，其他的因素如 DNA 结合蛋白等也可能增强蛋白质的合成。有研究表明，将编码一种强碱性蛋白质的基因克隆进入细胞，该基因的表达可以明显增加不同胞外酶的产量。另外，同一转化来的重组基因的表达也可能不同，产孢和不产孢的转化子所表达的分泌蛋白水平也不同。

7.2.4 蓝藻表达体系

蓝藻是一类能进行植物型光合作用的原核生物，在细胞结构、代谢、遗传和进化等方面表现出独特的性质，多年来被广泛地用于研究光合作用、固氮作用、叶绿体起源以及植物进化等重大生物学问题。随着基因工程的发展和蓝藻分子生物学的深入研究，蓝藻作为一种独特的基因工程受体系统也迅速发展起来。

蓝藻作为基因工程受体系统，兼具微生物和植物的优点。蓝藻基因组为原核型，遗传背景简单，便于基因分析和外源 DNA 检测；细胞壁为 G^-，主要由肽聚糖组成，便于外源 DNA 转化；多种蓝藻含内源质粒，为利用和改造这些质粒构建适用于蓝藻的穿梭质粒载体提供了很好的条件；蓝藻营光合自养生长，培养条件简单，成本低廉，仅需光、CO_2、无机盐和合适的温度就能生长，适于大规模生产；并且多数蓝藻富含蛋白质，无毒，是一类营养丰富的天然食品，若在此基础上转入有用的外源基因，可获得能生产不同用途物质的转基因蓝藻。

7.2.4.1 蓝藻外源基因表达系统

多种蓝藻含内源质粒，为构建质粒载体提供了极好的条件。为了使外源基因能有效地转入蓝藻细胞，并能在其中表达，研究者已经构建了一系列质粒表达载体，如 pZL、pPKE2、pPKET、pPKEUT、pPREUT、pRL 等。作为蓝藻质粒表达载体，必须能转化蓝藻细胞，在其中进行有效复制，并且还必须含有能调控外源基因表达的启动子和终止子以及合适的克隆位点。但是用于转化大肠杆菌的质粒载体不能直接用于转化蓝藻。蓝藻内源质粒属于隐蔽型质粒，也不能直接作为载体用于转化蓝藻。只有改造成不仅含有大肠杆菌源质粒的复制起始位点，而且也含有蓝藻内源质粒的复制起始位点的穿梭质粒，才能既转化大肠杆菌，又转化蓝藻细胞。

蓝藻外源基因表达系统的缺点是携带外源目的基因的这种质粒载体进入受体细胞后容易丢失，导致目的基因表达的不稳定性。但是可以通过选择标记药物经常筛选转基因藻株，维持其相对的稳定性。

建立基因整合平台系统是克服穿梭质粒表达载体在受体细胞内不能稳定维持的根本措施。根据 DNA 同源重组的原理，选择受体细胞染色体 DNA 上一个合适的核苷酸序列区域作为外源基因整合的靶位，并在基因表达盒的一侧或两侧组装与整合靶位同源的一个或两个合适 DNA 片段，构建相应的基因整合表达载体，成为一个基因整合平台系统。只要将含有外源基因的 DNA 片段插入基因表达盒的克隆位点，就有可能定位整合到受体细胞染色体 DNA 的整合靶位上，稳定地随染色体 DNA 的复制而复制，并在表达盒启动子的控制下进行有效的表达。

为使外源基因在蓝藻细胞内高效表达，可在表达载体上组装多种含有不同启动子的基因表达盒。应用较多的有 λ 噬菌体的 P_L 和 P_R 启动子、蓝藻藻蓝蛋白 cpc2A2 操纵子的启动子、金属硫蛋白基因启动子 SmtO-P 和热激蛋白基因 groESL 的启动子、花椰菜花叶病毒 35S RNA 转录的启动子等。其中 cpc2A2 操纵子的启动子和热激蛋白基因 *groESL* 的启动子不仅是强启动子，而且是一类可控的启动子，前者受红光的诱导，后者受 45℃ 左右温度的诱导。处于这类启动子控制之下的外源目的基因，必须在合适的诱导条件下才能表达。这样的转基因蓝藻即使进入自然环境中，由于不存在合适的诱导，不能表达产生外源目的基因的产物，因此不会导致环境污染和影响生态系统的平衡。可以认为这是一类安全的基因表达系统。

7.2.4.2 蓝藻外源基因的表达

蓝藻是藻类中最早能稳定地表达外源基因的种类。从 1970 年发现蓝藻可以转化，1973 年证明蓝藻中含有质粒，1981 年首次在蓝藻中表达外源基因成功，到 1996 年聚胞藻

PCC6803 作为第一个光合生物完成了基因组全序列测定，蓝藻的研究一直处于整个生物学的前沿，有些研究较多的蓝藻种类已成为分子生物学和基因工程研究中的重要模式生物。

目前已有人肿瘤坏死因子、集落刺激因子、杀蚊幼虫毒素蛋白、人体超氧化歧化酶、人表皮生长因子等外源基因在蓝藻中成功表达。除了直接表达外源基因外，根据藻类的生活特点，针对环境保护、农业生产等方面的基因工程蓝藻也很受重视，如小鼠金属硫蛋白和人肝脏金属硫蛋白已经分别被转入鱼腥藻 PCC7120 和集胞藻 PCC6803 中并成功表达，可用于改造重金属污染的土壤和水域并回收贵重金属离子。

7.3 提高外源基因表达水平的措施

一般情况下只要考虑表达载体、外源基因、启动子、阅读框以及宿主的调控系统等条件，都可使外源基因在原核细胞中表达，但如果要使目的基因高效表达，还需要考虑以下基本原则。

7.3.1 优化表达载体的设计

在构建表达载体时，对决定转录起始的启动子序列和决定 mRNA 翻译的 SD 序列进行优化，要求 SD 序列与翻译起始位点 AUG 的距离要合适，这样才会获得目的蛋白高水平的表达。主要包括增加 SD 序列中与核糖体 16S rRNA 互补的碱基序列，使 SD 序列中 6～8 个碱基与核糖体 16S rRNA 中的碱基完全配对；根据待表达外源基因的不同情况调整 SD 序列与起始密码 AUG 之间的距离及碱基的种类；防止核糖体结合位点附近序列转录形成"茎环"二级结构，运用定点诱变技术去除 SD 序列周围的潜在二级结构可促进翻译的起始。

7.3.2 避免使用稀有密码子

多数密码子具有简并性，而不同基因使用同义密码子的频率各不相同。大肠杆菌基因对某些密码子的使用表现了较大的偏爱性，在几个同义密码中往往只有一个或两个被频繁地使用。同义密码子使用的频率与细胞内相应的 tRNA 的丰度呈正相关，稀有密码子的 tRNA 在细胞中的丰度很低。在 mRNA 的翻译过程中，往往会由于外源基因中含有过多的稀有密码子而使细胞内稀有密码子的 tRNA 供不应求，最终使翻译过程终止或发生移码突变。一般可通过点突变的方法将外源基因中的稀有密码子转换为在受体细胞高频率出现的同义密码子。

7.3.3 提高外源基因 mRNA 的稳定性

多数情况下，细菌的 mRNA 半衰期很短，而外源基因 mRNA 的半衰期更短，若能增加 mRNA 的稳定性，则有可能提高外源基因的表达水平。对于 mRNA 来说，为了保持其在宿主细胞内的稳定性，有两种措施：一是尽可能减少外切核酸酶可能对外源基因 mRNA 的降解；二是改变外源基因 mRNA 的结构，使之不易被降解。研究表明，大肠杆菌的重复性外回文（repetitive extragenic palindromic，REP）顺序具有稳定 mRNA 的作用，能防止 $3'→5'$ 外切酶的攻击。因此，外源基因下游插入 REP 顺序或其他反转重复顺序，可稳定 mRNA，提高表达水平。

7.3.4 提高表达蛋白的稳定性，防止其降解

原核细胞中外源蛋白往往不够稳定，易被蛋白酶降解从而使蛋白质产量降低。为了解决这一问题一般采用下述措施：将外源基因表达产物转运到细胞周质或培养基中；选用某些蛋白水解酶缺陷型作为宿主菌，黄嘌呤核苷 Ion 是大肠杆菌合成蛋白酶的主要底物，Ion 型宿主菌不能合成黄嘌呤核苷，也就不能合成蛋白酶，保护了表达的外源蛋白；利用细菌蛋白酶抑制剂，T4 噬菌体 pin 基因产物是大肠杆菌蛋白酶的抑制剂，可以将 pin 克隆到质粒中，并转化大肠杆菌，这样蛋白酶活性被抑制，从而保证外源蛋白不被降解；提高蛋白质的半衰期，在正常条件下，不同蛋白质的半衰期从几分钟到几小时不等，可以通过给基因加入一些氨基酸的密码子来延长表达蛋白的半衰期，从而提高产物的产率；另外，在表达外源蛋白的同时，表达外源蛋白的稳定因子，也能增加外源蛋白的稳定性。

7.3.5 减轻细胞的代谢负荷，提高外源基因的表达水平

外源基因在细胞中过度表达，必然影响宿主细胞的生长和代谢，而细胞代谢的损伤又影响了外源基因的表达。合理地调节二者之间的关系是提高外源基因表达水平的一个重要环节。常用的方法有：诱导表达，使细菌的生长和外源基因的表达分开进行。许多表达载体上的启动子都是可诱导表达的启动子，如 lacUV-5，受 lacI 产生的阻遏蛋白阻遏，而受 IPTG 诱导；λPL 启动子受 cI 基因产生的阻遏蛋白的抑制，而该基因又是温度敏感的，所以只要把宿主菌在一个温度下培养，使细菌充分生长，然后再在另一个培养温度下就可以大量表达外源蛋白；减轻宿主细胞代谢负荷的另一个措施是将宿主菌生长和表达质粒的复制分开。当宿主菌迅速生长时，抑制质粒的复制；当宿主菌生物量积累到一定水平后，再诱导细胞中质粒 DNA 的复制，增加质粒拷贝数，从而提高外源基因表达水平。

7.3.6 优化发酵条件

细胞在实验室条件下与在 100L 以上的发酵罐中的生长代谢活动有很大差异，在进行工业化生产时，工程菌株在规模培养的优化设计和控制对外源基因的高效表达至关重要。优化发酵过程既包括工艺方面的因素，也包括生物方面的因素。工艺方面的因素如选择合适的发酵系统或生物反应器；生物方面包括培养基成分，各种环境因素如温度、pH 和溶氧等一系列相关条件，这些条件的改变会影响细胞的生长及基因表达产物的稳定性。

7.4 利用原核细胞生产真核蛋白质的实例

7.4.1 干扰素基因工程

干扰素（interferon，IFN）是一类多功能蛋白质，具有抗病毒、抗肿瘤、抗细胞分裂以及调节免疫功能的作用，因而通过基因工程生产干扰素就具有重要的意义。

人的干扰素有 3 类：α（白细胞）干扰素、β（成纤维素细胞）干扰素、γ（免疫）干扰素。目前已基本了解清楚人 α、β 干扰素（HuIFN-2，HuIFN-3）基因的结构。这两种干扰素基因在 $5'$ 端有一段非翻译序列，紧接着是先导序列，其后是干扰素基因，编码 166 个氨基酸，再后是 $3'$ 非翻译区，末端为多聚 A。在对 HuIFN-α 与 HuIFN-β 序列分析后发现，两者

有40%以上的同源性，表明这两个基因的起源具有共同性。

7.4.1.1　IFN-cDNA 的制备

首先从诱发产生干扰素的白细胞中提取 mRNA，分级分离后，把不同部分的 mRNA 分别注射到爪蟾卵母细胞中，检测干扰素抗病毒活性，然后将活性最高的 mRNA 反转录合成 cDNA。

7.4.1.2　IFN-cDNA 的修饰

这种修饰主要是在 cDNA 两端连接 $EcoR$ I 识别序列，并在 5′ 端接上信号序列。IFN-α1 的 5′ 端识别序列，是用限制酶 Hal Ⅲ 切断原识别序列，连接上人工合成的 5′-CCATGAAT-TCATGG-3′ 序列，其中就含有信号序列与 $EcoR$ I 识别序列。IFN-α2 的 3′ 端，原为 Pst I，通过连接 2μm 质粒的 Pst I-$EcoR$ I DNA 片段，而改换成 $EcoR$ I 识别序列。IFN-γ 是通过连接 pUC7 质粒 DNA 片段而换成 $EcoR$ I 识别序列。

IFN-cDNA 克隆修饰的 cDNA 与表达载体 pBR322 或 YEpIpT 连接重组，通过转化，引进大肠杆菌或酵母细胞内克隆，从而表达分泌干扰素。

我国科技工作者在研制干扰素领域里已获得了成功。通过基因工程生产的人 αⅠ型干扰素已于 1990 年正式投放市场。

7.4.2　生长激素基因工程

人生长激素（human growth hormone, hGH）来自垂体，作为药物可用于治疗儿童的侏儒症、烧伤、伤口愈合，以及预防老年患者肌肉萎缩等。前体生长激素的 N 端有一段 23 个氨基酸的信号肽，去掉该信号肽就成为成熟的生长激素。首先在体外人工合成了起始密码 ATG 与编码前 1～23 氨基酸的 DNA 片段，并用反转录酶法合成了编码 hGH24～191 氨基酸的 DNA 序列，将两者连接后转入大肠杆菌已成功地进行了表达。1978 年和 1979 年在大肠杆菌内分别得到了鼠与人的生长激素基因产物。

7.4.2.1　hGH 编码前 24 个氨基酸的 DNA 片段克隆

这个 DNA 片段是人工合成的，先合成 6 个小片段 U1、U2、…、U6，再依次连接起来成为一个较大的片段，该片段两端分别为 $EcoR$ I 黏性末端与 $Hind$ Ⅲ 黏性末端。用 $EcoR$ I 和 $Hind$ Ⅲ 切割 pBR322 后，与人工合成的 DNA 片段连接重组，通过转化导入大肠杆菌内进行扩增。

7.4.2.2　hGH 编码前 24～191 氨基酸的 DNA 片段克隆

利用反转录酶法，从人垂体提取的 mRNA 反转录为 cDNA，再复制为双链 cDNA（dscDNA），用 Hae Ⅲ 切割 dscDNA，琼脂糖凝胶电泳分离纯化 551bp 的 DNA 片段，经末端转移酶的作用，在其 3′ 端加多聚 C 尾，再用 Pst I 切割 pBR322，并在末端添加多 G 尾。然后将两者混合，连接重组，对大肠杆菌转化，以行扩增。

7.4.2.3　hGH 基因克隆

将克隆的编码前 24 个氨基酸的重组质粒提取出来，用 $EcoR$ I 和 $Hind$ Ⅲ 进行双消化，通过电泳，纯化出 77bp DNA 片段。此即为编码 hGH1～23 氨基酸的片段。同样的方法提取带有 551bp DNA 的重组质粒选用 HindⅢ消化。通过凝胶电泳分离出 551bp DNA 片段后再用 SmaⅠ消化，得到 512bp DNA 片段，此即为编码 hGH24～191 氨基酸。然后将两个 DNA 片段连接起来，再经 EcoRⅠ、SmaⅠ处理。电泳分离，就可得到纯化的带有 EcoRⅠ黏性末端与 SmaⅠ平末端的 551bp DNA 片段，此即 hGH 基因。

将得到的 hGH 基因插进消除四环素基因启动子并携有 LacUR-5 启动子的质粒中，通过转化引入大肠杆菌内，在含有四环素的培养基上选择转化子。此时，四环素结构基因没有自身的启动子，必须借助于 Lac 启动子，而 hGH 基因又恰恰插在 Lac 启动子与四环素结构基因之间。所以，选出的转化子必然有 hGH 基因的大量转录。每个菌体细胞内可产生186 000个 hGH 分子。

7.4.3 生长激素释放抑制因子基因工程

生长激素释放抑制因子（somatostation）来自哺乳动物的下丘脑。它的功能主要是抑制生长素、胰岛素、胰高血糖素等多种激素的产生，因而可以被用于治疗肢端肥大症、胰腺炎、糖尿病等。传统生产的生长激素释放抑制因子是从动物的脑中提取出来的，不仅量少，制备困难，而且成本极高，价格昂贵。如果改用基因工程生产生长激素释放抑制因子，可以极大地降低成本，提高效率，以满足社会上的需要。1977 年，人们将人工合成的生长激素释放抑制因子基因转进大肠杆菌细胞内，并得到了基因产物，这是人类首次实现了真核基因在原核细胞中的表达。

7.4.3.1 生长激素释放抑制因子基因的化学合成

生长激素释放抑制因子是一个分子质量很小的、由 14 个氨基酸组成的多肽。根据它的氨基酸序列及遗传密码的简并性，1977 年，人们用亚磷酸三酯法化学合成了生长激素释放抑制因子基因。在合成过程中，人们选取大肠杆菌使用频率较高的密码子，先合成了 8 个脱氧寡核苷酸片段，然后通过 T4 DNA 连接酶的连接而构成"人造基因"。同时，在 5′端安排了起始密码子与 EcoRⅠ黏性末端。在 3′端连接了两个终止密码子与一个 BamHⅠ黏性末端，以便转录的起止以及与载体的重组。

7.4.3.2 载体的构建

要使生长激素释放抑制因子人造基因在大肠杆菌内表达，就需要有适宜的载体。人们以 pBR322 为基础构建了一个强表达载体。

在组建新载体过程中，人们用 EcoRⅠ切割 pBR322，然后与大肠杆菌的 Lac 强启动子、操纵基因、核糖体结合位点、β-半乳糖苷酶结构基因前 7 个密码子连接起来，之后，再用 EcoRⅠ切割、S1 核酸酶处理，此时已除去了两个 EcoRⅠ切点中的一个，通过 T4 DNA 连接酶的连接就构建了一个较为适宜的新载体 pBH20。

7.4.3.3 生长激素释放抑制因子基因的表达

将得到的 pBH20 用 EcoRⅠ和 BamHⅠ消化，可以得到大，小两个片段，弃去小片段，保留大片段，并用碱性磷酸酶处理大片段。将处理后的大片段与人工合成的生长激素释放抑制因子基因连接起来，成为重组 DNA 分子 pSomⅠ。

pSomⅠ还不能直接付诸应用，因为人造基因在宿主细胞内的表达产物常被内源性蛋白酶水解，因而仍需继续进行改建工作。将 pSomⅠ和 pBR322 经 EcoRⅠ和 PstⅠ酶解，在各自得到的两个片段中，用 pSomⅠ的 EcoRⅠ-PstⅠ大片段与 pBR322 的 EcoRⅠ-PstⅠ小片段重新连接，成为重组 DNA 分子 pSomⅡ。

继续用 EcoRⅠ处理 pSomⅡ与携带乳糖操纵子的调控区、β-半乳糖苷酶结构基因的噬菌体 γplac5，通过 T4 DNA 连接酶的连接作用，构建成 DNA 重组分子 pSomⅡ-3。然后将 pSomⅡ-3 转化 E. coli，由于重组分子含有氨苄青霉素抗性与乳糖发酵标记，因而易于选择转化子，并且获得 pSomⅡ-3 克隆。人工合成基因的产物，是一种 β-半乳糖苷酶与生长激素释放抑制因子连在一起的、不能被细胞内源性酶消化的融合蛋白，最后经溴化氰处理细胞培养液，消除第一个密码子编码的氨基酸，即得到完整的生长激素释放抑制因子肽链。

7.4.4 胰岛素基因工程

胰岛素来自胰腺的胰岛细胞，它的功能主要是调节糖代谢，因而可以用于治疗糖尿病。1978 年实现了胰岛素基因在大肠杆菌内表达，1982 年其被准许生产并投放市场。

7.4.4.1 胰岛素基因的取得

胰岛素原前体（pre-proinsulin）由 A 肽链、B 肽链、C 肽链和前肽组成，去掉前肽为胰岛素原。如果再切除 C 肽链，而只有 A 肽链与 B 肽链，就构成了成熟的胰岛素。人胰岛素原由 86 个氨基酸组成，其中 A 肽链有 21 个氨基酸；B 肽链有 30 个氨基酸，C 肽链有 35 个氨基酸（图 7-1）。鼠胰岛素原与人胰岛素原基因有 14 个三体密码的差别。鼠胰岛素原前体是从胰岛瘤（insulinoma）中提取的 mRNA，经反转录酶的催化合成 cDNA，再复制成双链 cDNA。而人的胰岛素 DNA 则是用化学合成法合成编码 A 肽链的 DNA 片段与编码 B 肽链的 DNA 片段。

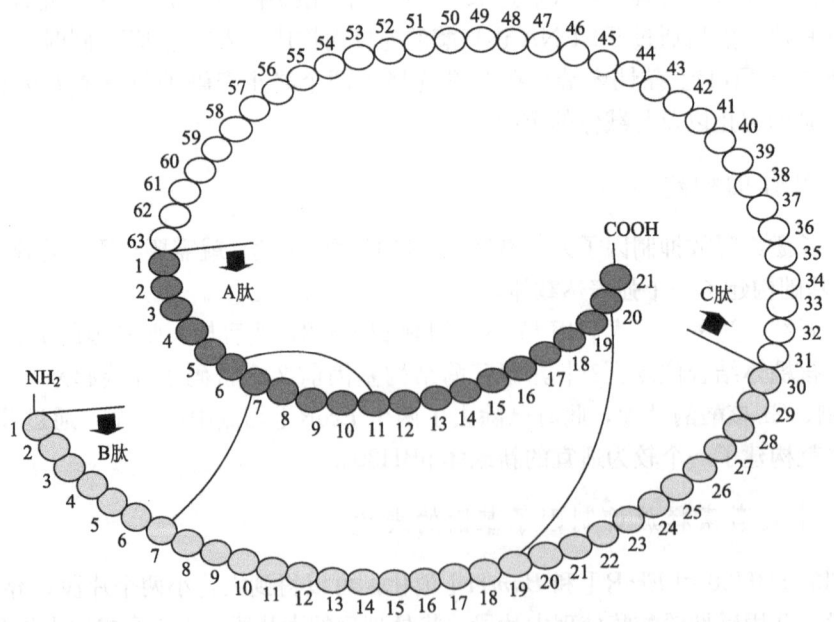

图 7-1　胰岛素原的结构（引自常重杰等，2003）

7.4.4.2 胰岛素基因克隆

经反转录而制备的鼠胰岛素原 cDNA，通过末端转移酶的作用，在其末端的 3′端接上多聚 G 尾（polyG）。同时，用 $Pst\mathrm{I}$ 切割 pBR322 中编码 β-内酰胺酶的 Amp^r，在其 3′端接上多聚 C 尾（polyC）。然后，把鼠胰岛素原 cDNA 与限制性酶切割的 pBR322 用 T4 DNA 连接酶连接重组，转化大肠杆菌内克隆。

人的胰岛素 DNA 是将编码 A 肽的 DNA 片段与编码 B 肽的 DNA 片段分别与 pBR322 重组，通过对大肠杆菌的转化而进行克隆。

7.4.4.3 胰岛素基因的表达

为使鼠胰岛素原基因更好地在宿主细胞内得到表达，启动子的选用与 SD 序列的存在是必需的。启动子选用了 P_L，它是可调节的强启动子。鼠胰岛素原基因就位于它的下游，可以通过温度的调节提高目标基因的表达。例如，温度敏感的阻遏物基因在 31℃时有活性，鼠胰岛素原基因不转录；而在 38℃时，阻遏物基因无活性，鼠胰岛素原基因在 P_L 启动子的启动下，高效率地翻译，使蛋白质的产量可达宿主细菌总蛋白质含量的 10%。基因产物为融合蛋白，在 β-内酰胺酶信号肽的引导下，穿过胞膜，分泌到细胞外。

人胰岛素基因的克隆，则利用了 β-半乳糖苷酶启动子，则宿主细胞的表达产物融合蛋白分别是 β-半乳糖苷酶-A 肽、β-半乳糖苷酶-B 肽，经溴化氰处理后，可以得到 A 肽与 B 肽，通过双硫键的结合，即成为成熟的人胰岛素分子（图 7-2）。

7.4.5 α-淀粉酶基因工程

α-淀粉酶普遍应用于食品、酿造、轻纺、造纸、制药等工业中，用传统的诱变育种法筛选高产菌株，已远不能满足工业化生产的需求。20 世纪 70 年代中期新开发了一个新酶种即热稳定 α-淀粉酶，已逐步取代了现行的中温 α-淀粉酶。产生热稳定 α-淀粉酶的微生物较多，如地衣芽孢杆菌（*Bacillus licheniformis*）、枯草芽孢杆菌（*Bacillus subtilis*）、嗜热脂肪芽孢杆菌（*Bacillus stearothermophilus*）等，但是，自然产率很低。通过基因工程手段，将地衣芽孢杆菌的热稳定 α-淀粉酶基因转移到枯草杆菌中，可以显著提高酶的产量。

7.4.5.1 α-淀粉酶基因

1983 年，Maria 首次对枯草芽孢杆菌的 α-淀粉酶基因进行了序列分析，揭示了 α-淀粉酶基因的分子结构。

在 α-淀粉酶基因序列中，有 3 个核糖体结合区域。第一个位于 420nt 附近，该区具有枯草芽孢杆菌 16S rDNA 的同源序列；第二个位于 440nt 附近，起始密码是 ATG，终止密码是 TAA；第三个位于 490nt 附近，起始密码是 ATG，转录合成 α-淀粉酶模板 mRNA。α-淀粉酶基因前的几个区域与 Sigma55 聚合酶识别位点具有同源序列，终止信号下游有两个对转录终止起作用的反向重复结构。

在 α-淀粉酶基因的两端，分别连接两个衣霉素抗性基因，酶基因 5′端上游 tmrA 具有超过量产生 α-淀粉酶的功能，酶基因 3′端下游的 tmrB 则无影响。

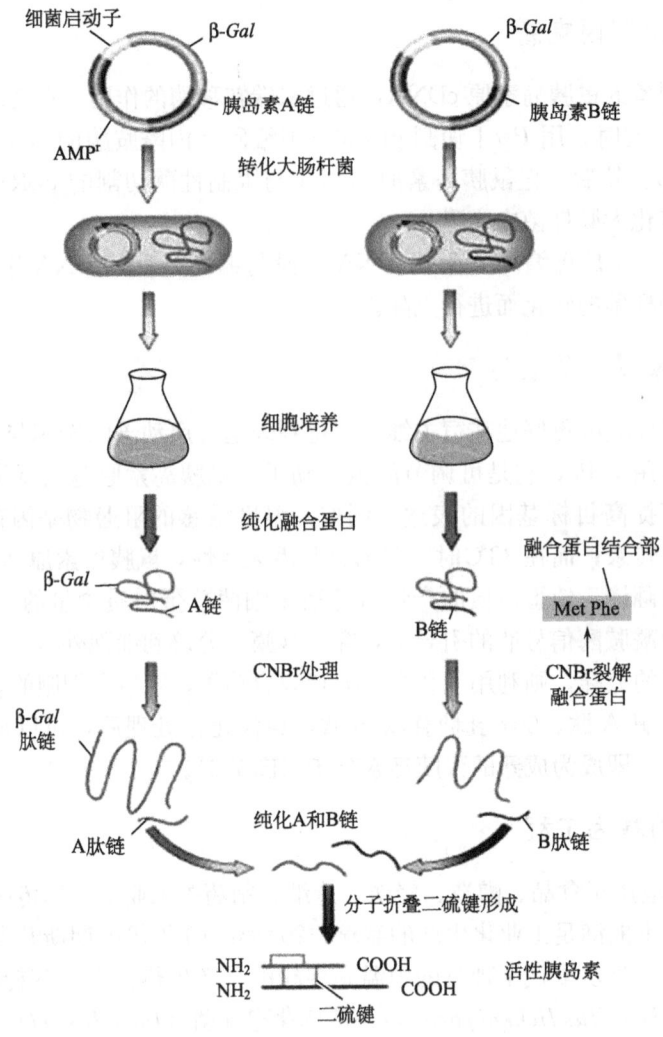

图 7-2 基因工程胰岛素生产流程（引自常重杰等，2003）

7.4.5.2 α-淀粉酶基因的表达

曾使用了 3 种有效方法对 α-淀粉酶基因进行表达。一是"鸟枪法"（shot-gun）；二是重组获救法；三是前噬菌体转化法。①"鸟枪法"是先建立基因文库，然后从库中再筛选出目标基因，应用这种方法得到了枯草杆菌的 α-淀粉酶基因片段，产生的 α-淀粉酶为野生型的 2500 倍。②重组获救法是用携带目标基因的重组质粒载体与受体细胞中的原有质粒载体发生同源重组，产生具有活性的、含有目标基因的质粒载体，通过转化，移入受体细胞中克隆，应用这种方法成功克隆了地衣芽孢杆菌高温 α-淀粉酶基因，提高转化频率 100~1000 倍。③前噬菌体转化法是将目标基因借助前噬菌体通过转化而引入受体细胞内，枯草芽孢杆菌的α-淀粉酶基因与 AroI 连锁通过噬菌体的共转导，频率可达 85%，而仅以 DNA 的共转化，频率为 33%。由此可见，利用噬菌体共转导可以使转化频率显著提高。用此法还可构建基因文库，然后再分出目标基因。我国科技工作者构建了地衣芽孢杆菌的基因文库，从中分离出热稳定 α-淀粉酶基因片段，产生了 α-淀粉酶，酶活性提高了近 600 倍。

7.5 目的蛋白的纯化

利用上面讲述的技术可以高效地把基因的碱基序列转化为基因编码的多肽序列。接下来的工作就是如何从宿主细胞成千上万的天然蛋白质中分离出目的蛋白。许多蛋白质有着相似的分子特性。对大肠杆菌细胞进行分离分辨率非常高的二维凝胶电泳结果表明，由于分子的大小和所带电荷的不同，凝胶图谱上出现大量的单个蛋白质。这些蛋白质的平均分子质量为 40~80kDa，平均等电点为 pI 6~8。传统的分离技术需要了解蛋白质的分子特征，如蛋白质的大小（凝胶过滤层析）、电荷（离子交换色谱）或它们的疏水性程度（疏水相互作用色谱法）等。但这些技术在分离类似的蛋白质时并不十分有效。因此，重组目的蛋白往往很难净化，为了达到较高水平的纯度，需要进行多步色谱层析，而且耗费大量的时间。当然，纯度要求取决于蛋白质的用途：许多酶促反应仅需细胞的粗制裂解液即可，无需纯化；然而对于结构生物学来说，就要求蛋白质具有极高的纯度。因此，如果我们能够给目的蛋白添加独特的性质，就可以据此把它与其他宿主蛋白分离开来。蛋白质纯化标签是一段独特的蛋白质序列，与特定分子具有高度特异的亲和力，使靶蛋白能够结合到固相支持物（通常是柱层析），而其余的杂蛋白质几乎不可能结合到相同的分子上。从宿主细胞纯化带标签的目的蛋白需要4个步骤：宿主细胞裂解，带标签的蛋白质与亲和层析柱充分结合，充分洗柱、去除无标记的蛋白质，最后洗脱标签蛋白本身。理想的情况下，标签序列应该使重组蛋白与层析柱具有高亲和力和高特异性，同时标签和层析柱之间的结合也使蛋白质能够在温和条件下洗脱。此外，标签不应该干扰重组蛋白的正常功能。除了下面将要讲述的几个标签之外，其他常用蛋白质标签列入表7-1。

表 7-1 常用的蛋白质标签

标签	序列	来源	用途	备注
FLAG	DYKDDDDK	噬菌体 T7 基因 10 先导肽	纯化、Western blot	应用高亲和性抗体
S-tag	KETAAAKFER QH-MDS	牛胰核糖核酸酶 A 切割枯草杆菌	纯化、Western blot	与核酸酶 S 高度亲和结合
Trx	硫氧还蛋白	大肠杆菌 trxA 基因	增加融合蛋白的稳定性	稳定部分蛋白质并有助于其折叠
NusA	转录延伸因子	大肠杆菌 nusA 基因	增加融合蛋白的稳定性	增加融合蛋白的可溶性
HA	YPYDVPDYA	流感嗜血杆菌	Western blot	应用高亲和性抗体
Myc	EQKLISEEDL	人 c-myc 蛋白	Western blot	应用高亲和性抗体

7.5.1 组氨酸标签

组氨酸标签是所有蛋白质纯化标签中最简单的，通常由 6 个组氨酸残基组成。把 6 个连续的组氨酸残基的 DNA 添加到靶基因的适当位置即可，无论是位于氨基端或羧基端，它一般不影响蛋白质的功能。组氨酸以非共价键与某些金属离子具有较高的亲和力。在所谓固定化金属离子亲和层析（immobilized metal ion affinity chromatography，IMAC）技术中，金属离子（如镍）结合到树脂基质上，用来捕捉组蛋白标签蛋白。在最常用的树脂上具有 4 个配位,可以非常紧密地结合一个单一的镍离子;在溶液中,与连续组氨酸残基侧链上的咪唑环紧密结合。为了保证目的蛋白能够与层析柱紧密结合,至少需要 6 个组氨酸残基。绝大多数宿主蛋白没有这样的结构。图 7-3 表示从大肠杆菌中分离纯化组氨酸标签蛋白的过程和原理。含有诱导表达载体的大肠杆菌细胞生长并诱导产生标记的目的蛋白。这些细胞裂解后,离心去除不溶的细胞碎片。上清液用于与 Ni^{2+}-NTA 柱的吸附结合。用低浓度咪唑洗涤层析柱,将亲和力较低的杂蛋白从柱子中洗掉,而富含组氨酸的蛋白质保留下来。最后,增加咪唑的浓度,洗脱标签蛋白。这种方法保证了通过仅仅一步操作就可产生非常纯净的目的蛋白。这种方法适合于从细菌、酵母、杆状病毒以及哺乳动物细胞中分离目的蛋白。组氨酸标签较小,这意味着含标签的重组蛋白与没有标签的蛋白质具有相同的生物学活性。在某些情况下,具标签的蛋白质甚至比未标记蛋白的生物活性更高。一些含组氨酸标签的蛋白质已经被制成结晶。标签的免疫原性也较低,因此包含标签的重组蛋白可以用来产生抗体。有一些报道称标签序列改变了蛋白质的功能。组氨酸标签的另外一个优势是在蛋白质变性的条件下可以进行蛋白质纯化。组氨酸残基和金属离子的相互作用不需要任何特殊的蛋白质,即便是蛋白质变性剂含量极高时依然能够进行。这一特性对于不溶性蛋白的分离纯化尤其重要。

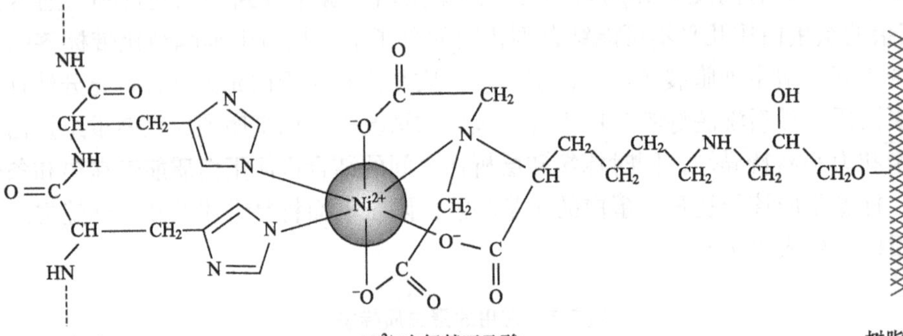

图 7-3 组氨酸标签的蛋白质与 Ni^{2+}-NTA 树脂的结合(引自 Richard,2003)

7.5.2 GST-标签

谷胱甘肽-S-转移酶(GST)是一个酶家族,参与细胞对外源性化合物的防御。它们催化谷胱甘肽结合到电化合物上,增加在水中的溶解度,促进其后续酶降解(图 7-4)。目前使用的该酶是从扁形动物门寄生血吸虫 *Schistosoma japonicum* 中分离到的,是 26kDa 的二聚体蛋白。谷胱甘肽是由谷氨酸、半胱氨酸和甘氨酸组成的三肽。GST 与谷胱甘肽具有很高的亲和力。把这种蛋白质的基因以正确的可读框与靶基因重组在一起,利用表达载体生产出融合蛋白。宿主细胞裂解后,可溶性蛋白与结合有谷胱甘肽的层析柱结合(如谷胱甘肽琼脂糖)。GST 和谷胱甘肽紧密结合,使融合蛋白结合到层析柱上,而宿主蛋白的大部分都无法结合。利用高浓度的谷胱甘肽洗涤可以洗脱融合蛋白。GST 的大分子质量及其二聚体的性质意味着这种标签与组氨酸标签相比可能影响目的蛋白的生物活性。因此,在研究目的蛋白的活性时需要删除融合蛋白的 GST 部分。在表达载体 DNA 中,GST 和靶基因之间设计一个特定的蛋白酶裂解位点序列。纯化的融合蛋白用相应的蛋白酶处理将导致目的蛋白和 GST 分开。GST 可以通过柱层析去除,因为 GST 可以与柱结合,目的蛋白则不能。收集洗脱液获得纯化目的蛋白质（图7-4）。

与限制性内切酶切割DNA不同，许多蛋白酶对其切割位点序列的要求并不绝对。例如，蛋白酶Xa因子的首选裂解位点是Ile-Glu-Gly-Arg之后的精氨酸残基。然而，它有时会在其他碱性残基处进行切割，这取决于蛋白质底物的构象和一些二级结构。因此，蛋白酶不仅可切割标签和目的蛋白之间的位点，也可能切割靶蛋白本身。显然，必须避免其发生以保持靶蛋白的完整性。其他蛋白酶如TEV和PreScission蛋白酶，具有更大和更特异的识别序列，不太可能在其他位点切割蛋白质。TEV蛋白酶使在大肠杆菌中融合表达外源蛋白的优势更加明显。

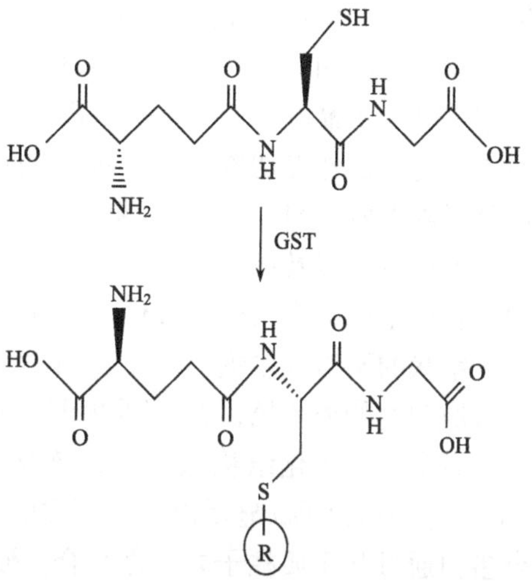

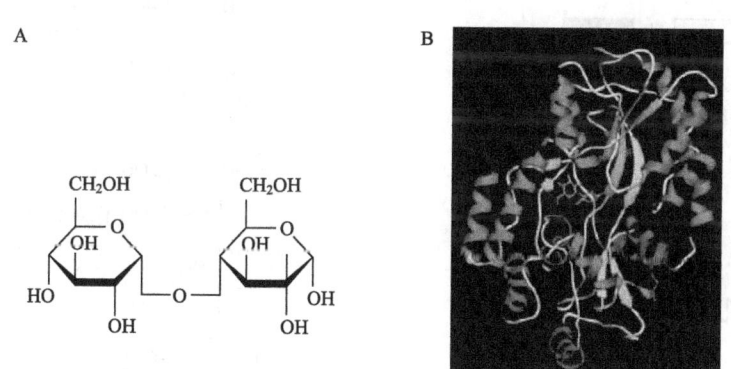

图7-4 谷胱甘肽的化学结构及其结合电化合物后的变化（引自Richard，2003）

7.5.3 MBP标签

从大肠杆菌*malE*基因编码麦芽糖结合蛋白（MBP），在表达载体中把靶基因插入该基因的下游，可以生产MBP融合蛋白。麦芽糖是两个葡萄糖分子组成的糖（图7-5）。大肠杆菌中，MBP是一个40kDa的单体蛋白，是麦芽糖/麦芽糊精系统的组成成分，负责葡萄糖聚合物的吸收和高效代谢。蛋白质结合麦芽糖后发生构象变化，形成一个稳定的复合物。MBP与交联淀粉具有高度的亲和力，可以实现融合蛋白的一步纯化。10mmol/L麦芽糖可以洗脱结合在直链淀粉上的融合蛋白。

图7-5 MBP标签蛋白的纯化（引自Richard，2003）
A. 麦芽糖的结构；B. BMP麦芽糖复合物的三维结构

7.5.4 IMPACT

内含肽介导的纯化与亲和几丁质结合标签（intein mediated purification with an affinity chitin binding tag，IMPACT）技术巧妙地利用了蛋白质内含肽自我切除的特性，去除标签序列，利用层析技术一步产生纯的蛋白质（图7-6）。内含子是一类蛋白质，发现于各种各样的生物体中，具有从一个前体蛋白中自我切割并使外显肽连接的作用。切除的内含肽是一个位点特定的 DNA 内切酶，催化其自身的 DNA 编码序列的移动。多肽裂解和连接过程依赖于具体化合物如硫醇和保守天冬酰胺残基。大多数内含肽的氨基末端是半胱氨酸残基，其羧基末端是天冬酰胺。剪接反应所需所有信息位于内含子本身，如果把这些序列放置在目的蛋白中，它们仍然能切除自己。剪接的机制是复杂的，但反应很有效。IMPACT 表达系统利用酵母内含肽 VMA1，其 C 端的天冬酰胺突变为丙氨酸。这种突变防止内含肽的羧基端发生裂解反应，以及捕获硫酯蛋白，用 β-巯基乙醇或二硫苏糖醇（DTT）从中切割出目的蛋白。目标基因克隆入表达载体，形成目的蛋白-内含肽-几丁质三组分融合蛋白。几丁质是一种纤维状的不溶性多糖，由 β-1，4-N-乙酰-D-氨基葡萄糖组成，发现于真菌和藻类的细胞壁及节肢动物的外骨骼。几丁质酶催化水解几丁质。环状芽孢杆菌中该酶由 3 个结构域组成——氨基末端催化结构域、纤维连接蛋白Ⅲ型域的串联重复和羧基端的几丁质结合域（CBD）。分离的 CBD 显示出与几丁质的高亲和力。在 IMPACT 系统，在大肠杆菌中合成的融合蛋白通过几丁质柱子并与之结合。使用含有硫醇的化合物，如 DTT 等可以把蛋白质切割下来（图 7-6）。用这种方法生产的目的蛋白是天然蛋白质，仅仅是羧基末端附着有 DTT 硫酯。硫酯不稳定会自发水解产生天然蛋白质。其他硫醇如 β-巯基乙醇和半胱氨酸也可以用于启动切割过程。半胱氨酸诱导切割的结果是在切割多肽的羧基末端插入一个半胱氨酸残基。半胱氨酸可以进行放射性标记、荧光探针、其他标记或其他化学修饰。

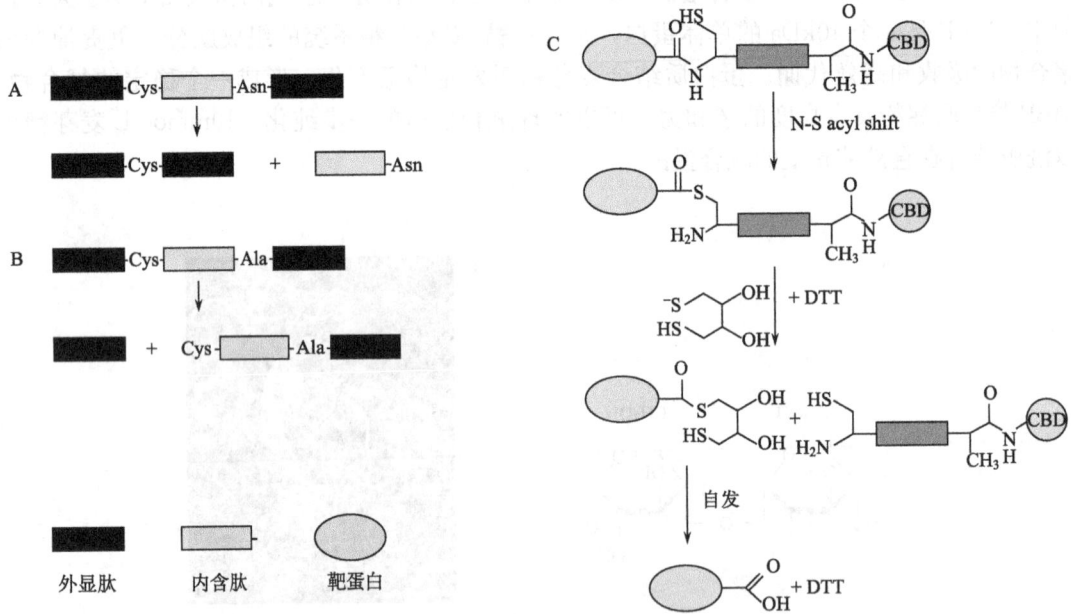

图 7-6　IMPACT 系统对标签蛋白的纯化和随后去除标签（引自 Richard，2003）

A. 内含肽和外显肽的连接，其氨基酸和多肽序列的加入；B. 内含子的突变形式，丙氨酸取代天冬氨酸，导致部分切割，仅产生氨基末端多肽；C. 内含肽几丁质结合域（CBD）的标签切割目的蛋白质

7.5.5　TAP-标签

大多数蛋白质在细胞内并不是单独存在的，它们通过非共价键与多种其他蛋白质结合在一起形成复合体，并影响其功能。单一蛋白质的过量合成并不引起复合体中其他蛋白质合成

量的增加。因此，为了从细胞中分离复合物，蛋白质的生产应尽可能接近自然状态。把编码所谓串联亲和标签（tandem affinity purification tag，TAP-tag）的 DNA 克隆到靶基因的 3′端，尽可能减小其对转录产生的干扰。融合蛋白与野生型靶蛋白的生产量相同。TAP 标签编码两个纯化因子——钙调蛋白质结合肽和黄色葡萄球菌蛋白质 A。TEV 蛋白酶可以切除这个标签。对含标签蛋白的细胞进行缓慢裂解，然后添加到具有 IgG 的柱中，蛋白质 A 与 IgG 具有高度的亲和性。使用 TEV 蛋白酶可以把融合蛋白及其相关蛋白质从柱子上切割下来，然后直接进入钙调蛋白珠柱中，使用螯合剂 EDTA 进行洗脱。两步净化过程是高度特异的，可以分离出无污染的蛋白质复合物。TAP 标签使得人们能够从较少数量的细胞中快速纯化蛋白质复合物，而无需事先了解其成分、活性或功能。结合质谱，TAP 标签也可用于鉴定与靶蛋白相互作用的目的蛋白。

思考题

1. 试述原核细胞基因的表达特点及调控方式。
2. 外源基因在不同原核表达系统中的表达方式有何特点？
3. 根据原核细胞的表达特点，试述如何提高外源蛋白的表达效率。

参考文献

常重杰，杜启艳. 2003. 基因工程原理与应用. 北京：中国环境科学出版社
李立家，肖庚富. 2004. 基因工程. 北京：科学出版社
楼士林，杨盛昌，龙敏南等. 2002. 基因工程. 北京：科学出版社
马建岗. 2007. 基因工程学原理. 2 版. 西安：西安交通大学出版社
彭银祥，李勃，陈红星等. 2007. 基因工程. 武汉：华中科技大学出版社
吴建平. 2005. 简明基因工程与应用. 北京：科学出版社
杨汝德. 2006. 基因工程. 广州：华南理工大学出版社
张惠展. 1999. 基因工程概论. 上海：华东理工大学出版社
Richard J R. 2003. Analysis of Genes and Genomes. Chichester：John Wiley & Sons，Ltd

第8章 外源基因的真核表达系统

真核细胞（如哺乳动物培养细胞）表达系统对于生产生理活性物质的生物制药领域来说更具有重要意义。真核细胞表达系统可以分为两类：一类是采用病毒载体的表达系统，另一类是转染 DNA 的表达系统。真核细胞表达系统相对于原核表达系统有许多优点，外源基因可以在酵母、昆虫、哺乳动物细胞中实现表达。但目前利用真核细胞表达系统表达外源基因还存在一些问题，如外源基因导入效率偏低、无法有效控制外源基因整合的位置和拷贝数等。相信随着人类对于真核基因表达的分子机理了解的进一步深入，克隆基因表达的成功实例一定会越来越多。

8.1 真核细胞表达体系的特点

在原核细胞（如大肠杆菌）系统中表达真核基因合成真核蛋白质往往存在两个主要问题：其一是原核细胞对真核生物活性蛋白，特别是具有生物学功能的膜蛋白或分泌性蛋白，不能进行有效的翻译后加工，包括二硫键形成、糖基化、磷酸化、寡聚体形成及由特异性蛋白酶裂解等，因而无法生产出名副其实的真核生物活性蛋白；其二是在原核细胞中合成的真核蛋白比活性都很低，这可能与蛋白质的折叠方式不正确或折叠效率低下有关。

鉴于上述原因，发展真核细胞（如哺乳动物培养细胞）表达系统就显得很有必要，尤其是对于生产生理活性物质的生物制药领域来说更具有重要意义。

真核细胞表达系统可以分为两类：一类是采用病毒载体的表达系统，另一类是转染 DNA 的表达系统。通常克隆化的目的基因必须插入适当的表达载体并在细菌中克隆和复制扩增后才转染真核细胞。用于在真核细胞中导入和表达克隆化目的基因的质粒载体经过改造后既带有与待表达基因序列 5′端和 3′端相匹配的限制酶切位点，又带有具备所需特异性的调控序列元件。

8.1.1 利用真核细胞作宿主系统的优点

真核表达载体的元件组成及结构是真核细胞高效表达外源基因的关键因素之一。利用真核细胞作宿主表达系统有以下优点。

(1) 真核细胞含有三类 RNA 聚合酶：RNA 聚合酶Ⅰ、Ⅱ和Ⅲ。RNA 聚合酶Ⅰ定位于核仁，转录产物为 rRNA；RNA 聚合酶Ⅱ定位于核质，转录产物为 hnRNA，hnRNA 经过剪接加工等成为成熟 mRNA；RNA 聚合酶Ⅲ定位于核质，转录产物为 tRNA 和 5S rRNA。

(2) 真核细胞的基因为断裂基因，由多个外显子和内含子间隔排列而成，基因组庞大，结构复杂，具大量非编码序列；各种生物体 mRNA 丰度不同；染色质、核膜、线粒体等基因表达调控多样；没有操纵子结构。

(3) 真核细胞具有一系列剪切酶，能够识别和除去外源基因中的内含子，剪接加工形成成熟的 mRNA。也就是说，含有内含子的天然基因在真核细胞中是可以利用的，这是原核细胞办不到的,它不像原核细胞表达体系那样必须从 mRNA 制备 cDNA。

(4) 真核细胞可以将克隆基因表达的蛋白质进行糖基化等加工修饰,而大肠杆菌表达的蛋白质是没有糖基化的,糖基化对某些表达蛋白质的免疫原性影响很大,有利于保持或提高目的蛋白的免疫原性。

(5) 真核基因在真核细胞中表达时,其 SD 序列与细胞核糖体 RNA (rRNA) 16S 亚基 3′端的互补程度较高,对翻译水平的调节有利。

真核细胞作为宿主表达系统尚存在以下几个问题。

(1) 选择标记及选择系统只有少数几个;

(2) 外源基因导入真核细胞效率(转化率)较低,一般只有 $10^{-6} \sim 10^{-4}$;

(3) 外源基因转移并整合到细胞染色体 DNA 上带有一定的自发性和盲目性,整合的拷贝数和位置都还不能控制;

(4) 细胞培养及细胞的筛选要求比较高,手续繁琐费时,细胞大量培养还有不少问题,而且成本较高。

8.2 酵母表达系统

酵母(yeast)是一类以芽殖或裂殖进行无性繁殖的单细胞真核生物,是外源基因最理想的真核生物基因表达系统,具有如下优点:①基因表达调控机制研究得比较清楚;②遗传操作相对简便;③具有原核生物所不具备的蛋白质翻译后加工和修饰系统;④可将外源基因表达产物分泌到培养基中;⑤不含毒素和特异性病毒,对人体和环境安全;⑥可进行大规模的发酵,发酵工艺简单而成熟,成本低廉。

8.2.1 酵母基因表达载体的构成

酵母克隆和表达载体是由酵母野生型质粒、原核生物质粒载体上的功能基因(如抗性基因、复制子等)和宿主染色体 DNA 上自主复制子结构(ARS)、中心粒序列(CEN)、端粒序列(TEL)等一起构建而成的。酵母基因表达系统的载体一般是一种穿梭质粒,能在酵母菌和大肠杆菌中进行复制。酵母菌表达载体主要由下列重要元件组成。

(1) DNA 复制起始区。酵母表达载体包含两类复制起始序列,一类是在大肠杆菌中进行复制的复制起始序列,一类是在酵母菌中引导进行自主复制的序列。在酵母中自主复制的序列来自酵母菌的天然 2μ 质粒复制起始区或酵母基因组中的自主复制序列。该序列使得表达载体在每个细胞分裂周期的 S 期自主复制一次,它由 11 个核苷酸组成:5′ (A/T) TT-TATPTTT (A/T) 3′。在自主复制序列的下游还有一个序列区,为 DNA 复制起始复合物的形成提供结合位点。这两个序列区共同组成 DNA 复制起始区。

(2) 选择标记。酵母表达载体所采用的选择标记有两类,一类是营养缺陷型选择标记,它与宿主的基因型有关。宿主为营养缺陷型,表达载体提供其代谢途径所必需的相应的基因产物。另一类是显性选择标记,如 G418 和 cycloheximide 等,它的特点是可以用于各种类型的宿主细胞并提供直观的选择标记。

(3) 有丝分裂稳定区。酵母表达载体不同于原核生物的质粒载体,它在细胞内的拷贝数较低,但分子质量较大,相当于微型染色体。因此,如何保证表达载体在宿主细胞分裂时平均地分配到子细胞中去尤为重要。酵母表达载体上有丝分裂稳定区决定载体在子细胞中的分配，它来源于酵母染色体的着丝粒（centromere）片段。

（4）表达盒。表达盒是酵母表达载体的重要元件，它由启动子、分泌信号序列和终止子等组成。酵母基因启动子的长度一般为1~2kb，在启动子的上游含有各种调控序列，如上游激活序列（upstream activating sequence，UAS）、上游阻遏序列（upstream repression sequence，URS）和组成型启动子序列等。在启动子的下游存在转录的起始位点和TATA序列。TATA序列可被转录因子蛋白识别、结合并形成转录起始复合物。分泌信号序列是前体蛋白N端一段长为17~30个氨基酸残基的分泌信号肽编码区，主要功能是引导分泌蛋白从细胞内转移到细胞外，并对蛋白质翻译后的加工起重要作用。分泌信号序列一般来自酵母本身分泌蛋白的信号序列，常用的有α因子前导肽序列、蔗糖酶和酸性磷酸酯酶的信号肽序列。终止子是决定mRNA 3′端稳定性的重要结构，酵母中mRNA的3′端与高等真核生物类似，需经过前体mRNA的加工和多聚腺苷酸化反应。在酵母中这些反应都是偶联的，一般发生在基因3′端的近距离内，因而酵母基因的终止子序列相对较短。

8.2.2 酵母基因表达载体的种类

根据质粒和复制方式不同，酵母基因表达载体可分为以下几种。

8.2.2.1 自主复制型质粒载体（yeast replicating plasmid，YRP）

这类质粒是酵母的DNA片段插入到大肠杆菌质粒中构成的，载体含有酵母基因组的DNA复制起始区、选择标记和基因克隆位点等关键元件，还携带来自酵母染色体DNA的自主复制顺序（ARS）。由于YRP质粒以cccDNA（共价、闭合、环状DNA）分子形式存在，故容易从酵母中提取到。载体含有酵母基因组复制起始区，能够在酵母细胞中进行自我复制，载体的克隆位点序列来源于大肠杆菌的质粒载体如pBR322等。因为它同时含有大肠杆菌和酵母的自主复制基因，所以能在两种细胞中存在和复制。可以在两种截然不同的生物细胞中复制的载体称为穿梭载体（shuttle vector）。穿梭载体在基因工程中广泛使用。

由于许多基因操作在大肠杆菌中更为方便，这样人们可以利用穿梭载体先在大肠杆菌中进行真核基因的大量扩增，然后再通过原生质体转化引入酵母细胞进行一些真核基因的研究。图8-1显示了YRP型载体的"穿梭"作用。

图中的YRP型质粒既含有大肠杆菌的复制起始区和选择标记AMP^r，又含有酵母的复制起始区和选择标记leu2。它可以转化大肠杆菌amp^s细胞，也可以转化酵母Leu^-细胞。由两类转化子中获取的质粒DNA也能相互转化。穿梭载体的这一功能是非常好用的。

YRP型载体对酵母的转化率极高（$10^2 \sim 10^3$转化子/μg DNA），拷贝数也较高，每个细胞中的拷贝数可达200。但由于质粒载体在细胞分裂过程中不能均匀地分配到子细胞中，在供体细胞中不稳定，容易丢失，因而经过多代培养后，子

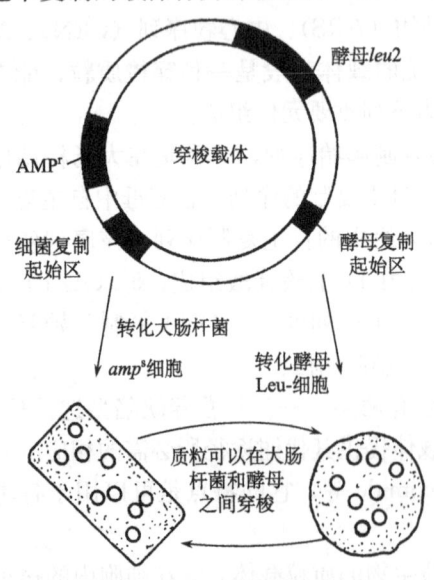

图8-1 YRP型载体在大肠杆菌和酵母中"穿梭"的模式（引自马建岗，2007）

细胞中质粒载体的拷贝数迅速减少。

8.2.2.2 整合型质粒载体（yeast integration plasmid，YIP）

该类质粒由大肠杆菌质粒和酵母的 DNA 片段构成，如 pYeleu10 由 ColEl 质粒和酵母 DNA 提供的亮氨酸（Leu2$^+$）片段构成。由于 $leu2^+$ 基因片段不含自主复制起始区，只作为选择标记，所以 YIP 型载体在酵母细胞中不能自主复制。但该质粒含有整合介导区，可以通过 DNA 的同源重组将外源基因整合到酵母染色体上并随染色体一起进行复制。整合型质粒与染色体 DNA 的同源重组主要有两种方式，其一是单交换整合，即在整合位点附近将外源基因整合到染色体上，由于单交换整合使染色体出现局部双拷贝同源序列，在随后的细胞分裂周期中有可能因染色体 DNA 的同源重组而将外源基因从染色体上切割下来。另一种方式是双交换整合，在质粒载体上有两个与染色体 DNA 同源的整合位点，通过与染色体 DNA 的同源重组将两个整合位点之间的染色体 DNA 片段置换下来。双交换整合可避免在整合位点附近出现重复的同源序列，因而其转化子很稳定，但双交换整合获得的转化子频率低，并且外源基因在细胞中的拷贝数低（1~10 转化子/μg DNA），但转化子稳定，多用于遗传分析研究。

8.2.2.3 着丝粒型质粒载体（yeast centromeric plasmid，YCP）

若在 YRP 质粒中插入酵母染色体的着丝粒区，就构成了 YCP 型载体。该质粒载体是在自主复制型质粒载体的基础上构建而成的，增加了酵母染色体有丝分裂稳定序列元件。由于着丝粒区的作用，这类载体在供体细胞中的行为类似于染色体，能够稳定遗传，因而能保证质粒载体在细胞分裂时平均地分配到子细胞中去，同时提高质粒在宿主细胞中的稳定性。由于 DNA 的复制受到限制，细胞中质粒载体的拷贝数远不如自主复制性质粒载体，通常只有 1 或 2 个。与 YRP 载体相反，由供体细胞重新获得 YCP 质粒是困难的。

8.2.2.4 附加体型载体（YEP）

附加体型载体一般由大肠杆菌质粒、2μm 质粒以及酵母染色体的选择标记构成。2μm 质粒是酿酒酵母含有的一个长度为 2μm 的内源质粒，它的 DNA 分子通常与蛋白质结合构成复合物，存在于核区。2μm 质粒含有自主复制起始区（ori）和 STB 区，STB 序列能够使质粒在供体细胞中维持稳定。利用 2μm 质粒，人们已经构建出许多 YEP 型载体。

YEP 型载体 pYF92 就是由酵母的 2μm 质粒、pBR322 质粒和酵母的 $his3^+$（组氨酸）基因构成的，其结构见图 8-2。

pYF92 载体只有 Sal I、Xho I 和 Kpn I 3 个限制酶的单一切点。由于 Sal I 不影响 $his3^+$ 基因，一般选择 Sal I 为外源基因的克隆位点。

YEP 型载体对酵母具有很高的转化活性，一般为 $10^3 \sim 10^5$ 转化子/μg DNA，相对于 YRP 型质粒更稳定，拷贝数也很高（25~100

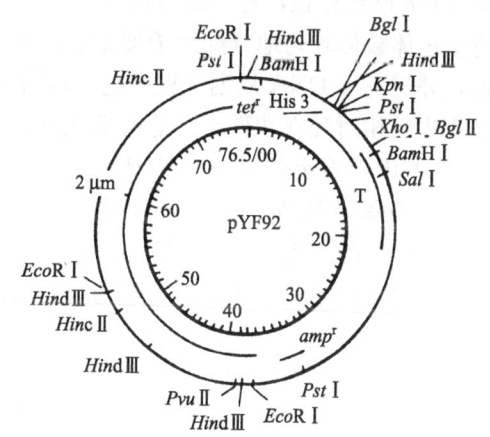

图 8-2 pYF92 的结构图谱
（引自陈宏，2004）

分子/个细胞），是基因克隆中常用的载体。

由上可以看出，在酵母中使用的克隆载体都存在着稳定性与拷贝数之间的矛盾。能够稳定遗传的（YIP、YCP）都是单拷贝；而拷贝数高的（YRP、YEP）又都不稳定。因此在基因操作中，要根据不同的使用目的进行选择和改造载体。

以上几种类型载体的共同特点是：①能在大肠杆菌中复制，并且具有较高的拷贝数，这样可使外源基因转化到酵母细胞之前先在大肠杆菌中扩增；②含有在酵母细胞中便于选择的遗传标记，这些标记一般能与大肠杆菌相应的突变体互补，如 leu2$^+$、his$^+$、ura3$^+$、trp1$^+$ 等；有些还携带有用于大肠杆菌的抗生素抗性标记；③含有合适的限制酶切割位点，以便外源基因的插入（图 8-3）。

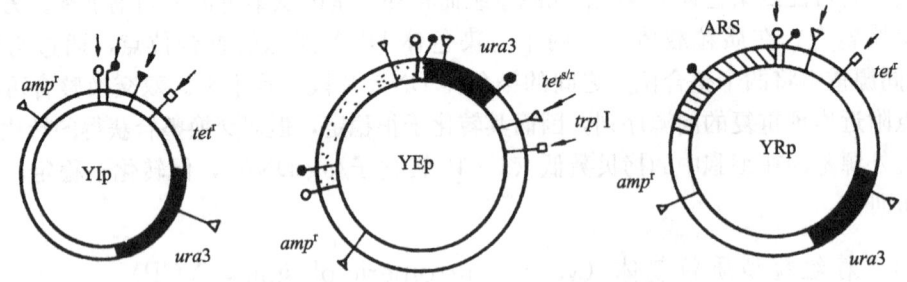

图 8-3　YIP 型、YEP 型和 YRP 型载体（引自焦炳华等，2007）

8.2.2.5　酵母人工染色体（yeast artificial chromosome，YAC）

该载体的结构根据真核的染色体基本结构所构建，是克隆大片段 DNA 的一种非常有效的载体。载体包含酵母染色体自主复制序列（autonomously replication sequence，ARS）、着丝粒序列（centromere，CEN）、端粒序列（telomere，TEL）、酵母菌选择标记基因（SUP4、TRP1 和 URA3 等），以及大肠杆菌的复制子和选择标记基因（如 AMP^r）等。YAC 是利用酵母的 TEL、ARS、CEN 构建的人工染色体，左臂 TEL、选择标记、ARS、CEN；右臂 TEL、选择标记，其基本结构如图 8-4 所示。YAC 载体在酵母细胞中以线性双链 DNA 的形式存在，每个细胞内只有单拷贝。由于 YAC 含有着丝粒，在细胞分裂过程中能将染色体载体均匀地分配到子细胞中。而端粒序列可以防止染色体载体与其他染色体相互粘连，并避免在 DNA 复制过程中造成基因的缺失，因而保证了染色体载体在细胞分裂和遗传过程中的相对独立和稳定。酵母菌选择标记基因 SUP4 编码 tRNA^{Tyr} 的赭石抑制 tRNA，在 ade2 基因赭石突变株中，SUP4 基因的表达使转化子呈白色，而非转化子或 SUP4 基因不表达时菌落呈红色。将外源基因插入到 YAC 载体的 SmaⅠ克隆位点上后，则可灭活 SUP4 基因获得红色的重组克隆子。YAC 载体可插入 200～800kb 的外源 DNA 片段，因此特别适合高等真核生物基因组的克隆与表达的研究，但减少克隆数稳定性差，不易分析。

图 8-4　酵母人工染色体的基本结构（引自彭银祥等，2007）

8.2.3 酵母基因表达系统宿主菌

酵母是一类最简单的真核生物，其生长代谢与原核生物如大肠杆菌等很相似，但在基因的表达与调控方面类似于高等的真核生物。目前，作为表达外源基因的宿主菌主要包括酿酒酵母（Saccharomyces cerevisiae）、巴斯德毕赤酵母（Pichia pastoris）、乳酸克努维酵母（Kluyveromyces lactis）和多型汉森酵母（Hansenula polymorpha）等。

8.2.3.1 酿酒酵母

酿酒酵母是最早应用于酵母基因克隆和表达的宿主菌，它具有许多宿主菌必须具备的条件，并且人类对酿酒酵母的利用有相当长的历史。目前利用酿酒酵母为宿主系统表达了多种外源基因产物，如乙型肝炎疫苗、人胰岛素、人粒细胞集落刺激因子等。但酿酒酵母在表达外源基因的过程中存在一些缺陷：在发酵过程中会产生乙醇，而乙醇在培养基中累积会影响酵母的生长代谢和基因产物的表达，尤其是进行高密度发酵时该效应更明显；在蛋白质的加工过程中会发生过度糖基化作用；酿酒酵母的分泌表达能力有待提高。

8.2.3.2 巴斯德毕赤酵母

巴斯德毕赤酵母是一种甲醇营养菌，培养基中的甲醇可诱导与甲醇代谢相关酶的高效表达，其代谢过程的乙醇氧化酶基因 AOX1 表达产物可在细胞中积累到很高的水平，表达蛋白质的总量可达细胞总蛋白质的 30%。AOX1 的启动子是一种可诱导的强启动子，利用该启动子可高效表达外源基因。目前一般选择组氨醇脱氢酶突变株作为受体细胞，利用该受体系统时可对载体上携带 his 标记基因的转化子进行筛选。此外，以 AOX1 启动子表达外源基因时须选择 AOX1 基因缺失的突变株作为受体细胞，以阻断受体菌的甲醇代谢途径，使其丧失合成阻遏物的能力。相对于酿酒酵母来说，毕赤酵母的分泌表达能力更强，即使外源基因在细胞中为单拷贝，其表达效果也较为理想。但由于人们对毕赤酵母的遗传背景了解较少，对其进行遗传改造的困难相对较大，并且利用毕赤酵母发酵周期较长。目前已有数十种重组异源蛋白质在毕赤酵母中得到表达，如乙型肝炎表面抗原、人肿瘤坏死因子、人表皮生长因子和链激酶等。

8.2.3.3 乳酸克努维酵母

乳酸克努维酵母也是一种长期被人类利用的酵母菌，在工业上用它来发酵生产 β-半乳糖苷酶，其遗传背景比较清楚。某些载体可在该酵母中稳定地保存下来，即使在没有选择压力的情况下，大部分质粒载体也不会丢失。乳酸克努维酵母可表达分泌型和非分泌型重组异源蛋白，并且其表达水平和效果高于酿酒酵母系统。由于乳酸克努维酵母在分泌表达外源重组蛋白的过程中能形成正确的蛋白质构象，因而利用该系统表达高等哺乳动物蛋白质时具有一定的优越性。目前已有多种外源蛋白在乳酸克努维酵母系统中得到表达，如人白细胞介素-1 和 β-牛凝乳酶等。

8.2.4 在酵母中高效表达外源基因的策略

1）选择合适的受体细胞系统

不同的表达载体具有不同的特异性启动子和终止子，要使外源基因在酵母中得到高效表达必须高效启动转录。因此，根据表达载体的特性选择合适的酵母受体系统尤为重要。

2) 提高表达载体在细胞中的拷贝数

外源基因在细胞中的拷贝数会影响相应 mRNA 的拷贝数，对于非整合型质粒来说，增加表达载体在细胞中的拷贝数能提高外源基因转录的 mRNA 总量。以多拷贝酵母内源性质粒为基础构建稳定的多拷贝表达载体是提高表达载体在酵母中拷贝数的一个途径。由于大量表达外源蛋白的过程不可能在选择培养基中进行，因而表达载体在没有选择压力的情况下能否稳定保持拷贝数很重要。将外源基因整合到染色体上可维持外源基因在细胞中的稳定性，然而多数情况下会因为在细胞中的拷贝数较低而影响其表达。

3) 提高外源基因转录水平

外源基因在酵母中的表达水平与所选择的启动子有关，一般在构建表达载体时插入强启动子，如酵母磷酸甘油酯激酶（PGK）基因启动子、甘油醛磷酸脱氢酶（GAPDH）基因启动子等。但有时强启动子启动外源基因转录会造成细胞中表达产物含量过高，而对细胞形成伤害。

4) 改进外源基因的结构

(1) 在翻译异源蛋白时，遗传和翻译的稳定性常受影响，如点突变等，这可通过大量的基因拷贝数解决，因为突变会被大量的正常基因覆盖掉。

(2) 翻译产物不稳定，可利用液泡蛋白酶缺陷型来解决，以防止产物降解。

(3) 翻译错误可通过对 DNA 修改来防止，如选用酵母合适的密码子以避免错误地插入 tRNA 及由于使用酵母中稀有密码子而引起的翻译中断和移位，以提高正确的产物产量。

(4) 要得到有活性的成熟产物，应选择翻译后具修饰能力的酵母及合适的载体。

(5) 生产分泌蛋白时，能够糖基化和形成二硫键，而且能在信号肽的引导下进行分泌，但用 KEX2 蛋白酶除去 α-因子的前导肽序列常不够完全，导致分泌蛋白有一个过长的氨基酸末端。这可采用氨基末端间隔序列解决。在 α-因子的前导肽序列和产物之间加一个间隔序列，这个间隔序列肽可在体外或体内用特异蛋白酶或酵母天冬氨酰蛋白酶切除。

(6) 酵母能进行 N 糖基化，但主要是甘露糖型，还会发生过糖基化，而这样的糖基化会导致潜在免疫性。改变表达宿主糖基化背景能使产生的糖蛋白符合要求，但由于每种糖蛋白糖基化都不同，因而要分别测试所要表达的各种临床中使用的糖蛋白。

(7) 蛋白质折叠和分泌。在酵母中蛋白质表达很高，如人血清白蛋白，在 *P. pastoris* 中可达 4g/L。有证据表明，有一些蛋白质分泌后是错误折叠的，滞留在内质网的腔内，就是说，通过真核生物表达路径的限制以保持正确的腔内三级结构，但对腔内蛋白质在折叠和分泌中的作用还不清楚，这将是阻碍发展酵母表达的一个难题。

8.3 昆虫或昆虫细胞表达体系

昆虫表达系统是一类应用广泛的真核表达系统，它具有同大多数高等真核生物相似的翻译后修饰、加工以及转移外源蛋白质的能力。由于昆虫及昆虫细胞来源广，管理和操作方便，又很经济，因此是值得发展开拓的基因表达体系。昆虫细胞表达系统利用昆虫细胞和杆状病毒载体表达哺乳动物细胞蛋白质。这种表达系统与其他表达系统如大肠杆菌、酵母、哺乳动物细胞等表达系统相比，具有下列明显的优点：①允许插入较大的外源基因，采用双启动子，则可以同时表达两种外源基因；②能较高水平表达不同生物来源的基因，可以实现胞内表达，也可以进行分泌性表达；③能有效地进行蛋白质翻译的加工，如糖基化、酯酰化、磷酸化；④杆状病毒具有严格的宿主细胞专一性，对脊椎动物和植物均无致病性，也不能在非宿主细胞中繁殖或发生整合，因此使用十分安全。

利用核型多角病毒（NPV）的蛋白质基因的强启动子建立的表达载体系统是极有潜力的新型表达载体系统。家蚕核型多角病毒（BmNPV）作为外源基因的表达载体，宿主范围狭窄，安全性能好；家蚕容易饲养，特别是人工饲料技术的发展，使其可以大规模无菌饲养，便于大量生产外源基因产物，而且成本低廉；其表达产物能向细胞外分泌，生物活性高。已成功地在家蚕体内表达了人干扰素等基因产品。

利用重组杆状病毒在昆虫细胞系中表达外源蛋白质是目前较为流行的表达系统，而另一类新型的昆虫细胞表达系统则是建立在对果蝇等昆虫细胞进行稳定转化的基础之上的，在稳定性和表达效率方面有着更为突出的优点。目前已经利用昆虫表达系统成功地生产了鼠源单克隆抗体、人鼠嵌合抗体、单链抗体及人单克隆抗体等多种抗体分子，还将抗体分子与尿激酶型纤溶酶原激活物等肿瘤相关蛋白进行了融合表达，这些抗体分子多数能正确组装，完成糖基化过程，具有相当的活性。

8.3.1 以重组杆状病毒为载体的昆虫表达体系

重组杆状病毒表达系统是在真核环境中高效表达外源蛋白质的有力工具。多核多角体病毒（multiple nuclear polyhedrosis virus）是使用最广泛的载体，该亚群的原型为苜蓿银纹夜蛾多核形多角体病毒（*Autographa californica* multiple nucleoplyhedrosis virus，AcMNPV），病毒基因组为共价闭合环状双链 DNA，长 80～200kb，它作为载体的优点是：①具有完整的感染性，可容纳 100kb 的外源 DNA，能克隆多个外源基因；②不依赖辅助病毒，悬浮培养的昆虫细胞可增殖到很高的滴度；③多数表达的蛋白质在昆虫体内能保持可溶状态，有利于大量分离表达蛋白；④在自然界生存短暂，可以保证生物安全；⑤由于病毒的专一性，该病毒不能感染脊椎动物细胞，其启动子在哺乳动物中是失活的，有利于表达肿瘤相关基因及潜在毒性蛋白。

AcMNPV 及组内其他成员，包括家蚕 MNPV 的特性之一是能在受感染的细胞内形成大量分子质量约 29kDa 的多角体蛋白衍生病毒（polyhedrin derived virus，PDV）包含体，PDV 可保护胶囊化的病毒避免热和干燥等外部因素的破坏，而当受感染的昆虫死后，大量的 PDV 可以作为寄主分解物释放出来。用感染了病毒的饲料饲喂昆虫幼虫时，PDV 可在昆虫的中肠溶解，释放病毒颗粒，开始下一轮侵染。尽管多角体蛋白是受感染昆虫体内含量最高的蛋白质（占总细胞总蛋白质的 30%～50%），但它并非一个必要蛋白质，可以用外源 ORF 替代多角体蛋白 ORF 来构建表达载体。这类表达载体还可以用于构建免疫分子的 cDNA文库。杆状病毒表达系统中的寄主细胞多用草地贪夜蛾（*Spodoptera frugiperda*）的 sf9、sf21 细胞系以及商品化的 High Five™ 细胞系。多数杆状病毒表达载体的构建过程大体如下：①将目的基因克隆入合适的转移载体；②用重组的转移载体和相应的野生型或改造过的野生型杆状病毒 DNA 共转染昆虫细胞；③用噬菌斑分析、分离并鉴定阳性重组体；④扩增病毒以进行大规模的蛋白质生产；⑤纯化所表达的外源蛋白。

8.3.2 杆状病毒表达系统的效率与加工能力

目前已经构建了许多种各有特色的杆状病毒载体。如图 8-5 所示，这些载体主要由核型多角病毒改建而成，在大肠杆菌的基础质粒上，插入多角体病毒的多角蛋白基因的部分DNA序列，这部分序列包括：①多角蛋白基因的启动子和它的上游序列；②多角体蛋白基因的终止序列和加多聚腺苷酸（poly A）序列；③在启动子和终止序列两侧为用于重组的杆状病毒同源序列；④多克隆位点位于启动子的下游。昆虫细胞表达载体之所以采用多角蛋白基因的启动子，是因为多角蛋白基因编码的多角蛋白占了总蛋白质很大比例，所以其启动子属于强启动子；又因为多角体蛋白基因对于病毒的复制和感染不是必需的，可以被外源基因取代。

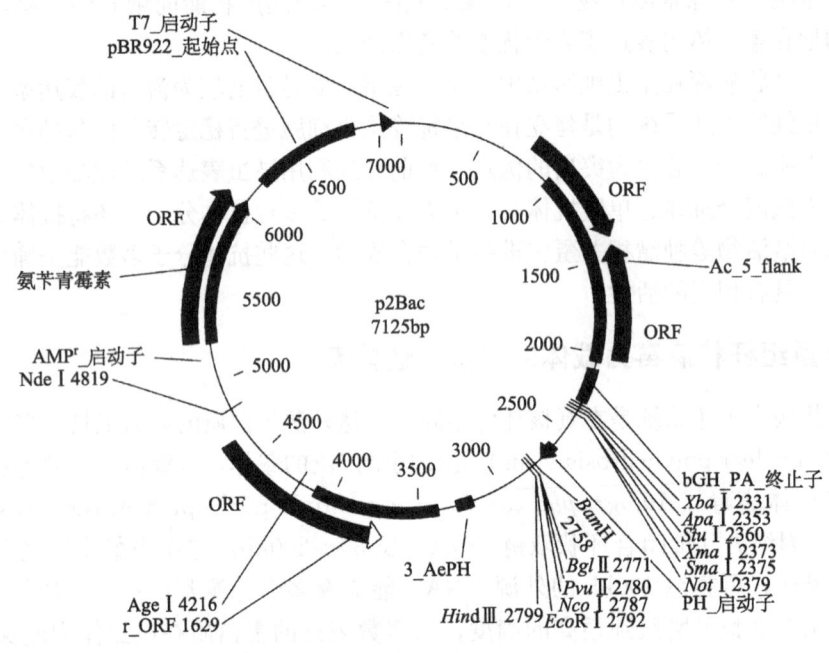

图 8-5　昆虫表达载体（引自焦炳华等，2007）

表达载体可依据所表达的是包含体还是可溶性蛋白质来分类，也可依据同时表达的蛋白质数量来分类。与6个组氨酸融合表达的蛋白质可以利用柱层析快速纯化，而与信号肽融合的蛋白质可以分泌到培养基中进行纯化。多数载体利用的都是晚期启动子P10或多角体蛋白启动子，在杆状病毒复制的极晚期，绝大多数蛋白质的合成都已终止了，仅有P10和多角体蛋白启动子仍保持活跃状态，这样就可以自然富集目的蛋白。就这两种启动子而言，它们在转录和翻译水平上的活性是相互独立的，表达强度也很接近。用荧光素酶基因取代多角体蛋白基因序列后发现，P10启动子不如多角体蛋白启动子强度高。在转染后期用2mmol/L的$CuSO_4$诱导已经克隆进杆状病毒的果蝇金属硫蛋白启动子（Mtn）能使重组病毒的数量激增，而对已经感染的细胞则无此效果，但却能延长P10和多角体蛋白表达12h。尽管昆虫表达系统有许多原核表达系统不具备的加工能力，但使用晚期启动子时，在病毒复制的末期对产物的修饰可能已经发生了变化，所以对产物蛋白质的修饰并非是完全和有效的。利用病毒前早期启动子ie1来驱动外源基因的表达可以在细胞感染后不久表达目的蛋白，在一定程度上提高了糖基化能力，使它能表达更为复杂的糖基结构，但要以表达量降低为代价。

昆虫细胞是否具有表达更高水平真核蛋白所必需的糖基化修饰能力，有许多争议。尽管在昆虫细胞内可以完成蛋白质的糖基化，但作用方式和哺乳动物却有所不同。昆虫细胞表达的乙肝病毒表面抗原蛋白不具有和从血浆中得到的蛋白质一样复杂的糖基结构；即使在昆虫和哺乳动物细胞中有相同的 N 端糖基化位点，形成的寡糖链也可能不同。重组的人纤溶酶原（血纤维蛋白溶酶原）具有复杂的糖基结构，表明昆虫细胞中存在装配与连接复杂寡糖结构的机制，且这种加工是有时间效应特点的，可以在一定条件下加以利用。

昆虫表达系统对蛋白质前体的蛋白酶切割能力方面，虽然多数哺乳动物的分泌信号肽可以在昆虫细胞中得到精确处理，但带有信号肽序列却未必能分泌成熟蛋白。昆虫细胞表达上游装有蜂毒素信号肽的单链抗体时，只获得了胞内不可溶的前体蛋白，因为杆状病毒表达系统存在对蛋白质前体分子加工能力不足的缺陷，将枯草杆菌的信号肽酶（Sips）和此单链抗体共表达后，在昆虫细胞裂解液中检测不到未经加工的前体蛋白，分泌量也有所增加。低水平的分泌表达表明对外源蛋白的后期加工（post processing）不足可能是限制表达的"瓶颈"。利用不同哺乳动物细胞表达鼠抗人肿瘤坏死因子单链抗体时，不能产生分泌表达，而在昆虫表达系统中则可以分泌表达，这在一定程度上说明，除对信号肽的处理外，其他蛋白酶切割位点的存在数量及昆虫对它们的识别能力都与高等真核生物有差异，这些都是表达活性外源蛋白的制约因素。

利用组装有包膜糖蛋白信号肽列的载体表达糖蛋白 HIV-1 gp120，能提高表达量，其中分泌表达的蛋白质占到了 70%，而常规载体的分泌表达仅有 40% 左右。昆虫表达系统中有较好的磷酸化过程，还能完成棕榈酰化和豆蔻酰化两类酰化过程。

杆状病毒表达系统每升细胞培养物能够提供 500mg 甚至 700mg 重组目的蛋白。昆虫细胞中重组蛋白的表达量在感染的后期可占总蛋白质的一半，比大肠杆菌效率要高许多。然而外源蛋白的表达还要受诸多因素的影响，高质量的培养基是获得高效表达的前提，昆虫细胞培养要求相对较高的氧浓度以及有高活性且生长在对数期的细胞。除此之外，所表达外源基因的特性也会对表达水平产生影响。抗泛癌抗原（肿瘤相关糖蛋白，TAG-72）的 scFv 自身或它与 IL-2 的融合蛋白在杆状病毒表达系统中的表达水平有显著差异。在同样条件下表达纤维蛋白稳定因子（莱洛因子，或称因子Ⅷ）时，其轻链能有效分泌到培养基中，而重链序列蛋白质则分泌效率很低，足见所表达序列的特征对表达效果影响之大。

8.3.3 一类稳定转化的昆虫表达系统

另一类表达系统建立在用适当启动子驱动外源基因对昆虫进行稳定转化（stable transformation）的基础上。寄主细胞通常来源于双翅目昆虫，一般是果蝇和蚊，包括来自果蝇的 Schneider 2 和 Kc 以及来自白纹伊蚊（*Aedes albopictus*）的 C7 等细胞系。有人将嵌合的蚕丝蛋白轻链绿色荧光蛋白（L-chain GFP）基因序列装入杆状病毒转移载体后对家蚕转化并将其定位于基因组的蚕丝蛋白轻链编码区，获得了能稳定表达 GFP 的种系，但这种方法同源重组的频率极低，不便应用。利用转座子转化昆虫是另一种重要的稳定转化方法。目前已经借助 *hermes*、*hobo*、*manner*、*piggy Bac* 等转座子完成了对果蝇、伊蚊等双翅目昆虫的稳定转化，但对鳞翅目昆虫却没有效果。利用鳞翅目昆虫转座子 *piggy Bac* 构建的衍生载体成功地对家蚕进行了种系转化，这为鳞翅目昆虫的稳定转化开辟了道路。

昆虫表达系统与大肠杆菌表达系统相比，有能对所表达的蛋白质进行更为复杂的加工和修饰等许多优点。例如，在表达抗内皮细胞选择蛋白（anti E selectin）单链抗体时，发现该蛋白质在果蝇细胞 SC-2 的培养上清中有 0.2～0.4mg/L 的表达水平，但在复性的大肠杆菌培养上清和周质腔的可溶性蛋白中都检测不到目的蛋白。此外，在大肠杆菌的 3 个不同株系中表达抗非洲木薯花叶病毒（ACMV）单链抗体时，虽然在表达载体上连有蜂毒素信号肽序列，目的蛋白却不能分泌表达，而用果蝇 DS2 细胞表达时则可以分泌表达，在此单链抗体的 C 端连上人 IgG 的 Ckappa 链后，融合了 Ckappa 的单链抗体比在大肠杆菌中表达的融合蛋白具有更高的活性。这种系统中常用的果蝇金属硫蛋白启动子是受严格调控的，它在 Cd^{2+} 或 Cu^{2+} 等金属离子的诱导下可实现高效转录。少量的 Cd^{2+} 可以将表达量提高 30~100 倍，但更高浓度的金属离子会对细胞产生毒害作用。

随着杆状病毒载体的不断优化，特别是稳定转化的昆虫细胞表达系统的逐步成熟，昆虫表达系统将会日益成为最有希望的真核表达系统。

杆状病毒的分子生物学

核形多角体病毒是一类双链 DNA 病毒，代表种包括苜蓿银纹夜蛾核形多角体病毒（AcMNPV）与家蚕核形多角体病毒（*Bombyx mori* nuclear polyhedrosis virus, BmNPV），其基因组 DNA 分子长度都在 130kb 左右。病毒粒子呈杆状。病毒感染时，其复制可以以 DNA 合成为界线分为早、晚两期，早期又可根据基因表达是否依赖病毒反式作用因子激活分为极早期（IE）和滞早期（DE），晚期也可根据合成产物或是病毒粒子结构蛋白或是与多角体形成有关的蛋白质分为晚期（L）和极晚期（VL）。

与其他病毒相比，NPV 的一个特点是具有两种表现型，即出芽型病毒（BV）与包埋型病毒（OV）。病毒在复制的 L 期合成结构蛋白后，不断装配成病毒核衣壳。一部分核衣壳穿进核膜和细胞质，在细胞膜上出芽放出细胞外，并在出芽过程中获得囊膜，这一类就是 BV。另一部分核衣壳则留在细胞核内，在那里获得囊膜，并随着 VL 期的与多角体形成有关的多角体蛋白基因、*p10* 基因的大量合成及多角体的出现而被包埋到多角体中，即为 OV。BV 的作用在于感染同一昆虫个体内的其他细胞，而 OV 则因为有多角体的保护，在环境中稳定性大大提高，适宜在不同昆虫个体间传播病毒。BV 与 OV 在基因组层次上是完全一致的，但由于囊膜获得方式不同，其分子组成有一些差别，主要表现在囊膜糖蛋白上，BV 的糖蛋白是 gp64，而 OV 是 gp41。由于糖蛋白在病毒识别受体、侵染中起重要作用，因此 BV 与 OV 对不同的组织细胞有不同的感染力：OV 对中肠细胞感染力强，适于对昆虫进行喂食感染，而 BV 对体腔中细胞感染力强，适于感染细胞，感染虫体时需用体腔注射法进行。

8.4 哺乳动物细胞基因表达系统

哺乳动物是地球上最高等的生物类群。由于哺乳动物细胞结构、功能和基因表达调控的复杂性，外源基因在哺乳动物细胞中的表达与在原核生物中的表达存在较大差异，因而外源基因在哺乳动物细胞中高效表达所需要的元件也不同于在原核生物细胞中表达所需的元件。外源基因在哺乳动物细胞中的表达包括基因的转录、mRNA 翻译及翻译后蛋白质的加工等过程。一般来说，真核生物基因在原核细胞中进行转录和翻译是不成问题的，有时甚至能表达具有一定构象和活性的蛋白质，但在原核细胞中无法进行更精确的翻译后加工，如蛋白质的糖基化、磷酸化、寡聚体的形成以及蛋白质分子内或分子间二硫键的形成等。因此，要表达具有生物学功能的蛋白质（如膜蛋白）和具有特异性催化功能的酶，需要在高等真核生物细胞中进行。

哺乳类细胞培养器需要满足以下 4 个重要条件：剪切力小、混合性能好、氧传递率适当和可放大。最新设计的培养器能以灌注方式高密度培养细胞。均匀灌注培养器装有底部驱动的轴流搅拌器和中心通气管，二者结合使混合均匀、剪切力小。特殊材料（如细大麻网）的滚动筛网柱能有效地滞留细胞、去除产物。细胞滞留率与筛网柱的几何形状、周缘速度以及槽内液体循环速度有关。高效率的灌注能较快地去除细胞产物并利于后处理。长期培养哺乳动物细胞需要专门的多参数控制系统，如控制 pH、CO_2、温度、压力、搅拌速率等，保持培养基的最适含氧量是主要的控制任务。

8.4.1 哺乳动物基因表达载体的组成特征

哺乳动物基因表达载体包括质粒载体和病毒载体两大类。哺乳动物基因表达质粒载体是一类穿梭质粒载体，能够在细菌（大肠杆菌）和哺乳动物细胞中进行扩增。哺乳动物基因表达载体一般包括：①在哺乳动物细胞中进行基因转录的元件，即转录的启动子、增强子、终止子、poly（A）信号和内含子剪接信号等；②用于筛选转化子的选择标记；③在细菌中进行复制和筛选的元件；④基因表达的调控元件。

8.4.1.1 复制子

哺乳动物基因表达载体的复制子一般采用病毒基因组的复制子，由于某些病毒可以在哺乳动物宿主细胞内进行自主复制，因而带有这些复制子的表达载体能以附加体的形式进行复制。不同的病毒复制子的工作效率是不相同的。常用于构建哺乳动物表达载体的复制子有 SV40、多瘤病毒和牛乳头瘤病毒等病毒的复制子。

8.4.1.2 启动子和增强子

哺乳动物表达载体的启动子长为 100～200bp，位于转录起始位点上游，一般由核心启动子和上游启动子两部分组成。上游启动子包括 CAAT 盒和 GC 盒序列，位于转录起始位点前 60～200bp，它们与转录因子和 RNA 聚合酶的结合有关。核心启动子包括转录起始点及邻近的 TATA 框，它与 DNA 双链的解链有关，并决定转录起始位点的选择。目前构建的哺乳动物基因表达载体的启动子主要来源于病毒如 SV40 早期和晚期转录启动子、腺病毒晚期启动子等，某些启动子来源于真核基因的启动子如鼠细胞的金属硫蛋白基因启动子等。哺乳动物基因表达载体的增强子位于转录起始位点上游，它可以大幅度提高启动子的转录水平，多数增强子具有宿主特异性。

8.4.1.3 终止信号和加 poly（A）信号

真核基因的表达过程中 RNA 聚合酶Ⅱ转录出的前体 mRNA 经切割后加上 poly（A）形成成熟的 mRNA。聚合酶的转录终止于 poly（A）位点下游数百个碱基内。转录终止和加 poly（A）信号依赖于 DNA 模板上两种特异的序列，一是位于 poly（A）位点上游 11～30 个核苷酸的一段高度保守的六核苷酸序列 AAUAAA，二是 poly（A）位点下游的 GU 丰富区或 U 丰富区。因此，在构建表达载体时必须加上这两种序列。常用的加 poly（A）信号来自 SV40，它是一段长为 237bp 的 *Bam*HⅠ-*Bcl*Ⅰ限制酶酶切片段，同时含有早期转录和晚期转录单位的切割与加 poly（A）信号。

8.4.1.4 剪接信号

真核基因编码区通常被许多个长度不等的非编码区所间隔。在一级转录物加上 poly(A) 信号后,内含子被剪除并形成成熟的 mRNA。mRNA 剪接所必需的最短序列位于内含子 5′ 和 3′ 边界上,其序列为 AG:GU(A)AGU…内含子…(U/C)$N_{11}CAG_2$:G。剪接点之间的距离和剪接点周围的序列会影响剪接效果。在构建许多真核表达载体时都插入了一个 SV40 的内含子,利用该内含子及其剪接信号构建的载体表达外源基因的水平比普通的载体要高。由于目前大多数插入的外源基因为 cDNA,即使载体中不含有内含子剪接信号也不会影响其表达。

8.4.1.5 选择标记基因

目前已发展了多种方法可将外源基因转移到哺乳动物细胞中,但通常即使是在最佳条件下,转化的细胞也只占受体细胞很少的一部分,并且哺乳动物细胞的生长速率比细菌慢得多,比获得转化株的时间要长。因此,要快速有效地筛选转化细胞,必须在构建表达载体时插入动物细胞特异性选择标记基因。已发展的哺乳动物细胞基因转化筛选标记如表 8-1 所示。

表 8-1 哺乳动物细胞转基因筛选标记

标记基因	筛选药物	筛选原理
胸苷激酶(tk)基因	氨基蝶呤(抑制嘌呤和胸苷从头合成)	TK 合成胸苷酸
二氢叶酸还原酶(DHFR)基因	氨甲蝶呤(Mtx,抑制 DHFR)	DHFR 变体酶抗 Mtx
氨基糖苷磷酸转移酶(APH)基因	G481(抑制蛋白质合成)	APH 钝化 G418
潮霉素 B 磷酸转移酶(HPH)基因	潮霉素-B(抑制蛋白质合成)	HPH 钝化潮霉素-R
黄嘌呤-鸟嘌呤磷酸核糖转移酶(XGPRT)基因	霉酚酸(抑制鸟苷酸从头合成)	XGPRT 从黄嘌呤合成 GMP
天冬酰胺合成酶(AS)基因	β-天冬氨酰-异羟肟酸(β-ASH)	利用 β-ASH 提供酰胺
酰苷脱氨酶(ADA)基因	9-β-D-木酮呋喃酰嘌呤糖苷(Xyl-A)	ADA 钝化 Xyl-A

8.4.2 哺乳动物基因表达载体

8.4.2.1 质粒型表达载体

不带真核复制起始序列的质粒型载体只含原核复制子,质粒载体被转移到细胞后不能以附加体的形式复制,从而被整合到细胞的基因组中,并在基因组的调控下以较低的水平进行表达,这类载体如 pcDNA3.1/His、pTK2、pHyg 和 pRSVneo 等,带有各种不同的选择标记,可供筛选转化子。例如,pcDNA3.1/His 表达载体是 Invitrogen 生命科技公司的产品,载体采用人巨细胞病毒(cytomegalovirus,CMV)极早期启动子,用来在哺乳动物细胞内获得高表达的外源基因以及进行基因功能的研究。pcDNA3.1/His 载体是一种穿梭质粒表达载体,带有 pUC 质粒的复制原点和 amp^r 基因,可以在大肠杆菌内扩增和选择重组转化子;同时载体带有 SV40 的复制原点和新霉素抗性基因,可以在表达 SV40 T 抗原的细胞内复制并选择重组转化子。在表达载体起始密码子的下游有一段编码 6 个组氨酸的 DNA 片段及编码一段短肽（DLYDDDDK）的 DNA 片段，外源基因克隆在这些片段的下游，构成融合基因。此融合基因能够表达目的蛋白和组氨酸，故通过标记组氨酸可分离纯化目的融合蛋白，即组氨酸可以作为检测融合蛋白的标签。在表达载体上设计有蛋白酶识别和切割位点，用蛋白酶可以切除融合蛋白上非目的蛋白的氨基酸序列（如组氨酸和 DLYDDDDK 短肽）。图 8-6 是 pcDNA3.1/His 质粒载体。

带真核病毒调控序列元件的质粒表达载体。目前构建的大多数哺乳动物表达载体都带有来源于不同病毒基因组的复制起始序列，这些病毒基因表达调控元件能有效地调节外源基因在哺乳动物细胞中的表达。

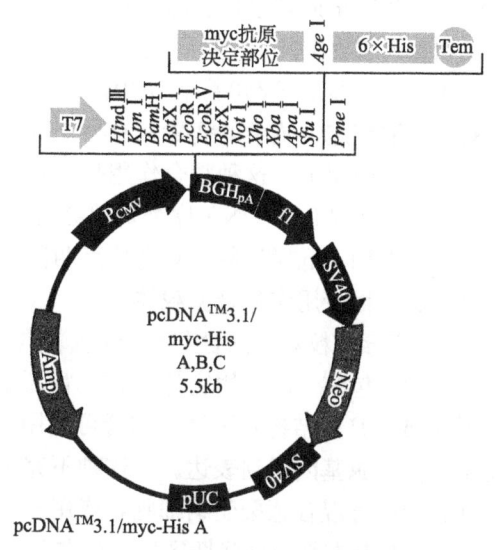

图 8-6　pcDNA3.1/His 表达质粒载体
（引自王廷华等，2005）

8.4.2.2　猿猴空泡病毒 40 衍生的表达载体

SV40 病毒是一种小型二十面体的蛋白质颗粒，由 VP1、VP2 和 VP3 三种病毒外壳蛋白构成，中间包装着一条环状的病毒基因组 DNA。SV40 DNA 大小为 5243bp，很适于基因操作。对其 DNA 顺序也进行了全序列分析，加上对 SV40 的复制和转录的研究，为发展 SV40 载体奠定了基础。

SV40 对不同种的细胞有不同的感染效应。SV40 对猿猴细胞的感染能产生具有感染性的病毒颗粒，并使寄主细胞裂解。把猿猴细胞称为受纳细胞（permissive cell）。若 SV40 感染的是啮齿类动物，如小鼠或仓鼠的细胞，则不会产生感染性的颗粒，此时的病毒基因组整合到寄主细胞的染色体上，细胞就会发生癌变。这类细胞被称为 SV40 的非受纳细胞（non-permissive cell）。人体细胞处于二者之间，称为半受纳细胞。

根据 SV40 基因组表达的时间不同，可把它分为早期表达区和晚期表达区（图 8-7），以单一的 $EcoR\ I$ 识别位点为 0.0，将整个基因组分成 10 个区段，整个基因组全长为 5243bp。

早期区域在整个溶菌循环中均可表达，编码大 T 抗原和小 t 抗原（即肿瘤蛋白质或抗原）。大 T 抗原的功能是控制 SV40 基因组的复制。一旦细胞内累积了足够数量的大 T 抗原，DNA 的复制便开始启动。同时由于大 T 抗原的合成是能够自身调节

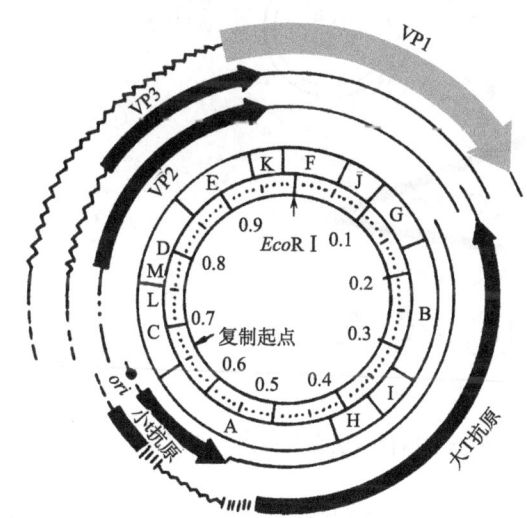

图 8-7　SV40 的转录和翻译
（引自楼士林等，2002）

的，因此，此时早期转录也就随之减少。小 t 抗原的功能不详。

晚期基因仅在 DNA 复制一段时间后表达，表达产物为 VP1、VP2 和 VP3 三种病毒外壳蛋白质，为包装成 SV40 颗粒所用。

对非受纳细胞，感染的病毒只有早期基因区段表达，随后病毒的基因组便整合到寄主细胞的染色体基因组上。这种整合作用是随机的。整合后的相当长时间内，病毒基因组及整合位点附近的寄主染色体 DNA 序列仍然会时常发生重排和扩增。正是由于存在着整合位点的不精确性，再加上低拷贝数和整合位点两侧 DNA 序列在整合后会发生难以预测的变化等弊病，这类病毒很少用作整合型载体。

SV40 病毒颗粒对其内含 DNA 的包装具有严格限制，如果在其 DNA 上插入的外源基因过大，则无法包装。因此用它作载体，需要去掉一部分自身 DNA，通常用外源 DNA 取代大 T 抗原或 VP 的结构基因区，前者可利用 SV40 的早期区域启动子，后者则利用晚期区域启动子，使外源基因得到表达。但这种不完整的病毒不能在受纳细胞中增殖，因此需要用遗传上互补的病毒混合感染受纳细胞，或用其他系统予以弥补。

图 8-8 右上方是一种晚期区域被外源珠蛋白基因取代，但含有功能完全的早期区域的重组 SV40，然后与一种晚期基因正常但早期区域有缺陷的助手型 SV40 以 1∶1 的比例共同转染猴细胞，最终重组 DNA 得到复制，并被包装，细胞裂解，而且在细胞中发现大量外源基因编码的有功能的 RNA。值得注意的是，释放出的病毒有重组和非重组的两种，不易区别，但可用其总体进一步侵染受纳细胞或非受纳细胞。

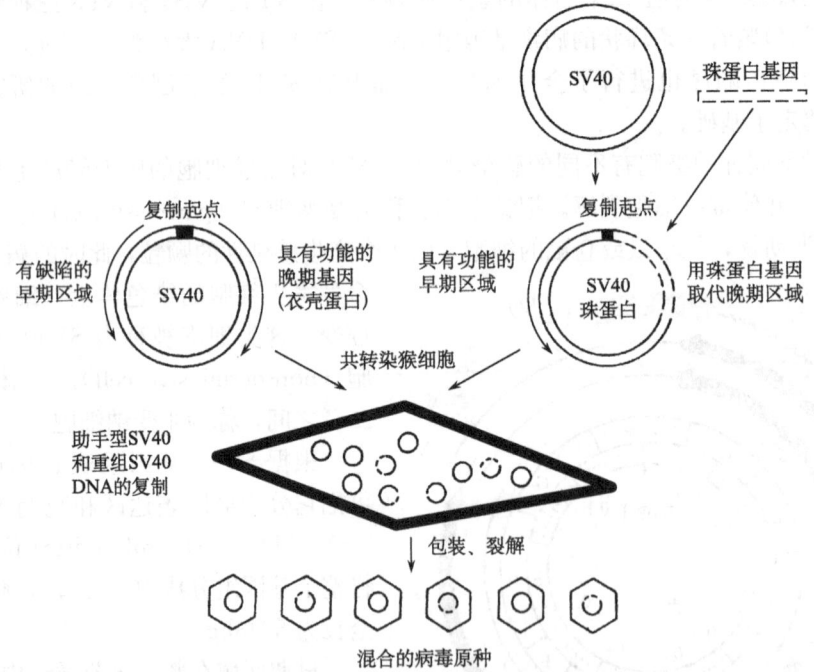

图 8-8　SV40 病毒载体的晚期区域被外源基因取代（引自马建岗，2007）

图 8-9 是 SV40 早期区域被外源基因取代的例子。这种载体的受体细胞是 COS 细胞，COS 细胞由以下方法获得：用复制起点有缺陷的 SV40 侵染猴细胞，这种病毒 DNA 不能自我复制，因此在细胞中存留的唯一途径是整合到猴细胞的染色体上。SV40 与染色体整合

后，能继续产生大T抗原，这种具有大T抗原的猴细胞称COS细胞。当正常SV40的早期区域被流感病毒血细胞凝集素基因（ha）取代后转染COS细胞，虽然这种含有ha基因的重组DNA本身已不能产生大T抗原，但COS细胞中的大T抗原可以识别进入细胞的SV40复制起点，促使重组分子不断复制。重组分子上晚期基因编码的蛋白质可以包装重组分子，使细胞裂解。新形成的病毒颗粒全部包含重组DNA。

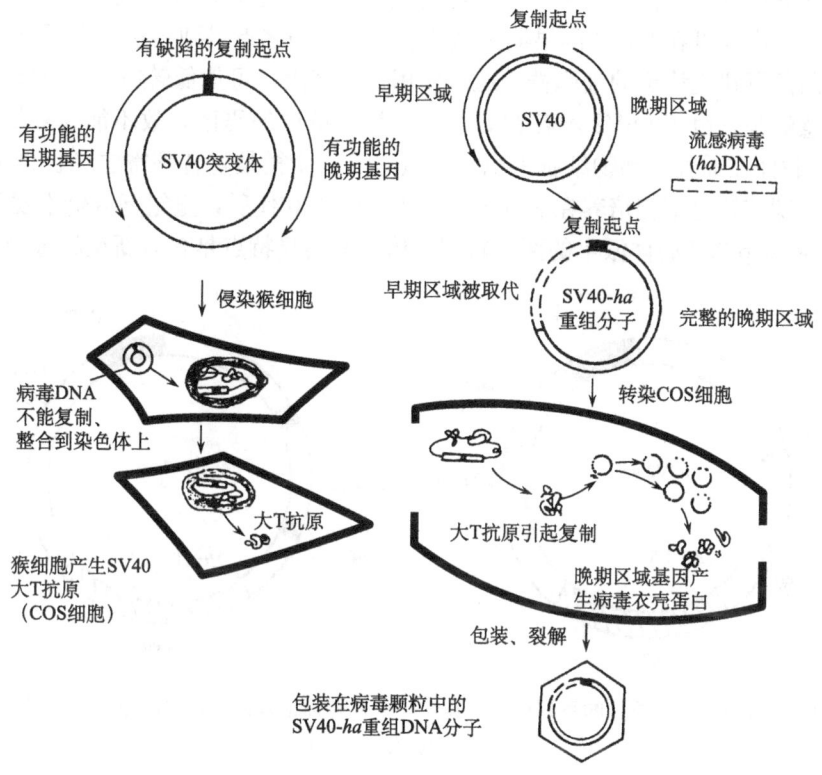

图8-9 COS细胞及SV40病毒载体的早期区域被外源基因取代（引自钟卫鸿，2007）

COS细胞系的优点在于重组基因得到高效复制，每个转染的细胞可产生10^5拷贝。但由于染色体外DNA大量积累会导致细胞死亡，因此，COS细胞不能建立稳定的细胞株，但作为基因暂时性表达的研究是一种很好的系统。

从以上内容不难看出，用外源基因替代SV40的早、晚区域以达到扩增重组DNA的目的尚存在一些缺陷，如早、晚区域的替代需要其他系统的配合等。另一缺陷是寄主细胞的局限性，即只能在受纳细胞中使用，而且在感染后，受纳细胞最终也被杀死，不能进行长期研究。

目前绝大多数实验室所使用的SV40载体都是经过改造的，通常只保留SV40的复制起始区和早期区域启动子以及多聚腺苷酸化位置和小t抗原的内含子。图8-10介绍了一个典型而又通用的哺乳动物基因载体pSV2：a区包含1~323bp的序列，其

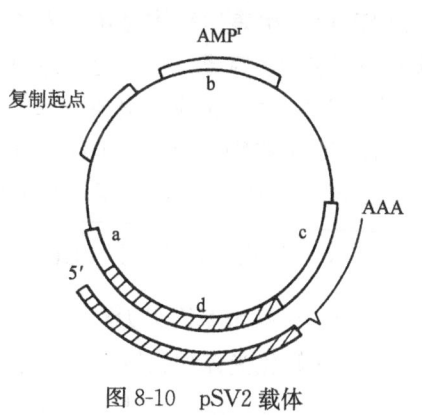

图8-10 pSV2载体
（引自马建岗，2007）

中包括 SV40 的复制起始区、72bp 的增强子序列、早期区域启动子和转录起始位置；b 区包括 324~3369bp 的序列，其中包括原核生物的基因序列，即大肠杆菌质粒 pBR322 的复制起点区和氨苄青霉素抗性基因；c 区包含 3370~4217bp 的序列，其中包括 SV40 小 t 抗原基因的内含子（拼接信号）和多聚腺苷酸化位置，这种设计使质粒既能在大肠杆菌中扩增，又能直接用于转染哺乳动物细胞；d 区是指 4218~0bp 的序列，它专门容纳需要表达的编码序列，其中包括外源基因和标记基因。由于这类载体不通过包装过程，故可插入 10kb 以上的外源片段。这些序列可在 SV40 的早期区域的启动子控制之下得到表达。受侵染的动物细胞不会裂解，因而可建立稳定的细胞株。通过使用标记基因，可从低转染率的群体中选出转化株。值得注意的是，由于 pSV2 不存在 SV40 的大 T 抗原编码区，故不能在猴细胞中复制。因此，pSV2 载体在哺乳类动物细胞中稳定增殖的唯一途径是整合到寄主染色体上，这种整合非常稳定，即使转化细胞培养在非选择条件下，经 100 代后，重组基因仍不发生丢失或重排。图 8-11 是从 pSV2 载体派生的两个新型载体，其明显特点是含有新型的选择性标记。

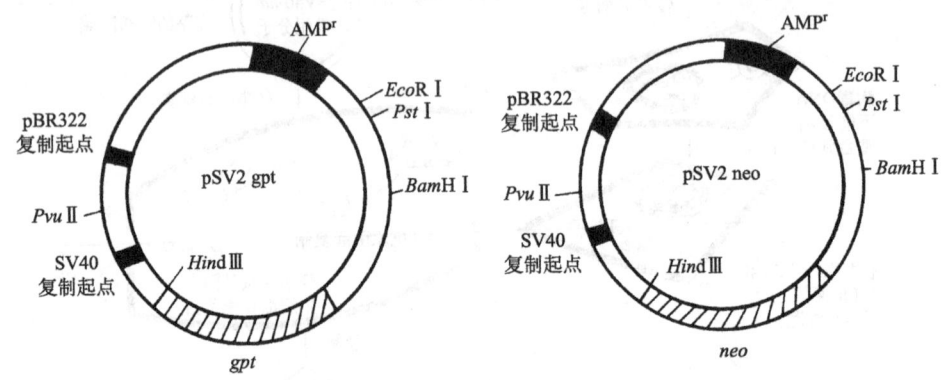

图 8-11　两个从 pSV2 派生的系列载体，其中一个含有标记基因 $Ecogpt$，另一个含有 $Econeo$
（引自杨汝德，2006）

SV40 病毒基因组是长为 5243bp 的共价闭环双链 DNA 分子，按其功能可将基因组分为早期区和晚期区，早期区在整个裂解周期都进行转录，而晚期区只在 DNA 全面复制后才进行转录。以 SV40 DNA 为基础构建的表达载体除去了病毒基因组中大部分编码区，含有 SV40 复制起始序列、早期启动子序列、加 poly（A）信号序列和剪接供体和受体信号。在构建 SV40 衍生表达载体时还注入了一些便于克隆外源基因并对转化细胞进行分析的序列，这些序列包括多克隆位点、选择标记基因、能进行体外翻译外源基因转录物的噬菌体启动子和编码 SV40 大 T 抗原的附加转录单位等。SV40 衍生表达载体一般作为瞬时表达系统，可在多种哺乳动物细胞中低水平或中等水平表达，在 COS 受体细胞中可获得高表达。目前已构建的 SV40 衍生的表达载体有 pMSG、pSVT7 和 pMT2 等。

8.4.2.3　牛乳头瘤病毒（BPV）衍生载体

牛乳头瘤病毒基因组为双链 DNA，全长 7.95kb。该病毒能在体外转化啮齿动物细胞，BPV DNA 转化受体细胞后以染色体外 DNA 的形式存在，细胞中病毒 DNA 的拷贝数一般可达到 20~100。以 BPV DNA 构建的表达载体可以在多种哺乳动物细胞中获得低水平或中等水平表达，它既可表达基因组 DNA，也可表达 cDNA 序列，并且对允许插入的外源 DNA

大小没有严格限制。表达载体带有一段 BPV DNA、宿主范围广泛的一种启动子（如 SV40 早期启动子和鼠金属硫蛋白启动子）、加 poly（A）信号（SV40）、剪接供体和受体信号（SV40 小 T 抗原基因内含子）和选择标记基因等。以 BPV 为基础构建的表达载体的分子质量一般比较大，重组基因在宿主细胞中的拷贝数受载体组成成分和宿主细胞两者共同影响。

8.4.2.4 人疱疹病毒（EBV）衍生的表达载体

EB 病毒可以将休止状态的人 B 淋巴细胞转化为能在培养基条件下无限增殖的分裂母细胞。EB 病毒 DNA 在 B 淋巴细胞中以附加体的形式存在。以 EB 病毒 DNA 为基础构建的表达载体可在范围广泛的哺乳动物细胞中低水平或中等水平表达外源基因，对允许插入的外源基因片段的大小没有严格的限制，载体携带 EB 病毒复制顺式作用元件（oriP）的 DNA 片段。此外，载体还含有在大肠杆菌中进行增殖的元件、插入外源基因的限制性内切核酸酶位点和在宿主范围广泛启动子控制下表达的选择标记基因等。以 EB 病毒 DNA 构建了表达载体 pHEBo，利用该载体在人的淋巴母细胞中成功地表达了人 I 类主要组织相容性复合体基因。

8.4.2.5 人腺病毒衍生的表达载体

人腺病毒（adenovirus）包括 6 个亚属，目前用来构建基因表达载体的腺病毒主要是 C 亚属的 2 型病毒（Ad2）和 5 型病毒（Ad5）。腺病毒基因组为线性双链 DNA，基因组 DNA 长为 36kb，包装 DNA 的最大值为原基因组的 105%。腺病毒基因组的结构如图 8-12 所示，在双链 DNA 的两端各有一个反向末端重复序列（ITR），基因组中 $E1$~$E4$ 基因与基因组的复制起始和晚期基因的表达调控相关，其中 $E3$ 编码晚期基因的调控因子，$E3$ 基因的缺失会影响病毒颗粒的成熟。$L1$~$L5$ 基因为病毒包装蛋白的结构基因。I $Va2$ 和 VA 基因为病毒 RNA 聚合酶Ⅲ的结构基因。在构建人腺病毒表达载体时可将早期基因中的 $E1$ 和 $E3$ 基因删除。人腺病毒表达载体具有宿主范围广、稳定性好、表达率高等特点。

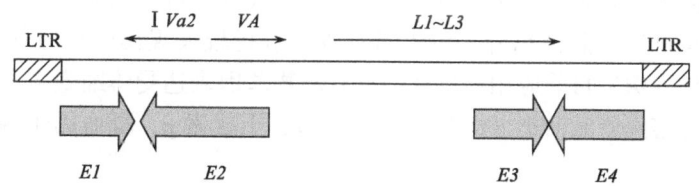

图 8-12　腺病毒基因组 DNA 的结构（引自张惠展，1999）

8.4.2.6 反转录病毒衍生的表达载体

反转录病毒（retrovirus）是一类整合型单链 RNA 病毒，其基因组含有两条相同的 RNA 分子。目前对反转录病毒基因组研究得最清楚的是劳斯肉瘤病毒（Rous sarcoma virus, RSV），在病毒颗粒内含有 4 条 RNA 分子，较大的两条为反转录病毒基因组，编码病毒的全部遗传信息，另外两条小的 RNA 分子为寄主细胞的 tRNA^{Trp}。反转录病毒能够通过病毒自身基因组指导合成的反转录酶，完成病毒基因组从 RNA 到双链 DNA 再到正链 RNA 的复制过程，并且病毒基因组能以双链 DNA 的前病毒形式高效地整合到宿主细胞染色体上。不同种类的反转录病毒 RNA 具有相似的结构，其基因排列顺序通常为：5'-gag-pol-env-3'。构建反转录病毒载体有两种方式。一是删除病毒基因组中非必须区的片段。外源基因片段插入到病毒基因组并转移到宿主细胞后，重组前病毒具有转录产生子代重组病毒 RNA 并包装产生重组病毒颗粒的能力，因而具有扩散感染的能力。二是删除病毒基因组的必须区，使产生的重组前病毒不能表达病毒结构蛋白，因此转录产生的 RNA 不能被包装和形成子代重组病毒，这类载体必须借助辅助病毒的共感染才能产生子代重组病毒，这样获得的子代病毒仅仅有一次感染性，可防止产生继发性扩散感染。反转录病毒表达载体通常包括下列元件：病毒基因组成分包括将前病毒整合到宿主染色体上的病毒两端 LTR 序列、病毒包装识别序列口、病毒 RNA 翻译所需的剪接识别位点序列、病毒 RNA 的加 poly（A）信号；在哺乳动物细胞中的选择标记基因有新霉素抗性基因、潮霉素磷酸转移酶基因、鼠二氢叶酸还原酶基因等；在哺乳动物细胞和细菌中进行复制的起始序列；外源基因在反转录病毒中表达的调控序列。

8.4.3 哺乳动物基因表达宿主细胞

哺乳动物基因表达宿主细胞选择的基本原则是来源丰富、转化效率高、表达效果好。因此，能在培养基中无限生长的哺乳动物细胞常被用作基因表达的宿主细胞。由于大多数动物组织细胞具有表面接触抑制作用，只有肿瘤组织的永生性细胞系才能表现为无限生长，而且生长速度快，但肿瘤细胞的生理特性与正常细胞存在较大的差异。因此，在哺乳动物基因表达过程中，与正常细胞生理特征尽可能接近的肿瘤细胞常被选择为基因转移的受体细胞。目前用作哺乳动物基因表达系统的受体细胞包括 CHO-K1 细胞、COS 细胞、鼠骨髓瘤细胞等多种细胞。

8.4.3.1 CHO-K1 细胞

CHO-K1 细胞是从中国仓鼠卵巢中分离的一种上皮细胞，目前被用于基因表达的工程细胞是一种缺乏二氢叶酸还原酶（dhfr）的营养缺陷突变株，它可在氨甲蝶呤选择压力下使外源基因的拷贝数扩增并得到较高水平的表达，表达量可达 $10\mu g/ml$ 以上。该受体细胞的特点是：外源基因被整合到宿主染色体上后，在没有选择压力的情况下能稳定保持；适合多种蛋白质的分泌表达和胞内表达；对培养基的要求较低，可在无血清培养基中培养；细胞可进行贴壁培养也可进行悬浮培养；可大量培养，进行较大规模生产时其培养量可放大到 5 000L 以上。该细胞株是目前应用最广泛的哺乳动物基因表达受体细胞之一，已有多种外源基因如人组织性纤溶酶原激活剂（tPA）、干扰素 γ、干扰素 β、凝血因子Ⅷ等在 CHO 细胞中得到表达。

8.4.3.2 COS 细胞

COS 细胞源于非洲绿猴肾细胞系（CV-1），CV-1 细胞经复制起始区缺陷的 SV40 病毒基因组转化后，产生能组成型表达 SV40 的大 T 抗原的 COS 细胞株。COS 细胞具有如下特点：细胞来源丰富，易于培养和转染；能使转染到该细胞中的带有 SV40 复制子的质粒载体快速扩增；能瞬时大量表达外源基因的产物。由于转染质粒在 COS 细胞中无节制地复制，细胞最终无法忍受如此大量的染色体外 DNA 复制而死亡。利用 COS 细胞作为外源基因瞬时表达的受体细胞广泛用于哺乳动物基因的表达与调控、蛋白质结构与功能分析等研究。

8.4.3.3 鼠骨髓瘤细胞

鼠骨髓瘤细胞如 Sp2/0、NS0 和 J5581 等已被用作基因表达的受体细胞。鼠骨髓瘤细胞具有如下特点：细胞易于培养和转染，可以在无血清培养基中进行高密度悬浮培养；能进行分泌表达，并且表达量高；能对蛋白质进行糖基化修饰。目前有免疫球蛋白（Ig）、tPA等多种外源基因在鼠骨髓瘤细胞中得到表达。

8.4.4 提高哺乳动物基因表达系统表达效率的因素

8.4.4.1 改进表达载体、提高外源基因表达水平和产量

为了提高外源基因表达水平和产量，可考虑采用下述几种方法：外源基因在哺乳动物细胞中的高效表达与表达载体的性质密切相关。表达载体启动子的强度和宿主范围是外源基因高效表达的关键因素之一。一般说来，选择哺乳动物细胞内源性强启动子可获得高表达。外源基因的表达水平还与细胞中基因的拷贝数有关，对于瞬时表达系统来说，外源目的基因的拷贝数尤为重要。在构建表达载体时可考虑将载体构建为一种自我复制型载体，载体以附加体的形式在宿主细胞内自主复制；另一种方法是将外源基因与选择标记基因的表达结合在一起，当细胞在选择压力下培养时，两种基因产物都能获得高表达。

8.4.4.2 改造宿主细胞的特性

宿主细胞的特性对外源基因的表达至关重要。以一种或几种宿主细胞表达不同特性和要求的外源蛋白显然是不够的。因此，根据表达载体和外源蛋白的特性对宿主细胞进行改造或采用一些新的宿主细胞系统无疑对提高外源基因的表达水平有重要影响。

8.4.4.3 抑制细胞凋亡，延长细胞周期

哺乳动物细胞存在一种由遗传基因决定的程序性细胞死亡，但在生物反应器中，这种细胞死亡还受细胞培养条件的影响。通过改变各种因素可以抑制细胞凋亡、延长细胞周期，从而提高外源基因表达效果。通常可以采用如下方法抑制细胞凋亡：为细胞生长提供足够的营养和充分的氧源；加入抗氧化剂延缓细胞凋亡；将抗细胞凋亡基因导入宿主细胞中。

8.4.4.4 提高表达蛋白糖基化水平

哺乳动物蛋白质的一个重要特点是糖基化，而糖基化的方式决定蛋白质的特性。蛋白质糖基化的方式有两种，一种是 N-糖基化，一种是 O-糖基化，其中 N-糖基化对蛋白质的特性起主要作用。决定蛋白质糖基化的主要因素包括宿主细胞内糖基化酶和细胞的培养环境等。提高表达蛋白糖基化水平可以从不同的途径来实现。一方面，寻找不同类型的哺乳动物宿主细胞包括人类细胞，使其表达的蛋白质尽可能和人类天然蛋白质的糖基化相同或相似；另一方面，可以通过基因工程方法改造现有宿主系统，将某些糖基化酶引入宿主细胞中，使其对表达蛋白有效糖基化。此外，对哺乳动物细胞表达条件进行改进，也有利于表达蛋白的糖基化。

思考题

1. 与原核细胞表达体系相比，真核细胞表达系统的特点是什么？
2. 酵母作为宿主用于表达高等真核生物重组蛋白的好处是什么？
3. 比较酵母、昆虫细胞、哺乳动物细胞表达系统的优缺点。

4. 培养哺乳动物细胞生产天然蛋白质的优越性是什么？培养哺乳类细胞的条件主要是什么？

参 考 文 献

陈宏. 2004. 基因工程原理与应用. 北京：中国农业出版社
贺淹才. 2008. 基因工程概论. 北京：清华大学出版社
焦炳华，孙树汉. 2007. 现代生物工程. 北京：科学出版社
李立家，肖庚富. 2004. 基因工程. 北京：科学出版社
楼士林，杨盛昌，龙敏南. 2002. 基因工程. 北京：科学出版社
马建岗. 2007. 基因工程学原理. 2版. 西安：西安交通大学出版社
彭银祥，李勃，陈红星. 2007. 基因工程. 武昌：华中科技大学出版社
吴建平. 2005. 简明基因工程与应用. 北京：科学出版社
吴乃虎. 2006. 基因工程原理. 2版. 北京：科学出版社
王廷华，邹晓莉. 2005. 蛋白质理论与技术. 北京：科学出版社
杨汝德. 2006. 基因工程. 广州：华南理工大学出版社
张惠展. 1999. 基因工程概论. 上海：华东理工大学出版社
钟卫鸿. 2007. 基因工程技术. 北京：化学工业出版社
Sambrook, Russell D W. 2002. 分子克隆实验指南. 3版. 黄培堂，王恒樑，周晓巍等译. 北京：科学出版社

第9章 转基因动物

转基因动物起源于20世纪80年代,"超级小鼠"的问世拉开了转基因动物的序幕。此后转基因动物层出不穷,遍及猪、牛、羊、鱼、鸡等家畜家禽类,转基因技术也随着科学技术的发展不断更新,由最初的显微注射法、精子载体法、电穿孔法、脂质体介导法等到通过生殖干细胞介导的转基因技术、对胚胎干细胞和体细胞等进行基因打靶的定点整合转基因技术、RNA干扰介导的基因沉默技术以及诱导多能干细胞(iPS)技术,多样性和实用性方面均取得了显著的进步,提高了转基因动物的制备效率,使基因表达的精确调控成为现实。

转基因技术在动物方面的应用潜能及取得的成就都是有目共睹的,如制备动物生物反应器、提高畜禽生产能力及肉奶品质、培育抗病动物、生产人类用动物器官、建立人类疾病模型等。但同时也存在着问题,如转基因动物的转化效率极低,表达水平低以及如何提高转基因转化及表达等问题都有待解决。

9.1 转基因动物发展简史

人类改造自然界的动物,开始于人工筛选育种,继而人工杂交。但是存在育种周期长、种间隔离等各种各样的麻烦。因此人类很想按着自己的意愿有目的、有计划、有根据、有预见地改变动物的遗传组成,转基因动物也应运而生。简单地讲,转基因动物就是利用实验方法将外源基因导入动物染色体基因组内稳定整合并能遗传给后代的一种动物。该项研究在实验技术上依赖分子生物学、动物胚胎和配子操作技术。

转基因动物研究一般认为是从1971年Brackett等利用精子将外源DNA转入兔卵母细胞开始。之后,1982年Palmiter等将大鼠生长激素基因与金属硫蛋白基因启动子拼接成融合基因,导入小鼠受精卵后,获得了称为硕鼠(super mouse)的转基因小鼠,被认为是世界上首例转基因动物。1997年2月,Wilmut研究小组在英国《自然》杂志上报道第一例克隆绵羊"多莉"后,转基因动物和克隆技术取得了前所未有的进展。随着研究的不断深入,转基因兔、转基因猪、转基因牛、转基因猴、转基因鱼等都陆续被研制成功。此后,转基因动物研究在全世界范围内形成一个前所未有的高潮(表9-1)。英国是世界上最保守的国家之一,但1998年转基因动物利用实验却增加了27%,占整个动物实验量的17%。转基因动物产业化速度异常迅猛,全球有几乎依赖于动物转基因技术为核心的公司43家,并将成为21世纪生物技术领域的支柱性产业。毫无疑问,动物转基因正在改变农业、医药、生物材料,甚至是整个生命科学的研究与发展面貌。由于转基因动物体系打破了自然繁殖中的种间隔离,使基因能在种系关系很远的机体间流动,它将对整个生命科学产生全局性影响。因此,转基因动物技术在1991年第一次国际基因定位会议上被公认是遗传学中继连锁分析、体细胞遗传和基因克隆之后的第四代技术,被列为生物学发展史126年中14个转折点之一。

表 9-1 转基因动物研究的里程碑

时间	技术
1966	配子的微注射技术建立
1977	mRNA 和 DNA 转移爪蟾卵细胞
1980~1981	转基因小鼠获得成功
1981	小鼠胚胎干细胞转移
1982	转基因"超级鼠"
1983	转基因小鼠组织特异性表达
1985	转基因家畜
1987	嵌合体"敲除"鼠成功
1989	定位整合的种系嵌合体小鼠
1994	精子细胞的移植
1997	绵羊的体细胞克隆
1998	利用核移植技术产生转基因绵羊
1999	"敲除"家畜获得成功
2000	基因打靶生产转基因绵羊获得成功
2001	体细胞克隆转基因山羊获得成功
2002	敲除 α-Gal 基因的猪获得成功
2004	成功培育出敲除朊蛋白基因的转基因牛胚胎
2005	获得了转绵羊生长激素基因的转基因绵羊
2006	培育出在乳腺中特异表达人溶菌酶的转基因山羊
2007	通过基因打靶技术将牛的 PRNP 基因双位点灭活，获得了存活两年以上的转基因牛

20 世纪 80 年代，中国科学家朱作言首先研制成功了转基因鱼。90 年代，国内成功研制了转基因羊。较大规模地进行转基因动物的研究与产业化开发是由我国"863"计划资助，也是"863"计划最早实施的高技术项目之一。经过十几年的努力工作，转基因动物的研究取得了许多十分显著的成绩，先后获得了生长速度快、瘦肉率高、对某些病毒有一定抗性的转基因猪，在乳腺组织中能够表达人药用蛋白凝血因子IX、人生长激素、人红细胞生成素等的转基因羊。1997 年，"动物乳腺生物反应器"的研究与开发列为"863"计划的重大项目，表明一个新的转基因动物研究与产业化开发高潮已在我国形成。

2000 年，湖北省农业科学院培育出了在血液中表达人血清蛋白的转基因猪，外源基因表达水平高达 20.3g/L。

2001 年，中国农业大学在转基因绵羊乳汁中检测到鸡法式囊 VP 蛋白，其表达水平达到 g/L 级以上，这个表达水平已经可以进行鸡法式囊基因工程疫苗的商业化开发。

2001 年，上海转基因动物中心还获得了 3 头转有人红细胞生成素基因的转基因山羊，经体外检测，人红细胞生成素的活性达到 20 000U/ml 以上，而其体内检测到的人红细胞生成素活性也达到了 10 000U/ml。

2001 年中国科学院武汉水生所在快速生长转金鱼生长激素基因鲤鱼的研究方面取得了重要进展。规模化养殖试验显示，转基因鲤鱼子代群体平均体重比对照组鱼增重快 42%，饲料利用率提高 18.5%，池塘养殖综合经济效益提高 125.7%。

2002 年 9 月 28 日至 10 月 7 日，青岛森森实业有限公司和与中国科学院遗传与发育生物学研究所以及国外研究机构合作培育出了 4 头转基因山羊，3 头成活。其中公羊呈呈和母羊祥祥为转抗凝血酶素Ⅲ基因羊，母羊姗姗为转基因β-干扰素基因羊。

2003年，李宁教授的研究小组培育出了中国首批转基因体细胞克隆牛，标志着我国转基因体细胞克隆牛的生产技术体系已经成熟。

2004年，中国军事医学科学院主持，山东农业大学、莱阳农学院等单位共同培育出了28只带有t-PA组织型纤溶酶原激活剂的转基因羊。

2005年，中国农业大学先后获得了乳腺特异性表达溶菌酶α-乳清蛋白和乳铁蛋白基因的转基因克隆牛，其中转人乳铁蛋白基因牛3头；转人溶菌酶基因牛10头；转乳清蛋白基因牛5头；转人岩藻糖转移酶基因牛1头；人乳铁蛋白转基因牛表达量达到3.4g/L，人α-乳清蛋白转基因牛表达量达到1.5g/L，表达量达到国际先进水平。

2006年3月19日，国家专利局正式批准了上海转基因研究中心申请的一项专利：通过转基因奶羊，产出用于治疗多种疾病、含有高浓度人类溶菌酶的羊奶。这一成果走在了世界转基因技术的前列，具有跨时代的意义。4月，莱阳农学院成功培育了体内带有抗疯牛病基因的转基因克隆牛。我国已成功建立携带人α1,2-岩藻糖苷转移酶基因的转基因小鼠模型，为进一步研究人HT在异种移植HAR中的作用，以及建立转人HT基因猪提供了技术和理论基础。

据《南国日报》报道，2006年10月，广西首次培育出植入巴马小香猪长肉基因的小白鼠，它们比同龄的小白鼠身高、体重都高出一截。

2007年，我国获得首例利用囊胚注射携带 $lacZ$ 基因的胚胎干细胞嵌合体小鼠。3月，天津市农科院畜牧兽医研究所成功培育了我国首例"肌肉抑制素前肽"转基因山羊，将为改造我国传统畜牧业、提升医学等相关领域行业水平起到重要作用。

9.2 转基因动物技术

转基因动物技术是在经典遗传学、分子遗传学、结构遗传学和DNA重组技术的基础上，运用基因工程等实验技术手段，将分离得到的外源目的基因或重组基因导入动物受精卵或早期胚胎细胞中，使之整合到宿主细胞基因组内，随细胞的分裂而增殖，并稳定地遗传给下一代的一种生物技术。20世纪80年代，Jaenisch等首次应用反转录病毒感染胚胎，制备了转基因动物。随着新技术、新方法的出现，转基因动物技术也在不断地完善之中。利用传统的转基因方法，如显微注射法、精子载体法、电穿孔法、脂质体介导法等，已经制备了转基因小鼠、大鼠、猪、牛、羊、鸡等多种转基因动物。经过20多年的发展，动物转基因技术在其多样性和实用性方面均取得了显著的进步，尤其是近几年发展的几项新技术，使转基因动物的研究产生了历史性的飞跃。通过生殖干细胞介导的转基因技术、对胚胎干细胞以及体细胞等进行基因打靶的定点整合转基因技术、RNA干扰介导的基因沉默技术以及诱导多能干细胞（iPS）技术，转基因动物制备效率提高了，基因表达的精确调控成为现实。更多更新颖的动物转基因技术的出现，使得转基因动物具有更加广阔的应用前景，如制备动物生物反应器、提高畜禽生产能力及肉奶品质、培育抗病动物、生产人类用动物器官、建立人类疾病模型等，将给人类带来巨大的经济效益。

9.2.1 外源基因导入动物细胞的方法

就转基因技术而言，要将DNA转入动物的基因组主要是通过以下3种方法进行。一是反转录病毒法：利用反转录病毒载体将外源基因转入胚胎早期细胞，然后移植到受体动物中；二是 DNA 显微注射法：利用微注射法将 DNA 直接注射入受精卵的精前核中；三是胚胎干细胞法：将基因工程改造过的胚胎干细胞导入早期胚胎中。此外，精子介导的外源基因转移和体细胞核移植技术制作也为转基因动物的常用方法。

9.2.1.1 反转录病毒法

在各种基因转移方法中，通过反转录病毒载体把基因整合到受体细胞核基因组中是最有效的方法之一。

慢病毒属于反转录病毒科。慢病毒感染宿主细胞后，病毒 RNA 反转录为 DNA 后可以整合到宿主细胞的染色体上并长期稳定表达。慢病毒能感染分裂细胞和静止细胞，不易诱发宿主免疫反应，因此成为有效的基因转移载体。近年来，慢病毒载体法制备转基因动物被广泛应用。Pfeifer 等用重组绿色荧光蛋白（GFP）慢病毒感染小鼠 ES 细胞和桑椹胚，发现早期胚胎和出生后仔鼠稳定表达 GFP（图 9-1）。同年，Lois 等利用慢病毒载体法成功制备转基因小鼠和大鼠。他们在 GFP 基因下游连接旱獭肝炎病毒转录后调控元件（WRE），以提高 GFP 基因的转录水平。将病毒液进行受精卵卵周隙注射，注射后胚胎移植到假孕母鼠体内，所产仔鼠 86% 携带 1 个以上 GFP 转基因拷贝。Hofrnann 等利用慢病毒载体法首次成功制备绿色荧光蛋白转基因猪，McGrew 等报道利用该方法高效制备了转基因鸡，效率比以往任何方法高出 100 倍。Sasaki 等通过自我失活的慢病毒液进行受精卵卵周隙注射，首次培育出了带有增强的绿色荧光蛋白（EGFP）转基因的非人类转基因灵长类动物——普通狨

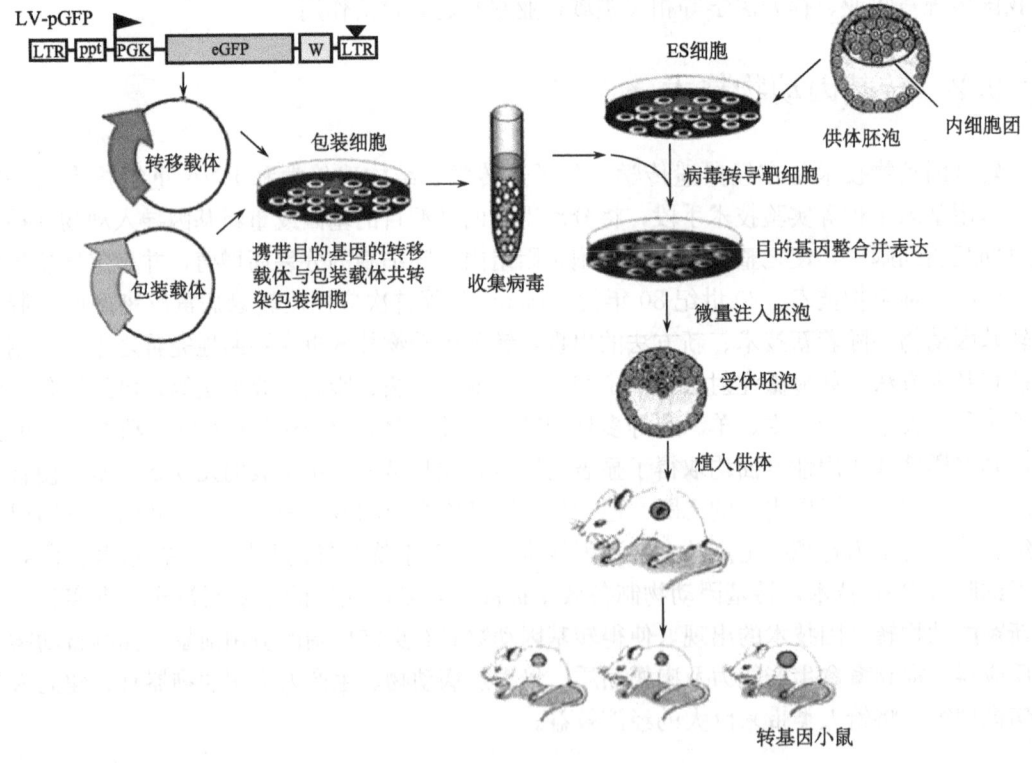

图 9-1　慢病毒载体法制备转基因动物（引自罗庆苗等，2011）

猴，在国际上引起了巨大轰动。张敬之等也利用慢病毒载体法成功制备 GFP 转基因小鼠。Niu 等利用基于猿猴免疫缺损病毒的慢病毒载体成功获得转基因猕猴。

慢病毒载体法的优点是外源基因的整合率较高；外源基因多属单拷贝整合；宿主范围广。但是慢病毒载体容量有限，外源基因片段长度通常小于 10kb，因而转入的基因很容易缺少其邻近的调控序列。

反转录病毒载体还有一个重要缺陷，即虽然载体在设计时缺失了复制功能序列，但是复制大量载体 DNA 所需的辅助病毒（helper virus）基因组也可能与目的基因一起整合到同一细胞核中。即使采取了特别的预防措施，转基因动物自身还有可能产生辅助病毒株。到时候，转基因动物可以合成人们所需的产品，也可以大量复制病毒。就目前的技术水平而言，要完全杜绝反转录病毒转基因动物生产的商品的污染是很难做到的。由于还有其他几种方法可供选择，因此一般人们很少用反转录病毒载体来制造用于商业生产的转基因动物。

9.2.1.2 DNA 显微注射法

该方法是目前应用比较广泛、效果比较稳定的制作转基因动物的方法之一。

微注射的转入基因通常为删除了原核载体序列的线性 DNA。在哺乳动物中，精子进入卵细胞后的 1h 内，精前核（male pronucleus）和卵细胞的核都是分开的。等到卵细胞核完成减数分裂，成为卵前核（female pronucleus）时，核融合才进行，这又称为核配，因此可在显微镜下找到处在精前核状态下的受精卵，并对受精卵进行取向和固定，然后进行 DNA 微注射（图 9-2）。顺利的话，一天可以注射几百个精前核。

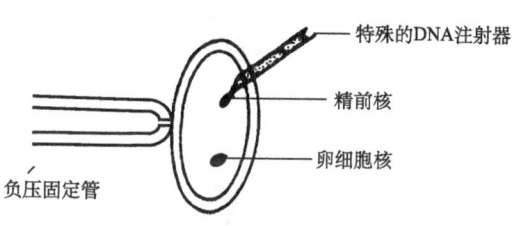

图 9-2 DNA 显微注射示意图
（引自常重杰等，2003）

1）显微注射 DNA 的制备与纯化

显微注射 DNA（目的基因）的构型、末端结构、长度与浓度、克隆载体和溶解 DNA 的缓冲液等对目的基因的转移整合及表达都有一定的影响。

DNA 构型和末端结构：线状与环状 DNA 均可用于转基因研究。对照实验显示，线状 DNA 的末端结构差异对整合效率与整合分子的结构影响大不。转移的 DNA 在染色体上的整合大多呈首尾相连的多拷贝，不同构型与末端间无明显差异。

载体：原克隆载体（如质粒）序列不影响携带基因的整合效率，但载体序列抑制转移的真核基因在转基因动物中的表达。注射前去除载体，目的基因的表达水平显著提高，而且具有较好的重复性。对某些基因（如珠蛋白基因），只有注射除去载体才能得到组织特异性表达。

DNA 长度与浓度：用显微注射法注入受精卵原核的 DNA 溶液的体积难以控制，一般认为每次注射 1~2nl，但保留在核内的 DNA 溶液体积不明。较易控制的是注射 DNA 的浓度：DNA 浓度低于 1μg/ml 时，转移基因在染色体上的整合效率低；DNA 浓度高于 3μg/ml 时，受精卵注射 DNA 后两细胞分裂率显著降低；当 DNA 浓度为 1~3μg/ml，对 5kb 的 DNA 而言相当于 200~600 分子/nl，其整合效率可达 20%~40%。注射较低浓度的 DNA

溶液反而降低整合频率，一般不改变整合形式，仍主要产生首尾相连的多拷贝。

溶解 DNA 的缓冲液：用于显微注射的缓冲液一般含 5~10mmol/L Tris（pH7.4）与 0.1~0.25mmol/L EDTA。增加 1mmol/L EDTA 或 1mmol/L $MgCl_2$ 使受精卵注射后两细胞分裂率降低 30%~50%。但不用 EDTA 则降低两细胞分裂率与整合效率。

另外，DNA 的纯度对于显微注射的成败至关重要。应完全排除酚、乙醇、其他有机溶剂和酶类等的污染。

2）显微注射法所用载体

一般要求转入的外源基因能够高效表达，而且最好是可以诱导表达。同时，转入基因中应该包含有帮助提高整合效率的序列。人们习惯于在显微注射的载体中加上 MAR 序列（matrix attach region），具有隔离作用，可以帮助基因高效表达。此外，在外源基因两端还可以加入微卫星序列，由于在染色体上也有微卫星序列，两个微卫序列可以帮助发生同源重组，提高整合效率。图 9-3 为一种转入基因的结构示意图。

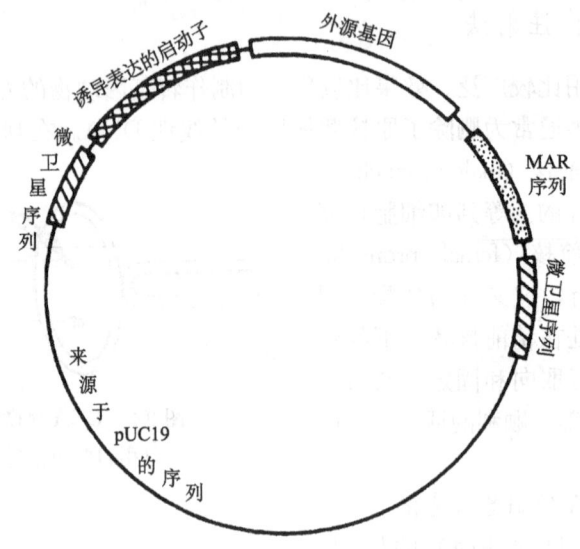

图 9-3　一种转入基因结构的示意图（引自张惠展，2011）

由于显微注射法所注射的 DNA 在宿主基因组中是随机整合的，并且有可能发生多个拷贝插入同一位点的情况。因此转入基因有可能碰巧整合到具有重要功能的基因之中，从而干扰该基因的正常表达，影响转基因动物的正常发育和代谢；另外，有的外源基因的表达具有时间性，得到的转基因动物可能只在一段时间内表达外源基因；有些个体可能因基因插入位点不合适而无法表达产物；还有些个体基因拷贝数过多导致表达过量，干扰自身的正常生理活动。因此，并不是所有的转基因小鼠都能产生预期的性状。由于这些原因，DNA 显微注射法的总效率还是比较低的，但是这种方法仍然是目前获得转基因鼠的常规方法。

9.2.1.3　胚胎干细胞法

胚胎干细胞（embryonic stem cell，ES）是指那些保持着分化为其他各种类型细胞能力的胚胎细胞，一般为原肠胚以前的胚胎细胞。这些细胞可以在人工条件下进行培养并保持着其胚性。ES 细胞在无饲养层的平板中培养时，会持续分化为肌细胞、神经细胞等多种细胞；

而在含有成纤维细胞的饲养层或白血病抑制因子的饲养层上生长时，可以保持其未分化状态，保持 ES 细胞的潜在分化能力。在 ES 的培养过程中可以对它进行各种操作而不改变它的分化能力，因而可以像对待大肠杆菌或酵母一样进行基因工程研究，经选择和扩大培养再用于产生转基因动物。

1) 实验步骤

(1) 从胚胎中分离细胞进行体外培养，并设法保持其胚性；

(2) 利用各种方法把有功能的外源基因导入 ES 细胞中，并进行必要的筛选；

(3) 把这些细胞生长形成的细胞系转移到原肠胚期的胚胎中，移植到雌性体内使发育为子代个体；这些个体都是嵌合体，其中一部分个体中转入的 ES 细胞参与了生殖腺的发育，并能把转入的基因遗传给后代；

(4) 通过传统的杂交方法使转基因动物繁殖并形成一个品系。

2) 胚胎干细胞的选择与正-负选择法

ES 细胞是培养的细胞，又具有发育的多能性，并能通过构建嵌合体而产生有功能的生殖细胞，这就为利用转基因技术改造物种提供了独特的、无与伦比的受体细胞。问题的关键是把外源基因移入 ES 细胞基因组后，既能高效稳定表达，又不影响 ES 细胞的各种功能。这就要求目的基因定点整合。整合后对原有基因结构及功能没有影响或影响较小，这是 ES 细胞基因组操作的关键。

人们把胚胎干细胞方法中使用的 DNA 载体设计成能够整合到染色体上特定位置的结构。用这种 DNA 载体转染培养 ES 细胞，得到的细胞中有的是 DNA 整合到了错误位置上，有的是整合到正确位置上，还有大部分 ES 细胞则根本不发生整合。于是人们通常采用一种叫做正-负选择的策略来富集整合正确的 ES 细胞。简单地说，就是先用正选择方法挑选所有整合了 DNA 的 ES 细胞，然后再用负选择方法淘汰整合错误的 ES 细胞。

整合位置应选定在基因组内编码非必需产物的地方，以减少整合的 DNA 对细胞的正常发育及功能的干扰。此外，还有一点也很重要，就是转入基因必须要整合在基因组的可以进行转录的区域。目前，研究人员正在寻找能够满足上述条件的合适位点。

适用于正-负选择法的载体通常包含以下几部分结构：①与整合位点区域同源的两段 DNA 序列（HB1 和 HB2）；②转入基因（TG）应该能使受体获得一种新的功能；③编码抗 G418 的新霉素磷酸转移酶基因（neo^r）；④两个不同的胸苷激酶基因（HSV-tk1 和 HSV-tk2），它们分别来自 I 型单纯疱疹病毒和 II 型单纯疱疹病毒。这几部分结构的序列排列对于正-负选择法起关键作用。转入基因 TG 与 G418 抗性基因 neo^r 位于 HB1 与 HB2 之间，再外边则分别是 HSV-tk1 和 HSV-tk2。如果发生错误整合，那么这两个 HSV-tk 中至少会有一个可能与其他序列一起整合；而如果发生正确的同源重组而整合，那么 HSV-tk 就不会整合到基因组中，只有转入基因及 neo^r 整合进去。因此用 G418 来筛选转染细胞，没有整合 neo^r 基因的细胞将全部死亡，整合了外源基因的细胞就可以存活下来，这就是正选择；如果在加入 G418 的同时再加入化合物 9-鸟嘌呤（ganciclovir，GCV），那么表达了胸苷激酶的细胞就会被杀死，这就是负选择。能在正、负双重选择下存活下来的细胞就是 DNA 整合进正确位点的细胞。虽然无法保证完全都对，但是这种双重选择大大增加了外源 DNA 在染色体特殊位点上正确整合的细胞数量（图 9-4）。

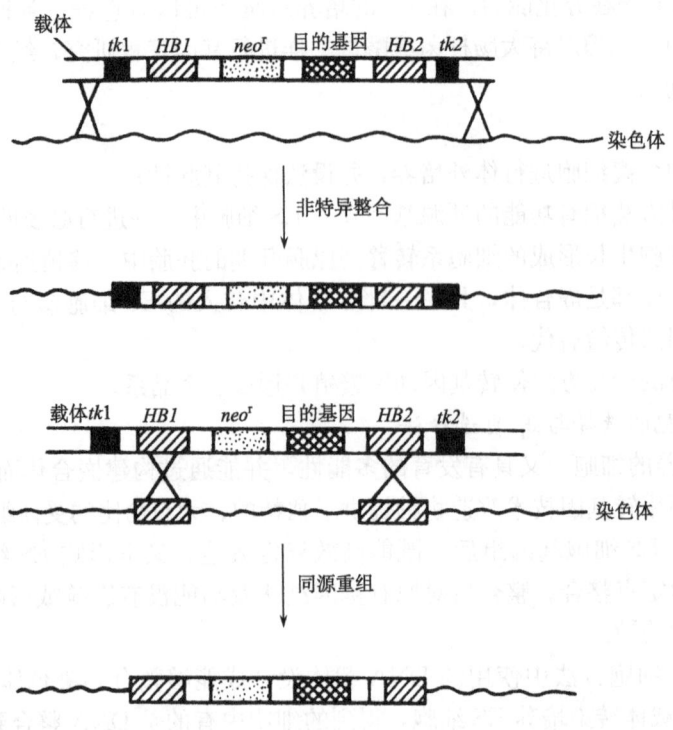

图 9-4　正-负选择法的原理示意图（引自瞿礼嘉等，1998）

要检测 ES 细胞中的外源 DNA 是否整合到染色体的正确位点，还有一个更为直接的办法，那就是 PCR。使用这一方法时，在 DNA 载体中的 HB1 和 HB2 序列之间，加上一个载体和鼠的基因组中都没有的独特 DNA 序列（US）。转染 ES 细胞以后，就可以对细胞进行 PCR 检测了。引物 P1 与独特序列 US 互补；引物 P2 则与细胞染色体上的一段邻近序列互补。如果发生随机整合，PCR 就无法扩增出预计大小的 DNA 片段（图 9-5A）；如果整合于特异位点时，就可扩增出一条已知大小的 DNA 片段（图 9-5B）。采用这一方法人们可以方便快捷地检测出在目标位点整合了转入基因的 ES 细胞。对这些 ES 细胞进行传代培养后，就可以建立携带正确整合的转入基因的细胞系了。

正确整合的转基因胚胎干细胞系经培养后就可以移入胚泡期的胚胎了。将这些胚胎移植到假孕的代孕母鼠子宫内，这样产生的子代其部分生殖系细胞就是由转基因的 ES 细胞形成的。然后在得到的转基因鼠间进行杂交，子代再配对杂交。根据孟德尔遗传定律，将有 1/4 的可能获得纯合的转基因鼠，即转入基因可以和正常基因一样分离。

目前，利用 ES 细胞获得的转基因小鼠主要是用于基础研究。从原理上讲，胚胎干细胞法应当也适用于获得其他转基因动物。但遗憾的是，这种方法目前还没有在牛、羊、猪及鸡等家畜、家禽的研究中使用；利用 ES 细胞获得转基因动物的方法还有一个缺点，就是需要经过多代才能得到纯合的转基因动物，这对饲养成本高、产仔数较少的大型哺乳动物（如牛、羊等）来说，要获得转基因动物是一件需要大量资金投入的事情。

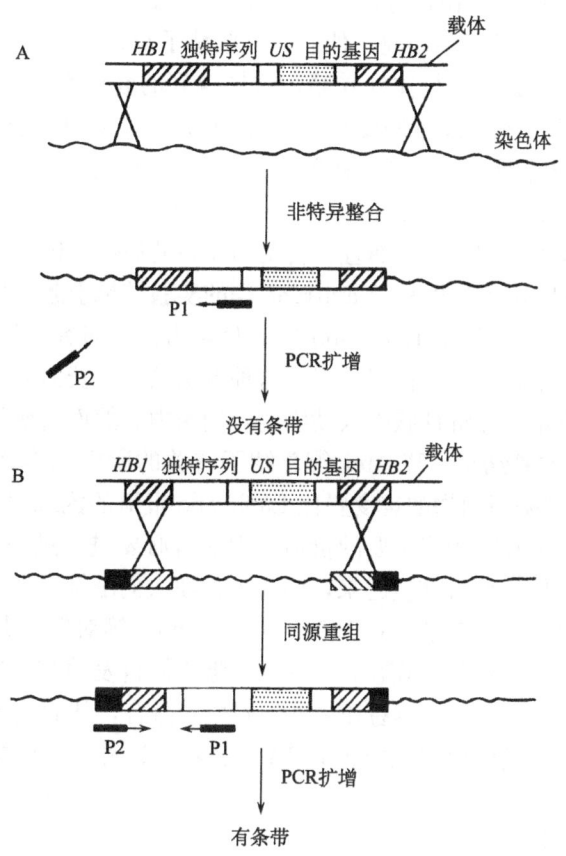

图 9-5　PCR 法检测特异整合同源重组示意图（引自瞿礼嘉等，1998）

9.2.1.4　精子介导的外源基因转移

应用脂质体法、电穿孔法或把外源基因直接与精子混合孵育，把外源基因导入到精子细胞中，通过受精过程把外源基因导入到受精卵中，从而实现外源基因的转移。

1）研究历史

迄今，为广大研究者所认可的制作转基因动物的基本方法有 3 种，即 DNA 显微注射法、反转录病毒载体法以及利用转化的全能胚胎干细胞形成生殖系嵌合体的基因转移。然而目前这 3 种方法制作转基因动物的效率还很低。寻求一种简便、有效、可广泛应用于各种哺乳动物、鸟类、鱼类的转基因方法仍是必要的，精子介导的外源基因转移（精子载体法）提供了一条新的基因转移途径。这方面的研究引起了人们的注意。由于这种方法非常简便，利用人工授精程序就可以生产转基因动物，因而成为近年来转基因动物研究的一个热点。

①1971 年，Bracket 及其合作者开始了精子介导外源 DNA 转移的先驱工作：当精子暴露于纯化的 SV40-DNA（H^3 标记腺嘌呤）中后，在精子的头部检测到放射性物质。他们的结果表明异源的 DNA 分子可以结合进入哺乳动物的精子，并且这些精子在受精过程中能将外源 DNA 携入卵细胞。②18 年后，Arezzo（1989）研究发现同源和异源的大分子可穿透进入活的海胆精子，而且借助精子载体外源 pRSVCAT 或 pSV2CAT 质粒能进入卵子，外源的 CAT 基因还可以在胚胎中表达。1994 年于健康等将金鱼精子与线性 DNA 一起保温

30min 后用于授精,得到转基因的金鱼。③精子载体法最引人注目的报道是 1989 年意大利学者 Lavitrano 等在小鼠上进行的研究,他们将小鼠精子与线状或环状 pSV2CAT 质粒一起孵育 15min 后,再与成熟卵子进行体外受精,这样得到的胚胎在 2-细胞期移植入受体鼠的输卵管内,受体鼠产出的 250 只体外受精小鼠中有 30% 为阳性个体。从一个阳性小鼠总 DNA 构建的基因组文库中重新克隆了 pSV2CAT,并且对该克隆 *Hind*Ⅲ 的两条酶切片段的核苷酸序列测定验证了杂交信号本质上是 pSV2CAT DNA。实验还发现阳性个体中转入的基因可以稳定地整合入生殖细胞系,而且在转基因家系的后代个体的组织器官中,特别是尾和肌肉中可检测到 CAT 基因的表达。Lavitrano 等的实验结果引起了生物学家巨大的惊奇和迷惑。Binstiel 等撰文指出,如果 Lavitrano 的实验能为其他研究者所重复,那么这项工作将成为生物学的一个奠基石,这不仅仅是因为这种方法摈弃了费力的技术要求高的显微注射方法,而且该法具有将重要经济性状引入动物的应用潜力。然而遗憾的是,其他一些实验室未能重复 Lavitrano 的实验结果。Binster 等总结了有关的研究工作之后指出:利用精子与 DNA 混合培养法生产转基因动物的难度要比 Lavitrano 报道的困难得多。Brinster 同时指出由于这种方法在生物学上具有相当重要的价值,因而有必要进行进一步的研究。Brinster 等的研究使人们对精子载体法变得谨慎起来,同时也促使人们围绕这个方法在不同物种(特别在家畜)上开展了大量的研究工作。④1992 年,Rottman 等对精子载体法进行了改进,外源 DNA 在与精子混合培养之前先用脂质体包裹,脂质体自发地与 DNA 相互作用形成脂质体-DNA 复合体。这种复合体比较容易和精子细胞质膜融合,从而进入细胞内部;同时脂质体的包裹还可防止核酸酶的降解以及防止 DNA 被稀释。这种改良的精子载体法在转基因鸡生产上获得了满意的结果。

2) 精子摄取外源 DNA

精子在与 DNA 混合培养条件下,能否捕获外源 DNA,这是精子载体法是否可行的关键。虽然人们尚不知道外源性遗传物质进入精子的确切机制,但已有许多研究者通过实验证明外源性遗传物质确实能与精子结合,并且至少有一部分遗传物质进入精子的头部。一系列研究证明兔、小鼠、猪、牛、水牛、山羊、绵羊、人、鸡等的精子都具有摄取外源性遗传物质的能力。

只有活精子才具有结合外源 DNA 能力。鸟类精子与 DNA 的结合在混合培养后 1h 内发生,对哺乳动物的精子而言,这种结合过程只需 20~40min,对鱼类来说这种过程甚至更快,可能不超过 15min。

精子载体法最初的方法是在受精前将精子与外源 DNA 混合培养,后来发展了电穿孔法和脂质体介导的方法。运用精子与 DNA 共培养的方法已经证明并非每个精子都会与外源 DNA 结合,而是以很低的比率发生。

鸡精子与外源 DNA 混合培养后,只有 6.3% 的精子被标记,然而使用这些精子授精,却几乎在半数的新生蛋胚盘中检测到外源 DNA。混合培养法一般不影响精子的活力和受精能力,电穿孔法是利用高电场暂时性地破坏精子质膜,从而使外源 DNA 比较容易地进入细胞内。这种方法处理后,虽然精子的活力没有下降,但受精率下降。这种现象表明穿孔法过早地引起了顶体的损坏,这样 DNA 比较容易进入该区域但却引起受精能力下降。脂质体能与 DNA 相互作用形成脂质体-DNA 复合物。复合物可以很容易地与胞浆膜融合,使 DNA 进入到细胞内部。

脂质体的介导可以提高精子摄取外源 DNA 的能力,而对于其受精能力没有影响或影响轻微。

外源 DNA 片段的大小影响 DNA 与精子的结合。大于 7kb 或 150~750bp 的小片段更容易被精子所摄取。此外，在精子顶体头部以及精液中还存在着若干种糖蛋白，对于精子摄取外界 DNA 有着决定性的影响。

利用精子作为目的基因的载体，进而制备转基因动物，在实践中还存在着分歧，其具体机制也不很清楚。但这一技术至少是从构想上，对于大牲畜的转基因研究具有潜在的重要意义，尤其是只需通过人工授精技术就能完成 DNA 到胚胎的转移。因此，有关利用精子作为载体的试验在猪、禽类及牛等动物中不断有报道出现。目前这一技术在不断完善发展，它在理论研究和实践应用中都将起到重要作用。

9.2.1.5 体细胞核移植技术制作转基因动物

动物体细胞核移植技术的成功表明动物体细胞的分化不是不可逆的，这是近年来人类在细胞生物学及发育生物学领域取得的伟大成就之一。体细胞克隆在羊、牛、鼠、猪等物种都已获得成功，该技术的问世也为转基因动物的研究开辟了新的途径。

1997 年，英国 PPL 公司的科学家 Schnieke 与罗斯林研究所的 Wilmut 等联手通过体细胞核移植技术率先在世界上制作了转基因绵羊（图 9-6）。研究者用人凝血因子Ⅸ基因和新霉素抗性基因共同转导绵羊胎儿成纤维细胞，之后首先用 G418 进行筛选。通过 G418 筛选出的细胞必然整合了新霉素抗性基因，其中部分细胞可能同时整合了人的凝血因子Ⅸ基因。然后通过 DNA 杂交的方法鉴定其中同时整合了上述两个基因的细胞。研究者以整合了上述

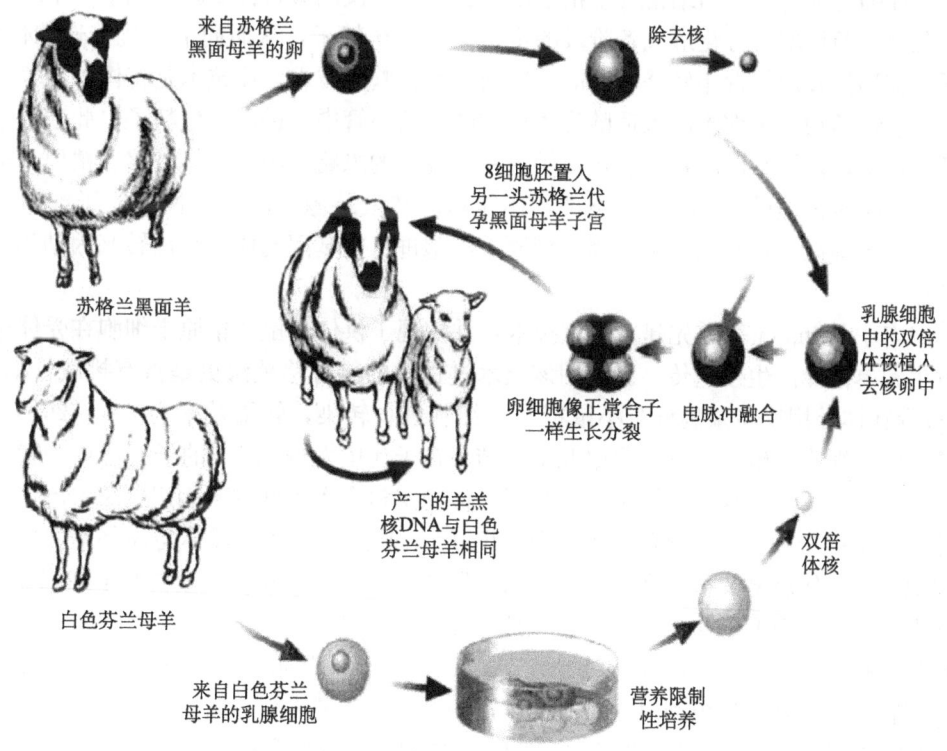

图 9-6 体细胞核移植技术生产克隆羊（引自罗庆苗等，2011）

两种基因的绵羊胎儿成纤维细胞作核供体,获得4只转基因绵羊(有一只生后不久死去),这些羊就是与"Dolly"齐名天下的"Polly"、"Molly"、"Holly"和"Olly"。Gibelli等通过体细胞核移植技术制作了3头含有外源标记基因(LacZ)的犊牛,其所使用的核供体细胞类型也是胎儿成纤维细胞。Alexander等(1999)通过体细胞核移植技术获得了3只转人抗胰蛋白酶(hAT)基因的奶山羊。其方法有别于上述两例报道。研究者所使用的核供体是来自非转基因母羊与转基因公羊精子人工授精后怀孕40天的胎儿成纤维细胞系,出生的3只克隆羊均为母羊,乳汁中hAT的含量为1~5g/L。毫无疑问,体细胞核移植技术可以实现转基因的目的,出生的后代个体100%为转基因个体。但这里也有些问题,就目前的体细胞克隆技术而言,成功率是比较低的。以Dolly(1997)为例,其成功率为1/377,这就制约了该技术在生产中的应用。就总的效率而言,通过体细胞克隆技术制作转基因动物的效率大约为2.5%,这一比率已远远高于显微注射法。体细胞克隆技术用于动物转基因研究堪称转基因动物研究史上的又一里程碑。

9.2.2 转基因动物技术的新发展

9.2.2.1 生殖干细胞法

1) 精原干细胞法

精原干细胞(spermatogonial stem cell,SSC)是在哺乳动物的睾丸内一群像胚胎干细胞(embryo stem cell,ES cell)一样具有高度自我更新能力和分化潜能的细胞。精原干细胞位于雄性哺乳动物体内曲细精管生精上皮基膜内,不仅能够自我更新生成新的干细胞,而且可以源源不断地增殖分化形成各阶段的生殖细胞直至精子,从而向下一代传递遗传信息。精原干细胞移植技术是近年发展起来的一项新的动物繁殖技术,该技术是将体外培养的适龄雄性供体动物的精原干细胞注入适龄受体动物的生精小管中,进而产生精子。此项技术为研究精子的发生以及转基因动物的制作提供了一个极佳的思路,因为在体外培养精原干细胞的过程中可以探索最佳的DNA转染条件,还能够对转染外源基因的阳性精原干细胞进行筛选,从而大大提高了转基因效率。利用精原干细胞进行转基因已成为目前转基因动物研究领域的热点之一。

1994年,Brinster等首先建立了该技术,并实现了供体小鼠的精原干细胞在受体中进行精子发生和单倍体的生殖遗传。在应用该技术过程中的异种移植法更是富有挑战性的创新。Nagano等在体外用反转录病毒对小鼠精原干细胞进行转染,转染效率为2%~20%。将转染后的精原干细胞移植入受体小鼠睾丸中,结果在子代中发现4.5%的子代小鼠为稳定的转基因小鼠,并表达外源基因,提示外源基因已被稳定整合入干细胞基因组。Kanatsu-Shinohara等尝试将携带有增强型绿色荧光蛋白(EGFP)基因的慢病毒载体与体外培养的大鼠精原干细胞混合,然后将其移植到免疫缺陷的小鼠睾丸中,观察发现大鼠精原干细胞在小鼠睾丸内产生了表达EGFP的生精细胞,并生成精子,最终生产出转基因大鼠。Honaramooz等通过腺相关病毒(adeno-associated virus,AAV)携带GFP报告基因转染体外培养的山羊精原干细胞,然后将其移植到射线照射处理过的受体山羊睾丸内,转染后的精原干细胞能够定植并生成精子。采精后进行体外受精,转基因胚胎阳性率可达10%。这是第一个成功通过精原干细胞移植的方法进行大家畜转基因研究的报道,为建立转基因大动物模型带来了希望。随着培养体系的不断完善,筛选、移植方法的不断改进,一定可以获得更高的移植成功率，提高生产转基因动物的效率。

2) 原始生殖细胞法

原始生殖细胞（primordial germ cell，PGC）是指能够发育成为精子或卵子的祖先细胞，来源于胚胎生殖嵴，与来源于囊胚内细胞团（inner cell mass）的胚胎干细胞同属全胚层多能干细胞（pluripotent stem cell）。原始生殖细胞可以定居在受体性腺，并能够在受体胚胎性腺迁移、增殖。又由于各个时期的原始生殖细胞都可以作为转基因的受体细胞，故以其作为载体进行转基因研究较为简便、高效，并逐渐引起关注。

Natio 等从早期鸡胚血液分离得到了 PGC，利用脂质体法导入 *lacZ* 基因，然后注入受体胚，53 只鸡胚发育到第 3 天且在生殖嵴表达了 *lacZ* 基因。2006 年，Van de Lavoir 等将携带有绿色荧光蛋白基因的 PGC 注入孵化 3d 的鸡胚内，将孵化出的公鸡与未转入基因的母鸡交配，成功获得生殖腺转入外源基因并带有绿色荧光的雏鸡。而对于哺乳动物，Brinster 等则证明了可以通过雄性个体之间的精原细胞转移来制备转基因动物，他们向 C57BL6×STL 杂交一代小鼠的曲精细管内注入 ZFlacZ 系小鼠的 PGC，结果证明植入的 PGC 成功发育为精子细胞，并能够受精产生后代。另外，Mueller 等的报道中指出从转基因猪分离出的 PGC 具有一定的嵌合能力，从而证实了利用 PGC 进行猪或其他大动物转基因的可行性。

利用原始生殖细胞进行转基因来制备转基因动物有很大的优势，其可操作性强，可以大量制备，是近几年发展起来的一项新的转基因技术。该方法同基因打靶技术相结合，可以同时提高转基因效率和精确度，在转基因动物研究中将会得到广泛的应用。但如何优化其操作以提高转基因效率以更好地应用于转基因家畜等问题还有待进一步的探索。

9.2.2.2 基因打靶技术

基因打靶技术（gene targeting technology）是指通过同源重组将外源基因定点整合入靶细胞基因组上某一确定的位点，以达到定点修饰改造染色体上某一基因为目的的一项技术。它克服了随机整合的盲目性和危险性，是一种理想的修饰、改造生物遗传物质的方法。

1) 胚胎干细胞（ES 细胞）基因打靶

该方法利用 ES 细胞能在体外培养并保留发育的全能性，将改造后的外源基因导入 ES 细胞后，再把 ES 细胞注入动物囊胚，ES 细胞能够参与宿主细胞的胚胎构成，形成嵌合体直至达到种系嵌合，从而将带有外源基因的 ES 细胞传给后代，产生转基因动物。Bradly 等首次成功地用显微注射法将 ES 细胞移入囊胚腔，并移植回假孕母鼠，获得生殖系嵌合体，经过适当的交配，获得了源于 ES 细胞系的纯系小鼠。1987 年，Thomas 等选择小鼠 ES 细胞为靶细胞进行基因打靶，建立了次黄嘌呤磷酸核糖转移酶基因（*hprt*）敲除（gene knock-out）的动物模型。通过基因打靶，不仅可以敲除特定的外源基因，还可以将外源基因转入动物基因组，获得基因敲除的转基因动物。美国犹他大学 Eccles 人类遗传学研究所科学家 Capecchi、美国北卡罗来纳州大学教会山分校医学院教授 Smithies 与英国卡迪夫大学卡迪夫生命科学学院 Evans 因为在利用胚胎干细胞对小鼠进行基因打靶的系列发现分享了 2007 年诺贝尔生理学或医学奖。

该方法中，ES 细胞提供了一个研究处理整体细胞群的实验体系，利用 ES 细胞作为载体，体外定向改造 ES 细胞，可使基因的整合数目、位点、表达程度和插入基因的稳定性及筛选工作等都在细胞水平上进行。目前，在 ES 细胞中进行同源重组已成为一种对小鼠染色体组任意位点进行遗传修饰的常规技术，该技术可以应用在研究基因功能和疾病模型方面。

但是，至今尚未获得家畜的 ES 细胞用于基因打靶，限制了基因打靶在制备乳腺生物反应器等实际生产中的应用。

2）体细胞基因打靶

在体细胞克隆技术成功之后，科学家们不再将基因打靶技术局限于 ES 细胞，而将基因打靶与体细胞核移植技术结合起来作为制备转基因动物的一种新的选择。首先设计合成一个将要导入体细胞的打靶载体，将此载体导入受体细胞，之后可以在体外培养条件下对整合外源基因的体细胞进行大量增殖和筛选，同时可以进行外源基因的表达分析，然后将整合并能高效表达外源基因的体细胞作为核供体，与核受体（一般是成熟卵母细胞）进行体外融合重构以形成克隆胚胎，再将克隆胚移植给代孕的母畜，从而诞生出某一基因发生定向改变的后代。

PPL 公司的 McCrearh 等在 *Nature* 上报道了 COLlAJ（原胶原）基因在胎儿成纤维细胞内进行基因打靶，在 COLlAJ 基因内插入了 IRES 和无启动子的 *neo* 和 a1-antitrypsin (AAT) 基因，生产出转基因克隆绵羊，该羊乳中 AAT 蛋白含量高达 650mg/L。这是第一例通过核移植生产的体细胞基因打靶绵羊。在克隆动物制备过程中，提供体细胞核的供体动物如果与提供细胞质的受体动物不同，很可能会由于基因印记而导致核质的不协调，从而大大降低转基因克隆动物的制备效率。为解决这一问题，Yang 等选择将体细胞核移植到同一母牛的去核卵子细胞内，此克隆的同体重组胚中基因重排明显优于异体重组胚，其囊胚发育率也明显高于异体胚。另外，2004 年 Kuroiwa 等应用该技术制备出无疯牛病的牛，2005 年 Wall 等制备了不发生乳房炎的奶牛，2006 年 Lai 等制备出能够合成多不饱和脂肪酸的猪。2008 年 Baldassarre 等报道，重组人丁酰胆碱酯酶（rBChE）在哺乳期山羊乳中的表达量可达到 1~5g/L。

该技术绕过了需要 ES 细胞打靶的障碍，直接在体细胞中进行基因同源重组，体外筛选中靶细胞，通过核移植制备转基因动物。ES 细胞经过打靶修饰、筛选、扩增后仍保持进入生殖系的能力，但体细胞不同，用于克隆家畜的体细胞体外存活时间是有限的，尽管有些细胞在经过基因打靶进入核移植时仍具有全能性，但衰老的细胞打靶效率会降低，这也成为体细胞基因打靶的主要限制因素。相信随着新技术的不断出现，靶受体细胞的培养传代、打靶以及核移植等相关技术会被攻破，从而提高体细胞基因打靶效率。该方法建立的转基因动物可高效表达体细胞中转入的外源基因，可以加快制备商业化生产水平的生物反应器及生产基因工程药物等的发展。

3）条件性基因打靶

外源基因整合到动物基因组中带有随机性，表现为整合位点的随机性和拷贝数量的随机性，这使得转入目的基因的表达有很强的不可控性。然而，在实际运用中往往需要使目的基因在特定组织或细胞类型中进行表达，或者使其在动物发育的某个阶段进行表达，因此，外源基因的时空可控表达成为人们迫切需要解决的问题。而条件性基因打靶则是一个绝佳的策略，具有很大的应用价值。它主要是基于 Cre/LoxP 系统，从而使打靶产生的变异在时间、空间或时空上都具有特异性。Gu 等利用这种策略首先实现了 DNA 聚合酶 B 基因在 T 细胞内的灭活。

该系统包括 Cre 重组酶和 loxP 位点两部分，其中 LoxP 由两个 13bp 的反向重复序列和 8bp 的间隔区域构成，Cre 重组酶可识别 LoxP 位点，切除或置换两个 LoxP 位点间的 DNA 片段。因此可以通过给 Cre 重组酶 1 基因选择适当的组织特异性启动子，控制 Cre 重组酶基因在特定组织细胞中表达，保证基因表达的空间特异性。而 Cre/LoxP 系统通过两种方式保证了目的基因表达的时间可控性：一种是在 Cre 重组酶基因的上游置入诱导剂依赖性的启动子，如四环素调控蛋白启动子、干扰素诱导性启动子等，根据需要在不同的时间给予诱导剂，启动转录使 Cre 重组酶表达，从而调控基因表达；另一种是将 Cre 重组酶基因与类固醇受体的配体结合域（ligand binding domain，LBD）基因结合，表达出的融合蛋白的重组酶活性需要在激素类诱导剂作用下才能被激活。

利用 Cre/LoxP 系统可以实现条件性基因敲除，即构建打靶载体时，在目的基因的两侧加上相同方向排列的 LoxP 序列，然后进行基因打靶制备转基因小鼠系。与此同时，再制备一种转入 Cre 重组酶基因的转基因小鼠，这两种小鼠交配后即可产生同时含有以上两套基因的转基因小鼠。将 Cre 重组酶基因与诱导型启动子或类固醇激素受体的 LBD 融合，并为其选择适当的组织特异性启动子，则可以在动物个体出生后根据时间需要激活 Cre 重组酶，切除基因组中两个 loxP 位点之间的基因，实现目的基因在某个特定组织器官的局部敲除。这一策略特别适用于研究一些胚胎期必需基因的功能和广泛表达的基因在某一特定组织中的功能。相反，利用 Cre/LoxP 系统还可以实现条件性基因修复，如将两个 loxP 位点插入到某个功能基因中，即可根据时间需要通过药物诱导激活 Cre 重组酶，切除两个 loxP 位点之间的片段，使目的基因重新恢复功能。

Rendahl 等首先将 Cre/LoxP 系统与胚胎干细胞的研究结合了起来。将 Pgk-LoxP-Neo 盒引入胚胎干细胞的目的基因座，Cre 酶表达 pgk 启动子被除去，同时 ES 细胞对 G418 的敏感性增加。这项研究有效地将单拷贝基因引入确定的基因座，加强了内源性调控元件控制转入基因的表达。细胞对 Cre 酶的吸收有限，限制了 Cre/LoxP 系统的应用，因此改进细胞对其的吸收效率也是 Cre/LoxP 系统研究的一项重要内容。Chenuaud 等研究了由 Kaposi 成纤维细胞生长因子改进的疏水肽，以及 HIV-TAT 的基本肽对细胞吸收 Cre 酶效率的影响。结果表明，当核定位信号与 Cre 的融合物与 TAT 肽融合后，成纤维细胞、鼠胚胎干细胞对 Cre 的吸收增加到 95%。

总之，该系统利用组织专一性启动子对转基因表达保证了空间专一性，同时利用药物诱导系统对转基因表达保证了时间可控性，实现了定时、定位地对外源目的基因进行精确调控，达到了人为控制其表达的目的。可以利用此技术建立时空表达可控的转基因模型调控体系，对基因功能的研究具有十分重要的价值。

9.2.2.3 RNA 干扰（RNAi）介导的基因沉默技术

RNA 干扰（RNAi）是双链 RNA 介导的特异性基因表达沉默现象，自从 20 世纪末被发现之后，其基础研究和应用迅速成为 21 世纪初生命科学中的热点领域之一。利用该方法，可以部分地抑制特定内源基因的表达，或通过 mRNA 的降解使目的基因表达下调沉默，从而实现基因表达调控的时空性和可逆性。

双链小分子 RNA（siRNA）可通过互补序列特异地结合目标 mRNA，被结合的 mRNA 将不再翻译而使动物表现出特定的性状改变（图 9-7）。例如，2005 年 Acosta 等设计了斑马鱼 *myostatin* 基因的干扰片段并注入其受精卵，这段干扰片段即双链小分子 RNA 干扰了 *myostatin* 的表达并降低其 mRNA 水平，从而解除 *myostatin* 基因对肌肉组织生长和发育的抑制作用，产生肌肉发达的斑马鱼。2006 年，Pfeifer 等将能使 *PrP* 基因沉默的 siRNA 序列转入原核小鼠细胞核内，这些胚胎发育成小鼠后，再把感染性"瘙痒病"朊病毒注射到小鼠的大脑中；脑细胞含有 siRNA 的小鼠的存活时间比普通小鼠大大延长。该技术有望用于抗羊瘙痒病的转基因羊新品种的培育。

近几年已经开发出时空 RNA 干扰技术，通过控制干扰基因的转录，实现对 RNA 干扰的控制。2007 年，Dickins 等将启动子四环素反应元件（tetracyclin response element, TRE）与 RNA 干扰基因结合后转入小鼠中，成功转入的小鼠再与转有转录因子（tTA）的小鼠杂交，制备出同时含有 TRE、RNA 干扰基因以及 tTA 的转基因小鼠。给予这些小鼠四环素药物来激活 tTA 系统并使之与启动子结合，进而激活 TRE，从而启动 RNA 干扰。

并不是所有的 siRNA 都能起到抑制效果，因此 RNAi 应用的重要问题是如何设计有效的 RNAi 序列，并使其在细胞内长时间稳定地表达。虽然 RNAi 现象的机制目前还没有完全弄清楚，涉及很多不明功能的酶和蛋白质，但该技术有望被广泛用于基因功能分析和疾病治疗的研究中，推动分子生物学、医学等的进展。如利用 RNAi 可以降低或抑制某些基因的表达，建立相应的动物模型用于病毒性疾病治疗和预防，将会是一个具有广阔发展前景的领域。也可以将 RNAi 技术与其他转基因方法如体细胞克隆法相结合，定向地生产转基因动物用于研究与生产。

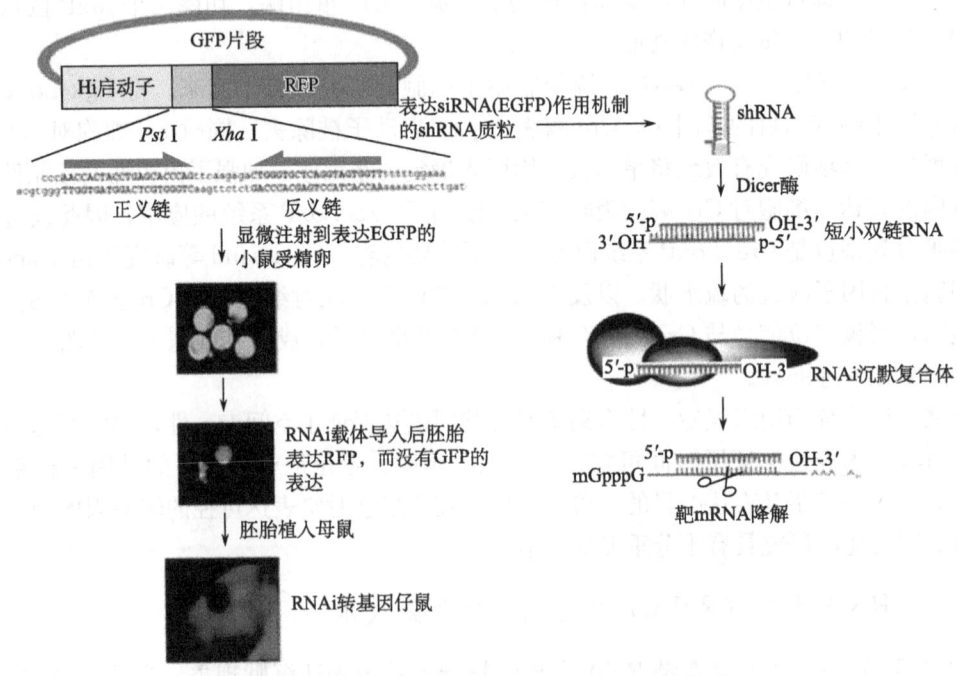

图 9-7 RNAi 法制备转基因动物（引自罗庆苗等，2011）

9.2.2.4 诱导多能干细胞转基因技术

诱导多能干细胞（induced pluripotent stem cell，iPS cell）是将几种转录因子转入已经分化的体细胞中，使其重新编程为类似胚胎干细胞的一种细胞类型。iPS 细胞同样具有自我更新和分化的全能性，其功能与胚胎干细胞类似，无需制造胚胎，从任何组织的细胞都可以制造出具有干细胞功能的细胞，避免了转基因面临的伦理问题，更重要的是简化了制备转基因动物的过程。iPS 产生机理与相关技术的深入研究，将会给治疗人类疑难疾病、组织修复与再生以及生物制药等诸多生物医学领域带来新的发展机遇。

2006年，日本京都大学Takahashi等将携带有Oct4、Sox2、Klf4和c-Myc 4种限定因子基因的反转录病毒载体导入小鼠成纤维细胞（图9-8）。结果显示，转入限定因子的成纤维细胞被诱导重编程为胚胎干细胞样的多能性细胞，该细胞被称为"诱导多功能干细胞"（iPS细胞）。一年后，研究人员又成功地将人的皮肤成纤维细胞诱导为iPS细胞。2009年7月，美国《细胞·干细胞》杂志和英国《自然》杂志分别报道了我国科学家利用iPS细胞培育出哺乳动物的消息，北京生命科学研究所高绍荣博士和中国科学院动物研究所周琪博士领导的研究小组分别利用iPS细胞，通过四倍体囊胚注射得到了存活并具有繁殖能力的小鼠，证明了iPS细胞的全能性。这期间许多实验室针对这一领域展开研究，产生了一系列新的研究成果。例如，由于c-Myc为癌基因，它的重新激活会导致iPS细胞的高致瘤性，针对这一问题，Nakagawa等将c-Myc因子从Oct4、Sox2、c-Myc和Klf4 4个限定因子中去除，结果有效地分离到iPS细胞，只是iPS细胞产生的效率明显降低。但是该实验获得的iPS细胞特异性高、质量好，并且其多能性标记基因的表达水平更接近ES细胞，产生的后代小鼠的致瘤性也大大降低。研究发现，如果体细胞内某种限定因子的表达量合适，在重编程过程中可以去掉该因子而不影响结果。如在小鼠神经干细胞内，Sox2和c-Myc的表达水平比ES细胞高。Kim等分别将Oct4和Klf4、Oct4和c-Myc两组限定因子导入神经干细胞，也成功地将其诱导为iPS细胞。另外，研究证明某些小分子化合物可以促进重编程，甚至可以替代限定因子。如在转入Oct4、Sox2、c-myc和Klf4这4种因子诱导小鼠成纤维细胞时，若加入维甲酸（valproic acid，VA）可以明显提高其重编程效率，即使在去掉癌基因c-Myc时也能保持效率不下降，从而有效避免了诱导细胞癌变的可能。在对限定因子进行研究的同时，科研人员也展开了对其载体的探索，如利用来自病毒的2A肽序列生成一种结合限定因子的"多顺反子载体"（multicistronic vector），该载体被piggyBac转位子载体送入细胞中，进而在人和小鼠成纤维细胞中都生成了稳定的iPS细胞。综合近两年的实验成果，可以推测小鼠的任何体细胞都有可能通过病毒载体转染限定因子的方法诱导成为iPS细胞。在iPS细胞报道后短短两年多的时间内，iPS细胞的研究就受到了人们广泛的关注，体细胞重编程、去分化和多潜能干细胞来源等一系列热点问题再次成为干细胞研究的热点和焦点，同时也为转基因动物的研究提供了全新的思路。

iPS细胞的功能同ES细胞非常相似，具有多向分化的潜能。同普通细胞一样，iPS细胞能够作为转基因的靶细胞，可以通过一定的转基因技术将外源基因转入iPS细胞，也可以针对iPS细胞进行基因打靶或基因敲除等遗传修饰，从而根据人的意愿实现iPS细胞内基因改造，然后将其注入囊胚腔来获得嵌合体后代，高效、定向地生产转基因动物（图9-8）。另外，将iPS细胞应用到体细胞核移植技术是一个非常不错的选择，利用iPS细胞作为核供体细胞，同适当的受体细胞融合后便可以直接获得转基因动物。因此，在转基因动物研究中，将iPS细胞诱导技术同动物转基因技术相结合是一种创新，应用该方法不仅可以避免种间繁殖障碍，克服亲缘关系的制约，而且可获得用传统的交配方法无法得到的动物新性状。

与ES细胞相比，iPS细胞具有明显优势，避免了分离ES细胞时对大量优质胚胎的破坏，而且iPS细胞容易获得，普通的体细胞即可诱导产生。另外，iPS细胞强大的可塑性使基因的遗传修饰更加高效，转基因动物的制备也更加方便快捷。iPS细胞的应用在转基因动物生物反应器以及人源性疾病动物模型的制作等方面具有深远的意义。但是，目前这一技术刚刚起步，还有许多问题等待解决，如怎样才能提高 iPS 细胞的诱导效率，如何保持 iPS 细胞多能性，如何定向可控的诱导 iPS 细胞等。随着研究的不断深入，这些问题都会得到更好的解决，进一步促进动物转基因技术的发展。

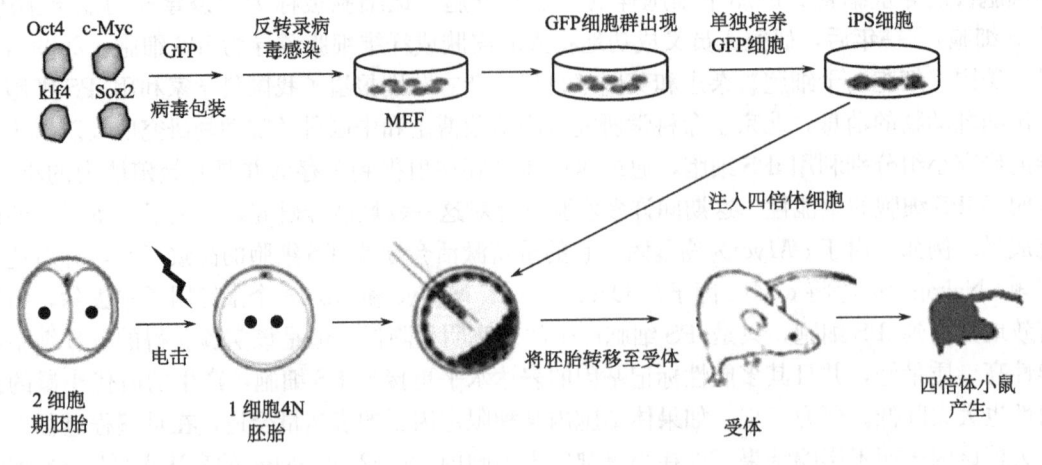

图 9-8　iPS 技术制备活体小鼠（引自罗庆苗等，2011）

9.3　转基因动物的制备和检测

9.3.1　以显微注射小鼠为例介绍转基因动物的制备

就转基因技术而言，要将 DNA 转入鼠的基因组主要可通过以下 3 种方法进行。一是利用反转录病毒载体将外源基因转入胚胎早期细胞，然后移植到受体动物中；二是利用微注射法将 DNA 直接注射到受精卵的精前核中；三是将基因工程改造过的胚胎干细胞导入早期胚胎中。我们就以 DNA 显微注射法为例介绍转基因小鼠的制备过程。

DNA 显微注射法在动物转基因技术里已提到过，现在以小鼠为例详细介绍一下。显微注射的转入基因通常为删除了原核载体序列的线性 DNA。Gordon 将 SV40 的复制原点和启动子与疱疹病毒的 *tk* 基因插入细菌质粒 pBR322，然后将之注入受精小鼠胚胎的原核，并将注射后的胚胎植入代孕母鼠的输卵管。之后对出生的小鼠用 Southern 印迹杂交法检测其基因组中是否含有注射基因的同源片段。在出生的 78 只小鼠中，其中两只被认为是转基因阳性。这一伟大的尝试确证了外源基因可以通过这种方法整合到宿主基因组中，从而为以后的研究工作开辟了一条崭新的途径。继 Gordon 报道了显微注射法产生转基因小鼠之后，Palmiter（1982）的报道在生命科学领域中也引起了一场不小的轰动。Palmiter 将 5′调控区缺失后的大鼠生长激素基因与小鼠金属硫蛋白 I 基因启动子相连接，然后将融合基因注入受精小鼠的雄原核，生出 21 只小鼠，其中 7 只为转基因阳性鼠。在阳性鼠中，2 号鼠在出生后 74d 时，体重达到同窝非转基因小鼠平均体重的 1.87 倍，这便是著名的"超级小鼠"。Hammer 等（1985）利用该方法成功地制作了转基因兔、绵羊和猪。上述三例研究被认为是动物转基因研究历程上的里程碑。值得一提的是，大家畜原核期的胚胎胞浆中含有大量的泡状颗粒，影响其透光性，不便操作。为了准确起见，往往要在显微注射之前对胚胎进行离心处理以使原核暴露，而试验动物，如小鼠、兔则基本不存在这一问题。此外，反刍动物胚胎发育同步性差，经超排处理后获得的部分胚胎不是处于原核期的胚胎。1989年，Sang等利用显微注射首次在国际上获得了可以稳定遗传外源基因的转基因鸡，也是目前唯一有科学和实际意义的转基因家禽。禽蛋在产出体外时已经是受精20多个小时的胚胎，细胞总量达60 000个以上，并且早期胚胎的发育异常迅速，因此要捕获单细胞胚可能性极小，这也就是为什么生产转基因家禽远比生产转基因家畜更困难的原因。

> **利用小鼠制备转基因动物的优势**
>
> 鼠的生殖周期短，产仔数多，基因整合率相对较高，饲养成本相对较低，因此成为转基因动物实验的首选动物。从20世纪80年代初期到现在，人们已经将上百种不同的基因转入了小鼠，这些研究为进一步了解高等动物的基因表达调控、肿瘤的发生、免疫特异性、胚胎发生、发育过程以及分子遗传学等基础生物学过程做出了重要贡献；同时，在判断利用家畜生产人类药物的可行性、构建人类各种遗传疾病的生物医学模型方面，转基因鼠也发挥了重要的作用。因此，有人把鼠称为哺乳动物中的"大肠杆菌"和"酵母"。

9.3.2 转基因的鉴定和表达水平检测

转基因动物技术中，外源基因导入后是随机整合的，效率很低。外源基因导入能否整合、能否正常表达，目前尚难控制和预测，培育的子代动物是否为转基因动物，需要进行严格的筛选和鉴定。2006年11月，转基因食品政府间AdHoc法典特别工作组（Ad. Hoc. Intergovernmental Codex Task Force on Foods Derived from Biotechnology）召开会议，拟定了转基因动物源性食品的安全评价指南，对转基因动物及产品检测技术的准确性及严格性提出了更高的要求。因此选择合适的检测方法，避免造成检测的疏漏及人力、物力、财力的浪费是至关重要的。

转基因动物的鉴定主要从以下4个方面进行：染色体和基因水平、转录水平、翻译水平基因以及整体水平。

9.3.2.1 染色体和基因水平检测

染色体和基因水平主要是检测子代动物基因组是否整合有外源基因，以及整合位点和拷贝数。常用的方法主要有PCR、FISH、Southern印迹等。

PCR（polymerase chain reaction）技术是通过对模板DNA的变性—退火—延伸的不断重复，模拟体内DNA的复制对模板DNA进行大量扩增，进而对目的DNA片段进行检测。由于PCR技术所需样品少，简单易行，已普遍用于转基因动物的检测，尤其在大型哺乳动物转基因研究中，极大地提高了转基因事件的检测效率，避免了人力、物力的浪费。其中多重PCR和巢式PCR由于其高特异性和高效性已经广泛用于转基因产品的检测。

FISH技术是20世纪80年代末在放射性原位杂交技术的基础上发展起来的一种以荧光标记取代同位素标记的新的较为常用的位点检测方法。FISH的基本原理是将DNA（或RNA）探针用特殊的核苷酸分子标记，然后将探针直接杂交到待检测染色体或DNA纤维切片上，再用与荧光素分子偶联的单克隆抗体与探针分子特异性结合来定性、定位或相对定量检测在染色体或DNA纤维切片上的目的DNA序列。低背景杂交探针的改进与多位点分析技术难题的突破，使得 FISH 技术检测核酸的范围日益扩大。刘薇等用 FISH 技术检测了人 APPswe 基因在小鼠染色体上的整合及定位，证实了外源基因 APPswe 整合的拷贝数及位置都是随机的。FISH 技术能直观、简便地对转基因动物外源基因在染色体上的位置进行确定。

Southern 印迹自 1975 年创立以来，已成为检测特定 DNA 片段的经典方法之一。Southern 印迹中使用的标记探针有同位素与非同位素标记两种。放射性同位素标记的探针灵敏度较高，但存在半衰期限制，对操作者和环境会造成放射性辐射危害。使用非同位素标记探针可避免放射性危害，常规实验室大多采用后者，其中最常用的是地高辛标记探针。Southern 印迹准确、灵敏，可以同时定量检测外源基因的拷贝数，目前已经广泛应用于转基因产品的定性鉴定。

9.3.2.2 转录水平检测

转录水平主要是检测外源基因是否表达（mRNA）。常用方法有 RT-PCR、Northern 印迹、RNase 保护分析等。

RT-PCR 的精确度高，样品用量较少，还能同时分析多个不同基因的转录，是目前 RNA 定量检测中较为常用的方法。申颖等从青山羊的子宫组织提取总 RNA，以 RT-PCR 的方法扩增目的基因片段，测序后对目的基因的表达进行了定量检测。Northern 印迹步骤繁琐，尤其是外源基因与动物本身基因同源性高时，检测效果并不理想。

9.3.2.3 翻译水平检测

翻译水平主要是检测外源基因是否表达及活性（蛋白质）。常用检测方法为 Western 印迹、酶联免疫吸附法等免疫学技术；生物化学方法检测表达物的生化性质和活性。

Western 印迹分析是 20 世纪 70 年代末在蛋白质凝胶电泳和固相免疫测定的基础上发展起来的，具有分辨力高和特异敏感等多种优点，目前是转基因生物蛋白质检测最权威的方法之一。Huang 等用 Western 印迹对转基因山羊羊奶中 rBChE 蛋白进行了鉴定，确定转基因羊奶中 rBChE 蛋白的分子质量与人 rBChE 蛋白一致。ELISA 也是依据抗原抗体杂交原理进行蛋白质的检测。与 Western 印迹不同的是，ELISA 先将抗体或抗原包被在固相载体上，再用免疫反应检测，因此不仅可以进行定性分析，还可用于定量检测。相对于 Western 印迹分析法而言，ELISA 法更易商品化，且更适用于转基因检测机构对大规模样品进行检测。目前我国复旦大学遗传所创新地使用双抗体夹心 ELISA 法，成功检测了转基因细胞中的人凝血因子Ⅸ。但用 ELISA 法检测转基因动物也有诸多局限，如对目的蛋白的结构要求高、不能检测不同物种的同一蛋白质、检测范围窄等。当转基因产品的化学成分与非转基因产品有差异，或者转基因产品为油性物质时，也可借助色谱、质谱等技术对转基因蛋白进行分析鉴定。

9.3.2.4 整体水平检测

整体水平主要是检测基因型和表现型之间的关系。

欧洲经济发展合作组织（Organization for European Economic Cooperation，OEEC）提出了转基因食品的评价原则，即"实质等同性"（substantial equivalence）原则。对转基因

动物而言，实质等同性是指转基因动物除表现出外源基因表达蛋白质的性状外，其他生物学特性都要与受体动物相同。转基因动物整体水平的观察包括从遗传学上对动物的整体水平进行生物学特性研究，如生长速度、繁殖周期、生理生化指标和行为学研究等，以及对转基因动物的器官、组织细胞的结构和功能方面的分析。形态学分析也是动物整体水平研究的方向之一，可为研究基因型改变提供数据，为转基因动物鉴定提供参考。Lucocq 提出体视学，可用来定量检测转基因动物的形态。借助先进的体视学仪器对转基因动物器官、组织或细胞等进行三维的无偏定量分析，可以大大促进转基因动物产业的发展。

目前转基因动物检测中，灵敏度、精度不高和检测结果存在假阳性是普遍存在的问题，急需在方法和仪器上进行改进，而如何高通量、快速、准确地检测大量试验动物，将是转基因动物检测方法在未来发展中遇到的首要问题，也是转基因技术发展的首要问题。

随着转基因技术的发展，越来越多的动物将用于转基因的研究，转基因动物种类的增多、同种动物复合性状的出现，使得品系特异性检测方法及种属内标基因的研究将成为未来研究的难点。对于转基因动物传统检测方法的改进，研究的重点主要是扩大检测方法的检测限（LOD）和定量限（LOQ），即提高检测方法的检测范围及精度，PCR 产物的检测也逐渐由传感器等方法代替传统的易污染的电泳等方法。

基因芯片检测技术

随着现代生物技术的不断发展，新方法、新仪器的不断出现，转基因动物的检测技术也将会有长足的发展。基因芯片又称 DNA 微阵列（DNA microarray），是近年来生物领域研究的热点技术，可通过检测杂交信号的强度及分布进而对外源靶基因的序列和数量进行高通量的检测。上海复旦大学用基因芯片与多重 PCR 结合同时检测不同品种、不同的外源基因，实现了植物高通量的检测，并制定了用于检测转基因产品的基因芯片的标准（GB/T 19495.6—2004 转基因产品检测基因芯片检测方法）。此外，结合生物传感器技术可将基因芯片的检测信号加以放大，达到肉眼可识别标准，从而进行快速、准确地检测，但由于转基因动物生产技术及规模的限制，用于转基因动物检测的基因芯片尚未见报道，但这将是动物转基因检测研究的方向。总之，快速、高效、准确、低成本及自动化的检测将是转基因动物检测未来的发展趋势。

9.4 转基因动物研究中出现的问题及其对策

9.4.1 转基因动物效率极低

转基因动物效率极低是目前几乎所有从事转基因动物研究的实验室都面临的问题，也是制约这项技术广泛应用的关键。总体上讲，实验动物转基因阳性率高于大家畜。以显微注射法产生转基因动物为例，一则统计资料表明，小鼠转基因阳性率为 2.6%，大鼠为 4.4%，兔子为 1.5%，牛为 0.7%，猪为 0.9%，绵羊为 0.9%。显微注射造成胚胎的机械损伤导致胚胎死亡是其中一个极其重要的原因。这里列出不同的构件制作转基因绵羊的一个统计表（表 9-2）和显微注射法获得的几种转基因动物的成活率（图 9-9）。

表 9-2　不同构件制作转基因绵羊效率统计表

基因构件	1	2	3	4	5	6	7	8	9	10	11
注射胚胎数	230	251	322	407	249	500	651	320	240	910	729
出生羔羊数	66	47	67	60	42	71	67	60	36	56	76
出生的羔羊数与经显微注射胚胎的比值/%	28.7	18.7	20.8	14.7	16.9	14.2	10.3	18.8	15.0	6.15	10.4
转基因羔羊数	12	11	9	4	6	6	4	8	7	2	4
转基因羊占注射胚胎的比例/%	5.22	4.38	5.22	4.38	2.80	0.98	2.41	1.20	0.61	2.50	2.92
转基因羊占出生羔羊的比例/%	18.2	23.4	13.4	6.67	14.3	8.45	6.00	13.3	19.4	3.57	5.26

注：1~5 和 7~9 是与半胱氨酸基因相连接的不同构件；6、10、11 是不同的角蛋白基因构件。

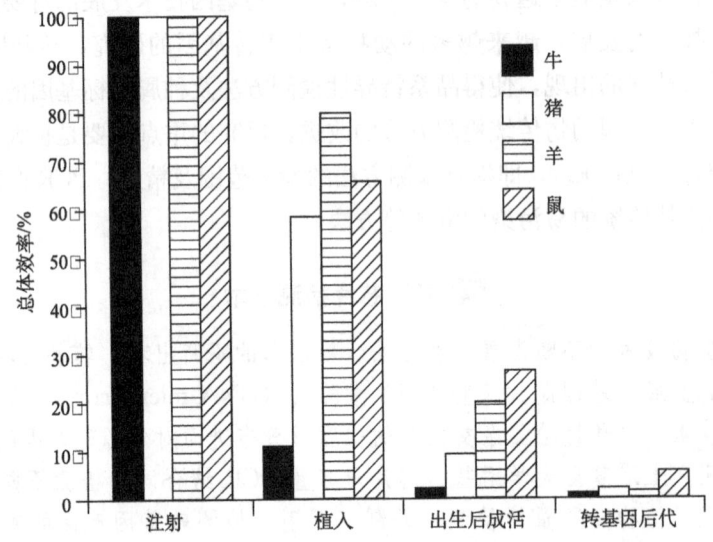

图 9-9　用显微注射法获得的几种转基因动物的成活率（引自瞿礼嘉等，1998）

9.4.2　难以控制转基因在寄主基因组的行为

转基因在宿主基因组中的插入是随机的，这种行为可能导致内源基因的破坏或失活，也可能激活正常情况下处于关闭状态的基因。其结果便导致转基因阳性个体出现不育、胚胎死亡、四肢畸形、足趾相连等异常现象。Mition 等报道转 hGH 基因的小鼠，由于 GH 水平过高抑制了黄体的功能，从而使母鼠出现不孕；Overbeek 等（1986）将鲁斯氏肉瘤病毒的长末端重复与细菌氯霉素乙酰转移酶基因组成的融合基因显微注入原核期小鼠胚胎后移植，其中整合外源基因的部分胚胎出现死亡现象，而出生的转基因小鼠出现了足趾相连的现象；Woychik 等在转 MMTV-mye 基因小鼠中发现一起由转基因插入引起的插入突变，这起插入突变导致转基因小鼠四肢发育出现畸形，此外也有因插入引起突变导致肿瘤发生的报道。

9.4.3　大部分转基因表达水平极低

由于前面所说的位点效应的影响，大部分转基因（尤其是 cDNA）表达水平低得难以检测，而个别转基因的表达水平又太高。例如，Wright 等 1991 年制作的转 $h\alpha_1$AT 基因绵羊,其中一只转基因羊在产羔后泌乳时,乳汁中 $h\alpha_1 AT$ 的水平高达 60g/L,泌乳中期乳汁的 $h\alpha_1 AT$ 水平仍维持在 35g/L,外源基因的这种高水平表达是宿主动物难以承受的。

9.4.4 转基因表达特征及提高转基因表达的策略

9.4.4.1 转基因的表达特征

许多转基因构件的表达强烈地受其在宿主染色体上整合位点的影响,这种现象称为位置效应。位置效应的存在使得研究者们难以驾驭转基因的表达频率和表达水平。而有些基因构件的表达不受整合位点的影响,即不存在上述位置效应,其表达水平直接与该基因在宿主基因组中整合的拷贝数相关,珠蛋白基因即是这样的基因。后来的研究发现,珠蛋白样基因不受位置效应影响的表达与现在称为位点控制区(locus control region,LCR)的结构有关。位点控制区也称显性控制区(dominant control region,DCR),这些区域内含有 DNase Ⅰ 的超敏感位点(DNase Ⅰ hypersensitive site,HS)。LCR 的性质是由单个的 DNase Ⅰ 超敏感位点联合决定的。人和小鼠的 β 珠蛋白基因均含有 4 个 DNase Ⅰ 超敏感位点,分别称为 HS-1、HS-2、HS-3 和 HS-4,鸡的 β 珠蛋白基因调控区内含有 12 个 HS。Philipsen 等在人的 β 珠蛋白基因 *HS-2* 内发现一个 225bp 的序列,该序列决定了转基因在转基因动物和转染的细胞中不依赖插入位点和表达水平与拷贝数正相关的特征。每一个超敏感位点内都有很多重复序列,但不同物种重复序列类型的差异导致了物种之间空间范围的差别,如人的 HS 重复序列的类型为 Alu,山羊的为 D 和 NLA,而小鼠的则为 L_1 型。有研究者发现 LCR 能使转基因在染色质区(chromatin)整合的概率增大,这无疑有助于目的基因的表达。从调控基因表达的角度讲,每一个超敏感位点都是一个顺式作用调节因子(*cis*-acting regulatory factor),或者说是顺式作用转录调节因子(*cis*-acting transcriptional regulatory),具有增强子的作用。由于这几个 HS 跨越的范围很大,加上各个 HS 对调控转录的贡献并不相同,因此在用 β 珠蛋白样基因上游序列制作转基因动物时往往只包含 HS-2 或 HS-2 和 HS-1 的一部分(HS-2 的调控能力最强)。但用该调控元件制作转基因动物有明显的局限性,因为这些序列调控的基因表达特异性地发生在红细胞内,如果我们希望得到某种表达产物且希望从动物的血液中获得该产品,上述调控元件无疑是十分理想的启动子,但对于动物乳房生物反应器而言就显得意义不大。

对于转基因在宿主基因组中的表达受到其插入位点的影响近年有新的解释,认为之所以不表达是由于多拷贝重复序列导致了该区域异染色质化,从而使转基因沉默(silencing)。Steven 等提出这种沉默是真核生物基因组受到其他序列威胁时出现的一种保护机制。在这方面 Pontecorvo 曾大胆地预言:常染色质的一个微小区域一旦经过重复复制,且复制子位于相邻的位置,就会形成异染色质片段。其预言是基于这么一个基本的事实,异染色质区多为重复序列,而常染色质区则多为单拷贝基因。在有关的文献中出现了一个新的概念,即重复诱导的基因沉默(repeat-induced gene silencing,IGS)。Garrick 等通过转基因试验为上述解释转基因在动物基因组中不被表达的理论找到了科学的依据。其转基因构件由 α 珠蛋白的调节元件、*lacZ* 报告基因和一个 loxP 位点组成,用该构件研究者获得了两个转基因小鼠系,转基因构件在转基因小鼠基因组中的串联重复拷贝数超过 100,这样的小鼠只有少数红细胞特异性地表达了报告基因。之后研究者将编码 Cre 重组酶的质粒注入转基因小鼠产生的受精卵,由于 Cre 重组酶的表达使两个鼠系中转基因的拷贝数下降到 5 个以下,这种拷贝数的

降低使 $lacZ$ 基因的表达水平提高了 2～3 个数量级。进一步的研究表明，转基因拷贝数的减少引起转录增加，染色质的易接近程度（chromatin accessibility）增加，胞嘧啶的甲基化程度降低。β 珠蛋白基因的 LCR 以及鸡溶菌酶基因的侧翼序列驱动的基因表达可能与其较强的抗 RIGS 能力有关。此外，研究表明，调控区内的顺式作用（转录）调节因子对驱动下游基因的有效表达是必不可少的。

9.4.4.2 提高转基因表达的策略

1) 导入大片段

在大部分转基因研究中由于载体承载能力的限制，所构建的基因构件都比较小，从而使整合后的位置效应更明显。细菌人工染色体（BAC）载体和酵母人工染色体（YAC）载体的出现为实施大片段基因转移，克服位置效应提供了可能。目前已有不少成功的报道。BAC 载体可承载 300kb 的插入片段，而 YAC 的承载能力更大（1000kb）。此外，也可以引进连锁基因，比如要增加某一种酪蛋白在乳汁中的含量，可以导入该酪蛋白基因以及与之连锁的其他酪蛋白基因。牛的 4 个酪蛋白基因连锁在 6 号染色体上，这个连锁区可达 250kb，导入 4 个连锁的酪蛋白基因，可以使之相互调节，使各种酪蛋白基因的表达水平达到理想状态。也可以考虑引进 LCR 样因子，不过目前发现的 LCR 都只在特定的细胞类型中起作用，如能发现一种在各种类型的细胞中均能克服位置效应的 LCR 样因子，对增强外源基因的表达无疑会是十分有用的。

2) 共整合和基因搭救

这可能是一种很有用的策略，即将表达水平较高的基因与另外一些表达水平低的基因一同整合进宿主细胞的基因组中（同一位点串联整合），这样的处理对增强表达水平低的基因构件的表达具有明显的作用。Clark 等（1992）将 $oBLG$ 基因与 oBLG-hαIAT cDNA（1∶1）及 $oBIG$ 基因与 oBLG-hFIX cDNA（3∶1）注入小鼠原核期胚胎，结果表明 hαIAT cDNA 及 hFIX cDNA 的表达水平都得到了较大的提高。Yull 等（1997）的研究结果表明这种搭救作用是由 $oBLG$ 基因的转录作用引起的。

3) 增添基质附着区

基质附着区（MAR）可能是结构基因的界域，它将染色质分成许多可独立调控的单元。Mcknight 等将来自鸡溶菌酶基因的基质附着区与小鼠 WAP 基因组成的杂合基因导入小鼠基因组（以 $mWAP$ 基因为对照），以揭示 MAR 对基因表达的调控作用。结果表明，整合 $mWAP$ 基因的 10 个鼠系只有半数表达 mWAP，而含 MAR 的杂合基因在整合外源基因的 11 个鼠系中均得到表达，但表达水平没有提高。研究者认为转基因由于所处的位置不合适，不能建立自己的结构域，从而无法进行独立调控。MAR 可以帮助转基因在不同的整合位点上形成完整的结构域，这样转基因即可以表达。而 MAR 不具有增强子的作用，因而不能提高转基因的表达水平。此外，研究表明，增加内源性或外源性内含子可以有效地提高转基因的表达效率。

9.5 转基因动物的应用

9.5.1 在生产和生活中的应用

在畜牧业方面，可以在实验条件下进行转基因整合、预检和性别预选，并采用简便的体细胞转染技术实施目标基因的转移。通过转基因克隆技术大量、快速地繁殖出具有高产优质性状的转基因动物，以有利于降低生产成本，提高经济效益。

转基因技术用于动物生产，不仅可以加快改良遗传性状的进程，使选择的效率提高、改良的机会增多，而且不会受有性繁殖的局限。继 Palmiter 将大鼠的 GH 基因导入小鼠基因组得到巨型小鼠之后，牛、绵羊及人的 GH 基因也先后导入小鼠基因组，得到的转基因小鼠在快速生长期生长速度达到对照组小鼠的 4 倍。人类在转 bGH 基因猪方面的研究表明，转基因猪日增重增加，饲料转化率提高。Powell 等将毛角蛋白 II 型中间细丝基因导入绵羊基因组。转基因羊毛光泽亮丽，羊毛中羊毛脂的含量得到明显的提高。

美国著名科学家 Pursel 等 1995 年将由鸡骨骼肌肌动蛋白基因启动区与猪类胰岛素生长因子重组的融合基因转给猪种，屠体组成的确有所改观，转基因猪（特别是母猪）的瘦肉率提高了 5% 以上。1996 年，新西兰科学家 Damak 等将小鼠超高硫角蛋白启动子与绵羊的 IGF-IcDNA 融合基因显微注射到绵羊原核期胚胎，移植后生出 5 只羔羊，其中 2 只（一公一母）为转基因阳性。用转基因羊与 43 只母羊交配，生出 85 只羔羊，其中 43 只（50.6%）为转基因阳性。羔羊在 14 月龄剪毛时，转基因羊净毛平均产量比其半同胞非转基因羊提高了 6.2%，公羔羊产毛量提高的幅度为 9.2%，高于母羊 3.4%。1999 年，加拿大科学家将大肠杆菌及肌醇六磷酸酶基因与鼠的腮腺分泌蛋白基因启动区重组形成融合基因，然后通过显微注射技术转给猪种。获得的转基因猪能够高效表达肌醇六磷酸酶，从而可以利用一部分植物饲料中有机磷，使得粪便中的磷极大地减少，达到了保护环境的目标，这种转基因猪也被称为"环保猪"。2001 年 9 月和 10 月，美国密苏里大学首次培育出 7 头敲除了一个 α-1,3 半乳糖苷转移酶基因的克隆猪，在解决异种器官移植的器官超急性排斥反应和急性排斥反应问题建立了一个良好的开端。2002 年 1 月，日本人谷明教授等成功培育出 6 头不饱和脂肪酸含量高的转基因猪，为培育家畜新品种做了有益的尝试，该转基因猪携带有菠菜根部的一种酶——FAD2，这种酶能够将饱和脂肪酸转换为不饱和脂肪酸。在对这些猪的脂肪组织进行分析后发现，它们体内的不饱和脂肪酸要比一般猪高大约 20%。2004 年，美国和日本报道培育出敲除了朊蛋白基因的转基因牛胚胎。2006 年 3 月美国科学家宣布，成功培育出了含有丰富"omega-3"型不饱和脂肪酸的转基因家猪新品种。

转基因技术不但能促进动物生长、提高生产性能，而且能提高动物的抗病力和适应性。许多科学家在研究疯牛病的病因时，采用转基因小鼠进行 PrP 基因结构分析，并利用转基因鼠研制出了抗 PrP 的单克隆抗体，通过临床试验已取得了有效成果，使人类对疯牛病在分子水平上有了科学评价和诊断依据，对疯牛病的病因有了明确的定位，若能提取其他动物抗 PrP 基因获得转基因牛，将会更好地防止疯牛病的发生。

另外，培育转基因动物也可作为宠物。新加坡为检测水环境污染而研究培育的转绿色荧光蛋白基因的斑马鱼，因其可以发出荧光而深受人们喜爱，目前作为观赏的宠物鱼进入了市场。这是第一种上市的转基因动物宠物。转基因动物作为宠物，避免了作为食品的不安全性问题，会快速占领市场，带来经济效益，因此开发转基因动物宠物是一个良好的转基因技术应用方向，为我们的生活增添了乐趣。

9.5.2 在生物制药方面的应用——动物生物反应器

提到转基因动物在生物制药方面的应用，就不得不提起动物乳腺生物反应器。这里的动物乳腺生物反应器是基于转基因技术平台，使外源基因导入动物基因组中并定位表达于动物乳腺，利用动物乳腺天然、高效合成并分泌蛋白的能力，在动物的乳汁中生产一些具有重要价值产品的转基因动物的总称。

乳腺生物反应器生产的外源蛋白种类广泛，从小分子肽到大分子复杂蛋白质，从生物活性酶到抗体、病毒抗原蛋白均可有效生产。利用动物乳腺生物反应器生产重组蛋白的优点有：①生物活性高，无污染。动物乳腺有完整的蛋白质翻译后修饰系统，包括糖基化、磷酸化、羧基化等，从而保证了产品的高生物活性。②易分离提纯，成本低廉。现有的一些人药物蛋白之所以昂贵，除了原料难以收集外，另一原因是分离提纯极为困难，成本极高。而动物乳腺生物反应器的产物直接经乳汁分泌出体外，只需用常规方法除去酪蛋白沉淀乳清，再经层析即可得到重组蛋白，已经建立起完整的分离纯化生产程序。③产量高。外源基因在动物乳腺中的表达量可以达到每升几克到几十克，小群转基因大家畜的产量即可满足全世界市场的需求。动物乳腺生物反应器已经成为生物技术领域最具开发应用前景的尖端方向（图 9-10）。

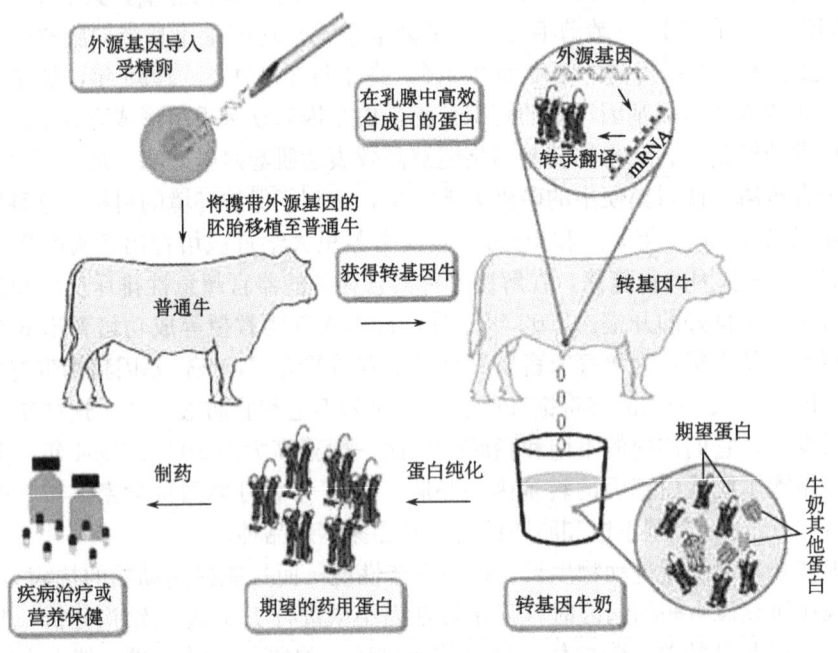

图 9-10　动物生物反应器（引自张瑞杰等，2010）

1987 年，Gordon 等将组织型纤溶酶原激活剂（tPA）与小鼠乳清酸蛋白（WAP）基因的启动子构成重组基因，成功地培育出了 37 只在乳汁中能表达 tPA 的转基因小鼠；同年，世界上第一只能从乳汁中分泌 α1-抗胰蛋白酶（AAT）的转基因绵羊在英国罗斯林研究所诞生。从此，开始了乳腺生物反应器的实用性研究。

Meade 等利用牛 $αS_1$-酪蛋白启动子构建人尿激酶（UK）基因，将其导入小鼠的受精卵内，产生转基因动物，其奶中的 UK 含量达 1～2mg/ml，高水平地表达人 UK 基因，并对母鼠的身体健康和哺乳情况无影响。若将这一表达系统应用于牛，则生产效率将大大提高。

Clark 等通过奶羊 β-乳球蛋白启动子与人血浆凝血因子Ⅸ（FⅨ）的一段 cDNA 序列重组，建立了重组基因，将其注入羊的受精卵单细胞的前核内，成功地得到了两只雌性阳性动物，每只整合有10个拷贝。但外源蛋白在羊奶中的含量较低，仅为25ng/ml，比正常人血浆中低250倍，提示外源基因的表达可能与许多因素有关，如目的基因的插入位点等。荷兰Phraming公司制备了含有人乳铁蛋白和促红细胞生成素的转基因牛，英国爱丁堡PPL制药公司已培育成功α1-抗胰蛋白酶转基因羊，美国GTC开发实现凝血酶原Ⅲ转基因羊。据美国红十字会和美国遗传学会预测，到2005年，仅美国的乳腺生物反应器生产的药物年销售额将达到350亿美元；到2010年，所有基因工程药物中利用乳腺生物反应器生产的份额将达到95%。

我国对动物乳腺生物反应器的研究起步比较早，20世纪80年代初，我国资深科学家施履吉院士就提出利用动物乳腺作为生产重组蛋白的生物反应器的设想，并在"七五"计划期间开展动物个体表达系统研究，于1988年成功获得了表达乙肝病毒表面抗原的转基因兔，为我国通过转基因动物的途径获得珍贵药物奠定了基础。随后，国内不少单位相继开展与动物乳腺生物反应器相关的探索和研究，先后获得了表达20余种外源基因的转基因小鼠、兔、绵羊和山羊，但表达水平普遍不高，在相关产品的商业开发方面与国外的差距较大。"九五"期间，我国"863"计划将"动物乳腺生物反应器研究"列为重大专项，仅仅围绕绵羊、山羊、牛、猪、鼠等动物展开生物反应器制药技术研发。1996年10月，复旦大学遗传所和上海医学遗传所合作成功地获得了在乳腺中表达有活性的FⅨ蛋白的转基因小鼠和转基因绵羊，真正开始了我国的乳腺反应器构建工作，我国乳腺生物反应器的研究和开发工作进入了一个新的快速发展时期。2005年，中国农业大学李宁等与企业首次在国际上利用转基因体细胞克隆技术分别获得人乳铁蛋白和人α-乳清蛋白的转基因克隆牛，其表达量均达到国际先进水平。

目前世界上多数的转基因动物公司，主要用于生产贵重的药用蛋白。以乳腺生物反应器生产的药用蛋白主要有以下几种。

(1) 溶血栓药物。组织型纤溶酶原激活剂（tissuetypeplasminogen activator，t-PA）、尿激酶原（prourokinase，Pro-UK）是第三代溶血栓特效药物。我国每年约有500多万血栓性疾病患者急需特效的溶血栓药物。

(2) 细胞因子。具有抗病毒、抗肿瘤和免疫调节等多种功能的干扰素（IFN）、白细胞介素（IL）、肿瘤坏死因子（TNF）；另一种用于肾性贫血、再生障碍性贫血、感染性贫血的细胞因子-人促红细胞生成素（humanerythro-protein，EPO）。

(3) 出血性疾病治疗药物。血友病是严重威胁人类健康的遗传性出血性疾病，凝血因子Ⅷ和Ⅸ在内源性凝血过程中起着重要作用。

伴随着社会的文明进步，人类消费多元化发展，转基因生物反应器在工业、农业、医药卫生、食品、环境等各领域的优势越来越明显。我国在转基因动物生物反应器方面的研究时间尚短，在基础理论和综合技术平台等方面与发达国家相比还有很大的差距。但在国家高度重视下，投入力度逐年加大，发展迅速，如有机磷农药降解酶生物反应器、新型乳糖酶已达到国际先进水平。研发机构应根据我国国情需要，充分利用和挖掘现有成果，整合有效资源，采用产、学、研多项结合，加强交流与合作，多角度挖掘生物反应器在各领域的需求，有效推动生物反应器在工业、农业、医药、环保等方面的快速健康发展。

9.5.3 在疾病研究中的应用

转基因动物在疾病研究中的应用主要体现在三个方面：建立诊断和治疗人类疾病的动物

模型；生产可用于人体器官移植的动物器官；进行异种细胞移植。

9.5.3.1 建立诊断和治疗人类疾病的动物模型

人类的许多疾病都与遗传因素相关。利用转基因技术制造出各种遗传病的动物模型，可以方便地分析检测人类遗传病的致病基因、发病机理，从而更好地防治人类遗传病。

遗传疾病的 DNA 被克隆后，通过转基因技术制备动物疾病模型，可用来研究遗传病的发生、发展规律和治疗方案的选择。目前，在世界范围内通过转基因技术至少已建立 15 种人类遗传疾病的动物模型，包括糖尿病、高脂血症、β-地中海或镰刀型贫血症、动脉粥样硬化症等常见的疾病。随着人类基因组计划的完成和基因定点整合技术的成熟，转基因技术有可能为治愈人类的遗传病指明方向。

9.5.3.2 生产可用于人体器官移植的动物器官

异源器官移植可能是解决世界范围内普遍存在的器官短缺的有效途径。利用转基因技术改造异种来源器官的遗传性状，使之能适用于人体器官或组织的移植，是解决移植短缺的最有效途径。Lai 等结合基因打靶和体细胞核移植技术，采用敲除 α-1，3-半乳糖转移酶基因的胎儿成纤维细胞作核供体，成功地获得了 α-1，3-半乳糖转移酶基因敲除猪，从而消除了猪作为人类器官供体的一个主要障碍，进一步推动了器官移植的发展与应用。

9.5.3.3 进行异种细胞移植

已知很多疑难疾病、生理功能紊乱都与细胞凋亡或细胞功能异常有关，但到目前为止，人类细胞还不能很好地传代培养，因此将异种细胞尤其是猪的细胞移植到合适的位点，将使人类实现细胞治疗。1994 年 Groth 等将猪的胰岛细胞移植给糖尿病患者，取得了一定的成效。1997 年 Deacon 等将猪胎儿神经细胞移植到患有帕金森症的患者大脑中。研究发现，移植后的细胞能长久保持活力。

9.5.4 在基础研究中的应用

转基因技术已用于研究真核细胞的基因转录、表达和调控规律，以及个体发育的分子调控规律。借助转基因动物模型，人们有可能将分子、细胞、组织、器官及个体的发生发育和衰老统一起来，从时间和空间角度综合研究基因的表达调控规律。利用神经组织特异性或心肌组织特异性调控因子与标记基因，如绿色荧光蛋白或 β-半乳糖苷酶基因构建在一起，制备出转基因动物，通过检查标记基因的表达产物可研究神经或心肌组织的发生、发育规律。基因敲除可用于研究基因的表达功能或这一基因对蛋白质合成的调控功能。

9.6 转基因动物的安全性及其未来

转基因技术给人类做出了巨大的贡献，目前人们已经获得了一些不同种类的转基因动物，取得了一定的经济效益，是人类发展史上一次划时代的进步，但是转基因动物用于大规模生产还需要假以时日。

在进行大规模生产之前必须对转基因动物进行严格的生物安全性检测，考虑到转入基因对人体的安全性、对生态系统的影响等多方面的因素，要有防止转入菌在环境中扩散的有效方法。目前全球范围内激烈的争论与普遍关注就主要集中在食品安全性和环境安全性。

9.6.1 食品安全性

对于转基因动物，有些外源基因及其启动子来自于病毒序列，有可能在受体动物体内发生同源重组或整合，形成新的病毒。外源基因在染色体内插入位点的不同也可能造成不同程度的基因改变，引起非预期效应。转基因动物还可能增加人畜共患病的风险，某些动物可能导致人类过敏性反应等。因此，对于转基因动物，我们必须提高警惕，要对转基因食品进行严格的食用安全性评价。检测转基因动物及其产品的营养成分、抗营养因子和天然毒素，以及其他由于转入目的基因而发生的成分改变，是安全性评价的重要内容。转基因食品进入市场后需要对其销售及消费状况进行追踪，并对消费人群进行监测，以便于了解转基因食品对消费者的长期效应和潜在作用。建立一套与国际接轨的适合我国国情的转基因动物食品安全性评价方法是目前食品安全领域需要解决的问题。

9.6.2 环境安全性

基因漂移（gene flow）是可能造成生态风险的主要因素之一。目前基因漂移造成生态风险的研究主要集中在转基因植物。尤其是1998年转 GNA 马铃薯的"普斯陶伊事件"和1999年转 Bt 玉米的"斑蝶事件"引起了人们的极大恐慌与担忧。而目前的转基因动物中只有转基因鱼规模较大，释放到了人工控制环境和野外环境。对鱼的基因改造不容易被限制在固定的环境中，因而有可能将外源基因释放入自然界进而影响生态。转基因动物与其近缘野生种间的杂交是转基因漂移的主要形式。和植物类似，转基因鱼的目的基因在野生种中稳定下来也可能造成生态问题，可能使野生近缘种获得选择优势，影响生态系统中正常的物质循环和能量流动。另外，还可能会导致野生等位基因的丢失，从而造成遗传多样性下降。而野生物种基因库中有大量的优质基因，是人类的宝贵资源。这些正是人们最担心的问题。因此，对于转基因鱼，必须采取有效的跟踪管理措施，防止其种间杂交，从而保证环境安全。

另外，目前的转基因宠物——荧光斑马鱼，因为是热带鱼，且转入荧光蛋白基因后，与普通斑马鱼没有其他特性的改变，其在野外不容易存活，不会造成安全问题。

除转基因鱼外，转基因动物中规模稍大的就是家养动物，其去向比较容易跟踪。另外，因其对环境的适应能力较低，很容易控制和捕捉，只要管理严格、措施得当，不会存在很大的环境问题。其他转基因动物规模较小，还具有可控性，目前还不会造成环境安全问题。

随着技术的发展，转基因动物的规模会越来越大，如果没有一套很好的跟踪、评估管理系统，势必从目前的可控状态变成无序的、不可控状态。因此，建立一套全球范围的转基因动物的跟踪管理规范、检测和评估系统是非常迫切的。

第二个问题是要考虑公众的接受能力，这就不单纯是生物学家所要解决的问题了，它涉及社会习惯等许多方面。例如，虽然用转基因鼠可以成功地表达多种药用蛋白，而且转化的成功率也较高，但是从心理上讲，公众（包括生产者和消费者双方）恐怕都难以接受吃通过鼠生产的蛋白质，这也许是迄今为止还没有任何一种通过鼠生产的药用蛋白上市的原因之一。生物学家在获得并利用转基因动物时除了要考虑到公众的心理因素之外，更主要的是要在群众中大力普及有关的科学知识，消除公众由于无知而形成的恐惧心理。

应该看到，今天人类所取得的这些成果都还仅仅处在起步阶段。随着生命科学各个领域的不断发展，新的突破会不断产生，一些在实验室中获得的结果可以不断地运用到生产实践中去。例如，美国 FDA 在 2006 年宣布从克隆动物中获得的食品进入食物链是安全的；同年，美国 GTC Biotherapeutics 公司利用山羊乳腺生物反应器生产的重组人抗凝血酶Ⅲ（商品名：ATryn）获得欧洲药监局批准，Atryn 可以阻止遗传性抗凝血酶缺陷症患者体内形成过多血栓，2009 年 2 月 6 日获得 FDA 批准上市，该新药的诞生标志着一场生物制药革命的开始。澳大利亚、新西兰、南非、英国等主要产羊毛国家目前正在致力于开发一种可以生产彩色羊毛的高产的转基因羊。类似的设想还很多，相信在未来，人们可以创造出更多有良好经济效益的物种，使地球的生物圈变得更加丰富多彩。转基因技术的诞生、成熟和推广正在给养殖业带来一场新的革命。

思考题

1. 简述国内转基因动物发展状况。
2. 概述转基因动物常用技术及其优缺点。
3. 以 DNA 显微注射法为例简述转基因小鼠的制备过程。
4. 试述转基因动物的鉴定方法。
5. 什么是生物反应器？并简述转基因动物在医药方面的应用。
6. 谈谈你对转基因动物生物安全性的看法。

参 考 文 献

常重杰，杜启艳. 2003. 基因工程原理与应用. 北京：中国环境科学出版社
耿彩霞，狄冉，储明星等. 2010. 转基因动物的制备方法及应用评述. 中国畜牧兽医，37（6）：130-133
卢一凡，田靫，邓继先. 2000. 转基因动物鉴定技术的研究进展. 生物工程进展，3（20）：60-61
罗庆苗，苗向阳，张瑞杰. 2011. 转基因动物新技术研究进展. 遗传，33（5）：449-458
瞿礼嘉，顾红雅，胡苹等. 1998. 现代生物技术导论. 北京：高等教育出版社
孙明. 2006. 基因工程. 北京：高等教育出版社
魏泓. 1998. 医学实验动物学. 成都：四川科学技术出版社
吴建平. 2005. 简明基因工程与应用. 北京：科学出版社
薛爱红，王友华，孙国庆. 2011. 我国转基因生物反应器的研发. 高科技与产业化，185：34-37
杨慧婷，王洪梅，孙涛等. 2011. 动物转基因研究进展. 现代农业科技，2：323-326
杨继山，潘庆杰，董晓. 2010. 转基因动物检测方法的研究进展. 中国农业科技导报，12（3）：45-49
张惠展，贾林芝. 2011. 基因工程. 2 版. 北京：高等教育出版社
张瑞杰，苗向阳. 2010. 动物转基因技术研究现状与应用前景. 中国细胞生物学学报，32（5）：800-807
Hofmann A, Kessler B, Ewerling S, et al. 2003. Efficient transgenesis in farm animals by lentiviral vectors. EMBO Rep, 4 (11): 1054-1058
Lois C, Hong E J, Pease S, et al. 2002. Germline transmission and tissue-specific expression of transgenes de-

livered by Lentiviral Vectors. Science, 295 (5556): 868-872

Niu Y Y, Yu Y, Bernat A, Yang S H, et al. 2010. Transgenic rhesus monkeys produced by gene transfer into early-cleavage-stage embryos using a simian immunodeficiency virus-based vector. Proc Natl Acad Sci USA, 107 (41): 17663-17667

Pfeifer A, Ikawa M, Dayn Y, et al. 2002. Transgenesis by lentiviral vectors: lack of gene silencing in mammalian embryonic stem cells and preimplantation embryos. Proc Natl Acad Sci USA, 99 (4): 2140-2145

Sasaki E, Suemizu H, Shimada A, et al. 2009. Generation of transgenic non-human primates with germline transmission. Nature, 459 (7246): 523-527

第10章　转基因植物

转基因植物是指利用基因工程技术（DNA重组技术），在离体条件下对不同生物的DNA进行加工，并按照人们的意愿和适当的载体重新组合，再将重组DNA转入植物体或细胞内，并使其在植物体内或细胞内表达的植物。与常规育种方法相比，利用基因工程改良作物具有以下特点：①不受亲缘关系的限制，可实现动物、植物和微生物间遗传物质的交流，从而充分利用自然界存在的各种遗传资源；②有效地打破有利基因和不利基因的连锁，充分利用有利基因；③加快育种进程，缩短育种年限。自从1983年比利时根特大学Montagu实验室、孟山都公司Fraley领导的研究小组以及华盛顿大学Chilton研究室首次将外源基因转入烟草和胡萝卜以来，转基因植物在农业生产上的应用和开发取得了一系列突破性进展。基因工程改良作物品种在未来的农业生产中日益显示出巨大的潜力。尽管科学家们对转基因作物的争论仍在继续，但可以肯定的是，转基因植物作为一项新兴的生物技术产物，在解决日益膨胀的地球人的吃饭问题和在解决长期困惑人类发展的资源短缺、环境恶化、经济衰退三大难题中起着越来越重要的作用。

10.1　转基因植物概述

运用重组DNA技术将外源基因整合到受体植物基因组、改变其遗传组成后产生的植物及其后代，叫做转基因植物。转基因植物（transgene plant）通常至少拥有一种来自其他物种的基因。

1983年，植物学家首次完成了将一个容易鉴别的抗卡那霉素基因转移到烟草上的试验，其后代也具有抗卡那霉素的特征。10年以后，第一种市场化的转基因食物（延迟成熟期的番茄）才在美国出现。直到1996年，由这种番茄食品制造的番茄饼才得以允许在超市出售。全球的转基因作物在问世后的7年中整整增加了40倍，转基因生物以植物、动物和微生物为多，其中植物是最普遍的。国际农业生物技术应用服务组织（International Service for the Acquisition of Agri-biotech Application，ISAAA）数据显示：2011年全球转基因作物种植面积新增1200万公顷，比2010年增长了8%。其中发展中国家增长率达11%，发达国家为5%，前者增速为后者的2倍。2011年是转基因作物商业化种植以来的第16个年头。16年来，全球转基因作物种植面积从1996年的170万公顷迅猛增长到2011年的1.6亿公顷，目前共有29个国家正在种植，涉及的植物种类有40多种。种植的转基因植物种类主要有大豆（占54%）、玉米（占28%）、棉花（占9%）、油菜（占9%），马铃薯、西葫芦和木瓜的比例都小于1%。按转基因植物的性状划分，抗除草剂占71%，抗虫占22%，抗虫兼抗除草剂占7%，抗病毒和其他性状转基因植物的比例小于1%。转基因技术因此成为近代农业史上普及最快的作物技术。ISAAA预测，到2015年，全世界种植转基因作物的国家数将增加到40个，种植面积也将增加到约2亿公顷。

美国仍是转基因作物种植的"头号大国"，其种植面积达6900万公顷。自20世纪90年代初将基因改制技术实际投入农业生产领域以来,目前美国农产品的年产量中55%的大豆、45%棉花和40%的玉米已逐步转化为通过基因改制方式生产。目前,大约有20多种转基因农作物的种子已经获准在美国播种,包括玉米、大豆、油菜、土豆和棉花。据估计,从1999年到2004年,美国基因工程农产品和食品的市场规模将从40亿美元扩大到200亿美元。

我国转基因植物研究起步较晚。在国家"863"高新技术研究与发展计划及国家科技攻关计划的资助下,我国转基因植物的研究和开发取得了显著的进展,有些研究已经达到国际先进水平。据1996年国家生物技术学会统计,我国投入研究和开发的转基因植物达47种,涉及各类基因103种。截至2011年6月,中国已为7种转基因植物批准发放了农业转基因生物安全证书,分别是耐储藏番茄、抗虫棉花、改变花色矮牵牛、抗病辣椒(甜椒、线辣椒)、转基因抗病番木瓜、转基因抗虫水稻和转植酸酶玉米。

10.2 转基因植物的基因转化方法

10.2.1 转基因植物受体系统

植物基因转化的受体系统(转基因受体)是指能接受外源DNA整合、转化,并通过组织培养途径或其他方式,筛选获得新的无性系植株再生系统。选择和建立良好的植物受体系统是基因转化能否成功的关键因素之一。迄今已建立多种有效的基因转化受体系统,适应不同转化方法的要求和不同的转化目的。在具体的基因工程操作时,首先要了解植物的遗传特性,然后根据植物种类、基因载体系统及实验设备等因素来选择应用合适的转基因受体。

10.2.1.1 愈伤组织受体系统

愈伤组织受体系统是外植体经组织培养脱分化后产生的,通过再分化获得再生植株的受体系统,它是植物基因转化常用的受体系统之一。该系统有如下几个特点:①愈伤组织由脱分化的分生细胞组成,易接受外源DNA,转化率较高;②多种外植体都可经组织培养诱导产生愈伤组织,故可用于多种植物基因转化;③愈伤组织可继代扩繁,因而由转化愈伤组织可培养大量的转化植株;④从外植体诱导的愈伤组织常由多细胞形成,本身就是嵌合体,因而分化的不定芽嵌合体比例较高,增加了转基因再生植株筛选的难度;⑤愈伤组织所形成的再生植株无性系变异较大,转化的目的基因遗传稳定性较差。

愈伤组织可分为胚性和非胚性两种类型,两者在外观上有所不同。胚性愈伤组织具有胚性细胞发生能力,其个体较小,胚性细胞多,细胞质浓厚,细胞核明显,即分生细胞比例较大;非胚性愈伤组织则相反。用于植物基因转化的受体应选用胚性愈伤组织,但是不同品种甚至同一品种的不同基因型材料,其愈伤组织的诱导及分化能力存在很大差异,因而在培养时要根据具体的材料选用不同的培养基及激素配比,以确保胚性愈伤组织的形成。目前利用愈伤组织作为受体系统时,其转化方法有根癌农杆菌介导法和基因枪法,且已经在许多作物上如烟草、水稻等得到了广泛的应用。

10.2.1.2 植物生殖细胞受体系统

以植物生殖细胞,如花粉细胞、卵细胞或种子作为受体细胞进行基因转化的系统称为生殖细胞受体系统或种质受体系统。目前利用生殖细胞进行转化的途径有两条：一是利用组织培养技术进行花粉细胞和卵细胞的单倍体培养，诱导愈伤组织细胞，进一步分化发育成单倍体植株，从而建立单倍体的基因转化系统；二是直接利用花粉或卵细胞受精过程进行基因转化，如花粉导入法、花粉粒浸泡法、子房微针注射法等。该系统与其他受体系统相比有如下优点：①生殖细胞不仅具有全能性，而且接受外源遗传物质的能力强，导入外源基因成功率高，更易获得转基因植株；②生殖细胞是单倍体细胞，转化的基因无显隐性影响，能使外源目的基因成分表达，有利于性状选择，加倍后即可成为纯合二倍体新品种，因此，利用生殖细胞作为转基因受体，与单倍体育种技术结合，可简化和缩短复杂的育种过程；③可以应用于任何单胚株、多胚株的单子叶、双子叶显花植物；④可直接对成株操作；⑤不受基因型限制，可以任意选用生产上的优良品种；⑥育种年限短，一般筛选到遗传稳定品系只需 3~4 代；⑦也可导入 DNA 重组子；⑧为远缘杂交不亲和的植物之间的基因重组创造了条件，因而可能获得各种有价值的变异类型，丰富育种资源；⑨方法简便，可以在大田、盆栽或温室中进行，一般育种工作者易于掌握。其缺点是该系统转化受季节限制，只能在开花期进行，且不适用于无性繁殖的植物。

10.2.1.3 叶绿体转化系统

外源基因可以在叶绿体中得到稳定表达，而且叶绿体作为外源基因转化的受体又具有诸多优越性：①便于外源基因定位整合；②基因为多拷贝，表达量高；③导入的外源基因性状稳定性高、安全性好；④能直接表达原核基因。

10.2.1.4 胚状体受体系统

胚状体（embryoid）是指经细胞胚发生而形成在形态结构和功能上类似于有性胚的结构，又称体细胞胚。有些植物本身在自然条件下，其珠心组织或助细胞就可以自发地形成胚状体。体细胞胚胎发生途径是所有基因转化受体中最理想的转化受体，具有很多优点：①再生能力强；②胚状体具有两极性，直接再生成完整植株；③可转化的功能细胞多；④细胞分裂的同步性好；⑤一般认为胚状体是由单细胞起源，因此获得的转化体嵌合体少；⑥转化效率高；⑦稳定性好，变异少；⑧可长期保存，不影响再生能力。因此胚状体是非常理想的基因转化受体系统，也是所有高等植物基因转化受体系统中值得重视的基因转化系统。

10.2.1.5 直接分化芽受体系统

直接分化芽是指外植体细胞不经过愈伤组织阶段而以组织培养直接分化形成的不定芽。其作为受体系统有以下特点：①直接分化芽是由未分化的细胞直接分化形成，体细胞无性系变异小，因此导入的外源目的基因可稳定遗传；②操作简单、周期短，特别适于无性繁殖的果树花卉等园艺植物；③不定芽的再生常起源于多细胞，所形成的再生植株也可出现较多的嵌合体。

10.2.2 农杆菌介导的植物基因转化技术

农杆菌是普遍存在于土壤中的一种革兰氏阴性细菌，它能在自然条件下趋化性地感染大多数双子叶植物和裸子植物的受伤部位（受伤处的细胞会分泌大量酚类化合物，从而使农杆菌移向这些细胞），并诱导产生冠瘿瘤或发状根。

根癌农杆菌和发根农杆菌细胞中分别含有 Ti（tumour including）质粒和 Ri 质粒，其上有一段 T-DNA（transferring DNA），农杆菌通过侵染植物伤口进入细胞后，可将 T-DNA 插入到植物基因组中，并且可以通过减数分裂稳定地遗传给后代，这一特性成为农杆菌介导法植物转基因的理论基础。

10.2.2.1　Ti 介导的基因转移

Ti 质粒为植物根癌土壤杆菌（*Agrobacterium tumefaciens*）菌株中存在的质粒，其特定部位与植物核内 DNA 组合来表达信息，使植物细胞肿瘤化。即此质粒既有在细菌中表达的基因，又有在高等植物中表达的基因，这是很独特的。Ti 质粒为 160~240kb，其中 T-DNA 在 15~30kb。根据其诱导的植物冠瘿瘤中所合成的冠瘿碱种类，Ti 质粒可分为 4 类：章鱼碱型（octopine）、胭脂碱型（nopaline）、农杆碱型（agropine）和农杆菌素碱型（agrocinopine）。在 T-DNA 以外的区域，存在着与质粒的传递性、冠瘿碱的透过和分解等（在细菌中表达的性状）相关的基因。通过细菌之间的接合，可被传递于土壤杆菌属（*Agrobacterium*）和根瘤菌属（*Rhizobium*）细菌。另外，对于 T-DNA 部分从细菌细胞移入植物细胞的机制并不十分清楚。

Ti 质粒可分为 4 个功能区域：①T-DNA 区（transferred-DNA region）：T-DNA 是根癌农杆菌侵染植物细胞时 Ti 质粒上切割下来转移到植物细胞的一段 DNA；②Vir 区（virulence region）：Vir 区上的基因能激活 T-DNA 转移，使根癌农杆菌表现出毒性，又称毒区；③Con 区（region encoding conjugation，接合转移编码区）：该区段上存在与细菌间接合转移有关的基因，调控 Ti 质粒在农杆菌之间的转移；④Ori 区（origin of replication，复制起始区）：Ori 区上的基因调控 Ti 质粒的自我复制（图 10-1）。

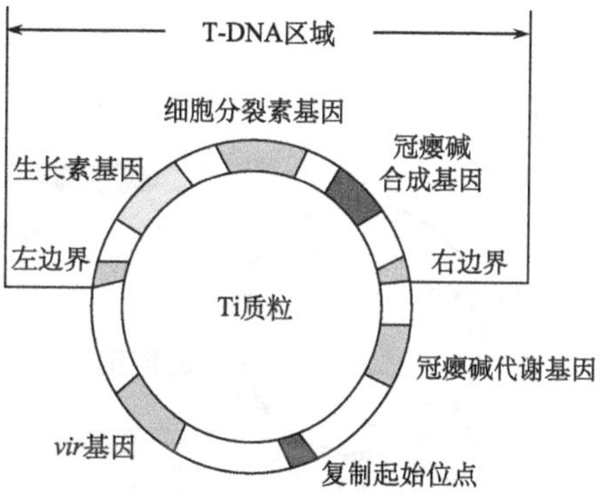

图 10-1　Ti 质粒结构示意图
（引自闫新甫，2003）

1) T-DNA 的结构和功能

T-DNA 即转移 DNA，是整合在植物细胞核基因组上的、决定植物形成冠瘿瘤的一段 DNA 片段。它只存在于植物细胞核中，占 Ti 质粒 DNA 总长度的 10% 左右，而且已知植物冠瘿瘤细胞中冠瘿碱的合成和不依赖于植物激素的生长能力，都是由编码在 T-DNA 上的基因控制的。显而易见，根瘤土壤杆菌通过 Ti 质粒的转化作用实现了植物基因的遗传转移，所以 Ti 质粒有可能用作植物基因克隆的载体。

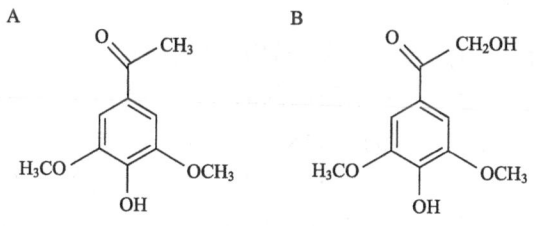

图 10-2　植物创伤细胞产生的
信号分子化学结构式
A. 乙酰丁香酮的化学结构式；B. α-羟基乙酰丁香酮的化学结构式

目前，关于 T-DNA 转移和整合的机理尚不十分清楚。已知 T-DNA 的边缘区是一对保守的、25bp 长的同向重复序列。T-DNA 的左侧边缘区又称为 LB 序列，右侧边缘区又称为 RB 序列。一般认为，这种序列与 T-DNA 转移到植物细胞并整合到核基因组的过程有关。目前比较普遍的认识是，T-DNA 的转移与整合的机理同大肠杆菌的接合作用十分相似，但前者需要 vir 基因（virA、virB、virG、virC、virD 和 virE）编码产物的参与。研究已经阐明，virB、virC、virD 和 vrE 基因在转录水平上的表达，受由植物创伤细胞分泌产生的酚类物质（图 10-2）的正调节，它可激活 T-DNA 发生从细菌至植物细胞的定向转移。

virA 和 virG 属组成型表达的基因，它们控制着其他 vir 基因的表达活性。VirA 蛋白跨越土壤杆菌细胞内膜，作为酚类及单糖类信号分子的受体。由 VirA 蛋白检测到的信号被传递到 VirG 蛋白，从而激活其他的 vir 基因进行转录。

受到信号分子的激活作用之后，virD 基因编码的一种内切核酸酶，先在 T-DNA 的 RB 序列中的第 3 和第 4 碱基之间切开一个单链缺口，随后在 T-DNA 同一条链的 LB 序列中切出第二个单链缺口。于是 T-DNA 便以单链形式释放出来，并在 RB 序列的引导下定向地从根瘤土壤杆菌细胞转移到寄主植物细胞（图 10-3）。这条转移的单链 T-DNA 特称为 T 链。

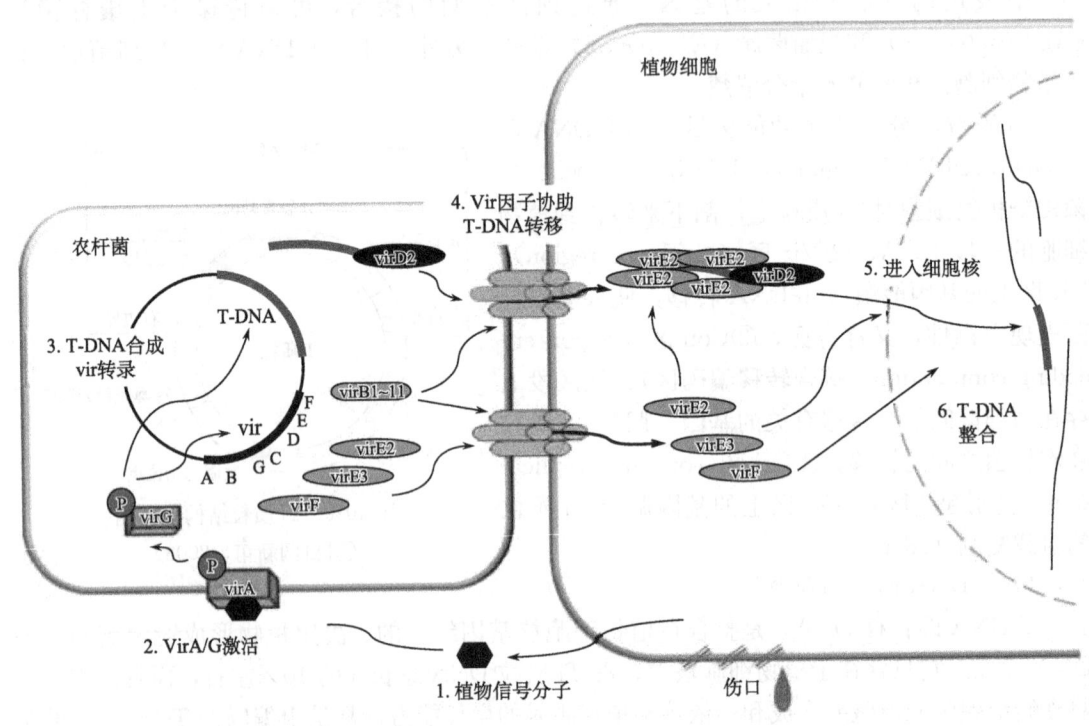

图 10-3 T-DNA 从细菌细胞转移到植物细胞的分子机理

当单链的 T-DNA 转移到植物细胞之后，在有关的植物细胞酶体系的催化作用下，便会合成出互补能形成双链形式的 T-DNA 分子。由 virE2 基因编码的 VirE2 蛋白是一种单链 DNA 结合蛋白，它大概是以共价的方式与经过加工了的 T-DNA 分子的 5′ 端结合，以保护其免受核酸酶的降解作用，并定向地将此 T-DNA 导入植物细胞核内，最终整合到染色体基因组上。virE2 蛋白具有两个性质不同的、在植物细胞中具有活性的核定位信号，对 T-DNA 分子定向导入细胞核起着重要的作用。

在 T-DNA 区段之外，Ti 质粒基因组上还存在着一个大的毒性（vir）区段。如图 10-4 所示，在胭脂碱和章鱼碱的 T-DNA 区段中，至少存在着 4 个有转录活性的开放读码结构。

（1）编码章鱼碱合成酶，又叫做羧乙基赖氨酸脱氢酶（lysopine dehydrogenase）的基因（*ocs*），位于 TL-DNA 的右端。

（2）细胞分裂素（cytokinin）生物合成酶的编码基因（*tmr*），当其发生突变的时候会激发冠瘿瘤出现大量的增生（多根性突变体），所以又叫做根性肿瘤（rooty tumor）基因。

（3）参与控制植物生长素（auxin）合成的基因 *tms*，它分为 *tms1* 和 *tms2* 两个，分别编码色氨酸 2-单加氧酶（tryptophan 2-monooxygenase）和吲哚乙酰胺水解酶（indoleacetamide hydrolase）。

（4）大肿瘤（large tumour）基因 *tml* 的转录本 6a 和 6b，以及转录本 5，它们的转译产物则是以非激素的方式抑制自身细胞的分化，因此形成大型的冠瘿瘤。

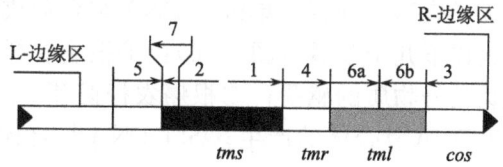

图 10-4 T-DNA 的结构与转录（引自闫新甫，2003）

T-DNA 编码基因的各自转录本以阿拉伯数字表示，而转录本的大小及方向则以箭头表示。遗传位点是依据缺失突变和转位子插入突变确定的。*ocs*=章鱼碱合成酶基因；*nos*=胭脂碱合成酶基因；*tmr*=根性肿瘤基因；*tms*=芽性肿瘤基因；*tml*=大肿瘤基因

2）Ti 质粒衍生的载体系统

Ti 质粒虽然是一种有效的天然载体，但是把它用作常规的克隆载体也有几个缺陷：①生长在培养基上的植物转化细胞产生大量的生长素和分裂素，阻止了细胞再生长为整株植物，因此，必须除去生长素和分裂素基因；②有机碱的合成与 T-DNA 的转化无关，而且可能会影响植物细胞生长，因为有机碱合成大量消耗精氨酸和谷氨酸，因此必须去除有机碱合成基因（*tmt*）；③Ti 质粒约为 200kb，重组操作非常困难，也很难找到单一的酶切位点；④Ti质粒不能在大肠杆菌中复制，为了使重组质粒 DNA 大量扩增，需添加大肠杆菌复制子。加入植物细胞的筛选标记，如 *neo*^{r} 基因，使用植物细胞启动子及末端 poly（A）化信号，加入多聚人工接头以利于外源基因与载体的重组。植物中一般不存在质粒，为利用农杆菌的 Ti 质粒，发展了共整合系统和双元载体系统，避免了在大的 Ti 质粒上进行分子重组操作的困难。

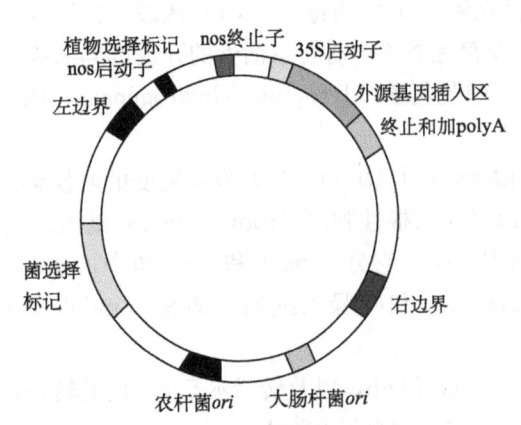

T-DNA 在大肠杆菌质粒上，含有 E. coli 的选择标记和植物选择标记 Km^r。首先在 E. coli 中筛选重组分子，然后将重组质粒转化到农杆菌中，质粒与 Ti 质粒上的同源序列发生同源重组，将外源基因整合到 Ti 质粒上，用于侵染植物细胞。T-DNA 重组分子整合到植物细胞染色体 DNA 上，Km^r 筛选转化细胞。

目前 T-DNA 转化植物细胞的标准方法是双元系统，即穿梭质粒（图 10-5）。插入外源基因的重组穿梭质粒直接转化含有 Ti 质粒的根瘤农杆菌，经筛选后直接感染植物细胞。与共整合系统所不同的是，含外源基因的质粒可在农杆菌内自主复制并保留下来。农杆菌侵染

图 10-5 双元载体结构示意图
（引自孙晗笑等，2000）

植物细胞后，植物的创伤信号启动 Ti 质粒上的 *vir* 基因，随后将穿梭质粒的 T-DNA 切割下来，转移到植物细胞中。

3）Ti 质粒介导的基因转移

根癌农杆根瘤菌之所以会感染植物根部是因为植物根部损伤部位会分泌出酚类物质乙酰丁香酮和羟基乙酰丁香酮，这些酚类物质能诱导 Ti 质粒上的 *vir* 基因以及根癌农杆菌染色体上的一个操纵子表达。*vir* 基因产物将 Ti 质粒上的 T-DNA 单链切下，而根癌农杆菌染色体上的操纵子表达产物则与单链 T-DNA 结合形成复合物，转化植物根部细胞。整个过程大致可分为以下几个步骤（图 10-6）：①根癌农杆菌对植物细胞的识别和附着；②根癌农杆菌对植物信号物质的感受；③根癌农杆菌 Ti 质粒上的 *vir* 基因以及染色体上操纵子的活化；④T-DNA 复合体的产生；⑤T-DNA 复合体的转运；⑥T-DNA 整合到植物基因组中。

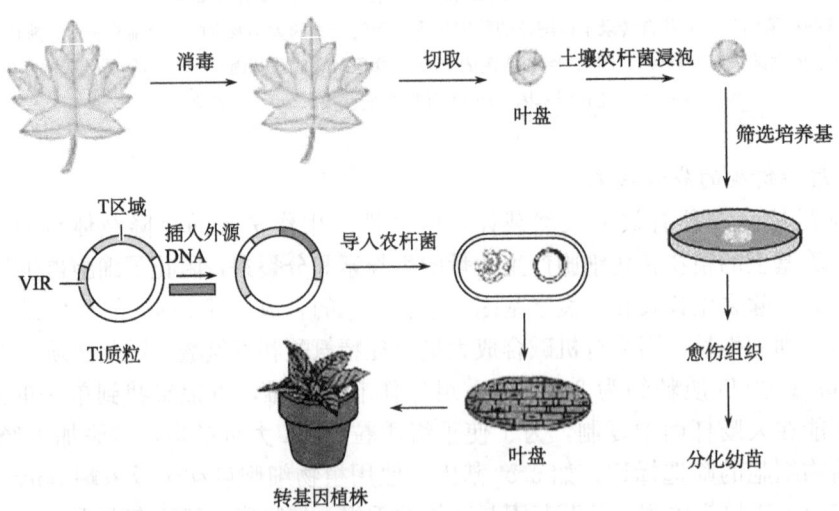

图 10-6 Ti 质粒介导转化法转移基因的一般程序（引自王关林等，2009）

10.2.2.2 Ri 质粒介导的基因转移

发根农杆菌是一种寄主非常广泛的土壤细菌，能够侵染几乎所有的双子叶和少数的单子叶植物。其有不同的菌株，各自对一些相应的植物品种具有较强的侵染性。发根农杆菌之所以能在植物体上诱发毛状根是由于其中含有巨大质粒 Ri (root inducing)。Ri 质粒具有与 Ti 质粒大致相同的结构，可作为导入外源基因的良好载体，且 Ri 质粒不结瘤，容易再生植株，可直接作为中间载体的受体，因此较 Ti 质粒更有其优越性。

Ri 质粒具有普通质粒的特点：是细菌染色体外的遗传物质，能独立复制，为闭合环状双链 DNA。它是非必要的遗传物质，一般控制细菌的次要性状，可自我复制并具有遗传的稳定性，在特殊环境中对细菌的生存起着重要的作用。它具有可转移性、可重组性、可整合性、可消除性等特点。Ri 质粒的环状基因按功能可分为 Vir、T-DNA、Ori 3 个区，这 3 个功能区在对植物的侵染与表达中分工明确。

(1) Vir 区的作用。该区基因不发生转移，但它在 T-DNA 转移的过程中起着十分重要的作用，这个区的缺失或突变会使发根农杆菌的菌株丧失对植物的侵染能力。Vir 区 7 个基因群（A~G）的 A 一直处于活性表达状态，而其他的 6 个基因通常情况下处于抑制状态。发根农杆菌感染寄主时，被损伤的植物细胞会合成特殊的小分子酚类化合物乙酰丁香酮等，此时其可以与 Vir 区 A 基因的表达产物结合，诱导其他的联合基因的活化，从而发生感染过程。

(2) T-DNA 区的特点与功能。T-DNA 区的基因群具有致使发状根产生（包括生长素合成）的有关基因、冠瘿碱合成的有关基因以及某些抗性标记基因和特殊的酶切位点。其在侵染的过程中转移到寄主的细胞中与其 DNA 相整合，从而随寄主细胞中的 DNA 进行复制和表达。由于真核细胞中才具有 T-DNA 区的基因群中某些基因（如生长素合成的有关基因、冠瘿碱合成的有关基因等）的功能启动子，因而这些基因只能在寄主真核细胞中转录表达，在农杆菌中处于抑制状态。

(3) Ori 区的功能。在农杆菌中启动质粒 DNA 的复制。

在植物基因工程中使用的 Ri 质粒载体主要有两种。一类是中间载体，这是利用能在大肠杆菌中复制的小质粒和存在于农杆菌中的 Ri 质粒的同源性，将小质粒上所具有的外源目的 DNA 克隆到其 T-DNA 区，再在农杆菌感染植物工程中，由 Ri 质粒将目的 DNA 整合到植物基因组内。另一类是二元载体，在此系统中，Vir 区与 T-DNA 分离于两个独立复制子上，Vir 区基因能反式作用于表达载体外源目的 DNA，由此导入植物细胞中。

利用 Ri 质粒转移外源基因的过程一般是：①将目的基因导入具有 T-DNA 的中间载体或二元载体；②将带有目的基因的中间载体或二元载体导入发根农杆菌，中间载体插入 T-DNA，二元载体自我复制；③利用上述菌液感染寄主（受体）植物细胞、诱导产生毛状根或再生植株；④对毛状根筛选、检测和除菌；⑤从毛状根或愈伤组织诱导再生植株。

通过植物基因改造获得的发状根生长迅速且培养时不需要添加外源激素，同时发状根拥有亲本植株的特征、次级代谢途径和遗传稳定性，几乎无培养的退化问题，这些特点对植物生物工程的研究与应用具有重要的现实意义。

10.2.3 DNA 直接导入的基因转化技术

DNA 的直接转移是通过物理化学法将外源基因转入受体植物细胞的技术。常用的方法有基因枪法、超声波介导法、子房注射法及花粉管通道法等,这一系统的最大特点是无宿主范围,可以直接将原生质体与 DNA 分子培养,利用物理或化学方法暂时改变膜通透性,使 DNA 进入细胞,并最终整合到植物基因组中。这些方法适用于各种植物,特别是能应用于单子叶植物。

10.2.3.1 基因枪法

基因枪法又称粒子轰击(particle bombardment)、高速粒子喷射技术(high-velocity particle microprojection)或基因枪轰击技术(gene gun bombardment),由美国康奈尔大学生物化学系 Santord 等于 1983 年研究成功。1987 年,Vlein 首先报道了应用此技术将 TMV(烟草花叶病毒) RNA 吸附到钨粒表面,轰击洋葱表皮细胞,经检测发现病毒 RNA 能进行复制,并以同样技术将 CAT(氯霉素乙酰转移酶, chloramphenicol acetyltransferase)基因导入洋葱表皮细胞。

基因枪法的原理是:利用基因枪产生的高压动力冲击波将包裹外源 DNA 的重金属颗粒(如钨粉、金粉等)射穿植物细胞壁和细胞膜,射入植物细胞,使外源 DNA 随机整合到植物细胞染色体中,达到使外源 DNA 在受体植物中正常表达和稳定遗传的目的。

基因枪法的基本步骤是:①诱导目标植物外植体;②构建含有目的基因的质粒或制备外源 DNA 样品;③重金属颗粒的外源基因包被过程;④植物愈伤组织的前处理;⑤基因枪轰击过程;⑥愈伤组织筛选、分化与植株再生;⑦再生植株、其后代的外源基因及其表达产物的分子检测。

基因枪的发展共经历了 3 个阶段:第一代基因枪是 1987 年由 Sanford 等设计制造的火药基因枪;第二代基因枪是高压放电基因枪;第三代基因枪是压缩气体驱动基因枪。

火药式基因枪是最原始的类型,由美国康乃尔大学 Sanford 等于 1987 设计制造。这种基因枪自使用以来已先后将外源基因导入玉米、小麦和水稻等多种植物材料中,获得了瞬间的或稳定的表达。它的主体由滑膛腔、真空轰击室和阻弹部件构成。塑料子弹的前端载有大量携带了外源目的基因的微弹,当样品爆炸时,子弹带着微弹向下高速运动,至阻挡板时子弹被阻碍,其前端的微弹依靠惯性继续高速运动,击中轰击室的靶细胞。该装置的特点是,粒子速度主要通过货样的数量及速度调节器控制,不能无级调控,可控程度低。

高压放电基因枪利用电加速器通过高压放电将微弹射入受体靶细胞。这种类型的基因枪可以有效地转化多种类型的器官、组织,特别是茎尖分生组织、配子体及胚胎细胞等。其特点是可无级调控,通过调节放电电压来控制粒子的速度和入射速度。

气冲式基因枪的动力系统以氦气、氮气和二氧化碳气驱动。一种方法是把载有外源目的基因的微弹悬滴在一张金属筛网上,在高压气体的冲击下,射入受体靶细胞;另一种方法是把外源目的基因与微弹混合后雾化,再由高压气体驱动射入受体靶细胞,这种系统的靶范围可精确控制到 0.15mm 左右。

由于存在明显的安全性和稳定性问题,前两代基因枪现已基本被淘汰。作为一种物理学方法,基因枪技术已成功应用在烟草、水稻、小麦、甘蔗、棉花、大豆、洋葱、番木瓜和葡萄等许多农作物的品种改良上,并且该技术被用于瞬间表达研究和培育稳定的转基因植株等研究领域。

基因枪法具有操作方法简单，转化时间短、数量大，对受体植物几乎无要求，基因用量少，可转化基因片段大，可获得较长时间的瞬时表达，实验费用低等优点。然而基因枪法也有许多缺点。首先，由于基因枪法转导的外源 DNA 是随机整合到宿主基因组中的，这不利于外源 DNA 在宿主植物中稳定地表达和遗传。其次，因为随机整合位点不固定和外源 DNA 拷贝数多等问题，出现转基因后代的突变率提高、整合的外源 DNA 丢失及基因沉默等现象。此外，基因枪法还存在转化过程对细胞有损害、转化率低、嵌合体多、可重复性差及设备昂贵等缺点。

10.2.3.2 超声波介导法

作为一种新创建的物理学基因转化方法，超声波介导法已被用于真核生物的基因转化研究和人类基因治疗领域。在农作物基因转化研究中，超声波介导法已成功地将外源 DNA 转导入烟草和甜菜的原生质体、玉米和小麦的未成熟胚及烟草的叶片中。目前，该方法常与农杆菌介导法共用以提高外源 DNA 的转化效率。

超声波介导法的原理是：利用超声波的物理作用，在细胞膜上产生可恢复的渗透孔空洞，从而使外源 DNA 进入细胞。

超声波介导法的基本步骤是：①目标植物外植体的制备；②目的基因的制备；③超声波处理；④转化受体愈伤组织的筛选与植株再生；⑤再生植株、其后代的外源基因及其表达产物的分子检测。

超声波介导法的优点有：该方法不受宿主范围的限制，可以将外源基因导入任何基因型的植物细胞内；该方法可以避免对细胞的机械性损伤，有利于原生质体的存活；该方法操作简便、设备便宜。由于超声波介导法也存在外源 DNA 随机整合及外源 DNA 拷贝数多等问题，该方法也会导致转基因后代的突变率提高、整合的 DNA 丢失及基因沉默等现象。

10.2.3.3 子房注射法

子房注射法是一种育种工作中经常使用的简便易行的植物转基因方法。1993 年，丁群星及其同事首次使用子房注射法将 Bt 基因导入玉米子粒中并成功获得了具有一定玉米螟抗性的转基因玉米。目前，子房注射法成功用于玉米、小麦、甜瓜和黄瓜等农作物的转基因育种工作中。

子房注射法的原理是：使用显微注射针或显微注射仪将外源 DNA 注入处于减数分裂期的受体植物的子房中，借助子房产生的压力和卵细胞产生的吸收力，外源 DNA 进入受精的卵细胞中，借助合子胚旺盛分裂过程中基因组的复制、重组、缺失或易位等现象，外源 DNA 被随机整合到受体染色体上。

子房注射法的基本步骤是：①目的基因的制备；②根据受体植物受精后其子房的变化特点，确定最佳时间，进行外源 DNA 注射或将离体的受精子房进行外源 DNA 注射，再对该离体子房进行培养；③转化种子及其后代的外源基因及其表达产物的分子检测。

子房注射法的优点：该方法无需组织培养过程，因此，实验过程简单，操作便捷；该方法所用的仪器设备简单、便宜；外源 DNA 直接注射进入子房可以提高转化率；可以直接得到转化种子，缩短了育种周期。缺点是：田间转化过程的工作量大；转化过程中，子房受到机械性伤害易导致转化率和结实率低；易产生杂基因污染；只能在授粉期进行，受季节和天气等自然条件影响；后代群体规模较大，筛选过程工作量较大。

10.2.3.4 化学刺激法

PEG法是植物遗传转化研究中建立较早、应用广泛的转化方法。它的主要原理是植物细胞的原生质体经过某些化学药品（PEG、PNA、磷酸钙、氯化钙）处理后，能够捕获外源DNA。此法对细胞伤害小，可避免嵌合体产生，易于选择转化体，受体植物不受种类限制。该法现已成功转化了玉米、水稻、小麦等多种植物的原生质体。

10.2.3.5 电击法

电击法是一种直接转移外源基因进入受体植物细胞的方法，这种方法可适用于单子叶植物及双子叶植物细胞原生质体的转化。其基本原理是在适当的外加电压下，细胞膜有可能被击穿，但不影响或很少影响细胞质的生命活动，移去外加电压后，膜孔在一定时间内可以自动恢复，细胞膜透性的这种可逆变化使得溶液中的大分子物质（如DNA）进入细胞，并改变细胞的遗传物质构成。可逆击穿的临界电压、脉冲时间长度、温度、PEG的浓度和处理时间、各成分的添加顺序、溶液性质及细胞类型等因素都影响转化的频率。

10.2.3.6 微激光束法

该法的原理是利用激光微束脉冲引起细胞膜可逆性穿孔，从而将外援DNA导入受体细胞。其基本操作是：在荧光显微镜下找出合适的细胞，然后用激光光源替代荧光光源，使目的细胞的细胞壁在激光微束脉冲被击穿，从而使外源DNA进入受体细胞。

10.2.4 花粉管通道法介导的基因转化技术

20世纪70年代末期，在DNA片段杂交假设理论和对植物开花受精过程的解剖学及细胞学特征研究的基础上，周光宇等推测外源DNA可以通过花粉管经过的珠心通道进入受精胚囊，转化进入精卵融合细胞、早期合子及早期胚细胞。随后，周光宇等创建花粉管通道技术并通过该技术将外源DNA导入陆地棉，成功地培育出抗枯萎病的新品种。目前，花粉管通道法已成功应用于棉花、水稻、小麦、大豆等农作物的改良和育种工作。

花粉管通道法的原理是：在植物授粉后的特定时期内，利用精卵融合细胞、早期合子及早期胚细胞无细胞壁和核膜结构的特点，以柱头内形成的花粉管为通道，将外源DNA导入受精胚囊。在受精后细胞基因组合成和复制活跃的条件下，将外源DNA随机整合到受体植株基因组上。

花粉管通道法的基本步骤是：①目的基因的制备；②根据受体植物受精后，花粉管形成的情况和精卵细胞融合的时间，确定最佳时间，进行外源DNA导入；③转化种子及其后代的外源基因及其表达产物的分子检测。花粉管通道法的优点：操作简单；对受体植物无种类的要求；对外源DNA无特别要求；无组织培养过程；转化速度较快，育种周期短等。缺点是：该方法的具体机制不清，且缺乏分子生物学证据；受自然条件、环境条件及受体植物的花期等生理条件限制；要求充分了解受体植物开花受精的时间；要求很强的经验性，对某些农作物的操作难度较大；转化率低；结果的可重复性差；在转基因植株的后代中，外源基因的稳定遗传性差。

> **花粉管通道法转化的主要依据**
>
> 1. 植物的胚囊结构是八核胚囊，除具有卵细胞、助细胞、反足细胞外，胚囊是一个拥有大空隙的空腔，能够吸入一定的外源 DNA 溶液；
> 2. 卵细胞有一侧没有细胞壁，只有一层质膜，能够吸入外源 DNA；
> 3. 正常的花粉管进入胚囊后也是在胚囊中破裂，释放出的雄配子 DNA 也在胚囊中；
> 4. 受精后的细胞能正常发育成胚及种子；
> 5. 外源 DNA 溶液注入胚囊后对卵细胞造成一个较大的渗透压，迫使外源 DNA 进入卵细胞；
> 6. 如将外源 DNA 注入子房中，通过花粉管进入胚珠的通道能够使外源 DNA 从子房引入胚囊；
> 7. 注入的外源 DNA 可以是已重组构建的带目的基因及启动子的 DNA。因此，导入卵细胞后可以整合到核 DNA 中并得到表达。

10.3 转基因植物的检测方法

无论使用哪种转基因方法，转化细胞与非转化细胞相比都只占少数，两者存在竞争，而转化细胞的竞争力通常比非转化细胞弱，因此必须对转化细胞进行筛选和检测。实际上，对目的基因在转基因植物中进行整合状态、转录和翻译水平检测，跟踪目的基因在转基因植物中的行为是转基因技术中的一个必须环节。在构建重组 DNA 时，人们已经引入了标记基因以对转化子进行选择和鉴定。报告基因由于其表达产物易于检测，已广泛用于转基因植物中。根据报告基因编码特点，大致分为两类：抗性基因和编码催化人工底物产生颜色变化的酶基因或发光基因。根据检测的不同阶段区分，有 DNA 检测法、RNA 检测法及蛋白质检测法。DNA 检测法只能检测外源基因是否已经整合到植物基因组中，而 RNA 检测法得到的结果可判定外源基因是否转录，蛋白质检测法则可检测出外源基因是否翻译。

10.3.1 基于报告基因/选择标记基因的转基因植物检测方法

外源基因整合到植物基因组中以后，如何对转化细胞进行检测、分离已转入外源基因的细胞就成为至关重要的问题。人们在研究植物转录调控信号及其在不同器官中的功能时，采用一种简单的对基因表达水平进行定量检测的方法也是很重要的。要对基因表达进行量化分析，就必须使用一种报告基因，它既可用于对转化细胞进行选择，又编码易于检测其活性的物质。为了这一目的，人们试验了各种不同的基因作为转化的报告基因。

报告基因（reporter gene）是一种编码可被检测的蛋白质或酶的基因，也就是说，是一个其表达产物非常容易被鉴定的基因。把它的编码序列和基因表达调节序列相融合形成嵌合基因，或与其他目的基因融合，在调控序列控制下进行表达，从而利用它的表达产物来标定目的基因的表达调控，筛选得到转化体。

作为报告基因，在遗传选择和筛选检测方面必须具有以下几个条件：①已被克隆和全序列已测定；②表达产物在受体细胞中不存在，即无背景，在被转染的细胞中无相似的内源性表达产物；③其表达产物能进行定量测定。

在植物基因工程研究领域，已使用的报告基因有以下几种：胭脂碱合成酶基因（nos）、章鱼碱合成酶基因（ocs）、新霉素磷酸转移酶基因（nptⅡ）、氯霉素乙酰转移酶基因（cat）、庆大霉素转移酶基因、葡萄糖苷酶基因、荧光素酶基因等（表10-1）。

表 10-1 植物细胞中适用的报告基因

酶活性	是否显性选择	检验方法是否成熟
新霉素磷酸转移酶（卡那霉素激酶）	显性	成熟
潮霉素磷酸转移酶	显性	成熟
二氢叶酸还原酶（四氢叶酸脱氢酶）	显性	成熟
氯霉素乙酰基转移酶	显性	成熟
胭脂碱复合酶	显性	成熟
章鱼碱复合酶	显性	成熟
β-D-葡萄糖苷酶	显性	成熟
链霉素磷酸转移酶	显性	成熟
萤火虫荧光素酶	显性	成熟
细菌荧光素酶	显性	成熟
苏氨酸脱氢酶	显性	成熟
5-烯醇丙酮莽草酸-3-磷酸转移酶	显性	不成熟
磷酸肌醇乙酰转移酶	显性	成熟
乙酰乳酸合酶	显性	不成熟
绿色荧光蛋白	显性	成熟
腈硝化酶	显性	不成熟

nos、ocs 这两个基因是致瘤土壤农杆菌（Agrobacterium tumfaciens）的 Ti 质粒特有的，对 Ti 质粒进行改造，用相应的致瘤农杆菌转化植物体时，如果外源基因转入植物体中，则这两种报告基因在植物根茎叶中均能表达，不受发育调控，检测时直接用转化体提取液进行纸电泳，染色后在紫外光下观察荧光即可。nptⅡ、cat 及庆大霉素转移酶基因均为抗生素筛选基因，相关的酶可以对底物进行修饰（磷酸化、乙酰化等），从而使这些抗生素失去对植物生长的抑制作用，使得含有这些抗性基因的转化体能在含这些抗生素的筛选培养基上正常生长，也可以用转化体提取液体，再用同位素标记，放射自显影筛选转化体。目前常用的一种报告基因是 β-D-葡萄糖苷酶基因，该酶催化底物形成 β-D-葡萄糖苷酸，它在植物体中几乎无背景，组织化学检测很稳定，可用分光光谱、荧光等进行检测。荧光素酶基因（luc）是 1985 年从北美萤火虫和叩头虫 cDNA 文库中克隆出来的，该酶在有 ATP、Mg^{2+}、O_2 和荧光素存在下发出荧光，这样就可对转基因植物整株或部分直接用 X 光片或专门仪器进行检测。

10.3.2 基于报告基因的转基因植物的外源基因表达检测

1) GUS 酶活性检测

β-葡萄糖醛酸苷酶（β-D-glucuronidase，GUS）是一种水解酶，其编码序列已经发展成为转化植物的报告基因系统。该基因已经被克隆和测序，并编码稳定的酶，这个酶具有令人满意的性质，可以用来进行嵌合基因的构建及分析，它提供的嵌合基因系统很容易得到好的质量和高的灵敏度。

采用一些商业上提供的特种 β-葡萄糖醛酸糖苷酶作为底物,其反应产物可用分光光度、荧光(灵敏度较分光光度检测法高)和组织化学(该方法可观察到外源基因在特点器官、组织,甚至单个细胞内的表达情况,它催化的底物为 X-gluc,产物为蓝色化合物)的方法检测。

2) 荧光素酶活性检测

荧光素酶基因是一种动物蛋白基因,目前研究较多的是萤光虫荧光素酶及细菌产生的荧光素酶。荧光素酶催化的底物是 6-羟基喹啉类,在镁离子、ATP 及氧的作用下酶使底物脱羧,生成激活态的氧化荧光素,发射光子后,转变为常态的氧化荧光素。

这类酶的活性不需要转录后修饰,无二硫键,不需要辅酶因子和结合金属,因此几乎可以在任何宿主细胞中表达。荧光素酶基因作为一个报告基因还有一个优点,即检测的灵敏度高,检测迅速而且操作方便,对于研究低水平表达的基因有较大的意义。由于生物中普遍缺少内源荧光,因此该基因几乎不存在背景干扰问题。

3) 绿色荧光蛋白检测

绿色荧光蛋白(GFP)是在水母中发现的新型报告分子,该蛋白质能够自身催化形成发色结构,并在蓝光激发下发出绿色荧光,用荧光激活的细胞分拣器(FACS)可分离转化体与未转化体。利用此基因作报告基因进行活体检测时,会受植物的生理学状态、所用蓝光的频率、激发时间等因素影响。

10.3.3 外源目的基因整合的鉴定

1) 酶联免疫吸附检测

酶联免疫吸附法(enzyme-linked immunosorbent assay,ELISA)自 20 世纪 70 年代以来已在分子生物学领域获得大量的应用,用于特异性筛选植物转基因产品组分中的非降解蛋白质。其原理是利用抗原与抗体反应的特异性,当抗原与抗体结合时,通过结合在抗体上的酶作用于特定底物后发生显色反应,借助于比色鉴定转基因植物。ELISA 具备了酶反应的高灵敏度和抗原抗体反应的特异性,具有简便、快速、费用低等特点;但易出现本底过高的问题,缺乏标准化,使用同一方法,若在操作方法上出现某些差异,如保温时间长短、洗涤方法不同等,都会引起实验效果的不同,且只能检测未加工产品,并且只能检测有限种类的转基因生物。因为食品中的蛋白质容易因加工的过程失活或分解,使检测结果假阴性率增加。因此,ELISA 方法检测只适于原材料、浅加工食品的检测,对深加工食品不能检测。

2) PCR 技术检测

PCR 技术是目前用于检测转基因食品中外源基因的常用技术,具有快速、简便、灵敏等优点。PCR 技术是在体外对特定的 DNA 序列进行扩增的技术,能在几小时内使皮克级水平的起始物达到纳克级乃至皮克级水平,扩增产物经琼脂糖凝胶电泳、溴化乙锭染色后很容易观察,不通过杂交分析就可以鉴定出基因组中的一些顺序。

PCR 技术既可以对转基因食品进行定性也可以定量检测,现在已有专门的检测试剂盒出售。定性 PCR 能检测所有种类 GMO,且能检测深加工产品,但成本高,要求待分析的基因组 DNA 样品尽可能纯化,否则会干扰 PCR 反应,降低检测的灵敏度和重复性。定量检测主要有半定量 PCR 法、定量竞争性 PCR 法、实时定量 PCR 法。

3) 分子杂交

研究发现，整合到植物基因组中的外源基因多以单拷贝形式存在，也有部分是多拷贝。多拷贝的转基因对植物来讲是不利的，它们可能通过异源配对引起染色体结构的变化，从而导致转基因失活。利用 Southern 印迹可以确定外源基因在植物中的组织结构、外源 DNA 整合的位置及拷贝数、转基因植株 F_1 代外源基因的稳定性。

Southern 印迹可清除操作过程中的污染（如 DNA 提取过程中的交叉污染）及转化中的质粒残留所引起的假阳性信号，对样品纯度要求低、准确度高、特异性强、经济，尤其对于大批量样品的粗筛颇具优越性，是目前检测转基因产品的权威方法；缺点是易出现假阳性，杂交程序复杂，检测时间特别长，成本高，且对实验技术条件要求较高。

Northern 印迹是将样品 RNA 与探针杂交的技术，用于检测基因在转录水平上的表达。其主要原理是把变性 RNA 转移和固定在特定的薄膜上，用特定的 DNA 探针来检测 RNA。与 Southern 印迹相比，Northern 印迹更接近性状表现，更有现实意义，被广泛用于转基因植株的检测。但 RNA 提取条件严格，在材料内的含量不如 DNA 高，不适于大批量样品的检测。

Western 印迹检测目的基因在翻译水平的表达结果，能直接现实目的基因在转化体中是否经过转录、翻译最终合成蛋白质而影响植株的性状表现。一般来讲，Western 印迹的结果与性状表现有直接关系。Western 印迹灵敏度极高，能达到标准的固定相放射免疫水平。

以上分子杂交方法分别从整合、转录、翻译水平检测外源基因的行为，说服力强。这些技术需要转膜、杂交，操作繁琐，费用高，不适合大批量样品的检测，可对转基因植株随机取样检测。

10.4 抗虫转基因植物

作物害虫是造成农业减产的重要因素之一，据联合国粮农组织统计，全世界每年因病虫害使谷物减产 20%～30%，仅美国每年因虫害造成的皮棉损失达 12%～14%，经济损失达 4.5 亿美元；在欧洲，由于虫害每年造成玉米减产达 4000 万吨，占世界玉米总产量的 7%。目前，对农作物害虫的防治主要依赖化学药物。化学杀虫剂在农业生产中的确起到了重要作用，但同时也带来了许多严重问题：一方面，不仅提高了生产成本，还造成了严重的环境污染和食品中可怕的残毒；另一方面，化学杀虫剂的作用方式是非特异性的，在杀害虫的同时，也会毒害到有益的昆虫及害虫的天敌，从而危及多种生物资源，破坏生态平衡。长此以往，将会使人类遭受难以估计的损失。为了解决这些问题，必须提高植物自身对害虫的抗性。

基因工程技术的发展为培育抗虫作物提供了有力手段。利用基因工程技术把外源抗性基因转化至农作物中并使其表达，从而使农作物获得抗性。目前，已有多种途径可获得抗虫植物。主要途径是利用苏云金杆菌（*Bacillus thuringiensis*）的 Bt-内毒素基因获得抗虫植物。另外，也可利用植物来源的抗虫基因（如酶抑制剂基因或外源凝集素基因等）获得抗虫植物。

10.4.1 来源于微生物的抗虫基因

10.4.1.1 苏云金杆菌毒素

苏云金杆菌是革兰氏阳性细菌，于 1902 年首次在日本发现。苏云金杆菌在芽孢形成期形成了大量的伴孢晶体，晶体由原毒素（protoxin）亚单位（Bt-内毒素）组成，大多数苏云金杆菌菌株能同时产生几种晶体蛋白（cryprotein），每种蛋白质均有高度特异的杀虫活性。根据毒素蛋白的结构同源性及抗虫范围，把编码它们的基因划分为 4 大类：$cry\text{I}$、$cry\text{II}$、$cry\text{III}$、$cry\text{IV}$。其中，$cry\text{I}$ 编码的蛋白质具有抗鳞翅目昆虫的活性；$cry\text{II}$ 抗鳞翅目和双翅目昆虫；$cry\text{III}$ 对鞘翅目有毒性；$cry\text{IV}$ 抗双翅目。最近，又有人提出了新的分类方法。

伴孢晶体进入敏感昆虫的消化道后发生溶解并释放出 27～140kDa 的原毒素，在昆虫中肠蛋白酶的作用下，原毒素被激活为 23～70kDa 的毒性多肽，活化的毒性多肽与昆虫肠刷状缘膜泡（brush border membrane vesicle, BBMV）上的受体结合，并且在细胞膜上形成孔道，破坏细胞的渗透平衡，引起细胞裂解，最终导致幼虫的死亡。也有报道认为毒性多肽引起昆虫肠道麻痹，昆虫很快停止取食，最后导致昆虫肠壁细胞破坏而死亡。

1987 年，美国 Agrocetus 公司利用农杆菌 Ti 质粒首次将 Bt-内毒素基因转入商品棉，育成对鳞翅目幼虫抗性稳定的转基因棉。之后，抗虫转基因工程迅速发展起来。到目前为止，Bt-内毒素基因已成功转入水稻、棉花、玉米、马铃薯、番茄、烟草、苹果、唐棣、核桃、杨树、油菜、蚕豆、白三叶、菊花、酸果、大豆等，其中前 11 种已转入大田试验，有的已开始大面积种植。

最初，转基因植物中天然 Bt 毒素基因的表达水平低（小于叶总蛋白的 0.001%），不足以给植物提供田间保护。因此，对许多进行抗虫研究的生物学家来说，提高 Bt 基因的表达水平已是非常重要的问题。Bt 毒素基因在转基因植物中的表达水平低的主要原因可能有以下几个方面：细菌 Bt 毒素基因富含 A+T 核苷酸，而大多数植物基因有较高含量的 G+C 核苷酸，细菌核苷酸组成的这种特征不利于在植物中表达；Bt 毒素基因编码区的许多序列在植物基因编码区不存在，如类似于植物内含子的 ATTTA 序列、富含 AT 的序列及 PolyA 信号等特征，这些序列特征降低了转录本的稳定性。

据此，可通过以下几种方法提高 Bt 毒素基因在转基因植物中的表达水平：①在不改变氨基酸序列的前提下，利用定点突变技术选择性地替换 Bt 毒素基因序列中不适合在植物中转录和翻译的核苷酸序列。②根据天然 Bt 毒素基因编码的氨基酸序列，人工合成编码相同或相似氨基酸序列的全长 Bt 毒素基因，同时考虑其他一些因素，如植物密码子的偏爱性、mRNA 的二级结构及调节序列。③使用高效表达启动子或利用组织特异性启动子。④对于单子叶植物来说，在 5′非翻译区插入内含子也可提高基因表达水平。

大多数情况下，Bt 毒素基因转化植株时所用的启动子是组成型强启动子（CaMV35S 启动子及其衍生启动子），但有时也需要组织特异性启动子或诱导性启动子，如仅在绿色组织中表达的 PEPCase（磷酸烯醇式丙酮酸羧化酶）启动子、玉米花粉特异性启动子、损伤诱导启动子（病原相关的 PR-la 基因的启动子）。

10.4.1.2 其他来源于微生物的抗虫基因

异戊烯基转移酶（ipt）是细胞分裂素合成中的关键酶，来源于 *Agrobacteium tumefaciens* 的 *ipt* 基因在烟草、番茄中表达后，可减少烟草夜蛾对叶片的损伤，并降低桃蚜的生存力。然而，*ipt* 基因的表达对植物发育有负面影响，如使根系发育不完全、降低叶绿素含量等。

胆固醇氧化酶来源于链霉菌类，它对棉铃象甲幼虫有极高的毒性，并能延缓美洲烟草夜蛾的生长。研究表明，胆固醇氧化酶的作用机理在于破坏昆虫中肠膜的完整性，最终导致细胞裂解死亡。

由此可见，这两种酶的基因作为抗虫基因，其应用前景是很广阔的。

10.4.2 来源于植物的抗虫基因的应用

植物自身对害虫也有一定的防御能力，如植物自身可合成某些抗代谢物，干扰昆虫的消化过程。常见的从植物组织中分离到的抗虫基因包括蛋白酶抑制剂基因、外源凝集素基因、α-淀粉酶抑制剂基因、几丁质酶基因等。

10.4.2.1 蛋白酶抑制剂

植物蛋白酶抑制剂是一类含量较为丰富的蛋白质，分子质量小，性质稳定，故在抗虫工作中有重要作用。蛋白酶抑制剂杀虫机理在于它能与昆虫消化道的特异蛋白酶相互作用，形成酶-抑制剂复合物，阻断或减弱消化酶的水解作用。所以，一旦昆虫摄食蛋白酶抑制剂就会影响对外来蛋白质的消化，最终造成昆虫的非正常发育或死亡。

根据活性部位的本质和作用机制，自然界中存的蛋白酶可分为丝氨酸（Ser）蛋白酶、半胱氨酸（Cys）蛋白酶、天冬氨酸（Asp）蛋白酶和甲硫氨酸（Met）蛋白酶。这些酶在昆虫体内已被发现，并且不同的蛋白酶在不同昆虫中所占的优势不同。与这4种蛋白酶相对应的4种抑制剂中，对丝氨酸蛋白酶抑制剂的研究最多，这类蛋白酶抑制剂富含于植物种子和储藏组织中，在某些情况下，它们可被机械损伤或害虫的侵害诱导而表达。

蛋白酶抑制剂基因在抗虫工作中之所以占据突出地位，首先从杀虫机理上看，它作用于昆虫消化酶活性中心，这是酶的最保守部位，产生突变的可能性极小，基本上可排除害虫通过突变产生抗性的可能。其次，蛋白酶抑制剂的抗虫谱广泛。最后，蛋白酶抑制剂来源于植物，对人及哺乳动物无副作用。

目前至少有14种蛋白酶抑制剂基因转入作物中，其中大部分工作集中在来源于豆科、茄科和禾本科的Ser蛋白酶抑制剂，这种抑制剂主要对鳞翅目昆虫起作用，同时也对某些鞘翅类、直翅类害虫起作用。现在发现活性最强的一种是豇豆胰蛋白酶抑制剂（CpTI），它是一种Ser蛋白酶抑制剂，具有抗虫谱广、对人畜无害、害虫不易产生抗性等特点。实验表明，CpTI对大部分鳞翅类和鞘翅类起作用。例如，在加利福尼亚田间试验成功的CpTI转基因烟草可导致棉铃虫幼虫极高的死亡率。我国郝贵霞、朱祯等（1999）也进行了CpTI转化毛白杨的研究。到目前为止，CpTI基因已被转入至少10种植物中。其他Ser蛋白酶抑制剂如Kti3、C-Ⅱ和PI-Ⅳ（来源于大豆）可使 *Spodolera littoratis* 产生高达100%的死亡率，而在马铃薯中产生的抗性水平却非常低，仅仅是延缓了 *S. littoratis* 的生长而非死亡。除Ser蛋白酶抑制剂外，一种Cys蛋白酶抑制剂（oc-I，来源于水稻）也被转入几种作物中。

10.4.2.2 凝集素

外源凝集素（lectin）是糖结合蛋白，存在于多种植物中，特别是富含于植物种子或储藏器官中。第一个被描述具有抗虫作用的凝集素是菜豆凝集素（PHA），它实际上是一种 α-淀粉酶抑制剂（Huesing et al., 1991）。1993年英国科学工作者从雪花莲中克隆出雪花莲凝集素基因（GNA），对稻飞虱、叶蝉、蚜虫等有毒性作用。现在 GNA 基因已作为一种抗虫基因转化其他作物。我国黄大昉等（1997）也报道，来源于掌叶半夏和半夏的凝集素对麦管蚜、棉蚜、桃蚜等有致死作用。

植物凝集素是一类能非共价结合糖类物质的蛋白质。它可以作为储藏蛋白，还可以抵御细菌、真菌、病毒等病原体的入侵。植物凝集素对同翅目、鞘翅目、鳞翅目和双翅目昆虫有毒性，可以特异性结合到昆虫消化道外围食膜的几丁质或上皮细胞的糖基化合物或糖基化的消化酶上，从而影响昆虫对营养物质的正常吸收，并可能促进消化道内的细菌繁殖，抑制昆虫生长发育，从而达到杀虫的目的。

Powel 等早在 1995 年将雪花莲凝集素（GNA）、麦胚凝集素（WGA）和大豆脂肪氧合酶（LPO）添加在饲料中饲养成熟稻褐飞虱，结果表明 GNA 杀虫效果最好。GNA 尤其是对具有刺吸式口器的害虫，如蚜虫、褐飞虱、叶蝉等同翅目害虫及线虫有较强的毒杀性。

目前成功用于植物抗虫基因工程的凝集素基因有雪花莲凝集素（GNA）基因、豌豆凝集素（P-Lec）基因、麦胚凝集素（WGA）基因、半夏凝集素（PTA）基因。另外有研究报道，稻胚凝集素可以与 N-乙酰葡萄胺专性结合，具有与麦胚凝集素相似的杀虫活性，能阻碍昆虫的正常发育过程，导致其发育迟缓甚至死亡。凝集素虽可用来杀虫，但有些凝集素对哺乳动物也有显著毒性，如麦胚凝集素、半夏凝集素，这样就使得这些凝集素不适合用来转基因。而有些如豌豆凝集素和雪花莲凝集素对哺乳动物的毒性相对较小，因此大部分工作集中在了 GNA。

10.4.2.3 α-淀粉酶抑制剂

α-淀粉酶抑制剂在植物界中普遍存在，尤其在豆科和禾谷类植物的种子中，含量更为丰富。α-淀粉酶抑制剂作用机理在于：它能抑制昆虫消化道内淀粉酶的活性，使昆虫摄入的淀粉无法消化水解，阻断了能量来源。

菜豆（*Phaseolus vulgaris*）种子富含一类相关种子蛋白（PHA-E，PHA-L，arcelin，α-AI），其中 PHA-E、PHA-L 是典型的凝集素，而 α-AI 与某些淀粉酶形成复合体抑制淀粉酶的活性，发挥抗虫功能。Schroeder 等把菜豆的 α-AI 基因与种子特异表达的菜豆植物血凝素基因 5′和 3′调控区融合在一起，转化豌豆，发现 α-AI 基因在豌豆中正常表达，对豆象甲虫类害虫具有抗性。然而，在自然界中，已知有两种豆象甲虫具有一种丝氨酸蛋白酶，能酶切 α-AI 而使其失活，所以 α-AI 对这两种害虫无作用，因此，很难评价 α-AI 在植物抗虫方面的长期意义。

10.4.2.4 几丁质酶和色氨酸脱羧酶

几丁质酶是广泛存在于微生物和植物体内的一类蛋白质，催化真菌细胞壁的主要成分——几丁质的水解，从而抑制真菌的生长增殖，提高植物抗菌能力。最新的实验表明，某些几丁质酶还能催化糖基反应。1989 年 Ary 等从 Job 草中分离得到一种几丁质酶，发现它能抑制淀粉酶的活性，从而有效抑制蝗虫等昆虫类。于海波等（1994）发现蚕豆几丁质酶可抑制早期若蚜的存活和生殖发育。现在几丁质酶基因虽已转入几种植物中，但并未显示对番茄夜蛾幼虫具有抗性，只对桃蚜有微弱的作用。

生物碱（alkaloids）对许多昆虫是有害的，如来自于长春花（*Catharanthus roseus*）的色氨酸脱羧酶基因转化至烟草，其表达的结果使烟草合成了色胺或色胺类生物碱，抑制了昆虫 *Bemisia tabaci* 的生长和繁殖。

此外，番茄素（tomatine）、多酚氧化酶（PPO）和脂氧化酶（LOX）都对昆虫有毒害作用。

10.4.2.5 RNAi 抗虫转基因研究

RNAi 可以引导转录后的基因沉默（posttranscriptional gene silencing，PTGS）。导致昆虫致命或毒性丧失的发夹环结构或双链结构的基因转入植物中，并在体内表达成发夹环结构 RNA 或 dsRNA，昆虫取食后这些基因在昆虫体内表达，达到杀虫或去毒性的目的。植物体通过依赖 RNA 的 RNA 聚合酶（RdRP）诱导 Dicer 酶把发夹环 RNA 或 dsRNA 切割成 siRNA，而昆虫体内缺乏 RdRP 活性，因此致命基因或去毒性基因在植物体内沉默而在昆虫体内可以用长链 RNA 进行抑制表达。

Baum 等用特殊的 dsRNA 喂养 WCR 幼虫，确认了 14 个基因，它们在较低水平扼杀西方玉米根虫（WCR）的幼虫。这些 dsRNA 同昆虫中的目的基因的同源序列相似性越小，昆虫的死亡率越低。这充分证明了这些 dsRNA 引起的基因沉默是有选择性的。Mao 等在 Baume 理论的基础上首次证实了棉铃虫的脱毒基因细胞色素 P450 通过 RNAi 使得棉铃虫对棉花中棉酚毒性的免疫力下降，导致昆虫中毒。

RNA 干扰（RNAi）技术已成功应用于培育转基因抗虫棉花和玉米，这一技术通过转靶标昆虫特异性的基因片段来抑制昆虫生长发育或代谢过程中关键基因的表达，从而达到抗虫目的。RNAi 技术为抗虫转基因研究提供了一个全新的思路，有可能发展成为抗虫转基因研究的新趋势。

在自然界中，植物自身对害虫有多种防卫措施。各种次生代谢物质对昆虫都具有毒性，但是，这些物质的生物合成途径太复杂，很难用于抗虫工程。因此，目前抗虫工程中常用单基因编码的蛋白质。随着昆虫及植物的进化，需要不断地寻找新的抗虫基因。抗虫基因的引入与昆虫抗性管理工作应同时开展。另外，我们应该不断地利用更新、更强的启动子及强特异性启动子调节抗虫基因的表达。转基因工作的最终目的是提高和促进农业的发展，所以最后必须用于大田试验，这需要花费几年的时间。综上所述，抗虫转基因工程是一项长期的工作。

10.5 抗细菌转基因作物

植物病虫害可使农作物减产 40% 左右，而很大一部分与细菌病原物有关。以往人们施用化学杀菌剂来防治细菌病害，尽管可行，但绝非完全有效，且易污染环境；而用传统的育种方法，虽然能利用作物本身或亲缘种的抗性基因选育抗病品种，但存在着可利用的抗性品种资源少、选育时间长、耗资大等缺点。

近年来，随着分子生物学和生物工程技术的迅速发展，在对植物-病原物相互识别机制、信号传递过程及抗病与致病基因本质不断深入研究的基础上，运用基因工程手段将外源抗性基因导入栽培品种，赋予其特定抗病性已成为可能，从而开辟了抗病育种的新途径。

目前，通过基因工程技术培育抗细菌植物的策略主要有以下几个。

10.5.1 裂解细菌细胞壁

该策略是将原核或真核生物的溶菌酶基因导入植物，通过植物细胞表达外源溶菌酶破坏细菌细胞壁，从而达到抗菌目的。

溶菌酶是一种广泛存在于生物体中能够裂解细菌细胞壁的酶。它具有几丁质酶和溶菌酶的双重功效，是通过打断细胞壁肽聚糖的某个特定键而使细菌软化死亡的。在植物中，内源溶菌酶存在于液泡里，而细菌侵染植物后是在寄主的细胞间隙繁殖，这样内源溶菌酶因不能与病菌接触而难以奏效。当细菌达到一定数量致使植物发病并使植物液泡破裂时，释放出的内源溶菌酶已难以有效地控制病菌的进一步扩展了。于是人们设想通过把一种外源溶菌酶基因导入转基因植物并使其在信号肽的引导下表达分泌溶菌酶到细胞间隙，从而实现抗菌蛋白与病菌在时间和空间上一致，达到抗病的目的。

T4 噬菌体溶菌酶是同类酶中活性最强的溶菌酶之一，对革兰氏阴、阳性菌均有效。德国科学家 Klaus During 等将大麦 α-淀粉酶信号肽编码序列与 T4 噬菌体溶菌酶基因融合并置于 CaMV 35S 启动子的控制下，以使表达的 T4 噬菌体溶菌酶分泌到植物细胞外，在病原菌侵染早期就杀灭之。构建的植物表达载体通过农杆菌介导转化马铃薯，获得了一批转基因植株。Southern 杂交发现所有转基因植株均含一个拷贝的外源 T4 溶菌酶基因，Western 杂交表明 T4 溶菌酶的表达量很低。

考虑到病原细菌寄生于植物细胞间隙，T4 溶菌酶通过大麦 α-淀粉酶信号肽引导而定位于细胞壁外，其抗性效果会优于定位于细胞内的溶菌酶，但蛋白质在分泌过程中可能被糖基化，从而影响酶的活性。研究表明，转基因马铃薯内的 T4 溶菌酶确实在分泌过程中被糖基化了，但活性未受影响。这可能是因为糖基化位点（第 140 位的 Asn）位于蛋白质表面，糖基朝向离开酶活性中心（第 11 位的 Glu 和第 20 位的 AsP）的一面，即远离酶活性中心。

采用针对细菌细胞壁的策略有广谱性的优点，但因所有植物细菌的细胞壁结构基本一致，若要使溶菌酶不影响转基因植物非病原共生细菌，采用病原诱导型启动子调控溶菌酶合成更佳。

目前已有 3 种不同的溶菌酶基因（鸡卵清、T4 噬菌体和人的溶菌酶）被应用到植物抗细菌基因工程。利用这种策略得到的转基因马铃薯明显提高了对 E. carotovorasspatroseptica 的抗性。

10.5.2 破坏细菌细胞膜

该策略是将抗菌肽（cecropins）的基因导入植物，通过植物细胞表达抗菌肽破坏细菌细胞膜，达到抗菌目的。

抗菌肽是专指昆虫体内分泌的一类存在于血淋巴中的小分子蛋白质，一般含 35～37 个氨基酸，能破坏细菌细胞膜，抗菌谱很广，对革兰氏阴、阳性细菌均有效。通过对天然抗菌肽氨基序列的定点改造可获得抗菌性能更好的人工衍生物，如 cecropinB、Shiva-1、SB-37 等。

据国外报道，Shiva-I 基因如果置于一种受伤诱导启动子（proteinase inhibitor II promoter）控制下并导入烟草后，再接种青枯假单胞菌（P. solanacearum），转基因植株症状延缓出现且程度减轻，死亡率降低。此外，抗菌肽基因转化马铃薯的工作也有了初步结果，转基因马铃薯明显抗软腐病和黑胫病，在一定程度上减轻了相应症状的出现。考虑到细菌寄生于植物细胞间隙，Norden 等将大麦 α-淀粉酶信号肽编码序列与 cecropin 基因融合，转化了烟草，抗性试验正在进行之中。同样，该策略也具有广谱性优点，但要不影响植物有益共生细菌，应该使用病原菌诱导型启动子。

10.5.3 解除细菌毒素的毒性作用

人们从病原菌对自身毒素具有自我保护作用受到启发，设想从产毒病菌或其他微生物分离克隆解毒基因，并把这种基因导入植物，提高植物的抗病性。

Anzai 等率先从烟草野火病菌（P. syringae pv. tabaci）中克隆出一种降解烟毒素的乙酰转移酶基因，它的致病机制是该菌产生一种毒害植物的二肽 tabtoxin，抑制烟草细胞的谷氨酰胺合成酶的活性，导致烟草细胞中胺的非正常积累。P. syringae pv. tabaci 基因组本身编码一种乙酰转移酶，可使 tabtoxin 乙酰化，可解除 tabtoxin 对自身的毒害作用。

另一个成功的事例是利用菜豆丁香假单胞菌 P. syringae pv. phaseolicola 的 OCTase 基因（argk）来抑制菜豆萎蔫毒素（phaseolotoxin）。Zhang 等的研究表明，从一种黄单胞菌 Xanthomonas albilineans 突变体中克隆的 albicidin 解毒基因（albD）可提供给转基因甜甘蔗对病害症状和病菌繁殖的抗性。

10.5.4 引入对细菌毒素不敏感的靶酶

菜豆丁香假单胞菌（P. syringae pv. phaseolicola）产生的一种三肽形式的云扁豆蛋白毒素（phaseolotoxin）是菜豆的晕疫病（haloblight）的成因，其致病机理是该毒素在植物细胞内分解产生的鸟氨酸类似物抑制了定位于植物细胞叶绿体中参与氨基酸合成的鸟氨酸氨甲酸转移酶（OCTase）的活性。P. syringae pv. phaseolicola 基因组编码抗云扁豆蛋白毒素的 OCTase，使细菌本身免受毒素的毒害作用。

墨西哥科学家将细菌的 OCTase 基因与 1，5-二磷酸核酮糖羧化酶 Rubisco 小亚基的转导肽编码序列融合，将其置于 CaMV 35S 启动子控制下，由农杆菌介导转化烟草，在转基因烟草中，细菌 OCTase 基因的表达产物定位于植物叶绿体中，且为活性形式。

用 P. syringae pv. phaseolicola 接种非转基因烟草，出现了黄化水样侵蚀斑，其中一些发生系统感染，生长停止，最后死亡。接种转基因烟草就没有上述症状，仅初期出现小的坏死斑，以后发展为大的死细胞区，这表明转基因烟草不易发生系统感染，且能产生过敏性保护反应。若用毒素直接处理烟草叶面，对照株出现黄化圈，转基因植株无此症状。但因 P. syringae pv. phaseolicola 感染植物引起的症状中只有黄化圈、系统退绿和系统感染与该毒素有关，其他症状并不受该毒素控制，所以这种策略不能完全消除该病原菌的致病力。

10.5.5 增强植物本身的防卫蛋白合成

植物的 R 基因（植物抗病基因）通常只在植物-病原菌互作的早期识别反应中发生作用，真正发挥抗病功能的是防卫基因产物，因此可以用导入防卫基因的方法提高植物的抗病性。

这一策略成功应用于抗细菌基因工程的主要有硫堇（thionins）、植物防卫素（plant defensin）和脂转移蛋白（lipid transfer protein，LTP）。Carmona 等发现将大麦硫素基因转化烟草，能减轻由 P. syringae pv. tabaci 和 P. syringae pv. syringae 接种所造成的症状；Terras 等将小萝卜植物防卫素（Rs-AFP2）嵌合基因转化烟草后，其 F_2 代植株对 Alterarialonginer 的抗性比未转化植株增强 7 倍；Molina 和 Garcia-Olmedo 将大麦 LTP 的编码序列在强启动子的控制下转化烟草或拟南芥后，能增加表皮层中 LTP 水平和导致在没有或很少内源 LTP 位置 LTP 量的增加，并可通过干扰病菌在植物中的扩散和繁殖来实现对 P. syringae 的抗性。

一个成功抗病基因工程策略的首要原则是对控制病菌有效。从目前获得的转基因植物来看，其抗性水平大多为部分抗性，高抗和免疫的很少。有的基因表达产物在离体条件下有抗菌活性，但导入植物后活性降低甚至没有作用。转基因植物获得的新抗性能否持久，也是关系到策略成败的重要因素。

尽管科学家们在抗细菌基因工程研究上取得了许多骄人的成绩，但由于细菌本身的代谢、遗传机理复杂，它和植物之间的关系、致病机理还不十分清楚，因此要想真正运用这一手段解决农业生产上细菌病害这一大课题，仍需对细菌与寄主相互作用机制的不断深入了解及分子生物学手段的不断创新，不断提出新的、更有效的策略。

10.6 抗病毒转基因作物

病毒是对全球农业具有重大经济危害性的一类植物病原微生物，目前植物病毒的种类越来越多，传播也越来越容易，对各种农作物及其他植物在产量和质量上造成的损失也越来越严重，有的甚至产生毁灭性的破坏。

病毒侵染之所以复杂有三方面的原因：第一，病毒的高突变率所致的植物抗病品种抗性丧失速度远高于常规植物抗病育种速度；第二，病毒在隐症野生植物中储存；第三，无亲缘关系的病毒复合侵染以及病毒侵染的持久性，特别是以线虫和真菌传播的植物病毒能在土壤中存活许多年。因此，在适宜病毒介体生长的温度条件下，大面积连作缺乏抗病基因的植物，造成的经济损失会更高。Hamilton 于 20 世纪 80 年代初首先提出了基因工程保护的设想，在转基因植物中表达病毒基因组序列可能是防御病毒侵染的途径之一。近 20 多年来，基因工程的发展为防治病毒病开辟了新途径。

10.6.1 利用非病毒来源的抗病毒基因策略

10.6.1.1 核糖体失活蛋白基因

许多高等植物能合成核糖体失活蛋白（ribosome-inactivatingprotein，RIP），这些蛋白质具有酶的功能，能专一性水解核糖体上 26S/28S rRNA 上一段 14bp 的高度保守序列中某一特定的腺嘌呤处糖苷键，从而阻止 EF2/GTP 复合物与核糖体 60S 大亚基的结合，抑制蛋白质的合成。目前，有以下植物来源的 RIP 用于植物抗病毒基因工程的研究。

美洲商陆抗病毒蛋白（pokeweed antiviral protein，PAP）是从美洲商陆属植物 *Phytolacea acinosa* 的不同生长阶段或不同组织中分离和纯化出来的一类具有酶功能的核糖体单链失活蛋白。由于 PAP 具有特异的细胞毒特性，对细胞蛋白质合成有抑制作用以及广谱的抗病毒生物活性，受到广大研究者的日益关注。Lodge 等把 *PAP* 基因导入烟草和马铃薯中，转基因烟草和马铃薯都表达出 PAP，并表现出了对多种不同病毒侵染的抗性。

天花粉蛋白（trichosanthin，TCS）是从药用植物栝楼块茎中提取的碱性蛋白质。TCS 对治疗 HIV 和乙肝病毒等 7 种病毒均有广谱疗效。

10.6.1.2 α，β-干扰素基因

它是一种小分子质量蛋白质，是脊椎动物在受病毒感染后分泌的一种蛋白质，能结合在细胞膜上，形成抗病毒结构，具有广谱抗性。

Truve 等把大白鼠编码的干扰素之一的 3′,5′-寡腺苷酸合成酶的 DNA 导入马铃薯植株，试验表明转基因植物内病毒浓度显著低于未转化的对照。目前中国已将 α-干扰素基因导入烟草和水稻并得到了表达，表达的干扰素具有抗病毒特性。

10.6.1.3　PR 蛋白基因

病程相关基因介导的抗性蛋白（pathogenesis related protein，PR 蛋白）是一类当植物受病原物侵染或其他因子的刺激、胁迫时产生的一类蛋白质。PR 蛋白根据分子生物学特性和血清学关系可分为 5 组——PR1~PR5，其中 PR1 与病毒抗性关系密切，其抗病机理可能是它们参与植物细胞壁抗侵染的作用，还有的认为这组 PR 蛋白可能是靠协调作用才能抵抗病毒。但转 PR 基因的植物的抗性水平并不理想。

10.6.1.4　潜在自杀基因

该策略的思路是：将植物来源的毒素蛋白（如抗病毒蛋白等）基因克隆到某种病毒的启动子下游，再将这一重组体以反义形式克隆到植物表达载体中并转化植物。植物体内转录出包含病毒启动子与该病毒蛋白在内的复合物，但不会翻译表达有功能的活性毒素蛋白。然而，一旦该种病毒侵染植物，其体内已经转录出的反义 RNA 会利用病毒酶系统转录出正义链的 mRNA，mRNA 再翻译表达则产生有功能的活性毒素蛋白，结果，病毒侵染了的细胞死亡而邻近的细胞不受影响。

10.6.1.5　植物自身基因介导的病毒抗性

植物在病毒侵染时会启动最常见的主动防御机制——过敏反应，也就是病原侵染点周围的细胞最终在病原最初侵染点周围形成坏死斑。例如，烟草中的 N 基因，番茄中的 $Tm\text{-}1$ 或 $Tm\text{-}2$ 和 $Tm\text{-}22$ 基因，马铃薯的 Rx、Ry 基因，等等。这类基因通常称为 R 基因。在近 N 端存在着核苷酸结合位点（nucleotide binding site，NBS），而近 C 端则富含亮氨酸重复（leucine-rich repeat，LRR）。这些保守序列与哺乳动物细胞因子白细胞介素 IL21 受体（IL21R）的胞质信号结构域具有同源性，这一发现暗示了其相同的起源或抗性蛋白的趋同进化。

但是自然界病毒的突变速度是相当惊人的。例如，ToMV 病毒的移动蛋白 30kDa 处两氨基酸发生突变即可克服该病毒的特异抗性基因 $Tm\text{-}22$；另外，该病毒的抗性基因家族中 $Tm\text{-}22$ 也是由于 4 处氨基酸发生了变化而使其对 ToMV 病毒的抗性强于该基因家族的另外两个基因 $Tm\text{-}1$ 和 $Tm\text{-}2$。所以由于其复杂性，利用植物自身的抗病毒基因的策略在植物抗病毒基因工程的研究中还不是主要的。

10.6.2　利用病毒来源基因的抗病毒策略

10.6.2.1　病毒蛋白基因介导的抗性

外壳蛋白基因介导的病毒抗性是研究最早也是目前比较成功的抗病毒手段，一般的病毒都有外壳蛋白，且它一般是病毒中含量最多的一种蛋白质。它有很多功能，包括与宿主细胞相互识别、决定病毒的宿主范围、包被病毒核酸起到保护作用。有些外壳蛋白可能还参与了病毒的长距离运输，起到保护作用，从而组装成特定结构的病毒颗粒。在转外壳蛋白基因的植物中表达这种蛋白质以后，就可以产生类似交叉保护的效果，大大减弱了以后病毒对转基因植物的侵染及进行系统性传播。该策略主要是将病毒的外壳蛋白基因进行体外克隆、体外重组及构建表达载体,然后将重组的基因转化到植物细胞内并得以表达,从而使转基因植物获得抗病毒的能力。1986年,美国华盛顿大学Beachy研究小组通过植物基因工程技术,首次将烟草花叶病毒(TMV)的 CP 基因导入烟草,培育出能稳定遗传的抗TMV烟草植株,开创了植物抗病育种的新领域。迄今为止,科学者们已经克隆了至少15个病毒组中30种病毒的 CP 基因,并成功转化了20多种植物。有些株系已进入田间试验并显示了与实验室一致的抗病效果。

目前关于 CP 基因介导的抗性机理主要有以下几种观点:①CP 的表达抑制了病毒的脱壳转基因植物细胞内大量游离的衣壳蛋白亚基的存在,使病毒基因组的 5′ 端难以释放,阻碍了病毒的脱壳;②CP 干扰病毒 RNA 的复制,当入侵病毒的裸露核酸进入植物细胞后,它们立即被植物细胞中的自由 CP 所重新包裹,阻止了核酸的复制;③CP 限制了病毒粒子的扩展和转运,Wisniewski 等证明在转 TMV-CP 基因的植株中,在接种 TMV 后,CP 不仅阻碍了 TMV 在接种叶上的扩展速率,而且也降低了 TMV 从接种部位到上部叶的系统转运;④抗性的产生是 CP 基因表达的 mRNA 与病毒 RNA 之间相互作用的结果。

Golemboski 等在1990年将 TMV U1 株系的一段核酸序列(3472~4916,编码复制酶复合物的部分成分)转入烟草,使得这些转基因植株在用 TMVU1 株系病毒粒子或病毒 RNA 接种时都表现出高度抗性。转复制酶基因的植株在 RNA 水平上和蛋白质水平上都能够介导抗性的产生。在 RNA 水平上,Lomonossoff 认为是转录出的 mRNA 与病毒的复制酶进行了无效结合从而抑制病毒复制酶的正常功能,或者是 mRNA 诱导了植物的自然抗病性等。在蛋白质水平上,Cart 和 Galdna 认为转基因植物表达的复制酶蛋白在病毒的侵染过程中作为一种调节蛋白发挥其正常功能,从而打破了病毒正链和负链复制的平衡,或者是干扰了控制复制酶活性的反馈抑制途径。

运动蛋白基因介导的抗性,该策略主要是利用编码无移动功能的病毒 MP 基因干扰入侵病毒的扩散和移动。运动蛋白基因介导的抗性也具有广谱性。相对于 CP 或病毒复制酶基因介导的抗性策略,功能异常或突变体运动蛋白基因的转基因植株能够对更为广泛的病毒产生抗性。将 N 端缺失3个氨基酸的 TMVMP 基因转入植物,或转温度敏感型的突变体 MP 基因将会延迟 TMV 的感染和症状的出现。

Hou 等将菜豆矮化花叶病毒(BDMV)野生型或突变的 BVl 或 BClMP 导入到番茄中。结果表明,转基因番茄表型不正常,但能推迟 ToMV 的感染。刘晓玲等将 PVX-p25 运动蛋白(PVX-p25)基因导入烟草中。结果表明,所得到的转基因植株对 PVX 有明显的抑制作用,为该基因在蔬菜作物上的应用打下了基础。

10.6.2.2 肽段介导的抗性

病毒蛋白基因介导的普遍适用性是有限的,需要较高的转基因蛋白水平。然后,高水平的外源 mRNA 也许会激发植物产生转录后基因沉默(post-transcriptional gene silencing,PTGS)来阻止外源蛋白质的表达。因此,提高 mRNA 翻译的效率和稳固蛋白质表达的水平可能会改善这一不足。

Rudolph 等发现了一种由短肽段介导的广谱植物抵抗系统。他们通过酵母双杂交筛选肽表达文库,发现这一29个氨基酸组成的短肽段与番茄斑萎病毒(tomato spotted wilt virus,

TSWV）核蛋白的基本功能结构域有很高的亲和力。此外，该短肽段与番茄斑萎病毒属 *Tospovirus* 其他成员的核蛋白也具有很高的亲和力。转该短肽段基因的植株对番茄斑萎病毒属的 5 个病毒成员都具有高度抗性，由此发展出利用体内表达短肽来引发高等植物对病毒产生抗性的新思路。Uhrig 对短肽介导产生抗性的原因进行了分析，认为这些短肽可能是通过干扰植物体内各个蛋白质之间的相互作用而引发植物产生抗性的。Lopez-Ochoa 等证明短肽能与番茄金色花叶病毒（*Tomato golden mosaic virus*，TGMV）的复制酶 ALI 相结合，由此证实短肽介导的植物抗病毒机制同样也适用于单链 DNA 病毒。

10.6.2.3 卫星 RNA 介导的抗性

病毒卫星 RNA 是一类依赖于辅助病毒才能复制的低分子质量 RNA，它不能编码外壳蛋白，只装配于辅助病毒的外壳蛋白中，其复制必须依靠辅助病毒进行。

卫星 RNA 的抗性机理现在一般认为是卫星 RNA 与病毒基因组 RNA 争夺病毒复制酶位置，最终以数量优势抑制了病毒基因组的复制。1986 年，Baulcombe 等首次成功地将 CMV 的卫星 RNA 导入烟草，接种 CMV 后，植株不表现症状，植株体内卫星 RNA 增加，CMV 基因组 RNA 剧减。卫星 RNA 介导抗性具有以下的优点和不足：一方面，卫星 RNA 只需很低的表达量，就能使植株获得高抗，而且这种抗性并不产生特异蛋白质，这样提高了转基因植物的生物安全性；另一方面，对转化植株起保护作用的卫星 RNA 一旦被病毒包装传播到其他植物，可能会引起严重的症状，有的卫星 RNA 还可能变成毒性卫星 RNA，从而失去对病毒的防治作用，加重病毒症状。

10.6.2.4 交叉保护

除了蛋白质和 RNA 介导的抗性，交叉保护也被用来抗植物病毒。交叉保护抗性是由一种弱病毒感染宿主植株产生的。植株被一种病毒侵染后，会对相近病毒的侵染产生抗性。交叉保护的关键是保护性病毒，也叫弱化病毒或温和株系，它们在宿主上引发很弱和（或）几乎没有的症状。一旦温和株系被感染，便可以对病毒激发序列特异性的抗性。很多研究者发现病毒沉默抑制子的突变可以弱化一些症状。例如，突变沉默抑制因子 HC-Pro 可以减轻 potyvirus 的病症。另外，突变胡椒斑驳病毒（PMMoV）的 106kDa 复制酶，胡椒将会通过交叉保护减轻症状。

交叉保护的这种现象和动物的免疫应答很像，但是，植物没有一个类似的免疫系统而且机制也不太清楚。交叉保护有可能是由蛋白质或 RNA 介导的，也有可能是各种机制的组合，下面分别概述。

蛋白质介导的交叉保护，在一些实验中交叉保护 CP 的作用已被分析。第一，烟草被 TMV 全部感染后会变黑，而且在叶片上会有淡绿色的花叶病斑蚓。这个部位含有大量的 TMV，对可引起坏死的 TMV 有抗性。换句话说，深绿色的部位病毒含量会很少，而且对同样的病毒有敏感性。这个结果表明了抗性过程需要保护性病毒的存在。而且，未被包裹的病毒 RNA 对其侵染可以攻破这种抗性。第二，没有 CP 的 TMV 并不提供抗性。第三，就如 CPMR，CP 增加或减少的 TMV 外壳蛋白突变株，当利用 PVX 载体表达时，CP 突变株的高装配能力可以对 TMV 的侵染产生交叉保护。因此，TMV 交叉保护和 CPMR 可能依赖 CP 来阻止裸露的激发病毒。

RNA 介导的交叉保护。有些植物病毒被归类为恢复诱导病毒，如 TRV、番茄黑环病毒（TBRV）和花椰菜花叶病毒（CaMV）。这些病毒在接种叶片时可引发症状，但是在后期叶子会慢慢恢复。恢复诱导病毒激发了病毒诱导基因沉默（virus induced gene silencing, VIGS），而且可以通过交叉保护来抵抗近源病毒的再次侵染。

10.7 抗除草剂转基因作物

杂草是农业生产的大敌，它们的适应性非常强，繁殖力旺盛，既与作物争夺阳光、水分、肥料和空间，还传播病虫害，因此除去杂草是农业生产中的重要课题之一。通过化学方法来控制杂草已成为现代化农业不可缺少的一部分，除草剂的年产量已居农药之首位。除草剂作用机理是影响植物生理生化过程，如光合作用、氨基酸的合成等，因此除草剂在消灭杂草的同时也对作物具有伤害作用，这就限制了除草剂的应用。目前，用遗传工程方法来培育抗除草剂的作物品种已成为人们控制杂草的主要方法。

从 1983 年第一例抗除草剂转基因烟草问世以来，到目前已有近 300 种植物通过转基因技术先后培育出抗除草剂品种。涉及的除草剂种类主要有草甘膦、草铵膦、莠去津、溴苯腈、2,4-D 咪唑啉酮和磺酰脲类等近 10 个类别。到 2010 年，耐除草剂性状已经被运用在了大豆、玉米、油菜、棉花、甜菜以及苜蓿中，占全球 1.48 亿公顷的转基因作物面积的 61% 约 8930 万公顷。而在抗除草剂转基因作物中，抗草甘膦大豆一直占主导地位，其次为玉米、油菜和棉花。

目前，抗除草剂转基因植物主要有 3 种策略。

10.7.1 增加靶标酶或靶标蛋白的拷贝数

这种方法是将除草剂作用靶标酶或蛋白质的基因转入植物，使其拷贝数增加，提高植物体内此种酶或蛋白质的含量，从而产生抗性。

草甘膦是一种非选择性、广谱的高效、低毒有机膦除草剂。它特异性地抑制植物和微生物芳香族氨基酸合成途径中 5-烯醇丙酮酸莽草酸-3-磷酸合酶（EPSPS）的活性而导致芳香族氨基酸缺乏，莽草酸积累，最终导致细胞死亡。1985 年，Camai 等首先从鼠伤寒沙门氏菌中筛选出了抗草甘膦的突变菌株，随后分离出突变基因（aroA 基因）并将此突变的 aroA 基因转入烟草细胞，获得第一个抗草甘膦转基因作物。

目前已获得抗草甘膦的烟草、矮牵牛、番茄、大豆、小麦等。

10.7.2 作用靶标酶的修饰

通过基因突变的方法使靶标酶上的氨基酸发生突变，让其丧失与除草剂的结合能力，把突变的基因转入植物细胞从而提高其抗除草剂的能力。

磺酰脲类除草剂和咪唑酮类除草剂的作用靶标是乙酰乳酸合酶（ALS）。1988 年，Haughn 等通过转基因手段已将拟南芥植株的 ALS 突变基因引入烟草，产生了异构的 ALS，降低了 ALS 对除草剂的敏感度，转基因植物产生了对除草剂的抗性。对抗绿磺隆的转基因作物研究也较多，我国学者李国圣等将拟南芥的 ALS 基因导入玉米，已进入田间试验。

10.7.3 分离能解除除草剂毒性的酶基因

这种方法是将以除草剂或以有毒代谢物为底物的酶基因转入植物,该基因编码的酶可以催化降解除草剂以达到保护植物的作用。

土壤吸水链霉菌中的 *bar* 基因编码膦丝菌素乙酰转移酶 (PAT),PAT 催化草丁膦的自由氨基乙酰化,从而使除草剂草丁膦失活。PAT 表达量占总可溶性蛋白的 0.01% 时足以使植物产生抗草丁膦抗性。前已经将 *bar* 基因转入多种作物如烟草、番茄、马铃薯、水稻、小麦等。

10.7.4 新型除草剂的发展方向

研制开发新型的生物除草剂是人们十分关注的问题。生物除草剂是指让杂草感染微生物等而引起杂草死亡。此外,轮换使用不同的化学除草剂、使用混合的化学除草剂、对作物进行轮作等方法均是值得探讨的。

10.8 抗逆境转基因作物

干旱、盐碱、高温、冷(冻)害和涝害等非生物胁迫因素是严重影响作物生长发育的环境因子,也是制约世界粮食作物产量的重要因素。据统计,全世界的盐碱地近 10 亿公顷,约占陆地面积的 1/3。我国大约有 666.7 万公顷盐碱地,含盐量最高达 0.6%,且有逐年增加的趋势。

随着全球性生态环境日渐恶化,各种各样的环境胁迫给植物的正常生长带来了不同程度的影响,植物整体抗逆性研究越来越受到重视。由于植物的胁迫耐性大多数属于数量性状,现有可利用的资源匮乏,采用常规的育种方法已无法满足研究的需要,不仅耗时费力、困难大,而且效果不太理想,因此,必须引入外源基因来增强植物对环境胁迫条件的抗性。

近几年来,通过利用各种现代分子生物学技术已克隆和鉴定了不同时间和空间上差异表达的基因,也已经克隆了各种生物发育、病菌、高盐、低温和干旱等环境胁迫条件下诱导的相关基因。经各种胁迫诱导表达的大量基因,按其功能可分为两类:一类是调控性基因,即在胁迫响应中调控信号传导和基因表达的基因;另一类是功能性基因,即基因表达产物直接进行抵御外界环境胁迫。

关于抗环境胁迫的基因工程研究主要在抗干旱、抗寒冻和抗盐碱等几个方面。

10.8.1 抗干旱胁迫策略

与抗旱反应相关的关键基因已相继被鉴定和克隆,并通过基因工程的各种手段导入植物基因组,提高植物的抗旱能力。抗旱相关基因主要包括以下几类:渗透调节基因;抗氧化防御系统;晚期胚胎发生丰富蛋白;编码转录因子的调节基因。

(1) 渗透调节基因。目前,游离脯氨酸基因、甜菜碱醛脱氢酶基因 *BADH*、大肠杆菌 1-磷酸甘露醇脱氢酶基因 *mtlD*、大肠杆菌 6-磷酸山梨醇脱氢酶基因 *GutD*、大肠杆菌海藻糖合成酶基因复合体 OTSBA、酵母海藻糖合成酶基因 *TPS1*、乌头叶豇豆中的 Δ'-吡咯啉-5-羧基合成酶基因 *P5CS*、枯草杆菌中的果聚糖蔗糖酶基因 *SacB*、乙酰脱氢酶基因 *betA*、甜菜碱生物合成酶基因 *codA* 等具有渗透调节作用的基因已经被导入植物中,在不同程度上提高了植物的抗旱能力。

（2）抗氧化防御系统。对干旱胁迫下的植物体内抗氧化防御系统进行的大量研究表明，它是由一些能够清除活性氧的酶系和抗氧化物质组成，如超氧化物歧化酶（SOD）、过氧化物酶（POD）、过氧化氢酶（CAT）和抗坏血酸（ASA）、类胡萝卜素（carotenoids，Car）以及一些含巯基的低分子化合物，如还原型谷胱甘肽（GSH）等，逆境胁迫下它们协同抵抗活性氧对细胞的伤害。其中的 SOD 是植物体内清除活性氧的关键抗氧化酶。

（3）晚期胚胎发生丰富蛋白。在种子（胚胎）发育后期会产生一些小分子特异多肽，即 II 蛋白（late-embrycgensis abundant protein），通常受发育阶段、脱落酸和脱水信号的调节。II 蛋白大多是高度亲水的，这有利于 II 蛋白在植物受到干旱而失水时，部分替代水分子。研究发现，这种蛋白质可能广泛存在于高等植物的种子中。Xu 等成功地将大麦（*Hordeum vulgare*）的 LEA 蛋白基因 *HVA1* 导入水稻，获得大量的转基因植株，证实了 LEA 蛋白基因在干旱胁迫下的保护功能。

（4）编码转录因子的调节基因。转录因子又称反式作用因子，是一类能与真核生物基因启动子区域中的顺式作用元件发生特异性相互作用的 DNA 结合蛋白，通过它们之间及其他相关蛋白质之间的相互作用，激活或抑制转录。迄今已发现的编码植物转录因子的基因已达数百种，与抗逆性相关的主要有 AP2/EREBP、MYC、MYB、bZIP、WRKY 类。

10.8.2 抗寒冻胁迫策略

用基因工程方法培育抗寒植物正以其周期短、见效快的优点而逐渐取代传统遗传育种方法的主导地位，主要包括以下两个方面。

首先，导入抗寒调控基因。目前研究认为，植物在感受到寒冷信号，如气温降低、短日照等之后，将产生抗寒促进因子（如内源脱落酸 ABA）与钙信号系统共同完成抗寒信号的传导，启动抗寒基因的表达。植物在感受和传导寒冷信号的过程中，有多种调控基因参与编码产生信号传递因子和调控蛋白，包括各种转录因子和蛋白激酶，如 DREB 转录因子、Ca^{2+} 依赖性蛋白激酶、细胞分裂蛋白激酶、14-3-3 蛋白等。目前有关导入抗寒调控基因的研究主要围绕着一种与抵抗寒冻所导致的渗透胁迫相关的冷诱导基因转录因子 DREB 展开。因转录因子能诱导多种冷诱导基因和逆境胁迫诱导基因的表达，极大地增强植物抗寒性和抗逆性，近两年来得到极大的重视，具有广泛的应用价值。

其次，导入抗寒功能基因。这其中包括抗渗透胁迫相关基因、AFP 蛋白基因、脂肪酸去饱和代谢关键酶基因和 SOD 等基因。

LEA、COR、WCS 等蛋白质都含有大量的亲水性氨基酸，具有热稳定性。这方面研究较深入的是 LEA 蛋白基因和 COR 家族蛋白的基因。大麦在冷驯化过程中能诱导 HVA1 蛋白基因表达产生一种 LEA 家族III的蛋白质。将 HVA1 蛋白基因转入水稻中，结果表明，转基因水稻提高了对水分胁迫和高盐胁迫的耐受性，考虑到抗寒与抗渗透胁迫之间的关系，*HVA1* 基因可作为一种抗寒基因加以应用。冷驯化能诱导多种 COR 蛋白基因表达。Artus 等使 COR15am 多肽在转基因拟南芥中大量组成型表达后，与野生型相比，转基因植物分别提高了叶绿体和原生质体的寒冷耐受性并增强了原生质膜的稳定性，减轻了寒冻所造成的损伤损害。由于植物的抗寒性是由多个基因表达调控的，单个 COR 蛋白基因的转导表达并不能显著增强植物的耐寒力，不过此方面的研究有助于抗寒分子机理的进一步探讨。

抗冻蛋白 AFP 最初是从极区海鱼中发现的，在鱼类和昆虫类中研究较深入，之后在多种冷驯化的植物中发现了 AFP 蛋白。研究发现,AFP 蛋白的一个显著特征是具有热滞活性,即该蛋白质能以非依赖性形式降低水溶液的冰点而不影响水溶液的熔点。AFP 能结合到冰核的表面抑制冰晶的生长,避免冰晶所造成的细胞物理性损伤。当温度降低到水溶液的冰点以下时,AFP 能影响冰晶的形状,从而抑制冰晶的重结晶,而重结晶化对植物来说是致死性的。

植物的相变温度越低,抗寒性越强,降低植物膜的相变温度,抗寒性也得到提高。目前研究表明,膜脂中的类脂和脂肪酸成分的不饱和度明显影响着膜脂的相变温度,不饱和度越高,抗寒性越强。在植物中导入脂肪酸去饱和代谢关键酶基因,增加脂肪酸的不饱和度,可提高植物的抗寒性。现已有多种脂肪酸去饱和代谢关键酶基因被相继发现,这为进一步开展抗寒基因工程奠定了基础。

SOD 等可除去植物体内因受寒产生的活性自由基,从而保护细胞膜,以达到抗寒的目的。将 SOD 的 cDNA 转导入植物如烟草、番茄和苜蓿中,大量表达后均增强了植株的耐氧化能力,这对于植物抵抗逆境胁迫具有重大意义。SOD 等基因可作为抗性基因加以应用。随着植物抗寒冻分子机理的深入研究以及基因工程技术的日益成熟,植物抗寒冻基因工程将取得更多的进展。

10.8.3 抗盐碱胁迫策略

盐胁迫是抑制植物生长、降低农作物产量的主要环境因素之一。长期以来,关于如何提高植物的抗盐性、增加在盐胁迫下农作物的产量一直是人们关注的焦点。近几年,在盐生植物中也克隆了大量的与盐碱相关的基因并进行了功能验证。Hibino 等在红树植物中分离出两种甜菜醛脱氢酶(BADH)cDNA,其编码蛋白一种是菠菜叶绿体 BADH 的同源物,另一种 C 端具有特殊的 SKL 残基,都明显催化甜菜碱乙醛氧化,生成甜菜碱。Yamada 等发现转入一种与烟草丙二烯加氧环化酶(AOC)同源的酶基因能提高海莲的耐盐能力。Saavedra 等从小立碗藓(*Physcomitrella patens*)中分离出参与渗透保护的脱水素类似基因(DHN-like),该基因被敲除后,植株在盐和渗透胁迫下恢复生长的能力显著削弱。

涉及抗环境胁迫的基因很多,很难用转基因方法将如此多的外源基因同时转入一种植物里进行表达调控,而且目前还有很多基因没有被发现或明确,所以关于这方面还有很多工作等着我们去完成。

10.9 植物生物反应器

植物生物反应器广义上指以植物悬浮细胞培养或整株植物为加工场所,大量生产具有重要功能或药用价值的蛋白质、人或动物的疫苗、抗体、重要的氨基酸等。植物细胞组织或整株植物既可以是天然的也可以是经过基因工程改造的,以它们作为植物工厂大量生产各种高价值的生物制品。

10.9.1 植物生物反应器的优点

与微生物生物反应器和动物生物反应器相比,植物生物反应器有其独特的优越性,具体如下。

(1)比较廉价。植物生产系统易于大规模生产来自动物、人类、细菌、病毒等的外源蛋白，非常廉价。就生物量生产而言，作物的田间种植比其他任何系统更加低廉有效，因为植物能进行光合作用，若提供合适的阳光、矿物质和水即可生产出人们所需的转基因产物。另外，转基因植物生物反应器的产物的生化特性和生物活性与天然产物几乎完全相同，所以对下游产物加工和分离纯化不是必需的，降低了生产成本。

（2）安全、可靠。植物体只表达病原菌的部分免疫蛋白，不含致病微生物或潜在致病微生物，对人畜安全。

（3）与动物相比，转基因操作和克隆技术较成熟。许多不同的植物已建立起了稳定的转化体系，大多数作物种类可进行常规转化。在克隆技术方面，转基因动物的克隆还处于起步阶段，然而植物的克隆技术如组织培养、器官培养、细胞培养等已相当成熟。

（4）可以对真核蛋白质进行正确的翻译后加工。植物生物反应器为外源蛋白质的表达提供了真核蛋白质修饰场所，允许表达蛋白质的正确折叠及转录后修饰，而细菌需将发酵中的包含体重新溶解并折叠成蛋白质。

10.9.2 植物生物反应器的研究现状

10.9.2.1 植物生物反应器生产药用蛋白现状

（1）生产疫苗。1992年，美国人Arntzen和Mason率先提出了用转基因植物生产疫苗的新思路。此后，国内外多个实验室相继在烟草、马铃薯、番茄、苜蓿和莴苣中表达了乙肝表面抗原、大肠杆菌热敏毒素B亚基、霍乱毒素B亚基、诺瓦克病毒壳蛋白和狂犬病毒G蛋白等抗原，并利用在植物中表达的抗原进行了动物和人体的免疫实验，获得了大量有价值的研究数据，为今后利用转基因植物生产疫苗奠定了良好基础。

（2）生产抗体。植物反应器生产的重组抗体既有小分子肽片段，也有结构复杂的多聚体蛋白质。植物生产抗体最大的优点是更加方便和廉价。大多数用细菌表达的抗体片段已能够在植物中生产。

（3）生产其他药用蛋白。利用转基因植物还可表达细胞因子、酶及其他药用蛋白和生物活性肽。到目前为止，已成功表达的蛋白质有人胰岛素、红细胞生成素、干扰素、溶菌酶、人生长激素等。

10.9.2.2 生物资源方面的应用

植物通过自身光合作用积累的各类生物大分子，如碳水化合物、纤维素、蛋白质和脂肪酸等，不仅为人类和动物提供了赖以生存所需要的各种食物，同时还提供了大量非食用性的化工产品。国外发达国家特别是美国采用植物生物反应器这种"分子农业"的方法，已经成功地生产出多种高新生物技术产品，包括特殊的饱和或不饱和脂肪酸、改性淀粉、环糊精或糖醇、次生代谢产物、工农业用酶以及一些高经济附加值的药用蛋白多肽，一些研究机构和公司已经开始从这些产品生产中获得巨大的经济效益。

10.9.3 植物生物反应器存在的问题

现阶段植物作为生物反应器也存在一些问题和不足，主要表现有转基因沉默、基因表达水平低、下游生产成本高等。而且，转基因产品的安全性仍存在争议，如在口服药物和口服疫苗方面，植物是否含有对直接口服蛋白质有影响的因子。公众对其接受和认可的程度还不够，从而使转基因产品的市场化进程受到影响。虽然植物生物反应器生产药用蛋白质还存在一些问题，但它已成为制药产业重点开发的热点领域之一。相信随着对其研究的不断深入、技术的不断发展，利用植物生物反应器生产药用蛋白质将具有非常广阔的前景。

10.10 转基因沉默的原因及对策

科学家们对植物的遗传物质进行改造，以求在改造的植物及其后代中获得人们所期望的性状，这就要求基因工程改造后的植株能够稳定表达并遗传。但是，自从1986年Peerbotte报道转基因烟草中转基因发生沉默以来，很多学者也都发现大量的转基因植株不能正常表达，这种情况被称为转基因沉默。

所谓转基因沉默（transgene silencing），是指导入并整合进受体基因组中的外源基因在转化体的当代或其后代中表达受到抑制的现象。主要表现为表达水平大幅度降低，而且各独立转化体间出现显著差异。经过多年研究，人们对转基因沉默的原因有了一定的了解。

10.10.1 转基因沉默的原因

研究表明，很多的因素都可导致转基因沉默，而且几乎所有的机制都涉及核酸的3种相互作用：DNA-DNA、DNA-RNA和RNA-RNA。正是这些相互作用导致了转录水平和转录后水平的基因沉默。

10.10.1.1 转录水平的转基因沉默

（1）外源基因与内源基因的同源性。外源基因与内源基因由于存在序列上的同源性，在转基因植物中，它们会竞争性地结合核基质、核膜等转录和翻译所必需的不可扩散元件，而出现相互抑制。

（2）外源基因与内源基因遗传密码的不配伍。不同种属的生物，偏爱的密码子和偏爱的程度各不相同。例如，$E.\ coli$很少使用AGG、AGA、CGA和CGG。另外，碱基配对是可以摆动的，不同的生物遵从的规则不尽相同。

（3）位置效应。位置效应指基因在基因组中因位置的不同而导致基因表达活性出现差异的现象。导入的外源基因整合到宿主基因组时是随机的，如果它整合到转录活跃区，如常染色质的解螺旋DNA区，转基因就会顺应那个区域的染色质的结构，进行高水平的转录；相反，如果外源DNA插入到转录的不活跃区，如异染色质区，转基因也会异染色质化，不进行或进行低水平的转录。

（4）重复顺序。多拷贝重复序列在整合进基因组后，不论是正向还是反向都容易形成异位配对，引起基因组防御系统的识别而被甲基化或异染色质化失活，其原因可能是异染色质化相关蛋白质识别重复序列间配对形成拓扑异构并与之结合，从而将重复序列牵引到异染色质区，或直接使重复序列局部异染色质化。

10.10.1.2 转录后水平的转基因沉默

（1）RNA的阈值。当大量RNA存在时，RNA依赖性的RNA聚合酶被激活，以RNA为模板，合成与其配对的RNA，这种双链的RNA很快被RNase降解，基因的表达因此而受到抑制。

(2) 共抑制。共抑制是外源基因的导入引起同源的内源基因沉默,或两者同时沉默的现象,是转录本过量引起的。共抑制的发生是随机的,并受植物发育的调控,可以由基因的重组分离而逆转消失,在不同的转化植株中表现也不同,共抑制有时也会伴随有甲基化现象。

(3) 衰退调控。当转录启动后,RNA多聚酶采取连续方式将下一个反向重复的正链作为模板一起转录,从而产生反义RNA(antisense RNA),可与负链转录的RNA配对形成双链RNA,干扰了RNA的加工和转译,即发生了所谓的衰退调控。

(4) 甲基化。甲基化的结果会引起转录的提前终止,以致产生非正常RNA。细胞中可能存在某种识别外源DNA插入顺序并对其加以修饰的机制。外源基因对于受体细胞而言是外来物质,它的侵入势必会扰乱原有基因组的平衡,宿主使其甲基化,降低其表达活性甚至使其失活,从而在DNA和RNA水平上进行免疫,以保护宿主植物。

此外,环境在植物生长和发育中起重要作用。与动物相比,植物的基因表达与调控对环境有高度依赖性。其中,光、温度和水等是重要的环境因素。在一定环境条件下,导入植物的外源基因可能由于环境因素诱导而沉默。

10.10.2 控制转基因沉默的策略

转基因技术在作物育种中的应用,超越了物种间的生殖隔离,缩短了育种的年限,为培育作物新品种开辟了一条崭新的途径。对植物转基因沉默机制进行详细的研究,找出控制基因沉默的有效方法是植物基因工程中亟待解决的问题。目前,研究者一般采用下列对策。

(1) 转化方法的选择。转化方法不同,外源基因整合的拷贝数也不同。研究表明,整合进植物基因组的外源基因的表达水平与拷贝数有着密切的关系,在一些研究报道中,多拷贝的整合方式并未能使基因表达水平有所增加,反而使发生甲基化或其他原因而引起基因失活。

(2) 避免重复序列的产生。由于多拷贝可以导致基因沉默,因此,使用适当转化方法降低多拷贝插入频率,可以部分克服转基因沉默。同时,在筛选作为育种材料的转基因植株时,应尽量选择单拷贝插入的个体,减少重复序列的存在。

(3) 避免基因间的同源性。由于同源序列是基因沉默的普遍诱因,因此,在构建表达载体时,尽量降低所设计的序列与内源基因的同源性,以减少或避免配对。应尽量使外源DNA碱基组成与植物DNA碱基组成一致,以避免被植物限制修饰机制所识别。

(4) 在构建外源基因载体时使用强启动子。在构建外源基因载体时,可先进行预备试验以选择最强的启动子,以利于外源基因在转基因植株中实现高效表达。

(5) 合理利用增强子。现已发现动物免疫球蛋白κ链基因的增强子可以在细胞发育的特定阶段指导该基因区段的去甲基化,从而启动基因的转录。因此,如果能从植物基因中分离到相应的增强子,并构建成嵌合基因,可望确保转基因能够按合适的调控模式进行表达,消除基因表达在时空上的专一性所造成的失活现象。

(6) 去甲基化。鉴于转基因甲基化程度与转基因沉默的程度成正相关,即甲基化是基因沉默的直接原因,应采取相应的措施,消除甲基化的影响。5-氮胞嘧啶及类似物具有很好的抑制转基因甲基化和去甲基化作用。

10.11 转基因植物的安全性评价

随着世界人口的急剧膨胀,粮食成为目前世界上最受关注的问题之一。人类通过农业现代化和绿色革命，大大提高了粮食产量，但是同时产业能耗也随之增大，并伴随着大量的污染。农业现代化同时还造成了作物品种的单一化，以及农业生物多样性、农田生物多样性的下降。如果不采取可持续发展战略，那么在不久的将来，人口、粮食、环境问题就会更加突出。通过现代生物技术解决世界粮食问题，大力发展转基因生物就是希望借助科学的力量实现可持续发展，正是应对世界粮食问题的方法之一。转基因生物能够突破现有物种限制，按照设计者的意愿改造生物，生产出具有所需品种的作物，如高产、抗病虫害、优质等性状，甚至是新的物种。从效率上来看，应用现代生物技术也可以大大缩短育种时间，快速选育出符合要求的新品种或物种。

1983 年，世界上第一例转基因作物——含有抗生素抗性基因的转基因烟草研制成功；1993 年，Calgene 公司研制的延熟番茄 FLAVR SAVR™ 成为首例被批准商业化的转基因植物。而今，在世界范围内，转基因作物已经不再仅仅是新闻媒体、科研工作者和行政决策者的关注对象，而是一个比较成熟的新兴行业市场，尽管转基因作物是否存在潜在的影响这一点并没有得到全面的论证和客观的结论。我们需要面对的现实就是，转基因作物的品种和种植面积正在世界范围内大幅度增加，正在深深影响着世界贸易和农业发展，转基因食品也已经不知不觉进入了千家万户。

10.11.1 转基因植物食品的安全性评价

10.11.1.1 转基因食品对健康的潜在风险

现代生物技术在农业上的应用被认为是解决人口剧增所导致的食品资源匮乏的最有前途的良方。然而，基因修饰生物（GMO）在给人们带来巨大的经济与社会效益的同时，其安全性也引起了争议。现代生物技术包括：①体外核酸技术，包括重组 DNA 技术及直接将核酸注入细胞或细胞器的技术；②不同分类学来源细胞的融合技术。现代生物技术突破了天然生理性的生殖或重组界限，不属于传统的育种和选择技术的范畴。重组 DNA 技术的应用是一次育种技术上的飞跃，它使人们可以找到决定某个特定优点的基因并将其插入另一种生物的基因组中而不考虑它们是否同种系，从而使基因可以在所有的生物体中转移，产生显然不同于传统有性杂交方法所产生的作物。目前对出现的新组合和性状在不同遗传背景下的表达、对环境和人类的影响还缺乏认识，有些甚至是一无所知，因此使用 GMO 作物以前对其进行生物安全性评价是十分必要的。

我们通常认为传统食品是安全的，所以在转基因食品出现之前，很少有食品是通过科学的评价方法来确定其健康风险的。针对转基因食品的安全性，我们首先需要明确的是食品安全的定义和评价方法，需要比较转基因食品和对应的传统食品质检的异同，并据此来判断其安全性。

转基因食品产生潜在健康影响可能的原因包括预期效应和非预期效应，即指人们通过基因修饰所预期得到的性状以及由于基因插入而导致的额外特性。非预期效应的产生并非是现代生物技术所特有的，传统的育种技术也会有非预期效应的存在，非预期效应的性质也可能是有害的、中性的甚至是有益的。转基因生物出现非预期效应的可能原因是：①DNA 序列的插入引发受体基因的破坏或沉默，沉默基因的激活或者受体基因组表达方式的改变；②插入基因及其表达产物影响受体生物代谢过程，包括代谢途径的改变和代谢产物的改变等。其潜在的健康影响主要表现在以下几个方面。

（1）与基因表达产物（非核酸物质）相关的健康影响。利用体外核酸技术可以使植物表达出不属于自身的新物质，这种新成分本身可能是传统食物的成分，如蛋白质、脂肪、糖类、维生素，如果外源基因表达产物是酶类，那么其所催化的酶促反应的代谢产物也归新物质。新蛋白质的毒性是食品安全的一个重要方面，如果蛋白质是没有安全食用历史的蛋白质类似物时，需要进行动物经口毒性试验，对新蛋白质的急性毒性和慢性毒性进行研究。转基因植物可能由于新基因的转入产生新的蛋白质物质，同样，这些没有安全食用史的非蛋白质的安全性同样需要经过科学实验来评价。

（2）蛋白质可能的致敏性。引起食物过敏的食品主要包括花生、大豆、牛奶、鸡蛋、鱼类、贝类、小麦和坚果等，90%以上的过敏反应是由这八大类常见致敏食品引起的，而几乎所有的食物致敏源都是蛋白质。转基因技术应用于动植物中，在提高植物产量、改善植物品质、增强植物抗病虫害能力的同时，也会产生一些预期之外的新的蛋白质，这些蛋白质产物有可能导致人体产生过敏反应甚至是中毒。

（3）食品关键成分相关的安全问题。食品的关键成分包括关键营养或关键抗营养因子，是指某一种食品中对整个膳食有重要影响的物质。这些物质可以是主要成分（如脂肪、蛋白质、糖类或酶的抑制剂或抗营养因子）或是微量成分（如矿物质和维生素）。关键毒素指植物中已知存在的具有毒理学重要性的物质，如一些毒性和含量对健康有重要影响的物质（如马铃薯中的茄碱和小麦中过量的硒）。经转基因过程，食品中具有营养学重要性的物质或者能够影响食品安全性的物质水平是否发生改变，可能对转基因食品的安全性产生影响，如果这些关键成分发生改变则可能会对人体健康产生影响。

（4）转基因食品中标记基因的生物安全性问题。转基因食品的外源基因包括目的基因和标记基因。标记基因是帮助对转基因生物体进行筛选和鉴定的一类外源基因，包括选择标记基因和报告基因，通常是和目的基因一起转入受体。标记基因往往表达具有特殊功能的蛋白质，在选择压力下，不含标记基因及其产物的细胞和组织将不能存活，而转化细胞可以继续生长、分裂，并最终分化为植株。常用的选择标记基因包括有抗生素抗性基因和除草剂抗性基因。由于其上述特点，在对标记基因进行安全性评价的时候除了要考虑外源基因转入的一般性问题外，还需要结合标记基因自身的性质和特点进行针对性的评价。目前虽然还没有关于标记基因相关的安全性评价的阳性结果，但是不能放松针对标记基因的次生效应的分析。

Bt 毒蛋白的安全性

Monsanto 公司的 Bt 棉表达的 Bt 毒蛋白可被哺乳动物很快地消化，与非转基因棉相比，其棉籽和棉籽油的质量以及抗营养成分没有显著的改变，并且分别用含有 5%～10%、10% 和 20% 棉籽的饲料喂养大鼠、鹌鹑和鲇鱼 8 天、28 天和 10 周，也没有发现任何显著的变化，证明这种 Bt 棉是安全的。Noteborn 和 Kuipe 等对转苏云金芽孢杆菌基因 $cry1A$ 番茄进行了大鼠、小鼠的离体和活体试验，在这两种条件下受试动物并未出现任何病理反应，生长发育完全正常。急性毒性试验也未发现受试动物有任何病理性改变。

10.11.1.2 转基因食品风险评估方案

(1) 消化道作为转基因食品风险评估的第一目标。通过化学的方法揭示转基因食品产品的毒性和致敏性是很难的，而转基因食品中量极少但有害的生物因子却可以很容易地根据其对健康造成的危害而检测出来。个体生物活性蛋白的最直接接触面就是消化道，大部分的蛋白质都具有免疫原性，这些蛋白质会引发肠道和体内黏膜系统的过敏反应。一旦这种反应发生，那么影响的范围除了消化系统外，对其他内部器官的大小、结构、功能同样也会产生影响，尤其是幼年的或者快速生长的人类和动物。所以任何转基因作物生产的食品/饲料被允许进入人类/动物的食物链以前的必须步骤就是消化道风险评估。

(2) 化学成分分析。任何一个风险评估的第一步应该是采用恰当的、准确的方法对转基因植物进行化学分析，虽然这样的分析和对比最后得到的结果很可能是转基因作物和非转基因作物具有"实质等同性"，但是这仍然是安全性评价的重要一步，能够为接下来的生物风险评估的实施做好准备，其方法有蛋白质组学、指纹图谱、代谢谱分析、外源 DNA 表达的稳定性分析等。

(3) 通过动物进行营养和毒性试验。转基因食品的评价需要在特定的条件下通过一些实验动物摄食进行长期或短期的营养和毒理检测，目的是找出以转基因食物为食的动物毒性反应。因此评价转基因食品需要设计动物实验，用于评估转基因作物对生长、代谢、器官的发育、免疫和内部功能的影响。

(4) 长期代谢观察。成分研究和动物实验是转基因风险评估的前两步。接下来，需要对实验室或者野外的动物实施长期的代谢、免疫、生殖方面的研究，并且需要特殊的条件限制。

10.11.2 转基因植物生态环境的安全性评价

10.11.2.1 转基因植物是否会演变成农田杂草

一种植物能否成为难以控制的野草，取决于它内在的遗传特性及其特性表现所需的特定环境条件，两者缺一不可。转基因植物环境释放后，成为杂草有 3 种可能性：转基因植物本身成为杂草；使某些杂草变得更加难以控制；转基因植物侵入新的生态区域破坏生态平衡从而成为杂草。

(1) 转基因植物本身成为杂草。某些植物由于导入新的基因，让它对于亲本或其他野生型有更强的生存竞争力。这类转基因植物的释放和扩散，因其过强的生命力，会破坏自然界植物的多样性，成为难以控制的杂草。

(2) 使某些杂草变得更加难以控制。一些抗除草剂转基因植物，将其抗性基因转至环境中的野生植物群中；或者在长期使用除草剂后，某些杂草发生了基因突变，而使其表现为有抗除草剂特性，成为难以控制的杂草。

(3) 转基因植物侵入新的生态区域。作物引入某些抗逆基因，使它扩张至原先不能生存的生态空间，或者这类转基因作物将该基因扩散到杂草中，使杂草繁殖的范围更大。如抗干旱植物，使杂草在干旱、盐碱地区繁殖扩张，从而引起生态问题。

> **转基因植物安全事件**
>
> 1998年，加拿大Alberta省发现一种油菜，它由于基因污染而含有抗草甘膦、抗固沙草、抗咪唑啉类除草剂等3种转基因堆积而成的"广谱抗除草剂基因"（HT基因）。
>
> Losey于1996年在 *Nature* 杂志发表了一篇报道：他们用转Bt基因玉米粉的马利筋叶片来饲喂大斑蝴蝶幼虫，对照组是加普通玉米花粉的马利筋叶片及不加玉米粉的马利筋叶片，结果转基因玉米花粉的叶片饲喂幼虫后，第二天死亡10%以上，4天后死亡44%，而对照组全部存活，这就表明Bt转基因玉米花粉可能威胁大斑蝴蝶的生存，引起生态种群的破坏。

10.11.2.2 基因漂流到近缘物种的可能

在自然生态条件下，有些栽培植物会和周围生长的近缘物种发生杂交，从而将栽培植物的基因转入近缘物种中。转基因植物可以通过天然杂交将转入基因漂流到近缘物种中并传播。这种情况就有可能降低生物遗传多样性或者产生更加难以控制的杂草。

应该指出，转基因植物与近缘物种成功实现基因漂流的可能性并不大。值得注意的是，即使杂交成功了，产生了种子，这种杂种植株在无选择压力存在的条件下，并不比其他植物有优越性。

10.11.2.3 转基因植物对生物种群的影响

以苏云金杆菌毒素为例，目前世界上不少国家将各种Bt杀虫蛋白基因转入植物而获得抗鳞翅目害虫的番茄、杨树、棉花、玉米，抗鞘翅目害虫的马铃薯、杨树等。Bt在这些植株中的持续表达，有可能使害虫对Bt产生抗性；并且抗虫转基因作物的大量种植，还存在发生害虫寄主转移的可能性。另外，由于不同类型的Bt杀虫蛋白有不同的杀虫谱，转基因植株中不同Bt基因的表达必然会影响鳞翅目、鞘翅目、双翅目等许多非目标昆虫的生活能力，对生物种群造成影响。

10.11.2.4 转基因植物的应用前景

迄今为止，还没有发现转基因植物会对人类健康产生危害的证据。但是必须注意基因食品的传播可能会导致人体对广谱抗生素的抗性，因为插入外源基因的载体常常也带有抗生素的抗性基因。转基因食品植物中所引入的蛋白质，对人体有可能是异性蛋白质，在部分人中有可能发生食物过敏，特别是幼儿和某些过敏体质的人。转基因植物在人类健康方面的潜在风险也存在于动物健康上，因为家禽家畜食用大量的转基因玉米和大豆，也有可能对抗生素产生抗性。从另一方面来讲，食用动物产品又可能使动物的抗生素抗性传给人类。但是，到目前为止还没有这方面的证据。

所以，对转基因食品的安全性进行正确的评估和科学的管理，是生物技术发展的必然趋势，更是人类真正解决生存问题的必需。尽管转基因技术还有不少安全上的疑点，但随着基因工程技术的进步以及安全管理意识的加强，对转基因食品安全性的评估方法不断完善，评估手段不断进步，转基因技术和转基因食品将为人类带来更加美好的明天，使生物技术真正造福于人类。

思考题

1. 将外源基因导入受体的方法有哪几种？
2. Ti 质粒由哪几部分组成？
3. 简述植物生物反应器的研究现状。
4. 举例说明植物转基因技术的应用情况。
5. 转基因沉默的原因及对策？
6. 如何诊断外源基因是否整合到植物基因组中？
7. 现在人们关于转基因植物褒贬不一，说一下你的看法。

参 考 文 献

曹冬梅，韩振海，许雪峰. 2003. 发根农杆菌 Ri 质粒研究进展. 中国生物工程杂志，23（2）：74-77
崔欣，陈庆山，杨庆凯等. 2002. 植物转基因沉默与消除. 植物学通报，19（3）：374-379
郭斌，祁洋，尉亚辉. 2010. 转基因植物检测技术的研究进展. 中国生物工程杂志，30（2）：100-126
贾庆利，巩振辉，李大伟. 2004. 转基因植物的筛选. 陕西农业科学，（5）：53-54
李漠. 2010. 植物生物反应器生产药用蛋白研究概述. 农业科学，9：133
李茜. 2008. 转基因植物的安全性评价. 农业生物技术，1：62-63
李贞霞，王玲玲，张兴国. 2002. 影响基因枪法遗传转化的因素. 生物学杂志，19（2）：31-32
刘敏丽，张彦芳，冯晨静. 2006. 植物抗旱相关基因研究进展. 河北林果研究，21（2）：167-169
吕军鸿，张广民. 2002. 植物抗细菌基因工程策略与应用. 中国生物工程杂志，22（4）：29-32
孙晗笑，陆大祥，刘飞鹏等. 2000. 转基因技术理论与应用. 郑州：郑州大学出版社
孙明. 2006. 基因工程. 北京：高等教育出版社
王关林，方宏筠. 2009. 植物基因工程. 北京：科学出版社
吴建平. 2005. 简明基因工程与应用. 北京：科学出版社
吴乃虎. 2001. 基因工程原理. 北京：科学出版社
闫新甫. 2003. 转基因植物. 北京：科学出版社
杨欣，梁爱华，吴家和. 2010. 抗虫转基因马铃薯研究进展. 生物学杂志，27（3）：66-68
张化霜. 2001. 抗除草剂植物的基因工程研究现状. 世界农药，33（5）：28-30
张惠展，贾林芝. 2011. 基因工程. 北京：高等教育出版社
中国发放首个抗虫转基因水稻安全证书. 2009. 粮食与食品工业，16（6）：58
周丽英，杨雨涛，郑坚瑜. 2001. 植物抗寒冻基因工程研究进展. 植物学通报，18（3）：325-331
Nielsen C R, Berdal K G, Bakke-Mckellep A M, et al. 2005. Dietary DNA in blood and organs of Atlantic salmon (*Salmo salar* L.). Rur Food Res Technol, 221：1~8
Noteborn H P, Lommen A, Van der Jagt R C, et al. 2000. Chemical fingerprinting for the evaluation of unintended secondary metabolic changes in transgenic food crops. J Biotechnol, 77（1）：103~104

第11章 基因治疗

基因治疗是当代生命科学中最有前景的研究方向之一，也是当今生物医学发展最重要的里程碑之一。本章介绍了基因治疗的基本概念、发展简史与现状，以及总体策略和治疗流程。基因治疗的总体策略可根据基因导入体内的方式可分为体外-原位和体内两种，还可根据导入基因发生作用的方式分为基因修正和基因置换、基因增强和基因失活。在整个治疗流程中，最为关键的技术即为基因转移技术，主要分为非病毒介导和病毒介导的基因转移两大类。非病毒系统导入基因的效率相对较差，不过生物安全性较好，尤其是不断发展的新方法、新技术明显提高了导入效率和靶向性。病毒介导的基因转移导入效率高，是目前基因治疗所采取的主要形式，而其安全性和靶向性一直是人们研究的热点。目前，基因治疗的临床应用实验主要集中在肿瘤、单基因疾病、感染类疾病、心血管疾病等方面。其中肿瘤的基因治疗研究更为广泛，治疗策略主要包括癌基因、抑癌基因、自杀基因、免疫基因、抗血管形成基因等。肿瘤的发生发展涉及多个基因，只使用一种策略效果有限，不同的基因治疗策略联合应用可相互协同，增强抗肿瘤效果。感染性疾病的基因治疗主要集中在治疗艾滋病方面，其基本策略是选择HIV病毒或宿主细胞基因作为靶点，通过反义技术来阻止病毒的入侵。

11.1 基因治疗的基本概念

基因治疗（gene therapy）是指通过操作遗传物质来干预疾病的发生、发展和进程，以达到预防和治疗疾病的目的。广义的基因治疗是指利用基因药物的治疗，而通常所称狭义的基因治疗是指用完整的基因进行治疗，一般用DNA序列。具体地说，基因治疗是利用基因转移或基因调控的手段，将正常基因转入患者机体细胞中，取代突变基因，表达所缺乏的基因产物，或者通过关闭或降低异常表达的基因途径，达到治疗某些人类疾病的方法。

随着分子生物学研究的不断深入和应用，人类许多疾病的分子发病机理得以阐明，这样就为人们在基因水平上诊断和治疗疾病提供了可能。与疾病相关的基因不断被分离和克隆，特别是人类基因组计划超乎预想的发展以及后基因组计划、蛋白质组计划的提出，使人们对基因与疾病的关系有了更清楚的认识，同时，基因转移效率不断提高。因此，基因治疗的设想一经提出，即以惊人的速度发展起来，虽然这种设想在科学界、宗教界以及社会伦理、道德、法律等方面产生了巨大的震动，但还是在短短三十多年的时间里，从理论转化为实践，从实验室走向临床。基因治疗已经成为当代生命科学中最有前景的研究方向之一，是当今生物医学发展最重要的里程碑之一，同时也必将对传统制药业产生深远影响和冲击。

11.2 基因治疗的发展简史与现状

1967年，Nirenberg提出遗传工程可用于人类的基因治疗。

1980年，Cline对两名严重β地中海贫血病患者进行基因治疗实验。尽管这两位患者既没有因此受益，也没有明显损害，Cline 却受到了美国国立卫生研究院（NIH）的公开谴责和处分，理由是他违反了美国道德规则（有关条例）和有关基因工程的规定。直到 1988 年，基因治疗没有能对人体进行，而只是科技工作者在实验室做了大量有关改进目的基因载体、转染技术等方面的工作。

1989 年，美国国立卫生研究院和食品药品管理局正式批准了第一个临床基因标记方案：采用反转录病毒载体，将新霉素抗性基因转移到肿瘤浸润性淋巴组织中，观察基因表达情况及其对细胞的影响，再移植到晚期患者体内，以便追踪在肿瘤患者体内的分布情况。

1990 年，美国国立卫生研究院又批准治疗腺苷脱氨酶（ADA）缺陷的临床实施方案和肿瘤浸润淋巴细胞 TIL 治疗黑色素瘤患者的临床实施方案。第一例 ADA 缺陷患者在完成第 I 期临床治疗后免疫功能缺陷有了明显改善，未出现不良副作用。另一例的情况也有所好转。4 例黑色素瘤患者接受整合有外源性肿瘤坏死因子（TNF）基因的 TIL 后情况良好。

1991 年，国内首次基因治疗临床试验得到批准。复旦大学与第二军医大学合作治疗血友病 B，患者临床症状改善，未见毒副反应。

2000 年，法国巴黎内克尔（Necker）儿童医院利用基因治疗，使数名有免疫缺陷的患儿恢复了正常的免疫功能，取得了基因治疗开展近十年来最大的成功。

2004 年，深圳赛百诺基因技术有限公司将世界上第一个基因治疗产品重组人 p53 抗癌注射液（商品名：今又生）正式推向市场，这是全球基因治疗产业化发展的里程碑。

2006 年，美国科学家利用慢病毒载体导入 HIV 外膜基因反义核酸 VRX496 治疗 HIV，4 人 CD4 阳性，T 细胞升高，5 人对 HIV 抗原和其他病原免疫升高。

2009 年，基因疗法取得了杰出成绩，*Science* 杂志以及《时代》周刊评选出的十大科学突破和十大科学发现都分别把基因疗法纳入其中。

截止到 2011 年 6 月，Gene Therapy Clinical Trials Worldwide 网站公布的数据显示：全世界共有 1714 例方案进入临床试验，其中最多的是美国 1095 个方案（63.9%），其次是英国 197 个（11.5%）、德国 79 个（4.6%）、瑞士 50 个（2.9%）、法国 45 个（2.6%）。中国已进入临床试验的方案共有 20 个。基因治疗临床试验中所涉及的疾病如表 11-1 所示。

表 11-1 基因治疗临床试验中所涉及的疾病

种 类	方案数	比例/%
癌症	1107	64.6
心血管疾病	146	8.5
单基因疾病	143	8.3
感染性疾病	138	8.1
神经系统疾病	35	2
眼科疾病	23	1.3
炎症性疾病	13	0.8
其他疾病	19	1.1
基因标记	50	2.9
健康志愿者	40	2.3
总数	1714	100

注：以上数据均来自 Gene Therapy Clinical Trials Worldwide 网站。

上述方案中癌症居于首位，方案数为 1107 个，几乎覆盖了大多数恶性肿瘤，包括神经科、妇科、消化道以及造血系统等疾病。2004 年，心血管疾病代替单基因疾病成为临床方案总数第二的疾病种类。截至 2011 年 6 月，共有 146 个方案进入临床试验，包括心力衰竭、动脉硬化、脑卒中等。单基因疾病所涉及的疾病则主要包括囊性纤维化病，重症联合免疫缺陷症（SCID），甲、乙型血友病，进行性肌营养不良等。所涉及的基因类型一半以上为刺激免疫反应的抗原、细胞因子、肿瘤抑制基因或自杀基因，都主要是用来治疗癌症的（表 11-2）。

表 11-2 基因治疗临床试验中所涉及的基因类型

种 类	方案数	比例/%
抗原	354	20.7
细胞因子	317	18.5
肿瘤抑制基因	150	8.8
自杀基因	144	8.4
缺陷基因	136	7.9
生长因子	128	7.5
受体基因	113	6.6
复制抑制基因	74	4.3
标记基因	54	3.2
其他类型	195	11.4
未知	49	2.9
总数	1714	100

注：以上数据均来自 Gene Therapy Clinical Trials Worldwide 网站。

我国基因治疗自 1987 年起步，紧跟国际发展水平。1995 年立为重大项目，将研究重点放在基因治疗尚未解决的技术关键上，同时有选择地进入临床试验，对血友病 B、人恶性脑胶质瘤等 7 个基因治疗方案和十余种产品或方案进行临床试验。2009 年有 5 个品种进行临床研究，2 个产品完成了全部的临床前研究，已向国家递交了新药临床试验申请，还有十多个产品处于临床前研究阶段。已经建立重组腺病毒、重组腺相关病毒、重组质粒 DNA、重组单纯疱疹病毒、阳离子脂质体等的中试生产工艺和质量控制标准。

基因治疗旨在基因水平的改变，方法上包括上调和下调两个思路，可以在 DNA 和 mRNA 两个水平上进行。虽然目前关注的焦点主要在 DNA 上，但离应用尚有较大差距。然而，从 mRNA 水平上进行的基因治疗发展更为快速。在控制疾病基因表达的策略上，针对 mRNA 的反义技术飞速发展。反义核酸是最广泛应用的核酸药物，采用 DNA 或 RNA 片段用载体导入或者胞内表达。1998 年第一个反义核酸药物 Vitravene 上市，2001 年治疗老年人视网膜黄斑退化症的第二个眼用反义药物 Macugen 上市，接着有十多个反义核酸药物上市，如 Fuzeon（艾滋病治疗药）、Genasense（治疗慢性淋巴细胞白血病）、Tysabri（治疗多发性硬化症）、EN-101（治疗重症肌无力）、ISIS-301012（治疗家族性遗传性哮喘）等。同时，针对 *VEGFR*、*HCV* 和 *HER2* 基因 mRNA 的核酶也都进入了临床阶段，核酶治疗着色性的视网膜炎（RP）、增生性视网膜透明症（PRV），以及针对 EGFRⅧ、ALK、PKCα 治疗肿瘤等均取得快速进展。RNAi 技术是一项非常有效、高度特异的 mRNA 水平上的转录后基因沉默技术。尽管进入Ⅲ期临床的 Bevasirananib 的治疗效果低于对照药物而终止，其研究仍在快速发展。

从 1989 年基因治疗进入临床开始，经过二十多年的发展，基因治疗水平有了很大的提高，全世界进入临床的实验方案众多，但确证有效的方案却十分有限。因此，人们还必须集中力量对基因治疗中的关键问题进行攻关，以使基因治疗稳健有序地发展，为人类的健康事业做出巨大贡献。

11.3 基因治疗的策略

11.3.1 根据基因导入体内的方式

11.3.1.1 体外-原位基因治疗

体外-原位基因治疗即 *ex vivo* 途径，是指将含外源基因的载体在体外导入人体自身或异体细胞（或异种细胞），经体外细胞选择及培养后，输回人体（图 11-1A）。*ex vivo* 基因转移途径比较经典、安全，而且效果较易控制，但是步骤多、技术复杂、难度大，不容易推广。使用取自患者体内的细胞（自体细胞，autologous cell）是为了保证在进行融合和移植之后不会发生有害的免疫反应，不过费时且昂贵。因此，研究人员正在致力于开发一种广谱供体（universal donor），这种细胞表面上的抗原多数已被除掉，因此即使转入不同患者体内也不会产生有害的免疫排斥反应。

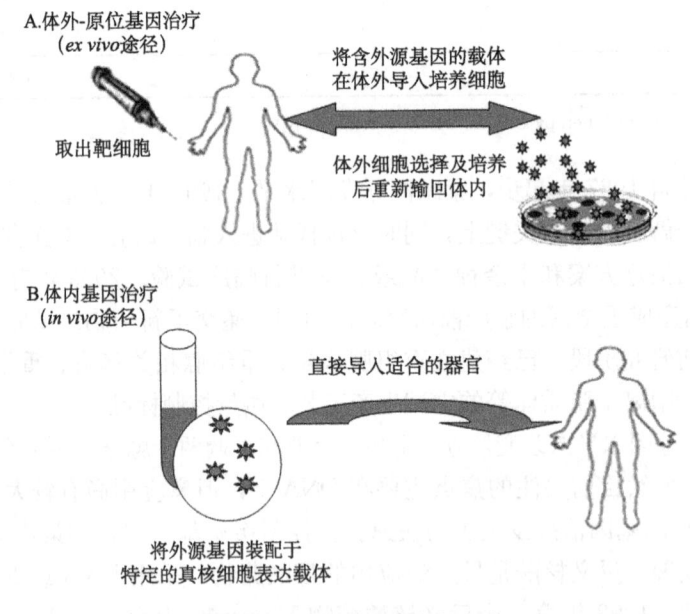

图 11-1 基因导入体内的方式

11.3.1.2 体内基因治疗

体内基因治疗即 *in vivo* 途径，是将外源基因装配于特定的真核细胞表达载体，直接导入体内（图 11-1B）。这种载体可以是病毒型或非病毒型，甚至是裸 DNA。这种方式的导入没有个体免疫性的限制，无疑有利于大规模生产。但是，对导入的治疗基因及其载体必须证明是安全的,而且导入体内后必须能进入靶细胞有效地表达并达到治疗目的,因此在技术上有较高的要求,难度也较高。

11.3.2 根据导入基因发生作用的方式

11.3.2.1 基因修正和基因置换

基因修正(gene correction)是指将致病基因的突变碱基序列纠正,使突变的致病基因恢复正常功能;基因置换(gene replacement)是指以正常基因取代变异的基因,使致病基因永久地得到更正。两种策略都是对缺陷基因精确原位修复,不涉及基因组的其他任何改变。

11.3.2.2 基因增强和基因失活

基因增强(gene augmentation)也叫基因修饰,是指将目的基因导入缺陷细胞或其他细胞,其表达产物修饰缺陷细胞使功能得以恢复或原有的功能得以加强。基因失活(gene inactivation)是指通过反义技术特异性地阻断某些有害基因的表达,从而达到治疗的目的。这两种策略中,致病基因本身并未除去。

11.4 基因治疗的流程

11.4.1 目的基因的准备

基因治疗选择的目的基因应是已知的人体正常有功能的基因,体外表达产物有活性。根据疾病以及策略的不同,可以是单基因遗传病的致病基因,也可以是肿瘤治疗中的抑癌基因、免疫基因、抗血管生成基因等。这些目的基因必须置于合适的启动子控制下,信号肽完整,与载体序列之间无相互影响,从而保证目的基因高效地发挥作用。

11.4.2 靶细胞

基因治疗中的靶细胞共两大类,即生殖细胞(germ cell)和体细胞(somatic cell)。

生殖细胞基因治疗就是将目的基因导入精子、卵子或受精卵中。这一过程不仅影响治疗个体,而且这种基因的改变会遗传给后代,从而改变人类的遗传信息库,故生殖细胞基因治疗在全世界是受到严格禁止的。目前仅在动物模型上进行生殖细胞基因治疗的实验研究。

体细胞基因治疗指将正常基因转移到体细胞,使之表达基因产物,以达到治疗目的。靶细胞可以是表现疾病的细胞,也可以是在此疾病的发生、发展中起主要调控的细胞,如免疫细胞等。选择靶细胞的原则是:①坚固并耐受处理,易于从体内分离又便于输回体内;②易于外源遗传物质的转化和表达;③体外可培养和传代,具有增殖优势,生命周期长,且寿命可被控制;④在选用反转录病毒载体时,目的基因表达最好具有组织特异性。根据疾病的性质,常用的靶细胞有骨髓干细胞、皮肤成纤维细胞、肝细胞、内皮细胞等。例如,许多遗传病与造血细胞有关,故可用于如β地中海贫血、严重复合免疫缺陷病等的基因治疗。

11.4.3 载体的选择

根据不同的策略,进行基因治疗的载体通常选用质粒载体和病毒载体。质粒载体不仅包含哺乳动物细胞表达的调控元件，而且还要包含在细胞内包装并能进行复制和表达的元件，又称穿梭载体（shuttle vector）。一般采用物理法、化学法及融合法导入靶细胞。病毒载体（viral vector）的构建与之类似，但导入靶细胞的方式则不相同。目的基因与病毒载体重组后形成重组病毒载体，然后转染入靶细胞。

11.4.4 转移技术

基因治疗的关键之一是如何将外源基因导入相应的靶细胞并获得安全有效的表达。有很多种方法可以实现外源基因的转移，目前常用的基因转移方法大致可以分为两大类：非病毒介导的基因转移和病毒介导的基因转移。

11.4.4.1 非病毒介导的基因转移

1) **电穿孔法**

电穿孔法又称电脉冲介导法，是指在高压电脉冲的作用下，使细胞膜上出现瞬间微小的孔洞，从而介导不同细胞之间的原生质膜发生融合，或使外源DNA通过细胞膜上出现的瞬间小孔而进入细胞。影响电穿孔法效率的最重要两个因素是脉冲的最大电压以及持续时间，与重组DNA的浓度无太大关系。一般说来，每10^7个细胞所用的DNA总量为$10\sim40\mu g$，可以得到良好的转染效果。同时基因转移效率也与受体细胞类型有关。如像成纤维细胞这种易用传统方法转染的细胞，用电穿孔法得到稳定表达细胞的频率是$10^{-3}\sim10^{-4}$。大量实验证明，几乎所有细胞类型都可应用此技术进行基因转移。此方法是一种既可用于体外也可用于体内的基因转移方法。理论上任何可以插入两个电极的组织器官都可以用电穿孔法导入外源基因，然而目前体内用此方法导入基因的主要是皮肤和肌肉组织。

2) **基因枪法**

基因枪法又称粒子轰击基因转移技术，是指通过高能微粒子轰击将目的基因导入靶细胞中。其基本原理为：微小金属颗粒（钨或金）能自发吸附DNA，在一种特制的颗粒加速装置的作用下，将这些颗粒高速射入细胞或组织中，以实现外源DNA的转移。采用这一技术已成功地将外源基因导入小鼠的皮肤、肝和肌肉等组织。由于原代细胞不能在体外长期传代培养，很难用常规方法将外源基因导入细胞，基因枪则快速简捷，对原代细胞同样有效。

3) **显微注射法**

显微注射是指在显微注射仪下，用尖细的毛细玻璃直接插入受体细胞，将目的基因注射入靶细胞。其转移效率可达100%，具有准确快速的特点，但每次只能转化一个细胞，故该法最适合于受精卵或血液干细胞的基因转移。开展这一技术需要显微注射仪，制备优质的显微注射针，准确地从众多的细胞中识别和分离已受注射的细胞并防止污染。经过半个多世纪的发展，动物细胞的显微注射技术日趋成熟，科学家用此已进行细胞分化、基因调控、遗传互补、培育良种和肿瘤发生等各种研究，取得了可喜的成就。

4) **DNA直接注射法**

最早使用基因直接注射法是在1990年，将氯霉素乙酰转移酶（CAT）基因插入表达呼吸道合胞体病毒质粒（pRSV）中，将该重组质粒注射入小鼠前肢的四头肌内，检测到CAT的表达，且随着注射量的增加表达产物也相应增加，两者之间几乎呈正比关系。在小鼠的腹肌重复该实验得到相同的结果。进一步研究表明，外源基因在小鼠骨骼肌的表达可持续4个月，在心肌只有$14\sim21d$，如将裸露的DNA直接注射入脑、肝、肾、脾或胃等器官则不能表达，可能与骨骼和心肌中存在的横小管有关。用含人肌营养不良 cDNA 的重组质粒注射入 mdx 小鼠的股四头肌内，1 周后即在注射部位检测到肌营养不良蛋白的表达。理论上血液和组织中含有大量的核酸酶，DNA 易被核酸酶消化水解。这些似乎不利于其穿透宿主细胞并保护自身的完整性，尽管细胞表面有阻止带电荷大分子进入细胞的屏障，但质粒 DNA 还是进入肌细胞并能长期存在于宿主细胞，其有关机制尚待进一步探索。DNA 直接注射法的特点是：①外源基因是以真核表达质粒为载体；②肌肉组织为其最适合的注射部位；③外源基因不整合入宿主基因组。

5）DNA-磷酸钙共沉淀法

此方法是经典的基因转移方法，应用这种方法，能够将任何外源 DNA 有效地导入培养的哺乳动物细胞。主要步骤为：将重组 DNA 同 $CaCl_2$ 混合，制成 DNA-$CaCl_2$ 溶液；缓慢加入到 Hepes-磷酸钙溶液中制成 DNA-磷酸钙共沉淀颗粒；用吸管将共沉淀物小心地转移，使之黏附到培养的靶细胞表面上，迅速被细胞捕获；保温数小时后，更换新鲜培养基，以实现导入的外源基因在受体细胞中的表达；最后对受体细胞进行选择。

6）脂质体介导的基因转移

脂质体（liposome）是由脂质双分子层组成的环型封闭囊泡，无毒、无免疫原性，进入细胞主要是通过内吞作用，可把需要转移的 DNA 等生物大分子包裹其中，转入细菌、真菌、植物和动物细胞并可在受体细胞中表达。其转化效率和脂质体被细胞内吞及脂质体进入细胞后其包裹物的释放效率有关。由于脂质体只是单纯的运输工具，不含基因调控系统，外源基因必须加上质粒的调控系统才能进行表达。换言之，外源基因一定要以真核表达质粒为载体，才能在脂质体的介导下进入靶细胞表达外源基因产物。随着脂质体法的改进，逐渐使用单阳离子脂质（DOTMA、DOTAP 等）、中性磷脂（DOPE）及多聚阳离子脂质（DOSPA、DOSPER 等），通过与 DNA 之间的离子作用，形成单层阳离子脂质包裹 DNA 的类脂-DNA 复合物颗粒，提高了转染效率。

由于脂质体进行基因转移易于大量制备、操作简单、重复性好、不受 DNA 片段限制、无组织特异性和免疫原性，且不断改进提高了它的转染效率和靶向性，因此脂质体已成为基因治疗的有力工具。目前已有商品化的脂质体转染试剂，但其也存在转染效率不高（10%左右）、表达时间短、轻微毒性和可被血清物质抑制等不足。肿瘤的基因治疗不需永久性的基因表达，暂时性的基因表达即可达到治疗目的。这类脂质体可依据病情决定治疗的次数，发现不良反应立即终止使用。

7）纳米颗粒介导法

纳米颗粒为直径 10~100nm 的微离子，能够包裹或表面吸附 DNA 和 RNA 等外源性生物分子，通过特异的靶向分子与细胞表面受体结合，在细胞内吞作用下进入靶细胞后被溶酶体降解，释放出外源性生物分子，从而达到基因转移的作用。用于基因转移的纳米材料主要包括磁性纳米颗粒、壳聚糖纳米颗粒、硅纳米颗粒等。这种方法具有无毒、无免疫原性、可在血浆中运输不被降解、转染效率较高等特点，被越来越多地应用于基因转移技术中。

8）受体介导的基因转移

利用与细胞表面特异受体相结合的相应配体或抗体，以多价阳离子辅助物，如多聚（L）赖氨酸或鱼精蛋白为连接桥，与 DNA 形成一种特殊的复合物。此复合物有两个连接功能区：一个为 DNA 结合区，外源性 DNA 与多聚（L）赖氨酸之间以静电作用结合；另一个为配体区，配体与多聚（L）赖氨酸以共价键结合。DNA 结合区的作用不仅是结合 DNA，还能将其浓缩为一紧密的圆形构象。在该构象中，配体区存在于压缩的 DNA 表面，可识别细胞膜表面的靶向性受体。受体与配体结合后，复合物被内吞入靶细胞，首先定位在细胞核小体中，随后 DNA 可被转运到细胞核，表达外源基因。该方法最大的特点是靶向性很强，是目前已知最有效的靶向性基因转导方法。

综上所述，除了以上几种物理、化学、生物等方法用于基因转移以外，还有超声微泡法、声穿孔法、磁场增强转化法、水流动力学注射法、DEAE-葡聚糖法、蛋白质转导结构域介导法等。外源基因的有效表达必须依靠整合表达质粒的调控系统，为加强外源基因表达的靶向性，可在质粒中添加有组织细胞特异性的启动子，但外源基因表达的时间较短。非病毒系统导入基因的效率相对较差，故在基因治疗临床试验中的使用率不到 20%；但非病毒载体的生物安全性较好，转导的外源基因不整合入宿主细胞染色体中，不会引起宿主细胞基因组的改变。特别是靶向性的脂质体、靶向性的多聚物，以及脂质体/多聚物/DNA 复合物等新产品的出现，结合电脉冲、超声等新技术，明显提高了导入效率和靶向性，是今后非病毒载体发展的重要方向。非病毒载体对获得性疾病（肿瘤、传染病等）的治疗有较大意义，但对遗传性疾病只能是缓解症状而无法达到根治的效果。随着载体系统的不断完善及安全性问题逐步得到解决，某些疾病的治疗方法中，这种载体形式的基因治疗最终将成为最佳选择之一（表 11-3）。

表 11-3　常见的非病毒载体基因转移方法的优势与局限

方法	优势	局限
电穿孔法	效率高	用于组织内时需手术
基因枪法	操作简单、易于控制	有组织损伤发生，一般只适用于皮下或肌肉组织
显微注射法	准确快速、转化效率可达 100%	应用范围窄，只适用于受精卵或早期胚胎
直接注射法	操作简单、安全	效率低、一般只适用于皮下或肌肉组织
脂质体法	体外效率高、无致瘤性	表达时间短、轻微毒性、体内效率偏低
纳米颗粒介导法	无毒、无免疫原性、转染效率较高	易被溶酶体吞噬、质粒 DNA 易被降解
受体介导法	靶向性强、操作简便	转移效率较低

11.4.4.2　病毒介导的基因转移

在以基因治疗为目的的载体系统中，动物病毒载体引人注目。分析原因，病毒基因组的结构相对较简单，遗传背景较清楚并易于改造和操作，转染效率高，这些特点是其他基因转移系统无法比拟的。理论上，任何一种病毒都可以发展成为基因转移和表达载体，不过，应根据不同的组织和细胞选用不同的病毒载体，如呼吸道疾病的基因治疗首选腺病毒载体，神经系统疾病的基因治疗以单纯疱疹病毒Ⅰ型为宜。常用的病毒载体有反转录病毒载体、腺病毒载体、腺相关病毒载体、单纯疱疹病毒载体、牛痘苗病毒载体、牛乳头瘤病毒载体等，下面着重介绍前 3 种病毒载体。

1) 反转录病毒载体

反转录病毒（retrovirus，RV）属于正链 RNA 病毒，能够通过反转录酶的作用完成病毒基因组从 RNA 到双链 DNA 再到正链 RNA 的复制周期，并且病毒基因组以双链 DNA 的前病毒形式，高效地整合于宿主染色体上并长期存在。利用该病毒的这种特殊复制方式，能够十分高效地将目的基因转移到靶细胞基因组中，成为人类第一个用于基因转移的病毒类型。反转录病毒作为基因转移载体，具有下述优点：①能高效地感染宿主细胞，感染率可达100%；②侵染范围广泛，可侵染各种细胞类型，如淋巴细胞、肝细胞、肌细胞等；③转入的外源基因可完全整合；④整合的原病毒在宿主基因组中比较稳定，且拷贝数目较低；⑤感染哺乳动物细胞，对宿主细胞没有毒性作用。不过，仍存在一些不足。例如，插入外源基因片段小（<10kb），难以满足较大基因的插入；病毒滴度是限制应用的主要方面；随机整合可能产生不良作用。

反转录病毒的生活史

反转录病毒的生活周期分为以下几步（图11-2）：①感染靶细胞；②利用自身编码的反转录酶，以基因组 RNA 为模板合成 DNA；③将病毒 DNA 转运至细胞核；④病毒 DNA 整合到宿主染色体中；⑤以病毒 DNA 为模板转录 RNA；⑥在细胞质中翻译 Gap、Pol、Env 蛋白；⑦形成衣壳，包装两条 RNA 单链和相关蛋白质进入衣壳；⑧形成病毒颗粒并分泌至细胞外。

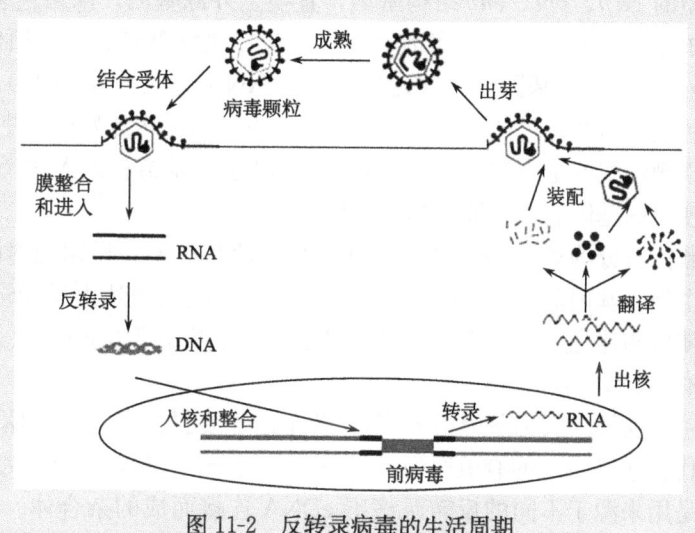

图 11-2 反转录病毒的生活周期

(1) 反转录病毒的结构。反转录病毒的结构如图 11-3 所示。

反转录病毒颗粒为球形，具有包膜结构，直径约为 10nm。包膜为脂质双分子层，表面有包膜蛋白（envelop protein，ENV），是病毒主要的抗原，与受体结合有关。衣壳蛋白组成二十面对称体，内部为反转录病毒的核心，包括 RNA 基因组、特异性的 tRNA、NC 蛋白、反转录酶和整合酶。基因组大小为 8～11kb，由两条相同的单链正义 RNA 构成。两个相同的 RNA 分子在 5′端附近由氢键连接形成 70S RNA，这种结构可能在反转录过程中起调节作用。基因组正链 RNA 具有与真核细胞 mRNA 类似的结构，即有 5′端帽子结构和 3′端 poly(A)尾结构。每个单链分为 6 个区域，从 5′端开始依次是：长末端重复序列（5′-LTR）；组装时必需的非编码序列（Ψ）；编码衣壳内部结构蛋白的基因（*gap*）；编码反转录酶和整合酶的基因（*pol*）；编码外壳蛋白的基因（*env*）；3′长末端重复序列（3′-LTR）。

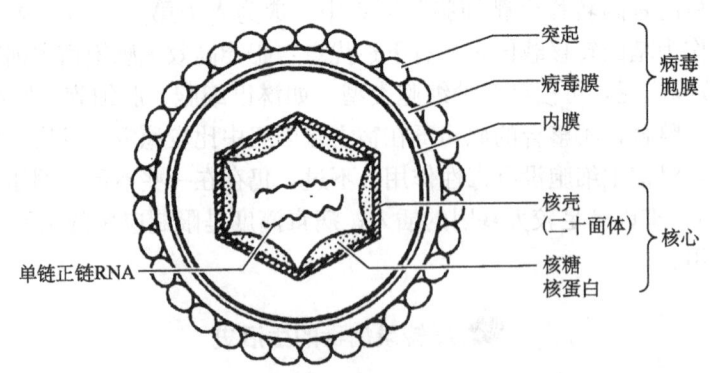

图 11-3 反转录病毒结构示意图（引自常重杰等，2003）

(2) 反转录病毒载体的构建。反转录病毒载体系统由两部分组成：①用于携带目的基因和（或）标记基因的反转录病毒重组载体；②提供反式作用蛋白的包装细胞系。前者的构建原理是切除野生型的 gap、pol、env 结构基因，置换上外源基因，保留包装信号 Ψ 及相关序列。由于切除了这三段基因片段，病毒不能自身包装成病毒颗粒，必须依赖于包装细胞（含有完整的 gap、pol、env 基因，但缺乏协助病毒 RNA 进入的 Ψ 序列）。将重组的反转录病毒载体导入包装细胞系，可产生只有一次感染能力的重组病毒颗粒，使目的基因或标记基因稳定地整合于靶细胞的基因组上。将转染后的靶细胞回输或植入人体，由靶细胞提供一系列有关因子，使目的基因表达，即可起到治疗作用。

反转录病毒载体可分为单基因载体和多基因载体两种类型。早期构建的多为单基因载体，其特点是单个外源基因取代病毒中的某些基因，插入基因表达由反转录病毒 LTR 中的调控序列控制。随后构建且广泛应用的是多基因载体，重点介绍以下几类。

a. 双表达载体（DE 载体）。

构建机制是基于反转录病毒基因组 mRNA 转录后需要拼接。这种载体插入两个外源基因，一个基因取代 gap 或 pol 的有效序列，另一个取代 env 的有效序列。为尽量减少同源重组的发生，载体是用来源于不同的反转录病毒 cDNA 连接而成的杂合体。通过多次酶切的方法，除去了载体 DNA 序列与辅助细胞中缺陷型前病毒之间同源序列的重叠部分，构建了 LNL6 表达载体。采用对载体起始密码子碱基突变的方式来消除同源重组的可能，所获得的表达载体 pΔN2 ADA 和 pΔN2st ADA 经辅助细胞包装后不产生重组病毒。

b. 自我失活载体（SIN 载体）。

载体 LTR 中的启动子（或）增强子序列可直接影响外源基因的表达，且有可能激活整合部位毗邻的宿主细胞基因组的原癌基因，导致细胞新的癌变，给基因治疗带来潜在的危险。为解决此问题，将载体 3′LTR 中的启动子或增强子序列（200~300bp）删除或破坏，该载体在辅助细胞中经包装形成病毒颗粒后再感染靶细胞，通过反转录过程产生两端 LTR 均被删除或破坏的病毒 DNA，这样就可以消除强启动子对宿主细胞原癌基因的激活。

c. 靶向型载体。

利用带有组织特异性的内部启动子是构建靶向型反转录病毒载体的途径之一，另外还可以采用反式激活因子调节 LTR 启动子或双特异性的分子桥。HIV 中 LTR 的翻译受病毒的反式激活蛋白 Tat 通过结合顺式激活应答位点 TAR 进行调节。构建可被 Tat 诱导的复制缺陷型 HIV 病毒载体,可通过表达干扰病毒复制或对感染细胞有毒性的蛋白质而用于艾滋病的基因治疗,如利用该载体中具有细胞杀伤作用的流感病毒凝血素（H5HA）基因在 HIV 感染的细胞中靶向表达。HIV 感染的靶细胞可以为载体提供 Tat,从而使 *H5HA* 基因在细胞中表达,导致受 HIV 感染的细胞死亡而正常细胞不受损害。

目前反转录病毒载体是基因治疗临床试验使用最多的载体,第一代反转录病毒载体大多来自致癌反转录病毒,较常用的是基于 moloney 鼠白血病病毒（MMLV）改造而来的各种载体。不过这类病毒载体只能将基因转移到分裂相细胞,对于某些非分裂细胞（心肌细胞、神经元等）,它们在这种治疗中的应用潜力受到限制。随后发展起来的慢病毒已经克服了这种不足,这类病毒包括人免疫缺陷病毒Ⅰ型（HIV-1）、牛免疫缺陷病毒（BIV）、猿免疫缺陷病毒（SIV）等,它们能够把基因转入非分裂细胞,并且对淋巴细胞、干细胞和多种肿瘤细胞具有较高的转导效率,因此备受关注。此外,新建立的假型反转录病毒载体,不依赖细胞表面的特异性受体,具有更广泛的宿主范围。

2) 腺病毒载体

腺病毒（adenovirus, Ad）属于双链 DNA 病毒,自然界分布广泛,在许多哺乳类和禽类中都有所发现。人的腺病毒有 50 种以上,与临床疾病相关的腺病毒感染取决于其血清型。但通常比较温和,很少危及生命。腺病毒作为载体,自 1993 年首次被应用于临床试验以来,迄今为止大约有 40% 基因治疗临床试验方案采用腺病毒为载体,仅次于反转录病毒载体。

作为最常用的基因治疗载体之一,腺病毒具有以下几方面的优点:①比较安全,用腺病毒 4 型和 7 型制备的疫苗已在美国使用了多年,实践证明是无致病、致癌、致畸作用;②腺病毒的宿主细胞范围较广,不仅能感染具有复制分裂能力的细胞,而且能够感染不再分裂、复制的细胞,因此可用于多种细胞的基因治疗,如神经细胞;③腺病毒可以在呼吸道和肠道中繁殖,因而不仅可以通过静脉注射的方式进行基因治疗,还可以通过口服、喷雾、气管内滴注等简单易行的方法进行基因治疗;④腺病毒容易制备、纯化和浓缩,能够满足基因治疗的临床需要;⑤腺病毒的基因结构、功能及其生活史了解的较为清楚,用它作载体进行基因治疗比较容易控制。不过,仍存在一些不足,如重组的病毒 DNA 以游离的附加体形式存在于细胞,不能整合到细胞的染色体中,因而基因表达的时间较短,如需进行长期表达,必须反复注射,这无疑会加重患者的痛苦和经济负担。因此,腺病毒对于只需要基因短期表达来治疗的疾病,如激活免疫系统对抗肿瘤细胞或诱导凋亡,就显得十分理想了。另外,腺病毒载体反复使用时,有可能会诱发机体的免疫反应,从而影响外源基因的表达,并进而影响治疗效果。

(1) 腺病毒的结构。腺病毒颗粒直径为 70~90nm,是含 14 种蛋白质、二十面体的无包膜双链 DNA 病毒,哺乳动物病毒的双链线状 DNA 基因组长约 36kb。基因组的两端各有一个 100~160bp 的反向末端重复序列（inverted terminal repeat, ITR）。不同血清型的腺病毒的 ITR 长度有所不同。ITR 的内侧为病毒包装信号,是腺病毒包装所必需的顺式作用元件。腺病毒基因组每条链的 5′ 端 dCMP 的磷酸与末端蛋白 TP 的丝氨酸残基的—OH 形成磷酸二酯键。TP 对于腺病毒 DNA 的复制起始是必需的。腺病毒基因组中至少有 3 个区域可以接受外源 DNA 插入或替代,分别是 E1 区、E3 区、E4 和基因组末端的一个小区。腺病毒载体允许自己的基因转移到宿主细胞核,但不插入宿主染色体中。

腺病毒的生活周期

腺病毒的裂解性生活周期以病毒 DNA 合成起始为界分为早期和晚期。病毒颗粒与细胞膜特异受体结合后内吞入细胞,随即脱去衣壳,病毒 DNA 进入细胞中。在腺病毒 DNA 开始复制前,其早期基因(E1~E4)首先被转录,并被翻译为数种早期蛋白质,如 DNA 聚合酶和 DNA 末端蛋白。DNA 末端蛋白 TP 与 $5'$ 端 dCMP 结合而成的复合物作为 DNA 合成的引物开始 DNA 复制。在感染后 6~8h 开始病毒 DNA 复制,18~20h 后达到高峰,然后进入晚期转录,产生病毒衣壳蛋白和毒粒成分。衣壳蛋白在细胞核内预装成前衣壳,复制的病毒 DNA 进入衣壳中,形成成熟的子代毒粒,释放到细胞外。

(2) 腺病毒载体的构建及发展。用外源 DNA 置换出一定长度的病毒基因片段即获得重组的病毒。经过多年的研究和发展,根据腺病毒载体中病毒基因的置换程度,可将其分为第一代、第二代、第三代载体(图 11-4)。

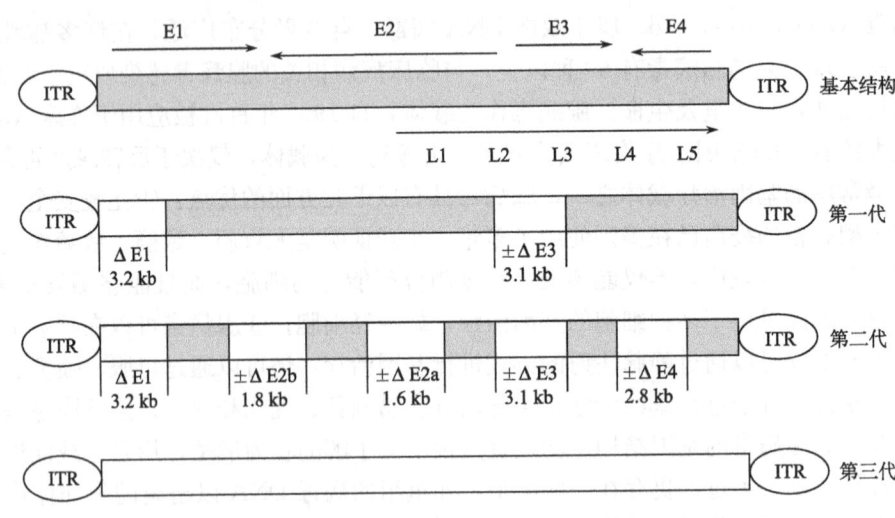

图 11-4 三代腺病毒载体比较

a. 第一代腺病毒载体。

第一代腺病毒载体去除了腺病毒基因组中的 E1 和(或)E3 区,可以替换 7~8kb 长度的外源基因,其复制必须在能够组成性表达 E1 蛋白的包装细胞内完成。在制备这类腺病毒载体时,E1 区功能由辅助细胞反式提供。常用的辅助细胞是 293 细胞。这是用腺病毒 Ad5 DNA 片段转染后发生转化而形成的。其基因组中整合了含有腺病毒 E1 区的片段,可持续表达 E1 区蛋白,与辅助病毒依赖型载体相比,大大减少了野生型腺病毒的污染。此类型载体在宿主细胞内有低水平的病毒蛋白质表达,可引起机体细胞免疫和体液免疫反应,而免疫反应中产生的 IFN、TNF 等则会抑制病毒载体中的启动子,从而降低外源基因的表达。

b. 第二代腺病毒载体。

第二代腺病毒载体又被称为复制缺陷型腺病毒载体。第一代腺病毒载体的容量在 8.5kb 之内,仅占腺病毒基因组长度的 15%,其余 85% 都是表达基因。大量的病毒基因保留在载体内是其缺点之一。另外,E1 缺失不能完全阻断其他腺病毒基因的启动,在高滴度的情况下细胞毒性明显。因此,在第一代的基础上,用温敏突变子控制 E2A 基因产物 DBP(单链

DNA 结合蛋白）的表达，伴有 E2 区或 E4 区的缺失，同时用细胞来补偿这些基因的功能。这类腺病毒载体的外源 DNA 容量有所增加，可高达 11kb，细胞毒性和免疫原性也有所减弱。这种载体被用于鸟氨酸氨甲酰基转移酶缺乏症的 I 期临床实验中。

c. 第三代腺病毒载体。

第三代腺病毒载体一般指缺失全部或大部分腺病毒基因的微载体系统。1998 年，Morsy 等去除了病毒载体中所有的编码基因，只保留有复制和包装必需的顺式作用元件，从而成为了编码基因全缺失的腺病毒载体。这种载体系统的优越性在于外源 DNA 的容量最大化和细胞毒性最小化，载量可达 37kb。然而，由于载体去除了所有的病毒基因，病毒复制和包装所需要的所有蛋白质都需要反式补偿。将所有辅助功能的基因全部由所谓的包装细胞来提供是新型载体的难点，也是目前的研究热点。近年来对腺病毒载体的改造非常活跃，产生了许多更安全、更有效的载体，如无病毒基因的无肠型腺病毒载体、靶向型病毒载体、复制型腺病毒等（图 11-4）。

腺病毒载体因具有感染效率和外源基因表达水平高、高滴度、重组病毒的制备较简单、容量适合装载大多数外源基因等特点，被广泛用于基因治疗的研究和临床试验中。腺病毒载体用于基因治疗的首次临床试验是体内导入调节蛋白（CFTR）基因以治疗囊性纤维化病，给药途径是由气管内注射入肺，也是成功应用于大脑和帕金森病动物模型的最早的病毒载体之一。在癌症基因治疗方面，腺病毒载体被广泛用于介导肿瘤抑制基因、肿瘤血管生成抑制基因、细胞因子、基因替代、自杀基因等。

（3）腺相关病毒载体。腺相关病毒（adeno-associated virus，AAV）是微小病毒科（Parvoviridae）家族成员之一。这是一类微小、无被膜、二十面体结构病毒。病毒颗粒直径为 20～26nm。线状单链 DNA 基因组长 4.7～6kb，从鸟类到许多哺乳动物包括人的体内可以分离到各种血清型的腺相关病毒。大多数成年人都感染过腺相关病毒，但尚未发现是任何疾病的致病因素。在大多数情况下，腺相关病毒在培养的正常细胞中不发生毒性感染，只有在有辅助病毒，如在腺病毒或疱疹病毒共同感染时才发生毒性感染。也可以用紫外线、γ 射线、化学致癌剂或某些代谢抑制剂处理培养的细胞，使腺相关病毒产生毒性感染。

用腺相关病毒作为载体有其独特的优越性：①反向末端重复序列中没有转录调节元件，这样可以减少利用这种载体进行基因治疗时激活原癌基因的可能性；②宿主范围较广，可以感染分裂期和非分裂期的多种细胞，并且能够形成慢性感染；③整合入宿主细胞染色体时发生位点特异性整合，可以为转入的外源基因提供较为稳定的染色体环境，有利于外源基因的表达；④性质稳定，可以耐受 pH 和温度等外界环境变化；⑤腺相关病毒的安全性较好，本身不具有致病性。腺相关病毒的缺点主要是外源基因容量小，制备较复杂，难于大量生产，滴度也不高，并需要去除辅助病毒的污染。

a. 腺相关病毒基因组结构。

目前广泛应用的腺相关病毒载体主要是基于 II 型腺相关病毒（AAV2）构建的。它的基因组为 4681 个核苷酸的单链 DNA，其结构如图 11-5 所示。基因组的两末端 145bp 的反向末端重复序列（ITR）对病毒的复制、病毒基因的整合、病毒颗粒的包装及病毒 DNA 从宿主细胞的切出等过程具有重要的调控作用。ITR 序列之间是腺相关病毒的编码区，共编码 7 个基因。腺相关病毒以定向整合的方式存在，70% 以上的整合位点位于 19 号染色体 q13.3-qter 区。

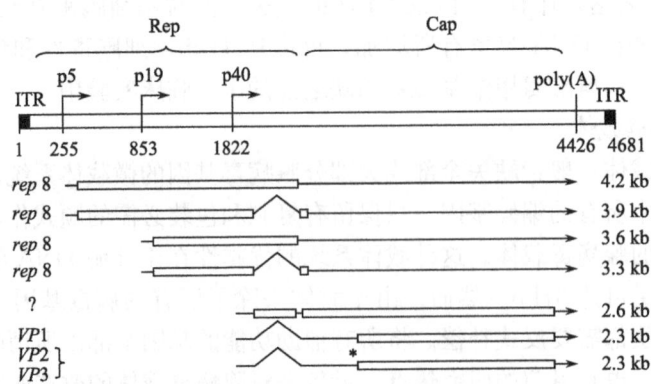

图 11-5 腺相关病毒基因组的结构及转录产物示意图（引自常重杰等，2003）

> **腺相关病毒的生活周期**
>
> 关于腺相关病毒的生活周期，有以下要点：①它是一种生活周期以潜伏感染为主的病毒；②通过潜伏感染，病毒基因组得以同细胞共存；③只要宿主细胞正常，腺相关病毒基因表达就处于抑制而维持潜伏状态；④如果细胞受到刺激表达应激基因，导致细胞应激反应，基因表达的调节状况也使得腺相关病毒基因表达，从而使病毒复制；⑤产生子代病毒并释放，又感染新的正常宿主细胞，建立新的潜伏状态。

b. 腺相关病毒载体的构建。

在构建腺相关病毒载体时，可以将该病毒的基因组序列克隆到质粒载体中，删除 *rep*、*lip*、*cap* 3 个基因，在此位置插入外源基因和调控元件。同时要构建含有 *rep*、*lip*、*cap* 基因的包装载体。将构建的腺相关病毒载体与包装载体一起共同转染已被腺病毒感染的细胞，此时，该载体能够被包装形成重组病毒载体。为了避免发生因载体与辅助质粒重组而产生野生型病毒的情况，研究人员对辅助质粒进行了改进，把腺相关病毒的全部基因都置于腺病毒的反向末端序列（ITR）的驱动之下，这样可以只产生重组的腺相关病毒，而不会有野生型病毒产生。

腺相关病毒载体被公认为是最安全的病毒载体，在基因治疗和疫苗研究中受到广泛重视，已用于肝脏、肺、脑、肌肉、视网膜及血液系统多种器官的遗传性疾病、心血管疾病和自身免疫性疾病的研究。目前在美国以 Ⅱ 型腺相关病毒作为载体采用基因治疗的两种疾病——血友病 B 和囊性纤维化病，已进入临床试验阶段。

11.5 基因治疗的应用

自美国批准第一个向人体转入外源基因的申请后，基因治疗作为一种全新的治疗模式进入临床试验，它标志着人类对疾病的治疗进入了一个崭新的阶段。最初的基因治疗对象是一些单基因隐性遗传病，但随着生命科学的发展，基因治疗的目标和范围大大拓宽，治疗对象也从罕见的单基因遗传病扩大到常见的多基因病，如恶性肿瘤、心血管疾病、神经系统疾病以及艾滋病之类的传染性疾病和关节炎等自身免疫性疾病。随着人们对疾病分子机制的深入研究，越来越多与各种疾病相关的基因得到分离。对这些相关基因功能的研究，不但为基因治疗提供了大量有用的目的基因，也为基因治疗的发展奠定了基础。

11.5.1 肿瘤的基因治疗

基因治疗在遗传性疾病方面率先取得突破性进展，但是真正迫切需要的是肿瘤的基因治疗。肿瘤，特别是恶性肿瘤，是目前危害人类健康最严重的一类疾病。它们发病率高，缺乏有效的治疗手段，传统治疗方法治愈率低、复发率和死亡率高、治疗预后差。因此，不同领域的专家们一直在寻找有关治疗恶性肿瘤的方法。人们除了对肿瘤治疗继续采用传统的手术切除、放疗、化疗三大手段之外，也尝试从基因水平上对其进行治疗。肿瘤基因治疗的临床试验涉及较少伦理问题，承担风险相对较小，患者和家属易于接受。随着人们对肿瘤发病机制的了解不断深入和越来越多肿瘤相关基因的克隆，肿瘤基因治疗的发展远远走在了单基因遗传病基因治疗前面。截至 2011 年 6 月，Gene Therapy Clinical Trials Worldwide 网站公布的数据显示，全世界进行基因治疗以及标记方案的临床实验共计 1714 项，其中肿瘤 1107 项，占所有项目的 64.6%。

随着研究的深入，人们逐渐认识到肿瘤的发生和发展是一个多因素、多步骤和多基因参与的复杂过程，主要是由某些原癌基因的激活、抑癌基因的失活以及凋亡相关基因的改变导致细胞增殖分化和凋亡失调。因此，人们根据肿瘤的遗传学背景以及相关的分子机制，通过不同途径展开了对肿瘤的基因治疗研究。

11.5.1.1 癌基因治疗

癌基因（proto-oncogene）是指细胞基因组中具有能够使正常细胞发生恶性转化的一类基因。它们在亿万年漫长的生物进化过程中高度保留下来，说明癌基因在细胞内具有重要的功能，可调控细胞生长、增殖和分化。绝大部分情况下，这类潜在的癌基因处于不表达状态，或其表达水平不足以引起细胞的恶性转化，或野生型蛋白质的表达不具有恶性转化作用。一旦调节失控，就会导致基因异常活化而启动细胞生长，从而发生恶性转化。例如，MYC、RAS、SRC 等基因，通过点突变、融合基因形成或异常激活后引起表达异常等，而使其功能处于异常活跃状态，不断地激活细胞内正向调控细胞生长和增殖的信号转导途径，促使细胞异常生长。因此，封闭癌基因、抑制其过表达是阻止癌细胞生长的一种策略。目前可用于抑制基因表达的反义技术主要包括 3 类：反义寡核苷酸（antisense oligonucleotides）、具有催化活性的核酶和 RNA 干扰。

1) 反义寡核苷酸

反义寡核苷酸（ODN）是通过人工合成的寡核苷酸与癌基因的 mRNA 互补结合，达到抑制癌基因的转录，从而封闭癌基因的目的，主要包括反义 DNA 和反义 RNA。反义 DNA 是一段与 mRNA 或 DNA 特异性结合并阻断其基因表达的人工合成的 DNA 分子。反义 DNA 能通过封闭或抑制肿瘤细胞的关键编码基因来特异性抑制肿瘤细胞增殖，是治疗肿瘤潜在新型药物。其作用机制是在 DNA 结合蛋白（如甲基化酶、激活子、限制性内切核酸酶等）的识别位点处通过与靶基因结合形成三螺旋结构，位点专一性地干扰 DNA 和蛋白质的结合、激活子的转录起始或转录延伸等，进而阻止基因转录和复制。反义 RNA 可与 mRNA 特定的靶序列配对形成双链复合物，阻止 mRNA 翻译成蛋白质，并且这种复合物对细胞内的 RNase H 很敏感，加速了它的降解。

目前采用的反义 ODN 长度一般为 15～25 个核苷酸，一般选用 18 个核苷酸左右为宜，其中 G-C 含量应在 60%～65%。设计好的反义 ODN 可以由 DNA 合成仪人工合成，但人工合成的反义 ODN 很容易被体内广泛存在的核酸酶降解，因此在使用前必须对其进行修饰。反义 ODN 成分中磷酸基团修饰最为常见，目前使用的方法主要有以下两种：一是用硫原子代替磷酸二酯键中带负电的氧原子，提高对核酸酶的耐受力；二是用甲基基团修饰磷酸骨架，增强反义 ODN 对目的序列的亲和力。这种技术的关键在 ODN 的设计和合成，目前还可通过计算机分析 DNA 分子结构，用多肽骨架取代 ODN 中的糖-磷酸骨架，这种以肽为骨架的多酰基寡聚物称为肽核酸（peptide nucleic acid，PNA），它保留了 ODN 与 DNA 的高度亲和力，因此能与靶基因形成三螺旋结构。

目前，反义寡核苷酸被用于多种肿瘤的基因治疗研究中。例如，Kim 等用 bcl-2 反义寡核苷酸治疗胃癌，使胃癌中 bcl-2 减少了 60%，胃癌细胞对抗癌药物的敏感性也大大增强，同时诱导胃癌细胞产生凋亡，抑制了胃癌细胞的增长。Kim 等又用 bcl-2 反义寡核苷酸在一种 MKN-45 胃癌细胞和 3 种乳腺癌细胞（BT-474、ZR-75-1 和 MDA-MB-231）中进行治疗观察，结果发现，这些癌细胞对抗癌药物的敏感性增强，特殊序列的促癌蛋白的表达得到抑制。Tong 等在体外通过随机寡核苷酸库联合特定软件分析，选择合适的 Survivin 反义位点（antisense acces-sible site，AAS），并转染入胃癌细胞株 MNK-45，实验组 Survivin RNA 和蛋白质水平明显下降，部分肿瘤细胞呈现凋亡的特征性改变，并且这种作用与 AAS 的位置有关系，提示反义 Survivin 能够诱导凋亡，抑制肿瘤细胞生长。针对 K-ras 的反义寡核苷酸可以抑制胰腺癌细胞 HaP-T1 的生长，下调活化的基质金属蛋白酶-2 和基质金属蛋白酶-9 的量，同时在动物实验中，也发现治疗组动物生存期明显延长，且淋巴结转移时间晚于对照组，提示针对 K-ras 的反义寡核苷酸可以抑制胰腺癌肿瘤的生长和侵袭。

2）核酶

核酶（ribozyme）是一种具有内切核酸酶活性的 RNA 分子，可以催化 RNA 切割和剪接反应。核酶具有在特异核酸部位进行切割这一重要性质，使其在基因治疗中具有十分重要的意义。和反义寡核苷酸相比，核酶在靶目标的选择上更灵活、有效，而且具有较稳定的空间结构，不需要其他酶的辅助就可对靶序列进行高效的重复切割。

核酶用于基因治疗的具体方法有两种：一是把编码核酶的基因通过载体转入受体细胞，在宿主细胞内进行持续稳定的表达。通过这种方法可以转运各种不同类型的抗肿瘤核酶，包括"锤头形"核酶、"发夹形"核酶和 RNase P 等。另外一种方法是在体外化学合成核酶再导入细胞内。这种核酶主要是通用的核酶，如"锤头形"核酶。常用的"锤头形"核酶两臂通过碱基互补识别并结合靶 RNA 特异序列，如果保留其催化核心、改变两端结合序列，则可以设计针对任何 RNA 的核酶分子，因此阐明疾病相关基因之后，针对基因多个位点便可以设计多个识别不同靶点的核酶，而且也可以将多个核酶串联成一个多靶位核酶分子从而大大提高切割效率，达到对疾病基因干预和疾病治疗的效果。

RNA 分子具有酶的性质，DNA 是否也存在相似性质呢？1997 年，Joyce 和 Breaker 等通过体外进化的筛选方法得到了依赖于 Mg^{2+}、Pb^{2+} 具有切割 RNA 分子功能的 DNA 分子，从此发现脱氧核酶（DNAzyme）。脱氧核酶具有 RNA 切割作用、DNA 切割作用、金属螯合作用、过氧化物酶活性、DNA 激酶活性以及 DNA 连接酶活性等多种催化功能，能对靶 RNA 产生序列特异性切割效应。研究最多的两类脱氧核酶是 8-17 型和 10-23 型，其中 10-23 型是切割 RNA 的脱氧核酶，是实验室和临床研究中应用最多的酶。10-23 型应用于基因治疗就是因为能催化靶位 RNA 特定部位的切割反应，阻断体内有害的 mRNA 表达，从而调控蛋白质的表达。

核酶以及脱氧核酶研究的深入，为人类在基因治疗道路上的探索带来了新的曙光。人们在抗病毒、抗肿瘤等多个方面进行了有益的尝试。bcr/abl 融合基因编码的具有异常蛋白酪氨酸激酶活性的 P210 蛋白是导致慢性粒细胞白血病发生的主要原因。针对 bcr/abl 融合基因设计 3 个相邻的核酶基因及侧翼序列，三核酶的联合作用明显抑制融合蛋白质的激酶活性。针对 bcr/abl mRNA 基因融合的不同，脱氧核酶抑制在 HeLa 细胞的表达，并且抑制慢性骨髓白血病患者的蛋白质表达和 CD34$^+$ 骨髓细胞增生。针对 Survivin 基因，非修饰脱氧核酶 T 和修饰的脱氧核酶 Ti 能有效抑制肝癌细胞的生长，在胞内能有效地切割 Survivin mRNA，使 Survivin mRNA 有效沉默，从而抑制 Survivin 蛋白表达和促进肝癌细胞凋亡。

3) RNA 干扰

RNA 干扰（RNA interference，RNAi）是正常生物体内抑制特定基因表达的一种方式。当细胞中导入与内源性 mRNA 编码区同源的双链 RNA（double stranded RNA，dsRNA）时，该 mRNA 发生降解而导致基因表达沉默，这种现象发生在转录后水平，又称为转录后基因沉默（post-transcriptional gene silencing，PTGS）。外源 dsRNA 进入细胞后，宿主细胞对这些 dsRNA 迅速产生反应，其胞质中的内切核酸酶 Dicer 将 dsRNA 切割成多个具有特定长度和结构的小片段 RNA（21～23bp），即小分子干扰 RNA（small interfering RNA，siRNA）。siRNA 在细胞内 RNA 解旋酶的作用下解链成正义链和反义链，继之由反义 siRNA 再与体内的多种核酸酶形成沉默复合物（RNA-induced silencing complex，RISC），RISC 具有结合和切割 mRNA 的作用，被切割后的断裂 mRNA 随即降解，从而诱发了宿主细胞针对这些 mRNA 的降解反应。RNAi 可抑制点突变激活的癌基因表达，从而抑制肿瘤的生长，还可以用来抑制基因扩增和融合基因的表达，也可以通过抑制肿瘤血管的生成间接地抑制肿瘤细胞的生长。

siRNA 导入的方法有直接注射、脂质体介导、电穿孔、病毒载体介导等，其中病毒是最为有效的 siRNA 表达载体之一。病毒载体通常在 PolⅢ 启动子驱动下表达 shRNA，然后经 Dicer 酶切割成长约 21bp 的双链 siRNA，最终特异性切割 mRNA。

目前人们认为 RNAi 具有以下重要特征：①高度特异性：siRNA 只降解与其同源的靶向 mRNA，并不影响其他基因 mRNA 表达；②高效性：细胞仅需几个分子的 siRNA 即可产生明显的 RNAi 效应，这得益于作用过程中的放大效应；③可传播性和遗传性：RNAi 的效应不仅局限于单个细胞内，还可在细胞之间相互传递和维持，甚至可传递给子一代。它只作用于特异的 mRNA，而不改变靶基因的结构，并最终可被核糖核酸酶完全水解，不会残留，即使在治疗的过程中出现了未曾预料的副作用，也可以通过停止用药终止，有较好的安全性。因此，其在肿瘤基因治疗方面受到了越来越多的重视。

人们利用 RNA 干扰技术在抑制癌基因表达方面进行了很多尝试。例如，Gurzov 等利用腺病毒 RNAi 载体转染人食管鳞状细胞癌细胞 Hec1，能抑制腺癌肿瘤的生长。凋亡抑制基因 BCL-2 在 60%～80%恶性肿瘤组织都大量表达，应用 RNA 干扰技术下调其表达，在体内和体外均可抑制人类胃癌细胞株 SGC-7901 的增殖。有研究表明，对乳腺癌细胞株 MCF-7 转染 ER-α siRNA 48h 后，给予 KGF（keratinocyte growth factor）处理 24h，结果显示 siRNA 转染后 ER-α 的表达显著降低，KGF 介导的乳腺癌细胞的增殖也显著降低，同时提示 ER-α 的表达与 KGF 介导的乳腺癌细胞的增殖有关。

11.5.1.2 抑癌基因治疗

抑癌基因（tumor suppressor gene）又称抗癌基因（antioncogene），是指正常细胞内存在的能抑制细胞转化和肿瘤发生的一类基因群。根据功能，其又可分为控制细胞增生的看门基因（gatekeeper gene）和维持基因完整的看管基因（caretaker gene）。人们可以利用载体将野生型的抑癌基因转染肿瘤细胞，以达到杀伤肿瘤细胞的目的。目前已分离克隆出二十余种抑癌基因，如 *P53*、*RB*、*P27*、*MTS* 基因等。

1) *P53* 基因

P53 基因是与人类肿瘤相关性最高的抑癌基因，在细胞周期调控、抑制细胞生长、诱导肿瘤细胞凋亡等方面有重要的作用。在所有的恶性肿瘤中，超过 50% 会出现该基因的突变。正常的 *P53* 基因编码由 393 个氨基酸组成的、与细胞分裂周期相关的核磷酸蛋白，称 P53 蛋白（分子质量 53kDa）。正常细胞内的 P53 功能有多种，目前较为明确的有两种：一种是控制细胞生长周期、抑制细胞分裂，让其停止在细胞周期的 G_1 期，尤其在细胞因外界因素影响受到损伤时；另一种是诱导细胞凋亡。野生型 *P53* 不仅能抑制那些促进失控细胞生长和增殖相关基因的表达，还能活化抑制失控细胞异常增殖的基因，如细胞基因组受到损伤时，P53 蛋白可激活 P21 蛋白的合成，抑制细胞周期和 DNA 复制。野生型 *P53* 的缺失、突变或失活可能会使细胞发生转化，主要是由于 *P53* 基因的点突变导致氨基酸改变，最终产生没有活性的 P53 蛋白。

由于 P53 强大的抑制肿瘤细胞生长和诱导细胞凋亡的能力，选用 P53 作为目的基因用于癌症的基因治疗是有理论依据和实际意义的。众多临床前研究证实，在肿瘤细胞内导入野生型 *P53* 基因能诱导细胞周期停滞，促使肿瘤细胞发生凋亡，并抑制肿瘤血管生成。野生型 *P53* 基因治疗还可能增加肿瘤细胞对化疗和放疗的敏感性。多种异种移植瘤（如肺、乳腺、头颈部、前列腺和卵巢等部位肿瘤）动物模型的研究结果也显示，联合应用野生型 *P53* 基因治疗和化疗（顺铂阿霉素、5-FU、氨甲蝶呤）或放疗，较任一方法单独应用能更有效地促使肿瘤细胞发生凋亡，抑制肿瘤生长。转染野生型 *P53* 还能对肿瘤细胞产生旁观者杀伤效应，即对被转染细胞周围的细胞也有治疗作用。用脂质体介导野生型 *P53* 基因进入鼠乳腺癌细胞，虽然转染率不足 5%，但肿瘤血管却减少了 60%。另外，*P53* 基因的导入方式有很多种，包括反转录病毒、腺病毒和脂质体等，体内实验的导入常用的有瘤内直接注射，也有采用经气管、腹腔内注射或动静脉注射等途径。

> **P53 基因在基因治疗中的应用**
>
> 世界各国均广泛批准开展用腺病毒介导的 *P53* 基因治疗方案来治疗肿瘤，临床试验病种有头颈部肿瘤、肺癌、肝癌、乳腺癌、脑瘤、卵巢癌、膀胱癌、前列腺癌等。腺病毒介导的 *P53* 制品在美国、加拿大、日本和欧洲的 30 多个医学中心联合化疗或放疗等法治疗复发性晚期头颈部鳞癌患者，疗效达 73%，高于单纯放、化疗疗效约 3 倍。我国深圳赛百诺基因技术有限公司用正常人的肿瘤抑制基因 *P53* 和改造后的腺病毒基因载体重组研制而成的"今又生"（重组人 *P53* 腺病毒注射液），是我国第一个获得国家食品药品监督管理局批准的基因治疗药物，也是世界上第一个获得正式批准的基因治疗药物，于 2004 年 1 月正式上市。

2) *RB* 基因

RB 基因即成视网膜细胞瘤基因，为视网膜母细胞瘤易感基因，是世界上第一个被克隆和完成全序列测定的抑癌基因，因其是从儿童肿瘤或成视网膜母细胞瘤中分离得到而命名的。人类该基因位于 13q14，含有 27 个外显子，转录 4.7kb 的 mRNA。编码的蛋白质 P105Rb 含有 928 个氨基酸，分子质量 105kDa。RB 蛋白是一种 DNA 结合蛋白，调节多处与细胞增殖有关基因的转录，并最终影响细胞周期的进程。该蛋白质的磷酸化程度在细胞周期的不同阶段有明显差别。在 G_0 期和 G_1 期 RB 为非磷酸化状态，进入 S 期时变成高磷酸化状态，在 G_2 期至 M 期继续保持磷酸化状态。一般认为，非磷酸化状态的 RB 蛋白是有活性的，具有抑制细胞增殖的作用。RB 蛋白可与多种细胞蛋白如癌基因蛋白（MYC、Cyclin D1）和细胞转录因子（E2F、ATF-2 等）相结合，从而调节细胞周期。

RB 基因作为一种抑癌基因，其抑制肿瘤细胞生长的机制与细胞周期阻滞作用有关。*RB* 基因失活促使细胞提前从 G_1 期进入 S 期。细胞分裂加速，使 DNA 损伤修复不完全，进而导致肿瘤的发生。*RB* 基因几乎在所有的家族性和散发性的视网膜细胞瘤和 90% 的小细胞肺癌中都没有活性，在其他肿瘤如间质瘤、乳腺瘤、前列腺瘤等中也常见 RB 蛋白的丢失。*RB* 基因以反转录病毒为载体导入视网膜母细胞瘤细胞中，可降低生长速度，抑制软琼脂集落形成和裸鼠致瘤率，使恶性增生特性发生明显改善。研究发现，去除 N 端的 RB 蛋白——PRb94（野生型全长 PRb110 的 N 端缺失 112 氨基酸残基）在头颈部癌、膀胱癌、前列腺癌细胞系及体内肿瘤中具有比 PRb110 更强的肿瘤抑制效应。有研究显示，转染 *Rb94* 基因的膀胱癌细胞停滞于 G_1 期，G_2 和 S 期细胞减少。G_1 期细胞增加使转入 S 期的肿瘤细胞减少，表明肿瘤细胞的 DNA 合成受到了抑制，从而影响肿瘤细胞的分裂和增生。

11.5.1.3 自杀基因治疗

自杀基因治疗（suicide gene therapy）是一种广泛的基因治疗方法，自杀基因转移到细胞后将无毒性的前体药物（prodrug）代谢为细胞毒性药物，首先可以使导入自杀基因的细胞"自杀"；其次，可以发挥旁观者效应，杀死未导入自杀基因的邻近细胞，显著地扩大其杀伤作用。所谓旁观者效应，是指表达自杀基因的细胞四周未转染基因的细胞也会被前体药物杀死的现象。实验证明，表达自杀基因的细胞只要占到群体的 10%，就可以在给予前体药物后杀死所有细胞，因此在肿瘤、血管增殖性疾病、骨髓移植等疾病的治疗中显示了一定的治疗潜力，特别是组织特异性启动子的采用，使自杀基因的作用进一步得到重视。

自杀基因又称前体药物酶转化基因、药物敏感或者酶-前药激活基因。这些基因大多存在于病毒、细菌或真菌等细胞中，所编码的酶类能将前体药物代谢为细胞毒性产物，而这些前体药物对于哺乳动物通常是低毒或无毒的。理想的系统中，酶代谢作用简单，具有一定的穿透性。前体药物最好是脂溶性的，以便穿过细胞膜进入细胞内，相对分子质量宜小，代谢产物应具有易扩散性和较高的细胞毒性，作用机制不应是细胞周期特异性的，最好是 DNA 损伤药物。在基因治疗中研究最深入、应用最早、最广泛的系统主要有以下几种。

(1) HSV-TK 基因/GCV。在病毒、细菌、真核细胞中都存在胸苷激酶基因（*tk*），但不同来源的 *tk* 基因所编码的蛋白质产物在分子质量、理化性质和生化功能上有很大的差异。在基因治疗中应用最广泛的是单纯疱疹病毒（herpes simplex virus，HSV）的 *tk* 基因。HSV-TK 基因编码的蛋白质含有 376 个氨基酸，该酶可将核苷类似物磷酸化，后者在细胞内酶的作用下成为有毒性的三磷酸化物，可抑制 DNA 聚合酶活性或作为三磷酸脱氧胸苷

(dTTP)的竞争性抑制物掺入到细胞合成的 DNA 内,使细胞 DNA 合成受抑制或被阻断,进而导致细胞凋亡,从而达到抗肿瘤的目的。用于 HSV-TK 基因治疗的前体药物有两类,一是嘌呤核苷类似物,包括阿昔洛韦(ACV)及其衍生物苷昔洛韦(GCV)、潘洛昔非(PCV)和布洛昔非(BCV)等,其中 GCV 对转基因瘤细胞的抑制作用比 ACV 强 10 倍,故是目前肿瘤 TK 基因治疗中最常用的前体药物。另一类是嘧啶核苷类似物,主要是 BVDU。研究表明,BVDU 对哺乳动物细胞无毒性,而其代谢产物可引起 DNA 合成受阻,导致细胞死亡,TK/BVDU 体系抗瘤效果比 TK/GCV 强 100 倍,有可能成为肿瘤 TK 基因治疗更合适的前药。

(2) EC-CD 基因/5-FC。除 tk 基因外,最重要的是胞嘧啶脱氨酶基因(cd),其功能是在营养应激时将胞嘧啶脱氨基转变为尿嘧啶。在细菌、真菌感染的治疗中常应用 5-氟胞嘧啶(5-FC)。5-FC 在微生物体内被 CD 代谢成 5-氟尿嘧啶(5-FU),从而可以杀死微生物。人类及其他的哺乳动物不表达 CD,因而不能将 5-FC 代谢成为有细胞毒性的 5-FU,因此 5-FC 对人体和其他动物几乎是无毒的。不同的真菌、细菌分别产生不同的 CD 酶类,在基因治疗中应用最广泛的是大肠杆菌的 cd 基因。将 cd 基因转入体内的肿瘤细胞之后,用高剂量的 5-FC 治疗,CD 酶可将 5-FC 转变为 5-FU,从而将肿瘤细胞杀伤。EC-CD 基因/5-FC 系统采用 5-FC 作为底物具有明显的优点:5-FC 毒性低,而 5-FU 虽然本身毒性较大并具有严重的其他不良反应,但是是直肠癌、结肠癌、胃癌、乳腺癌首选化疗的药物。

除了经典的 HSV-TK 基因/GCV、EC-CD 基因/5-FC 系统以外,羧酸酯酶/依立替康、细胞色素 P450/环磷酰胺、2-氨基蒽、水痘疱疹病毒胸苷激酶/6-甲羟嘌呤等系统也被用于自杀基因治疗。近年来也出现了一些新型自杀基因系统,如亚麻苦贰水解酶/亚麻苦苷、嘌呤核苷酸磷化酶/氟拉达滨等。以上都是单自杀基因疗法,存在着对肿瘤细胞类型的依赖性,且易引起肿瘤耐药性。所谓融合基因就是利用基因工程技术将两种或多种自杀基因连接在一起,或将自杀基因与免疫基因联合应用。如目前应用最广泛的 CD-TK 融合基因,产物兼具两种前药转化酶活性,使两类自杀基因产物协同作用,突破了对肿瘤细胞类型的依赖性,尽可能地消除了肿瘤细胞对药物的耐药性,而且可扩大肿瘤治疗谱,从而提高该疗法的实用性。

11.5.1.4 免疫基因治疗

肿瘤免疫基因治疗指应用基因转移技术将主要组织相容性复合物(MHC)、共刺激分子、细胞因子及受体、肿瘤抗原、病毒抗原等外源基因导入人体,提高机体的抗肿瘤免疫反应,从而达到抑制和杀伤肿瘤细胞的目的。免疫基因治疗的应用途径有两大类:一为间接体内应用的方法,如将体外基因转染的抗原提呈细胞进行体内回输或接种治疗等;二为直接体内应用的方法,如应用细胞因子的基因表达载体直接体内注射等。

基因免疫疗法比单纯的细胞因子体内注射和增加共刺激分子抗原的机体免疫有更大的优越性:不需要佐剂;细胞因子在体内持续分泌,其浓度可达到一定水平;共刺激分子在免疫活性细胞或肿瘤细胞表面持续表达,能够同时诱导机体的体液免疫及细胞免疫反应。该法在一定程度上克服了单纯细胞因子注射疗法需反复多次给药、副作用严重等缺点,疗效也有明显提高,并因其简单、有效和安全,已成为肿瘤免疫基因治疗研究的最常用方法。常用的共刺激分子有 CD28、CD40、B7、MHC I、ICAM、CD154 等。CD40L 可以激活树突细胞,使其分泌细胞因子 IL-12,进而激发 Th1 型免疫应答。以腺病毒为载体将 CD40L 基因导入小鼠膀胱癌细胞内，有60%的成瘤小鼠被成功治愈。细胞因子方面，现已经证明许多细胞因子（IL-1、IL-2、IL-3、IL-4、IL-6、IL-7、IL-12、IFN-γ、TNF-α和GM-CSF）都能增强机体免疫反应能力。最初人们只选用单个细胞因子基因，随后又将具有协同作用的细胞因子基因两两联合或细胞因子与其他因子基因联合，如IL-2与IFN-γ和IL-12基因联合应用治疗头颈癌已进入到临床Ⅱ期试验研究阶段。

自美国于1990年10月首先采用免疫基因疗法对恶性黑色素瘤患者进行临床治疗以来，肿瘤的免疫基因治疗研究进展迅速，许多已进入临床应用阶段，显示其用药量小、具靶向性和充分激活抗肿瘤免疫等优点，发挥了积极的作用。目前，肿瘤的免疫基因治疗主要集中在恶性黑色素瘤、肾细胞癌、前列腺癌、淋巴瘤、多发性骨髓瘤、脑胶质细胞瘤等方面。

11.5.1.5 抗肿瘤血管生成的基因治疗

肿瘤血管生成是指肿瘤细胞诱发的毛细血管新生以及肿瘤中毛细血管网的形成，为实体瘤的后续生长及转移提供物质基础。抗血管生成治疗以肿瘤新生血管为作用靶点，目的是切断肿瘤生长转移所需要的营养，从而达到"饿死"肿瘤的目的，目前已成为重要的抗癌策略。基因治疗使这一策略产生了新的飞跃，成为目前肿瘤治疗的研究热点。

近年来抗血管生成基因治疗的研究主要包括：①针对血管形成生长因子及其受体的基因治疗。如血管内皮生长因子（VEGF）是调节血管生成的一个最重要的因子，其发挥功能是通过血管内皮特异性的受体FLT-1和FLK-1/KDR来完成的。Sako等的研究表明，在腹膜间皮细胞表达腺病毒载体转染的VEGF-1受体sFlt-1，能够限制胃癌在腹膜的扩散并且延长动物的生存时间。VEGF-Trap是一种可溶性重组血管内皮生长因子受体，作用于VEGF、PDGF等，相对VEGF单抗而言，VEGF-Trap与VEGF的结合更紧密，对VEGF功能的抑制更完全。②血管形成抑制因子基因治疗。现在已经研究发现了多种血管生成抑制剂，包括血管抑素（angiostatin）、内皮抑素（endostatin）、VEGF单抗、血小板因子4（PF4）、IL-12、IL-18、EMAP-Ⅱ、TIMPs和IP-10等。Matsumoto等将血管抑素cDNA导入鳞癌细胞株NRS-1和SCC Ⅶ，发现肿瘤血管生成减少，肿瘤生长也减慢。

11.5.1.6 其他策略的肿瘤基因治疗

除了以上所提到的策略外，肿瘤的基因治疗还包括以下方面。

(1) 抗端粒酶基因治疗。端粒是位于染色体末端的复合结构，调控细胞的有丝分裂，随着细胞分裂将逐步缩短，最后导致细胞凋亡。所以端粒的持续存在是肿瘤细胞增殖的基础。端粒酶是一种反转录酶，能够以自身RNA为模板合成端粒的末端重复序列5′-TTAG-3′以补偿端粒片段的缺失，在正常组织中通常处于抑制状态，但在恶性肿瘤和永生化的细胞中常处于激活状态。例如，在人类正常胃组织中无端粒酶表达，而在胃癌组织中端粒酶阳性表达率达85%~100%。Ye等用人端粒酶反义寡核苷酸分别转染高、中和低分化的人胃癌细胞MNK-28、SGC-7901和MNK-45，3组细胞株的端粒酶活性由部分降到完全被抑制。

(2) 耐药基因治疗。肿瘤化疗中面临的最大问题是肿瘤细胞的耐药性以及造血细胞对化疗药物的敏感性，单纯加大药物使用剂量也不能将其消灭，还有可能引发副作用。多重耐药（multidrug resistance，MDR）基因是肿瘤细胞免受药物攻击的重要细胞防御机理，是化疗失败的主要原因，也是急需解决的问题之一。人*MDR*基因家族包括两个高度同源的*MDR1*及*MDR2*，*MDR1*是有功能耐药基因，*MDR2*为无功能耐药基因。其中*MDR1*可诱导产生耐药表型，由于骨髓细胞中 MDR1 水平较低，对药物比较敏感，易引起骨髓抑制。若将 *MDR1* 基因转移骨髓造血干细胞，使其具有比肿瘤细胞更强的化疗药物耐受力，可在提高临床化疗药物剂量的同时减轻对骨髓细胞的损害，目前，已在白血病和一些恶性肿瘤的基因治疗中获得了应用。此外，也可以将耐药基因的反义 RNA 转入肿瘤细胞中，以抑制肿瘤细胞耐药基因的表达，降低耐药性，从而有助于提高肿瘤细胞对化疗药物的敏感性。其他耐药基因还有 *ALH1*、*DHFR*、*HIF-1* 等。

(3) 抗体基因治疗。抗体基因治疗即将抗体基因转入体细胞内部，使其在肿瘤细胞内特定部位表达，通过与靶抗原 erB2、P21、Bcl2、Ras 及突变的 p53 等结合，可有效地抑制肿瘤细胞的生长，并可降低抗体生产的成本。FGFR3 在膀胱癌的早期阶段是过量表达的，针对 FGFR3 而设计的单链抗体可以有效地与 FGFR3 结合，并显著地抑制膀胱癌细胞的增殖。

肿瘤的发生发展涉及多个基因，因此单用一种基因治疗效果有限。不同的肿瘤基因治疗是根据发病原因、发病过程的各个阶段以及某些肿瘤的特殊生物学特性设计的，杀伤的机制和作用途径各不相同，因此不同的基因治疗策略联合应用可相互协同，增强抗肿瘤效果。不同目的基因之间的联合应用主要包括：①自杀基因与免疫基因之间的联合应用，如自杀基因单纯疱疹病毒胸苷激酶（HSV-TK）与能增强抗瘤免疫力的 *mmIL-2* 基因联合应用的抑瘤作用更强；②细胞毒药物与分子靶向药物的联合应用，可在充分发挥小分子毒药物较强的化疗作用的同时，最大限度地发挥分子靶向治疗的协同作用。

11.5.2 单基因病的基因治疗

单基因病（monogenic disorders）即与具高度外显率的罕见单个基因的突变有关的疾病，呈孟德尔式的单基因遗传，又称孟德尔疾病。目前，致病基因已知或未知的单基因遗传病已接近 5000 种。尽管这些疾病发生频率在人群中非常低，但数千种疾病的累积频率就构成了非常明显的健康负担。这些疾病的发生均与基因突变有关，常规治疗不尽如人意。因此，基因治疗为人们开启了新的希望。截至 2007 年 7 月，全世界针对单基因疾病共做了 109 个临床试验，其中 1/3 是关于美国和欧洲人群中最常见的遗传性基因疾病——囊性纤维化病。遗传性疾病第二主要群体目标是重症联合免疫缺陷症，约占单基因疾病试验的 20%。另外，还对大约 20 个单基因疾病进行了治疗试验。

11.5.2.1 重症联合免疫缺陷症

重症联合免疫缺陷症（severe combined immunodeficiency，SCID）是一组以 T 淋巴细胞功能显著降低或缺失为特征的遗传性疾病，由此导致了细胞免疫和体液免疫应答的双重缺陷。患儿对各种病原生物都易感。常规治疗是选用骨髓干细胞移植。但供体骨髓中 T 细胞介导的移植物抗宿主反应往往造成治疗失败。

1990 年，美国南加州大学 Andersen 进行的人类第一例基因治疗临床实验，就是治疗 SCID 中的一种——先天性腺苷脱氨酶缺乏症（adenosine deaminase deficiency，ADA）。在所有 SCID 病例中，由常染色体隐性遗传病 ADA 引起的病例可多达 25%。*ada* 基因定位于 20 号染色体长臂上，编码区由 1089 个核苷酸组成，编码 363 个氨基酸残基组成的蛋白质。腺苷脱氨酶参与正常的细胞代谢过程，催化腺苷和脱氧腺苷转变为次黄嘌呤核苷和脱氧次黄嘌呤核苷。当 ADA 缺乏时，患者的体液和组织中的脱氧核苷蓄积到较高水平，并磷酸化形成 dATP，过多的 dATP 就会抑制 DNA 的合成，引起细胞的死亡。T 淋巴细胞对 dATP 含量过高最为敏感，B 淋巴细胞也比较敏感，导致 T 细胞死亡，B 细胞在数量和功能上严重下降，从而引起严重的先天性 SCID。

还有一种常见的 SCID，定位于 X 性染色体上，约占全部 SCID 病例的 50%～60%。发病原因为白细胞介素 2 受体（IL-2R）的 γ 链基因缺陷。患儿体内没有 T 细胞或自然杀伤（NK）细胞，但 B 细胞水平接近正常。2000 年，法国巴黎内克尔（Necker）儿童医院对数名 X-SCID 儿童成功实施了基因治疗，利用反转录病毒载体将 *IL2R* 基因导入体内，使患儿恢复了正常的免疫功能，引起全世界极大的关注，可以说取得了基因治疗开展十年来最大的成功。不幸的是，接受 X-SCID 基因治疗的患儿中有些出现了白血病症状，这可能暗示基因治疗可能具有潜在的、延迟的副作用，再次点燃了人们对基因治疗的安全性问题的争论。

🌐 世界首例基因治疗

首次基因治疗所采取的方案是：首先从患儿外周血中分离单核细胞，然后是在体外培养单核细胞并加入 IL2 等以强烈刺激 T 细胞增殖。开始培养 24h 后，利用反转录病毒感染，每天两次，一共 4～6 次，有部分缺陷细胞得到外源基因并产生 ADA，经过大规模培养后输回到患者体内。实验证明该方法无明显毒副作用，治疗后 T 细胞数目有了实质性增加，患者的病情得到缓解。这个成功的临床实验为开创基因治疗的新时代奠定了基础。

11.5.2.2 假肥大型肌营养不良症

假肥大型肌营养不良症，也称杜氏肌营养不良（Duchenne muscular dystrophy, DMD），是一种以骨骼肌进行性变形坏死为主要病理特征的致死性 X-连锁隐性遗传病。本病主要累及男性，发病率约占活产男婴的 1/3500，女性为携带者，通常不发病。*DYSTROPHIN* 基因为 DMD 的致病基因，定位于 Xp21.2，全长 2400kb，共有 79 个外显子，是迄今发现的人类最大的基因。研究表明 *DYSTROPHIN* 基因主要以缺失突变为主，占全部突变的 65%，重复突变占 5%～10%，点突变和微小插入/缺失占 20%～30%，突变范围几乎累及所有的外显子。DMD 患者一般 3～5 岁发病，12 岁之前丧失行走能力，通常 20 岁左右因呼吸或心力衰竭而死亡。目前对 DMD 的治疗并无突破性的进展，基因治疗的实验研究给 DMD 患者及家庭带来了希望。

最早的策略是将携带人 *DYSTROPHIN* 基因全长 cDNA 的表达质粒载体直接肌肉注射到 DMD 模型小鼠 mdx，导致肌纤维的 *DYSTROPHIN* 表达水平达到 10%，但基因表达时间很短。由于 *DYSTROPHIN* 基因太大，研究者又尝试构建出一系列功能小基因（*mini-DYSTROPHIN*），用部分具备功能的 *Mini-DYSTROPHIN* cDNA 代替全长基因。例如，包含 4 个杆状重复的 *DYSTROPHIN* 小基因，在转基因后使 mdx 小鼠膈肌收缩力恢复至正常 C57/BL10 小鼠水平。3 个杆状重复 *Micro-DYSTROPHIN* cDNA 转基因可使 mdx 病理改变明显好转，而 1 个杆状重复 *Micro-DYSTROPHIN* cDNA 对 mdx 小鼠转基因后仍表现为 *DYSTROPHIN* 基因型，说明中央杆状区杆状重复长度对小基因的功能至关重要。

另外，也可以通过病毒载体来传递 *DYSTROPHIN* 基因。迄今为止，多数研究采用腺病毒或腺相关病毒载体，每个系统各有不同的优缺点。腺病毒载体有一个相当大的克隆容量（约 8kb），并且是第一个成功递送一个截短的 *DYSTROPHIN* cDNA（约 6.3kb）到 mdx

小鼠中的病毒载体系统。与腺病毒相比，腺病毒相关病毒（AAV）载体降低了体内免疫和炎症应答。然而，AAV载体只有4kb的克隆容量，只能传递截短的 *dystrophin* 基因，这种载体系统能明显地改善肌肉功能。

另一种策略是校正突变的肌养不良蛋白，因为DMD中有40%是点突变引起的。这种策略是通过诱导，从一种突变型到一种功能性的等位基因转换，嵌合体RNA/DNA寡核苷酸能被用来校正突变。把包含有正确序列的寡核苷酸绑定到突变基因，可以刺激细胞修复有缺陷的基因。将设计用来校正点突变的嵌合寡核苷酸注射进有基因缺陷的mdx小鼠中，可使注射位置周围的肌纤维表达肌养不良蛋白。对这些治疗的进一步鉴定显示在这些小鼠体内表达的肌养蛋白是全长肌养蛋白。另外还有用反义寡核苷酸来改变 *DYSTROPHIN* 基因外显子或内含子剪接，以跳过突变的外显子或修补可读框架。尽管这些方法还不是很有效，但它们具有简单、安全和较高效价比的潜在优势。

第三种策略是上调UTROPHIN蛋白的表达。UTROPHIN是肌养不良蛋白的同源蛋白，分子质量为430kDa，其结构序列与DYSTROPHIN有85%同源性。该基因定位在人类常染色体6q24上，其mRNA长度为13kb。Gilbert等给3～5d mdx小鼠后肢注射腺病毒介导的 *UTROPHIN* 基因，32%肌纤维被转染，转染水平稳定至少60d，*UTROPHIN* 表达使DAP复合物恢复并改善了DMD肌肉的病理改变。Perkins等报道了神经源性的生长因子heregulin通过N-box介导的沉默机制导致 *UTROPHIN* 启动子A活性增加。因此，通过提高 *UTROPHIN* 的表达量来改善DMD患者的肌肉功能可能是治疗该病的一个有效途径。此方法的优点在于DMD患者有正常的 *UTROPHIN* 基因，不会产生免疫反应，问题在于如何诱导 *UTROPHIN* 高表达并使其长期表达。

11.5.2.3 血友病

血友病是一种X染色体连锁的、凝血因子Ⅷ（FⅧ）或凝血因子Ⅸ（FⅨ）基因缺陷而导致的严重凝血功能障碍性疾病。由于血浆中缺乏某种凝血因子，患者的血管破裂后，血液较正常人不易凝结，因而会流失更多的血。体表的伤口所引起的出血通常并不严重，而内出血则严重得多。内出血一般发生在关节、组织和肌肉内部。

常见的血友病主要分为甲型（hemophilia A）和乙型（hemophilia B）。甲型血友病在男性中的发病率为（1～2）/10 000，是由编码凝血因子Ⅷ的基因先天性异常而导致的。乙型血友病是由凝血因子FⅨ异常导致的。与经典的甲型相比，发病率更低（男性1/50 000），通常来讲症状也较轻一些。血友病的治疗主要依靠凝血因子替代治疗，如输血浆、凝血酶原复合物或补充凝血因子浓缩制剂等。替代疗法虽然取得了较好的疗效，但患者不仅要承受沉重的经济负担，而且还要面临血液制品无法完全杜绝艾滋病、乙肝等病毒污染的威胁，约20%的严重甲型或3%乙型血友病患者由于反复输注凝血因子制品而产生抑制性抗体，这也是一个棘手的问题，并且不能达到治愈的目的。另外，人类对于FⅧ或FⅨ的正常生理水平要求较低，表达水平的少量提高（约5%或1%）就能达到治疗的效果；而FⅧ和FⅨ基因表达的安全范围广，动物模型可以得到，许多不同类型的细胞都能合成凝血因子，治疗效果可以直接检测，所以体细胞基因治疗有望成为血友病的一种持续稳定而又安全有效的治疗手段。

Jiang等构建了一系列携带狗FⅧ的AAV载体，其中AAV6和AAV8在血友病小鼠中产生了生理浓度的FⅧ，转染入肝脏的效率更高。血友病A狗经注射AAV6、AAV8后，能持续表达治疗水平的 FⅧ 达 3 年之久,期间未出现抗体。另外,虽然 FⅧ 主要由肝细胞合成分泌,但在甲型血友病的基因治疗中,靶细胞并不限于此。Matsui 等从狗和鼠的外周血中分离出内皮细胞,然后用慢病毒载体转染,再将其植入到免疫缺陷的小鼠皮下,获得具有治疗水平的 FⅧ 达 15 周之久。

乙型血友病是继 ADA 基因治疗成功后第二种获得成功基因治疗的病种。1992 年,我国的血友病基因治疗临床实践奠定了我国遗传病基因治疗地位。采用反转录病毒载体系统,我国乙型血友病治疗在经历细胞和动物实验研究后,通过基因修饰皮肤成纤维细胞,自体移植获得了成功。这是我国第一个成功的基因治疗临床实验,也是到目前为止有限的几个基因治疗成功的方案之一,4 例患者 1 年的有效缓解期后,至今已经随访 17 年没有发现肿瘤和免疫异常等病理情况。

11.5.3 艾滋病等感染性疾病的基因治疗

感染性疾病的基因治疗主要集中在治疗艾滋病方面,抗病毒的基因治疗策略与抗肿瘤基因治疗大致相同,其基本策略是选择 HIV 病毒或宿主细胞基因作为靶点,如在 *nef*、*tat* 基因及 HIV-1 辅助分子的相应基因,或是针对宿主的细胞表面受体,通过反义技术来阻止病毒的入侵。

Jacque 等以 Magi 细胞及外周血淋巴细胞作宿主,共转染 HIV-1 前病毒 DNA 和针对病毒基因组不同位点(如 LTR、VIF、NEF)的 siRNA,结果使 HIV-1 的感染下降 95%。利用 RNAi 沉默 CD4、CCR5 及 CXCR4 等与病毒感染有关的宿主细胞基因也能抑制病毒感染。Anderson 等构建整合了两种茎-环结构的 siRNA 慢病毒载体,分别针对宿主细胞表面受体 CXCR4 和 CCR5,将此慢病毒载体高效转入 Magi 和 Ghost 细胞系后,发现细胞表面这两种受体分子的数量明显下降。由此证明了稳定减少宿主细胞表面的受体分子将会成为基因治疗的长期有效手段。基因治疗是取代药物治疗的可行方式,有望通过对感染个体嵌入一个或多个基因来抵抗艾滋病病毒。这一方式有望实现对 HIV 的直接控制,人们无需再依赖长期的药物治疗。从科学的角度来说,这代表了一种新的、具有潜力的、重要的且长期有效的疾病控制方式。

还可通过转移自杀基因、抗体基因以及免疫细胞因子等不同策略来进行抗病毒抗感染的基因治疗,这些均为艾滋病和其他感染类疾病的治疗提供了新的线索。

> **我国在基因治疗中的成就**
>
> 2009 年度我国在重大疾病的基因治疗方面取得了重大进展,有 5 个基因治疗产品进行临床试验。①华中科技大学同济医学院研制的"重组腺病毒载体介导的单纯疱疹病毒胸苷激酶基因制剂(ADV-TK)"属于肿瘤自杀基因治疗的范畴。该产品于 2007 年 7 月获得国家食品药品监督管理局批准,进行 ADV-TK Ⅱ 期临床试验研究,选用肝癌和难治复发性头颈癌为临床试验病种。目前Ⅱ期临床试验已经完成,正在进一步选择新的病种,开展了"ADV-TK 治疗脑胶质瘤"的Ⅲ期临床预试验研究。②华中科技大学同济医学院研制的"特异性溶瘤重组腺病毒注射液(KH901)",是一种特异性的肿瘤基因治疗产品,2007 年 9 月全面启动了Ⅱ期临床试验研究,目前已经完成。③四川大学研制的"重组人内皮抑素腺病毒(EDS01)",主要适应证为局部注射治疗头、颈部肿瘤,已经完成了Ⅰ期临床试验研究。④军事医学科学院放射与辐射医学研究所研制的"重组腺病毒-肝细胞生长因子注射液(Ad-HGF)",主要

适应证为缺血性心脏病，Ⅰ期临床试验研究结果显示，该产品对肢体缺血患者局部使用和冠心病心肌缺血患者心肌内注射都是安全的。⑤复旦大学研制的"AAV-hFⅨ肌肉注射液"主要适应证为B型血友病，目前已经进行Ⅰ期临床试验，低剂量试验已经证明了安全性。

11.6 基因治疗的前景

11.6.1 基因治疗面临的问题和挑战

基因治疗自提出以来取得了极大的发展，临床的治疗方案层出不穷，不过，不管在理论上还是实践上都还存在非常多的问题。

11.6.1.1 基因治疗的伦理和社会问题

基因治疗不仅是一种医疗方法，它还涉及很多其他的问题。因为当人们试图想去"纠正"人类自身"不正常"的基因时，这种能力也许能延长人的寿命，但也不可否认有些人也许会滥用基因转移技术去谋求不正当的利益；而当人们试图把基因治疗引入生殖细胞时，就又涉及后代基因结构改变的问题，这个改变将直接影响这个"未来人"。那么，这个改变的选择权应该属于谁呢？是父母、政府、还是未来的"本人"呢？这是一个难以解决的伦理问题。这个问题也许还不是最大的问题，转基因可能带来的不可预料的后果却又可能成为一个潜在的最大的问题。人类的遗传信息非常复杂，一旦人们改变了自身的基因结构，谁能保证不会出现人类另一某未知功能的缺失，并在某种外部条件下，给人类以灾难性的打击的情况呢？

11.6.1.2 基因治疗的技术问题

目前，除了伦理道德的争议外，基因治疗存在的主要问题是：①用于治疗的基因过少。目前用于临床实验的治疗基因仅集中于少数基因，对大多数疾病致病基因有待阐明。同时还需进一步阐明已知和未知功能基因的表达调控序列，以及基因、生物大分子等相互作用规律。这些将有赖于人类基因组，尤其是功能基因组学的发展。②基因导入系统缺乏靶向性。如以腺病毒为载体的 P53 基因转移治疗恶性肿瘤的方案中，只能直接将腺病毒注射到肿瘤局部。若静脉注射，病毒颗粒将很快被清除，真正能够到达肿瘤组织的很少，难以达到治疗效果，且增加了副作用。③基因转移效率低，且表达缺乏可控性。目前基因治疗没有获得满意的结果，原因之一就是目的基因在体内不能持续表达或表达水平不高。另外，理想的基因治疗应能根据病变的性质和严重程度不同，调控治疗基因在适当的组织器官内和以适当的水平或方式表达。但目前还达不到这一目标，其主要原因是：现有的基因导入载体容量有限，不能包容全基因或完整的调控顺序，同时人们对导入的基因在体内的转录调控机理的认识有限。④受体细胞的研究。目前采用的基因标记或基因治疗计划多数采用体外基因转移的方法，需要人体细胞在体外进行长期培养和繁殖，这样的行为是否会改变细胞的生物行为，是值得研究的问题。⑤基因治疗的安全性。这也是基因治疗中争论最为激烈的问题。针对遗传性疾病的基因治疗方案大多采用反转录病毒载体，其插入或整合到染色体的位置是随机的，有引起插入突变及细胞恶性转化的潜在危险。比较典型的例子是法国几名 SCID 患儿因采用反转录病毒载体进行治疗而患上白血病。另外,还需充分估计外源基因产物对宿主的危害性,当患者体内引入外源基因后,表达出大量原来缺乏的蛋白质,这可能会引起严重免疫反应,甚至导致有害的自身免疫,这一点也是值得引起重视的。

11.6.2 基因治疗的发展方向

高效表达载体和适用于临床的基因转移方法是决定基因治疗成功的基础,在体内精密调控目的基因的表达是决定基因治疗成功的关键,基因治疗的安全性是决定基因治疗成功的保证。今后基因治疗研究将向两个方向发展:其一是基础研究更加深入,以解决在临床应用中遇到的一些困难及基因治疗本身需要解决的一些难点(如靶向性差、可控性弱、目的基因少等),尤其是发展可控性、安全性与有效性于一体的新型载体系统;其二是临床项目增多,实施方案更加优化,判断标准更加客观,评价效果更加精确。

从理论上看,基因治疗的着眼点必须从整体的系统观点出发,始终着眼于局部与整体、整体与外部环境的相互联系、相互作用、相互制约的关系。基因治疗最终要根植于人类疾病的治疗,但基因治疗是一种新技术,在理论和技术方面尚有一些关键问题急需发现和解决。尽管如此,公众和学术界对其也褒贬不一,但作为一种对人类健康影响宽广而深远的药物或治疗方式,随着研究和应用的不断发展和深入,技术不断完善和成熟,基因治疗正朝着治愈更大范围的人类疾病迈进,许多原来视为"不治之症"的疾病将有可能得到治愈,会对人类疾病治疗的发展产生深远的意义。

思考题

1. 名词解释:基因治疗、体外-原位基因治疗、体内基因治疗、基因置换、基因失活。
2. 基因治疗中采用的基因转移方法有哪些?简要说明。
3. 病毒载体主要有哪些?简要说明其优缺点。
4. 肿瘤的基因治疗有哪些途径?简要说明。
5. 抑制基因表达的反义技术主要有哪些?简要说明作用原理。
6. 简述自杀基因治疗的原理及主要种类。

参 考 文 献

常重杰,杜启艳. 2003. 基因工程原理与应用. 北京:中国环境科学出版社
陈金中,薛京伦. 2009. 中国血友病 B 生物基因治疗研究状况. 科学通报,54:2766-2770
侯香萍. 2006. 脱氧核酶在肿瘤基因治疗中的应用. 国际生物医学工程杂志,29:384-387
科技部社会发展科技司. 2010. 2009 中国生物技术发展报告. 北京:科学出版社
李招发,惠二京,连文昌. 2011. 肿瘤的分子治疗新进展. 生物技术通报,4:70-75
连冬生,赵树进. 2009. RNAi 在抗病毒领域的应用. 中国生物化学与分子生物学报,25:1069-1076
刘金. 2006. 肿瘤基因治疗的策略. 国际免疫学杂志,29:179-184
毛建平. 2010. 基因治疗 20 年. 中国生物工程杂志,30:124-129
杨吉成,缪竞诚. 2009. 医用基因工程. 北京:化学工业出版社
张婵,邵艳军. 2007. 基因治疗的病毒载体系统. 生物技术,17:90-93
Cavazzana-Calvo M, Hacein-Bey S, de Saint Basile G, et al. 2000. Gene therapy of human severe combined immunodeficiency (SCID)-X1 disease. Science, 288:669-672

Dufes C, Keith W N, Bilsland A, et al. 2005. Synthetic anticancer gene medicine exploits intrinsic antitumor activity of cationic vector to cure established tumors. Cancer Res, 65: 8079-8084

Gurzov E N, Izquierdo M. 2006. RNA interference against Hec1 inhibits tumor growth in vivo. Gene Ther, 13: 1-7

Jacque J M, Stevenson M. 2006. The inner-nuclear-envelope protein emerin regulates HIV-1 infectivity. Nature, 441: 641-645

第12章 合成生物学与基因工程

合成生物学是生物科学在21世纪刚刚出现的一个分支学科,其目的是通过人工设计和构建自然界中不存在的"模块化"生物元件或生物系统以解决能源、材料、健康和环保等问题。而基因工程是指在体外将核酸分子插入病毒、质粒或其他载体分子,构成遗传物质的新组合,并使之掺入到原先没有这类分子的寄主细胞内,且能稳定地遗传。与其相比,合成生物学增添了DNA自动合成、标准设定、抽象概念应用以及人工设计组合等功能,使生物研究"工程化",大大简化了整个设计程序。可以说,基因工程和合成生物学是生物技术发展的不同阶段,后者是建立在前者的基础之上的,但两者间存在明显的异同。

12.1 合成生物学

2004年美国麻省理工学院《技术评论》曾载文介绍十项方兴未艾的技术,并预测这些技术将给人类生活和工作带来革命性的影响,合成生物学(synthetic biology)技术位列榜首。几年的实践表明,这项预测正在成为现实。2010年,《科学》杂志报道了美国克雷格·文特尔研究所(J. Craig Venter Institute)的研究人员首次创造了一个完全由人造基因指令控制的人造细胞,预示着生物学可能将进入新纪元。这项研究开创了前所未有的操控生命的方式,使人类具有创造完整生物体的能力,是合成生物学发展历史的标志性事件之一。作为一门迅速成长的新兴学科,合成生物学目的是通过人工设计和构建自然界中不存在的"模块化"生物元件或生物系统以解决能源、材料、健康和环保等问题,一经兴起便得到全世界的关注。合成生物学技术的发展,将会促使分子工程学和计算机生物学融合,整合成为一门新的生命科学系统。

12.1.1 合成生物学的定义

合成生物学一词最早出现于1911年的《柳叶刀》(*The Lancet*)杂志。长期以来,它是指尝试整合不同领域的研究以建立对生命过程更加全面的理解的生物学方法。然而,2000年以后该词具有了不同的含义,它标志着一个新研究领域的形成。这个新领域将科学和工程学结合在一起,目的在于设计和构建具备新的生物学功能的生物基因组合系统。

合成生物学是指按照一定的规律和已有的知识:①设计和建造新的生物部件、装置和系统;②重新设计已有的天然生物系统为人类的特殊目的服务。简单地说,合成生物学就是通过人工设计和构建自然界中不存在的生物系统,以解决能源、材料、健康和环境等问题。

许多学者认为合成生物学成为一门真正的学科开始于2000年,它是一门建立在系统生物学、生物信息学等学科基础之上,并以基因组技术为核心的现代生物科学。设计、模拟和实验是合成生物学的基础。合成生物学不仅仅是实验,利用已有的生物学知识,根据实际的需要进行设计和重设计,建立数学模型对人工设计进行模拟从而指导实验的进行才是合成生物学的方法。

12.1.2 合成生物学的研究内容

合成生物学的研究内容主要包括以下几个方面：①生物模块（BioBrick）：包括各种生物分子的合成与模块化、亚细胞模块、生物合成的基因网络、代谢途径和信号转导通路、转运机制等。②积块接口：如调整和修改输入-输出过程、调整不同亚细胞组件间的层次化相互作用等使模块具有可拆装性。③开放平台：优化生物或非生物载体，达到提高工程系统效率、降低其维护成本和要求、提供某种特殊的"敏感性"及对环境的兼容性等目的。④调控和通讯系统：包括生物部件的反馈、前馈机制，以及行为和通讯方式的模块化。⑤数学模拟：各种功能模块的逻辑结构与仿真、预测算法和相应软件等。

12.1.2.1 生物大分子的合成与模块化

合成生物学的研究中心是具有截然不同于自然系统特性和功能的崭新生物系统的开发及工程化，因此离不开各种标准化生物大分子的研制和开发。这方面的研究主要包括以下几部分内容。

1) **蛋白质的工程化改造与模块化**

随着分子生物学和基因工程技术的发展，人类理论上可以进行任何蛋白质的人工合成及从氨基酸序列到局部超二级结构的改造和组合。例如，1965年，我国人工合成了结晶牛胰岛素，这是世界上首次人工合成的蛋白质。

在合成生物学中可以设计功能相对独立、可被组装的蛋白质模块以探索生物的可塑性或构建崭新的生物系统，因此对基本组分中蛋白质的需求远比自然界能够提供的种类多得多，要求严得多。例如，在分子生物学实验中主要是由自然界提取的酶和改造酶（限制性内切核酸酶、连接酶和聚合酶等）来执行的，这些酶受底物和环境等的限制，在模块化和功能性方面无法完全满足人工生物系统的要求，因此需要开发模块化、标准化的人工蛋白质模块。

标准化的人工蛋白质模块可以通过蛋白质的自身结构域——锌指结构重新组合来巧妙地实现。在蛋白质中，锌指结构有一组保守的氨基酸残基（半胱氨酸和组氨酸）的侧链和锌离子以配位键结合，形成了相对独立的超二级结构，使蛋白质与DNA特异序列结合（图12-1）。巧妙地设计利用这种结构，可以人工设计多锌指DNA结合蛋白，进而重组蛋白质模块获得崭新的蛋白质功能，如崭新的酶底物结合特异性等。

人工突变是构建具有崭新功能的蛋白质或活性酶的最常用方法。例如，近年新出现的一种基于基因高频突变的蛋白质人工进化技术，已成功应用于新抗体的产生、抗体和荧光蛋白质的改造等；利用蛋白质工程技术获得的融合蛋白、重组蛋白和突变蛋白等改变蛋白质的性质，如对T4噬菌体溶菌酶和大肠杆菌核酸酶H1等定点诱变可以提高酶分子的热稳定性等。

利用信号蛋白能够在蛋白质-蛋白质相互作用水平进行功能重编程的特性，通过蛋白质模块的构建和改造还可以对信号通路进行构造和改变。例如，通过改变真核神经元N-WASP蛋白接受域和输出域使蛋白质具有全新的信号行为；通过被称为分子胶水的工程化支架蛋白（scaffold protein）将激酶和激酶作用物紧密黏合在一起得以磷酸化从而具有特异性等。

然而，仅从蛋白质氨基酸序列数据中很难检测蛋白质的高级结构，且对蛋白质氨基酸序列进行预定义的修饰是一个高度复杂的过程，使可互换工程蛋白质部件的发展水平远落后于

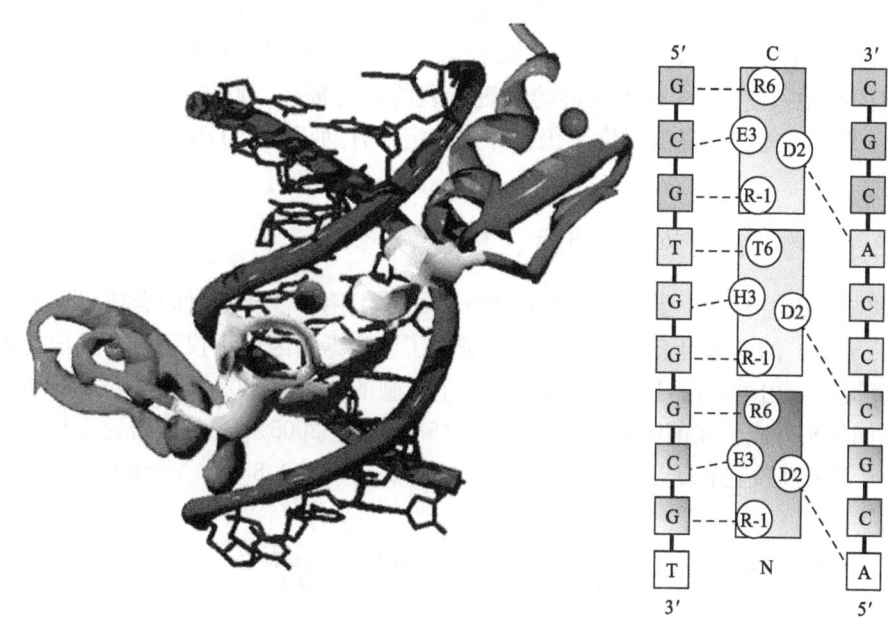

图 12-1　锌指结构——蛋白质与 DNA 特异序列结合区域

DNA 部件的发展水平。

2）核酸分子的人工合成

核酸分子的人工合成在 20 世纪七八十年代已有报道。例如，1979 年 Khorana 等合成了酪氨酸阻遏 tRNA 及其编码基因；1983 年，我国王德宝等合成了酵母丙氨酸转移核糖核酸（yeast alanine tRNA），这是世界上最早人工合成的具有与天然分子相同化学结构和完整生物活性的核糖核酸。

当自然界存在的 DNA 或 RNA 不具有期望属性时，有时合成 DNA 乃至全基因组是获得期望生物系统的唯一方法。合成 DNA 可以用来重设计目标基因序列、编码区域或者调控信号（报告基因、阻遏子、激活子、终止子、核糖体结合位点、启动子等），以及为适应特殊宿主或模拟生物体而改变密码子用法。合成基因允许高效构建相关的在特殊区域有所改变的基因簇；允许目标基因的柔性设计而不需常规基因重组或克隆所需的中间步骤；允许用户只包括期望功能和途径的人工成基因，以简化或切断生物进化作用带来的影响；允许用户插入任意期望的模块，具有可扩展性；如果把合成基因组设计成只有在实验室特殊条件和培养基中才能存活的形式，则合成基因更具有安全性。

近来发展比较快的要数 DNA 从头合成（*de novo* DNA synthesis）技术，利用这项技术已经成功合成了脊髓灰质炎病毒等较小的生物基因组。然而，用标准的亚磷酸三酯化学合成 DNA 寡核苷酸的成本和化学合成的准确性仍然是 DNA 从头合成的主要"瓶颈"，主要是因为目前已经能做到合成错误率为 1/3000。

此外，某些生物合成学家还试图制造新的遗传物质，并通过实验获得了许多可以被化学合成的新型生物分子——人造基因，并证明了这些人造基因都具有繁殖和传递信息的功能，有力地验证和深化了人类对于生物遗传密码的理解。Benner 等人工制成了两种核苷——K 和 X，组成了被其称之为 AEGIS（an expanded genetic information system）的系统，而且证明了核苷酸的种类可以多达 12 种之多。美国斯坦福大学的 Kool 等在原有的 4 种碱基上增加苯环，形成新的 4 种碱基，并制成了加长的新双螺旋分子"xDNA"。这种方法增加了 DNA 双链的间距，使 DNA 分子双链的氢键断裂的温度提高。此外，这段双螺旋能在黑暗的环境中发光并且能在较高的温度下仍然保持稳定，有助于研究 DNA 的突变及其他一些生物系统功能。

12.1.2.2 生物基因组的人工合成、简化与重构

2002 年，美国纽约州立大学石溪分校 Wimmer 小组用了 3 年的时间合成出了脊髓灰质炎病毒（Poliovirus）的全基因组（7500bp），并证明了该病毒基因组不仅可以合成出与天然病毒蛋白完全相同的蛋白质，而且同样具有侵染宿主细胞的活力。2003 年，Venter 的研究小组用了 14 天时间从头合成了噬菌体 ΦX174 基因组（5386bp）；2005 年，美国研究人员人工合成了 1918 年造成了全世界上千万人死亡的"西班牙流感病毒"；2008 年，Venter 小组又合成了生

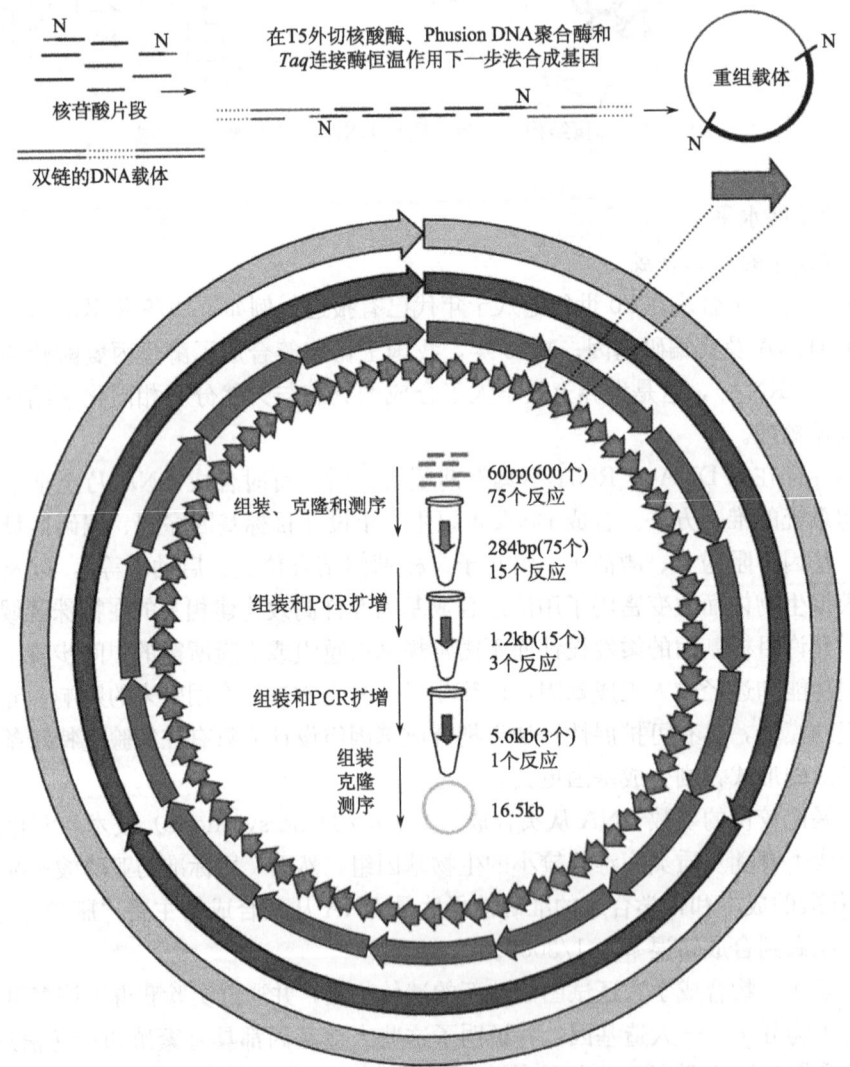

图 12-2　Venter 小组实验鼠的线粒体基因组合成方法示意图

殖道支原体（*Mycoplasma genitalium*）基因组（582 790kb），这是第一个人工合成的原核生物基因组；2008年12月，Becker等设计并合成了重组的蝙蝠SARS样冠状病毒；2010年5月，Venter小组又人工合成了蕈状支原体基因组，并在山羊支原体细胞中成功复制、翻译并传代，实现了第一个具有人造基因组的活细胞；同年10月，该小组等使用8个只含有60个核苷酸的DNA片段，在5天内合成出了实验鼠的线粒体基因组，得到的基因组能够纠正具有线粒体缺陷的细胞内的异常（图12-2）。这是首次人工合成实验老鼠的线粒体基因组，是迄今为止人类在生物合成过程中走得最远的一步。

由于人工构建的生物模块的扩增和培养问题，以及天然生物基因功能的多效性和冗余性对各种模拟算法的有效应用带来的障碍等原因，许多合成生物学家致力于生物基因组的简化和模块化，力图净化宿主细胞的代谢内环境，其中尤以"最小基因组"和"必需基因组"的研究成果最为显著。这些基因中包括与DNA复制、RNA处理和修饰、解码遗传密码的tRNA、翻译组分和伴侣蛋白等能支持一个完整的生物体存货所必需的基因。现已对14种原核生物和7种真核生物基因组进行了实验，鉴别出1万余个必需基因，存放在必需基因数据库DEG5.2中。例如，生殖道支原体有386个必需基因，大肠杆菌的最小基因组目前已经确定有151个基因等。此外，其他研究者还将T7噬菌体基因组进行重构，使其更易于细胞底物背景的量化和模拟分析。

12.1.2.3 合成代谢网络

目前合成代谢网络主要是利用转录和翻译控制单元调控酶的表达以合成或分解代谢物。例如，Keasling等将酿酒酵母的甲羟戊酸途径整个代谢网络转入大肠杆菌中，通过结合插入的紫穗槐-4,11-二烯合成酶大量制造紫穗槐-4,11-二烯（amorphadiene）和青蒿酸（artemisinic acid），对紫穗槐-4,11-二烯和青蒿酸进行化学改造可以很方便地变成抗疟疾药物——活性青蒿素，因为二者都是青蒿素的前体衍生物。由于甲羟戊酸途径中的焦磷酸异戊酯和二甲基丙烯焦磷酸是所有类异戊二烯的通用前体物，只要引入恰当的催化酶基因，该菌株就可作为其他类异戊二烯化合物的生物平台。

对于合成代谢网络而言，在异源宿主中均需要确保编码代谢途径的多个基因的协调与平衡。因此，对代谢网络相关基因及调节元件的合理筛选仍然是一个挑战。合成代谢网络设计中无法避免参数设计算法的错误。例如，只能保证在代谢网络拓扑结构等特性的描述上是正确的，却无法确定许多具体的物理参数（结合常数、反应速率和扩散速率等）。此外，合成代谢途径的设计还必须充分考虑细胞的自然生长和进化过程对于网络参数稳定性的影响。这些都意味着代谢网络的设计必须与参数整定和实验相结合，通过反复的试验和模型校正进行代谢网络的完善和优化，因此仍然费力耗时。

12.1.2.4 遗传/基因线路的设计与构建

遗传线路（genetic circuit），俗称"基因线路"（gene circuit），类似于电磁学中描述电器件关系的"Circuit"方法，用于研究基因受蛋白质、mRNA等物质调控的关系和相应的数学模型。在合成生物学中，遗传线路是由各种调节元件和被调节的基因组合成的遗传装置（genetic device），可以在给定条件下可调、可定时定量地表达基因产物。利用转录水平、转录后水平等的调控机制，合理组合转录基元、基础基因线路、基因模块的拓扑结构形成复杂的遗传线路（图12-3）。目前，根据线路的功能主要可以分为两大类：逻辑基因线路（模拟

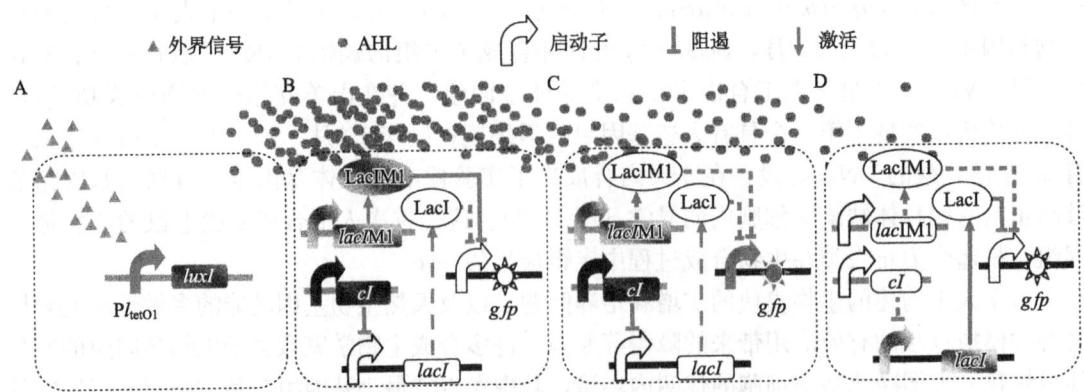

图 12-3　人工细胞群体图案系统遗传线路图（引自宋凯，2010）
A. 信号发生细胞；B. 高浓度区域接收细胞的响应；
C. 中浓度区域接收细胞的响应；D. 低浓度区域接收细胞的响应。

A. 信号发生器细胞在接收到外界信号（三角形）以后，开启 $luxI$ 基因表达，催化信号分子 AHL（实心圆）的生成。AHL 能够穿越细胞膜扩散到环境中，其浓度以发生器细胞向周围成梯度下降分布。B. 当接收器距离发生器细胞过近时，过高浓度的 AHL 过表达 CI 蛋白和 LacIM1 蛋白，LacIM1 蛋白抑制荧光蛋白的启动子，此区域内无荧光蛋白产生。C. 当接收器距离发生器距离适当时，适量的 AHL 引起适量的 CI 蛋白和 LacIM1 蛋白的表达，CI 蛋白对下游启动子的抑制作用强，使野生型 $lacI$ 基因不表达，而 LacIM1 基因表达的蛋白质量不足以抑制下游荧光蛋白的启动子，荧光蛋白顺利表达，并在特定的区域内形成环状荧光带。D. 当接收器距离发生器距离较远时，过少的 AHL 无法开启足量的 CI 蛋白和 LacIM1 蛋白，因此无法抑制下游基因，导致野生型 $lacI$ 基因表达，其产生的 LacI 蛋白抑制荧光蛋白的表达，此区域内也无荧光蛋白的表达

各种逻辑关系和数字元件的遗传线路）和功能基因线路（具有特定生物功能的遗传线路）。

合成生物学中，逻辑基因线路起源与数字电路中逻辑运算的思想，主要是借鉴控制理论和逻辑电路的设计规则研究基因线路的逻辑关系与调控方法，模拟各种数字元件的功能，研究基因线路中噪声传播和响应机制等。例如，各种"与"、"或"、"非"等逻辑关系的遗传线路；各种形式的基因表达调控开关、双稳态开关、Repressilator、脉冲发生器和级联线路等。

功能基因线路设计主要是利用基因模块原有的功能，设计全新的遗传线路，并利用基因重组、基因克隆等基因操作手段对现有的生物系统进行改造，使生物系统有特定的期望功能。例如，在大肠杆菌中构造信号感知系统用以控制细胞的浓度等。

12.1.2.5　细胞群体系统及多细胞系统研究

由于基因表达过程中的内源和外源噪声的影响以及其他细胞的作用，互不通讯的一组细胞即使同源也可能具有不同表型和异步行为，不可能相互协作，因此完成生物功能也有限。基于细胞间的交流的细胞群体系统及多细胞系统的开发，主要是研究细胞群体间的同步基因表达、信号交流、异步功能配合等。相比于单细胞而言，细胞群体系统及多细胞系统的人工构建则复杂得多，不仅要考虑细胞间协同，还要考虑信号分子的跨膜运输、环境因素的分布梯度等。

微生物能自发产生、释放一些特定的信号分子，并能感知其浓度变化，调节微生物的群体行为，这一调控系统称为**群体感应（quorum sensing, QS）**。微生物的群体感应参与包括

人类、动植物病原菌致病力在内的多种生物学功能的调节。依此原理，合成生物学家成功地在大肠杆菌中开发出细胞间的通讯模块以协调细胞群体行为。除了研究比较普遍的在大肠杆菌中构建群体感应机制获得目的功能外，Weiss 等以拟南芥中获取的信号系统与天然的酵母磷酸化级联线路相连接构成控制工程化的基因开关，从而在酿酒酵母中构建人工感应系统而将其研究扩展到了真核细胞中。

在细胞群体系统及细胞系统的设计中，主要涉及大量完全不同的细胞，这些细胞合成和工作的可靠性必然受到多种信号成分、多种宿主细胞、多路通讯等方面的影响，因此在细胞群体及多细胞系统环境下设计通讯系统需要平衡胞内元素的敏感性，降低信号间的交叉干扰。目前，研究者利用人工构造的群体感应机制已经开发出了许多具有崭新功能的细胞群体系统。例如，利用 SOS 应急系统和群体感应的双稳开关系统、能够达到高或低细胞浓度的双稳开关系统等。

12.1.2.6 数学模拟和功能检测

随着现代生物技术的飞速发展，一些非常复杂的遗传线路或生物装置/系统已被构建并导入到生物体中，获得期望的生物功能。然而，理论的发展并没有跟上实验发展的脚步。例如，人们至今还不能准确地获得生物系统基因表达过程中的所有参数，也就无法准确预测生物系统的影响行为。因此，有效结合实验验证和算法开发，利用实验验证模型和优化模型，通过模型来指导合成生物学实验是行之有效的方法之一。例如，利用常微分方程和 Logistic 模型等描述生物系统，利用随机微分方程和主方程研究基因的状态和个体行为等。

理想情况下，模型应该能够捕捉生物系统的动态行为，在活体实验之前通过计算机模拟等方式在优化设计策略、测试等方面给出建议。虽然基于结构模型的分子动态模拟在模拟 DNA 结合位点的动态行为上已经显示了其丰富多彩的功能，但抽提生化反应以模拟生物装置不仅需要必要的计算工具，还需要获得相应的速度常数。到目前为止，从活体细胞中直接确定速度常数仍然是一个非常困难且不准确的过程，这也成为了限制数学模型成功应用的主要"瓶颈"。此外，其他模块的添加或者改变都可能会改变整个系统的功能和相应参数，因此特定条件下获得的参数一般不能直接应用于其他场合。

总之，合成生物学强调"设计"和"重设计"。大量借助计算机科学、信息科学、数学和物理学原理，利用已有的生物学知识，建立数学模型，对合成生物系统进行模拟和性能分析，指导和优化实验设计，是合成生物学的重要手段。例如，在构建生物系统时利用计算机模型的辅助，通过各种数学工具抽提模拟单元的动力学特性和网络连通性，提供系统变量的描述等为实验提供预测信息，指导实验优化，缩短实验时间，降低实验成本。

12.1.3 合成生物学的工程本质

"工程化"是合成生物学的一个显著特点，也是合成生物学区别于现有生物学其他学科的主要特征之一。合成生物学家力图通过工程化方法，将复杂生物系统简化以探索自然生物现象及其应用，并利用基因等元素设计和构建具有崭新功能的合成生物系统。

自上至下（逆向工程）和自下至上（前/正向工程）是合成生物学的过程化研究的两种主要策略。自上至下策略主要用于分析阶段，试图利用抽提和解耦方法降低自然生物系统的复杂性，将其层层凝练成工程化的标准模块。例如，通过敲除基因组中除复制和功能性之外非绝对必需的遗传物质，简化基因组构建，达到可模拟和预测的目的；而自下而上的策略通常是指通过工程化方法，利用标准化模块，由简单到复杂构建具有期望功能的生物系统的方法。

两种策略都涉及最关键的三个工程化概念：对生物系统的标准化、解耦和抽提。标准化包括建立生物功能的定义、建立识别生物部件的方法以及标准生物部件的注册登记；解耦指将复杂问题分解成简单问题，将复杂的"生物系统"分解成许多套相互独立的"装置"（如标准化的细胞、标准化的核苷酸序列和标准化的模块等）；抽提则包括建立装置和模块的层次，允许不同层次间的分离和有限的信息交换、开发重设计的和简化的装置和模块、构建具有统一接口的部件库等。

12.1.3.1　合成生物系统的模块化

如果说晶体管是电子电路的基本组件，那么在生物学中与之对应的便是基因。借鉴电子技术和程序设计的模块化及标准化设计思路来实现生物原件的组装、标准化接口设计等，把各种基因部件设计成标准模块（module），使其他使用者仅仅需要"搭积木"的技术即可构建基因线路，将研究者从繁重的劳动中解脱出来，专注于新生物体的设计和创造，这一切是合成生物学的理念。

具有标准接口、功能相对独立的生物大分子、信号转导路径、基因线路等均可称为模块，它具有接口、功能、逻辑和状态等几种必需的基本属性。其中，接口、功能与状态反映模块的外部特性，逻辑反映模块的内部特性。每个模块完成特定的子功能，所有的模块按其特定方法组装成一个整体，完成整个系统所要求的期望功能。模块的规模可大可小，小到具体的启动子、终止子，大到单细胞、多细胞及细胞群体系统。可以说，模块化设计和构建是"标准化、解耦和抽提"三个概念的综合应用，最大限度地体现合成生物学的思想精髓，是合成生物学的标志性内容。

为了克服常规基因操作中繁琐的切、连、转、筛等，更加灵活地使用 DNA 元件，合成生物学家创造性地提出了标准化生物模块——生物积块（BioBrick）的概念，并构建了相应的 DNA 元件文库——iGEM Registry。为了方便研究者查阅生物积块的功能，iGEM Registry 对其中的每一个生物积块都有详细的注释，包括该片段的示意图、碱基顺序（不包括前缀和后缀）、片段的设计者对该片段功能的阐述，以及其他使用者提供的使用经验等。它们都具有相同的前缀和后缀，每一个生物积块的前缀中都包括 $EcoR$ I 和 Xba I 两个酶切位点，后缀中都包括 Spe I 和 Pst I 两个酶切位点，并确保其编码序列中不含这 4 个酶切位点。整个生物积块被克隆在质粒载体中，可按照设计的需要剪切和拼接。常用生物积块的图示和功能描述及其质粒描述体系可以参见 iGEM Registry 的网站 http://partsregistry.org，获得更详细的信息。

除了用标准化的功能模块作为承载功能的硬件外，还需要标准化的系统量化平台和抽象的概念信号作为承载功能的软件。为此，iGEM Registry 提供了衡量和代表输入输出信号的标准——PoPS（RNA polymerase per second）和 RIPS（ribosomal initiations per second）。作为一个具有一定量化作用的抽象概念，PoPS 和 RIPS 的提出具有一定的开创性，但也有其局限性。目前，合成生物学在基因模块定量的标准化上还远不及模块本身的进程那么快速普遍，许多研究者正在寻找更加通用、更直观的衡量方法和更直接的测量手段。

12.1.3.2 合成生物系统的层次化结构

合成生物系统的层次化结构是合成生物学工程化本质的又一典型体现，如图 12-4 所示。具有一定功能的 DNA 序列组成最简单的生物积块，称为**生物部件（Part）**；不同功能的生物部件按照一定的逻辑和物理连接组成复杂的**生物装置（Device）**；不同功能的生物装置协同运作组成更加复杂的**生物系统（System）**；含有多种不同功能的生物系统彼此通讯互相协调，组成再复杂些的多细胞或细胞群体生物系统。在合成生物系统中，这些模块主要利用逻辑拓扑结构中的串联、前馈和反馈等合理组合连接成具有一定功能的遗传线路；同样，遗传线路又可连接成调控网络或生物系统。

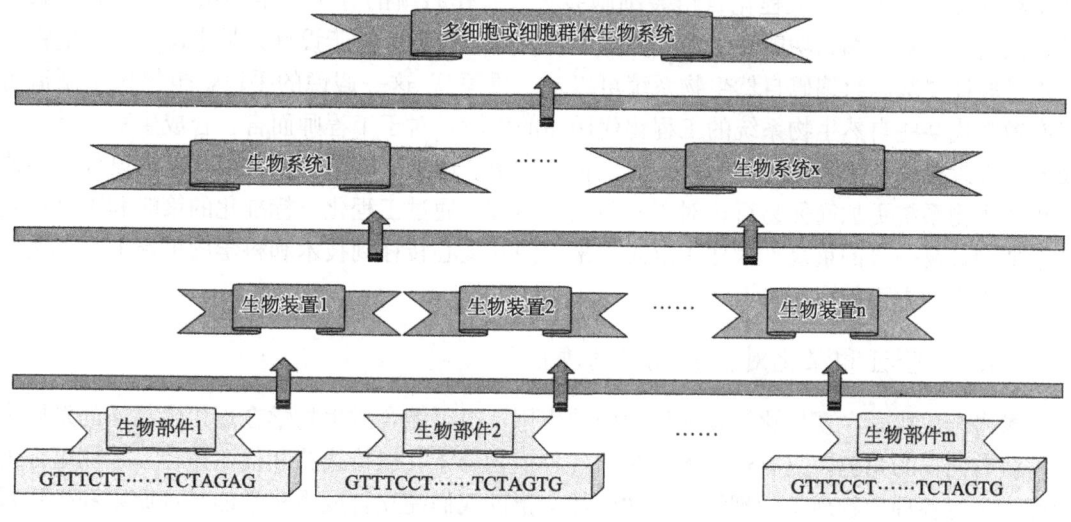

图 12-4　合成生物系统的层次化结构

总而言之，生物具有高度的复杂性，目前我们还缺乏大量的、有关这些系统是如何运作的细节信息。标准化、解耦和抽提都需要分解生物体组成部件，这虽然在概念化方面是一种有效方法，但用无生命的物质系统组成人工生物系统需要自然元件的运用和修改，而目前我们还不知道如何在生物体动态整体水平上提供生命表征。因此，生物系统的工程化与化学、物理学等自然科学领域的工程化有着本质的不同，主要表现在两个方面。其一，生物系统自身具有复制和进化的功能，而这一功能会影响合成生物系统的长期稳定性，因此需要对系统关键部件进行长期监测，特别是一些能影响合成系统的功能因素，如生长环境、细胞状态以及因进化动力产生的变异等。其二，合成生物系统是一个活体系统（有生命）。细胞内的复杂性、细胞间通讯以及其多样的生活环境等增加了抽提和解耦的复杂性，因此需要人工设计完备的小规模分子-蛋白质、DNA-蛋白质以及蛋白质-蛋白质间的相互作用，以助于开发功能相对独立的生物模块。同时，研究生物基因组的最小化和重构，以期为开发崭新生物系统提供更加优化的宿主平台。

12.1.4　合成生物学的意义

合成生物学和经典生物技术的主要区别在于达到目标所用的手段不同。传统的生物技术需要反复试验，而合成生物学结合数学、信息学、工程学和计算机方法设计和改造生物系统。合成生物学的目的是将生物系统的合成和遗传线路的连接工程化，与集成电路的制造方法一样，先设计、再制造、再设计。其最终目的是要通过这种理性设计和再设计的过程，获得人们所需要的生物功能，并通过实验得以实现。其研究的主要任务是通过工程化策略加速生物学研究和应用过程，同时利用人工合成的生物系统验证和深化人类对生物乃至生命的理解。

12.1.4.1 加速合成生物系统工程化的进程

从1978年Szybalski合成生物学思想的提出到现在已经30多年了，但生物系统的合成仍然是一项费用昂贵且不十分可靠的过程。合成生物学诞生的主要目的和意义之一是作为生物工程的分支，致力于工程化自组装细胞装置，制作崭新的分子和生物系统，推进疾病诊断、药物学、基因编码功能及生命起源等其他方面的研究。对于设计人员来说，合成生物学提供了验证"基因组编码自然生物系统可以被'重写'"这一假说的手段，也提供了制造可以有效替代某些自然生物系统的工程化代用品的手段；对于工程师而言，合成生物学是一门技术，在以往遗传工程的基础上，合成生物学试图开辟更广阔的应用领域，使得设计和构建工程化生物系统更加简便易行；对于实验人员而言，通过工程化、标准化的策略和工具将其从早期的日复一日的重复性操作中解脱出来，使其重心转移到技术和科学的更新上，加速生物工程在生产方面的应用。

12.1.4.2 验证和深化对生物现象的理解

参考合成化学在现代化学发展历程中的作用，很可能合成生物学在现代生物学的发展中也扮演着同样的角色。只有通过人工构建各种生物分子、遗传线路和代谢途径，才能更好地验证人类对各种生物现象的理解。成功固然会帮助我们建立合成生物学的基本原则和生物系统的工程化技术；失败也同样是人类理解与自然生物本质间存在鸿沟的直接佐证，并会为我们如何更好地理解和运用源于自然的技术提供指引。例如，Rolli等在果蝇细胞中人工重构了B细胞抗原受体（B cell antigen receptor，BCR）信号处理过程，使研究者对信号网络拓扑结构有了更深入的了解，并且证实了由于正反馈回路导致BCR信号的强烈放大；随后，这一研究小组利用该系统证明了罕见的血液丙种球蛋白血症（agammaglobulinemia）与IgB的一种无义突变有关。

12.1.5 合成生物学的应用

目前，科学家们已经不局限于非常辛苦地进行基因剪接，而是开始构建遗传密码，以期利用合成的遗传因子构建新的生物体，这无疑会推动生物燃料、特种化学品、农业和生物医药等方面的进步。据估计，合成生物学在很多领域将具有极好的应用前景，这些领域包括更有效的疫苗的生产、新药和改进的药物、以生物学为基础的制造、利用可再生能源生产可持续能源、环境污染的生物治理、可以检测有毒化学物质的生物传感器等。

合成生物学技术包括生物大分子的合成，来自细菌、酵母及植物等多种基因及代谢途径的组装，多基因的精密调控等。利用合成生物学技术可以人工合成非天然的氨基酸和碱基，如非天然氨基酸的蛋白质合成和"xDNA"等。

利用合成生物学技术还可以合成能源物质——氢和石油。2007年，美国Virginia Tech生物系统工程系教授Zhang等利用合成生物学原理，用13个已知的酶形成了一条非天然酶催化途径，该技术有望解决与氢气的储存、销售有关的难题，因而在汽车中的应用具有巨大潜力。美国 LS9 可再生石油公司的研究人员正利用来自多种生物（包括细菌、植物、动物等）的基因及用来生产脂肪酸的生化途径，用合成生物学方法创造出一些代谢模块，插入微生物后，通过不同的组合，这些模块可以诱导微生物生产原油、柴油、汽油或基于烃的化学品。在我国上海成立的合成生物学实验室，其研究方向包括生物物质合成的分子设计、能源植物改造、能源和医药化工产品的高效生物合成，已经开展了能源生物和生产重要次生代谢物"超级链霉菌"的设计与构建的研究。

合成生物学大事记

1828 年，Wohler 利用氰酸铵合成尿素。

1953 年，Miller 通过放电合成氨基酸，模拟原始地球的有机物发生过程。

1965 年 9 月 17 日，中国合成了第一个人工合成的蛋白质——结晶牛胰岛素。

1968 年，Khorana 等合成了核苷酸及基因密码子。

1970 年，Khorana 等首次用化学方法人工合成了有 77 个核苷酸对的酵母丙氨酸的结构基因。

1972 年，Price 和 Conover 等的实验室各自用反转录酶合成了家兔和人的珠蛋白基因，这是首次合成真核生物的基因。

1973 年 8 月，Khorana 等又合成了具有 126 个核苷酸对的大肠杆菌酪氨酸 tRNA 基因，但并没有转录功能。

1973 年 11 月，Cohen 和 Boyle 等精确地把基因或者 DNA 片段插入其他细胞中，从而建立了重组 DNA 技术。

1977 年，美国加州大学的 Boyer 等用化学方法合成了人生长激素抑制因子的基因。

1979 年，Khorana 等合成了酪氨酸阻遏 tRNA 以及酪氨酸 tRNA 基因。

1981 年 11 月 20 日，中国合成酵母丙氨酸转移核糖核酸。

2000 年 1 月，Gardner 等在大肠杆菌中构建了基因开关（Toggle switch），一个合成的双稳态基因调控网络。Elowitz 等构建了第一个合成的生物振荡器——压缩振荡子（repressilator）。这两项事件标志着合成生物学作为一项新的领域正式产生。

2000 年 11 月，Brenner 等设计向细胞 DNA 中掺入天然不存在的碱基的方法来发展人工遗传系统，支持人工生命形式。

2001 年，Schultz 实验室向大肠杆菌蛋白质生物合成装置中添入新的组分（tRNA/氨酰-tRNA 合成酶组合），使之能通过基因生成非天然的氨基酸。

2002 年 8 月，Cello 等制造了第一个人工合成的病毒——脊髓灰质炎病毒。

2003 年 7 月，Keasling 等在美国劳伦斯伯克利国家实验室设立合成生物学部，并在大肠杆菌中成功地建立了合成青蒿素的网络，使得青蒿素价格降低到原来的 1/10。

2003 年 8 月，Schultz 实验室又发明了一种向酵母中加入非天然氨基酸密码子的方法，成功地向蛋白质中导入了 5 种氨基酸。

2003 年 12 月，Venter 小组合成了噬菌体 φX174 的基因组。

2004 年 6 月，第一届合成生物学国际会议在美国麻省理工学院召开。

2004年10月，美国、加拿大与日本的学者合作将收集到的1918年西班牙流感病毒的DNA片段进行分析，并据此人工合成了该株流感病毒编码HA和NA蛋白的基因，进而获得了新的流感病毒。该病毒表现出与西班牙亚型流感病毒相近的致病性。

2004年12月，Libchaber小组尝试创造了一个模拟人造生物——"囊生物反应器"（vesicle bioreactor），其组成部分来自不同的生物材料：由蛋清中的脂肪分子和大肠杆菌细胞提取物组成。"囊生物"内的基因可控制合成α-溶血素（α-hemolysin）。

2005年8月，美国旧金山举行了合成生物学会议，讨论了合成生物学在药物开发、细胞编程和生物机器人方面的潜在应用，以及随之而来的生物安全、伦理、法律等问题。

2005年11月，美国麻省理工学院的研究人员在大肠杆菌中加入一个合成的传感器激酶，使细菌能对不同光照条件做出应答。

2006年，Keasling实验室将多个青蒿素生物合成基因导入酵母菌中产生了青蒿酸，并通过对代谢网络不断改造和优化，使产量实现了数量级水平的提高。

2008年2月，Venter小组人工合成了生殖道支原体的基因组DNA，这是第一个人工合成的原核生物基因组。

2008年12月，Becker等设计并合成了重组的蝙蝠SARS样冠状病毒。

2009年2月，日本东京大学和科学技术振兴机构的Tomohisa Sawada等应用纳米技术合成了只有1对碱基对的世界最短的双链RNA片段和只有3对碱基对的双链DNA片段。

2010年1月，Cell和Nature同时为合成生物学创建10年发表专题社论，并提出合成生物学将面临的挑战。

2010年5月，Venter小组人工合成了蕈状支原体基因组，并在山羊支原体细胞中成功复制、翻译并传代，实现了第一个具有人造基因组的活细胞。

2010年10月，Venter小组使用8个只含有60个核苷酸的DNA片段，在5天内合成出了实验鼠的线粒体基因组，得到的基因组能够纠正具有线粒体缺陷的细胞内的异常，这是首次人工合成实验老鼠的线粒体基因组。

利用合成生物学思路对微生物进行改选，并把其用于环境污染监测。例如，饮用水中的砷危害人体健康，而目前砷的检测方法难以达到世界卫生组织要求的精度（<10ppb），大肠杆菌砷探测器可解决这一问题（图12-5）。该探测器灵敏度高，操作简便，成本低廉。

合成生物学在清除环境污染方面也有广阔前景。例如，美国Berkley大学成功构建出一种能降解有机磷酸酯的假单胞菌工程植株。该工程菌能治理由有机磷酸酯物质（如杀虫剂）使用给土壤、食品和生态所带来的污染。此外，通过合成生物学还有望构建出各种专门负责净化如二氧化硫、氮氧化合物、氨氮化合物、汞、氰化物等污染物的工程微生物，将对环境净化产生深远影响。

在药物开发中，传统中药材艾草内的有效成分青蒿素含量很低，提取费用很高。Keasling实验室将多个青蒿素生物合成基因导入酵母菌，产生了青蒿酸等，并通过对代谢网络的不断改造和优化，使产量实现了数量级水平的提高。这一研究使青蒿素的制造费用大大降低，推动了该药品的生成。

在疾病治疗中，由于细菌或者病毒能够识别和侵染特定细胞引发毒害作用，因此可以利用合成生物学手段对它们的生物学特性进行改造，使其失去致病性但能识别机体恶性细胞。利用这些改造后的细菌或者病毒来传递治疗药物，将对癌症和其他相关疾病的治疗具有更好

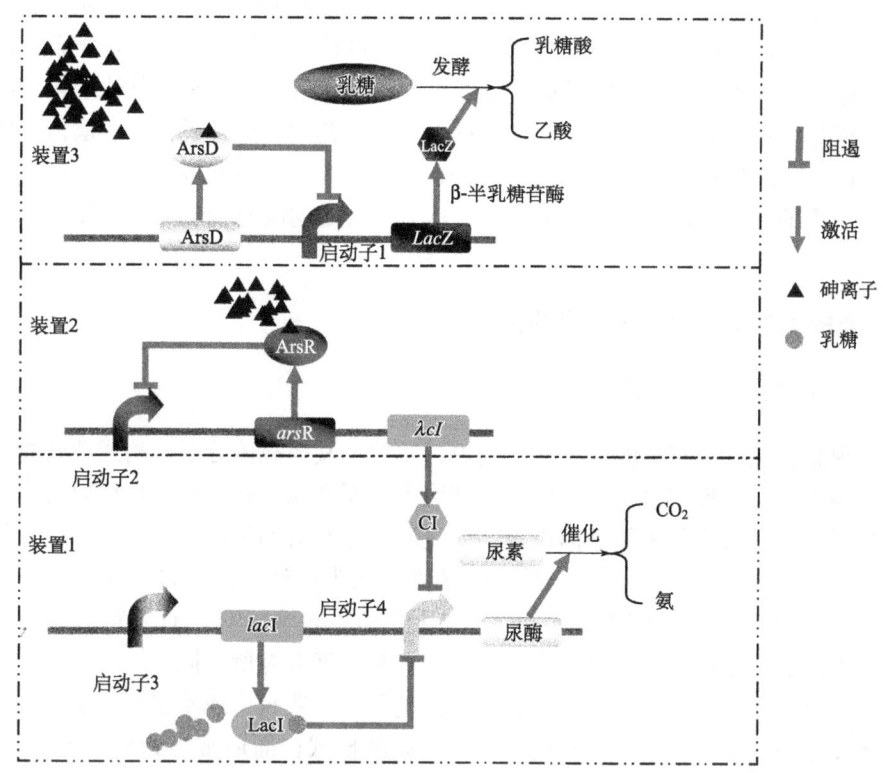

图 12-5 微生物砷离子检测示意图（引自：宋凯，2010）

装置 1 中的启动子 3 为常开启动子，下游 lacI 基因表达的产物 LacI 抑制启动子 4 的启动。当环境中只有乳糖而无砷离子时，乳糖与 lacI 结合，解除对启动子 4 的抑制，启动子 4 顺利启动，下游的尿素酶基因表达产生尿素酶，催化尿素转化为氨和二氧化碳，环境碱性增加，其 pH 为 9~10；当环境中砷离子的浓度在 5μg/L 左右时，响应低浓度砷离子的高敏感装置 2 启动。砷离子与 ArsR 结合，解除其对启动子 2 的抑制，下游的 λcI 基因顺利表达，产生的 CI 蛋白抑制装置 1 的启动子 4，关闭尿激酶基因的表达，尿素未被催化，因此没有相应的酸或碱产生，系统的 pH 维持在中性状态，即 pH 约为 7；当环境中砷离子的浓度较高时（如 20μg/L），响应高浓度砷离子的高敏感装置 3 启动。砷离子解除 ArsD 结合，解除其对启动子 1 的抑制，下游的 lacI 基因编码的 β-半乳糖苷酶催化乳糖发酵，使其分解为乙酸和乳糖酸，环境中酸性增加，pH 约为 4.5

的作用。

总之，合成生物学从最基本的生命要素开始研究，目的是建立人工生物体系。它将为解决世界面临的能源、粮食、人口、资源以及污染等严重问题开辟新途径，直接关系到医药、轻工、食品、农牧业、能源等传统产品的改造和新产品的形成。

12.2 合成生物学与基因工程

合成生物学是生物科学在 21 世纪刚刚出现的一个分支学科，它的发展离不开工程学、化学、物理、数学以及计算机等相关学科的发展；而合成生物学自身的发展也对相关学科的发展产生了促进作用。互相交叉、优势互补是当今学科发展的大趋势，合成生物学与其他学科之间自然也存在着一些研究内容上的交叉与互补。例如，通过各种异源基因 DNA 从头合成整条代谢途径、优化密码子域、调整 mRNA 结构和操纵单元、允许结合位点的替换等属于合成生物学中代谢工程的研究内容；基因模块设计可以看做是用合成生物学解决遗传工程的问题等。然而，作为一门新兴的学科，合成生物学毕竟有自己区别于其他学科的特点。

基因工程是指在体外将核酸分子插入病毒、质粒或其他载体分子，构成遗传物质的新组合，并使之掺入到原先没有这类分子的寄主细胞内，而能稳定地遗传。因此，供体、受体和载体是基因工程的三大要素。与合成生物学相比，二者之间既有明显交叉重复，又有明显的差异。

12.2.1 合成生物学与基因工程的差异

12.2.1.1 研究内容上的差异

基因工程是指在体外将核酸分子插入病毒、质粒或其他载体分子，构成遗传物质的新组合，并使之掺入到原先没有这类分子的寄主细胞内，而能稳定地遗传。也可以说，基因工程是将个别外源基因转移到某生物基因组内，使之能表达有益的蛋白质（例如，抗虫棉虽然携带了抗虫基因，但它还是棉花）；而合成生物学则是从头设计和构建自然界中不存在的人工生物体系，这是两者的显著不同之处。但合成生物学也包含了对现有生物的重新设计和改造，在这点上两者又是一致的，只是在改造的深度和广度上有所不同。

在基因工程的实施过程中，由于只转移个别基因，一般较少或不进行细胞网络分析；合成生物学改变了"转移一个基因，表达一种蛋白质的模式；而通常是转移一个基因组"，因而要在更大规模、更多层次上涉及细胞网络（如代谢网络等），所以，网络分析是合成生物学的核心内容之一，也是与基因工程的差异点之一。

12.2.1.2 研究方法上的差异

在基因工程中，供体、受体和载体是基因工程的三大要素；合成生物学强调设计和重设计，设计、模拟和实验是合成生物学的基础。因此，在研究过程中，其思路、方法等存在着明显的差异。如在基因工程的实施过程中较少使用数学工具；而合成生物学在设计和构建人造生物体系时广泛使用各种数学工具来进行模拟，优化生物体系的设计和构建，同时达到降低实验成本和工作量的目的。

此外，"工程化"作为合成生物学的一个显著特点，也是合成生物学区别于现有生物学其他学科的主要特点。合成生物学家力图通过工程化方法，将复杂的人工生物系统合理简化以探索自然生物现象及其广泛的应用，并利用基因等元素设计和构建具有崭新功能的合成生物系统。这在思想上就体现出合成生物学与基因工程的明显差异，前者特别注重代谢流的量化描述（虽然现在很难做到），讲究基因的协调表达和表达量的准确控制。

如果说基因工程是上一代生物技术的话，那么合成生物学则是下一代生物技术。但这并不意味着合成生物学要取代基因工程技术，而是各有各的用处，两者竞相发展。DNA 序列大规模、高精度和低成本的关键技术目前仍未解决，成为制约合成生物学发展的"瓶颈"问题。目前连合成一个高等真核生物基因组 DNA 序列都是不现实的，因此，合成生物学与基因工程之间的差异至今为止还无法得以充分体现。

12.2.2 合成生物学与基因工程相似之处

12.2.2.1 研究内容及方法的交叉

如前所述，基因工程和合成生物学均包含了生物大分子的人工合成、DNA 原件或基序重设计、转录与翻译的调控等内容，都是对现有生物的重新设计和改造，只是在改造的深度和广度上有所不同。

在这一改造的过程中，它们的设计都离不开生物学的基本理论的指导（如中心法则等），离不开常规的分子生物学技术（如限制性内切核酸酶的酶切技术、载体构件技术等）。因此，合成生物学与基因工程在具体的实验方法上并无明显的差异。

12.2.2.2 应用方面

合成生物学和基因工程的最大意义之一在于生物科学基础理论研究方面。它们彻底打破了物种间不可逾越的"鸿沟"，动物、植物、细菌以及人类的基因都可"缝合"在一起，形成杂种生物，也可以创建自然界中并不存在的人工生命系统，这是以往任何科学家都难以想象的奇迹。通过它们可以验证和深化对于生物现象的理解，为实现人们彻底认识生命的本质、揭示生命现象的奥秘开辟了一个全新的领域。

在实际应用方面，合成生物学和基因工程将为解决世界面临的能源、粮食、人口、资源以及污染等严重问题开辟新途径，直接关系到医药、轻工、食品、农牧业、能源等传统产品的改造和新产品的形成。目前，它们在许多领域展现出其强大的价值，如疫苗的生产、新药和改进的药物、以生物学为基础的制造、利用可再生能源生产可持续能源、环境污染的生物治理、可以检测有毒化学物质的生物传感器、病理机制研究等。

12.2.2.3 引发的社会问题与思考方面

基因工程和合成生物学一经出现立刻引起了社会方方面面的广泛关注。尽管科学家的研究初衷都是好的，防御系统也是极其严密的，然而，不可否认，生物系统的复杂性远远超出人们的预料，它可以进行自我修复、自我管理，而且能发生突变以适应环境。人们不禁担心，随着"造物计划"的不断发展和广泛应用，在相关规定还没有出现以前，管理疏漏或技术偏差会不会导致新物种失去控制，演绎现实版的"生化危机"？恐怖主义分子会不会利用合成生物技术制造致命病毒或生化武器？

概括而言，合成生物学和基因工程被科学家、非政府组织、媒体和公众所广泛关注的道德、社会、法律方面相关的问题大体可归结为：伦理道德规范、对环境控制的排放、生物武器的滥用、生物垄断及人工生命的创造等几方面。关于生物安全、生物武器和生物工程的道德问题也都是 20 世纪七八十年代就开始讨论的问题，相关的法律法规和行为准则正在完善中。可以预见，未来合成生物学和基因工程仍然会在人类激烈的争论中继续前进！无论它们是一把多么锋利的"双刃剑"，它是否伤人仍取决于握着这把剑的人类……

总之，与基因工程相比，合成生物学增添了 DNA 自动合成、标准设定、抽象概念应用以及人工设计组合等功能，大大简化了整个设计程序。可以说，基因工程和合成生物学是生物技术发展的不同阶段，后者是建立在前者的基础之上的，但两者间存在明显的异同。

思考题

1. 简述合成生物学的概念及研究内容。
2. 简述合成生物学的意义及应用。
3. 简述合成生物学与基因工程的异同。

参 考 文 献

雷锦志. 2010. 系统生物学——建模・分析・模拟. 上海：上海科学技术出版社

宋凯. 2010. 合成生物学导论. 北京：科学出版社

张自立，王振英. 2009. 系统生物学. 北京：科学出版社

Aleksic J, Bizzari F, Cai Y, et al. 2007. Development of novel biosensor for the detection of arsensic in drinking water. IET Synthe Biol, 1: 87-90

Ellis D I, Goodacre R. 2012. Metabolomics-assisted synthetic biology. Curr Opin Biotechnol, 23 (1): 22-28

Gibson D G, Glass J I, Lartigue C, et al. 2010. Creation of a Bacterial Cell Controlled by a Chemically Synthesized Genome. Science, 329 (5987): 52-56

Gibson D G, Smith H O, Hutchison C A, et al. 2010. Chemical synthesis of the mouse mitochondrial genome. Nat Methods, 7 (11): 901-903

Liang Q F, Wang Q, Qi Q S. 2011. Synthetic biology and rearrangements of microbial genetic material. Yi Chuan, 33 (10): 1102-1112

Weber W, Fussenegger M. 2011. Emerging biomedical applications of synthetic biology. Nat Rev Genet, 13 (1): 21-35

附录 总复习题

一、名词解释

1. 增强子（enhancer）
2. 引物（primer）
3. 附加体（episome）
4. α-互补（α-complementation）
5. 细菌人工染色体（bacterial artificial chromosome）
6. 质粒（Plasmid）
7. 噬菌粒（Phagemid）
8. 黏粒（cosmid）
9. 穿梭载体（shuttle vector）
10. Western 印迹（Western blot）
11. Southern 印迹（Southern blot）
12. 组氨酸标签（His-tag）
13. 同尾酶（isocandamer）
14. SD 序列（SD sequence）
15. 弱化子（attenuator）
16. 蛋白质纯化标签（protein purification tag）
17. TATA 框（TATA box）
18. 滚环复制（rolling replication）
19. Ti 质粒（Ti plasmid）
20. 酵母人工染色体（yeast artificial chromosome, YAC）
21. 基因文库（gene library）
22. 染色体步查（chromosome walking）
23. 染色体跳跃（chromosome jumping）
24. 染色体爬行（chromosome crawling）
25. 2μ 质粒（2μ plasmid）
26. 基因库（gene pool）
27. 切口平移（nick translation）
28. 基因打靶（gene targeting）
29. 基因剔除（gene knock-out）
30. 包含体（inclusion body）
31. 核骨架结合元件（nuclear matrix binding element）
32. COS 位点（cohensive site）
33. COS 细胞（COS cell）
34. 生物反应器（bioreactor）
35. 三联密码（triplet）
36. 可读框（open reading frame, ORF）
37. 基因组（genome）
38. 原位分子杂交（in situ hybridization）
39. 载体（vector）
40. 探针（probe）
41. 人类基因组计划（human genome project）
42. 表达序列标签（EST）
43. 黏性末端（sticky end）
44. 熔解温度（melting temperature, T_m）
45. DNA 分子杂交（DNA hybridization）
46. 蛋白质复性（renaturation fo protein）
47. 终止子（terminator）
48. 衰减子（dehancer）
49. 连接子（linker）
50. 脉冲场凝胶电泳（pulsed field gel electrophresis）
51. 转录（transcription）
52. 翻译（translation）
53. 启动子（promoter）
54. 转基因沉默（transgene silencing）
55. 转化（transformation）
56. 内含肽（intein）
57. 聚合酶链反应（polymerase chain reaction）
58. 反转录病毒载体（retrovirus vector）
59. Northern 印迹（Northern blot）
60. DNA 聚合酶（DNA polymerase）
61. 酵母双杂交（two hybrid system）
62. 报告基因（reporter gene）
63. 谷胱甘肽-S-转移酶标签（GST-tag）
64. 蛋白质工程（protein engineering）
65. 巢式 PCR（nest PCR）
66. 基因工程（gene engineering）
67. 分子克隆（molecular cloning）
68. 克隆载体（vector）
69. 表达载体（expression vector）
70. 多克隆位点（multiple cloning site, MCS）
71. 目的基因（target gene）
72. 细胞培养（cell culture）

73. 组织培养（tissue culture）
74. 器官培养（organ culture）
75. 原代培养（primary culture）
76. 操纵子（operon）
77. 同裂酶（isoschizomer）
78. 核酶（ribozyme）
79. 移码突变（frameshift mutation）
80. 基因簇（gene cluster）
81. 选择标记（selectable marker）
82. 弱化子（attenuator）
83. 基因家族（gene family）
84. 接头（adapter）
85. 遗传标记（genetic marker）
86. 共整合载体（co-integration vector）
87. 反义 RNA（anti sense RNA）
88. 引物二聚体（dimer）
89. 转染（transfection）
90. 顺式作用元件（*cis*-acting element）
91. SNP
92. Klenow 片段（Klenow fragment）
93. 基因表达谱（gene expression profile）
94. 基因芯片（gene chip）
95. 限制性内切核酸酶（restriction endonuclease）
96. CAAT 盒（CAAT box）
97. hnRNA
98. 基因诊断（gene diagnosis）
99. DNA 指纹（DNA fingerprinting）
100. 反式作用因子（trans-acting factor）
101. 内含肽介导的纯化与亲和几丁质结合标签（intein mediated purification with an affinity chitin binding tag，IMPACT）

二、填空题

1. 限制性内切核酸酶的命名原则是：第一个字母来自_____；第二、三两个字母来自_____；第四个字母或数字则表示_____。
2. 限制性内切核酸酶的识别序列分别由 4、6、8 对碱基组成，它们在 DNA 序列上的切割频率的理论值分别是_____、_____和_____。
3. 测序酶是修饰了的 T7DNA 聚合酶，它只有_____酶的活性，而没有_____活性。
4. 欲将某一具有突出单链末端的双链 DNA 分子转变为平末端的双链形式，通常采用的方法是_____和_____。
5. 一个最简单的质粒载体必须包括以下几个部分：_____、_____和_____。
6. 如果两个质粒不能稳定共存于同一个寄主细胞中，则属于_____群，这是因为它们的_____所致。
7. ColE1 质粒复制的起始需要 3 种酶：_____、_____和_____。
8. λ 噬菌体载体主要有两种类型——插入性和置换型。就酶切位点来说，插入型为_____个；置换型为_____个。
9. 噬菌粒是由质粒和噬菌体 DNA 共同构成的，其中来自质粒的结构主要是_____和_____；来自噬菌体的主要结构是_____。
10. 引物在基因工程中至少有 4 个方面的用途：_____、_____、_____和_____。
11. 利用 *Taq* DNA 聚合酶进行 PCR 反应所得产物不是平末端，而是在_____端带有一个突出的_____；据此人们设计了 PCR 产物的_____克隆法。
12. 携带有外源基因并能持久传递给子代的植物称为_____植物；这些外源基因就叫做_____。
13. 为了获得单链标记的 DNA 探针可以采用以下 3 种方法：_____、_____和_____。
14. 根据 Northern 杂交的结果可以说明_____；根据 Southern 杂交的结果可以说明_____；根据 Western 杂交的结果可以说明_____；根据原位杂交的结果可以说明_____。
15. 反向 PCR 的方法通常用来_____；重组 PCR 的方法通常用来_____；原位 PCR 的方法通常用来_____。
16. 核酸凝胶电泳中所用的染料是_____。
17. 为对某一生物的基因进行全面的研究，只需建立_____个基因组文库，同时必须建立_____个 cDNA 文库。
18. 双脱氧链终止法测定 DNA 碱基序列需要的试剂为_____、_____、_____和_____等。

19. 普通质粒载体、λ噬菌体载体、黏粒载体和噬菌粒的容量由大到小依次为_____、_____、_____和_____。

20. 目前栽培面积较大的5种农作物是_____、_____、_____、_____和_____。其中以_____为最大。

21. 外源基因导入动物受精卵的方法有_____、_____、_____、_____和_____。

22. 大肠杆菌中选择性标记一般为_____；酵母菌中选择性标记一般为_____。

23. 核型多角体病毒有两种表现型_____和_____；分别感染_____和_____。

24. Taq DNA 聚合酶需要适当浓度的 Mg^{2+} 才能发挥作用。Mg^{2+} 浓度升高对 Taq DNA 聚合酶的效应是_____；Mg^{2+} 浓度降低，对 Taq DNA 聚合酶的效应是_____。

三、选择题（单选或多选）

1. Ⅱ型限制性内切核酸酶：（　　）。
(a) 具内切酶和甲基化酶活性且经常识别回文序列
(b) 仅有内切酸酶活性，甲基化酶活性由另一种酶提供
(c) 限制性识别非甲基化的核苷酸序列
(d) 有外切核酸酶和甲基化酶活性

2. Ⅲ型限制性内切核酸酶：（　　）。
(a) 由两个亚基组成，仅识别半甲基化位点
(b) 甲基化和限制活性相互排斥：MS亚基促使甲基化，R亚基促使限制
(c) 由两个亚基组成，在识别位点附近识别并进行甲基化或限制
(d) 在错配修复中起关键作用，因为酶结合到DNA上是以结构扭曲为基础而不是序列错误识别

3. 限制性内切核酸酶可以特异性地识别：（　　）。
(a) 双链DNA的特定碱基对　　　　(b) 双链DNA的特定碱基序列
(c) 特定的三联体密码　　　　　　(d) 以上都正确

4. 下列酶中，催化反应不需要ATP的是：（　　）。
(a) EcoK　　(b) EcoB　　(c) T4 DNA 连接酶　　(d) BamH I

5. 限制性内切核酸酶的星号活性是指：（　　）。
(a) 在非常规条件下，识别和切割序列发生变化的活性
(b) 活性大大提高
(c) 切割速度大大加快
(d) 识别序列与原来的完全不同

6. T_4 DNA 连接酶是从 T_4 噬菌体感染的 E. coli 中分离的，这种酶（　　）。
(a) 催化连接反应时既能以ATP又能以NAD作为能量来源
(b) 既能催化平末端连接又能催化黏性末端连接
(c) 是一种单肽酶，分子质量为74kDa
(d) 既能催化单链DNA连接又能催化双链DNA连接

7. Klenow 酶与 DNA 聚合酶相比，前者丧失了（　　）活性。
(a) $5'\to 3'$ 合成酶　　(b) $3'\to 5'$ 外切酶　　(c) $5'\to 3'$ 外切酶　　(d) 转移酶

8. 下面关于松弛型质粒性质的描述中，不正确的是（　　）。
(a) 质粒的复制只受本身的遗传结构的控制，而不受染色体复制机制的制约
(b) 可以用氯霉素作用进行扩增
(c) 通常带有抗药性标记
(d) 同严紧型质粒融合后，杂合质粒优先使用松弛型复制子

9. 基因工程研究中所用的质粒大多是经过改造的，真正的天然质粒载体很少。在下列载体中被视为基因工程载体的天然质粒是（　　）。

(a) pBR322　　　　(b) pSC101　　　　(c) pBS　　　　(d) pUC18

10. 下列载体中对外源 DNA 片段的容量最大的是（　　）。
(a) 质粒　　　　　　　　　　　　　　(b) 黏粒
(c) 酵母人工染色体（YAC）　　　　　(d) λ 噬菌体

11. 关于质粒的相容性，下面哪种说法不正确？（　　）
(a) 不同相容群的质粒能够共存于同一细胞中
(b) 质粒可以分为若干个不相容群，但不能分为若干相容群
(c) 如果 a、b 两种质粒不相容，说明它们的复制机制相同
(d) 属于同一个不相容群的质粒，不仅复制机制相同，而且拷贝数和分子质量也相同

12. 黏粒是一种人工构建的载体，（　　）。
(a) 具有 cos 位点，因此可以进行体外包装
(b) 具有质粒 DNA 的复制特性
(c) 进入受体细胞后，可引起裂解反应
(d) 进入受体细胞后可引起溶源化反应

13. 关于多克隆位点的描述不正确的是（　　）。
(a) 仅位于质粒载体中
(b) 具有多种酶的识别序列
(c) 不同酶的识别序列可以有重叠
(d) 一般是人工合成后添加到载体中的

14. 关于 DNA 接头在基因工程中的作用，下面的说法中哪一项不正确？（　　）
(a) 给外源 DNA 添加适当的切点　　　(b) 人工构建载体
(c) 调整外源基因的可读框　　　　　　(d) 增加调控元件

15. cDNA 文库包括该种生物的（　　）。
(a) 某些蛋白质的结构基因　　　　　　(b) 所有蛋白质的结构基因
(c) 所有的结构基因　　　　　　　　　(d) 内含子和调控区

16. 用下列方法进行重组体的筛选，表明出现了外源基因的产物的方法是（　　）。
(a) Southern 印迹　　　　　　　　　　(b) Northern 印迹
(c) Western 印迹　　　　　　　　　　 (d) 菌落原位杂交

17. 报告基因（　　）。
(a) 以其易于分析的编码序列代替感兴趣基因的编码序列
(b) 以其易于分析的启动子区代替感兴趣基因的启动区
(c) 能用于检测启动子的活性
(d) 能用于确定启动子何时何处有活性

18. 在蓝白斑筛选法中，IPTG 的作用是（　　）。
(a) 诱导宿主合成 β-半乳糖苷酶的羧基端　　(b) 诱导宿主合成 β-半乳糖苷酶的氨基端
(c) 作为酶反应的底物　　　　　　　　　　　(d) 作为显色反应的指示剂

19. 用菌落原位杂交法筛选重组子时，（　　）。
(a) 需要外源基因的表达　　　　　　　(b) 不需要外源基因的表达
(c) 根据克隆基因与探针的同源性　　　(d) 上述说法都正确

20. 切口平移是指在（　　）作用下，使（　　）带上放射性标记。
(a) DNA 聚合酶Ⅰ，RNA　　　　　　　(b) DNA 聚合酶Ⅰ，DNA
(c) DNA 聚合酶Ⅲ，RNA　　　　　　　(d) DNA 聚合酶Ⅲ，DNA

21. 用于分子杂交的探针可以是放射性标记的（　　）。
(a) DNA　　　　(b) RNA　　　　(c) 抗体　　　　(d) 抗原

22. 随机引物标记探针，下列各项中哪一项是不正确的？（   ）。
    (a) 双链 DNA、单链 DNA、RNA 都是可以标记的
    (b) 无需用 DNA 酶Ⅰ预处理
    (c) 反应时可用 Klenow 酶
    (d) 反应时可用 DNA 聚合酶Ⅰ
23. 在切口平移标记 DNA 探针时只能使用（   ）。
    (a) Klenow 酶   (b) DNA 聚合酶Ⅰ
    (c) DNA 聚合酶Ⅱ   (d) DNA 聚合酶Ⅲ
24. 要对一双链的 DNA 分子进行 3′端标记可用（   ）。
    (a) Klenow 酶   (b) DNA 聚合酶Ⅰ
    (c) T_4 DNA 聚合酶   (d) T_7 DNA 聚合酶
25. 在细菌转化实验中，如将 DNA 酶加入培养基，将使转化：（   ）。
    (a) 不能实现   (b) 加速   (c) 不受影响   (d) 失去规律
26. 以质粒为载体将重组 DNA 导入受体细胞的过程称为（   ）。
    (a) 转化   (b) 转导   (c) 接合   (d) 转染
27. 选用融合蛋白的表达策略的主要优点是（   ）。
    (a) 容易检测表达蛋白   (b) 构建表达载体方便
    (c) 表达产物较稳定   (d) 易获得有天然活力的蛋白质
28. 目前在转基因小鼠中常用的基因剔除技术是根据（   ）的原理而设计的。
    (a) 反义核苷酸的抑制作用   (b) 转座成分的致突变作用
    (c) 离体定向诱变作用   (d) 同源重组
29. 外源基因在大肠杆菌中高效表达受很多因素影响，其中 SD 序列的作用是（   ）。
    (a) 提供一个 mRNA 转录终止子   (b) 提供一个 mRNA 起始点
    (c) 提供一个核糖体结合位点   (d) 提供一个翻译的终点
30. 从大肠杆菌的两个菌株中提纯的一个质粒，一个可以被某种限制性内切核酸酶切开而另一个不可以，是因为（   ）。
    (a) 该质粒在一个菌株中有切刻   (b) 该质粒在一个菌株中是线性的
    (c) 该质粒在一个菌株中被甲基化了 (d) 不能被酶切的质粒是线性的
31. 当大量的 RNA 与有限的 DNA 杂交时（   ）。
    (a) 所有的 DNA 都杂交上了
    (b) 50％的 DNA 杂交上了
    (c) 50％的 RNA 杂交上了
    (d) 没有 RNA 杂交上，而所有的 DNA 全部复性成为双链 DNA
32. 下列哪个酶要求有引物才能发挥作用（   ）。
    (a) 限制性内切核酸酶   (b) DNA 连接酶
    (c) 末端转移酶   (d) 反转录酶
33. 胰岛素通常以融合蛋白的方式在大肠杆菌中表达，利用融合处有一个甲硫氨酸残基可以用何种方法将胰岛素从融合蛋白上切下来？（   ）
    (a) 氢氟酸裂解   (b) 羟氨裂解
    (c) 蛋白水解酶   (d) 溴化氰裂解
34. 将一个长度为 2800bp 的质粒用 3 种不同的限制性内切核酸酶切反应切开：一种用 *Bam*HⅠ和 *Hind*Ⅲ切；一种用 *Bam*HⅠ和 *Eco*RⅠ切；一种用 *Hind*Ⅲ和 *Eco*RⅠ切。酶切所得到的限制性片段用电泳分离。

1) 下面哪一项不正确？（ ）
   (a) 质粒不具有蛋白质包被
   (b) 质粒是环形双链 DNA 分子
   (c) 质粒可以被整合到宿主细胞的染色体上
   (d) 质粒上的基因是细菌生存和（或）繁殖所需的
   (e) 质粒一般来说对寄主细胞有利

2) 质粒上哪些限制性内切核酸酶位点（1～5）相应于下面的限制酶 A、B 和 C？
   限制酶 A. BamⅠ；B. EcoRⅠ；C. $Hind$Ⅲ
   位点：1 2 3 4 5

3) 在电泳胶的 4 边分别标了 A、B、C 和 D。哪边代表了电泳的阴极？（ ）
   (a) A   (b) B
   (c) C   (d) D
   (e) 不能确定

4) EcoRⅠ限制酶在双链 DNA 上的酶切位点如下：
   5'G↓AATTC3'，下面哪种片段可以同 EcoRⅠ酶切后的位点结合？（ ）
   (a) …CG   (b) AATTCG…
       …GCAATT   GC…
   (c) …TGAAT   (d)   GT…
       …AC   TTAACA…

35. 一个质粒如何获得多个抗抗生素基因？（ ）
    (a) 转座作用   (b) 结合作用   (c) 转录作用
    (d) 转化作用   (e) 转导作用

36. DNA 变性是指（ ）。
    (a) 两股链结合   (b) DNA 与 RNA 结合   (c) 两股链分开
    (d) 两股链断裂   (e) DNA 与蛋白质解离

37. 在临床上 PCR 技术可用于（ ）。
    (a) 基因扩增   (b) 基因导入   (c) 基因治疗
    (d) 基因变性   (e) 基因灭活

38. 限制性内切核酸酶可对（ ）。
    (a) 双链 DNA 的特异部位进行切割   (b) 单链 DNA 的特异部位进行切割
    (c) 多肽链的特异部位进行切割   (d) mRNA 的特异部位进行切割
    (e) 双链 DNA 的任意部位进行切割

39. 用碱性磷酸酶处理，可（ ）。
    (a) 促进 DNA 片段的连接   (b) 促进 RNA 片段的连接   (c) 防止插入片段的环化
    (d) 防止载体自身环化   (e) 增加转化效率

40. 下列 DNA 不是双链的有（ ）。
    (a) 质粒 DNA   (b) λ 噬菌体 DNA   (c) 病毒 DNA
    (d) 基因组 DNA   (e) 成熟 M13 噬菌体

41. DNA 两股链的结合是通过（ ）。
    (a) 共价键   (b) 离子键   (c) 二硫键
    (d) 氢键   (e) 酯键

42. 反转录是以（　　）。
(a) DNA 为模板合成 RNA
(b) DNA 为模板合成 DNA
(c) RNA 为模板合成 DNA
(d) RNA 为模板合成蛋白质
(e) RNA 为模板合成 RNA

43. 反义寡核苷可（　　）。
(a) 与 DNA 互补阻断转录
(b) 与 mRNA 互补阻断翻译
(c) 与 mRNA 互补促进翻译
(d) 与 DNA 互补促进翻译
(e) 与 mRNA 互补促进蛋白质转运

44. DNA 指纹图谱技术不能用于（　　）。
(a) 亲子鉴定
(b) 个体鉴别
(c) 基因分型
(d) 序列分析
(e) 刑事侦破

45. *Taq* DNA 聚合酶的最佳反应温度是（　　）。
(a) 37℃
(b) 72℃
(c) 55℃
(d) 16℃
(e) 92℃

46. 真核基因与原核基因的主要区别是真核基因（　　）。
(a) 有内含子
(b) 有开放阅读框架
(c) 有启动子
(d) 有增强子
(e) 密码子不同

47. 质粒是（　　）。
(a) 环状双链 DNA
(b) 线性双链 DNA
(c) 环状单链 DNA
(d) 线性单链 DNA
(e) 环状三链 DNA

48. PCR 扩增时，链的延伸从（　　）开始。
(a) 引物 3′端
(b) 引物 5′端
(c) 模板 3′端
(d) 模板 5′端
(e) 引物与模板 3′端同时

49. 以下哪种说法是正确的（　　）。
(a) 同一机体的所有细胞都有相同的 cDNA 文库
(b) 同一机体的同一组织细胞都有相同的 cDNA 文库
(c) 同一机体的不同阶段的细胞有相同的 cDNA 文库
(d) 某种 cDNA 文库代表了该组织细胞全部基因表达的信息
(e) 同一机体的不同阶段的细胞有各自的 cDNA 文库

50. 下列哪项技术不能用于基因诊断（　　）。
(a) PCR 技术
(b) Southern 印迹杂交
(c) Northern 印迹杂交
(d) 分光光度技术
(e) 序列分析技术

51. 下列疾病不适于基因诊断的有（　　）。
(a) 病毒性肝炎
(b) 癌症
(c) 遗传病
(d) 肺结核
(e) 水肿

52. 基因治疗是（　　）。
(a) 将外源基因导入细胞治疗某种疾病
(b) 将细胞内的某种基因去掉
(c) 使细胞产生免疫球蛋白
(d) 使细胞不产生凋亡
(e) 将细胞内的某种基因融合

53. 限制性酶谱分析可用于（　　）。
(a) 研究多个 DNA 片段的相对位置
(b) DNA 序列分析
(c) 基因突变研究
(d) 基因重排研究

(e) 基因缺失研究

54. 克隆（cloning）的定义是（　　）。
(a) 建立有性繁殖系　　　(b) 建立杂交新品系　　　(c) 建立无性繁殖系
(d) 鉴定生物新品系　　　(e) 分离新型细胞群

55. 基因工程的含义是：根据既定目的与方案，对基因进行（　　）。
(a) 重组　　　(b) 剔除　　　(c) 分离
(d) 诱变　　　(e) 筛选

56. M13 克隆系统不能用于（　　）。
(a) 序列分析　　　(b) 亚克隆　　　(c) 建立基因组文库
(d) 扩增 DNA 片段　　　(e) 探针标记

57. 真核表达载体可以（　　）。
(a) 在大肠杆菌表达基因产物　　　(b) 用于基因诊断　　　(c) 用于基因分型
(d) 用于基因治疗　　　(e) 与噬菌体互换

58. 序列表达标签（EST）是指（　　）。
(a) 一个内含子 DNA 片段　　　(b) 一个 RNA 片段
(c) 一个与 mRNA 互补的 DNA 片段　　　(d) 一个基因组 DNA 片段
(e) 一个调节因子成分

59. 序列标签位点（STS）（　　）。
(a) 有明确的染色体定位　　　(b) 有明确的噬菌体定位
(c) 在染色体上的定位有待明确　　　(d) 是染色体上的不确定部位
(e) 是染色体上的游离部位

60. 限制性片段长度多态性（RFLP）是由于（　　）所致。
(a) 碱基改变发生在内含子　　　(b) 碱基改变发生在外显子
(c) 碱基改变发生在增强子上　　　(d) 碱基改变发生在微卫星上
(e) 碱基改变发生在酶切位点上

四、判断题

1. 限制与修饰现象是宿主的一种保护体系，它是通过对外源 DNA 的修饰和对自身 DNA 的限制而实现的。
2. 限制酶在 DNA 中的识别/切割位点的二级、三级结构也影响酶切效率。
3. 能够产生限制酶从而防御病毒侵染的细菌，其本身的基因组 DNA 中没有该酶的识别序列。
4. 某一内切酶在一环状 DNA 上有 3 个切点，用此酶切割该环状 DNA，可以得到 3 个片段。
5. 基因工程中所使用的内切酶不仅具有内切核酸酶活性，也具有甲基化的活性。
6. Gap 和 Nick 的含义是不同的，前者是指 DNA 的单链中有较小的缺失，后者仅是断开了一个磷酸二酯键。
7. 线状质粒与环状质粒一样都不带有宿主必需的基因。
8. 有 a、b、c 三个质粒，a 和 b 能够共存于一个细胞中，a 和 c 也可以共存于一个细胞中，所以 b 和 c 也一定能够共存于一个细胞中。
9. 如果两种质粒可以稳定共存于一个细胞中，这两种质粒则属于同一个不亲和群。
10. 能够在不同的宿主细胞中复制的质粒叫穿梭质粒。
11. 置换型载体是指同一种限制酶在 λDNA 中具有两个切点，外源 DNA 通过取代这两个点间的片段被克隆。
12. 噬菌粒载体集质粒和丝状噬菌体的有利特征于一身，既能合成单链 DNA，又能合成双链 DNA。
13. λ噬菌体 DNA 和 M13 单链噬菌体 DNA 在成熟前的 DNA 复制都是用滚环模型。
14. 所谓引物就是与 DNA 互补的一小段 RNA 分子。

15. 简并引物是根据已知 DNA 序列设计的引物群。
16. 通过原位杂交得到的阳性克隆就是重组子，但不能判断插入的外源基因是否表达了。
17. 核酸杂交的原理是根据 DNA 分子间的互补。
18. 突出的 3′端或凹端的 3′端都可以用 Klenow 酶进行末端标记。
19. 用氯霉素处理细菌可以使内含的严谨型质粒大量扩增，从而极大地提高其产量。
20. 为了在大肠杆菌中高效表达外源蛋白质，常需要考虑的因素有启动子的强弱、SD 序列、蛋白质的存在方式以及 poly（A）加尾信号等。
21. 反转录酶是一种依赖于 RNA 的 DNA 聚合酶。
22. 反转录酶催化的信息流是蛋白质→RNA→DNA。
23. 在克隆载体 pUC 系列中，*lacZ′* 基因提供了一个外源基因的选择标记，蓝色的转化菌落通常表明克隆是失败的。
24. 只有用同一种限制酶切割获得的 DNA 片段末端才能够用 DNA 连接酶连接起来。

五、问答题

1. 用连接酶把 *Sau*3AI（↓GATC）切割的 DNA 与经 *Bam*HⅠ（G↓GATC）切割的 DNA 连接起来后，能够被 *Bam*HⅠ切割的概率有多大？
2. 什么是限制酶的星号活力？它受哪些因素的影响？
3. 计算下列 3 种酶各自在染色体 DNA 序列上识别位点间的平均距离：

*Alu*Ⅰ：5′AGCT3′   *Eco*RⅡ：5′GAATTC3′
      3′TCGA5′   3′CTTAAG5′

*Acy*Ⅰ：5′GPuCGPyC3′
      3′CPyGCPuG5′

4. 为了绘制长为 3kb 的 *Bam*HⅠ限制酶切片段的限制酶图谱，分别用 *Eco*RⅠ和 *Hpa*Ⅱ及双酶切消化这一片段电泳后获得如下图谱。请绘制出该片段的限制酶图谱。

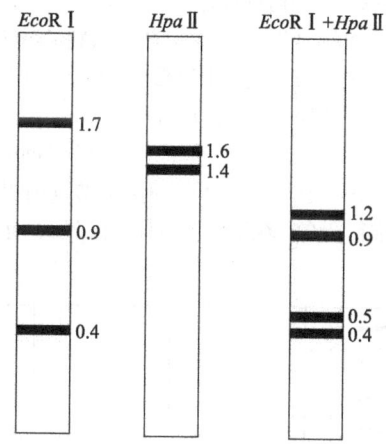

5. 按照适当的顺序，列出将一种 mRNA 的 cDNA 克隆到表达载体所用的酶。
6. 什么是 Klenow 酶？具有哪些活性？简要说明其在基因工程中的用途。
7. 作为一个理想的质粒载体必须具备什么样的特征？
8. 简要说明减少或消除质粒和噬菌体载体上某种限制酶识别位点的方法和原理。
9. 什么是质粒的不亲和性？其分子机制如何？
10. 什么是蓝白斑筛选？为什么蓝白斑筛选也会有假阳性？
11. 什么是辅助噬菌体？它和相应的噬菌粒是如何协同工作的？
12. 你打算扩增下图所示的 DNA 片段，请从给定的引物中选出合适的一对。

```
5'GACCTGTGGAAGC————CATACGGGATTG 3'
3'CTGGACACCTTCG————GTATGCCCTAAC 5'
       引物1                    引物2
5'GACCTGTGGAAGC 3'        5'CATACGGGATTG 3'
5'CTGGACACCTTCG 3'        5'GTATGCCCTAAC 3'
5'CGAAGGTGTCCAG 3'        5'GTTAGGGCATAC 3'
5'GCTTCCACAGGTC 3'        5'CAATCCCGTATG 3'
```

13. 什么是接头连接法？人工接头在基因工程中有何用途？

14. cDNA 文库和基因组文库有何区别？

15. 什么是黏粒？为什么它可以克隆大片段外源 DNA？

16. 某一质粒载体具有 Tet^r 和 Kan^r 的选择性标记，在 Kan 基因内部有一 BamHⅠ切点。现用 BamHⅠ切割该载体进行基因克隆，问：①转化后涂皿时应加何种抗生素？②培养后长出的菌落具有什么样的抗性表型？③如何利用抗性变化筛选到含有插入片段的重组子？

17. 一个质粒携带有氨苄青霉素抗性基因和卡那霉素抗性基因。利用卡那霉素抗性基因内部的 EcoRⅠ酶切位点进行人类生长激素基因的克隆。二者连接后转化对两种抗生素都敏感的大肠杆菌菌株。如何鉴别出哪些细菌获得了质粒？哪些细菌含有的质粒上携带有人类生长激素基因？

18. 基因工程的发展主要得益于哪些重大的发现和发明？

19. 现有两个可以在大肠杆菌中复制的质粒 A 和 B。A 质粒有氨苄青霉素抗性基因，在该基因的上游有 BamHⅠ、$Hind$Ⅲ、PstⅠ限制酶位点；下游有 EcoRⅠ、KpnⅠ限制位点。B 质粒有卡那霉素抗性基因，还有 ClaⅠ、EcoRⅠ、$Hind$Ⅲ、KpnⅠ酶切位点供克隆 DNA 片段之用。简述如何将氨苄青霉素抗性基因克隆到质粒 B 中。

20. 利用 Ti 质粒把卡那霉素抗性基因 (kanamycin resistance gene) 转化如烟草细胞并获得两株具有抗性的植株。植株1与野生型杂交获得的子代植株中 50% 具有抗性，50% 敏感；植株2与野生型杂交则获得了 75% 的抗性植株和 25% 的敏感植株。你如何解释这样的结果？

21. 把卡那霉素抗性基因插入 Ti 质粒的 T-DNA 区，转化植物 Arabidopsis thaliana。获得了两个卡那霉素抗性基因品系 A 和 B。品系 A 自交 3/4 子代为卡那霉素抗性，1/4 敏感；品系 B 自交 15/16 子代为卡那霉素抗性，1/16 敏感。请对两种不同的比例作出合理解释。

22. 在酵母中克隆了 3 个基因——leu2、ade3 和 mata。一研究 Neurospora 的遗传学家想知道 Neurospora 中是否存在这 3 个基因的同源基因。它分离了 Neurospora 的基因组 DNA 并进行了脉冲场凝胶电泳，用这 3 个基因标记后作为探针与之进行杂交，获得以下结果。在 Neurospora 中存在哪几个基因？位于几号染色体上？

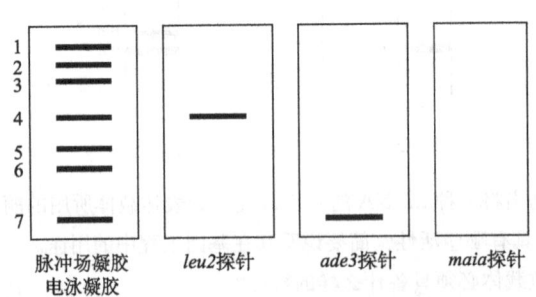

23. 一环形的细菌质粒 pBP1 具有一四环素抗性基因 (tet^r)，该基因中存在 $Hind$Ⅲ酶切位点。果蝇的基因组 DNA 经 $Hind$Ⅲ消化后用 pBP1 构建基因文库。菌落原位杂交显示克隆 15 含有目的基因。利用 $Hind$Ⅲ和 EcoRV 对该克隆进行限制酶分析，对照为空的 pBP1 质粒。下图为电泳图谱，单位为 kb。问①画出具有或不具有插入片段的 pBP1 质粒的限制性酶切图谱，并指出 tet^r 的位置；②以 tet^r 基因为探针进行杂交，预期哪几条为阳性条带？③以目的基因为探针进行杂交，预期哪几条为阳性条带？

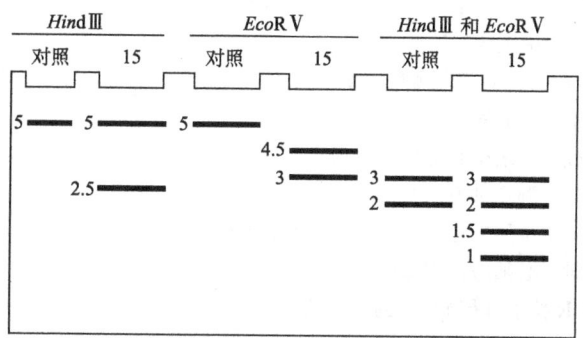

24. 借助基因工程技术可以改造生物的某些性状。在生产实践中，获取高产、抗逆以及优良品质集于一身的超级转基因农作物却非常困难。谈谈你对这一问题的看法。

25. 利用双脱氧链终止法测定一DNA片段的碱基序列获得如下图谱。①写出由引物合成的DNA核苷酸链的碱基序列，标出5′端和3′端；②写出作为模板的DNA链的碱基序列，标出5′端和3′端。

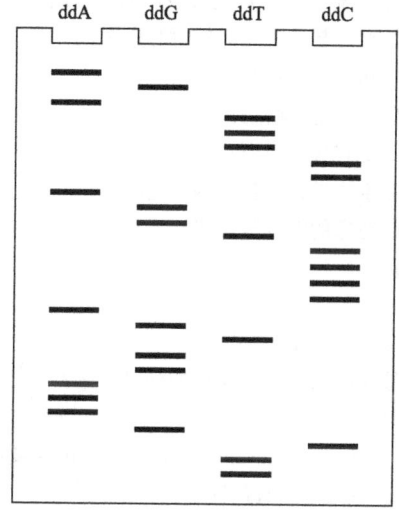

26. 什么是基因定点诱变技术？简述基因定点诱变技术的应用并举例说明。

27. 简述PCR的基本原理及其应用。

28. 什么是α互补作用？简述α互补作用的产生机制。

29. 什么是DNA指纹图谱？阐述DNA指纹图谱的产生机制及其应用。

30. 什么是基因治疗？阐述反转录病毒的生活周期及其在基因治疗中的应用。

31. 试述在基因克隆中阳性克隆的筛选方法和原理。

32. 基因重组技术有哪几个方面的应用？

33. 试述引物二聚体形成的原因。

34. 真核生物与原核生物的mRNA结构各有何特点？

35. 影响DNA变性、复性的因素有哪些？

36. 简要说明DNA聚合酶、RNA聚合酶、反转录酶及RNA复制酶催化不同的核酸生物合成有哪些共性？

37. 真核生物的RNA转录有何特点？

38. 什么是遗传信息传递的中心法则？

39. PCR反应中应注意控制的条件有哪些？

40. PCR引物设计的原则是什么？

41. 比较以 mRNA 和 DNA 为模板的 PCR 反应的异同点。
42. PCR 技术在实际应用中主要有哪些类型？
43. 扩增大片段 DNA 时应注意控制哪些因素？
44. 试述重组 DNA 的基本过程。
45. 克隆载体和表达载体在结构和应用上有何异同点？
46. 制备目的基因主要有哪几种方法？
47. 大肠杆菌表达载体中常用的启动子有哪几种？各有何特点？
48. 在表达外源基因时，必须考虑哪些因素？
49. 试述如何利用 PCR 技术进行 DNA 的定点诱变。
50. 简述 DNA 序列测定的基本原理和常用方法。
51. 试述 Sanger 双脱氧终止法的基本原理与主要步骤。
52. 何谓转基因动物？试述转基因动物的用途。
53. 建立转基因动物常用的方法有哪些？
54. 试述基因诊断的分子生物学基础。
55. DMD 是常见的性连锁隐性遗传病，请你对疑有该病的患者制定一套适当的基因诊断技术方案。
56. 举例说明基因诊断技术在肿瘤诊断及预后判断中的意义。
57. 法医学中如何进行个人识别和亲子鉴定？
58. 什么是基因治疗？基因治疗的主要策略是什么？
59. 用于基因治疗的病毒载体主要有哪些类型？
60. 基因转移的生物学方法和非生物学方法各有哪些优缺点？
61. 选择基因转移的靶细胞时应考虑的因素有哪些？
62. 简述转基因技术的基本原理。
63. 简述基因治疗的前景与问题。
64. 列表比较真核生物 3 种 RNA 聚合酶的特点。
65. 启动子的作用是什么？原核生物启动子的结构特征是什么？
66. 双脱氧法测序的基本原理是什么？
67. 终止子（terminator）与终止密码子（termination codon）的主要区别是什么？
68. 普通 PCR 与随机引物 PCR（RAPD）有何区别？
69. 什么是测序酶（sequenase™）？
70. YAC 载体上具有什么样的功能性 DNA 序列？
71. 简述质粒载体的发展改造过程。
72. 在红色面包霉（*Neurospora*）细胞中有 7 条染色体，各染色体大小差异较大。有以下几种菌株：

(1) 1 号染色体（最大的染色体）臂内倒位；
(2) 1 号染色体（最大的染色体）臂间倒位；
(3) 1 号染色体的一半和 7 号染色体（最小的染色体）的一半相互易位；
(4) 1 号染色体大段重复；
(5) 2 号染色体大段缺失；
(6) 2 号染色体缺体。

从这些菌株中小心分离基因组 DNA，防止机械切割，保持其完整性，然后进行脉冲场凝胶电泳。请预测各菌株中的基因组 DNA 在电泳图谱中的位置。

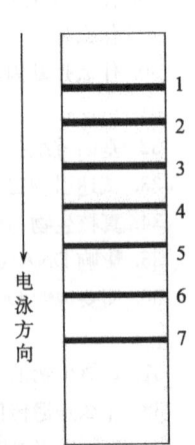

73. 在酵母中，你获得了一段野生型 DNA 的碱基序列，基因测序后已知其中包含一个基因，但你不知道它是什么基因。因此，为了进一步研究调查，你想了解其突变体的表型。你将会如何使用克隆的野生型基因？写出你的实验步骤。

74. 细菌葡萄糖醛酸酶能够把无色化合物 X-Gluc 转变为蓝色颗粒沉淀。如果给该基因添加植物启动子，也能够在植物中起作用。你如何利用该基因作为报道基因，去研究一个植物基因在正常情况下在哪些组织中表达？

75. 某一显花植物的隐性矮秆突变体是由基因缺失造成的。试设计一可操作的实验方案克隆它的野生型基因。

76. 一双链 DNA 分子如下图所示，在体内它编码 5 个氨基酸残基的多肽：

5′TAC ATG ATC ATT TCA CGG AAT TTC TAG CAT GTA 3′
3′ATG TAC TAG TAA AGT GCC TTA AAG ATC GTA CAT 5′

（1）哪条链是转录的模板链？
（2）写出由该序列转录出的 mRNA 序列（终止密码为 UGA、UAA、UAG）。

77. 简要说明 PCR 技术的工作原理并举几例说明该技术在分子生物学不同研究内容中的应用。

78. 普通 PCR 与随机引物 PCR（RAPD）有何区别？

79. 举两种植物基因转移的方法？简述其原理。

80. 水稻是禾本科植物中基因组最小的物种，目前已完成基因组草图，而禾本科其他作物都未有完整基因组测序资料。现在水稻中克隆了一个矮秆基因，如何以此出发，克隆大麦中的矮秆基因？

81. 有一 DNA 片段，用一种限制酶得到 3′突出的黏性末端 5′-GATC3′，但是在克隆载体上只能找到 3 种酶切位点，分别切出如下 3′突出黏性末端：5′-TTAA3′，5′-CTAG3′，5′-TCGA3′，请问你将如何设计连接实验以达到更高连接效率？

82. 简述用基因工程方法培育抗虫棉花新品种的步骤。

83. 已知某 β-地中海贫血病是由于 β-珠蛋白基因序列发生 C→T 的点突变，随之在该序列中增加了一个 MaeⅠ 限制酶识别位点，如下图。请问：

（1）如何用 PCR 方法对该病作基因诊断，写出方法和步骤。
（2）图示正常、异常和杂合子个体诊断结果并作出解释。

84. 简述双脱氧链终止法测定 DNA 碱基序列的原理。根据下列图谱给出被测定链的基因序列和方向。

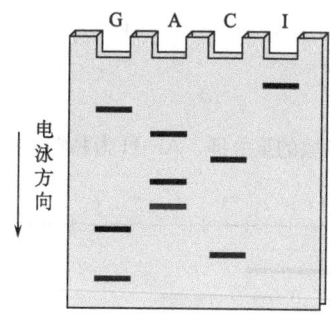

85. 已知某疾病是由不表达的 A 基因过量表达引起的。现欲克隆该基因，请你设计一个可操作的实验程序。

86. 什么是密码子偏爱？它是如何影响外源基因表达水平的？

87. 假设你已经把玉米中一个与光合成有关的蛋白质基因克隆到了质粒载体中。希望知道该基因是否在根和其他非光合组织中起作用，请提出你的实验方案。

88. 在酵母中，你已经测定了一段野生型 DNA 的序列，其中很显然含有一个基因，但其功能未知。为了对其进一步研究，就有必要获得其突变后的表型。你如何利用已经克隆的野生型基因做到这一点？

89. 如何利用脉冲场凝胶电泳技术对已经克隆的基因进行染色体定位？

90. 细菌的 glucuronidase 可以把无色化合物 X-Glu 转变为蓝色物质。如果给它添加一个植物启动子，它也可以在植物细胞中起作用。你如何利用该基因作为报道基因来研究你刚刚克隆的一个植物基因在正常情况下在哪些组织中起作用？

91. 小鼠中，HindⅢ消化后利用某一探针可以检测到 1.7kb 和 3.8kb 两个等位基因。一小鼠对弯尾为显性杂合，且该 RFLP 也杂合；另一小鼠为野生型和 3.8kb 纯合。二者杂交，弯尾子代个体中 40% 表现为 3.8kb 纯合；60% 为 1.7kb 和 3.8kb 两个等位基因杂合。问：

(1) 弯尾位点与 RFLP 位点连锁吗？图示出亲代和子代的基因型。

(2) 在野生子代中，各型 RFLP 分别占多大比例？

92. 已知 5 个含有基因组片段的 YAC 克隆都可以与人类基因组的特定染色体带杂交。把人类基因组 DNA 用稀有切点的限制酶消化并进行 Southern 印迹，5 个 YAC 克隆经放射性同位素标记后作为探针分别与上述印迹杂交，得到如下结果：

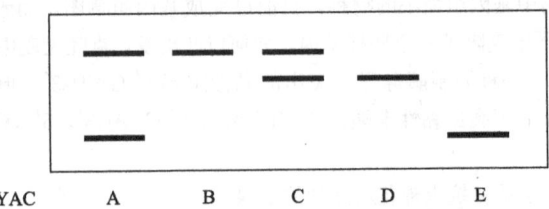

利用这些结果对 3 个杂交带进行排序。画出 5 个 YAC 与限制片段的关系。

93. 什么是探针？在基因工程研究中有何用处？

94. 以下为人类 DNA 的 5 个 YAC 克隆，分别检测其中 STS1 到 STS7 标记存在与否，结果如下表：

(1) 画出表明 STS 顺序的物理图谱。

(2) 对 YAC 进行排序以获得一个重叠群。

YAC	STS 1	2	3	4	5	6	7
A	+	−	+	+	−	−	−
B	+	−	−	−	+	−	−
C	−	−	+	+	−	−	+
D	−	+	−	−	+	+	−
E	−	−	+	−	−	−	+

95. 以下是线虫 2 号染色体一个区域的重叠群，A~H 为黏粒克隆。

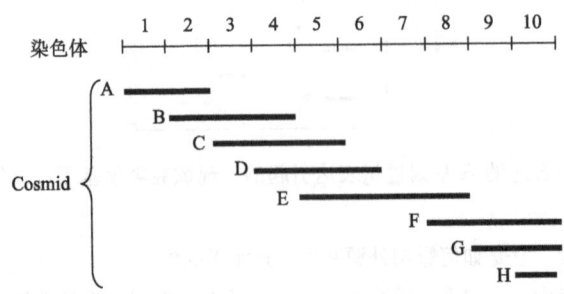

(1) 一个克隆在 pBR322 中的基因 X 可以与黏粒 C、D 和 E 杂交。基因 X 在染色体上的大致位置如何？

(2) 一个克隆在 pUC18 中的基因 Y 可以与黏粒 E 和 F 杂交。基因 Y 在染色体上的大致位置如何？

(3) 为什么二者都可以与黏粒 E 杂交？

96. 限制性内切核酸酶 *Eco*R I 的识别序列是 GTTAAC；限制性内切核酸酶 *Hae*Ⅲ 的识别序列是 GGCC。每种酶切割双链 DNA 所得片段的平均长度是多少？

97. 人们从红色面包霉（*Neurospora*）中克隆了 β-tubulin 基因。下图为一大肠杆菌质粒载体 pBR 的图谱。请你详尽列出从真菌 *Podospora* 中克隆同样基因的实验步骤。

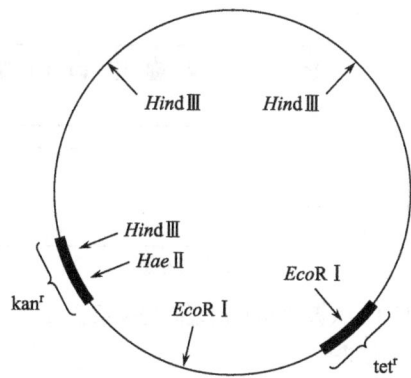

98. 基因 D 编码一个对肌肉发育十分重要的酶。以下为对两个小孩的研究结果。

小孩 1：

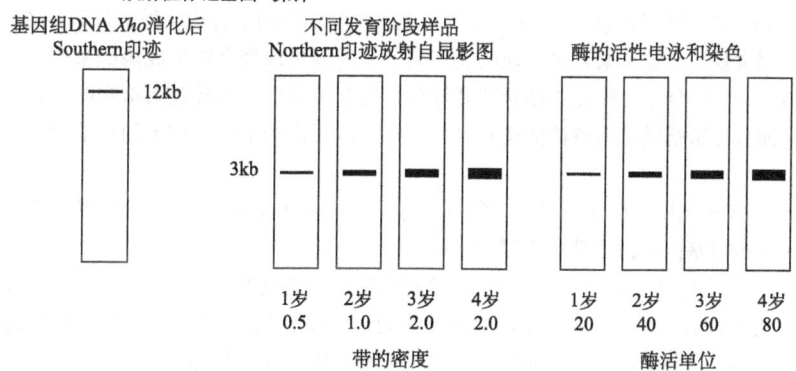

小孩 2：

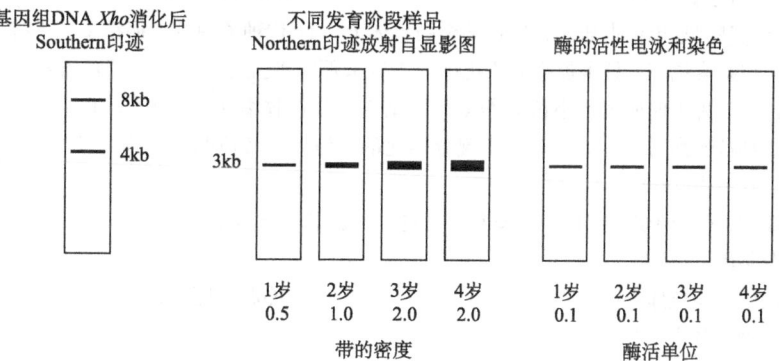

(1) 图示两个小孩发育过程中基因的表达。

(2) 你如何解释小孩 2 酶活性低的原因。

(3) 你如何解释两个小孩 Southern 杂交结果的差异?

99. 某一家系具有一常染色体显性遗传病,该疾病通常在 40 岁以后发病。从每一个家庭成员提取 DNA 样品,用限制性内切核酸酶 $TaqⅠ$ 消化并进行电泳分离。用已克隆到质粒中的人的 DNA 片段为探针,放射性标记后进行 Southern 杂交。结果如下:

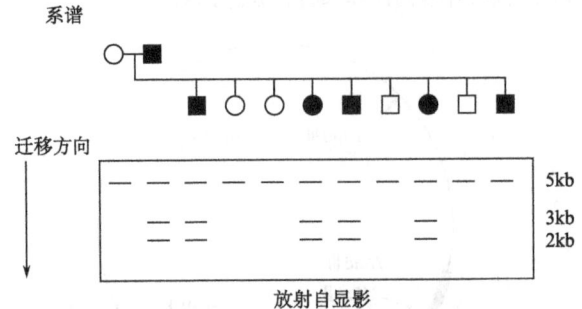

(1) 全面分析 DNA 变异、探针 DNA 及致病基因之间的关系。
(2) 你如何解释最后一个男孩的结果?
(3) 你如何利用该结果对该家庭成员进行遗传咨询服务?

100. 什么是遗传密码子偏好?它是如何影响外源基因在宿主细胞中的表达量的?

101. 借助于基因工程技术可以改造生物的某些性状。在生产实践中,获取高产、抗逆以及优良品质集于一身的超级转基因农作物却非常困难。谈谈你对这一问题的看法。

102. 某种细菌可以利用乙酰辅酶 A 作为底物,在一种酶的作用下合成一种十分重要的聚合物。拟通过高等植物基因工程大量生产这种聚合物。现已经克隆了编码催化该聚合物生成酶的基因,并使该基因处在一个组成型强启动子的控制下,转化并整合到高等植物的基因组中。对转基因植物的分析发现所需的聚合物含量非常低,而且还影响转基因植株的正常生长发育。请分析产生这一结果的可能原因,并设计实验加以改进。

103. 形态标记 (morphological marker) 和分子标记 (molecular marker) 都可用于基因定位,简要说明利用这两种标记进行基因定位的基本步骤。

104. 在真核生物的基因工程中,有时会出现这样的情况:通过 Southern 分析证明了携带外源基因的载体已整合到转化受体的基因组中,但是在转基因受体的当代或后代个体中未能检测出该外源基因的表型。请问有哪些原因会导致这种负的结果?如何分析才能判断该基因不产生表型的原因?

105. 某个转基因载体结构,卡那霉素抗性选择标记基因旁边紧密连锁着目的基因(抗冻基因)。用该结构转化烟草叶片,筛选抗卡那霉素的叶片细胞再生植株,即为 T_0 代转基因植株。T_0 代转基因植株开花结果,即得 T_1 代种子。

(1) 如果外源基因是单位点插入到烟草某个染色体上,T_1 代种子中抗卡那霉素和不抗卡那霉素的分离比为多少?抗卡那霉素抗冻、抗卡那霉素不抗冻、不抗卡那霉素抗冻、不抗卡那霉素不抗冻各占多少?将若干个抗卡那霉素的种子所萌发的小苗培养至开花结果,分别收集 T_2 代种子。T_2 代种子分成两种情况,有些是整包种子都抗卡那霉素的,有些是出现分离比的,请问前者情况占百分之多少的概率?(如果某表型不可能出现,就写占 0%)

(2) 如果 T_1 代种子中观察到抗卡那霉素和不抗卡那霉素的分离比为 15∶1,请问植物染色体上有几个位置插入了外源基因?

(3) 如果在同一染色体上两个重组值为 20% 的位置各插入外源基因,请问 T_1 代种子中抗卡那霉素和不抗卡那霉素的种子各占多少?

(4) 若 T_0 植株在开花时与野生型杂交,F_1 中抗卡那霉素和不抗卡那霉素的分离比是多少?

106. α-干扰素的编码基因没有内含子。为了确定一种免疫缺陷的原因,收集了一些患者和正常人的血样研究其 α-干扰素基因的表达状况。下图为关于该基因的 Southern、Northern 和 Western 印迹的结果。其中个体 1 和 2 具有正常免疫能力，个体 3、4 和 5 为免疫缺陷。问：

(1) 哪一个个体为 α-干扰素基因的纯合子？

(2) 你认为个体 3、4 和 5 为免疫缺陷的原因何在？试说出其突变类型。

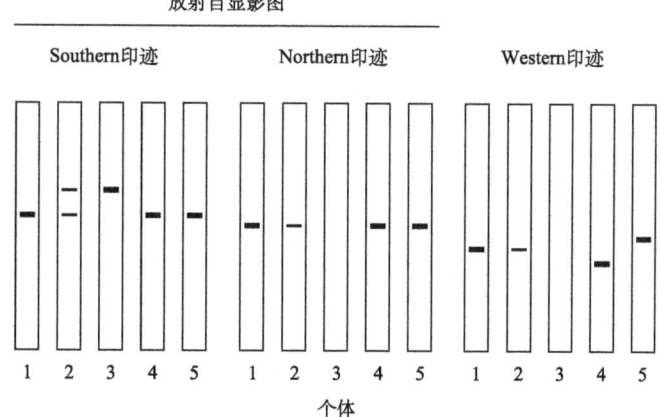

107. 某一种植户购买了标称是抗虫棉花种子，在大田种植后发现部分植株效果明显，部分植株较差，甚至与普通棉花种子没什么区别。他认为是买到了假种子，就向种子管理部门举报。假如你是种子管理部门的技术负责人，你将会采取何种手段鉴定这些棉花植株是否是抗虫棉？